|主编·汪剑钊|

金色俄罗斯
Золотая Россия

列夫·舍斯托夫评传（上）
——根据与同时代人的回忆和通信

Жизнь Льва Шестова

[苏] 纳·巴拉诺娃-舍斯托娃 / 著

张冰 / 译

四川人民出版社

图书在版编目（CIP）数据

列夫·舍斯托夫评传：根据与同时代人的回忆和通信：上、下 /（苏）纳·巴拉诺娃-舍斯托娃著；张冰译. —成都：四川人民出版社，2022.2
（金色俄罗斯/汪剑钊主编）
ISBN 978-7-220-12549-2

Ⅰ. ①列… Ⅱ. ①纳… ②张… Ⅲ. ①舍斯托夫－评传 Ⅳ. ①B512.59

中国版本图书馆 CIP 数据核字（2021）第 264352 号

LIEFU SHESITUOFUPINGZHUAN
列夫·舍斯托夫评传（上、下）
根据与同时代人的回忆和通信

[苏] 纳·巴拉诺娃-舍斯托娃　著　张冰　译

出 版 人	黄立新
策划组稿	黄立新　张春晓
责任编辑	王其进
装帧设计	张迪茗
责任校对	郭明武
责任印制	祝　健
出版发行	四川人民出版社（成都市槐树街2号）
网　　址	http://www.scpph.com
E-mail	scrmcbs@sina.com
新浪微博	@四川人民出版社
微信公众号	四川人民出版社
发行部业务电话	(028) 86259624　86259453
防盗版举报电话	(028) 86259624
照　　排	四川胜翔数码印务设计有限公司
印　　刷	成都东江印务有限公司
成品尺寸	140mm×203mm
印　　张	24.75
字　　数	571 千
版　　次	2022 年 2 月第 1 版
印　　次	2022 年 2 月第 1 次印刷
书　　号	ISBN 978-7-220-12549-2
定　　价	128.00 元（上、下）

■版权所有·侵权必究
本书若出现印装质量问题，请与我社发行部联系调换
电话：(028) 86259453

金色俄罗斯
Золотая Россия

致敬"金色俄罗斯丛书"译介团队，感谢所有参与者为传播俄罗斯文学、增进中俄两国人民文化交流而做的努力！

汪剑钊　丛书主编、译者，北京外国语大学外国文学研究所教授，博士生导师。

张建华　丛书顾问、译者，北京外国语大学教授。

刘文飞　丛书顾问，中国俄罗斯文学研究会会长。

张　冰　北京师范大学俄语系教授，博士生导师。

赵晓彬　哈尔滨师范大学斯拉夫语学院副院长，博士生导师。

杨玉波　哈尔滨师范大学斯拉夫语学院副教授，文学博士。

郑艳红　中国社会科学院文学博士，绥化学院外国语系教师。

张　猛　北京外国语大学外国文学研究所博士。

李　莉　北京师范大学文学博士，杭州师范大学教授。

顾宏哲　辽宁大学俄语系副教授，硕士生导师。

赵艳秋　复旦大学俄语系副主任，文学博士。

侯炜红　中国社会科学院外国文学研究所俄罗斯文学研究室主任，文学博士。

池济敏　四川大学外国语学院副院长，副教授，文学博士。

飞　白　云南大学外语系教授，浙江省比较文学与外国文学学会名誉会长。

黄　玫　北京外国语大学俄语学院教授，博士生导师。

杨晓笛　北京外国语大学博士，太原理工大学教师。

李玉萍　洛阳理工学院副教授，文学博士。

王立业　北京外国语大学俄语学院教授，博士生导师。

邱　鑫　黑龙江大学俄语学院文学博士。

郭靖媛　北京大学比较文学专业博士在读。

薛冉冉　浙江大学外语学院副教授，博士。

温玉霞　西安外国语大学俄语学院教授，博士生导师。

潘月琴　北京外国语大学俄语学院副教授，博士。

余　翔　北京科技大学外国语学院师资博士后，文学博士。

李春雨　厦门大学外文学院助理教授，博士。

董树丛　北京外国语大学外国文学研究所硕士。

冯昭玙　浙江大学外文系教授。

杜　健　北京师范大学俄语语言文学专业博士。

韩宇琪　北京师范大学俄语语言文学专业博士。

苏　玲　《外国文学动态研究》主编，博士。

颜　宽　国立莫斯科大学语言文学系博士。

马卫红　浙江外国语学院教授，文学博士。

王丽欣　哈尔滨师范大学斯拉夫语学院副教授，文学博士。

于婷婷　西安外国语大学俄语语言文学博士在读。

王时玉　华东师范大学俄语语言文学博士在读。

穆　馨　哈尔滨师范大学斯拉夫语学院副教授，翻译硕士导师。

徐　琪　厦门大学外文学院教授，文学博士。

徐曼琳　四川外国语大学俄语系教授，文学博士。

欢迎更多的译者加入"金色俄罗斯丛书"……

（按译作出版时间排序）

　四川人民出版社　文学出版中心

目录
Contents

金色的林中空地（总序） /001

译　序 /007

上　卷

第一章 / 003

基辅的童年

莫斯科大学和毕业论文

最初发表于基辅出版物上的文章 （1895）

第二章 / 023

出国（1896—1898）

结婚

《莎士比亚和他的批评者勃兰兑斯》

第三章 / 044

与彼得堡文学家相识（1899）

《托尔斯泰与尼采学说中的善》（1900）

论普希金的文章

《陀思妥耶夫斯基与尼采——悲剧哲学》（1903.1）

论梅列日科夫斯基的两篇文章

在基辅与别尔嘉耶夫和布尔加科夫认识

第四章 / *070*

未完成的论述屠格涅夫的著作（1903）

《无根据颂》（1905.1）

别尔嘉耶夫等人针对《无根据颂》的批评文章

《虚无的创造（论契诃夫）》（1905.3）

第五章 / *093*

发表于各类杂志上的文章（论陀思妥耶夫斯基、别尔嘉耶夫等人，1906，1907）

《开端与终结》（1909）

伊万诺夫—拉祖姆尼克等人论述舍斯托夫创作的文章

维亚切斯拉夫·伊万诺夫的"塔楼"

在雅斯纳雅·波良纳拜谒托尔斯泰（1910.3）

第六章 / *127*

瑞士（1910—1914）

《伟大的前夜》（1911）

《惟凭信仰》

回到俄国（1914.8）

第七章 / *145*

莫斯科（1914—1918）

与哲学家们相会

《超伟大的维亚切斯拉夫》 文章与报告

基辅（1918—1919）

《钥匙的统治》

尤里安·斯克里亚宾

雅尔塔与出国 （1920.1）

第八章 / 200

日内瓦（1920）；巴黎（1921—1923）

论述《现代人札记》的文章

前往柏林

索邦大学的课程

在柏林的"西徐亚人"出版社出版了三卷著作（第2、3、4卷）

用法语发表了一篇文章两部著作

戈里格里耶夫和索林的肖像

与艾金贡相识

前往庞蒂尼

第九章 / 299

与格尔申宗通信（1922—1925）

格尔申宗前往巴登维列尔

格尔申宗去世；讣告

与别尔嘉耶夫通信

别尔嘉耶夫移居巴黎

在宗教—哲学学园所做报告（1925）

第十章 / 338

巴黎（1923—1927）

生病

与茹勒·德·戈蒂耶和本雅明·方丹相识

尼采学会

论述胡塞尔、普罗提诺、弗拉基米尔·索洛维约夫的文章

下　卷

第十一章　/ 407

巴黎，1928—1930

结识胡塞尔和布别尔

舍斯托夫阅读克尔凯郭尔的著作

《在约伯的天平上》俄文版和德文版的出版

托尔斯泰百年诞辰之际发表的系列演讲

《被缚的巴门尼德》

论述罗赞诺夫的文章

第十二章/ 466

滨海布洛涅，1930—1932

《在法拉利公牛的背上——论述克尔凯郭尔的五章》

修伊萨论述舍斯托夫的著作

舍斯托夫论述克洛纳和布别尔的文章

第十三章　/ 533

滨海布洛涅，1933—1936

《克尔凯郭尔与存在主义哲学》

对印度哲学发生兴趣

论日尔松的文章

《雅斯纳亚·波良纳与阿斯塔波沃》作为报告和文章

70周年

巴勒斯坦之行

论雅斯贝尔斯的文章

第十四章 / 582

滨海布洛涅，1937—1938.10

《雅典与耶路撒冷》 法文版与德文版出版

关于陀思妥耶夫斯基和克尔凯郭尔的广播讲话

生病

舍斯托夫未能恢复其在凌旁大学的讲座课

论述别尔嘉耶夫和胡塞尔的文章

第十五章 / 625

滨海布洛涅与巴黎，1938.11

疾病与逝世

论胡塞尔的文章

第十六章 / 641

舍斯托夫著作的命运（1947—1981）

舍斯托夫档案

舍斯托夫出版物

舍斯托夫著作的俄文版

舍斯托夫在法兰西

舍斯托夫在德意志和奥地利

舍斯托夫在美国和加拿大

舍斯托夫在日本

舍斯托夫在以色列

舍斯托夫在其他国家

增 补 / *671*

列夫舍斯托夫生平年表

附录 / *708*

金色的"林中空地"（总序）

汪剑钊

2014年2月23日，第二十二届冬奥会在俄罗斯的索契落下帷幕，但其中一些场景却不断在我的脑海回旋。我不是一个体育迷，也无意对其中的各项赛事评头论足。不过，这次冬奥会的开幕式与闭幕式上出色的文艺表演给我留下了深刻的印象，迄今仍然为之感叹不已。它们印证了一个民族对自身文化由衷的热爱和自觉的传承。前后两场典仪上所蕴含的丰厚的人文精髓是不能不让所有观者为之瞩目的。它们再次证明，俄罗斯人之所以能在世界上赢得足够的尊重，并不是凭借自己的快马与军刀，也不是凭借强大的海军或空军，更不是凭借所谓的先进核武器和航母，而是凭借他们在文化和科技上的卓越贡献。正是这些劳动成果擦亮了世界人民的眼睛，点燃了人们眸子里的惊奇。我们知道，武力带给人们的只有恐惧，而文化却值得给予永远的珍爱与敬重。

众所周知，《战争与和平》是俄罗斯文学的巨擘托尔斯泰所著的一部史诗性小说。小说的开篇便是沙皇的宫廷女官安娜·帕夫洛夫娜家的舞会,这是介绍叙事艺术时经常被提到的一个经典性例子。借助这段描写,托尔斯泰以他的天才之笔将小说中的重要人物一一拈出,为以后的宏大叙事嵌入了一根强劲的楔子。2014年2月7日晚,该届冬奥会开幕式的表演以芭蕾舞的形式再现了这一场景,令我们重温了"战争"前夜的"和平"魅力(我觉得,就一定程度上说,体育竞技堪称一种和平方式的模拟性战争)。有意思的是,在各国健儿经过十数天的激烈争夺以后,2月23日,闭幕式让体育与文化有了再一次的亲密拥抱。总导演康斯坦丁·恩斯特希望"挑选一些对于世界有影响力的俄罗斯文化,那也是世界文化遗产的一部分"。于是,他请出了在俄罗斯文学史上引以为傲的一部分重量级人物:伴随拉赫玛尼诺夫第二钢琴协奏曲的演奏,普希金、果戈理、屠格涅夫、托尔斯泰、陀思妥耶夫斯基、契诃夫、马雅可夫斯基、阿赫玛托娃、茨维塔耶娃、布尔加科夫、索尔仁尼琴、布罗茨基等经典作家和诗人在冰层上一一复活,与现代人进行了一场超越时空的精神对话。他们留下的文化遗产像雪片似的飘入了每个人的内心,滋润着后来者的灵魂。

美裔英国诗人T. S. 艾略特在《诗的作用和批评的作用》一文中说:"一个不再关心其文学传承的民族就会变得野蛮;一个民族如果停止了生产文学,它的思想和感受力就会止步不前。一个民族的诗歌代表了它的意识的最高点,代表了它最强大的力量,也代表了它最为纤细敏锐的感受力。"在世界各民族中,俄罗斯堪称最为关心自己"文学传承"的一个民族,而它辽阔的地理特征则为自己的文学生态提供了一大片培植经典的金色的"林中空地"。迄今,在这片土地上生根发芽并长成参天大树的作家与作品已不计其数。除上述提及的文学巨匠以外，19世纪的茹科夫斯基、巴拉廷斯基、莱蒙托夫、丘特切夫、别林斯基、赫尔岑、费特等，20世纪的高尔基、勃洛克、安德列耶夫、什克洛夫斯基、普宁、索洛古勃、吉皮乌斯、苔菲、阿尔志跋绥夫、列米佐夫、什梅廖夫、波普拉夫斯基、哈尔姆斯等，均以自己的创造性劳动进入了经典的行列，向世界展示了俄罗斯奇异的美与力量。

中国与俄罗斯是两个巨人式的邻国，相似的文化传统、相似的历史沿革、相似的地理特征、相似的社会结构和民族特性，为它们的交往搭建了一个开阔的平台。早在1932年，鲁迅先生就为这种友谊写下一篇"贺词"——《祝中俄文字之交》，指出中国新文学所受的"启发"，将其看作自己的"导师"和"朋友"。20世纪50年代，由于意识形态的接近，中国与苏联在文化交流上曾出现过一个"蜜月期"，在那个特定的时代，俄罗斯文学几乎就是外国文学的一个代名词。俄罗斯文学史上的一些名著，如《叶甫盖尼·奥涅金》《死魂灵》《贵族之家》《猎人笔记》《战争与和平》《复活》《罪与罚》《第六病室》《丽人吟》《日瓦戈医生》《安魂曲》《没有主人公的叙事诗》《静静的顿河》《带星星的火车票》《林中水滴》《金蔷薇》和《钢铁是怎样炼成的》等，都曾经是坊间耳熟能详的书名，有不少读者甚至能大段大段背诵其中精彩的章节。在一定程度上，我们可以说，翻译成中文的俄罗斯文学作品已构成了中国新文学的一个重要组成部分，成为现代汉语中的经典文本，就像已广为流传的歌曲《莫斯科郊外的晚上》《三套车》《喀秋莎》《山楂树》等一样，后者似乎已理所当然地成为中国的民歌。迄今，它们仍在闪烁金子般的光芒。

不过，作为一座富矿，俄罗斯文学在中文中所显露的仅是冰山一角，大量的宝藏仍在我们有限的视域之外。其中，赫尔岑的人性，丘特切夫的智慧，费特的唯美，洛赫维茨卡娅的激情，索洛古勃与阿尔志跋绥夫在绝望中的希望，苔菲与阿维尔琴科的幽默，什克洛夫斯基的精致，波普拉夫斯基的超现实，哈尔姆斯的怪诞，等等，大多还停留在文学史上的地图式导游。为此，作为某种传承，也是出自传播和介绍的责任，我们编选和翻译了这套"金色俄罗斯丛书"，其目的是进一步挖掘那些依然静卧在俄罗斯文化沃土中的金锭。可以说，被选入本丛书的均是经过了淘洗和淬炼的经典文本，它们都配得上"金色"的荣誉。

行文至此，我们有必要就"经典"的概念略做一点说明。在汉语中，"经典"一词最早出现于《汉书·孙宝传》："周公上圣，召公大贤。尚犹有不相说，著于经典，两不相损。"汉朝是华夏民族展示凝聚力的重要朝代，当时的统治者不仅实现了政治上的统一，而且也希望在文化上设立标杆与范型，亟盼对前代思想交流上的混乱与文化积累上的泥沙俱下状态进行一番清理与厘定。客观地说，它取得了一定的成效，虽说也因此带来了"罢黜百家"的重大弊端。就文学而言，此前通称的"诗三百"也恰恰在那时完成了经典化的过程，被确定为后世一直崇奉的《诗经》。关于"经典"的含义，唐代的刘知幾在《史通·叙事》中有过一个初步的解释："自圣贤述作，是曰经典。"这里，他将圣人与前贤的文字著述纳入经典的范畴，实际是一种互证的做法。因为，历史上那些圣人贤达恰恰是因为他们杰出的言说才获得自己的荣名的。

那么，从现代的角度来看，什么是经典呢？商务印书馆出版的《现代汉语词典》给出了这样的释义：1.指传统的具有权威性的著作：博览经典。2.泛指各宗教宣扬教义的根本性著作。不同于词典的抽象与枯涩，意大利著名作家卡尔维诺归纳出了十四条非常感性的定义，其中最为人称道的是其中两条：其一，一部经典作品是一本每次重读都像初读那样带来发现的书；一部经典作品是一本即使我们初读也好像是在重温的书。其二，经典作品是一些产生某种特殊影响的书，它们要么自己以遗忘的方式给我们的想象力打下印记，要么乔装成个人或集体的无意识隐藏在深层记忆中。参照上述定义，我们觉得，经典就是经受住了历史与时间的考验而得以流传的文化结晶，表现为文字或其他传媒方式，在某个领域或范围具有一定的权威性和典范性，可以成为某个民族甚或整个人类的精神生产的象征与标识。换一个说法，每一部经典都是对时间之流逝的一次成功阻击。经典的诞生与存在可以让时间静止下来，打开又一扇大门，带你进入崭新的世界，为虚幻的人生提供另一种真实。

或许，我们所面临的时代确实如卡尔维诺所说："读经典作品似乎与我们的生活步调不一致；我们的生活步调无法忍受把大段大段的时间或空间让给人本主义者的悠闲；也与我们文化中的精英主义不一致，这种精英主义永远也制定不出一份经典作品的目录来配合我们的时代。"那么，正如沙漠对水的渴望一样，在漠视经典的时代，我们还是要高举经典的大纛，并且以卡尔维诺的另一段话镌刻其上："现在可以做的，就是让我们每个人都发明我们理想的经典藏书室；而我想说，其中一半应该包括我们读过并对我们有所裨益的书，另一些应该是我们打算读并假设对我们有所裨益的书。我们还应该把一部分空间让给意外之书和偶然发现之书。"

愿"金色俄罗斯"能走进你的藏书室,走进你的精神生活,走进你的内心!

译 序

张 冰

列夫·舍斯托夫是20世纪俄罗斯著名思想家、哲学家和文学批评家，也是俄罗斯白银时代文化和20世纪俄国流亡文化和侨民文化的杰出代表人物之一。在当今国际哲学界，舍斯托夫被公认为"伟大的俄国哲学家"，是20世纪存在主义哲学思潮的奠基人之一。由于很早就流亡国外的缘故，舍斯托夫成为最早对西方思想界产生影响的"俄国存在主义哲学家"，他在流亡期间与欧洲思想界代表人物有过密切的思想交流和学术碰撞，从而成为把俄国思想推向世界思想舞台的第一批俄国思想家之一。如果说，20世纪俄国哲学被誉为给世界思想界的"一件礼物"的话，那么列夫·舍斯托夫则又是20世纪俄国哲学的"头把交椅"或"第一小提琴手"。如今人们公认他是一位伟大的俄国哲学家，是存在主义主要代表人物和奠基者，也是白银时代俄国文化杰出代表之一。在追溯俄国白银时代宗教哲学思想经由欧洲各国首都等侨居地城市向欧洲思想界渗透、逐渐被吸纳并与之产生深刻共鸣的全过程时，如果缺少对于列夫·舍斯托夫思想的研究，那将是残缺不全的。列夫·舍斯托夫被称为20世纪"最伟大的俄匡哲学家"，对于世界哲学文学界产生了持续而又深远的影响。在欧洲,他是名副其实的"存在主义之父",同时早在生前就被公认为俄国文坛从象征主义问世以来所有俄国现代派的"祖师爷"和"思想前驱"。

一

列夫·舍斯托夫的哲学思想,首先植根于俄国深厚的宗教哲学思想的土壤。

在苏联,白银时代的俄国宗教哲学思想,长期以来只能为国内少数专家学者问津。苏联解体前后,伴随着旧的意识形态的解体,俄罗斯人对于旧俄宗教思想表现出浓厚兴趣。苏联解体后俄罗斯文化出现了普遍的身份认同危机即信仰危机。在这种历史语境下,人们开始把目光投向十月革命前的旧俄思想遗产,企图寻找白银时代俄国思想与今天的继承性联系。在文化史上屡屡发生这样的现象,人们管这种现象叫"自我认同危机",这指的是这样一种状况,即人们觉得自己无处安身,简言之,即没什么可以信仰的。

对苏联时期官僚体制的厌恶,对建基在日常生活和科学理性基础之上的理性主义认识论方法的厌恶,使人们思维·兴趣自然转向宗教哲学。宗教哲学的创始人多数都出身于贵族高雅文化圈,对民主精神不无怀疑,对充满商业气息的通俗文化不无鄙视。

哲学是对存在之终极基础的反省体系,它有助于把一个人自身的感受有序化,使之观念化。由于人都是以自身意识事实为方法定向的焦点,所以,哲学必然带有一定的主观性。哲学体系是一种动态和开放的精神探索,它随时准备吸纳新的经验和新的知识。但哲学究竟是不是科学呢？抑或哲学中科学的本质占多大份量？这个问题可以这样回答：哲学在多大程度上需要诉诸于理性思维，就在多大程度上是科学。我们也可以把哲学当作一种元科学，旨在把各个领域里认识的结论和成果整合在一起。后现代某些理论抹杀了存在的理据和根据，其理论既没有科学也没有哲学的基础。哲学的体系性最鲜明不过地表现在其认识论里，而认识论是研究认识过程、认识极限、认识的可能性以及思辩理性真理性的条件的领域。人们常常鄙弃思辩理性和繁琐哲学，将其作为空虚大脑的一种游戏，或官方中学式的哲学，但两种东西自有其正面价值。思辩一词来自拉丁语中的"观察"，"跟踪"，是指一种系统的理性活动；"繁琐"来自于希腊语的"学校的"，指中世纪神学中一种为基督教信仰寻找理论根据的活动。在俄国，认识论和本体论具有超过别国的紧密联系。

"宗教哲学"这一概念包含有矛盾。俄罗斯东正教很早就有对教会教条进行论证的神学。那么神学和哲学区别何在呢？

首先，神学集合了一些基本公理，特定的宗教信仰体验和神秘和直觉的启示。哲学同样也阐释圣经和教会教义，但对这些东西可以允许有所怀疑、质疑、梳理，合法化论证或否定。这无疑扩展了哲学探讨的范围和疆界。哲学在俄国起源于何时这是一个聚讼纷纭的问题。问题的答案取决于每个研究者所持的研究方法。一般认为俄国哲学的渊源可以追溯到彼得大帝以前的罗斯。这主要指俄国圣像画所具有的深度。那时的哲学渗透在绘画、建筑和文学艺术中。这样一种观点等于否定哲学是一种专门的认识领域，从而与哲学是一种反省存在之基础的清晰体系观相矛盾，进而也剥夺哲学可能在一定程度上所具有的科学性前提。

通常这种肯定俄国哲学起源于彼得大帝前罗斯的观点，往往与俄国哲学的特殊性和俄罗斯特殊的弥赛亚使命观比邻而居。事实上在任何文化现象中，都包含有明确的哲学定向，其表现可以非常清晰，但却不是哲学特有的定向。

每个民族的哲学都有其特殊的思维方式，它取决于人种、心理、历史文化和自然等因素。在基督教轨道里发展而来的宗教哲学，多少都与最初的启示、与"福音"有着联系。而俄国宗教哲学有下述特点：一是通过诉诸于宗教信仰体验的方式关注人的拯救理念。二是聚焦于伦理学问题，通常会通过坚定不移地遵循久经考验的道德法则的途经改造人的本性。趋向于坚定不移或平和稳健的道德化论述，而这取决于每个哲学家的特点。三是关注历史、社会历史乌托邦和渴望改造不完善的社会，渴望将其改造成为理想和正义的永久不变的王国。四是对本国历史密切关注，密切关注于论证在整个世界上俄国的历史使命和作用是独一无二的，具有决定历史命运的重大意义。这被称之为俄国宗教哲学的弥赛亚主义，该主义充满先知预言的激情及对于末世论的要求——以把人和社会彻底改造成为万物统一的绝对聚义性王国，使人和社会的关系趋于和谐为宗旨，彻底终结世界历史。五是认识论和本体论紧密结合：有关认识的方法及可能性问题，通常是与道德上的完善和特定的生活方式的要求相适应的，其前提是以关注"日常生活"方面为基础关注绝对或自然世界。

以上诸种特点引导俄国宗教哲学走向本体论，即俄国宗教哲学大多关心存在问题，而非从抽象层面探讨认识论的细节问题。所以，直觉便成为俄国宗教哲学的主要思维特征。车尔尼雪夫斯基等人抨击宗教哲学，声称唯有无神论者才会从哲学立场出发不带任何先入之见地研究宗教。但宗教哲学家则认为让不信宗教者研究宗教，就犹如对聋子讨论音乐，不啻为对牛弹琴。俄国宗教哲学产生于漫长的中世纪，而在19世纪末20世纪初，则以弗拉基米尔·索洛维约夫为杰出代表。索洛维约夫于1900年去世后，在末日论思潮笼罩下的俄国思想界涌现出一大批以其思想为导向的宗教哲学家，如洛赞诺夫、梅列日科夫斯基、列夫·舍斯托夫、尼·别尔嘉耶夫、弗洛连斯基、伊里英等，遂使白银时代俄国宗教哲学对于国际社会产生影响。

列夫·舍斯托夫的思想，既在既定的俄国宗教哲学的旧有轨道上，又基于其独特的个性、经历和体验而有独特的创造性和革新性。列夫·舍斯托夫素以其悲剧哲学、以圣经哲学批判传统哲学的自明性、思辨理性、绝对真理等核心概念而著称。他以"以头撞墙"的勇气把追求绝对自由和信仰的启示当做拯救人类自身的唯一途径，把这样一种哲学当做自己终生与之的生死攸关的事业。对于舍斯托夫而言，哲学和文学是二位一体的关系，他从研究莎士比亚起就把哲学思考深深扎进文学这片丰沃的土壤里，不断地从文学和作家的灵魂中汲取创作的养料和灵感。他既以批评作家作品的方式阐释其哲学思想，又从哲学思考的视角从事文学批评，可谓左右逢源，相得益彰。他的著述既不乏哲学的思辨性，又富含文学的诠释性，他的确是一个把文学的形象性和哲学的思辨性融为一身的个性独特的思想家。

列夫·舍斯托夫的哲理性文艺批评既无法被纳入上个世纪之初任何一种思潮的框架内，与此同时，又以其独特内容和表现形式赢得了世界各国广大读者，在世界各国哲学文学界拥有广泛而又深远的影响。其毕生哲学创作都致力于批判传统形而上学和追寻圣经中万能的上帝。十月革命前曾参加俄国世纪初"新宗教意识"运动，成为其主要代表人物之一。十月革命后客居巴黎在大学任教，期间开始与西方著名哲学家胡塞尔、海德格尔、著名文学家布伯尔、纪德等交往密切,其哲学思想也在这种高度紧张激烈的深度交往中得以锻炼成熟。俄国流亡哲学家尼·别尔嘉耶夫认为列·舍斯托夫是那种"以其全部存在进行哲学思考"的哲学家,对其而言,哲学不是一种学科专业,而是一件生死攸关的事业。舍斯托夫认为哲学认识过程与人的命运紧密相连,存在的奥秘只有在人的生存中才能得到认识。

二

列夫·舍斯托夫认为欧洲哲学从亚里士多德之后走上了哲学的歧路,以为哲学思维是一种排除主观因素的纯客观认识,是一种纯粹思辨和纯粹逻辑思维。但是,实际上欧洲哲学在苏格拉底时代,本来还有另外一个非亚里士多德传统,这就是圣经传统。这就是不但不排除主观,相反,认为真理就是建立在主体认知基础上的一种认识,真的哲学非但不应当排除主观因素,相反,真理就是包括主体全部感官认识在内的一种主观认识。客观的、超越主体认识水平的、放之四海而皆准的真理是不存在的。"上帝啊,我从深渊向你呼告!","以头撞墙"——这就是舍斯托夫发出的"旷野的呼告"。舍斯托夫认为流传至今的亚里士多德著作都是教科书一类著作,而祖述圣经传统的著作却未能流传下来,因此而使后人以为亚里士多德的教科书才是其哲学思想原本具有的形式和外观,以为真正的哲学就是排除了一切主观认识的纯粹客观的纯粹思辨的认识。

按照巴赫金的对话认识论,外位性是我们认识的充足必要条件之一。而我们对列夫·舍斯托夫思想的认识和评价、研究和梳理过程中,外位性同样也是获得真知的必不可少的视角。同此一理,对待列夫·舍斯托夫的宗教哲学批评,我们同样只有站在其外位立场上,才能真正洞悉其精髓。也就是说,我们不但要读进去,还要全面把握列夫·舍斯托夫宗教哲学思想的历史文化社会经济背景和语境。这也就是说,单纯从某一学科入手研究列夫·舍斯托夫的宗教存在主义思想,必然只能是捉襟见肘,鞭长莫及。今天,取代19世纪以来的学科分化趋势的,是各门学科打通,在人文和社会科学的宏观视野上综合运用适用于人文或社会学科的研究方法,进行学科综合和方法综合,这已经成为国际学术界的一大发展趋势。从中俄两国文化发展史的角度看,两国文化历来就具有一种以文学中心主义为核心,以历史和哲学为两翼,平行并进的特点。从学科认识的角度看,单纯从某一学科入手势必难以对所研究文化,进行有机整体的把握和认识。列夫·舍斯托夫是从文艺批评入手进入存在主义哲学堂奥的,但归结起来,毕竟仍然不失为俄罗斯精神文化现象和文艺批评现象之一。

虽然列夫·舍斯托夫最终是作为哲学家而得到各国学术界认可的,但其最初的出发点和初衷,却是以文艺批评为旨归,从文艺批评入手进行人的存在问题的思考的。他的第一部成名作《莎士比亚和他的批评者勃兰兑斯》就显示了这样的特征:从对文学作品的感入和切身体验中提炼哲思。可以说列夫·舍斯托夫创造了一种非常独特的从事哲理思考的写作风格:把对某位作家或哲学家创作的文艺学或哲学史思考和作者本人的思考用一种悖论的方式结合起来,融为一体。舍斯托夫这种独特的哲理思维方式和哲理陈述方式,可以采用他自己一部重要著作的名称来加以概括,即"灵魂中的漫游"。舍斯托夫不是一个体系性思想家或哲学家,但其哲学思考的缜密和逻辑性却丝毫也不输于任何具有精密思维能力的正统哲学家。他摒弃系统性和体系性是因为他认为这些东西会戕害思维，扼杀思想。思维之所以具有属人的特性，正是因为它包含有一时难以解决的矛盾。真正的哲学思考不应当回避这些矛盾，反而应该直面这类矛盾。他在给尼·别尔嘉耶夫的信中这样写道："任何东西也不如统一理念那样带给世人如许多冷酷的仇恨"。

哲学家舍斯托夫贯穿一生的创作主题在其成名作《莎士比亚和他的批评者勃兰兑斯》里便初现端倪：人在世上的"定向"，单只依靠科学认识是远远不够和有局限的。一般理念、体系和世界观会遮蔽我们直面具有丰富多样美丑兼具的真实的现实生活的那双眼睛。人的具体生活充满了悲剧性：并不存在什么抽象的道德规范和道德准则。舍斯托夫自述：在写作这本书时的他，还是站在道德的立场上的。说他之所以对勃兰兑斯不满，是因为后者忽略了莎士比亚悲剧的生命内涵，而单纯把它们看作是闹剧，是艺术享受而已。在《莎士比亚和他的批评者勃兰兑斯》中，舍斯托夫站在理想主义和崇高道德立场上反对泰纳的实证主义和勃兰兑斯的怀疑主义。这是舍斯托夫唯一一部教条主义的著作。在那个时代，这位丹麦批评家的威望正如日中天，实际许多人并不赞同舍斯托夫那种激烈抨击的态度。舍斯托夫这部激情洋溢感情炽烈的著作，当时并未引起批评界广泛关注。但舍斯托夫的这第一部著作却给很多人留下了深刻印象：几乎舍斯托夫成熟时期所探讨的所有主题，都可以从这部著作中找到。之后舍斯托夫又一连写作了论述陀思妥耶夫斯基、列·托尔斯泰、契诃夫、梅列日科夫斯基的著作和论文，继续申述其主导思想。

1905年作家出版了一本在彼得堡和莫斯科知识分子圈里引起巨大轰动的著作——《无根据颂——非教条主义思维的一次尝试》——此书

成为舍斯托夫哲学思想的纲领性宣言。当时人们对此书的评价可以说是见仁见智,毁誉参半。在莫斯科和彼得堡知识界引起异常尖锐激烈的争论,争论中出现的观点针锋相对,判若云泥。从欢呼雀跃到坚决否定,不一而足。这本书实际上是舍斯托夫的哲学宣言。按照舍斯托夫自己的说法,"……我的全部任务恰好在于要一劳永逸地摆脱任何种类的、被形形色色的、伟大和并不伟大的哲学体系奠基人以如此莫名其妙的顽强精神所强加在我们头上的开端与终结。"

该书由168则格言警句组成,由此在俄国开创了一种用格言警句体阐述哲理思考的文体。和以往著作不同的一点在于,作家不再围绕某位作家或思想家展开叙述,而是从一个论题轻松自如地过度到另一个论题,在不同领域的问题间自由转换跳转,而作家自己的立场也就渐渐清晰地展现出来。和略早于自己的罗赞诺夫一样,舍斯托夫自己独特的哲理阐述方式,也同样不具有概括性、完结性,但舍斯托夫却具有前者所不具有的浓烈的学术性。无论论述的是康德、叔本华还是克尔恺郭尔……舍斯托夫的文字总是包含大量严谨的、一丝不苟的引文,使行文带有一定的室内性,私密性和自白性。舍斯托夫之所以钟情于这种文体,是因为他看重自由思想。他认为思想自由是文学创作的最大价值所在。这是因为,其一,我们的所思所感很难被纳入传统哲学阐释的正统规范下,任何人类思想经由口头传达都会受到一定程度的耗损和折扣。其二,我们不得不削足适履地让自己的体验和感受去适用某部著作的秩序、统一性、完整性和统一的思想。《无根据颂》的核心思想一言以概之,即:围绕我们的真实世界是无穷多样丰富的,生活比我们有关生活的观念要丰富百倍。我们试图理解这个真实世界的企图,其实是在试图把这个真实世界纳入普罗克汝斯特斯的床,亦即将其纳入我们所创造的认识模式里去而已。这样的认知只会限制我们个人的视野和我们知性的地平线。只有那些未曾被"科学认识这个世界"的神话所催眠的个人思维,才有能力认识这个是其所是的世界和生活。

《无根据颂》的上卷共有122则,而下卷却只有46则,但每则篇幅却都比上卷长。在舍斯托夫的文本中,构成一个悖论的是,除了未完结性、开放性和以他人言论为依据加以推论和引申外,还有一种内在的独白性。作者的手笔处处可以令人感觉得到。还有一种讥讽和嘲弄的语调,也是舍斯托夫所特有的。这里涉及到作者另外一个不常出现的主题,那就是俄国文化和历史发展的独特性问题。按照舍斯托夫的观点,俄国文化发展史的独特性根植于其文化的相对不够发达性上。因为俄国人在相对较短的时间内吸收了欧洲人培育了几个世纪之久的文化。因此,俄国人把欧洲文明所取得的成就当做奇迹,而对其在几个世纪中付出的大量劳动却视而不见。认为在这个成就之后继之而来的便将是理想的社会制度。俄国人在见识了铁路、农耕机器、现代学校和自治制度后,随即便想象奇迹的诞生:普遍幸福、无限自由、天堂和飞翔的翅膀等。但俄国人在此之后却继之以失望,典型代表是赫尔岑,他被迫在国外生活了23年,最后终于认出欧洲文化的小市民本质。但仅仅一个赫尔岑并不足以彻底治愈俄国人的以赛亚抱负和乌托邦幻想,依然祈求一劳永逸地解决所有世界性难题,对自身的力量充满无限信心。俄国人永远不会满足于小打小闹,止渴的杯水,妥协和部分的改善永远难以满足俄国人的胃口。他们热衷于采取激烈彻底的方式来改造世界。俄国知识分子的激进主义、极端主义、俄国文化的极端真诚真挚便由此而来。针对当年斯拉夫派和西欧派之间的那场争论,舍斯托夫的立场是十分特殊的。西欧派把亦步亦趋地彻底模仿欧洲榜样当作出路,这是舍斯托夫所断然难以苟同的。

三

舍斯托夫认为所有哲学体系都竭力想要一劳永逸地解决"人类生存这个一般性问题",并从这种解决方案里推导出人的生活法则或规则,殊不知这个一般性问题是无解的,或是不可能有解,因为生活中每个人其实都是在以自己特殊的方式解答这个问题的,每个人特殊的解决方式,都取决于其人的个性、思维方式、具体处境和社会地位等。因此,我们再也不会为了人们意见分歧观点不一而伤心烦恼,反而对于未来此类分歧会更多而感到高兴。真理是没有的,有的只是人们变幻无常的趣味和品味。而这也就是舍斯托夫式多元主义理论的精髓,构成该理论之基础的,是信任生活原则。归根结底,当需要我们在生活和理性之间进行选择时,我们的选票永远都钟情于前者。由这样的命题得出的结论有两个:一是对于科学世界观应当进行批判;二是可以假定真理是多样的。生活是多样的,而人也人各一样,个个不同。每个人都有其不同于他者的需求。因此任何哲学要想成为普遍适用的,就必须成为一种布道和说教。我们的意识应当摆脱无论何种教条,以及现存各类套版和各种匿名的观念。应当让怀疑成为我们生存的动力。只有这样人才能学会独立接受这个世界,而不必为自己的所见所感不完整和不清晰而担负责任。

《悲剧哲学——尼采与陀思妥耶夫斯基》是一部以尼采和陀思妥耶夫斯基为主要研究对象的著作。书中认为陀思妥耶夫斯基在其思想发展的过程中,也有一次类似于尼采"重估一切价值"的重大转变。陀氏和尼采两人的说法尽管有差异，但实质上说的是同一个意思。

舍斯托夫终其一生都是专制政权的敌人。1920年舍斯托夫举家离开苏维埃俄国，在瑞士逗留了不长时间后，于1921年定居法国。此时他在哲学上关心的问题，是巴门尼德和普罗提诺、马丁·路德及中世纪德国神秘主义者布莱兹·帕斯卡尔和巴鲁赫·斯宾诺莎、索伦·克尔恺郭尔，以及其同时代哲学家埃德蒙·胡塞尔。舍斯托夫由此进入那个时代西方哲学界的核心精英圈，而和埃德蒙·胡塞尔、克劳德·列维—斯特劳斯、马克斯·舍勒、马丁·海德格尔、乔治·巴塔耶等有密切交往。他还在索邦大学举办讲座和开设课程，内容涉及陀思妥耶夫斯基、托尔斯泰，以及整个俄罗斯哲学思想。舍斯托夫还对《路标》杂志（巴黎，1926—1928）的编辑出版提供了帮助，1925年该刊第1期还刊载了他的哲学论文《发狂的演说（关于普罗提诺的神魂颠倒)》。

舍斯托夫通常被人称为"反哲学家"：其主要追求是要挣脱意识的束缚，因为意识——由公式和模式等理性抽象物构成的意识——既构成了世界的基础，也遮蔽了真正的现实。自明性即导致死亡和痛苦的自明性，是世界强加在人身上的。对人而言，这种自明性是在理性主义和人文道德中得以体现的。舍斯托夫无法沿着哲学的康庄大道向前行进，为的是借此可以避免再次沦入这个世界的纷纭论争中。为此他选择格言警句和评论诠释体进行写作。对于舍斯托夫来说，最重要的任务是从普遍必然判断这种幻觉的俘虏下挣脱出来，走向上帝。因此他为自己的哲学研究选择的对象是面对上帝的人——陀思妥耶夫斯基、帕斯卡尔、尼采、克尔恺郭尔——的经验和体验。舍斯托夫完全被圣经的魅力所吸引，尤其是圣经中那些先知们以及使徒保罗。正是圣经以其向世界发出的挑战，以及上帝对这种挑战的回答证明，自明性是一种可怕的幻觉和骗局。"理性导向必然性,信仰导向自由"——这句话完全适合舍斯托夫自己的命题。

《钥匙的统治》1923年出版于柏林。本书按照舍斯托夫的原初构思,是要写成陀思妥耶夫斯基宗教大法官传说的续篇。在舍斯托夫看来,这一传说是对几千年来欧洲史的总结。陀思妥耶夫斯基笔下的宗教大法官凭借手中权威,成为一个攫取人类完善生活之精神统治权的僭主和篡位者。"钥匙的统治"就是其具有绝对权力并进行合法统治的代用语,成为上帝在大地上的合法代理人。舍斯托夫是要借此指出,它是可怕的理性主义之果,是原初的知识之果,正是它曾欺骗过人类之始祖,诱惑了旷野的基督,迄今仍在向我们每个人以廉价的许诺取代活生生的上帝,取代人类真正的自由。

第2部分是《理念的统治》。1901年,梅列日科夫斯基出版了《列·托尔斯泰和陀思妥耶夫斯基》第1卷,当年舍斯托夫就此书曾发表文章讨论。本文是舍斯托夫就梅列日科夫斯基《列·托尔斯泰和陀思妥耶夫斯基》第2卷所写的书评,由此文读者可以看出舍斯托夫与梅列日科夫斯基观点的区别,即梅列日科夫斯基讨论托尔斯泰和陀思妥耶夫斯基时,总是基于某种原则,某种概念进行,这在舍斯托夫看来,就无异于理念的统治,理念既然有效发活,其他一切就只能服从,而舍斯托夫正是要反对"理念的统治"。

第3部分是《论莎士比亚的〈裘力斯·恺撒〉》。舍斯托夫是从1895年开始研究莎士比亚的,是莎士比亚引导他走向哲学。1897年,舍斯托夫写完其处女作《莎士比亚及其批评者勃兰兑斯》,此书次年出版于圣彼得堡。在本文中,舍斯托夫以其独具匠心,揭示莎士比亚是西方鲜明提出人的存在问题的作家。当人的存在露出其可怕的面貌时,人面临着前所未有的困境,他该怎么办?在莎士比亚的《裘力斯·恺撒》一剧中,尽管杀死恺撒的凶手布鲁图斯遭到勃兰兑斯的指责,但舍斯托夫却指出,是为所欲为、刚愎自用的道德在要求人为此献祭,因而与其把矛头对准布鲁图斯,不如对准道德本身。

《列·托尔斯泰伯爵与弗·尼采学说中的善》,写于1898年,出版于1899年的圣彼得堡。舍斯托夫在本书中揭示了俄罗斯伟大作家托尔斯泰就是伟大的思想家,他在自己伟大的作品中像是在布道,宣称善即一切,善要高于上帝。可尼采的哲学却把善看成是恶,恶也就是善,因此善无论是兄弟之爱,还是其他之爱都并非上帝。尼采由此开辟了一条道路,人应当去寻找高于怜悯、高于善的上帝。

《在约伯的天平上(灵魂中漫游)》是舍斯托夫一部重要代表作。全书分3个部分,第1部分是他对俄国著名思想家、文学家陀思妥耶夫斯基与托尔斯泰两位大师的评述。舍斯托夫指出,陀思妥耶夫斯基具有双重视力,即"天然视力"和天使赋予他的"超天然视力"。天然视力看到的是必然存在,是自明,而超天然视力则看到了自由的存在,是要让人战胜自明。因而当人把生当作死,死当作生来看时,并不排除另一种生就是死,死就是生的看法。舍斯托夫认为,托尔斯泰在面对最后审判时,不得不抛弃自己过往的一切伟大,因为他已领悟到,死其实并不可怕,可怕的是我们行尸走肉地活着。

第2部分是舍斯托夫关于敢想敢为和俯首听命的格言警句集。其中论述到启示、哲学标准、科学与哲学的关系、最后审判、存在的假象、存在的秘密、什么是美、认识你自己、哲学的当前任务、形而上学真理、通向真理之路、死的讽刺等问题,每节都主题鲜明、语言精炼、寓意深刻。

第3部分是舍斯托夫评述斯宾诺莎、帕斯卡尔、普罗提诺等著名哲学家的文集。舍斯托夫认为，正是斯宾诺莎继承了笛卡尔的"怀疑一切"与"我思故我在"的思想，以为只有实体、数学方法是唯一的探索方法，其实质就是否定圣经，这也就等于杀死上帝。帕斯卡尔则与大多数哲学家相反，他不是为理性大唱颂歌，而是在呻吟中去探索，到圣经中去寻找真理。普罗提诺虽然不否认理性，但他对理性失去信心，成了理性的憎恨者。最后一篇是舍斯托夫答复赫林教授评论的文章，论述什么是真理的问题。本书俄文版出版于1929年。

《雅典与耶路撒冷》出版于1938年。全书共分四章，分别撰写于不同时期。第1章"论形而上真理的来源"（1928－1930）；第2章"在法拉利公牛的肚子里"（1931）；第3章"论中世纪哲学"（1934）；第4章"论思维的第二个维度（斗争与思辩）"（写于20年代）。本书为舍斯托夫耗费数十年之久撰写而成。他在本书中论述的主题也是他一生关注的问题，即在舍斯托夫看来，新约与旧约之间所谓的对立完全是虚构的，《圣经》中的福音既赋予人以直面生命之恐惧的力量，又以启示真理克服"知识"，从而以生命之果战胜知识之果。

《惟凭信仰》是舍斯托夫去世后才终于出版问世的一部著作，差不多是舍斯托夫自己的精神自传。作者之所以选择"Sola Fida"这个格言做此书标题，也许是因为它鲜明地描绘了年轻的路德为信仰而从事的那场斗争。在舍斯托夫在其"灵魂中的漫游"中所拜访过的那些人中，就其精神实质而言，很少有谁像年轻时的路德那样让他感到那么亲近，而且路德为信仰所从事的那场斗争，也与他自己所从事的斗争十分相近。这本书的性质与其说是文学性的，不如说是哲学性的。书中所阐述的许多思想，构成了舍斯托夫嗣后著作的基础。这本书写作的时间很短（8

到9个月),是在一种心情极度振奋,精神极度紧张的状态下写出的。未能做最后加工使得这本书的语气比舍斯托夫的其他著作显得更直接,更直抒胸臆。

四

列夫·舍斯托夫原名耶古达·莱布·施瓦茨曼,1866年1月31日生于基辅犹太富商之家。1884年中学毕业进入莫斯科大学数学物理系,后转入法律系。曾在柏林大学学习一学期。在莫斯科大学期间,由于和一位著名学监发生争执而离开莫大,转入基辅大学法律系,1889年以副博士学位从该校毕业。学位论文《论俄国工人阶级状况》被莫斯科审查机构严禁并销毁,为此而未能获得博士学位。大学毕业后,舍斯托夫志愿参军。然后在莫斯科短暂担任助理律师工作。1891年不得不回到基辅料理父亲的家族企业,但这不符合舍斯托夫的天性和志趣,他把大量精力用在了广泛阅读文学和哲学著作。1895底,他因疲劳过度而患了严重的神经衰弱症,于1896年春到国外治病,也为了能够随心所欲地从事自己所喜欢的文学和哲学,在国外为找到合适的医生和气候而辗转于维也纳、柏林、巴黎等地。1895—1898年,舍斯托夫发表了自己第一部哲学著作《莎士比亚及其批评者勃兰兑斯》。1898—1914年间,舍斯托夫主要居住在瑞士,此时适逢俄国思想文化的繁荣时期,即"俄国宗教哲学复兴运动"刚刚兴起的时代。此时的舍斯托夫经常回国,参加彼得堡、莫斯科和基辅三地的宗教哲学学会活动,结识了别尔嘉耶夫、布尔加科夫、梅列日科夫斯基等人。这期间他出版了三部重要哲学著作:《托尔斯泰与尼采学说中的善(哲学与布道)》(1900),《陀思妥耶夫斯基与尼采（悲剧哲学）》（1903），《无根据颂》（1905）。1914年一战爆发后，舍斯托夫回到俄国，先在莫斯科，后在基辅大学开设希腊哲学课。1920年再次离开俄国流亡国外，此后一直定居巴黎。在索邦斯拉夫研究院和巴黎大学任教，开设俄国宗教哲学等课程，也曾在法国电台举办哲学讲座，经常在杂志发表文章，与胡塞尔、马克斯·舍勒、海德格尔、马丁·布伯、安德烈·纪德等西方著名哲学家和作家相识并有通信往来。1938年11月20日，舍斯托夫在巴黎去世。

早在其生前，列夫·舍斯托夫的著作就已陆续出版过除俄文版以外的德文版、法文版、英文版、西班牙文版、日文版，意大利文版，荷兰文版、丹麦文版、中文版。其著作有最早的成名作《莎士比亚和他的批评者勃兰兑斯》、生前出版的最后一部著作《雅典和耶路撒冷》，死后出版的最后一部著作《唯凭信仰》在内，约十多部。笔者近几年中经过努力搜寻，最后在俄罗斯找到最新发现的列夫·舍斯托夫4部著作，并将其译出。我国对列夫·舍斯托夫著作的介绍，实际上开始于鲁迅。介绍列夫·舍斯托夫在上个世纪的8、90年代，形成一次小高潮。以下即为新时期以来我国出版列夫·舍斯托夫著作的情况简介。

《旷野呼告》（方珊，李勤译，华夏出版社，1991，3初版）；《旷野呼告》，（方珊，李勤译，天津人民出版社，2009，4）；《开端与终结》，（方珊译，云南人民出版社，1998，4）；《舍斯托夫集》，（方珊编选，上海远东出版社，1998，12初版；2004，8，第二版）。《以头撞墙》，）（方珊等译，陕西师范大学出版社，2003，10）；《以头撞墙》，（方珊等译，天津人民出版社，2007，7）；《双头鹰文库》（共六本，方珊，张冰主编，华夏出版社，2001，1）；《舍斯托夫文集》（五卷本，方珊编，世纪出版集团，上海人民出版社，2004，9）；第1卷：《钥匙的统治》，

(方珊编,张冰译,世纪出版集团,上海人民出版社,2004,9);第2卷:《在约伯的天平上》,(方珊编,董友等译,世纪出版集团,上海人民出版社,2004,9);第3卷:《雅典与耶路撒冷》,(方珊编,张冰译,世纪出版集团,上海人民出版社,2004,9);第4卷:《旷野呼告 无根据颂》,(方珊编,方珊,李勤,张冰等译,世纪出版集团,上海人民出版社,2004,9);第5卷:《思辨与启示》,(方珊编,方珊,张百春,张杰等译,世纪出版集团,上海人民出版社,2005,7)。《雅典与耶路撒冷》(张冰译,云南人民出版社,1999年3月版;世纪出版集团,上海人民出版社,2004年版)。《钥匙的统治》(张冰译,世纪出版集团,上海人民出版社,2004年版)。《旷野呼告·无根据颂》(方珊、张冰等译,世纪出版集团,上海人民出版社,2004年版)。

国外曾经出版过一套十二卷本的列夫·舍斯托夫文集(巴黎,1975)。但遗憾的是:由于时间的原因,这套文集也不全(至少不包括新近发现的四部重要著作)。笔者在此基础上,新译了如下舍斯托夫新发现的著作:《伟大的前夜》《惟凭信仰》《莎士比亚和他的批评者勃兰兑斯》《希腊哲学史讲演录》。

这里向广大读者推出的这部目前国际上唯一一部舍斯托夫传记,是由列夫·舍斯托夫女儿尼·巴拉诺娃-舍斯托娃所著——《列夫·舍斯托夫评传——根据与同时代人的回忆和通信》。这部著作不尚文采但注重史实的梳理和事实的考证,是一部不可多得必不可少的研究列夫·舍斯托夫的基础文献。世界上曾经产生过大致两种列夫·舍斯托夫全集。俄文版最早的全集出版于19世纪末,但只出到6卷,是不全的文集。法文版文集事实上也不全。总之,迄今为止,由于舍斯托夫生前未来得及整理,所以,目前世界上并没有一部足本的舍斯托夫文集。有鉴于此，对于舍斯托夫思想在 20 世纪俄罗斯和世界思想史中的意义和地位进行系统梳理和总结，编纂一部信实可靠的列夫·舍斯托夫文集，就成为新时代学界同仁对于我国外国文学和外国哲学研究界应该承担的一种责任和义务。笔者根据舍斯托夫女儿亲自撰写的《舍斯托夫评传》所提供的史料，精心编撰，参照其俄文和法文版文集，酌其有无，删其重复，精心编撰的中文版的真正意义上的列夫·舍斯托夫文集（该文集已由商务印书馆于今年（2021）年全部出版。该文集具体编目如下：第 1 卷：《莎士比亚及其批评者勃兰兑斯》。第 2 卷：《托尔斯泰与尼采学说中的善》。第 3 卷：《悲剧哲学》。第 4 卷：《无根据颂》。第 5 卷：《开端与终结》（文集）。第 6 卷：《伟大的前夜》。第 7 卷：《钥匙的统治》。第 8 卷：《在约伯的天平上》。第 9 卷：《旷野呼告》。第 10 卷：《雅典与耶路撒冷》。第 11 卷：《思辨与启示》（文集）。第 12 卷：《惟凭信仰》。第 13 卷：《希腊哲学史讲演录》。）

在苏联，1988 年苏联政府出台《关于出版十月革命前俄国思想家著作的决议》以后，舍斯托夫那些以前在苏联被封禁的著作成为改革和新思维时期第一批"报春的燕子"，成为十月革命前俄国思想家中最先受到当今俄罗斯人关注和青睐的书界"新宠"之一。对舍斯托夫哲学思想和文艺批评的研究，早在其生前就已经展开，并且，由于作家早年就在俄国以外生活和工作，在俄国境外发表著作，所以，对其的反响和研究也就不限于俄国国内，而成为一种国际性文化现象。1938 年作家去世后，成立了一个舍斯托夫著作出版委员会，从事舍斯托夫著作全集的编辑工作。但该委员会的二作由于受二战影响，迄今收效甚微。

在我国新时期以来的外国文学界哲学界，自从列夫·舍斯托夫《在约伯的天平上》（董友等译）、《开端与终结》、《旷野的呼告》（方珊译）

问世以来,在读书界产生了持续、持久、恒常的影响,包括上述译著在内的舍斯托夫著作,在数十年间,持续不断地由多家出版社再版,成为读书界"学术类书籍的常销书",也成为学术低迷、拜金至上时代的一个"思想的奇迹"。

列夫·舍斯托夫于1938年去世后,作为一位对西方存在主义思潮产生过巨大影响的俄裔宗教哲学家,舍斯托夫的国际影响力逐渐扩大,遂使舍斯托夫研究逐渐成为各国学术界的显学。仅就我们从国内网上所能见到的不完全统计,便有相关论文论著100多篇(部)。截至目前,国际学术界的舍斯托夫研究,大致可以分为两种倾向:一是传记学方向,即舍斯托夫儿女、亲友和弟子根据回忆和记录,结合对于舍斯托夫思想发展的了解所写下的回忆性质的资料(以舍斯托夫女儿所著《列夫·舍斯托夫评传》、弟子方丹所著《列夫·舍斯托夫访谈录》等为代表);二是各国学术界结合自己的研究选题,部分涉及舍斯托夫的论文论著。舍斯托夫一般只是作为论文论著作者的引文作者出现。以上两种倾向由于都不是把舍斯托夫置于研究的焦点之上,所以,都不能算是严格意义上的舍斯托夫研究。我们认为:作为一位足迹跨国界跨时代的作家,舍斯托夫一生和不同国别思想界的不同派别有过各种各样的联系,梳理这些联系和关系也就等于是对舍斯托夫思想的一次梳理,从中也能顺序揭示舍斯托夫思想的独特之处。早年舍斯托夫与俄国上个世纪初的新宗教意识运动关系紧密,从而成为该运动主要参与者之一,其思想也在这个过程中逐渐从早年的唯物主义转向唯心主义。舍斯托夫在此期间逐渐形成了自己独特的思想,大不同于他的那些同时代人,如弗·索洛维约夫、德、梅列日科夫斯基、瓦·洛赞诺夫、尼·别尔嘉耶夫等。晚期在法国巴黎教学的同时,游学于各国首都,并和欧洲思想界巨擘有密切交往和学术交流，其思想就是在这样的交流中逐渐形成。

感谢四川人民出版社·鲸歌和"金色俄罗斯"丛书主编汪剑钊先生以及张春晓女士的大力支持，俾使这部在研究列夫·舍斯托夫哲学思想方面具有不可取代重大意义的评传，得以与中国读者见面，从而为国内学界同仁提供了一部详实准确的研究基础资料，为进一步深入解读列夫·舍斯托夫乃至整个俄国宗教哲学思想，打下了扎实的基础。同时，笔者也借此机会对出版列夫·舍斯托夫文集的商务印书馆及其同仁，对列夫·舍斯托夫文集的责任编辑傅楚楚女士，表达最真挚的感谢！

是为序。

2020年9月4日于京师园
2021年11月2日于北京师范大学珠海校区

作者谨向下列人士表达诚挚谢忱,他们是:为本书写作提供帮助并打印手稿的叶娃·约费;舍斯托夫的孙女斯维特兰娜·玛什卡;弗拉基米尔·巴拉诺夫,米哈伊尔·拉扎列夫,亚历山大·鲁里瑶和亚历山大·谢夫,他们都为作者撰写此书提供了支持;此外还有把手稿翻译成法语的勃兰妮·勃龙施坦—维纳韦尔女士和普拉兹马出版社出版此书的米舍尔·卡拉斯先生。

第一章

基辅的童年——莫斯科大学和毕业论文——最初发表于基辅出版物上的文章（1895）

列夫·伊萨科维奇·舍斯托夫（耶古达·莱勃·什瓦茨曼）1866年1月31日出生于基辅。其父伊萨克·莫伊谢耶维奇·什瓦茨曼是一位有才华的商人，在基辅把一个小铺子改造成为在克连缅丘格拥有支行、在整个西南地区以品质优良的英国纺织品和莫斯科优良厂家产品闻名遐迩、年周转资金数百万的、以"伊萨克·什瓦茨曼仓库"闻名的大型手工作坊商行。由于事业发展很快，1908年商行又改组为名为"伊萨克·什瓦茨曼手工作坊商会"的伊萨克·什瓦茨曼股份公司。公司位于波多尔亚历山大广场的一幢大楼里。

舍斯托夫有两个弟弟米哈伊尔、亚历山大和四个妹妹索菲亚、玛丽娅、叶莉扎维塔、法妮娅。这个位于波多尔的大家庭洋溢着活跃的气氛。舍斯托夫的父亲是一个早期犹太复国主义者和古犹太文字的大专家，他定期去犹太教堂做礼拜，与此同时还是一个犹太人所谓的"爱比科伊列斯"——即自由思想者。他经常喜欢拿那些宗教狂的鼠目寸光目光短浅开涮,为人非常机智俏皮,有时会在犹太教堂举办类似俱乐部的聚会,讲笑话,有一段时期,有人甚至想以亵渎神圣的名义把他驱赶出教会。但他虽然具有高度的自由思想,但一有机会,就说:"每当庄严的教会举办盛典时,当人们穿戴着摩西五经的斯维塔袍参会时,我毕竟还是会亲吻他们的袍子的。"舍斯托夫喜欢听他父亲讲述古老的传说和迷信故事。正是出于对传统的尊重,父亲给孩子们聘请了古犹太语教师,可后来舍斯托夫却把这种古旧的语言全都忘光了。

1954年,当年的古犹太语教师法妮·洛茨卡娅80岁生日时,她的学生们在以色列日报《耶路撒冷斋期》上发表的文章,有几段回忆到什瓦茨曼一家在20世纪80—90年代的生活:

> 像契连诺夫、焦姆金、乌西什金这样著名的犹太复国主义者,经常造访伊萨克·莫伊谢耶维奇家。沙洛姆·阿列伊赫姆还曾朗读过自己早期的作品。①

文中提到的叶菲姆·契连诺夫医生、弗拉基米尔·焦姆金、米哈伊尔·乌西什金都是著名的犹太社会活动家。这些人都属于一个犹太复国主义者组织,该组织是在1897年在巴塞尔召开的首届国际犹太复国主义者大会上成立的。该会主席是赫尔茨勒。两位法国作者德·拉皮耶尔和列·科林斯在其所著《啊哦,耶路撒冷》一书(第51页)中②,讲到该组织成立的过程。

---

① 此类朗读会毫无疑问是在1885—1889年沙洛姆·阿列伊赫姆在基辅期间进行活动的。
② 本书正文中所提到的详尽的传记资料可参阅本书下卷"所引用文献"栏。

毫无疑问，伊萨克·莫伊谢耶维奇参加过犹太复国主义运动，但他参加的究竟是什么活动，却不得而知。众所周知，舍斯托夫应他的请求出席过1898年在巴塞尔举办的第二届犹太复国主义大会。

舍斯托夫曾经对妻子和洛夫茨基一家谈到过自己童年的往事。以下就是妻子和洛夫茨基的三则笔记：

他10岁那年，捡了一条流浪狗，他非常喜欢那条小狗，给它起名叫"花束"。有一次家人打发小男孩去给父亲送一碗汤。小男孩端着汤碗一路上在想，如果花束变成人那就好了，就这样一不小心把汤碗给洒了。当然，小家伙挨了一顿骂。

舍斯托夫父母家住着一位年老的女穷亲戚。她住在厨房，但每逢周六就会在屋里的一角摆上一张桌子，桌上铺着白桌布，点着蜡烛。他家平常并不庆祝礼拜六。10岁左右的舍斯托夫经常坐在老太婆身边，听她读经或讲古。舍斯托夫非常喜欢老太婆那朴实的信仰。

有一次他偶尔闯进一家东正教教堂。东正教教堂里面的肃静，明晃晃的烛台和整体氛围，让他一下子就喜欢上了。他很惋惜这不是他应该进的教堂，觉得在那里祈祷心里会很宁静。

小男孩时的舍斯托夫经常跑进邻近一家兄弟修道院看人家庄严肃穆的礼拜仪式。庄重的法衣，肃穆的圣像，成排的蜡烛，深情的赞美歌，彻底征服了他的想象力，他曾跟我说，假如他能碰见一个勤谨刻苦的僧侣，他也许会皈依的。他常常不由自主地把这种恢宏壮观的礼拜仪式和破烂的犹太教堂里的礼拜仪式做对比，衣衫褴褛的犹太人在教堂里只会嘴里喊着"我有罪……"，拍打着自己的胸

脯大声祈祷。(洛夫茨基，未刊文稿，第21页)

19世纪70年代末，是一个恐怖暗杀极度风行的时代，这个时代以亚历山大二世于1881年3月1日被刺杀结束。沙皇去世后开始了对犹太人的大屠杀。亚历山大·米哈伊洛维奇·格林别尔格——舍斯托夫的表兄（参阅附录）于1882年移居美国，他对其儿子斯坦利·格林(Stanley Grean)讲过在基辅城里对犹太人的大屠杀：

基辅城里的犹太人街区遭到大屠杀。我叔叔伊萨克·什瓦茨曼坐落在市场广场上的商店受到了士兵的保护，因为他是一等商人。我家住的离市场广场不远，而大屠杀恰好就是在我家那块开始起头的。我们只好从家里跑出来，跑到门口挂只十字架的修女家里躲藏。后来又跑去让警察保护。(斯坦利·格林，《家史》)

伊萨克·莫伊谢维奇家在此期间也发生了双重灾祸，关于这件事洛夫茨基写道：

老人家头婚生的大女儿多拉嫁给了"好小伙儿"杰尼斯·尼克·波杰列金——先是在亚历山大洛夫斯克，后在涅仁当技工学校的校长——成了个女革命家。父亲和女儿断绝了关系。

可紧接着就来了第二桩祸事：12岁的列夫·伊萨克维奇不见了。原来他是被一个秘密政治组织给绑架了，目的显然是索求丰厚的赎金，好补充党的经费的不足。老人家经过一番痛苦的思考，决定不对政治敲诈让步，坚决拒绝给付对方要求的赎金……。列夫·

伊萨克维奇不愿意回忆他童年时代的这件往事。老父亲表现出来的坚忍不拔获得了成效：过了一段时间后，全家的朋友米·伊·库里舍尔把浑身湿漉漉的12岁的孩子领回家了，说：这不是你们家的廖利亚嘛！不难想象可怜的母亲和全家人是何等欢天喜地呀。（洛夫茨基，未刊文稿，第20、21页）

关于舍斯托夫的被劫持，亚历山大·格林别格也和其儿子讲到过：

伊萨克的大儿子，列夫，于1878年被一伙无政府主义者当作人质给劫持。政府拒绝给付赎金。6个月后列夫毫发无损地回来了。

犹太人大都关心一件事，那就是如何能尽可能多给孩子留下些"权力"。沙皇政府给予受过教育的犹太人在服兵役和在定居点以外居住权上，给予一定优惠。舍斯托夫起先上的是基辅古典文科中学，后来，由于和政治有牵扯，不得不放弃这所学校，而转学到莫斯科。1884年中学毕业后，考入莫斯科大学，起先在数学系，随后又转到法律系。期间有一个学期他是在柏林大学念的。由于和著名的大学学监勃雷日加洛夫产生一些误会，舍斯托夫从莫斯科大学弃学，又转回基辅大学，并于1889年从基辅大学法律系毕业。

大学期间舍斯托夫对财经问题产生了浓厚的兴趣。在莫斯科大学期间他热忱地听伊·伊·扬茹尔、亚·伊·丘普罗夫的课程（参阅谢·波兹涅尔的《列·舍斯托夫传》——《最新消息》，1925年2月25日）。丘普罗夫（1842—1908）是一位杰出的经济学家，政论家和社会活动家，时任莫大政治经济学和统计学教研室主任。

他是大学科研为人道主义和社会理想主义精神服务思想的最杰出最著名的旗手……丘普罗夫……是作为社会发展进步之力量的大学精神的体现和象征。(基泽维杰尔)

丘普罗夫针对当时俄国经济生活最迫切的问题的铁路经营问题撰写过若干种专著。

扬茹尔(1846—1914)是一位杰出的经济学家和统计学家,时任莫斯科大学财务法教研室主任。1882年他成为莫斯科工厂区视察员。可是,1886年法律颁布后工厂监理的状况变得很糟糕,1887年,扬茹尔辞去了工厂视察员职务,因为他对在这个岗位上富于成效的工作的可能性失去了信心。扬茹尔教授的课上永远都是满座,他的课总是能带给学生许多新的材料。他是大学实践课(财政法)的首批创办者之一,这门课学生总是踊跃参加。他拥有丰富的藏书,并且总是乐于为每个有志研究者无偿提供。扬茹尔参与了许多具有自由稳健派倾向的杂志的工作,并且出版了许多专著。

大学期间舍斯托夫撰写了两篇较长的论述工人问题的论文:一篇写于莫斯科,另一篇学位论文写于基辅。毫无疑问,这两篇文章的题目或是扬茹尔给他出的,或是受了后者著作——《1882—1883年间莫斯科省工厂的日常生活》和《1885年工厂视察报告》——的启发。关于自己的第一篇科研论文,舍斯托夫曾经在《自传》中对方丹说过[①]:

[①] 列夫·舍斯托夫:《自传》,见文集《文学初步》,莫斯科,西丁出版社,1911年俄文版,第173—176页。

还在当学生时期,我就和同学一起撰写了一篇《俄国工人状况》的论文——可这是一篇注定无法问世的论文——因为杂志编辑部(尽管也认为文章很有意思)认为文章既太泛又太专,而书报审查部门却认为对当时而言文章写得太尖锐了。而这是一篇合作文章,并非我个人所写。(《自传》)

我毕业于法律系……毕业考试得的是中等分 4^+。为取得法学副博士学位,我撰写了学位论文,题目是论述刚刚开始实行的、针对它已经开始出现了劳动监察报告的新工人法问题。我的毕业论文要在基辅大学通过;可为此我必须把论文打印出来,然后送交莫斯科的审核委员会审核。但审核委员的结论是,如果我的论文问世就可能成为在全俄掀起革命的一个信号。我动身去莫斯科搞清楚究竟是怎么回事。审核委员之一建议我提交一份按照审核委员会意见精神修改过的论文手稿,可撰写报告的那个委员却要委员会相信,任何修改都无法彻底改变这部著作的革命实质。结果手稿也没有还给我。手稿的另一份复本归学校所有。我的草稿也丢失了。这本书也就从未出版过。这本书里讲的是俄国农民的极端贫穷状态等问题的。(方丹:第86页)

关于舍斯托夫的这部论著洛夫茨基写道:

他从青年时代起就对黑格尔和马克思主义持否定态度,尽管他对马克思的著作深有研究,他的那部因被当作革命的信号而遭到扬茹尔教授否定未能出版的学位论文就证明了这一点。(洛夫茨基,未刊文稿)

显然，舍斯托夫的这部著作虽然所研究的题目是扬茹尔也很感兴趣的，但却因写得过分激烈而遭到否决。

第一篇论文的题目"俄国工人的现状"是舍斯托夫在自传里提到的。第二本论著（学位论文）方丹却没写题目是什么。在其他研究舍斯托夫的著作里，这篇学位论文有两个不同的题目。波兹涅尔说题目是"俄国工厂的立法问题"，而苏伊斯和列甫夫尔却说是"俄国工人阶级的现状"，而舍斯托夫本人在1931年1月5日给格·洛夫茨基的信中，说的题目和后者一致。这篇学位论文的正确题目极有可能是波兹涅尔的说法比较可靠，而舍斯托夫在致洛夫茨基信中所给出的题目，应当断定是自传中所提到的那篇文章的题目。还有一个问题我们也无从判断，那就是这篇学位论文是为获得什么学位而撰写的。方丹说是"副博士"学位论文，而在其回忆录的其他地方又说是"博士学位论文"。很可能舍斯托夫从法律系毕业时得的是"学士"，而被否决的学位论文是获得硕士（副博士）学位而撰写的。

大学毕业后舍斯托夫在彼得堡注册为律师，但却从未经办过律师业务，而在莫斯科，从事法律工作的时间也很短暂。

青年时代的舍斯托夫和他的绝大多数同龄人一样，对政治感兴趣，而且都曾经是革命者。上文提到的那部在大学期间写作的论述工人问题的专著，便足以证明青年舍斯托夫当时所具有的革命情绪。伦德别尔格在其《作家札记》中对此题目有所涉及：

> 少年时代的舍斯托夫曾经与民粹党人过从甚密……有一段时期，尼·康·米哈伊洛夫斯基曾经想要吸收他参加其杂志的工作。后来他又研究过卡·马克思，并且成为基辅一地早期马克思的主要

阐释者之一。(伦德别尔格,第75页)

舍斯托夫也对方丹说过:

> 我从8岁起就成了一个革命者,这让我父亲伤心之至。直到"科学的、马克思主义的社会主义"出现好久以后,我才渐渐不再是革命者了。(方丹,第62页)

舍斯托夫究竟到底是什么时候才不再是革命者并且远离政治的,这个问题很难确定。可以推断,在下文将要提到的那个时代(1891—1996),他已经离开了马克思主义,而开始研究文学和哲学。沿着舍斯托夫所走过的精神道路,后来又走来了别尔嘉耶夫、司徒卢威,布尔加科夫及其他人。这些人的青年时期都曾是信仰坚定的马克思主义者,而后来又抛弃了马克思主义。1903年,布尔加科夫出版了一部题目为"从马克思主义到唯心主义 1896—1903"的著作,书中对包括舍斯托夫在内的这批学者的精神转折,作了描述。

大学毕业(1889)后,舍斯托夫自愿入伍服兵役。曾短期在莫斯科担任律师助理。但他很快(1891或1892)就被迫返回基辅,因为他父亲的事业搞得一团糟,需要他回去拯救家族企业。在基辅他一直待到1896年初。他在企业工作,读书很多,并且继续研究财经问题。在此期间或许比这还早一些,舍斯托夫曾经尝试写作中篇小说和短篇小说。舍斯托夫在自传中写道:

我试着写中篇小说和短篇小说——写了好多，可是却无从发表走向公众。我自己包括看过这些习作的我的为数不多几位朋友，都对这些习作评价不高。

在舍斯托夫档案里保存着10篇未完成的短篇小说的草稿手稿。这些手稿值得注意的一点毫无疑问在于其包含一定的自传成分。多数小说中的主人公都是贫穷而又富于才华的少年－理想主义者，幻想要"开创新事业，说出新思想"。显然，这就是舍斯托夫本人青年时代的理想。这里我从两篇未完成小说中引用两个片段。小说以阴暗的色调描写了中学生的日常生活。两篇小说的主人公都叫米罗维奇。头一篇没有标题，舍斯托夫在小说中描写了一个贫穷的中学生米罗维奇的生活。第二篇标题叫作《没有中靶》，年轻而又不走运的作家米罗维奇讲述了自己的生活。小说叙事以第一人称进行。

到五、六年级时米罗维奇已经对于文坛现有的诸多"流派"了若指掌了，一个人要想赢得尊重的第一个必要条件，就是必须归属于最后一个流派，该派是在力求继承俄国知识分子在普希金时代就已经开创的事业。他懂得俄罗斯思想的追随者和载体是奥涅金、毕巧林、罗亭、巴扎罗夫、涅日丹诺夫，他要求当代的同时代人应该打造新的理念，这些理念的意义对他们而言，应当与20、40、60和70年代的文学典型代表人物眼中的理念是一样的……他的全部思考归根结底可以归结为一点，即确定当代俄国知识分子的地位。40年代的理想主义者和60年代人——现实主义者们，都曾开创了自己的事业并且完成了他们的事业……如今我们又该怎么办呢？青年时期早期的他无法回答这个问题，而且后来，在他进入成熟期以后，也同样无法回答这个问题，但他却深信一点，即这个问题一定有也应该有一个答案，而且随着时间的迁移他一定能找到这个答案。他丝毫也不怀疑自己那个时代的人们应当说出自己该说的话，应当开创自己该开创的事业。为此就必须首先把祖先给我们留下的遗产好好清点一下，到那时一切就会昭然于天下了。俄国当然有着伟大的未来。俄国一定会实现其伟大的使命，而这同样的使命，却是西欧所无力完成的——因为西欧各国和各个民族走在一条快速通向毁灭的道路上……他早在那时就已怀着自豪和喜悦的心情在房间里来回踱步，高声朗诵着普希金的名诗：

啊，朋友啊，你终将看到一个不受压迫的人民
和因沙皇的狂躁而垮台的奴隶制，
明媚的朝霞终将升起在
开明而自由的祖国上空。

他说这四句诗是天才的诗人向俄国知识分子发出的第一个号召。而俄国知识分子也对这一伟大的号召做出了响应。俄国知识分子勤奋工作刻苦学习，像以别林斯基为首的俄国知识分子刻苦自修，努力研究所面临的问题。而60年代的俄国知识分子为了农民的解放事业做了多么伟大的工作呀。舍斯托夫常常以无比激动的心情赞美道，哪个国家也不曾有一部像俄国那样一部体现了伟大的国家智慧的解放农民法案。他对亚历山大二世及其六臣在这次伟大改革中所建立的功勋无比赞扬……

经常阅读我国优秀作家的作品导致他产生了这样一个信念，任何一种伟大社会事业在实现之前，都会事先在文学中加以讨论，文学是所有社会运动的发动机。他认为我们这个时代的文学无法提出清晰明确的任务。他期待着"前夜"会到来，过去，而"真正的白天终将会到来"的那一无比幸福的时刻。对这一天终将到来这一点他始终深信不疑。我们需要做的，就只是同心协力地，精力充沛地，奋不顾身地为伟大的事业而献身，为社会而服务，也就是说，在理论上，在文学中制定一个行动纲领。因此全部事业暂时都可以都归结到文学工作中去。每个能感觉到"自己身上怦怦跳动的心脏"的人，都应该丢弃所有的利害顾虑，而全身心地投身于社会事业中去……（无标题小说）

我很早，即在上中学四年级时，也就是13岁时，就有了一个根深蒂固的信念，我不是不能写，而是必定要当一个好作家……早在那时我的文学观就已经形成，我始终神圣地，坚毅不拔地，遵循我儿童时期的信念，置我在生活这所学校的后15年中所走过的坎坷道路于不顾。我13岁时已经读过好多书。普希金、莱蒙托夫、果戈理及其他我国经典作家就不用说了，我那时已经读过许多外国作家——莎士比亚、歌德、甚至一些小作家——奥尔巴赫、施皮尔哈根等人——的作品。当时的我在俄国作家中最喜欢涅克拉索夫。这就是说我当时也喜欢普希金，也喜欢莱蒙托夫，因为我奇迹般地避免了那个时代即使是在中学生中也十分盛行的、占统治地位的否定普希金的思潮，这也许是因为早在见识同学中盛行的否定思潮以前，我就早已经热爱上了普希金的缘故吧。但我也十分敬重涅克拉索夫身上那种对邻人的爱,对普通人民的热爱。在我的眼里他的诗歌代表了其他诗人绝口不谈的那一种真理。所有诗歌在当时的我眼里都是真理的凯旋,都是纯粹的善……我始终认为生活不是什么别的,就是这种"善"对于战胜恶的一种始终不渝的追求,善的理念的体现者的数量会不断增加,其最终胜利只不过是一个时间问题而已。(《未命中目标》)

在探索生活之路的过程中,舍斯托夫曾经认真幻想过当一个歌唱家的前程,他曾经拥有非常好的听力和嗓音,但据洛夫茨基所说,他的女歌唱老师毁掉了他的嗓音,而舍斯托夫本人也对格尔齐克说过,说他"少年时代非常热爱唱歌,幻想走上舞台,却把嗓音唱坏了"(格尔齐克:第101页)。他还尝试过诗歌创作,但他的习作没有成功过。这个充满精神力量的有才华的少年在努力寻找着适合他非凡能力的事业。一段时期内他对阿尔弗雷德·缪塞及其他法国浪漫主义作家非常入迷。波德莱尔的《恶之花》和维尔伦的诗歌,给他留下了不可磨灭的印象。"De la musique avand toute chose et tout le reste est litterature"(首先是音乐,其余才是文学)——他经常说。他1898年4月8日,他在 A. E 的诗歌习作本上书写了缪塞《十月之夜》的几行诗,也许是他亲自译成俄语的。所有这些尝试都没有成功过,于是舍斯托夫转向了柏拉图所说的"伟大的音乐"——哲学。在论述胡塞尔的文章中舍斯托夫谈到过这一点。他说:

或许有人会觉得这很奇怪,但我的第一位哲学导师是莎士比亚。从她那里我听到了如此神秘而又不可理喻,如此令人内心惊恐而又忧心忡忡的音乐:时代错位了……

  从莎士比亚我又一头扑到康德怀里,他通过《实践理性批判》以无与伦比的技巧,以其著名的公理,将他以其自己的《纯粹理性批判》所发现了的存在的百年缝隙,全都弥合了起来。但康德并未回答我所提出的问题。于是我的目光开始转到另一个方向——《圣经》。(《思辨与启示》,第304页)

1895年舍斯托夫开始与基辅的进步出版物合作,开始以文学和哲学为题写文章。舍斯托夫本人在其自传中这样讲到:

  我写了几篇文章……文章很短小,我当时就住在基辅,所以,自然会想到要把文章首先发表在基辅的报纸上。当时基辅有三家报纸:《基辅人报》《基辅言论报》和《生活与艺术》。《基辅人报》对文学和哲学不太感兴趣。而且此报就是在当时就已经在坚持一种明确的保守主义倾向——所以,我甚至都没有尝试与其对话。我把我的第一篇好像我记得题目叫作"良心问题"投给了《基辅言论报》。编辑部拒绝发表,借口是我虽然提出了问题,但却并未解决它。这篇文章是针对波塔别科的一个短篇小说(我已经记不得小说的题目了)和弗·索洛维约夫在《田地》上发表的《善的证明》的个别章节——《论战争的意义》——而写的。我接着想找一找《生活与艺术》,可有人告诉我说,你要真的想要文章能发表,就必须不是直接找编辑部,而是去找一个叫 T. Я 的编委,我于是便照办了。T. 接受了稿子答应发表。果不其然,稿子真的发表了,只不过被大加修改和补充了一番。凡是和波塔别科有关的文字,都被删掉了,而凡是和索洛维约夫牵涉的文字，都被修改了。看到报纸上发表的我的文章①，我都认不得了……嗣后我又给了 T. 两篇文章②（他把文章作为自己的给发了，不然的话他就不接受）。文章发表时署名是"一读者"——其口一篇没有经过任何修改，除了印刷错误扭曲了原意以外；另一篇经过很大幅度的缩简，有几处修改，像上文的引文似的。

同年的 12 月份，《基辅言论报》编辑委员会发生了变动，我从而得以在上面发表了一篇文章《勃兰兑斯论哈姆雷特》③。因为这次发表文章我已经不再需要隐身了，所以，此篇文章发表时没有经过改动，而且也没有印刷错误。

1896 年初，舍斯托夫写了一篇书评文章《论"北方信使报"的唯心主义与象征主义》④，该文章的手稿草稿见于舍斯托夫的档案。1879 年该文章以俄文发表，手稿原稿或许是首次发表于美国刊物《俄国文学季刊》(R. L. T)（第 16 期）。舍斯托夫在这篇文章中对《北方信使》1895 年第 11 期、第 12 期和 1896 年第 1 期做了一个批评概述。舍斯托夫在文章中以一位文学批评家的面目出现，文章反映他青年时代的个性

---

① 《良心问题》，《生活与艺术》，1895 年 12 月 5 日。署名：乔尔内。
② 其中一篇是：《杂志评论（论弗拉基米尔·索洛维约夫）》，《生活与艺术》，1896 年 1 月 9 日。署名：一读者。第二篇文章没有找到。
③ 《格奥尔格·勃兰兑斯论哈姆雷特》，《基辅言论报》，1895 年 12 月 22 日。署名：列·舍。
④ 杂志《北方信使》创办于 1885 年，由于尼·康·米哈伊洛夫斯基的加盟而享有广泛知名度。从 1891 年或 1892 年起，改由亚·列·沃隆斯基主编。他出面反对当时已经根深蒂固的实证主义－唯物主义传统，在其主持的杂志上发表颓废派和象征派诗人的作品。该杂志在沃隆斯基主持下很不成功，遂于 1898 年夏停刊。

和体验,对19世纪末文学界的氛围做了评述。他公开表明自己对于60年代那批活动家们和托尔斯泰的实证主义布道的景仰之情。舍斯托夫的托尔斯泰观后来有所变化,但他此文中虽然并未直截了当表达的对于托翁的崇敬和景仰之情,却渗透到了舍斯托夫嗣后涉及托尔斯泰的所有著作中。舍斯托夫对于《北方信使》发表的所有文章和诗歌,几乎都给予了否定评价。他说沃隆斯基空话连篇,卡列宁①论乔治·桑和缪塞的文章令他怒火填膺,对梅列日科夫斯基和明斯基的诗歌大肆嘲弄。舍斯托夫只对梅特林克的戏剧《丁达奇尔之死》和吉皮乌斯发表于《北方信使》1895年第12期的诗歌《歌谣》给予了正面评价。他写到这首诗"是一颗璀璨的不能不欣赏赞美的宝石",说沃隆斯基先生理应为此诗的发表感到自豪。吉皮乌斯的这首诗后来被人多次引用,而且主要引用其中的最后两行诗:

"我需要世上没有的东西,世上没有的东西。"

值得注意的是,舍斯托夫对于《北方信使》的观点嗣后彻底改变了。在1905年发表于《我们的生活》中的《文学分离派》②这篇文章中,关于沃隆斯基舍斯托夫说了几句话,他满怀尊敬地称其为给新派作家提供园地的一个"拓荒者"。他写道:"《北方信使》关闭了,但它开始从事的斗争却无止境。"

---

① 弗·卡列宁,笔名弗·德·科马洛瓦-斯塔索瓦——一部论述乔治·桑基本著作的作者。
② 分离派——1892年慕尼黑、1897年维也纳,1899年柏林的美术家团体的名称。——译者

在此期间（1893—1895），舍斯托夫已经开始与文学圈有所交往。他认识彼得堡女作家季娜伊达·文格罗娃（参阅附录），彼得堡记者，彼得堡《言论报》编委，律师大卫·阿勃拉莫维奇·列文（1863—？）。但在此期间他在首都或许还有另外一些熟人。

在基辅什瓦茨曼一家和糖厂主格里格里·巴拉霍夫斯基一家住得很近。舍斯托夫的妹妹索菲亚嫁给了达尼伊尔·格里戈里耶维奇·巴拉霍夫斯基，而索菲亚·格里戈里耶夫娜，达尼伊尔的妹妹，是一个教养优厚，典雅文静的女性，和舍斯托夫关系密切，对其工作很感兴趣。那些年里她已经嫁给一个法国律师叶甫盖尼·尤里耶维奇·别佳，并住在巴黎。现保存有19封舍斯托夫写给索菲亚·格里戈里耶夫娜的信。其中最值得注意的是1896至1897年的书信（共6封信）。舍斯托夫在信中谈了自己工作的进展，读过的书籍和文学写作计划。下文我将引用一些书信的片段。索菲亚·格里戈里耶夫娜家境优裕，在巴黎读书期间经常帮助自己的同学，并且不止一次救助陷入困境中的人。她还援助过舍斯托夫，当他不知为何"不方便"向自己的亲人开口要钱时。

舍斯托夫和记者格·拉波特尼科夫关系很好。现保存5封拉波特尼科夫写给舍斯托夫的信，写于1895年7月20日到1895年11月24日之间。拉波特尼科夫在书信中谈了长达10年和舍斯托夫交往的过程，谈自己在各类报纸杂志的工作，谈他正在写作的论述缪塞和舍尼艾的文章，但主要谈自己面临的困难和缺钱花的状况。舍斯托夫向他"提供金钱"，并且完成了他的各类委托交办的事。1895年，舍斯托夫就他和拉波特尼科夫共同参与把亨利希·格列茨多卷本《犹太史》翻译成俄文的问题进行谈判。舍斯托夫档案里保存着该著作若干章节的译文手稿。显然，把他们联系起来的是一种真挚的友谊，尽管在拉波特尼科夫的书信中感觉不到这一点。舍斯托夫在1896年11月3日写给索菲亚·格里戈里耶夫娜的信中,说他是他的"老朋友","比那两个新朋友好"。拉波特尼科夫的命运十分悲惨。他当记者的前程显然很不得意,除此之外他还患有肺病。1895年末或1896年初,他动身去罗马治病。舍斯托夫一家给他寄去了生活费,但却没能拯救了他,他于1897年逝世于意大利。

舍斯托夫和来自沃罗涅日的女作家瓦尔瓦拉·格里戈里耶夫娜·玛拉希耶娃－米罗维奇的关系也很好,她当时给基辅各家报纸写文章,后来成为莫斯科和彼得堡许多杂志的编委。10年代末她支持《俄国思想》的小品文栏。现保存有她写给舍斯托夫的17封信。其中9封写于1895—1896年间,8封写于1921至1925年间。一封见下文,另一封见附录。书信的语气非常客气。信中有许多关于崇高话题的议论,但瓦尔瓦拉·格里戈里耶夫娜同样也经常求助于舍斯托夫,而舍斯托夫对她总是有求必应。可以推断他们两人是在1892—1893年间认识。后来多次在基辅和莫斯科见面。

舍斯托夫在科贝居留期间(1910—1914),瓦尔瓦拉·格里戈里耶夫娜·玛拉希耶娃－米罗维奇就住在舍斯托夫在瑞士的家。舍斯托夫与拉波特尼科夫和玛拉希耶娃－米罗维奇的关系就很说明问题。舍斯托夫一生都爱帮助朋友。有些朋友他以金钱资助,另一些朋友,他则奔波操劳帮助他们摆脱困境。

1895年8月舍斯托夫客居于索菲亚·格里戈里耶夫娜父亲的庄园,别列维尔佐夫卡,巴拉霍夫斯基一家的几位家庭成员(索菲亚·格里戈里耶夫娜,她的丈夫叶甫盖尼·尤里耶维奇·别佳、德米特里·格里戈里耶维奇、塔季雅娜·格里戈里耶夫娜、索菲亚·伊萨科夫娜和孩子们)。瓦尔瓦拉·格里戈里耶夫娜·玛拉希耶娃－米罗维奇当时也住在那儿(那年夏天和冬天瓦尔瓦拉·格里戈里耶夫娜担任索菲亚·格里戈里耶夫娜孩子们的家庭教师)。舍斯托夫从别列维尔佐夫卡离开后,瓦尔瓦拉·格里戈里耶夫娜从那里给他写过两封信。下面是前一封信的片段:

"整个别列维尔佐夫卡和它的森林、湖泊在您走后显得多么抑郁呀!我已经习惯于您的在场了,而且对您有了更好的了解,您在我身边我感到分外亲切。可是,Les joies sont toujours trop courtes, les adieux sont toujours trop longs。"这是维克多·雨果说的话。而我这封信绝不是为了说这句话才写,而是不知怎么搞的这句话自己就蹦了出来。不过话说回来,我也确信,这句话会使您心情愉快的——而为了让您心情愉快,让我做什么我都愿意,只要您不像最近这些天以来那么沉闷,那么压抑就好。您让现在的我比从前更好了……多么遗憾。您不能在这儿多待些日子了。我现在认为您每天的在场,要比托尔斯泰的全部著作都更加能令我确信,"天国就在我们心中"。许多事情我现在还搞不明白,但一线光明已经注入了我灵魂的混沌,而从这混沌中无疑会诞生一种预感……而当您临终时,您和我的相会无疑会给您的良心以安宁,虽然您在生活中实际上还没有做过任何事。多么好呀,您的天赋可以让您无论到什么地方,几乎时时处处您都可以做这件"不同的事"。如果您的事业不是与纺织品有关的话,您肯定能在生活中为自己开辟出一条道路来,一条和凡夫俗子所走的道路截然不同的路。这条路虽然艰难,但却是一条没有虚伪和妥协而通向真理之路。喏,您瞧我又一次下笔千言,离题万里了。我写这封信的目的其实很散漫。能否帮我到编辑部打听一下我最近发表在《生活与艺术》上那篇毫无内容的小说……《在五月》——稿费究竟多少。（别列维尔佐夫卡，1895年8月14日）

舍斯托夫和什瓦茨曼家的女清洁工安妞塔·里斯托帕托娃发生关系，并生下了非婚生子谢尔盖（也许是1892年）的事，也发生在这些年。舍斯托夫很挂念这个孩子，终其一生都非常关心他。谢廖沙和母亲一起住在莫斯科，随后又住进了一位莫斯科记者的家。在莫斯科读完了中学。不知道他战前是否考上大学。他以后备军士官生身份参加了战争，并获得两枚格奥尔吉铁十字勋章，并晋升为准尉。他战死于战场，也许是在1917年春。休假时他就住在舍斯托夫在莫斯科的家。某次回家时还见过鲍里斯·帕斯捷尔纳克（鲍里斯·帕斯捷尔纳克：《安全保证书》，第80页）。

第二章

出国(1896—1898)——结婚——《莎士比亚和他的批评者勃兰兑斯》

上文说过,舍斯托夫曾经被迫返回基辅,帮助整顿父亲的企业。他建立了严格的会计制度,使订货和订单平衡。但在家族企业的工作其实并不符合舍斯托夫的志向和天性。1895年末他生病了(神经失调,剧烈的神经痛,精神倦怠疲软)——或许是因为被迫花费过多时间用来从事一种自己并不喜欢的工作的缘故,再加上他个人生活中悲剧性事件对他的打击。究竟发生了什么事,这我们就不得而知了。舍斯托夫的某些朋友也许是从他嘴里得知了这件悲剧性事件,在他们的著作中提到过它,但究竟是一个什么悲剧,显然他们也不甚了了。叶甫盖尼·格尔齐克写道:

这是一个非常纯洁的人,他良心上担负着一种复杂而又极不寻常的责任感,而这是一种能够把他的肩膀压弯的责任感,深深的皱纹令他显得十分苍老……这是一段舍斯托夫正在经历内心惨剧和深

刻绝望的时期。(格尔齐克,第102、106页)

舍斯托夫的至交亚·米·拉扎列夫在其论述舍斯托夫的文章中写道,在"他身上发生了一件超级可怕的事"。弗·津科夫斯基也这样说过(第322页),而舍斯托夫本人也在其《思想日记》中谈到过这件事。一则写于1920年6月11日的日记这样写道:

今年我即将年满25岁了,而"时代却颠倒错乱了",或更确切地说,早秋时节即9月初,我即将年满25岁。我写在这里为的是不要忘记:生活中一些最大的事件——可关于这些事除了你自己谁都不记得——因而很容易被忘记。

在这极其痛苦的日子里,玛拉希耶娃—米罗维奇妹妹和娜斯嘉,都坚定支持舍斯托夫,于是他想娶她为妻,但父母不同意。这一新的打击使得舍斯托夫的状况更加糟糕。一有机会他就把经营企业的责任交给弗拉基米尔·叶弗谢耶维奇·曼德尔别尔格(玛丽娜·伊萨科夫娜的丈夫),后者在舍斯托夫的请求之下,也开始过问父亲的企业,等到舍斯托夫感到疾病最初的症状已经有所显现时,便动身出国(也许是在1896年3月份)治病,以便能专心致志地钻研文学和哲学。

在国外他从一个城市到另一个城市,寻找着合适的气候和医生。他到过维也纳、卡尔斯巴德(4月份)、柏林(夏天)和莱辛哈尔。每到一处他都去找医生,而这些医生提出的治疗方案也各个不同。在柏林贝尔格曼教授为他做了手术。随后他在巴黎住了几天,兴许就是在巴黎见到了谢·格·别佳,又从巴黎和别佳的弟弟德米特里·格里戈里耶维奇·巴拉霍夫斯基去了特列波尔去洗海水浴（9月份），之后身体才强壮起来。从特列波尔舍斯托夫又去了德国，途中在巴黎略事逗留，并与别佳一家再次相会。1897年初，经过一年的漂泊后，他又去了罗马，在那里待了较长一段时间，一直待到1898年春天。在那里他遇见了大学医学生安娜·叶丽阿扎洛夫娜·别列佐夫斯卡娅，后者随即成为他的妻子（或许是在1897年2月份），但根据当地法律，他无法使这一婚姻合法化。于是他不得不对自己的父母隐瞒自己结婚的事实，因为未婚妻出身于东正教信仰的家庭。春夏两季舍斯托夫夫妇住在拿波里附近的维科，而1897—1898年冬季又回到罗马。

这段时期尽管生着病，但舍斯托夫仍然还是研究了许多问题，写了许多东西。他写了许多文章和论述莎士比亚和勃兰兑斯的论著，研究尼采。在写给瓦尔瓦拉·格里戈里耶夫娜的信中，舍斯托夫谈到过自己的研究工作和读书的情况。给瓦尔瓦拉·格里戈里耶夫娜的信的开头未能保存下来。这封信很可能写于1896年4月份舍斯托夫住在卡尔斯巴德的时候，因为写信的稿纸上印有"卡尔斯巴德"的字样。舍斯托夫写道：

> 您最好是读一读但丁、雨果、小仲马，俄国的托尔斯泰、陀思妥耶夫斯基、皮谢姆斯基、果戈理、屠格涅夫、别林斯基、杜勃罗留波夫。然后再读一点历史。读一点文学史，艺术史，社会运动史，都很有益。您瞧，要读的书有多么多！什么时候您如果有机会再跟我们待在一起的话，我会发挥我的全部影响力，指导您走上这条读书之路。不过还是请您写一下您自己想读的书究竟有哪些：您不是说您已经拟定了一个书目吗？啊哦，对了——还有：您一定得

写一下。我知道您已经有了一个计划了。努力实现这个计划吧。要想搞清楚自己的情绪,这对您来说是必须的。其次,不要害怕学海无边。这并没有那么可怕。而我在知识方面也有许多不足:如果考虑到对我的要求,则我的欠缺比您更多。而我却并不胆怯。您也不应该胆怯。人难免都会有忧郁的时候——我最忧郁的情绪是由于那件可恶的事情造成的,它在我的生活中制造了许多灾难。但尽管如此,我深信我一定能达到自己的目的,也能把您和娜斯嘉①领上正路。但请您,娃娃,千万不要把我的指示太当回事儿,也不要屈服于您在巴黎遇到的那群人的影响之下。现在那里好像有明斯基,有沃隆斯基,有梅列日科夫斯基夫妇——他们被艺术搞得云山雾罩的。沃隆斯基不过是个蠢家伙,明斯基脚下没有根基。我担心您一见到他们身上披着当代文学教育的铠甲装束和刀枪剑戟,就佩服得五体投地。您记住这些全都是空的,而沃隆斯基,别的不说,充其量就是一个腹中空空的家伙,实际上说到底就是一个十足的无知汉。他只懂得标题,只会说一些应时的豪言壮语罢了。您现在还不足以拷问他,而且,他也许会胜过您。但这不该令您感到窘迫。能够战胜您的就只有您自己的恐惧心而已。这就是眼下我所能告诉您的一切,我不知道关于详情细节还有什么可说的。您不妨提问,而我来回答。

我的工作进行得很烦人。至于写作——在这里根本写不下去。条件不合适。有时候心情很沉重……。不过很快一切就会走上正轨,到那时,可以肯定地说,我会动笔写作的。但尽管如此,我还

---

① 瓦尔瓦拉·格里戈里耶夫娜的妹妹。

是一直在做准备。顺便问一句,您读过霍夫曼的《织工》或《丹娘》吗?是的,这些作品都已经有了法语译本。读一读这些作品您就会知道,最新文学都包含着基督教因素……?……这些因素比我们所能设想的多,这一点根据明斯基和沃隆斯基这两个俄国文学的败类就可以断定。您是否认识祖德尔曼?您读过维尔伦吗?他可是感情真挚而又富于才华。我为娜斯嘉翻译了他的一些选段。下面给您抄写的就是其中的3行诗:

    Amez—moi donc, aimez, quels que soient les soucis
    Plissant parffois mon front et crispant mon sourire
    Ma haute pauvrete plus chere quun empire①

多么奇妙的结尾!整首诗写得多好。在以后的书信中,随着我阅读尼采的深入(他的东西读起来很艰涩,读他我真是费尽了九牛二虎之力),如果您不反对的话,我会——如果您手头也恰好有这本书的话——我会给您讲一讲我的心得。而现在就让我们拜拜吧。请代我向谢·格和别佳先生问好。写一写您在巴黎的体会,见到过什么人,怎样的风习。您见没见过弗列克谢尔(沃隆斯基),您对这个纸糊的小丑有什么印象?(卡尔斯巴德,1896年4月)

关于此期自己所发表的作品,舍斯托夫在自传中是这样写的:

    1896年春我出国了。我从国外给《艺术与生活》寄了几篇论

---

① P. Verlaine. A. Maurice du Plessys. 选自《*Amour*》。

述经济和法律问题的文章,并且都发表了①。我的第一部大部头的著作是《莎士比亚和他的批评者勃兰兑斯》,我把稿子寄给了彼得堡的几家杂志,可都被他们拒绝了。迫不得已我只得出版一个单行本。但却找不到出版商:没人愿意给一个不出名的作者出书。只剩下最后一个办法:自费出书。

出版此书需要 350 卢布。1897 年 10 月索菲亚·格里戈里耶夫娜给他借了这笔钱。书随即在彼得堡的门捷列耶维奇印刷所印刷,于 1898 年出版(也许是 12 月份)。他的朋友作家大卫·列文一直关注出版的每一个步骤。此书出版时用的是笔名(列夫·舍斯托夫)。后来他的所有著作出版用的都是这个笔名。

关于舍斯托夫是如何起意要写一部论述莎士比亚和勃兰兑斯的著作:分别发表于 1895 年和 1898 年的《格奥尔吉·勃兰兑斯》和《莎士比亚和他的批评者勃兰兑斯》,舍斯托夫是这样对方丹说的:

> 在此期间(或许是 1892—1894 年间)我正在读康德、莎士比亚和圣经。我直到现在也仍然感觉到自己是康德的对手。而莎士比亚却是把我从上到下翻了个个儿,使我失眠了。有一天我偶然在一份俄文杂志上读到了勃兰兑斯论述莎士比亚的著作若干章节的译文②。我大发雷霆。(方丹,第 35 页)

---

① 这几篇文章都没找到。在舍斯托夫档案(Mc. No1)有一则注记,表明 1896 年秋天,舍斯托夫给杂志寄了一篇论述农民运动问题的文章。也许这篇文章就是《艺术与生活》所发表的文章之一。
② 勃兰兑斯论述莎士比亚著作的若干章节的译文发表在《俄国思想》1895 年第 8—9 期合刊。

读完这几章译文后,舍斯托夫写了《勃兰兑斯论哈姆雷特》这篇文章。随后舍斯托夫对方丹讲述,几年以后,他又是如何与勃兰兑斯遭遇的事:

身在国外……有一天,我从书店的橱窗里看到了勃兰兑斯论述莎士比亚的那部著作①。我买了这本书(或许是1896年夏天),读完了,怒火又一次在我胸中燃烧了起来。那时的勃兰兑斯可是个大人物。是他发现了尼采②,而且他和斯图阿特·米勒过从甚密……但他其实是个"仿泰纳",是一个微型泰纳,当然,不乏一定的才华。可他读书很肤浅,就只是在蜻蜓点水罢了。"我们和哈姆雷特一样感到","我们和莎士比亚一起体验到"诸如此类,不一而足……总之,莎士比亚并未能惊扰他的睡眠。(方丹,第85页)

很有可能正是在读过勃兰兑斯的著作以后,才激发了舍斯托夫想要写第二部论述莎士比亚和勃兰兑斯的著作的决心。在舍斯托夫档案里保存着这同一部著作的两部手稿。第一部开笔于1896年9月10日,里面有一些草稿和摘自勃兰兑斯和莎士比亚的引文。第二部手稿有一个注记,写的是:"1895年11月8日于柏林",包含这部著作若干章节的手稿。舍斯托夫最初的构思是想写一篇文章,但随着写作的进行,舍斯托夫越来越确信,丰富的材料已经允许他创作一部著作了。此书是在

---

① Georg Brandes. William Shakesperare. Paris, Leipzig, Munchen, Verlag Albert Langen, 1896. 带有舍斯托夫注记的这部书保存在舍斯托夫档案。勃兰兑斯的这部著作几年后出版了俄文译本。由康·特·索尔达捷科科出版社出版,1899年版。
② 由于舍斯托夫关于他论述克尔凯戈尔和尼采文章写作的时间问题上前后不一致,所以,这里我们保留了他的说法。

1897年3月于罗马杀青的。他继续讲述道：

> 在《莎士比亚和他的批评者勃兰兑斯》这部著作中，我仍然是站在道德的立场上的，又过了一段时间以后我才放弃这一立场……您大概还记得下面这句话："时代颠倒错乱了"①。当时的我竭力想要把时代重新放在它原来的轨道上。只是过了一段时候我才明白，只能让脱离轨道的时代自行其是了。让时代分崩离析好了。至于说启发我想到这些的，并非勃兰兑斯，他还没到能思考此类问题的地步这一点，就不用说了罢……对于勃兰兑斯来说，莎士比亚的悲剧不过是一个闹剧，是艺术的享受罢了。（方丹，第85页）

关于他写作论述莎士比亚和勃兰兑斯这部著作的进程，以及他在此期间的生活，舍斯托夫在致索菲亚·格里戈里耶夫娜的信中谈到过。下面就是这三封信的选段：

> 请把书寄来！泰纳的文学史全册，以及他的 De l'intelligence，此外您那儿还有我一本论述奥格斯特·孔德的著作的英文译本。如能都寄来——那就劳您大驾了。我没法跑图书馆并在那里写东西，虽然我的自我感觉很好，但没有泰纳我写不出东西。我已经动笔写作了，但却无法根据记忆引用原文。而全部问题恰恰在于要在前言

---

① 舍斯托夫经常引用莎士比亚的这句名言。在《莎士比亚和他的批评者勃兰兑斯》这部著作的第62页中，他引用了此句话的原文："The time is out of joint; o cursed spite/That ever I was born to set it right"，并且给提供了另外一种译文："时代的关联中断了，为什么连接它成为我生来的使命。"

里，必须好好描述一些所谓"科学"批评即泰纳式批评的作用和意义及其与勃兰兑斯这个懒人的时代的关联……（柏林，1896年11月3日）

病还没好，所以，我在沙发上一坐就是半天——而且还得严格遵守医生的警告，天天洗澡，药也不能断。

继续写作，并且已经写了好多。文章比我预想的要好多：马上就到200页了。而我原本想不超过100页的。已经写了一大半。关于泰纳的总论，莎士比亚的生平，哈姆雷特，恺撒，科利奥兰。现在正在写李尔王。我几乎没有一丁点儿口才吗？……您也知道：只要我能好好写出一部莎士比亚论，只要我能很好地论证我的观点——别的什么我都不写也无所谓。可要写好这个题目需要经年累月的积累。如果不是生病和外界各种情况等的干扰，我本来是会这么做的。而我现在所写的一切，是配不上莎士比亚的！即使我毕竟还是斗胆把稿子寄给编辑部的话，那也只是因为斯洛尼姆斯基和格利耶写的不比我好，而且还写了好多蠢话的缘故……

请您说实话，在您的长久沉默中是不是隐藏着某种隐秘的计谋？您这样做是不是隐隐想要少受我的哲学的影响，而凡是和我通信的人还没有一个能不受这种影响呢？不要难为情，我不会生气的，因为这是生命的事业。总而言之，我有时会觉得自己扮演的是宣道者恰茨基的角色，人都风流云散了，我却给他们分发了将近半打书信，一封比一封更睿智，更具有学术性，却没有一个人给我回信。作为一个真正的哲学家，亦即一个思考中的人——因为除此之外我没有能力从事任何比这更需要的工作——我当然找到了为自己辩护的路径，并对此心安理得了。可我仍然还是多么想确切地了解一下,我有关莎士比亚的书信竟然果真有那么可怕吗?因此,请您跟我说实话,不是为了恐惧,而是为了良心……

颓废派的东西我没读过,这里也没有。但梅特林克的新剧或许还有点儿意思。虽然我认为颓废派已经资源耗尽了。而且,您能想到吗,我竟然在莎士比亚笔下找到了完整的颓废派,这一点我在自己的文章中已经提到过。当然,这当然还算不上颓废派完整的世界观,而仅仅只是生活为颓废派所提出的无数问题中的一个而已。然而,请您留意一下,直到此刻我才确信一点,我必须研究莎士比亚,而且,歌德在评论莎士比亚著作时说的那句话,即说莎士比亚的著作是"对无限的人类命运的一个总结"那句话,既非比喻,也非夸张……人类命运的一本无尽的大书!……如果我能把这句话的意思向别人解释清楚的话,那么,你要什么我都给你!现在请您设想一下,我的这篇文章该会是多么渺小可怜呀。实质上甚至就连关于莎士比亚写得比别人都好的赫尔维诺斯,和他一比也不值一提,而我和赫尔维诺斯比就更不值一提了。只有那个起先是阿波罗,继而又是亚里士多德,再往后是普罗米修斯的人,才能写出论述莎士比亚最好的著作来……(柏林,1896年12月19日)

在《莎士比亚和他的批评者勃兰兑斯》中,舍斯托夫站在理想主义和崇高道德的立场上反对泰纳的实证主义和勃兰兑斯的怀疑主义。这是舍斯托夫唯一一部教条主义的著作。在那个时代,这位丹麦批评家的威望正如日中天,而且许多人也并不赞同舍斯托夫那种激烈抨击的态度。舍斯托夫这部激情洋溢感情炽烈的著作,当时并未引起批评界的广泛关注。但艾亨瓦尔德却提到过这部著作(《哲学与心理学问题》,1899年3

月),季娜伊达·文格罗娃(《教育》1900年1月);安德烈耶维奇(《生活》,1900年2月)和亚·格恩费尔德(1900年1月发表在《俄罗斯财富》上的一篇没有署名的书评)。此书出版几年后,伊万诺夫一拉祖姆尼克在其著作(《论生活的意义》(圣彼得堡,1908))中,在论述舍斯托夫的那一章里,对这部著作进行了分析。他称舍斯托夫的这部著作是"悲剧的颂歌"。其后,伦德别尔格针对这部著作写道:

……我早在中学时代就读过舍斯托夫论述莎士比亚的第一部著作。我没有读懂这部书,但对书中表现出来的忧虑却感到很亲切,尽管我和作者之间在代际和趣味方面都有很大差别。(伦德别尔格,第75页)

弗·维德列讲到他在青年大学生时代就读过这部书,而且给他留下了不可磨灭的印象。肯特·希尔在论述舍斯托夫的学位论文中这样写道:

舍斯托夫对实证主义的抨击……他对生活的基本问题的不倦探索——成熟期舍斯托夫的所有这一切主题,早在其第一部著作中就都出现了。(希尔,第57页)

《莎士比亚和他的批评者勃兰兑斯》是舍斯托夫所有著作中唯一一部没有译成任何外文的著作。

与此同时,1896年,当舍斯托夫写作其第一部学术著作时,他正以极大的兴趣阅读尼采。此书中也几次提及尼采,但却并未展开论述。

尼采的名言:"我痛恨一切游手好闲的读书人",被舍斯托夫用作此书的题词。他还把这句话用作此书的最后一句话。阅读尼采激发了舍斯托夫论述尼采的想法。他的第一部著作刚一杀青(罗马,1897年3月),他就开始写作一部论述托尔斯泰和尼采的著作。

关于自己阅读尼采所得的印象,舍斯托夫在给索菲亚·格里戈里耶夫娜的信中写到过,并且也给方丹讲述过:

> 米佳①什么都不写,你知道吗,使我分外高兴的是,对他来说……我还算不上他的同伴。说到底,我对他来说百无一用。他曾经客观地承认说我的思考并不完全是徒劳的,但我思考的内容对他来说一点用处也没有,只能徒然给他的灵魂注入一种双重性。的确。双重性是一种非常好的开端,归根结底它预示着一种巨大的完整性,要比开头所显示的完整性大得多。但尽管如此,你只要可能还是要竭力避免使人染上这种完整性……你只要回头张望一下你走过的道路,你就会变得害怕起来,你就会不敢抬手把人打发到那个打造按照尼采的术语学应当称之为"未来之人"的作坊。就让命运本身来指导人吧,如果这对人来说是命中注定的话。而如果不是命中注定的,那就意味着没有这个必要。(给索菲亚·格里戈里耶夫娜的信,1896年11月20日)
>
> 我开始读尼采时已经28岁了。我开头读的是《在善恶的彼岸》,却没怎么读懂,或许是因为这种格言警句式的写法吧……随后又读了《道德的谱系》我是晚上8点开始读的,到夜里2点就读

---

① 德米特里·格里戈里耶维奇·巴拉霍夫斯基,索菲亚·格里戈里耶夫娜的弟弟。

完了。这本书令我激奋不已,搅得我心潮澎湃。我怎么也睡不着,于是就开始寻找反对这种可怕的、无情的思想的论据……当然,自然是残酷的和非个性的。这些思想无疑是在冷血地、无可遏阻地杀人。但要知道思想毕竟不是自然。思想没有任何理由和根据会想要像自然那样去杀人,去折磨人,为什么要帮助自然去实现其可怕的意图呢。我开始变得怒不可遏了……那时的我对于尼采一无所知,对他的生平更是一无所知。后来,有一次,好像是读了某个勃洛克豪斯出版物吧,我读到有关其传记的一则词条。他同样也属于曾经被自然冷酷而又不可遏制地惩罚过的那类人:自然发现他是个弱者,所以就欺负了他。从这天起我开始懂得他了。(方丹,第102—103页)

一段时间后我去了欧洲,开始阅读尼采。我感觉到在他身上世界被翻了一个个儿。我很难说出他给我留下的印象。(方丹,第135页)

在第一个片段里,舍斯托夫给方丹讲述到,他开始读尼采时已经28岁了。这就是说(如果方丹没有搞错的话),舍斯托夫是在出国前就开始读尼采的,或许就是1895年。很难说他当时是否就已经有意要写一部论述托尔斯泰和尼采的著作。

尼采主义对于俄国的首次渗入是在90年代初发生的。当时曾经长期生活在国外的帕·德·博博雷金把尼采最初的著作带进俄国。很快在《哲学与心理学问题》(1892年11月)就登出了弗·帕·普列阿勃拉任斯基论述尼采的文章。关于这篇文章,马科夫斯基写道,说它"完全是由机智挑选的引文组成的,使读者有可能在不读原文的情况下引用这位德国哲学家的话。尼采的悖论令许多人都深受感染"。(第 121 页)。发表在专业杂志上的尼采哲学很快就得到了首都和外省记者们的热烈响应(伊万·比加列茨:《基辅言论报》,1893 年 4 月 3 日;弗·丘伊科:《观察家》第 2 期等)。值得注意的是,关于托尔斯泰和尼采,早在那时就已经有文章发表。尼·雅·格罗特 1893 年在杂志《哲学与心理学问题》(总第 16 辑,1893 年,莫斯科)发表文章《我们时代的道德理想:弗里德里希·尼采与列夫·托尔斯泰》。1898 年弗·格·谢格洛夫教授在雅罗斯拉夫尔发表文章《哲学—道德观评述:列·尼·托尔斯泰伯爵与弗里德里希·尼采》(列·托尔斯泰,第 54 卷,第 405 页。1910 年 11 月 8 日日记注释)。

如上文所说,1897 年夏,舍斯托夫是在拿波里附近的维科度过的。舍斯托夫从那里给索菲亚·格里戈里耶夫娜写过两封信,他在信中描述了他在维科的生活,讲述了拉波特尼科夫去世的经过。在这两封信里,舍斯托夫没有提及当时当然也和他同在维科的安娜·叶丽扎洛夫娜,因为当时索菲亚·格里戈里耶夫娜对他的婚姻还一无所知。舍斯托夫写道:

> 您倒是想想看——上帝知道我多长时间没有往家里写信了,家里人天知道不知哭了我多少次了,把我当作已死之人或将死之人。我的心情很糟糕:我离开罗马去了拿波里,又从拿波里去了索伦托的卡普里,然后又……最后直到到了维科才最后安顿下来。一路上我得带多少东西辗转路途。在意大利风景名胜旅游地生活简直可怕之极。可我现在的生活又美妙之极。我几乎就生活在天堂里,因为

如果世上有天堂的话——如果天堂就是世人所想象的那样的话——那么这天堂就在维科。生活在这里的人都不知道什么是悲伤。真的！这里所有人都对自己的生活十分满意，任何人在祈祷词里都对上帝一无所求，他们唯一的祈求就是希望这里的一切永远不变。而我很快也会成为这样的人的。当然，我还希望自己身体健康。可我往往是病一好就把一切都忘了，别的什么都不想有了。我家门前就是威苏维、拿波里坦海湾和拿波里。空气洁净。家里——勃鲁托斯本人似乎就住在这里——五花八门的通心粉摆上餐桌。社交圈—拉波特尼科夫（他啊是被我硬拖到这里的）——还有比这更好的吗？更何况我有一篇文章已经寄给了彼捷尔①，我已经忘了这件事了……好呀，真是太好了。很快就能洗海水澡了。喏，我对您一味喋喋不休总谈自己……我和拉波特尼科夫总在想，现在全世界大概都得羡慕我们俩了，而所有那些不住在维科的人我们觉得都是非常可悲的。要是您和叶肯盖尼·尤里耶维奇和文格罗娃也能赶来这儿度夏的话，那可就太好了。这里的夏天太美了。人都说维科的夏天并不热。在这儿洗海水澡真是太妙了。除此之外，如果我和拉波特尼科夫身体康复的话。我和他可以把让你们快乐当作自己的职责的。而我相信我们一定能康复。现在的拉波特尼科夫就已经康复得你都认不出来了。或许连我也多少强壮了点呢！……来吧！（给谢·格·别佳的信，维科，1897年4月3日）

关于拉波特尼科夫有什么可以对您说的吗？他很糟糕，他受的苦简直难以用语言描述，死亡对他来说是真正的解脱。最后的四个

---

① 彼捷尔（Питер），彼得堡的俗称。——译者

星期完全就像托尔斯泰对伊万·伊里奇疾病的描述一样。而且，您知道吗，我觉得在人的一生中，死亡压根就不是最可怕最荒诞的事情……对于死亡我并没有那种神秘的恐惧感。这不是因为正像明斯基从前巧妙地说的那样，死亡对我来说就是"空话里的空话"，而是因为我把死亡仅仅看作对人来说的多余的一个步骤。如果世人对于他们终有一天会离开这个世界这一点都失去了希望的话，那生活就是不可能的。在阴间等待着人的一切是更好的东西，还是人终将沦入空空如也的"虚无"——无论如何死亡对人来说，都是一个机会。喏，您说，拉波特尼科夫过的这叫什么生活，他的头顶永远悬着一把达摩克利斯之剑，而他此时此刻所能操心的，就只是自己的健康，而人所能具有的一切好的东西，都被这可恶的、折磨他已经10年之久的疾病给剥夺了。

　　您说得对，他是热爱生活的，他是不愿意死的，因为我们大家全都害怕未知。但这样活着是不值得的。有些哲学家认为人的生活就是浮在存在表层上的繁花似锦，如果这些哲学家是对的，如果活着的东西都仅仅只是对死者的一种补充，如果我们人竟然是如此之软弱无力，以致偶然性可以任意地玩弄我们于股掌之间，那就让这幕喜剧受到三重诅咒好了：我们对这生命丝毫也不会惋惜。你也知道我是不会这么认为的。您也知道我无法想象统治和支配着被称之为一个奇迹的、会思考的、活生生的、有感觉的生物的人的，竟然会是荒诞。而在这种情况下，死亡会再次成为我们的一个机会，因而我们没必要害怕它。我从前的想法与此不同。这是因为我曾经认为人是不朽的：我曾经认为该隐是会死的，而我、拉波特尼科夫等人，是不死的，一般说我们是受到保护的，是和我所知道的那些被称之为不幸、悲剧等的荒诞绝缘的。现在我的想法不一样了……如果害怕死亡的话,那就无法生活下去了。这是不曾被人说出的真理之一。而正如尼采曾经说过的那样,不曾被人说出的真理会变成毒药的。(给谢·格·别生的信,维科,1897年9月22日)

为了更全面完整地描述舍斯托夫在意大利度过的那一年,我在这里引用他写给父亲的一封信。信的前半部分他讲述了自己的工作。后半部分涉及如何管理基辅的家族企业问题。舍斯托夫终其一生都被迫操心其家族企业的事情,他为这个企业花费了大量的时间和精力。最近一些年中他给父母写的书信,多数都是关于会计账单和经营建议的:

亲爱的老爸!法尼亚把你的信转交给我了,你让他带的口信也都带到了。如果说迄今为止关于我的健康状况我说的都很简短的话,那也只是因为我没什么话可说罢了。现在在我这里生活本身已经安顿好了,对身体健康的关心已经上升到了第一位,再说,坦白地说,我总觉得我所关心的其他问题你也不会特别感兴趣的。我指的是我正在从事的研究工作。我觉得我从事的这件工作,你并没有像我那么看重它——因此在我的所有信件中,我从来不提这些事。我这么说并不是想说你不怎么关心我。然而无论你做什么事,最初迈出的一步在所有人眼里都总是值得怀疑的。因此如果你对我从事的工作缺乏信任,并且不认为它们可以成为我未来生活的基础的话,我觉得完全可以理解的。而且,在生活中要想达到什么目标不经过斗争是不可能的——哪怕是做一件非常谦卑的小事,也需要一个人付出极大的耐心和坚韧。现在我的第一本著作正在排印中,已经可以预见到它的境遇不会很好。对我个人来说这没什么可怕的。我知道在文学界一个人要想获得成功从来都不会一蹴而就。文学界每个人的想法都很独特,同时又都认为同样也在思考和言说的另外一个人为异己,甚至把他人看作无知汉和愚蠢的家伙。因此批评界如果发出最严厉的批评和谴责,也不会令我伤心沮丧的。可我担心你会不会觉得我做的是一件不该我做的事情呢。然而在我来说我已经不可能另外选择一件事业了。而且最主要的是,如今的我已经不可能再去干别的事情了——哪怕仅仅是因为我有病在身呢。的确,文学并不能让我挣大钱。可要知道我也并不需要很多的钱。眼下由于我正在治病,其次还得替别人还账,所以,开销是大了一些。可一旦我的病好了账也清了,今后,和别的作家一样,今后我所能挣来的一点小钱,对我来说也就够用了。最困难的是眼下这会儿,眼下我的病在妨碍我好好工作,眼下我还不得不艰难地迈出最初的步伐,要想在工作所要求的条件下生活,的确还有些困难。也就是说,我必须具有最必要的生活资金,和在国外生活最必要的条件——要让生活中的一切都适合于工作,还要让我有能力跟踪和关注新的文学流派。而且如今反正由于学费的问题我是不能回俄国去的。这么说,全部问题就在于我在这里实际上是在花不该花的钱了。再说,只要我的情况不会变得更糟糕,只要我能继续工作下去而且不像现在这样每天花费多半天时间用于治疗的话——我相信我在生活中一定会有所成就的。当然我现在还无法向你提供我必定能成功的牢靠证明。谁可以为这样的事出面担保呢?更何况我的著作暂时除了列文以外我还没有让任何人看过呢,列文目前正在彼得堡关注着出版的进程。他对这本书的反应很令我感到荣幸。我个人对他的意见十分珍重：他教养优厚，聪明睿智，更何况他本人就是一位经验丰富的作家。对我来说他的话比官方批评界的意见更加重要。可要知道你对他完全缺乏了解。如此一来对你来说只剩下一个办法——而这个办法你愿意也好不愿意也罢都得接受：必须等待。等待对我来说也不轻松。可眼下不等待又能干什么好呢？到时候你还可以选择——什么好，什么不好，可以自己去判断。而我却别无选择。我这么说并不意味着文学工作不对我的胃口。相反，我非常喜欢这份工作，也非常乐意干这件事。我只不过一想到自己还无法指望很快就能从这件事上获得一定收入而难受罢了。在这里，在国外，要想与各类报纸合作简直是异想天开。文章一写好就会把它寄出去，可过了好长时间还无法见报。除此之外，为报纸写稿会占用我过多时间，而此刻有那么多时间最好还是用在正事上的好。

一旦我知道我此时此刻还不能过多考虑挣钱的事——那我也会感到轻松一些的。是啊，假使如今咱们的家族企业多多少少是在正常运行的话，那我从家里拿一些生活必要资金时也不至于心里过分愧疚，这当然是毫无疑问的。去年门店的会计报表我看过。经营状况还不赖。只有一点不好：购买商品的数量又一次超过了必要量。去年一年购买花了584000，而销售除了利润外是560000。也就是说，商品增加了24000。而这一部分本来是应该削减的。由此可见，我们对买过这一块的关注不够谨慎小心，而对这一块谨慎小心是必须的，如果不想担负商品过多的负担并造成支付的困难的话。对此我能说的只有一个意见：必须由同一个人来关注进货和支付这两个环节。这事只能委托瓦洛佳来干，目前他已经离开了克列缅丘克。可是如果他在基辅将要负责的，就仅仅只是批发部的话，那结果就是他的责任太小了,比应该由他担负的小得多。批发部占用不了他太多时间。除批发部外,他还应该负责管理进货和支付这两个环节。如今他的经验已经足够丰富了,负责这些事情应该都能胜任愉快的。再说做这些事又不费什么劲儿。不经他允许,我们不能订货,邮购,购货,更不能开支票。你如果写信告诉我说你同意把所有这些环节都委托他来做的话,我会亲自写一封详尽的信给他安顿他如何做的。我相信一旦具备了这些条件,那咱们家族的企业就会走上正轨,有章可循——要知道咱们现在缺的就是规矩呀。在克连缅丘克谢加尔叔叔能对付得了,而在基辅,如果瓦洛佳所做的都是的确最必要和最需要的事情的话,那他是大有可为的。到那时即使是我的不在场也不大能被人看出来了,您和我的负担就减轻得多了;要知道只要一想到你那边每天都在发生困难和不快,我心里也不好受呀。这就是我唯一想说的话。如果不是有学费问题,我会专门跑一趟基辅,有病也不顾了,帮你把企业给安顿好。可现在出门远行连想也甭想——剩下的出路只有一条:写作。如果我能确信这样能于你有所帮助的话,那我每一封信里都会谈谈这些事的。(或许是在罗马,1898 年 3 月)

1898 年春(也许是 3 月份)舍斯托夫一家从罗马移居瑞士。安娜·叶丽阿扎洛夫娜带着女儿塔尼娅去了苏黎世,以便继续中断了的学业。3 月份舍斯托夫在苏黎世待了一段时间,夏天去了伯尔尼,他的妹妹法尼亚·伊萨科夫娜正在那里的哲学系上学。音乐学院学生格尔曼·列奥波里多维奇·洛夫茨基也去伯尔尼消暑,去那里和自己未来的未婚妻法尼亚相会。在那里他租了一架钢琴,为兄妹二人表演了李斯特改编的瓦格纳的尼伯龙根。舍斯托夫原来是一个热情洋溢的听众。一段时间后,他离开那里,去了东斯湖边孤独自处从事写作,把尼采的著作留在了妹妹身边。8月末,应父亲的邀请,舍斯托夫出席了在巴塞尔召开的第二届国际犹太复国主义者大会(1898年8月28—30日)。从那里他去了特里特(在蒙特列附近),并为父亲写了一篇有关那次大会的详尽报告。经过一段时间的中断以后,舍斯托夫重新回到其1897年3月开始写作的论述托尔斯泰和尼采的著作中来,1898年12月在洛桑,除了前言外,舍斯托夫完成了全书的写作。随后,他带着新著的手稿回到俄国(也许是在1898年12月末)。

安娜·叶丽阿扎洛夫娜和女儿一直待在瑞士,以继续被中断的学业。

第三章

与彼得堡文学家相识（1899）——《托尔斯泰与尼采学说中的善》（1900）——论普希金的文章——《陀思妥耶夫斯基与尼采——悲剧哲学》（1903.1）——论梅列日科夫斯基的两篇文章——在基辅与别尔嘉耶夫和布尔加科夫认识

1898年12月31日，舍斯托夫的妹妹法尼娅与格尔曼·列奥波里多维奇·洛夫茨基正式结婚。婚后两人去了彼得堡。洛夫茨基讲述道：

我结婚以后，作为音乐学院里姆斯基—科尔萨科夫作曲班的学生，我在彼得堡租了一间小房子，位置在离马林剧院和圣彼得堡皇家音乐学院从旧址迁移过去的大剧院不远的商业街。舍斯托夫在我那里住了一段时间（或许是1899年2月和3月）。我们生活得很和睦，很安宁，每个人忙着自己心爱的工作。列夫·伊萨科夫斯基庆幸自己摆脱了"可恶的铺子"，我在创作音乐，而妻子管家。我们和许多年轻人和文学家有精神上的交往……但这田园诗般的生活很快就结束了：我的妻子生病了，房子也被人家收回去了。为了寻找对妻子合适的气候我们来到巴黎，在那里我在加布里埃尔·福莱

音乐学院上学。(洛夫茨基:第38页)

舍斯托夫在彼得堡见到了许多熟人——大卫·阿勃拉莫维奇·列文,季娜伊达·阿法纳西耶夫娜·文格罗娃。他那非凡的个性,真挚和热情,以及思维的敏锐,吸引了人们对他的关注。在此期间,他结识了(甚或可能比这略早些时候)律师马克西姆·莫伊谢耶维奇·维纳韦尔,作家、文学批评家、《俄罗斯财富》的编委阿尔卡基·格奥尔吉耶维奇·戈恩费尔德(1867—1941),认识了列奥波利多·亚历山大洛维奇·谢夫及其他人。列·谢夫(1867—1921)是一位文学工作者,哲学家,也是弗拉基米尔·索洛维约夫的朋友。他把许多哲学论著从德文翻译成俄文,并担任几家欧洲杂志的编辑。他虽然除了几篇文章外没写过什么大部头著作,但却积极参加彼得堡文学界的生活。由于他的努力,舍斯托夫才得以为自己的第二部著作找到出版商。在此期间舍斯托夫还得以结识帕·勃·司徒卢威,还见到了尼·米·明斯基。在给妻子的信里他谈到了和明斯基的相会:

在彼得堡我一直在看望一些文学家们。我去了文格罗娃家并在那里见到了司徒卢威,就是那个主张经济唯物主义的马吉尼[①]的马克思主义者的司徒卢威。别忘了他可是在这里的各类音乐会上出演:唱政治经济学咏叹调。每次音乐会后,都有一些女的马克思主义者们摘下他燕尾服的后襟,留下一块演出服好做纪念……他人长

[①] 意大利歌唱家马吉尼当时被人称作"高音王子"。

得又高又瘦，脸色苍白。人们由于实在找不出人可以和他相比，便在他身上发现和基督有许多相像之处。难道在荒野经受了40天考验的基督就是他这么个样子吗！我只是不认为司徒卢威了解什么是考验。他生来就毛发浓密，身体细瘦，再加上马克思……而文格罗娃本人倒不失为一个可爱的女性，待人非常朴实真挚，和明斯基以及整个"颓废派"压根就不是一类人。（圣彼得堡，1899年3月—？给时在瑞士的安娜·叶丽阿扎洛夫娜）

在彼得堡舍斯托夫始终在为其回俄国之前在洛桑完成的第二部著作——《托尔斯泰伯爵和弗里德里希·尼采学说中的善》——寻找出版商。在自传中他这样写道：

> 这本书的出版很不走运。许多杂志拒绝登载。手稿辗转经过米哈伊洛夫斯基、弗拉基米尔·索洛维约夫、斯帕索维奇之手，在《生活》《哲学与心理学问题》杂志的编辑部都待过。当然，从我个人角度看，我和上面提到的任何人和任何编辑部都没打过交道。都是熟人在为我张罗。但不管怎么说吧，所有编辑部的回答都是一个，尽管提出的理由五花八门。有的借口文章的倾向性，有的因为文章"抨击了"托尔斯泰。最有趣的是弗拉基米尔·索洛维约夫的评语。他对向他递交手稿请他审阅的谢先生[①]说："良心不允许我协助此文在《欧洲信使》上发表。请代我转告作者，我一般不建议他发表这篇文章——如果发表了的话，以后他也许后悔的。"

---

① 列奥波利德·亚历山大洛维奇·谢夫。

可是，弗拉基米尔·索洛维约夫毕竟还是帮助谢夫先生和斯塔休列维奇印刷所达成一个贷款出书协议，于是，1900年初，《托尔斯泰伯爵和弗里德里希·尼采学说中的善》问世了①。

曾经拒绝在《俄罗斯财富》上发表此书的尼·康·米哈伊洛夫斯基，就此书写了一篇相当同情的文章②。

很快在其他许多杂志上也做出了反应，而且也都是赞许的——从那儿以后我在安排自己的著作出版上，就再也遇不到大的障碍了。

结束了在彼得堡为其著作寻找出版商的事情后，舍斯托夫回到了基辅（在3月或4月间）。一到基辅他就动笔写了《亚·谢·普希金》这篇文章。此文开头的第一句话是："再过不到一个月就是亚历山大·谢尔盖耶维奇·普希金的百年诞辰了。"——由此可见，舍斯托夫是在1899年4月开笔写作此文的，但此文直到1960年才在纽约的一个文集《空中路》第一辑上发表，根据的是保存在舍斯托夫档案里的文稿手稿。虽然此文是在舍斯托夫第二部著作完稿后写的，但其精神与之相近的，却不是第二部，而是其第一部著作《莎士比亚和他的批评者勃兰兑斯》，这部著作的写作时间更早，写于1897年，那时的舍斯托夫还是一个理想主义者和道德主义者。此文中可以感受到陀思妥耶夫斯基1880年6月在莫斯科普希金纪念碑揭幕仪式上演讲的影响，陀思妥耶夫斯基在演讲中谈到普希金天才的"全世界性"和"全人类性"，谈到俄罗斯的弥

---

① 此书是1899年12月出版的。但封底写的却是1900年。
② 米哈伊洛夫斯基（《俄罗斯财富》，1900年第2、3期）认为舍斯托夫的这部著作"非常奇特，但文笔风趣很有文采"。别尔佐夫也就此书写过文章（《艺术世界》，1900年上半年刊）；托尔斯泰也在与高尔基谈话中提到过这本书。

赛亚使命问题。舍斯托夫的文章则表明作者对普希金的热爱,这种爱贯穿了他的一生。

这篇文章是舍斯托夫论述普希金的唯一一篇大文章。在《无根据颂》和《钥匙的统治》里,只有几句简短的格言警句涉及普希金,在其他论著中对于普希金也只有偶然涉及,文字简洁。1977年舍斯托夫档案里发现一篇论述普希金的未刊文章的片段,随后发表在巴黎的《俄罗斯思想》周报上(1977年9月1日,第137—138页)。

1899年6月舍斯托夫开始使用一个新的工作用笔记本。这个笔记本里有许多草稿,其中部分后来收入《陀思妥耶夫斯基与尼采》,而另一部分收入《无根据颂》。7月他为《托尔斯泰与尼采》一书写了前言。

秋天舍斯托夫再次动身前往彼得堡,以便监督《托尔斯泰与尼采》的出版进程。从那里他给妻子写信说:

> 现在实话说此书的出版工作已经彻底结束了。只等审查结果了:允许不允许出版。等待很难使人高兴,但也许这封信你还没等收到,问题就已经解决了呢。如果万一这本小书被放行,我也就可以打道回府了。如果不放行,那我又得花费一个礼拜时间去活动奔波,只不过这会是最后一次努力罢了。我想我即使回基辅也待不到本学期末——就得奔往国外。这是最好的结果……本周三审查机构的答复就该下来了。周三我就把这本书给你寄去,这样周六或是周日,也就是18号或19号,你就能收到了。你可以把这本书当做一个信号,表明这方面的工作一切顺利。这本书又赶在塔尼亚的生日出版。你瞧她多么幸福呀。(圣彼得堡,1899年12月10日?写给时在瑞士的安娜·叶丽阿扎洛夫娜)

12月末,舍斯托夫又回到基辅。他给妻子写信说:

前不久我在彼得堡的同事给我来了下列这封信,信是《俄罗斯财富》的一位编委①写来的:"请告诉我列夫·舍斯托夫的地址。自他走后他的名字在彼得堡倒成了时髦了。米哈伊洛夫斯基想写写他,《神学界》想和他建立一种对话关系……显然,我的这本书(《托尔斯泰与尼采》)注定不会像第一本那样无声无息地过去了。这么说,题目还真的是大有关系。即使是在基辅这里,这本书也掀起了很大……,和……比第一本书,尽管我承认,夸奖的并不多。我在这里认识了切尔巴诺夫教授②,……这本书显然不对他的口味,因为他曾经虽然温和,但却十分固执地反对过我的基本观点。在这里甚至就针对这一本书就曾召开过类似辩论会那样的聚会。人们把我叫到一个熟人家,不是切尔巴诺夫家,就是沃多沃佐夫家③(经济学唯物主义)。结果辩论会没开成,反倒成了个闹剧。经济学唯物主义——使我万分满意的是——拼命说话,情绪激动。我则为他鼓掌……"(基辅,1900年1月14日?,写给时在瑞士的安娜·叶丽阿扎洛夫娜)

---

① 极有可能是亚·栎·戈恩费尔德写来的。
② 格奥尔吉·伊万诺维奇·切尔巴诺夫(1863—1936),基辅大学心理学和哲学教授。90年代末曾经开设批判唯物主义的课程。是一个模范哲学讲习班的领导者。在基辅时,他家每逢周六就会举办学术沙龙,是当时知识分子活动的中心之一。嗣后调到莫斯科大学(1907),1912年创办了莫斯科大学心理学学院。
③ 瓦西里·瓦西里耶维奇·沃多沃佐夫(1862—1933),政论家、律师和经济学家,写有许多论述政治经济学史和政治史的文章。由于参加民粹派组织的活动而遭到逮捕和流放。1926年侨居国外。

在《托尔斯泰与尼采》里，舍斯托夫与唯心主义彻底决裂，并且把尼采的"残酷哲学"与雅斯纳亚·波良纳的智者对立了起来。此书的结语意味深长："如今我们从尼采的经验中得知，至善和兄弟之爱，还不等于上帝。不幸的是那些徒有爱心，但其感情却未高于同情的人。尼采开辟了道路。必须寻找高于同情和高于善的东西。必须寻找上帝。"这是舍斯托夫全部创作的主导思想。

1900年1月末。舍斯托夫又一次出国并且在国外待了很长时间。他先是去柏林治疗坐骨神经痛，随后（2月份）又去了涅尔维。安娜·叶丽阿扎洛夫娜带着小女儿塔尼亚也去了那里度春假。在涅尔维舍斯托夫开始写作一部论述陀思妥耶夫斯基和尼采的新著。在那里，他还接到来自彼得堡的阿尔卡基亚·格奥尔吉耶维奇·戈恩费尔德的一封信（此信未保存下来），信中建议舍斯托夫以该杂志（《神学界》）的名义参加该刊的编委工作。舍斯托夫是这样回答他的：

实话说《神学界》的建议使我大吃一惊。该刊编辑部不是直接对我请求这一点令我觉得很奇怪。我无论如何也没想到（而且即使现在也不认为）我的著作可以在这本杂志上发表。《神学界》不认为有必要对我先前的著作做个介绍这一点就是一个证明。我对这种态度的解释是他们不知为何不愿意骂我，而要夸奖我他们又做不到。要知道就连你们自己，作为《俄罗斯财富》的编委，其实也被置于如此尴尬的地位了。顺便说说,你们的书评①我读过了,我认为你们已经出色地完成了自己的任务。可是,如果说在你们对待所分析的这部著作的作者的态度方面你们所构想的这种解决办法是适用的话,那么,用同样的方法对待一个编委就不合适了。这些编委们是不可能发表一篇其中反映了别人思想的文章的。我们的公众还没有养成容忍这种做法的习惯,而且公众兴许根本就不知道,这样的态度就等于宽容。须知就是这份《俄罗斯财富》拒绝刊登我的文章。我相信《神学界》也会拒绝我的文章的,更何况如今我正在写作的一部新著,其标题本身就强烈地透露出一个信息,即其严厉的态度丝毫也不亚于我此前所写的所有著作(题目是"陀思妥耶夫斯基与尼采——悲剧哲学")。所以,我可以设想,即便我亲自登门请求《神学界》,它也是会拒绝我的。而由于我对总是接到来自编辑部的拒稿信感到腻烦了,所以我宁愿不再做徒劳无益的恳求了,更何况现在我……?……已经有了一家斯塔休列维奇出版社了,出书已经不成问题了:要知道迈出第一步才是最难的!

　　无论如何我非常感激您对我的垂青。我认为我还得感激您的另外一点是,您使得米哈伊洛夫斯基注意到了我的第二本小书。对我来说这当然十分重要,因为既然你的书出版了,就有必要让人们多多少少能知道它的存在,无论如何对一本书的出版不闻不问总归令人不快。

　　您能见到谢夫吗?让他摸摸良心还在不在?怎么可以三个月之

---

① 《俄罗斯财富》,1900年1月号。发表了一篇没有署名的评论舍斯托夫《莎士比亚和他的批评家勃兰兑斯》的文章。

久甚至三个多月，对来信不做回答？！同样的话您也可以拿来问问大卫·阿勃拉莫维奇·列文……啊哦，要知道在我们这个时代，一个人有良心已经成了时代错误的标志了。就是这么回事，因此他们才不写信的。(1900年2月4日致时在彼得堡的亚·格·戈恩费尔德)

5月份舍斯托夫在伯尔尼。他从那里给索菲亚·格里戈里耶夫娜写信说：

> 我这里一切照旧。近几周是在乏味的理论哲学家群中度过的。非常吃力地写完最后几页。如果让我坦白地说的话，那么我甚至都有点儿忍受不了整个大纲——又得到尼采和陀思妥耶夫斯基家里做客了。这是自家人。和他们吵吵嘴骂骂架挺好的，至少不会孤独寂寞。我的同行们离开哲学家们已经一事无成了：既然叫葡萄，那就往筐子里钻吧。不过，和他们打交道的时间不会太久了。很快全书就要杀青了①。(伯尔尼，1900年5月31日致时在巴黎的谢·格·别佳)

年底前舍斯托夫一直住在伯尔尼或其郊区写作其第三本著作。他动笔写作大概是在11月份。安娜·叶丽阿扎洛夫娜在此期间一直住在洛桑，在那里继续学业。11月她到了伯尔尼，在那里于1900年11月6日

---

① "很快全书就要杀青了"这句话极有可能指的不是关于陀思妥耶夫斯基和尼采的这部著作，而是为写作此书所做的准备工作。

生下了女儿娜塔莉亚（娜塔莎）。产后回到洛桑，而舍斯托夫则去了涅尔维，从那里写信给妻子说：

> ……为了著作（关于陀思妥耶夫斯基和尼采的书）的事逗留在意大利——难道能不出火吗，能不生气吗？……为了这部著作深入到了如此深的密林中去……有时候对自己的独处状态已经厌烦已极……可是 noblesse oblige。可我必须获得声望，好赢得你对我的尊重。（涅尔维，1901年1月6日致时在洛桑的安娜·叶丽阿扎洛夫娜）

几个月后舍斯托夫再次回到瑞士，在那里写完了这部著作（前言除外）。同年春天，安娜·叶丽阿扎洛夫娜带着小娜塔莎来到莱亨巴赫市不远的东斯湖畔的小村沙尔汉塔尔，并把孩子放在和舍斯托夫关系密切的克恩列女士家。娜塔莎在她家一直生活到1905年。此后一连几年中舍斯托夫一家都在那里过暑假，在克恩列家附近租了一间住房。

如果说从前的列夫·舍斯托夫在其家乡基辅的文学圈里，已经是知名人士的话，那么。他最初的两部著作则为他在首都赢得了广泛声望。早在1900年初，《神学界》就提议他当编委，但他无法接受这一邀请（参阅1900年2月4日致戈恩费尔德的信，第45—46页）。1901年5月，身在瑞士的舍斯托夫接到谢尔盖·帕夫洛维奇·佳吉列夫的一封信，信中请他担任《艺术世界》的编委。下文就是舍斯托夫对方丹讲述的这件事的始末：

我当时正在为我的著作《陀思妥耶夫斯基与尼采（悲剧哲学）》寻找出版商，有一天接到佳吉列夫的一封来信，此人在从事芭蕾事业以前，一直是《艺术世界》杂志的出版人。这封信追着我走遍了欧洲最后在瑞士找到了我。佳吉列夫在读过我论述托尔斯泰的著作后，决定邀请我当他的杂志的编委。当时我的皮包里正放着我的新著《陀思妥耶夫斯基与尼采》的手稿，我就把它寄给了他。佳吉列夫欣喜若狂。我要求他先支付50卢布的预付金，他当即就给我寄来了。当然那时的我比现在有钱，但这笔钱毕竟对我很有用处。但他预先告诉我说，由于他正在出版也为他所接受了的梅列日科夫斯基的一本著作，我的书的付印不会早于1902年1月，于是，1901年5月，我们之间频繁通信。除此之外，他还请我如果可能的话，对梅列日科夫斯基著作的业已出版的第一卷[①]写篇评论。我写了一篇肯定的评论[②]，而对缺点只字未提。应当指出，梅列日科夫斯基正好是在他写完其著作的第一卷时，读了我的《托尔斯泰与尼采》这部书。他对我书中的一句话感到吃惊："应当寻找上帝"，于是便使出偷天换日的技巧，竭力想把上帝的宝座安放在自己笔下。后来还是当时只有27岁的别尔嘉耶夫，对我说："他借用了你笔下的上帝"。在梅列日科夫斯基的第二部著作[③]中，这一理念已经成为他的核心思想了。他把上帝这个词所有的数和格都变化到了。他谈论

[①] 德·梅列日科夫斯基：《陀思妥耶夫斯基与托尔斯泰：第一卷：陀思妥耶夫斯基与托尔斯泰的生平与创作》，皮罗日科夫，圣彼得堡，1901年。
[②] 列夫·舍斯托夫：《梅列日科夫斯基的著作：列·托尔斯泰与陀思妥耶夫斯基》，《艺术世界》，1901年9月，第8—9期，第132—136页。
[③] 《列·托尔斯泰与陀思妥耶夫斯基：第二卷：列·托尔斯泰和陀思妥耶夫斯基的宗教》，《艺术世界》，1902年第1—2期。皮罗日科夫，圣彼得堡，1902年。

上帝,就和尼采的谈论反基督一样,嗓音洪亮,迹近愤怒的呐喊等等。尼采在写作《反基督》时已经成了个半疯子了。但在疯狂的尼采身上仍然能找到属于尼采的东西。而梅列日科夫斯基却不是什么卡鲁索。他不过是一个无名的男高音罢了。(方丹,第89页)

1901年夏舍斯托夫是在瑞士度过的。他从梅尔利根(东斯湖边的小镇)写信给索菲亚·格里戈里耶夫娜说:

祝贺您完成了学位论文。我还以为您早就摆脱了这件事了呢!而您只是在那旦才有精力完成它吗?再过两周,也就是说,您就将要拥有比我更高的学位了,您也将成为我的学长了……而我本人更愿意在瑞士,在奥别尔兰德过夏天。我需要在山上转悠整个夏天。我甚至已经开始漫步了。每天早晨很早就起床,甚至现在也在散步中。这能强壮我的身体。去年我就尝试过这样一种作息制度——对我非常有益……秋天我们一块儿回俄国。我并不十分情愿这么做,但不这样也不行。所以,总而言之,我们的计划多少还能够部分重合。或许米佳①也会在我们之后动身。我也许能把他从您身边引开,领着他在山上逛游。那样他的身体也许就会康复。您知道吗,每天在山上散步6、7甚至10个小时,人与人争吵和矫情的愿望就会减到最低……眼下我住在东斯湖边的美尔里根。这里真是美极了……请代我向米佳和叶甫盖尼·尤里耶维奇问好,赶快把手头的事儿干完来吧。如果文格罗娃也在巴黎,那就请一并向她致意。顺

---

① 米佳——索菲亚·格里戈里耶夫娜的弟弟。

> 便问问她，她是否从佳吉列夫那里听到他打算如何处理我那篇新文章（《陀思妥耶夫斯基与尼采》）？我一个月以前刚给他寄发过去的；也许他读过了，但却不知为何没有给我回信。他该不是想拒绝吧？
> （梅尔里根，1901年6月7日，致时在巴黎的谢·格·别佳）

1901年秋舍斯托夫回到俄国，并在俄国一直待到1908年。他一直住在基辅。夏天和妻儿在瑞士度过。他再次开始在父亲的企业里工作，这份工作使他有可能养家活口。1901年10月他去了一趟彼得堡和莫斯科。在彼得堡期间他为其第三部著作《陀思妥耶夫斯基与尼采：悲剧哲学》写了前言。1902年该书在《艺术世界》分章连载（第2－9/10期），随后，1903年1月，该书单行本由斯塔休列维奇出版社出版。就此书写过书评的有：特·索仁（《信使》，1903年3月24日）；米·赫（《教育》，1903年7月）；米·戈尔采夫（《欧洲信使》，1903年9月1日）。1904年2月米·格尔申宗就此书在《科学言论》发表了一篇长文。关于此书别尔嘉耶夫在其发表于1905年的论述舍斯托夫的文章中谈了好多。在舍斯托夫的所有著作中，《陀思妥耶夫斯基与尼采：悲剧哲学》出版次数最多，并且被译成了8种外语。

在给妻子的未署日期的两封信中，舍斯托夫谈到了他在基辅的生活，我们推断这两封信应该写于1901年年底。从这两封信的口气看，舍斯托夫对自己的生活很满意，希望能安安静静地写东西。他写道：

> 你问我对基辅是不是感到厌烦了。当然，多少有点儿。但问题不在这里，即使离开基辅也无助于解决问题。要是咱们一家人能生活在一起，那就另当别论了。目前这样至少我在基辅每月还能

"挣"250卢布，生活过得去……可我仍然希望在这儿也能大致在从前那么长的时间内，写出我的新著来……以后我每月给你寄大约100卢布。也就是说，每月75卢布，此外，还有从著作中获得的稿费，也就是说，每年300卢布。老实说，我本来可以给你寄更多的钱，因为我每月250卢布，可我得给自己留下一部分，至少每月100卢布，以免引起怀疑。这些钱我会攒起来不花，所以，等你毕业时，我大约能攒2000卢布，这也就是说，我可以为你提供机会，只要你愿意，在获得毕业证书之后继续攻读两年。总之咱们在物质生活方面暂时无后顾之忧。

再过两三年，也许我就能在文学界站稳脚跟了……而且无论如何我已经跨进了文学的门槛，也就是说，一旦发生什么事情，我们已经不会惊慌失措了……你要获得毕业证书，我要多学点东西，咱们还需要奋斗两年。到那时一切就会按部就班了。我身体挺好。从外表看状态很理想。家里现在除了我和父母外谁都不在。父母整天不在家，在家的就我一个人。我的书房太棒了。又宽敞又明亮。家里有个女管家，所有方面都准备得妥妥帖帖的，饭做得也很可口。我彻底摆脱了"与人交往"的繁难，谁也不接待，很少外出做客。而一旦课没有上的话，那有错的也只有我一个人而已。比这更好的工作条件是不可能有了。可以坦白地说，一切安排得如此妥帖，以致我觉得……我的所有著作，已经写出的和正在写作的加起来，也不配其作者享有他现在所享有的特权。实话说我都有点儿不好意思了。我还从来没有过如此奢华的生活呢。目前我的工作状态挺好，没写什么东西，早晚读书。晚上家里安静得很，安静得都不想上床睡觉了。但我晚上工作不超过12点，有时1点就上床睡觉了。早上 9 点或 9：30 分起床。每天散步。我们这里的天气好极了。很暖和，阳光有时很明媚，虽然已经 11 月了。没必要去意大利了。得，你对我的生活状态还满意吧？

同年（1901）秋天，舍斯托夫拜访了佳吉列夫。他对方丹说过这件事：

他对我很客气，一见面就对我夸奖梅列日科夫斯基在他的杂志上发表的第二部论著。我直言不讳地说出了我对此书的看法。他有点儿困惑，但仍然还是答应要我写个评论。（方丹：第 39 页）

下文可知，舍斯托夫只是在一年以后才写了评论，直到佳吉列夫第二次请求他写评论他才动手。他的评论发表在《艺术世界》1903 年（第 1—2 期）。梅列日科夫斯基读过评论后，十万火急地赶到编辑部大闹了一场。舍斯托夫继续给方丹讲述道：

1902 年以前我在一个晚会上见过梅列日科夫斯基。他邀我到他家做客。我就去了。"今天晚上，"他说，"是罗扎诺夫家的接待日。想不想和我一块儿去？"我同意了。于是我们去了罗扎诺夫家。他对大家介绍了我，可那时谁都没听说过我的名字。梅列日科夫斯基大动肝火："什么？你们居然不知道我国写尼采写得最好的作者吗！"等等，不一而足。这是我关于他的第一篇评论文章发表以后的事。可第二篇评论文章发表后，他生气了，好长时间都缓不过来。我大概是真话说得太多了。可要知道是他以其"上帝……"把我引上了路呀……我的第二篇评论文章收入《无根据颂》的俄文版里了。但在法文版里我把它拿出来了。就是这样！须知我们两个都是作家，而且又都处于流放中……在这里，我的评论文章也许会对他造成伤害。(方丹，第90页)

在此期间舍斯托夫已经有了要写写契诃夫的想法。他请求佳吉列夫代他去问问契诃夫的意见。佳吉列夫给契诃夫写过两封信，下面就是这两封信的片段：

舍斯托夫想要写一篇长文概论您的创作。在我今天收到的来信中他是这么说的："……在基辅我重读了他的一些作品。在莫斯科又看了《海鸥》和《瓦尼亚舅舅》，这些都加强了我的这样一个推断，即对于批评文章来说，契诃夫会是一个非常有趣的材料。"(圣彼得堡，1901年11月24日)

舍斯托夫在给我的信中写道："我需要了解他所有短篇小说及其他作品问世的时间，或写作的时间"……如果您能提供必要的信息的话，我会对您万分感激的，因为我非常愿意发表舍斯托夫的著作，对他的诚意是无须怀疑的。(圣彼得堡，1901年12月12日)

1901年12月20日，契诃夫对佳吉列夫的问题做了答复。在复信中契诃夫亲笔写下了亚·费·马尔克斯版全集初版每卷作品的时间分布情况。但只是在过了三年之后，即1904年，舍斯托夫才实现了他关于契诃夫批评文章的写作意图。(此文发表于《生活问题》1905年3月)。但所有这些年中他显然一直都在研究和思考契诃夫。在从莫斯科给妻子的信中他写道：

> 我本想到莫斯科和契诃夫见一面——可他去了雅尔塔。真遗憾。在俄国作家（除了托尔斯泰以外）中，他是我唯一真的十分想结识的作家。现在他病得很重。（1902年12月5日）

下文是在此期间契诃夫给佳吉列夫信的片段。在这封信中，契诃夫表达了一种和舍斯托夫相近的，对于梅列日科夫斯基一伙人观点的看法：

> 您写到我们正在讨论的，是俄国一种非常严肃的宗教运动。我们所讨论的这个运动不是发生在俄国，而是发生在知识分子群中。关于俄国我不想说什么了，而目前的知识分子只不过是在玩弄宗教罢了，而且主要是因为他们无事可干。关于我们这个社会受过教养的那部分人，我们可以说他们离开了宗教，而且是离得越来越远越来越远了，无论他们在那里说些什么，也无论他们凝聚成怎样的宗教—哲学协会也罢。（1902年12月29日）

1902和1903年舍斯托夫只搞研究，没写东西。1903年夏初，他去了瑞士，但没待多久，因为他很快就又被叫回基辅，因为瓦洛佳生病了。他从基辅给妻子写信说：

> 我到的时候危机期已经过去了，但瓦洛佳的样子很不好……好在母亲和妹妹们来了……毕竟有人照顾他了……关于我的著作任何

地方任何人都没说过什么。但最近一期《神学界》关于《裘里斯·恺撒》前言有一篇报道。说文章写得很有趣，但与其说是在阐释莎士比亚，倒不如说是在表达作者的思考。这篇评论和格尔曼的观点一致。（基辅，1903年6月?）

舍斯托夫所说的这篇关于《裘里斯·凯撒》前言的报道，发表于《神学界》杂志1903年6月号（第64页），署名叶·亚。舍斯托夫的文章本身是作为莎士比亚副本《裘里斯·恺撒》的前言发表的，被收入莎士比亚新版全集第3卷（圣彼得堡，勃洛克豪斯－叶夫龙出版社，1903）。在此之前，此文当然早就于1902年在杂志上发表过了。

1902年11月，舍斯托夫去了彼得堡和莫斯科。年底他写作了他关于梅列日科夫斯基的第二篇文章。关于这次出行，关于他如何写作关于梅列日科夫斯基的文章，以及关于他的文学交往，他都在给妻子的信中谈到过。这些信件一共有5封，有的署了日期，有的所署日期不完整，显然都写于1902年年底和1903年年初。写作这些信的大致日期是根据信的内容确定的：

> 在彼得堡所有人都攻击我①，所以，我想回到"自己内心"……我有点儿心灰意懒。可在这里，在莫斯科，我刚来两天就精神亢奋起来，在彼得堡遇到的不快全都从脑子里飞得无影无踪了。他们对我纠缠不休！……抨击我的不仅有明斯基，梅列日科夫斯基，文格罗娃，而是所有人，也就是说，自由派也和他们沆瀣一

---

① 舍斯托夫是在哪里发言的，无法确定。

气。我开始写作关于梅列日科夫斯基著作第二卷的文章，其部分原因就在于此，我想说明一下……我们观点的分歧究竟在哪里。去年我就和主编（佳吉列夫）谈过这件事，但当时的他显然还动摇不定。而现在他已经拿定主意了，所以开始授予我全权了。所以我也就可以畅所欲言了。这件事令我很高兴。更何况我本来就想写点儿什么了：我已经一年没写东西了，如果不算……怕忘记而写在笔记本里的札记的话……

从《欧洲信使》① 得到著作销售款170卢布，而《艺术世界》则还没有向我付酬……答应不晚于1月1日支付全款（该我整整500卢布）。第一批500卢布他们寄来得倒是很规矩很守时。我从基辅给你寄300卢布。（即《欧洲信使》寄来的150卢布，用于12月和1月的花销）（莫斯科，1902年12月2日）

（在彼得堡所有人都攻击我）② 因为《裘里斯·恺撒》。总之，他们全都抨击我，在彼得堡，在这儿，即在基辅。你瞧，这一切到最后使人疲倦，也使人愤怒，所以你也就会有意避免与文学界的交往。在此，在基辅甚至令人很尴尬。在文学演员协会做过一个关于3（？）的报告。整个基辅文学界都到齐了：布尔加科夫主教、别尔嘉耶夫、沃多沃佐夫、拉特涅尔③等人。会后一再请我留下来吃晚饭，我拒绝了——不愿意。只是事后才想到也许他们会把我的拒绝当成是骄傲呢。在我不在的时候……？ ……如果我在场，他们肯定

---

① 斯塔休列维奇的出版社。
② 此信的开头未能保存下来。
③ 马尔克·鲍里索维奇·拉特涅尔（1871—1917），作家、政论家，社会活动家。《俄罗斯财富》编委。出版过专著《土地问题和社会民主》（莫斯科，1908）。

会为我说话。而我现在对于和人争论几乎已经感到无法忍受了,尤其是文学界的争论。几次三番都有人逼我参加各种各样针对某个报告举办的论争会,我都严词拒绝了,态度像岩石一样坚定。我现在正在准备着手写作论述梅列日科夫斯基著作的文章。如果好好用心写的话,文章会很有意思的,因为梅列日科夫斯基多数情况下涉及的都是各种各样最重大问题,而他用以阐释这些问题的观点以我之见是不正确的。而要是……? ……好好批他一下。但这的确很难,我担心,这篇文章写不出来。那就太可惜了。(基辅,1902年12月)

每当我见不到人,每当我沉浸在著名作家著作的阅读中时,我常常感到我的全部工作是那么的卑微、毫无必要,空虚和平淡。可是,当我从彼得堡回来。在那儿见到许多作家,随后在基辅又认识许多作家,正如我在给你的信中说过的那样,我渐渐确立起一种自信,大家都是人,人都有弱点,因此,我也无权对全知和全能抱什么幻想。全知全能的只有上帝,而有些人居然认为上帝只是无所不知而已,并非全能。我们衡量自己不应当用子午线。而应当用普普通通的阿尔申……

我现在有多得不计其数的文学构想:我要把基辅文学界和彼得堡文学界给调和起来。你也知道从新年伊始,一本名为《新路》(新的何其多呀!)的杂志要问世。主持其事的是梅列日科夫斯基。他们也请我加入编委,但我有一个《艺术世界》就够了,但为了不至于因我的拒绝而得罪他们,我只答应不时地为他们写点儿东西。……? ……可现在我在竭力把基辅文学界的人往那里拉——正在为此事张罗。我已经安排瓦尔瓦拉·格里戈里耶夫娜进入《艺术世界》,而现在又想把她拉入《新路》。(此信写于1902年12月)

1903年1月,论述梅列日科夫斯基的文章写完了,舍斯托夫从基辅给妻子写信说:

这个月在搞研究。写了一篇很长的论述梅列日科夫斯基的文章。为此花费了一个月我也并不惋惜:搞清楚某些使我不安的问题对我本人也很有益。现在好像是分析清楚了。我只担心一点:编辑部或许会觉得这篇文章写得太激烈了点儿——可别因为它而吵起来。虽然早在彼得堡时我就警告过,我不喜欢梅列日科夫斯基的著作的第2卷,甚至几乎是提前就把我文章里要说的话都说出来了。这两天接到佳吉列夫的一封信:执拗地请求我尽快把文章寄给他。可我仍然不敢确信他敢于发表这篇文章。而我一旦拒绝他的话,则不仅文章白写了,125卢布也没有了。那就太懊丧了。我认识了一些基辅的文学家们——布尔加科夫、别尔嘉耶夫、拉特涅尔,等等。甚至和他们一块儿迎接了新年。你要是看见当时的我就好了!我喝了好多酒,让大家都很快乐。这种事在我身上并不多见,但有过,尤其是在有香槟的场合下。我和别尔嘉耶夫和沃多沃佐夫喝酒时都以你相称。跟他们我什么话没说过呀!可是没关系——他们没生气。别尔嘉耶夫第二天甚至找上门来,我和他讨论专业问题长达5个小时。他是个好样的,很招人喜欢。或许我和他还能在瑞士见面——到那时我介绍你和他认识一下。你兴许会喜欢他的。(此信或许写于基辅,写于1903年1月,因为舍斯托夫提到的论述梅列日科夫斯基的文章,发表于《艺术世界》1903年第1—2期)。

在给妻子的另一封信中舍斯托夫写道:

说到别尔嘉耶夫和布尔加科夫——我可没有在你面前为他们说过好话。我确信你一旦见过他们认识他们以后,你也会感到无尽的喜悦的。他俩完全对你的口味,而至于说《神学界》援引了一些引文,而根据引文很难下判断。的确,别尔嘉耶夫的文章写得多少有些太拔高了一些,另外就是外语词汇多了点儿。但这在他只是暂时的。他还年轻:才27/28岁。可是,假如你也在基辅的话,在本地文学家和他们夫人的圈子里,你会感觉自己很自在的。他们都是些非常可爱的人,一般说跟他们相处远比和彼得堡的作家们相处容易得多。(也许写于1903年3月,基辅)

关于在给妻子的信中提到的1903年1月迎接新年的事情,舍斯托夫也给方丹讲过:

1900年我们曾经一块在基辅庆祝新年。① 这些年多少开始喝酒了,使我变成个爱惹事的人了。我的朋友都知道我有这个弱点,总是能找到办法把我灌醉。今天晚上别尔嘉耶夫和我坐在一块儿。我千方百计逗他玩儿,搞得满堂大笑。等我酒醒了,我心想是不是别尔嘉耶夫生气了。我向他道了歉,提议喝一盏交杯酒。除此之外,我请他第二天到我家做客,从而证明他已经原谅我了。第二天他果然来了。我们的友谊就这样开场了。从前我们从来没有过意见一致的时候。我们俩一见面就斗,就嚷,他总是责备我把我提到的那些

---

① 这里方丹所写的日期显然是错的:舍斯托夫和别尔嘉耶夫在基辅迎接的是1903年新年。(参阅1903年1月给妻子的信)

作家给舍斯托夫化了。而每次我都回敬他说他真是太抬举我了，如果我肯定的那些观点都是我杜撰出来的话，要真是那样的话，那我真该为虚荣心的满足而高兴才是呢……

遗憾的是，他被德国哲学压得都喘不过气来了。正是因为我在上大学时没有学过哲学，才保留了精神的自由。人们总是谴责我援引的文本，都是别人从不引用的，我引用的文本都是所谓犄角旮旯的文本。也许吧，假如我读过哲学课，兴许我也只会引用那些允许公开引用的文本了。这也正是为什么我的引文都来自原文的缘故——不是拉丁文就是希腊文原文。为的就是不让他们有口实说我把人家给"舍斯托夫化"了。（方丹，第37、38页）

下面几个片段摘自别尔嘉耶夫的著作，从中可以看出，尽管舍斯托夫和别尔嘉耶夫观点有分歧，但两人有着真挚而又深厚的情谊：

在此期间，在流放前①，我结识了一个人，此人后来成为我的终生好友，我认为他是我一生中见过的人中最杰出最优秀的人之一。我指的是列夫·舍斯托夫，他也是一个基辅人。当时正赶上他最初几部书出版了，而我最感兴趣的是他论述尼采和陀思妥耶夫斯

---

① 舍斯托夫和别尔嘉耶夫的相识，未见得是在别尔嘉耶夫流放前，即1900年5月份以前发生的，因为在此之前，别尔嘉耶夫所提到的舍斯托夫的著作《陀思妥耶夫斯基与尼采》（见其著作第3卷）还没有出版。这本著作最初问世是1902年（分章发表在《艺术世界》1902年第2—10期）别尔嘉耶夫与舍斯托夫的相识也许不是在他流放前，而是在流放后，即1902年11月或12月他回到基辅以后。在别尔嘉耶夫流放前出版的舍斯托夫的著作只有两本——第1卷1898年11月，第2卷1900年1月。而舍斯托夫本人1899年和1900年1月在基辅。在此之前和之后，他住在国外。他当然只能在此期间结识别尔嘉耶夫，而那时的别尔嘉耶夫绝对不可能读过舍斯托夫的《陀思妥耶夫斯基与尼采》。

基那本。我们总是争吵不休,因为我们的世界观有分歧,但舍斯托夫所提出的问题和我有某种相似之处。这不仅是一种有趣的智力交往,同时也是一种存在主义的交往,和对生活意义的一种探索。这种交往在巴黎时期更加密切,一直持续到他去世。(《自我认识》,第 133 页)

我和列·舍斯托夫是老朋友了,我们之间有关上帝,有关善恶和认识的对话,持续了 35 年之久。这种对话有时甚至会很残酷,但却始终是友好的。(《列夫·舍斯托夫——写于他 70 岁生日之际》)

列夫·舍斯托夫是一个以其自己的全部存在进行哲学思考的哲学家,对这样的哲学家来说,哲学不是学院派的一个专业,而是生死之事。(《列夫·舍斯托夫哲学的基本思想》)

在俄国时候,在我们往昔的争论时期,涉及的是终极的和极限的生活问题,是第一位的,而非被反映的和第二位的问题。我们的争论不光在宗教—哲学协会,也在私人聚会的场合下展开,这种争论有点儿像 40 年代中斯拉夫派和西欧派之间的论战。某次在争论了整整一夜以后,别林斯基说:"现在还不能散场,我们还没有解决上帝的问题呢。"而我们之间的争论也是这样,参加争论的有谢·布尔加科夫、米·格尔申宗、列·舍斯托夫、维亚·伊万诺夫、安·别雷、格·拉钦斯基等。但我们这伙儿人人数并不多。当时大多数知识分子感兴趣的是别的问题,他们的世界观也与我们有异。(《自我认识》,第 171 页)

谢·布尔加科夫在其悼念文章《列夫·舍斯托夫宗教观的若干特

点》里,也谈到他在基辅时期(1901—1906)基辅知识分子的生活:

> 在好客的什瓦茨曼在基辅的家里,本地知识分子的代表人物(在 90 年代初)和来自首都的文学家和演员们常常聚会,来了不是"听音乐"就是漫谈。生活一直过得很安静很消停,直到 1905 年,基辅继第一次革命之后发生了最初的针对犹太人的大屠杀之一,而我们全都经历了这次大屠杀的悲剧性。那些年里,我和尼·亚·别尔嘉耶夫被迫不得不为了我们所坚持的宗教观,而与本地不信神的和实证主义的知识分子代表人物进行论战。舍斯托夫也和我们在同一条战线,虽然他通常不在论战中出场……
>
> 我们这伙人后来从基辅往北迁移,同时我们和舍斯托夫的联系保持了下来,并在莫斯科进一步得到了巩固。虽然有了一些新的文学和宗教—哲学活动,并且添加了一些新人,但舍斯托夫却依然故我,保持其观点通常所具有的悖论性,尽管大家对他依然普遍保持了不变的爱……
>
> 嗣后我们又在巴黎见面了,但我们的生活道路却分道扬镳了,个人之间的交往也几乎中断了。但当我们偶然在寂静的布龙森林相遇时,我们的会面依然是友好和欢快的。(布尔加科夫,第 305—306 页)

这些年中或比这更早一些时候,舍斯托夫在基辅恰尔巴诺夫教授家结识了阿多尔夫·马尔科维奇·拉扎列夫(参阅附录)。这次会面为以后长期的友谊奠定了基础。革命后在侨民期间他们的交往变得非常密切。他们在这些时期来往的信件保留了下来,这些信件的片段在涉及

20 年代和 30 年代的章节甚多所引用。

舍斯托夫和叶夫谢耶夫·布龙施泰因的友谊,也是在这个时期建立的,把他们联系起来的,是关于文学的兴趣和爱好。1901 年和 1902 年。舍斯托夫曾"安排发表了"他的文章(其中一篇是《列·安德烈耶夫与当代道德》),1905 年舍斯托夫还曾帮助他在银行找到了工作。舍斯托夫曾为此事给亚·叶写过信:

> 还有一个好消息:叶三谢耶夫在银行里找到了个位置……我给他写了封信——高兴得可以说是喜极而泣。他的妻子也高兴得哭了。我也非常高兴,就好像得到这个位置的是我本人……再给我写信寄到基辅:M. 3 转叶夫谢耶夫。别担心。只要一接到信,叶夫谢耶夫就会立马送过来的,一刻也不会耽误的。(柏林,1905 年 9 月 16 日)

从舍斯托夫对于布龙施泰因的事如此上心就可以看出,他是多么看重这份友谊。关于他们嗣后的关系所知不多。布龙施泰因于 1923 年 4 月 8 日死于基辅。

在此期间(或午是 1903 年),舍斯托夫在基辅结识了叶甫盖尼·格尔曼诺维奇·龙德别格,当时还只是一个刚刚起步的作家。龙德别格在其所著《作家日志》里,用几页文字说到舍斯托夫,本书中对其片段文字有所摘引。

第四章

未完成的论述屠格涅夫的著作（1903）——《无根据颂》（1905年1月）——别尔嘉耶夫等人针对《无根据颂》的批评文章——《虚无的创造（论契诃夫）》（1905年3月）

1903年初，舍斯托夫为写作一部新著准备好了资料。他确信生活在基辅的他注定无法把工作进行到底，他那种"在基辅也能用大致与以前几部著作大致相同的时间写完这部专著"的希望，是注定难以实现的，所以他必须再次出国一段时间进行写作。他在给妻子的信中说：

> 要是能早点儿见面就好了。我几乎可以肯定在5月初回来——但几乎毕竟是"几乎"。你别忘了父亲正在生病。我想在国外生活到新著完成的时候。手头的资料几乎已经都准备齐了，只需要再稍稍看一眼，就可以开始动笔了。可在基辅根本不可能不间断地进行工作。所以我打算在国外住到新年甚至更晚一些时候，总之，直到新著杀青。很可惜的是，代价将会很大，但无可奈何。我已经在基辅过了两个冬天了（1901/1902，1902/1903），我看得很清楚，如

果我没有自由的话,就是给我十年我也写不完一部大著。或许这毛病也是惯出来的,可毛病既然已经惯出来了,那要知道现在要改也为时已晚了,我不能关了原则而毁掉我的新著吧。或许我的确也需要一段安静的时光,好让我把自己的思路整理一番,而我也还没有到"不可救药"的地步呢。文章我倒是在任何条件下都写得了,而写书这就是另一码事儿了。更何况现在我必须更加小心谨慎才是。要知道即使是自己人也随时可能对我发动攻击的呀。梅列日科夫斯基就对我写他的文章非常恼火,或许他那一伙儿人会对我实施报复的。喏,至于其他人嘛——不说也罢。他们甚至可能会保持沉默,一言不发。新著(《陀思妥耶夫斯基与尼采》)卖得不错。在基辅三周时间所有新书就售罄。要是能赶在新年以前完成新书就好了!……你考完试后也可以到奥别尔郎德去。我也许会去阿克龙根去过冬。到那时还可以去一趟沙尔纳赫塔尔。不过这事咱们可以见面再谈……我尽量给自己留出 8 到 10 个月的写作时间。我们这里已经完全是春天了……(基辅,或许是 1903 年 3 月)

出国以后,舍斯托夫去了瑞士的东斯湖畔。在那里开始写作新著《无根据颂》。在为《无根据颂》写的前言中,舍斯托夫谈到了工作进度的事:

我已经开始动笔写了,甚至大致按照我撰写以前著作的提纲写了一半了,可是工作越往下进展,继续写作对我来说就变得越来越难以忍受和痛苦不堪。有一段时间我连自己也搞不清问题究竟出在哪儿。资料早就准备停当了——剩下的工作就只是从外部谋篇布局了。可是，被我当作外部加工的东西，原来竟然比我原先以为的那样远更加重要更加具有实质性意义……我终于发现继续这样写下去——至少是对我来说——简直是不可能的……这本书中最令我感到吃力和沉重的，是中心思想问题。我必须取消中心思想……我确信我没有别的出路，必须重新仔细推敲这幢业已建成一半的建筑物的每块石头……把这部著作以一种外表上相互之间没有任何关联的思想的方式呈现出来。(《无根据颂》，第5页)

伊万诺夫一拉祖姆尼克在其所著《论生命的意义》中，专门写了论述舍斯托夫的一章，其中指出：

……指出下列一点不会是没有意义的，舍斯托夫的这部著作(《无根据颂》)最初是作为一个整体构思的，题目是"屠格涅夫与契诃夫"。(伊万诺夫一拉祖姆尼克，第230页)

舍斯托夫"已经写了一半"的著作，或许就是伊万诺夫一拉祖姆尼克所说的《屠格涅夫和契诃夫》的前半部分。在舍斯托夫档案里保存着一部未完成的论述屠格涅夫著作的手稿（Мс. 10），显然，就是这部著作的前半部分。手稿由146页书写得密密麻麻的稿纸组成。第一页的标题是《无根据颂》，日期是1903年7月31日，前面有两则题词：

——Resigne-toi coeur, dors ton sommeil de brute.

(Baudelaire)

——Nur fur Schwindelfreie.

一条险状四伏的山间小路入口处的题词

（摘自奥林匹斯回忆录）

这两则题词也都被纳入《无根据颂》。

关于第二则题词的来源洛夫茨基讲述道：

　　《无根据颂》两则题词中的一个，列夫·伊萨科维奇是我们在瑞士时期，某次到山里散步时，在一条小路入口处见到的警告性题词：只有不怕头晕的人可以入内。我们当时（时在1903年的5月或6月）住在伯尔尼通向金达尔路上的"沙奈"村，两人经常一起散步，有时还会带着女士们登山——如果是上冰川，则必定带上向导。但我和列夫·伊萨科维奇尤其喜欢两个人穿过隘口从一个山谷到另一个山谷漫步，不带向导，全凭绑在行囊上的一张地图。每逢此时我就会扮演引路人的角色。路上我们基本不说话，都沉浸在自己的思绪中。列夫·伊萨科维奇想他的哲学，而我则想我的音乐和戏剧。就这样，有一次，陷于沉思中的我们，来到一条狭仄小路的入口处，那里有一个带有警示意味的告示牌。我们不想中途折返，同时也不害怕头晕，于是沿着深达数百米悬崖边上狭窄的小径走了下去。小径的另一面是同样陡峭的石壁。周围连个人影都没有。各种鹰隼在天幕底下翱翔。忽然我们发现眼前有一个从石壁上凿开的狭窄的孔洞。下到谷底才有了潺潺流水声，而我们要想不弄湿脚，就得用脚掌抵着对面的石墙，慢慢往前挪动，心里抱着一线希望，希望这个渡槽能带领我们走出深山。果不其然，过了一会儿，一片广阔的山间牧场豁然展现在我们眼前，牧场上开满了芬芳馥郁的春天的花朵。我们应当走到牧仁，那是一个海拔 1600 米的山村，然后从那里下山到因特尔兰根。我说应该往左走，而列夫·伊萨科维奇则说应该往右走。紧接着就下起了小雨，浓雾弥漫。我始终固执己见，最后我们终于走到了居民点。列夫·伊萨科维奇对我表现出来的固执表示了祝贺，而自己则深化了他关于生活边缘问题的思考，人一旦置身边缘，应当不怕掉脑袋，直面重重风险甚至死神而勇敢地走下去。

我们已经说过，1903 年 7 月 31 日，舍斯托夫开始动笔写作一部关于屠格涅夫的著作，但这部著作没有写完。写作或许是在 10 月份中断的，因为舍斯托夫被紧急召唤到基辅看望生病的父亲。或许在基辅时他又重新开始继续他已经开始做的工作，很有可能也正是在那时，他看出继续这样写下去是不可能的了，而是"必须仔细推敲组成这幢已经建了一半的建筑物的每块石头"，"把这部著作以一种外表上相互之间没有任何关联的思想的方式呈现出来"。1904 年，舍斯托夫写了一部新著。给未完成的论述屠格涅夫的手稿命名为《无根据颂》，就成为保留至今的新著的名称。这本书由前言和分别各为 122 则和 46 则格言警句组成的上下两卷和附录组成。上文已经说过，这本书是在舍斯托夫出国前完成的（《钥匙的统治》和《莎士比亚的裘里斯·恺撒》）。

新著的材料来自两个工作笔记本（舍斯托夫档案文献手稿第 5 号和第 8 号）。格言警句小到只有一行字，大到数页。保尔·格里戈里耶维奇·加里宁于 1963 年对笔记本做了仔细研究，对每则札记都做了标号。根据这两个笔记本可以确定舍斯托夫的写作流程，以及大致考证出某些札记的写作日期。5 号笔记本共 91 页含 375 条札记。开笔于 1899 年 6

月,当时舍斯托夫正在基辅。笔记本的前半部分包含有一些手稿,后来被收入《陀思妥耶夫斯基与尼采》中,而下半部分所包含的手稿则被收入文章《莎士比亚的裘里斯·恺撒》,而29则格言警句的手稿则收入《无根据颂》的上卷。8号笔记本共176页包含265则札记。首页签署的日期是1901年7月1日。92则札记即《无根据颂》上卷92则格言警句的草稿,而46则札记也就是同一本书下半部分的46则格言警句的草稿。前言的草稿也在其中。该笔记本有两则短小的札记后来被以稍加变化了的形式写入文章《从虚无创造》。该笔记本的末尾在格言警句之后,出现了写于1905年6月的文章《文学分离派》的草稿。这两个笔记本共有640条札记。事实上,《无根据颂》的所有168条格言警句和前言的草稿都包含在里面了,换言之,大约25%的札记被收入这本书里了。其他一些札记被收入上文所说的舍斯托夫的著作里了。其他将近一半的札记未能出版。其中有许多非常有趣的业已完成的手稿,论述屠格涅夫的未完成著作舍斯托夫生前没有出版。它包含文献手稿第5号和第8号笔记本的31则札记,后来被收入《无根据颂》的前一部分。未完成著作的三个片段分别于1961和1978年发表于杂志,全书由阿尔季斯出版社于1981年以"屠格涅夫"为标题出版。

1903年夏,舍斯托夫在瑞士结识了叶甫盖尼娅·卡济米洛夫娜·格尔齐克,后者在读过舍斯托夫的著作《托尔斯泰与尼采》以后,于1902年和作者建立了通讯联系。叶·格尔齐克写过一本《回忆录》,其中有一章就是关于舍斯托夫的。她在书中讲述了她和舍斯托夫相识的经过:

我当时是大学一年级女生。听课很卖力气……美、理想、科学方法、真理——奇迹一般地一直顶到高高的、雕花的天花板。可我对这一切却提不起兴趣……家里放着一本书（《托尔斯泰与尼采》）。作者根本没有名气。可就是这本书却成了我的活水之源……舍斯托夫就这样走进了我的生活。可到哪儿能找到他呢？偶尔浏览1月号的《艺术世界》①，我心花怒放：上面有舍斯托夫的同题新著。我连忙给编辑部写信询问地址。……于是（1902）我们开始了漫长的通信……1917年我在莫斯科的住宅被抄，在所有被抄没的家产中，最使我痛惜和心痛的，是一小沓早期舍斯托夫给我的书信……我头一次见到舍斯托夫是1903年在瑞士的英特尔拉根……他就像是刚刚从犹太人被烧焦的土地上来——皮肤晒得黢黑，一部褐色的大胡子，头发浓密而又蜷曲，低低地压在额头上……他当时只有38岁，他的外表也并没有比他的实际年龄更显老，但却不知为何身上却有一种世外之人的气息。（格尔齐克，第99—101页）

随后，也许是在1904年，舍斯托夫到过格尔齐克在莫斯科的家。格尔齐克还讲述他们如何一块儿看《新路》杂志的事：

舍斯托夫身上不像当时许多人那样染有小团体习气。我们俩一块儿看定期出版的淡紫色封面的《新路》杂志（一本神秘主义者—现代派杂志）。我以一个年轻人特有的激情和狂热嚷嚷道：

---

① 如上文所说，舍斯托夫的《陀思妥耶夫斯基与尼采》分章发表于1902年的《艺术世界》。

"如今只有这本杂志还有点儿生活的气息!"而他却回答说:"这只是我和你的想法而已,你再仔细看看,《新路》的订户才5千,而《俄罗斯财富》却有3万(我这里说的是概数)。也就是说,人家自有人家喜欢的杂志。"我气愤不过。以订数为依据对我来说没有说服力。是的,他很清醒,但他的这份清醒以及他在所有阵营里都有自己的朋友这一点,是不是来自一种对于并非其喜欢的题目的一切的冷淡超然吗?(格尔采克 第104页)

正如上文所说,1903年,舍斯托夫不得不回到基辅。从基辅他写信给索菲亚·格里戈里耶夫娜:

您也许已经在生我的气了吧,嫌我这么长时间没给你写信吧。可就在我收到您的来信的那一天,我同时又接到来自基辅的一封电报:家人告诉我说父亲病了。我便于收到信的当天去了俄国——一直到现在都没缓过气来。直到3/4天以前,父亲的病情才稳定下来并有所好转。现在我终于可以仔细看一看想一想自己的事情了……
9月1号您不是要来吗?您看看您是否愿意在文学和表演协会做个演讲?如果您愿意就写信告诉我,因为申请许可的事情需要5到6周的时间。等您来之前应该可以把这事儿办妥的。……?……我们协会非常需要专题报告。可我作为会员,一直没有交会费(10卢布——您明白吗,我竟然连10卢布的会费这笔巨款也不敢轻易下决心交),所以,至少我认为我有责任通过吸引新的有生力量来促进协会的繁荣吧。如果您愿意的话,我重申一遍,请你写信现在就告诉我。须知您在基辅待的时间不会很长——所以需要预先把手续办妥。顺便问问,您想不想做一个有关屠格涅夫的报告?我们正在筹划举办一个屠格涅夫晚会。他们请我做,可我一生中从未在大庭广众下讲过话,而且我对自己演说家的能力也并不看好,所以就给推辞了。而您如果愿意那真是太好了。(基辅,1903年11月1日)

舍斯托夫的新著《无根据颂》由社会利益出版社出版于1905年1月。全书由前言和168则格言警句构成。该书附录部分附有舍斯托夫写于1902年国外于1903年发表的两篇文章,这两篇文章上文已经提到过。这两篇文章是:《理念的统治》和《裘里斯·恺撒》。伊万诺夫-拉祖姆尼科夫就第二篇文章写道:"这篇文章与舍斯托夫的第一部著作(《莎士比亚和他的批评者勃兰兑斯》)以及他论述莎士比亚的第一篇报刊文章相比,具有特殊重要的意义。这三篇同题论著在写作时间上有显著间隔,但都反映了列夫·舍斯托夫观点的变化。"(伊万诺夫-拉祖姆尼科夫:《论生活的意义》,第165页)

伊·科尔文-哈尔瓦茨基、格·洛夫茨基和艾尔格都曾讲述到《无根据颂》最初在文学圈出现时给他们留下的印象:

在我已经足够成熟,已经读过普希金、托尔斯泰、屠格涅夫的全部著作以后,有一天,诗人明斯基来了。妈妈很着急,因为我们也在期待布列宁和布尔纳金的到来,而这两个人什么正事儿也不干,就只知道诋毁《新时代》里品格高尚的人……"我给你们带来了一件非凡的礼物,"明斯基在吻妈妈的手时说道,同时不忘贪婪地尽情欣赏着妈妈的美丽,"就是列夫·舍斯托夫这本书,他是一个反对哲学家的哲学家。"在和父亲亲吻时,明斯基从他随身带的英国式公文包里,拿出一本黄皮封面的书,封面上题写着:"献给所有哲学家——为其思考不周之故……"①"在我国的哲学文学界,舍斯托夫扮演着一个十分特殊的角色:他是一个否定哲学的哲学家,"刚到我家的诗人手中挥动着那本黄皮书说道,"在如今这个时代,画家否定素描和透视,作曲家否定旋律与和声,诗人否定格律和韵脚,为什么就不能有一个否定理性的哲学家呢? 实质上近百年中凡是有些名望的哲学家们全都只干一件事,那就是否定理性的权威——叔本华是以意志的名义,哈特曼以无意识的名义,而尼采则以本能的名义,柏格森以直觉的名义,美国实用主义者则以宗教体验的名义。""可是,在以其他别的本质的名义与理性主义斗争的同时,他们中间的每个人又都在从前那种形而上学的原地之上,建立了自己新的形而上学体系。舍斯托夫却并未创建任何体系! 但他却以极大的勇气,而且还必须说,是以极大的才气,抨击那些可怜的哲学家们……而且舍斯托夫不是在耍滑头,他极其真挚,他对语言掌握得极其纯熟,他拥有的理性在各个方面都极其细腻! 舍斯托夫的脑子里永远都有一个思维的万花筒,但他却是在利用理性而与理性斗争! 这是理性对理性的角逐! 您该说这样一种工作从内在方面说必然是矛盾的了? ——舍斯托夫却会回答您说,这就是无根据,说完会微笑着从您身边走开……"亚·费·科尼指出非常重要的一点:"我承认我不怎么理解舍斯托夫在抨击科学及其概括性方法时,他想要达到的目的究竟是什么?"所有人都在极其热烈激奋地讨论

---

① 该书封面没有这句题词,佉也许是作者本人在赠给明斯基的那本书上亲笔题写的。

着舍斯托夫这本书……但鲍利亚·帕斯捷尔纳克就像被魔法蛊惑了似的,一言不发,只顾倾听。他睁大他那双美丽的眼睛,对我耳语道:"这个你听不懂的!而我浑身都在战栗!"……大家全都看着明斯基不作声,全都聚精会神地听着明斯基那咕咕叫的嗓音,满怀敬意地看着明斯基手中捧着的那本舍斯托夫的书。接下来明斯基就开始朗读舍斯托夫那本充满恶意的书……忽然亚·亚·布尔纳金和瓦·瓦·罗扎诺夫刚下了车从车站来了,一来就立刻参与了关于舍斯托夫这本书的讨论和争论。(伊·科尔文—哈尔瓦茨基:《蓝色的炊烟》,《俄国的复活》,巴黎,1960年7月23日)

那个年代的俄国知识分子中的绝大多数全都无一例外地受到唯物主义对于生活的阐释的影响,《无根据颂》在俄国文学界造成的影响,犹如一颗引爆的炸弹。一些举止轻浮的年轻人威胁他们的父母说:"我们就是要放诞不羁,就是要读舍斯托夫。"曾经为贝利斯案做辩护的著名律师奥·格鲁森贝格说:这位非教条主义哲学的尝试者"有一颗具有腐蚀性的大脑"。甚至就连列夫·伊萨科维奇的朋友们也都说:"我们真没想到你会有这么一出。"有一位俄国著名作家对舍斯托夫说:"如果您的著作按相反的出版顺序问世——先是《无根据颂》,然后是《陀思妥耶夫斯基与尼采》,再后来是《莎士比亚和他的批评者勃兰兑斯》——的话,我也许就能更好地理解您了,而且几乎所有作家和批评家们至今也都有这样的看法。"(洛夫茨基:第8页)

有件事我记得很清楚,我父亲尼古拉·阿勃拉莫维奇·格林别尔格——列夫·伊萨克维奇的同龄人和童年时代的好朋友(两人都是1866年出生于基辅)——懊丧且喋喋不休地说:"亲爱的廖瓦如今写的东西我一点儿都搞不懂。"1905或1906年①,舍斯托夫在一个文学艺术小组的晚会上发言,当他朗读完《无根据颂》里那些充满悖论的格言警句时,莫斯科人的愤怒到了无以复加的地步……对于他那一代"已经被科学俘虏得一点不剩的"人来说,舍斯托夫对于理性和道德的反抗,是难以理解的和令人不快的。而我们这些在第一次世界大战时到了应征年龄的一代人,却感到舍斯托夫的思想很亲近。我们中学有一个小组,其崇拜的对象就是这位作家。"(艾尔格,1958年,第251页)

从科尔文的讲述可以看得出来,明斯基对舍斯托夫的著作产生了很大兴趣。而舍斯托夫本人却对明斯基不大感冒,而且不止一次鄙视地谈到过他。值得指出的一点是,无论是艾尔格还是科尔文,在时隔数十年以后回忆起当时刚一出版时给他们的印象时,都讲述了许许多多生动的细节和详情。这确定无疑地证明当时的人们对这本书产生了很大兴趣,并且都曾经热烈地谈论过这本书。

格尔齐克同样也谈到舍斯托夫在莫斯科那个文学艺术小组的那次发言,或许就是艾尔格描述过的那次。下面就是她的记述:

> 有一次人们邀请他到莫斯科的一个文学艺术小组朗读他新出的书的片段。他兴致勃勃地来了,甚至都没问组织者是谁,听众又是些什么人。我心里直打鼓,一直陪伴着他穿过所有铺着地毯的大

---

① 希尔也提到,1907年2月13日,舍斯托夫曾经被一个文学艺术小组邀请,他在那次聚会时朗读了他书中的格言警句。(希尔,第109页)

厅,一些厚颜无耻之徒,律师、脑满肠肥的商人胆怯地站在两旁偷窥和观望,一些女士拎着各种各样的时髦口袋在走来走去。听众中读过他的书了解他思想的人,恐怕连十个都不到。无怪乎一个反方人士——一个上了年纪的乐天而随和的先生——在争论结束后声明说,他完全同意报告人的观点,他也认为好花当摘即须摘。远道而来的、脸色苍白的、天真幼稚的列夫·伊萨克维奇默默地站在那里。可他一张口,声音铿锵有力,字正腔圆,中气十足,气贯满堂。(格尔齐克,第104页)

继而在同一页上,格尔齐克谈了她对舍斯托夫这本书的和多数人相同的意见:

至于说最新的一本书《无根据颂》采用格言体写作这一点,显然是疲倦使然。前两本书中那种贯穿始终的统一的激情再也看不到了——一切都被零散化了……格言警句就是耍花剑,或是把玩结晶体的每个立面,可是把玩和戏耍——难道这是舍斯托夫的风格吗?

《无根据颂》这本书的问世引发了众多论述舍斯托夫创作的文章的发表。主要有:尤·艾亨瓦尔德的(《俄国公报》1905年3月7日)和弗·津科夫斯基的(《西南边区》,1905年3月号),罗扎诺夫有趣的小品文《哲学的新方针》(《新时代》,1905年9月17日,总第10612期),列米佐夫的杂感(见《生活问题》,1905年7月),弗·巴扎罗夫的文章(《教育》,1905年11/12月号),别尔嘉耶夫的文章。

列米佐夫的评论文章题目是"谈谈舍斯托夫的新著《无根据颂》",

但实际上列米佐夫在文中并未谈论这部著作,却讲到一个"家有厅堂"却走入"地下室"生活的人(这说的当然就是舍斯托夫)。这篇评论文章后来被列米佐夫收入其《红嘴》一书中。(第124—126页)1926年他把它发表在杂志《走自己的路》(纪念舍斯托夫诞辰60周年)上,而1935年又发表在杂志《处女地》(纪念舍斯托夫诞辰70周年)上。1936年2月列米佐夫又把同一篇文章的法文版发表在杂志《Hippacrate》上。方丹读过这篇文章,在和舍斯托夫的谈话中,他回忆了《无根据颂》最初问世时的情形:

"这篇文章(指列米佐夫的评论文章),"舍斯托夫说,"是30年前发表的,当时我的《无根据颂》刚刚出版。好像当时这是唯一一篇肯定的文章……这本书在当时掀起了一场闹剧。我居然敢于用格言警句体写作——这简直是大逆不道。其次我还嘲笑了做结论的做法。我说过要把做结论的工作放在以后进行。最后,是说我很不严肃,但承认在那之前我一直都是很严肃的。甚至就连一直对我那么好的艾亨瓦尔德那样的好教授,也对我生了气……读完我的书,他还以为我是在谈论苏鲁拉底和桑迪帕呢:'既然搞哲学,怎么弄得自己一身污水'①,艾亨瓦尔德写了一篇文章……文中说,我这是在一些无谓的小事上浪费自己的'才华'。"(方丹,第66页)

1912年格奥尔吉·丘科夫写了一篇论列米佐夫的文章《地下室之梦》。在这篇文章中他全文引用了列米佐夫的评论文章,说列米佐夫谈

---

① 《无根据颂》,第一部分。格言第57则。

的不是舍斯托夫，而是在谈论自己。

在《无根据颂》出版后出现的评论文章中，最重要的还是别尔嘉耶夫的文章《悲剧与日常性》（《生活问题》，1905 年 3 月）。后来此文被收入 1907 年出版于彼得堡的别尔嘉耶夫的 *Sub specie aeternitatis* 一书中（第 247—275 页）。下面就是这篇文章的若干片段：

> 这是导论，现在开始转入舍斯托夫，关于他我早就该写点东西了。我认为轻视舍斯托夫的著作是极其不公正的，我的理由只有一点，即舍斯托夫的主题和他研究这些主题的方法，对于历史的康庄大道说是不必要的，因为它们只是些地下的潜流，只有少数人能发现，也只对少数人才是必要的。而那些世界观已经定型了的、以普遍生活巩固了自己的自信心的"实证主义者"或"唯心主义者们"，只会耸耸肩膀，感到十分困惑，舍斯托夫究竟为什么拉起警报呢。然而正是舍斯托夫著作的这样一种不必要性，这种不可能拿它们来做普遍用途的特点，使它们在我眼里变得特别重要和珍贵。舍斯托夫是个非常有才华的作家，是个非常具有独创性的作家，而我们这些未经过规训的、总是在探索的、忧心忡忡的、对什么是悲剧深有所知的人，应当认真考虑一下这位万分真挚的、独特的人所提出的这些十分尖锐的问题。我认为舍斯托夫是我国文学中一个十分显著的现象，是我们当代文化双重性的最重要的表征……舍斯托夫的《无根据颂》刚刚出版，而我却想一般地谈论舍斯托夫，甚至主要谈谈他的前一本著作《陀思妥耶夫斯基与尼采》，我认为这是他最好的著作。我感到遗憾的是，"无根据"已经开始自己书写其"颂"了，这样一来它也变成了一种教条，尽管这本书的副标题是"非教

条主义思维试论"。失去任何希望的无根据性变成一种独特的安抚体系,须知绝对的怀疑主义同样也可以扼杀忧心忡忡的探索,其作用和绝对的教条主义一般无二。无根据性,悲剧性的无根据性,除了宗教以外,不可能没有另外一种"颂歌",而这已然是肯定意义上的了。在《无根据颂》中悲剧的母题减弱了,而这里面包含着某种宿命的东西。(第250—251页)

我认为舍斯托夫的巨大功绩在于他深刻地,尖锐地,对各种实证主义、对肯定日常生活的观点,进行了尽管是带着唯心主义面具的心理学的批判。(第253页)

舍斯托夫应该承认,悲剧以其存在的事实本身揭开了永恒的帷幕,应当承认对于日常生活而言新的可怕的经验揭示了无限性。假定的理性的边界消失了,即使是在舍斯托夫那里彼岸之光也已经照射了进来。遗憾的是,这个有才华的、睿智的和独特的勇敢的人,不愿意或是未能走向新的创造。须知创造性努力同样也是悲剧性而非日常性的,因而最不可能将其视为一种安宁。破坏和创造的因素永远都是交织在一起的。舍斯托夫身上有创造性的因素,可我担心他可千万别安卧在终极而非骚乱不安的怀疑精神上止步。我不建议舍斯托夫就止步于"道德",就满足于说一句"尽管"如是我说,一切多多少少还算顺遂,啊哦,不是这样。何妨让他继续"沿着狭隘的、很难跋涉的悬崖上的小径"攀登下去,nur fur die Schwindelfrien①……何妨让他继续发现新的地域,不然的话他就会冒原地踏步的风险。让我再重申一遍:《悲剧哲学》变成了《无根

---

① 只为不怕头晕者而设。《无根据颂》,第219—220页。

据颂》还不够，这使我感到很遗憾。而我之所以感到遗憾，不是"无根据性"能引起恐惧，不是，无根据性在召唤我们走向隐藏在地心深处的更加无限深刻的根基。（第265页）

  在结尾部分我想说的是：应该读一读舍斯托夫，应该重视他的看法。舍斯托夫是我国整个文化的预警者，而且，用最崇高但却最日常的"理念"是很难对付他的。应当吸取他向我们讲述的悲剧经验，并且体验这类经验。我们已然不能从深渊上走过去，而在抵达这个通道以前一切的一切又没有什么价值。对站在"唯心主义"边缘的我们所谓颓废派早已就发出预警的那些情况予以忽视或是保持沉默，就会引发来自地下室的爆炸。让我们对舍斯托夫说一声"是的"，接纳他的意见，然后继续登山，以便从事创造。（第275页）

还值得一提的是谢·亚·文格罗夫关于舍斯托夫的同情性的词条，此文见于勃洛克豪斯和叶夫龙百科辞典，1907年版的增补第二卷。

  舍斯托夫最初的几部著作也引发了一些困惑：《无根据颂》包裹了格言警句的完美形式，加之以阐述上古典式的简洁和带有欺骗性的清晰，对俄国文学如托尔斯泰、陀思妥耶夫斯基、契诃夫这样的大师巨擘的深刻分析，使人们有理由把舍斯托夫归入文笔出色的文学家行列，但与此同时，人们又断言他的哲学却应当予以摒弃，因为作者给他所研究的所有作家都套上了他自己的、舍斯托夫式的紧箍咒。而舍斯托夫对此类指责却无动于衷，他说如果人们把其他伟大的大脑说出来的所有极其重要的思想，都安在他头上，那他可就荣幸之至了。关于这个问题，舍斯托夫同样也对方丹说过：

  大学时期我从来没有研究过哲学，从来没听过哲学课，也不认

> 为自己是个哲学家……人们往往把我当作文学批评家，因为我最初几部著作都是关于莎士比亚、托尔斯泰和契诃夫的。是的，连我本人也更倾向于认为自己是个批评家。(方丹，第37页)

而伦德别尔格也持有类似的看法：

> 列夫·舍斯托夫同样也属于"被遗漏者"之一……他的声望取决于——人们都说如果不涉及其著作的内容而论，则其文笔非常出色——在其开展活动之初，就充分利用了文学的素材，而且在知识分子读者群中以一个文笔机智的批评家著称。他越是离开文学而走向哲学，其脱落性就越严重。当代人很难忍受一个令人过分不安的思想者的。(第74页)

或许是1904年，在完成《无根据颂》以后，舍斯托夫写了一篇论述契诃夫的长文《从虚无中创造：安·帕·契诃夫》。《新路》杂志1904年10月号公告（见第53页），近期将刊载舍斯托夫的一篇文章。可这篇文章却注定无法在《新路》刊载，因为该年年底这份杂志就停刊了。继承《新路》之事业的是《生活问题》月刊。其编辑委员会委员由各种观点和看法的人组成。编委中除了哲学家—唯心主义者谢·布尔加科夫和尼·别尔嘉耶夫外，还有德·梅列日科夫斯基、瓦·罗扎诺夫、列·舍斯托夫、亚·卡尔塔舍夫、维亚·伊万诺夫、费·索洛古勃、亚·勃洛克、安·别雷、瓦·勃留索夫、亚·列米佐夫、格·丘科夫、米·格尔申宗、谢·弗兰克、帕·司徒卢威、叶·特鲁别茨科伊伯爵、帕·诺夫哥罗德采夫、费·泾林斯基、鲍·基斯佳科夫斯基、沃尔日斯基、瓦·艾尔恩,出版人是尼·洛斯基,后来又换成德·茹科夫斯基,秘书是亚·列米佐夫。所列举的这些人观点各异信念不同就足以证明,这份杂志在思想一哲学倾向上是相当五花八门的,更确切地说,是模糊不确定的。1905年1月份,该杂志出了第一期,而在3月份出版的3月号上,就登载了别尔嘉耶夫论舍斯托夫的文章,和舍斯托夫本人论契诃夫的文章《从虚无中创造》。这份杂志只存在了一年:1905年12月出了最后一期。

除了著作《无根据颂》和论契诃夫的文章外,同年舍斯托夫还在《我们的生活》报7月15号一期上,发表了文章《文学分离派》,对新杂志《生活问题》1905年1—6期(从1月至6月),进行批评性概论。舍斯托夫在这篇文章中回顾了杂志的创办过程,并对其主要编委进行了评论。他在给妻子的信中写道:

> 上帝知道我们这里正在发生什么事,将来还会发生什么事。一切都是那么荒谬绝伦,有那么多的人牺牲……《我们的生活》给我寄了60卢布……而我本来希望从它那里能拿到150或200卢布的预支稿费呢……这样的文章我以后再不写了:要写就写点儿好写的。报刊文章根本不值得一写,再说此刻我反正也无法以真正的方式好好写作。无论你站得离政治有多远,政治也会介入你的生活中来,让你无法专心致志地工作。(也许写于1905年5月)

舍斯托夫发表在《我们的生活》中的其他文章无法找到了。这份报纸存在的时间并不长:从1904年11月6日到1906年7月11日。

尽管有上文所述那些论述《无根据颂》的文章出现,但舍斯托夫却始终有一种感觉，即他的这本书没有引起人们的兴趣，人们没有读懂这本书，对于这本书所提出的问题——对他来说是最重要的——人们连听都不愿意听，这种感觉与年俱增。在给妹妹法尼娅和内弟格尔曼的三封信中，舍斯托夫讲述了这些文章给他留下的印象：

> 我们正在经历一个非常恐慌的时代。每天都有许多传递动乱消息的电报传来——在俄国，在高加索，在华沙。昨天雅尔塔发生了抢劫事件等等。这一切会怎么结束——我不知道。在这样一种形势下好消息不会多。等到夏天，可以肯定，形势会更糟糕……《俄国公报》对我的《无根据颂》态度很不友好！艾亨瓦尔德……？……说，我在把自己无可置疑的文学才华——这一点他已经从我以前的著作中看出来了——浪费在文学的调情上来了。建议我"心平气和"地阐释自己的观点。这对我很有必要。而我必须承认他是好心的甚至是对的——当然只在其理性允许的范围内如此。须知他本人也同样又写东西又译东西，而没有如他所说的"非同寻常"的思想也照样过得去。他最生气的是关于桑蒂帕和苏格拉底的那则格言警句，和（第一部分）关于打嗝那则和第16则。而我却与之相反，我恰好认为这几则是写得最成功的，而且我当然事先就知道"批评界"会为这几则而生气发火的。外省报纸上还发表了一篇小品文，是一个大学生（弗·津科夫斯基）写的，他是恰尔巴诺夫的学生，文章题目叫"一条泥泞的路"。作者倒是不骂人，但却充满自信地警告说，说我本人也毫不怀疑，没有根据是十分危险的。总之，是认为不成功。别尔嘉耶夫打算写文章——可是已经是两年前的事儿了。显然，《天秤》也在准备因梅列日科夫斯基的缘故对我实施报

复。(方丹，基辅，1905年3月10日?)

艾亨瓦尔德的书评非但未能使我伤心，反而令我很高兴。我只是感到奇怪，他怎么以前，从我先前那些著作里没有猜到，我这样是在把才华"浪费"在不值得一做的小事上呢。但不管怎么说，几乎所有人都对《无根据颂》不满意，都认为这本书写得不如我以前写的那几本书。人人都说没想到我居然能写出这样一本书。但这并不是什么坏事，我竟然能写出一个出乎人们意料之外的东西。《生活问题》3月号（这本刊物已经出来了，你也许已经收到了或是明天就能收到）有别尔嘉耶夫论我的一篇文章。他想写这篇文章已经有两年之久了——你看看就知道了，瞧人家是怎么写的。的确是在争论……文章的题目叫"日常性与悲剧"。既然他已经接受了，那他就以此表明他理解我所提问题的意义。过几天别尔嘉耶夫要来基辅：我还要和他斗一斗。一般说你对《生活问题》还算满意吧？我写这篇文章用了半年时间，如果你满意的话，那我再花半年时间写一篇。(格尔曼，基辅，1905年4月5日?)

《俄国公报》的书评并未使我伤心。我早就知道人们对这本书不会友好，而现在，当我的预感都应验了的时候，我只是告诉你这件事而已。话说回来，《无根据颂》甚至在那些公正的对待我以前那几部著作的人那里，也没有获得好评，我分赠过这本书的我的那些熟人们中，没一个给过我一个字的答复。但我从侧面了解到大家都很不满意：例如列文和卢里耶。甚至包括别尔嘉耶夫——你不是看到或是读过他发表在《生活问题》（1905年3月号）上的文章了吗——也不满意。的确，他倒是对我承认，说他读得很匆忙，因为这本书到他手中到得不巧：他脑子里已经酝酿好了一篇论述我先前著作的文章，而《无根据颂》稍稍打乱了他已经拟好的提纲。但不管怎么说他的印象对我不利。瓦洛佳告我说你也"读不懂"。看来我得给你个建议：你只读一读论述契诃夫那篇文章①——《无根据颂》的内容在这篇文章中阐述得更加简洁更加连贯一些。当然，连贯性和简洁性会切断材料，但毕竟还是提供了一条线索。我感到在论契诃夫的文章之后，《无根据颂》会变得更加易懂了。（法尼娅：基辅，1905年4月14日）

在同一封给妹妹法尼娅的信中，舍斯托夫谈到了布尔加科夫和别尔嘉耶夫。他写道：

布尔加科夫的确是个真诚的人，文章写得也很好。至于说他总在发挥关于受难的思想——对他来说不这么做也不行。他认为或至少他愿意认为，对于有信仰的人来说，受难不可怕，也不应该是可怕的。要知道信仰的主要优点正在于此——信仰可以什么都不怕。一旦剥夺这一信念，那就什么也不剩了。至于说他在自己的信仰方面有几分正确性，这是另一个问题，但既然我们假定信仰是正确的，那就应当义无反顾地坚持下去。须知就连托尔斯泰所宣扬的，也无非是这一套罢了。福音书里也说过：先要寻找上帝之王国和上帝的真理，其他的一切自然会按部就班。忍耐到底的人终将得救。无论你怎么阐释这句话，其意义都在于不应当害怕俗世的苦难。当然，布尔加科夫和其他所有人一样，不善于彻底贯彻这条训诫。但

---

① 《从虚无中创造》，《生活问题》，1905年3月号，后来此文收入《开端与终结》。

要知道凡人之所以是凡人，就在于他无论做什么都无法做到彻底。别尔嘉耶夫是另外一类人。他喜欢理论哲学，想要用理性的方式，逻辑的方式来记录非理性。这你从他论述我的文章尤其是他的反驳中就可以看出来。他承认灵魂不朽的本体论和道德论证明，他甚至认为，任何人都应当承认这一点。但所有这一切都并未妨碍他成为一个非常敏感的人，也不致使他遁入抽象的思维世界里去。只是他的文章你总是必须得读两到三遍：不然你读不懂，因为他不害怕矛盾，他更多地关心如何表述，而很少想到应该使自己的思维具有逻辑的统一性。（法尼娅：基辅，1905年4月14日）

第五章

发表于各类杂志上的文章（论陀思妥耶夫斯基、别尔嘉耶夫等人，1906，1907）——《开端与终结》（1909）——伊万诺夫—拉祖姆尼克等人论述舍斯托夫创作的文章——维亚切斯拉夫·伊万诺夫的"塔楼"——在雅斯纳雅·波良纳拜谒托尔斯泰（1910年3月）

1905年夏天舍斯托夫是在瑞士度过的。在回基辅的路上，他还顺路去了维斯巴登（1905年9月14日）去见自己的父母，由于父亲的病，也许，从1905年夏天起，老两口彻底离开了基辅，定居德国（柏林，维斯巴登及其他城市）。父母离开后，但或许比这更早些时候，舍斯托夫就不得不在一段时间内履行其父亲企业的管理者的责任。直到1906年夏天或是秋天，他才得以摆脱这一责任（参阅舍斯托夫1906年4月给索菲亚·格里戈里耶夫娜的信和1906年10月20日给格尔曼的信）。在此之后，他在基辅又过了两个冬季（1906/1907，1907/1908）。于是他有了更多空闲时间，可以好好展开研究工作了。家族企业发展得很快，于是决定将其改组为股份制公司。1907年春天舍斯托夫开始忙乎起来，1908年4月11日，章程得到了最高管理部门的批准（参阅附录）。企业名称为"伊萨克·什瓦茨曼手工作坊会社"（以前的名称是伊萨克·什瓦茨曼仓储手工作坊)。舍斯托夫和他的父母被选为理事会经理。而实际上其父母都已离职,舍斯托夫是实际领导人。会社的组织工作给舍斯托夫找了许多麻烦。在舍斯托夫档案里保存着他写给父母的26封信,他在信中描述了每次谈判的进程。在此期间,舍斯托夫去了好几趟莫斯科会见弗莱曼,后者正在进行成立股份制公司的事宜。

如上文所说,这些年中,舍斯托夫无法和家庭在一起生活,因为他必须向父母隐瞒自己结婚的事实。两地分居的生活使舍斯托夫感到诸多不便。但从1908年秋天开始,他们一家已经可以团圆了,因为他们相信因父亲得了重病而忧心忡忡的父母,肯定察觉不了他们的隐情。1908年秋天,舍斯托夫一家移居德国,住在弗莱堡,并在那里一连住了两个冬天(1908/1909,1909/1910)。他们在那儿租了一套房,舍斯托夫把他的藏书也都运了进去。可他仍然不得不长期离家分居。1909年2/3月,他去了基辅。1909年秋天,他又一次不得不去基辅,并且一直在那儿待到1910年3月。从基辅舍斯托夫去了好几趟彼得堡和莫斯科。1910年3月2日,在从莫斯科回基辅的路上,他顺路去雅斯纳亚·波良纳拜访了托尔斯泰。

1906年1月份,舍斯托夫的文章《先知的天才(纪念陀思妥耶夫斯基忌辰25周年)》发表在《北极星》周刊(1906年1月27日)。关于这篇文章和自己在这段时期的生活,他在给索菲亚·格里戈里耶夫娜的信中写道:

> 近来发生的各种事件对我个人的影响可以说是平淡无奇。瓦洛佳病了,父母离开了,而我……接管父亲的企业。我履行这一愉快的使命很快就满6个月了。当然,在这种情况下写东西是不可能的了。确切地说,文章倒是可以写,而我也的确写了一篇——就登在

《北极星》上,您大约已经看到了吧,可要知道这不是我最想写的。每个作家,无论有没有根据,都会想象自己有很重要的事情,不应该转述脑子里涌出来的想法,而应当寻找,应当思考等。就我个人而言我现在非常想要获得个人的完全独立。当然,人不能不懂得感恩图报。而我也不应该忘记,我已经连续享受了10年的彻底自由,而且,只要瓦洛佳一回来(再过10到15天),我就又是一个独立的人了……可您想必也知道干这种事有多么乏味呀。而且这又是怎样一种"无所事事"的工作呀!5月份我打算出国去。不过不是去瑞士,现在我的常住地是柏林。我不知道夏天的后半段我将在哪儿。如能去瑞士,当然咱们可以见一面。好想听听您谈谈您的新工作。虽然我无法原谅您的一点是,您未能履行咱们定下的条件,没有写那篇关于契诃夫的文章。我非常愿意看到您在这个领域里初试身手。我不知怎么总觉得这事您能办到。您已经彻底不再思考文学和艺术批评的事了吗?别忘了如今文学形式享有很大自由,你可以往文章里写随便任何东西,哪怕是描写自然或对话也无妨。而且也不必非得懂理论观点,这些观点很难写进剧本中去。归根结底戏剧是最难伺候的一种文学形式。它的条条框框总是必须强行打破——,而这只有那些已经为自己获得巨大的作家声望的人才可以做到才能做到。您的确该试试写一些别的体裁。

《生活问题》向我预约了一篇评论文格罗娃的书评,但却没有发表。现在我把书评寄给了《基辅回声》①。而且,您想想看,这

---

① 这篇文章未能找到。在舍斯托夫档案里找到一篇不长的未完成的论述文格罗娃文章草稿,可能是未找到的那篇文章的开头部分(参阅附录)。

篇文章放在他们那里也已经一个月了。济娜伊达·阿法纳西耶夫娜很不走运呀！我真羡慕您，您这是在法兰西呀！我多么想摆脱基辅的氛围，好好自在一番呀。可是，近来这样的好事是越来越少了，而且很快就——这一眼就能看得出来——我就被迫彻底放弃出国旅游的想法了。许多年过后，许多好事——青春和自由——也随之成了过往云烟了。你会不由地想到如何拯救自己灵魂的问题了。（基辅，1906 年 4 月？）

也许，舍斯托夫写给妻子的一封未署日期的信，也写于这个时期：

喏，谢天谢地，亲爱的安娜，一切都很顺利。你最后那封信给我以很大安慰。完全是另外一种语调。想想都觉得可怕，天呐，塔妞克居然会得这么危险的病。我对她的感觉很奇特：好像在她身边的时间那么短暂——可是，如果为了她要我付出点儿什么的话，那么，无论给她什么我都不会觉得太多。可怜的孩子！的确受了很大罪。你陪在她身边也不会轻松！可现在一切都已经过去了——多么幸运！你的来信我几天前就已经接到了——可始终打不起精神写回信。我现在很忙你知道在忙什么吗？做买卖。父母就要走了，瓦洛佳在克连缅丘克。所以我就干起了老本行。整天坐在铺子里，一到夜里就怎么也写不下去。虽然经营商业这个事一点儿都不难，但给你的情绪和感受却完全是日常琐事方面的，而我却已经习惯于不是神游八荒，就是哀哀饮泣。在这样的环境下你永远也不会有体验大悲欢的理由和事由，因而你的感觉会很奇特。这样的情绪对身体健康来说是最好的。我相信我一旦干起商业，让自己彻底摒弃文学，我的身体很快就会完全康复。但我同时也相信另外一点：再过几年这样的生活，我重新又会在某一天忽然感到自己距离疯子只有一步之遥。生活中的一切安排是多么奇奇怪怪而又不可思议呀！是什么在推动人往前走，而又在往哪儿走？为什么谁都不肯安安静静地种自己的菜园，大家全都像躲避丑八怪一样逃离日常生活，而日常生活即使不能给你幸福，至少也会给你以安宁。（1905/1906）

还有一封舍斯托夫写给其时在柏林的父母的信，也属于这个时期：

妈妈，每天都能接到你的来信：你总是担心操心个没完。于是你就觉得我们在这里也很担心很操心似的。才不是那么回事儿。我已经写信告诉过你，关于基辅我们一点儿都不担心。当然，读到关于别洛斯托克①的消息是使人心情沉重。但这不是因为别洛斯托克事件可能会使基辅也蒙受同样的不幸的缘故。我相信对于许多俄国人来说，读报刊上关于别洛斯托克兽行的描述，心情丝毫也不轻松。暂时就我们个人来说没有任何理由担忧。昨天在苏霍姆林诺夫家举办了一次讨论会，他说只要他在基辅一天，犹太人就可以放心一天。对他完全可以信赖。省长萨维奇也说过同样的话。既然当局不希望发生动乱，更何况基辅眼下处于军事管制下。所以我们都很平静。护照我们会拿到手里的（明天就去办理护照），所以反正我们马上就要离开了——只要瓦洛佳一回来我们就动身。他现在已经到了卡尔斯巴德，或许再过两星期就会回到基辅：到那时我就可以

---

① 这里说的是别洛斯托克的虐犹大屠杀（1906年5月19—21日到6月1—3日）。

到国外过一段时间了。

　　店里的事情进行得还不错。买卖做得也不坏——尤其是批发部。遗憾的是所有支付都是大宗的——这是因为我们的商品储存量很大。大家都担心以后怕搞不到货——所以都存起来了。这样做不会有亏损,相反利润很大,因为商品价格在不断地涨——但为此增加支出。如果我们能少储存 8 万到 10 万商品,那么我们就会拥有购买这么多商品那么多的闲钱。也许这样做会比较正确——但我们不愿意放过赚钱的机会。况且眼下还看不出来:现在看来收成会很好,必须考虑到我们做买卖时……达尼尔仍然住在基辅。塔尼娅和艾尔恩以及索尼娅也在这儿。关于他们,也就是关于达尼尔,或许也真的没什么可担心的,因为他们处于领事保护下,绝对安全。况且,总而言之,我重申一遍,也没什么可担心的。我们会采取各种措施加以防范的。喏,当然了,无论怎么说,鬼也没那么可怕的。您在国外所以觉得什么都比实际发生的事情可怕。上帝保佑一切都会平安无事的。(1906 年 6 月 11 日)

　　1906 年夏舍斯托夫和往年一样是在瑞士度过的。等回到基辅后他又去了一趟彼得堡和莫斯科。在彼得堡他和一个春天他就开始与之谈判的一个新的出版商签订了合同。关于这件事他写信告诉了格尔曼·洛夫茨基:

　　我给你往柏林寄了 4305 马克。我把自己近些年三本著作的第二版的版权给卖了——我手头这笔巨额款项就是这么来的。我把钱寄在你的名下(莱比锡),其原因你自己也不难猜想得到。您签名后把这笔款子转寄给柏林……至于我嘛,我已经把经理的职责给卸掉了,现在我的生活很消停。正在整理我的笔记本和书籍。能不能写出东西或能写出个什么东西,这些预先还很难说。无论如何从前的自由回来了,这就好。好吧,我等您的来信。汇款收到后务必尽快回复,不然我会很担心。我一生中还是头一次得到这么大一笔钱。(1906 年 10 月 20 日于基辅)

信中没有提到出版商的名字。显然,这里说的是米·弗·皮罗日科夫,1907 年的新版《托尔斯泰与尼采》就是在他那儿出的。毫无疑问,皮罗日科夫想要出版舍斯托夫的全部著作,但在他那里就只出过上文所提到的那本书,或许是因为他在 1908 年破产了的缘故吧(参阅舍斯托夫 1909 年给索菲亚·格里戈里耶夫娜的信)。舍斯托夫的后两本著作是在斯塔休列维奇那里出版的:《开端与终结》(1908 年 9 月);《陀思妥耶夫斯基与尼采》第二版 1909 年)。而 1911 年"野蔷薇"出版了其著作的全集。关于与出版商谈判的情况,除了写给洛夫茨基的那封信外,没有找到其他信息。

正如上文所说,舍斯托夫有时会去彼得堡,并在那里会见一些作家。上文已经谈到舍斯托夫早年的交往,讲到或许在 1902 年他如何拜访比方说梅列日科夫斯基和罗扎诺夫的事。列昂尼德·加利奇在 1952 年在其文章《列夫·舍斯托夫》①中回忆道:

有趣的是,当舍斯托夫开始其文学生涯时,正处于本世纪朝霞

---

① 《新俄罗斯言论报》,纽约,1952 年 4 月 27 日。

初升的阶段，一些文学圈子立刻就对他引起了关注。例如，梅列日科夫斯基圈，还有从 1907 年起，开始转到帕·勃·司徒卢威手中的《俄罗斯思想》圈子内部和圈子周围的人……我记得有：梅列日科夫斯基、吉皮乌斯，明斯基、罗扎诺夫、维亚·伊万诺夫、和……丘科夫——大家兴致勃勃地谈论舍斯托夫，这种讨论常常变成赞美。（列昂尼德·加利奇，1952 年 4 月 27 日）

阿列克谢·列米佐夫也谈到舍斯托夫在彼得堡与友人相会的事情，他是 1905 年 2 月定居彼得堡的，在那之后，他在《生活问题》杂志编辑部得到一个位置。在那之前列米佐夫一直住在基辅，而他和舍斯托夫就是 1904 年 11 月在那里相识的。关于他们是如何相识的，他在《纪念舍斯托夫》一文中有过记述：

是大家都爱戴和永远都喜欢的别尔嘉耶夫介绍我们相互认识的。那是 11 月末，但不是波德莱尔式的壁炉里的干柴发出令人心疼的干裂声的 11 月末，而是基辅的童话般的、圣诞节的祝酒歌的信使令人勾魂摄魄的 11 月末，是落着洁净温暖的初雪的 11 月末。在一次文学界的聚会上，瓦·瓦·沃多沃佐夫做的报告，别尔嘉耶夫把我领到楼下，不是去我以为或是愿意以为要去的"小吃部"，而是去了带有舒适沙发的"经理室"。"舍斯托夫到底在哪儿呢？"我忽然看见他了：只见高大的写字台后台灯下坐着一个人，他站起身来，摘下眼镜，我感到这人个子很高，手脚很大——当然，他就是"列夫·舍斯托夫"！他就是舍斯托夫。"渔夫见渔夫，老远便相认！"——他用哀伤的蔚蓝色的眼睛盯着我说道……我这个反常的世界没个头尾。舍斯托夫待人很随和,这也使我能轻松自如地放松心情,好适应他这种"不拘礼节的随意和洒脱"。而我的"奇思妙想"舍斯托夫也信了,信任地接受了这种"熟不拘礼"的方式……"无可置疑的聪明"——瓦·罗扎诺夫对他如是评价,而我还要说他"无可比拟的真诚"。而真诚也是一种才华:无须语言就能感到,无须"算计"就能决断。(巴黎,《最新消息》,1938年11月24日,参阅本书第二卷)

舍斯托夫和列米佐夫很快就成为朋友,相互以"你"相称。关于彼得堡相会的情形,列米佐夫还在其所著《库克哈:罗扎诺夫书信》一书中做过描述。他写道:

1905年10月16日。在罗扎诺夫那儿……瓦·瓦一提到舍斯托夫就很伤心:他死不相信舍斯托夫居然酗酒。① 我们常常是这样:舍斯托夫一来,我就把他领到罗扎诺夫和别尔嘉耶夫那儿,(而且我们要去就是一群一群的)。前一天我会对罗扎诺夫耳语道:必须得有葡萄酒……于是,葡萄酒备好了。一瓶红酒就摆在舍斯托夫鼻子下。而我和别尔嘉耶夫却把酒给都喝光了。(第26—27页)

几页过后,列米佐夫又讲起他在1908年如何创建"猴子病房"的事。他说:"我们采用舍斯托夫的各个零件,把他打造成一个酿酒师!"

---

① 说"舍斯托夫喝酒",以及"舍斯托夫非葡萄酒不喝"这也是舍斯托夫屡屡加以嘲笑的列米佐夫的"奇思妙想"之一。

(《库克哈》，第39页）随后在《一个纸卷》一章里还说过关于舍斯托夫的一些话：

> 和往常一样，天已经很晚了，瓦·瓦·罗扎诺夫来了……桌上放着一封舍斯托夫从基辅寄来的信。"舍斯托夫要来了，"我说。"咱们又该一群一伙儿地逛彼得堡了。最后他会把所有人的票都买了，这在他成了习惯了。"（第89页）

嗣后舍斯托夫和列米佐夫也依然经常见面经常通信。现保存着舍斯托夫给列米佐夫的信件62封（1905—1912），列米佐夫给舍斯托夫的信件45封（1905—1936）。列米佐夫生活过得很困难，舍斯托夫不止一次帮助过他。下面还讲述了几件小事，但这几件小事远不足以涵盖舍斯托夫给列米佐夫提供的那些帮助。

舍斯托夫来彼得堡，有时也会去拜访维亚切斯拉夫·伊万诺夫的"塔楼"（人们习惯于这样称呼塔夫利达花园对面七层楼上维亚·伊万诺夫的家，从1905年7月到1912年他们家一直住在那里）。他在那儿还见到过安德烈·别雷，别雷在他那本《回忆勃洛克》的书里的"塔楼"一章里，还提到过这件事：

> "落脚点"[①] 上晚茶的时间不会早于半夜：一直持续到个别谈话进行的全过程中：彼得堡宗教哲学学会的学术委员会会议通常都在伊万诺夫家庄严地进行（施托尔普纳、德·弗·菲洛索福夫、

[①] 梅列日科夫斯基称维亚·伊万诺夫的"塔楼"为"落脚点"。

谢·帕·卡布卢科夫),有时还有路过彼捷尔的舍斯托夫,还有时则还有伊万诺夫的某个熟人……那段时间刚刚创刊的《阿波罗》杂志的会议通常或在库兹明家里举行①,或在分给我的那个房间里,某人经常去我那里:一直坐到夜里12点。12点整,全体都到食堂……全体会议通常边喝茶边进行。(第636—637页)

数页过后别雷写道:"我在这儿见过舍斯托夫,阿斯科尔多夫,列米佐夫,洛斯基教授和伊万诺夫—拉祖姆尼克。"(第641页)这里提到的别雷与舍斯托夫在伊万诺夫家的相会,毫无疑问应该发生在1909—1910年期间,那段时期别雷经常到维亚·伊万诺夫家做客。或许舍斯托夫去伊万诺夫家的时间比这更早一些。此后他们两个经常在莫斯科见面,1914年10月舍斯托夫就住在莫斯科,而伊万诺夫则从1913年起就住在莫斯科。

许多作家都曾描述过那段时期彼得堡和维亚·伊万诺夫"塔楼"的文学界的生活。别尔嘉耶夫住在彼得堡时曾经是这种生活的积极参加者,在其所著《自我认识》的《20世纪之初的文化复兴》一章的开头部分就是关于这段时期生活的。该章讲述了格·丘科夫和维亚·伊万诺夫"神秘无政府主义",梅列日科夫斯基的"新宗教意识"及其他流派。这里从该章中引用几行文字以补充别雷对"塔楼"的描述:

在维亚·伊万诺夫的"塔楼"……每逢周三那个时代最杰出最有才华的人士便会在那里聚会,诗人,哲学家,学者,艺术家,演

---

① 彼得堡的《阿波罗》杂志于1909年10月出刊。

员,有时还会有政治家。人们进行最精密的座谈,题目涉及文学、哲学、神秘主义,通灵术,宗教,还有社会问题。(《自我认识》,第166页)

"塔楼"是当时彼得堡知识分子聚会的中心,而"伊万诺夫家的周三聚会"和住在姆鲁齐的梅列日科夫斯基家的聚会,和罗扎诺夫家的周日聚会形成一种竞争关系。值得指出的是别尔嘉耶夫,他在彼得堡在和那里精神界精英们的亲密交往了一段时间以后,却忽然开始反对"当时风行的文学流派"。(《自我认识》,第169页)。他在那里一共只生活了将近三年,就离开了彼得堡(1904—1907)。舍斯托夫虽然和许多彼得堡作家的关系很好,但他却远离当时的各个文学流派,而且来彼得堡时,也并非每次都参加伊万诺夫家的周三聚会。(希尔,第107页)

19世纪末20世纪初在俄国成立了好几家哲学和宗教—哲学学会:1885年成立的莫斯科大学的心理学学会;1897年成立的彼得堡大学哲学学会;1901年成立的彼得堡宗教哲学协会(1903年被关闭)。彼得堡宗教哲学学会(1907);莫斯科(1905);基辅(1906)。1915年2月舍斯托夫当选为莫斯科心理学学会理事,并在莫斯科的会上发言。根据舍斯托夫此前几年中的信件可以断定,他以前从未参加过哲学学会的活动,虽然他和许多学会成员都认识。尤塔·舍列尔也持同样看法,她的根据是她从未在她为了写作其著作而研究的会议材料里,看到过舍斯托夫的名字。她的著作是 Jutta Scherrer. Die Pitersburger Religios-Phliosophischen Vercinigun Intelligencija-Mitglieder (1901—1917)。

但彼得堡舍斯托夫通常只是路过,他更愿意在莫斯科多待些时间,他在那里有很多朋友。每次到那儿他总能见到谢苗·弗拉基米罗维奇·

卢里耶（参阅附录），他和后者也许早在90年代他去莫斯科为家族企业采购货物时就认识。他在莫斯科见到的作家还有米哈伊尔·奥西波维奇·格尔申宗，1907年从基辅迁居莫斯科的格·伊·切尔巴诺夫教授，古斯塔夫·古斯塔沃维奇·施佩特等。施佩特（1878—1940），教授，胡塞尔的弟子，毕业于基辅大学，随后随着自己的导师格·伊·切尔巴诺夫一起从基辅移居莫斯科。施佩特和舍斯托夫结识极有可能是在他还生活在基辅时期的事。莫斯科列宁图书馆保存着8封舍斯托夫致施佩特的信件，写于1912—1919年间（希尔，第214页）。安·别雷对施佩特有一个有趣的评述，并且还谈到施佩特与舍斯托夫的关系：

> 施佩特……是一个休谟的信徒和怀疑论者，他把舍斯托夫的哲学实验给神话化了……把我们和他拉近的，压根不是什么哲学，而是他感受的新颖性，他那格言警句式文体，细腻的幽默，对艺术文化的敏锐体察，是的，在"象征派"中他完全是自己人，而在哲学家中，他又是"他们的人"……而我也非常喜欢施佩特精密细腻的大脑，对诗歌的关注也开始吸引了他……他是讲师中最时髦，在学生中间最受追捧的一个，女学生都戴着刻有施佩特肖像的小巧精致的奖章。（别雷，第559—560页）
>
> 施佩特是舍斯托夫的崇拜者，那些年中他总是把自己长剑的剑刃指向把形而上学和神秘主义混淆在一起的别尔嘉耶夫。（别雷，第561页）

格尔齐克同样也讲述了那些年中舍斯托夫的莫斯科之行和他在那里与友人的相会：

从 1906 到 1907 年间，舍斯托夫来得很勤，通常会在莫斯科住几个礼拜，然后才离开……到我家通常都是在晚上，往往随身带着几个"舍斯托夫分子"——这是我和妹妹给这些人起的外号。这类人一般都不爱说话，相互之间也不十分亲密，但每个人都单独和舍斯托夫有着这样那样的非文学性的联系。这些人中我最喜欢的是布托娃①，是艺术剧院的女演员，个子细高身段苗条，脸长得像个女隐修士。后来甚至列夫·伊萨科维奇不在时，我们也经常见面。她住的房间很大，家具都蒙着手工织物，窗户正对着救世主大教堂。她皮大衣上蒙着锦缎，走路很轻，说话也很轻，声调很低。我们从艺术剧院的契诃夫崇拜谈起……但也有一些其他类型的人。长得十分标致的卢里耶，是个成功的商人，但也多少是个哲学家，当时正在为詹姆斯的《宗教体验的多样性》入迷，后来他还出版了这本书。阴郁的少年伦德别尔格，他对自己做了一个恶毒的实验：他偷偷潜入麻风病医院，用麻风病人用的碗吃饭，然后假装哑巴，默默忍受着由此而引发的一切严重后果和屈辱。还有一个长得很漂亮，胸部很大的乌克兰女人米罗维奇，经常在杂志上发一些颓废派式的胡言乱语。而这一切全都是正在进行中的悲剧。（第 102—103 页）

稍过几页，格尔齐克还描述了这些年中的舍斯托夫：

在他对待身边人的态度上，没有丝毫装腔作势，文学界那种好为人师（在那个年代这很稀罕）——他待人朴实真挚，就事论事。

---

① 娜杰日达·谢尔盖耶夫娜·布托娃（参见附录）。

他曾经把一个人从监狱里救出来,让那人到最正统的德国人那里去学习;还曾帮助另外一位孤苦无助的作家——而他自己当时还根本无人知道呢——找到了出版商,然后自己掏钱,帮人出书,还帮助那人解决家庭纠纷。他做这一切没有丝毫的居高临下之感。他自己本人就是这么一种人,永远都是脚踏实地。你亲手摸一摸他的袖口就知道——衣料的良好品质令人不由地想到他家在基辅手工业企业中日常生活的根基是多么的根深蒂固。他只要往餐桌上一坐,就会像主人似地张开两臂把面包,黄油,奶酪……呼啦到自己身边,一坐下,就稳如泰山。他和另外同样也是诗人—哲学家的人的飞鸟似的做派是那么不同:那人就好像随时可能会飞走似的……他的整个外貌都透着朴实,像磐石一样稳如泰山。看着他我不止一次不由地想起米开朗琪罗,也不知是想起他的雕刀,还是想起他这位最孤独的佛罗伦萨人。难道竟然没有一个雕刻家把他用黏土或是大理石给塑造出来吗?① (第123页)

在上文引述过的别尔嘉耶夫那篇文章《悲剧与日常性》中,别尔嘉耶夫说舍斯托夫虽然口口声声反对任何教条主义,但他的"无根基性反倒成了一种教条",对此,舍斯托夫在其《愚蠢的夸奖》中做了出色彻底的嘲讽,此文发表于《火炬》文集(第二辑,1907),嗣后被收入《开端与终结》。舍斯托夫写道:

---

① 多马加茨基曾在1917年用乌拉尔大理石做过一尊舍斯托夫的胸像。胸像现保存在特列季亚科夫斯基画廊。

根据我的《无根据颂》一书,他(别尔嘉耶夫)把我归入怀疑论者行列,归入拥护"悲剧哲学"的悲观主义者行列,接着又开始证明怀疑主义和悲观主义是如何站不住脚的。而且就连其他一些批评家们也都认为我有诸如此类的罪过。我想利用这个场合声明一下……当我头一次听说有人称呼我是怀疑论者和悲观论者时,我竟然惊奇得擦亮了眼睛。(《开端与终结》,第 118 页)

1907 年 4 月,《俄罗斯思想》发表了舍斯托夫的文章《就要说完的最后一句话》。这是舍斯托夫在《俄罗斯思想》上发表的第一篇文章。他很快就将参加该杂志的工作并且持续工作到 1916 年。

上述两篇文章和论述陀思妥耶夫斯基的文章(《北极星》,1906 年 1 月 27 日)和上文提到过的论述契诃夫的文章(《生活问题》,1905 年 3 月),汇编为一个文集,题目是"开端与终结",出版于 1908 年(或许是 9 月),由米·米·斯塔休列维奇出版社出版。前言结尾部分所署日期为:Saanen,1908 年 8 月 8 日。

该书出版后,安·别雷就其写了书评(《天秤》,1908 年 10 月),列奥波尔德·谢夫(《俄罗斯思想》,1909 年 5 月)。也是在当时,拉·伊万诺夫·拉祖姆尼克的著作《论生活的意义》(圣彼得堡,1908 年 9 月)出版了,该书有一章的题目就叫"列夫·舍斯托夫"。在该章中作者对舍斯托夫的全部创作做了评述。伊万诺夫—拉祖姆尼克写道:

舍斯托夫创作的一个显著特征是思维的凝练,善于言简意赅,删繁就简的同时又以最等值的方式表达自己的思想。这使得列夫·

舍斯托夫成为我国最出色的文体家之一,正是有鉴于此,我们称舍斯托夫的作品为哲学—艺术作品。阅读列夫·舍斯托夫的著作时,一种审美愉悦感几乎总是伴随着思维的进程,配得上这样描述的我国当代作家并不是很多。然而,我们要大家予以关注的,并非列夫·舍斯托夫创作的这样一种外在形式而已,对于我们来说,舍斯托夫之所以值得关注,是因为他是一个痛苦地探索生活意义问题之答案的一个作家,一个探索恶在世上的意义问题之答案的作家。一个探索我们生活道路之目的何在问题之答案的作家。对于我们来说,列夫·舍斯托夫之所以值得关注,是因为他是一个具有最广泛意义的哲学家。在这个问题上,他本人在其著作之一中就托尔斯泰说过的话,放在他本人身上完全适合:"……他的全部创作活动都是由理解生活的需求召唤而来的,而也正是这种需求,引发了哲学本身的存在。"(第166页)

世纪之初某些文学流派的代表人物认为舍斯托夫是颓废派的"思想家",伊万诺夫·拉祖姆尼克在其上述著作里,对这种观点提出了如下反驳:

舍斯托夫是通过尼采走来的,正如他以前是通过陀思妥耶夫斯基和托尔斯泰走来的一样,但他却从来就不是一个"尼采分子"。他在自己的灵魂深处体验了尼采的体验,他预感并且预先猜测到了尼采的思想和感情,他为我们提供了一幅独特的——在全部世界文学中也许也是最好的——对于尼采思想的一种阐释,但他却依然从来就不曾是一个"尼采分子",从未把尼采做成一种适于生活中所有事例的标签或模板,从来不像一小撮尼采分子那样,宣扬一种让尼采饱受苦难的思想泥足深陷于其中的简化的道德学说中。而前不久在尼采身上发生的事情,看起来同样也将成为列夫·舍斯托夫的一种宿命。当然,在俄国将来也不会出现一大帮"舍斯托夫分子"的,但根据某些特征我们可以断定,无论在艺术领域里还是在批评思想界领域里,所有当代颓废派的那些模仿者们,正在准备或是将要准备将其宣称为颓废派的精神之父。也许列夫·舍斯托夫的确是一位不自觉的颓废派的思想家,可是,如今刚刚滋生出来的那些颓废派的模仿者们,却想把他宣称为自己的思想家,把他当作自己的导师……

和有权把尼采当作自己导师的无数尼采分子们一样,颓废派的模仿者们同样也有权把列夫·舍斯托夫当作自己的"导师"或思想家。同此一理,尼采当年针对自己的"学生"所说过的话,列夫·舍斯托夫同样也可以拿来对其追随者们说:"我必须用围栏把我的话和我的学说给围起来,以免猪猡们闯进我的园子里来。"(第252—253页)

后来伊万诺夫—拉祖姆尼克改变了他对舍斯托夫的观点。在1923年出版的《从70年代到当代的俄国文学》一书中,他写道,可以认为拥有其地下室哲学的舍斯托夫是"颓废派真正的思想家"。(第371页)

当时的批评界没怎么关注论述契诃夫的《从虚无中创造》这一章,该章在全书出版以前就曾在《生活问题》杂志上发表过(1905年3月)。下文即当时发表时的编者按:

对契诃夫的评论是片面的,染有作者本人的怀疑论色彩……尽管如此本编辑部仍然愿意发表此文,有鉴于其所提出的有关契诃夫创作的问题非常独特而且有趣。

对论述契诃夫这篇文章的评价过了很久才出现。例如,在1935年出版的伊·亚·布宁全集第10卷中有标题为《契诃夫》的一章(见第210—240页),该章末尾签署的日期是:1914年。布宁在此章中谈到契诃夫:

长期以来,人们称呼他没有别的,就是什么"阴郁"的作家,"黄昏情绪的歌者","病态的天才"……一提到他,甚至就连一些才华卓著的人们,有时语调也会变得很没有把握……关于契诃夫最好的一篇文章出之于舍斯托夫手笔,他称契诃夫是一个"最不留情的天才"。(伊·布宁,第226页)

需要指出的是,所谓"最不留情的天才"一语,在舍斯托夫的文章里是没有的。1960年,舍斯托夫论契诃夫的文章重新发表于在慕尼黑出版的《桥》杂志第5期,由格奥尔吉·阿达莫维奇作序。阿达莫维奇写道:

舍斯托夫把契诃夫描述为一个无情的天才,说他拥有一种"仅仅凭借轻轻的一次触摸,甚至一次呼吸,一个眼神,就能扼杀常人以之为生以之为傲的一切的惊人的技巧"。"在契诃夫手里一切都死灭了"——作者如是说。这么说究竟对不对?布宁认为是对的,甚

至固执地认为舍斯托夫论契诃夫的文章,在所有论述契诃夫的文章中是最好的。(阿达莫维奇,第118—119页)

关于《从虚无中创造》,科尔涅伊·丘科夫斯基在1966年6月21日致时在纽约的女记者信中的观点,却与此完全不同:

> 你们美国刚刚出版了一本列夫·舍斯托夫的书,书里有他一篇论契诃夫的文章《从虚无中创造》。读这篇文章令我气愤不已。这些爱说教的家伙真令人难以忍受,他们居然想要离开美学解决艺术问题,却对艺术一窍不通。(列·勒热夫斯基:《科尔涅伊·丘科夫斯基的一位神秘的女记者》,《新杂志》,第123期,1976年6月)

科·丘科夫斯基在其所著《论契诃夫·人与大师》(莫斯科,1970),并未提及舍斯托夫的这篇文章。当丘科夫斯基说"……你们美国刚刚出版了一本列夫·舍斯托夫的书"时,他指的无疑是1966年在美国出版的两种英文版《开端与终结》之一。第一种版本是:Chekhov and other essays. The University of Michigan Press。第二种版本是:Penultimate words and other essays. Books for library Press,New York,Freeport。有趣的是,正是后一本书在美英两国引起了最大的兴趣。此书英文第一版1916年出版于英伦,后来,如上文所述,于1966年在美国再版,继而又在俄亥俄大学出版社于1977年出了第三版。

在美国1978年此书继70年前彼得堡的第一版后又出了第二版。《开端与终结》是舍斯托夫第一部被译成外文的著作。

伊万诺夫—拉祖姆尼克富于同情心的研究专著出版两个月后,又有两篇激烈抨击舍斯托夫的文章发表。第一篇出自德·菲洛索福夫手笔(《莫斯科周报》,1908年11月15日),第二篇则是射·弗兰克写的(《言论》,1908年2月12日)。下面引用舍斯托夫致索菲亚·格里戈里耶夫娜5封信的片段,1909年写于弗莱伊别尔格。舍斯托夫在信中谈到了他那个时期的工作情况。在其中两封信中他讲到了菲洛索福夫和弗兰克抨击他的事情。舍斯托夫写道:

> 别尔嘉耶夫的情况我知道得不多。通信不太多,只是接到了他新近发表的文章。听说他在基辅做了两次讲座——大获成功,报刊上在热议,到的人也很多。他住在乡下,也许部分原因是因为乡下费用低一些吧。关于他我就知道这些。至于列米佐夫他一切照旧。一直在写东西,发表得也很多,有些写得非常好(我读过他发表在《金羊毛》上的《梦境》①)。生活还是那么贫穷——怎么也安排不好。或许直到临终也安排不好,他就是这么个命。我和他倒是有信件来往——所以,关于他的情况,我是从他本人嘴里得知的,非得自传言。(1909年1月20日)

谢苗·弗拉基米罗维奇也许把菲洛索福夫的文章寄给您了吧?他在这时让我读过这篇文章。的确,他很生气,写得相当……?……他把伊兹戈耶夫和弗兰克算作我的学生,后者前不久在《言论》上发表了一篇论述我的文章,文中断定我是一个极端虚无主义者,由此可见,我的全部创作也就都是"无所谓的创作"。而他骂С.В可以肯定是为了梅列日科夫斯基的缘故——这一点昭然

---

① 《金羊毛》,1908年第5期。

若揭。我也许会再到莫斯科在群里做一次报告——他们叫我去。彼得堡也在叫我去做讲座,可他们要我做的讲座是要"有开端也有结尾",而我有的只是片段,既没开端也没结尾。用作作者摘要挺合适,用作讲座就未必合适了。二月初梅列日科夫斯基要到基辅来,而我和他肯定会擦肩而过的,因为到那时我已经离开基辅了。(1909年1月26日)

亲爱的索菲亚·格里格里耶夫娜,您的便条我收到了,很想如心所愿地答复您的,可是不行,很遗憾。首先是,尽管我有一个强烈的愿望,并且也给过您诺言,但我现在无法动身去巴黎。我得去俄国——先是莫斯科,然后是彼得堡——唉!最后是到我痛恨的基辅。这次出行不少于5/6周时间。在此之后我也无法让自己休息一下:我不能丢弃工作,也不能丢弃家庭。我原指望不用出门也能把工作对付得了,可是,结果却是,我不得不一次次地出门旅行。10月份要去维斯巴登和柏林看望父母,现在是去俄国。您都无法想象经常出现的间隔如何影响我的工作。只有一点倒是不错:越往后这种间隔就越少。毕竟我和基辅已经彻底或几乎没有任何联系了,彼得堡也只是偶然需要去一趟:我的出版商皮罗日科夫破产了,我必须拯救我的合同,以免其落入某个可疑商人之手。

关于自己有什么可说的吗?渐渐开始写点儿东西,秋天甚至写了一篇纪念托尔斯泰的文章(很快会发表在《俄罗斯思想》上)。此刻也还在写东西——至于写什么,还说不上来,目前还没写完,而什么时候写完,还说不上,不过肯定不会很快:有什么必要急急忙忙?我不在俄国期间,梅列日科夫斯基和菲洛索福夫发动了讨伐我的远征。掀起的声浪几乎传遍整个俄国。他们还在莫斯科举办了一次辩论会（菲洛索福夫），梅列日科夫斯基亲自参加。菲洛索福夫和梅列日科夫斯基公开声明，说我毒害了俄国青年人，说我是个危险分子，说我是披着羊皮的狼等等。菲洛索福夫还在《莫斯科周报》上发表了题为《无根据颂》的文章。报刊把这个故事传遍了整个俄国。我当然什么也没做，也没公开反驳，喧嚣很快就会自行消退的。他们发难的直接借口是谢·弗·卢里耶论述梅列日科夫斯基的文章。所以，卢里耶受到的攻击一点儿也不亚于我（菲洛索福夫的文章我还没亲眼见过，只是听人说过而已）。整整一个月里我们两个人都被闹成名人了。前两天我一直在等谢苗·弗拉基米罗维奇到我家，他现在已经到了维斯巴登——从他那里我可以打听到详情，如果有什么有趣的事，我会写信告诉你的，虽然最重要的事情，好像我已经告诉过您了。您瞧，关于我，您什么都知道了。现在该轮到您了——您在哪儿听说什么了，不妨谈谈您自己的事情。整个冬天您都将住在巴黎吗？哪儿都不想去吗？比方说，去趟基辅呢？咱们可以一块儿去，坐同一趟车，在不同的车厢！写点儿什么或是已经写了？有什么事儿一定得告诉我。（1909年2月7日）

我在给您往巴黎写信，我想您大概已经在那儿了吧。写信，也就是说，无论这有多么诱人，我也去不了了。我很不走运：形势总是变化多端，不得不一次次地放弃工作。这不刚去过一趟俄国，在那里忙了两个月，现在又得去基辛根去看望父母。怎么敢想去塞纳河的事呢。可我仍然还是想您我能在瑞士见面。要知道索尼娅正打算带着孩子到那儿度夏。难道您不想去见见他们吗？这样我们就可以海阔天空地聊一聊。说到您对于《伟大的前夜》的意见——往后我应该少写点儿，我理解您的意思是《伟大的前夜》您不怎么满意，或是根本不满意对吧。您很有可能是对的：这本书还不宜出版。要知道这只是一部大作的开头——……？……其中关于……的部分……？……——如果我把其余部分也都写完后，它们的意义和重要性就突显出来了。全书未写完时，就应该等待下去。可我现在的心情很不平静……？写作断断续续的，以致对于是否能写完全书缺乏信心。而当谢苗·弗拉基米罗维奇在基辅向我催稿时——我就把已经写完的部分寄给了《俄罗斯思想》。而要是不寄就好了。前几天接到谢苗·弗拉基米罗维奇的一封来信。我写信告诉他，说您正在要求我把您他答应给我的文章寄给她。我不知道他能否信守诺言，但他说过夏天他一定写完两篇文章，一篇是论詹姆斯的，一篇是《绝对的探求》。我也对这两篇文章很感兴趣。迄今为止他一直都以别人意见的批评者的面目出场——而在这两篇文章中，他就不得不亲自现身说法了。他要能写完就好了！但他前不久在《莫斯科周刊》发表了一篇小文，非常有意思。《俄罗斯思想》5月号同样也有他一篇论述《路标》文集的文章。让我们看一看这篇文章怎么样吧。虽然，我要重申一遍，所有这一切还不算什么：最重要的是他夏天能写下去。在此他的确肩上的担子很重。夏天看样子我得去瑞士过一段，现在还没最终选定具体地点。（1909年5月25日）

　　我到俄国已经两个多月了，所以，冬天总之已经吹了。写了点儿东西（《俄罗斯思想》1月号和4月号）——但仍然全都还是片段和未完成稿。什么时候可以正儿八经地写东西呢——真是只有天知道了。关于自己我所能告诉你的就这么多……这个冬天我们可能照旧在弗莱堡过。您终于从巴黎脱身出来了，真为您高兴。巴黎之于您就和基辅之于我一样……您的工作进行得还算顺利吧？夏天准备到那儿去？而我将到法属瑞士去住——要不，您也到瑞士去？
(1909 年 5？月 28 日)

这封信和前一封中谈的，是《破坏的世界和创造的世界：纪念托尔斯泰 80 周年诞辰》(《俄罗斯思想》，1909 年 1 月号)和《伟大的前夜》(《俄罗斯思想》，1909 年 4 月号)，都是舍斯托夫在弗莱堡时写的。1908 年 11 月，他被邀请到波恩用德语做一个关于托尔斯泰的讲座，而当时法尼亚正在那里(希尔，第 122 页)。很快舍斯托夫的另一篇文章《费多尔·索洛古勃的诗歌与散文》也发表了(《言论》，1909 年 5 月 24 日，总第 39 期)。舍斯托夫从关于索洛古勃的文章得到 60 卢布的稿费。他从其中留了 20 卢布给自己，其余的都给了列米佐夫(25 卢布)和伦德别尔格(15 卢布)，这两个人总是没钱花(希尔，第 127 页)。这三篇文章后来都收入舍斯托夫《伟大的前夜》一书中，其中第二篇文章的标题是"哲学与认识论"。

1909 年 10 月，舍斯托夫的母亲终于实现了她很久以来的理想——回基辅过了几个星期。舍斯托夫在给父亲的信中说：

> 昨天妈妈终于到了。我们已经不再指望她能来了——接到电报时我们都不敢相信自己的眼睛了。而且，妈妈昨天来到时，我们真是高兴极了。我甚至都难于断定谁究竟更高兴一点，是妈妈还是我们。3 点钟她到铺子，直到 7 点钟才勉强从那里脱身出来。熟人来了一拨又一拨——有顾客，也有来办事的客商。大家都很高兴，都对她的到来表示祝贺。妈妈高兴得都不知道该干什么好了：是继续扯闲篇还是去看看企业。她昨天就给你写了一封信，这封信也许你

已经收到了吧。有一句话我得说：她这次来是绝对必要的。必须让她亲眼看一看，一切都秩序井然，企业还活着。昨天恰好是礼拜五——来的人很多，商店里热闹非凡。就缺你一个人了。上帝保佑你春天来一趟基辅吧，到那时一切都会更好的！妈妈在这人一下子年轻了10岁——你要来也同样如此。我直到现在也不相信妈妈来了，每次一想到妈妈在这儿，我的心就高兴得欢呼雀跃。现在妈妈出门做客去了，去看望曼德尔别格太太和巴拉霍夫斯基一家去了。晚上有犹太人舞会，是列夫·勃洛茨基举办的。妈妈甚至都跑了一趟银行（以便）去取保险箱里的宝石胸针。总之，你甚至都很难想象，妈妈这一趟来，给我们带来了多少欢乐！等她回到柏林，让她自己给你掰扯吧。

家里一切都挺顺当。买卖虽不兴旺，但也不赖：10月份甚至比去年同期还略好一些。银行的欠贷大大减少了。现在刚到10月30日，可我们25日就还了5万7千卢布，本周又和莫洛佐夫和巴卡金结清了账，现在咱们总共欠银行25000卢布。到11月25日，也许能把还贷的款筹齐。如果11月份营业顺利的话——或许咱们能还给达尼尔部分欠款，或许能还掉所有欠款。当然，一切都取决于营业状况。收支依我看还算平衡。商品价格一直在涨——去年却是一个劲儿地降。今年零售和批发的收入远高于去年。（基辅，1909年10月30日）

在此期间舍斯托夫一直在钻研易卜生，1910年1月初，写完了论述他的文章。此文刊登于《俄罗斯思想》4/5月号。1910年年初，他还做了三次论述易卜生的公共演讲：1月24日在基辅，2月7日在彼得堡，2月中旬在莫斯科。讲课收入（税后为250卢布）他寄给了列米佐夫（希尔，第131页）。关于自己的演讲，他在给索菲亚·格里戈里耶夫娜的信中以及他在谢·弗·卢里耶家里住的时候，给时在莫斯科的父母讲述过：

> 亲爱的索菲亚·格里戈里耶夫娜，今天从彼得堡一回来就接到了您的来信。您说得对，我是说过明斯基在报上随便写什么都可以。可我压根就没想到他居然会在报上侈谈政治！而使我更没想到的是，他居然会和社—民（社会民主党）干仗。这样的文章《基辅思想》可能会拒登的。我是这么想的也是这么和编辑说的，说他会写文章论述文学、艺术和哲学的。我在彼得堡时就已经告诉季娜伊达·阿法纳西耶夫娜，说没必要一开头就从政治问题入手。不是还有许多别的题目可讲嘛。无论如何要提醒他一下，虽然报纸不是谢·德个人的，但要让报纸和谢·德陷入争吵中，它可未必愿意……？……

> 在彼得堡和基辅都做过讲座。这使我确信公众根本不需要这些讲座。欢迎是很热情，送的时候很冷淡。这让我想起一个谚语：迎人看外表，送人看头脑。总之，我的不愿意进行公开演讲的做法是对的。谁会需要你朗读已经公开发表的东西呢？（给谢·加·别佳，1910年2月）

> 我的出行就要结束了。讲座做完了，所有事务也几乎都处理完了，下周一开始就动身云基辅。想把登有关于这几次讲座的报道的报纸给你寄去，——是旳，我得承认我自己几乎还一篇都没读过呢。因为你预先无法得知，此类报道会登在哪里，什么时候，所以几乎所有报道我都错过了。从别人嘴里得知这次倒是没挨骂。

在去基辅的路上顺便拿出一天时间拜访托尔斯泰,如果他那里一切都还顺利的话。已经给雅斯纳亚·波良纳写信说了我的事,正在等待回音。听说他小女儿病得很重。如果她身体康复,我就去,如果她的病始终不见好,那我最好是不去。在基辅我待不了多久,8到10天左右吧,随后就出国。所以咱们很快就能见面了。(给父母,1910年2月24日)

在给父母信中说的担心拜访托尔斯泰怕无法成行的事,后来看来是多余的,于是舍斯托夫终于得以实现他很早就产生的想要拜见托尔斯泰的愿望(参阅1902年12月5日给妻子的信)。1910年3月2日他去了雅斯纳亚·波良纳(舍斯托夫的朋友——女作家马拉希耶娃一米罗维奇出面向托尔斯泰请求允许他到雅斯纳亚·波良纳拜会托翁)。早在1900年或1901年时,舍斯托夫就给托尔斯泰寄去了他的著作《托尔斯泰伯爵和弗里德里希·尼采学说中的善》。马·高尔基在其回忆录里谈到他和托尔斯泰谈到这本书时的情形:

记得是在加斯普列①,他身体已经有所康复之后,他读了列夫·舍斯托夫的《托尔斯泰伯爵和弗里德里希·尼采学说中的善》以后,针对安·帕·契诃夫的话"他不喜欢这本书"的意见,托尔斯泰说:

"我觉得这本书很可笑。写得很排场,倒没什么,就是挺有趣

---

① 从1901年9月到1902年6月,托尔斯泰住在克里米亚的加斯普列。文中提到的这次谈话也许发生在1902年4月。高尔基当时住在奥列伊兹,常常能见到托尔斯泰。托尔斯泰在日记里没有提到这些谈话。

的。须知我喜欢厚颜无耻之徒,如果他们还很真诚的话。喏,你瞧他说:'真理是没必要的',是的,说得很对:他要真理有什么用?人反正都得死。"

说完,显然看出大家没明白他话的意思,于是,辛辣地嘿嘿一笑,补充道:

"一个人如果学会思考的话,那么,无论他思考什么,想来想去也离不开自己的死。所有哲学家都是这样。而既然都不免一死,要真理有何用。"

接下来他说真理——对上帝的爱——对大家都是一样的,但谈到这个话题他显得很冷淡也很疲倦。早饭后,大家回到露台上,他又拿起那本书,翻出一页,作者写道:"托尔斯泰、陀思妥耶夫斯基、尼采如果不为自己的问题找到答案就无法活下去,对他们来说,任何答案都比什么都没有强。"——他笑了,说:

"瞧这个理发师多么勇敢呀,就这么直截了当地说我欺骗了自己,那也就是说,我也就欺骗了别人。要知道这样的结论是再清楚不过了……"

苏列尔问道:

"为什么——理发师?"

"是啊。"他沉思地说道,"这是我忽然想到的。此人非常时髦,穿着很阔绰。于是令我想起乡下我的农夫——叔叔家婚礼上那位来自莫斯科的理发师。跳波朗舞姿势最好,因此瞧不起别人。"

我在这里几乎一字不差地记录了这段谈话,我对这段对话记忆深刻,我甚至做过笔录。凡是我感到震惊的许多次谈话,我都做过笔录……

但接下来，谈的就是舍斯托夫了：

他说，看着可怕的幽灵，就无法活下去，——可他从那儿得知人能否活得下去呢？要知道如果他知道的话，如果他见到过死神的话——他就不会写这些无谓的玩意儿了，他也许就会干点儿什么严肃的事儿，比如佛终生所干的事儿。

有人提醒他，说舍斯托夫是个犹太人。

"喔，不太像。"——列夫·尼古拉耶维奇不相信地说，"不，他不像犹太人。没有信仰的犹太人几乎见不到的，你能举出一个例子吗……没有！"（高尔基，第58、59页）

在和方丹谈到高尔基回忆录里的这段问答时，舍斯托夫说："要我说托尔斯泰只读过论述他的前面那几章。他对尼采不感兴趣。不然的话他不会说，舍斯托夫是个犹太人，一个犹太人怎么能不信上帝呢？——要知道在此书的结语部分我写道：必须寻找上帝！"（方丹，第97页）。这次谈话发生在1935年，显然，舍斯托夫忘了，引起托尔斯泰关注的那个思想，并非来自他那本书的前几章，而是后面几章。

后来，在列·尼·托尔斯泰80周年诞辰纪念日时，舍斯托夫写作了《创造的世界与破坏的世界》。(《俄罗斯思想》，1910年1月)

就这样，1910那年3月2日，舍斯托夫来到了雅斯纳亚·波良纳。遗憾的是，他没有在纸上把他们谈话的详情细节都记下来，但在和洛夫茨基和阿达莫维奇的谈话中，他说及这次谈话的内容。洛夫茨基写道：

他说列·尼·托尔斯泰全身心地沉浸在"过去和往昔"，是一个气度高雅神话般庄重的智者。列夫·伊萨科维奇竭力想要向他陈述尼采的学说，描绘这位德国思想家痛苦体验的全部真实的图景：

在这些残酷的布道辞后面,在对"超人"的歌颂后面,在对英勇功勋的要求后面……隐藏着这位哲学家痛苦的个人的悲剧性体验……托尔斯泰听完了舍斯托夫转述的所有这些话以后,说:"是啊,可这在很高程度上是道德的呀。"这番话像风一样从他耳边吹过,而这里说的恰好就是关于善恶的起源问题的……但关于尼采的悲剧性体验问题跟这位雅斯纳亚·波良纳的隐士说也无益。(洛夫茨基:第36/37页)

阿达莫维奇写道:

梅列日科夫斯基和列夫·舍斯托夫两人都不喜欢对方,而且早在俄国时期就相互论战不休——争论的焦点在于托尔斯泰对待拿破仑的态度。梅列日科夫斯基的《托尔斯泰与陀思妥耶夫斯基》一书中——关于"神秘肉体的洞见者"和"神秘精神的洞见者"——观点当时轰动了整个俄国。后来已经到了国外的舍斯托夫说:

"我在雅斯纳亚·沤良纳时问过列夫·尼古拉耶维奇:'您对梅列日科夫斯基的书有何评价'?"

"梅列日科夫斯基的哪本书?"

"论您和陀思妥耶夫斯基的。"

"不知道,没读过。难道还有这么一本书吗?"

"怎么,您居然没读过梅列日科夫斯基的这本书?"

"我不知道,的确不知道,也许读过,人们写什么的都有,谁都记不住。"

托尔斯泰没有作假。——舍斯托夫语气肯定地补充说。回到彼得堡后,他很得意:一见到梅列日科夫斯基,就对他讲他的著作给托尔斯泰留下了如何深刻的印象。(阿达莫维奇,《座谈》,《新杂志》,1961年第64期)

托尔斯泰的秘书瓦连金·布尔加科夫,在其1910年3月2日的日记中写道:

> 列夫·尼古拉耶维奇今天身体很弱。早饭后就躺下了。穿着一件黑色的厚呢外衣,因为他老觉得冷。午饭后哲学家舍斯托夫从莫斯科来了,一直待到晚上10点钟。他和列夫·尼古拉耶维奇待在他书房单独谈话,谈了好久,谈了大约一个半小时。
>
> 当两个人谈话时,第三个人就是多余的。——事后列夫·尼古拉耶维奇引用了一句英国谚语说。但显然这个客人没有给他留下什么特殊的印象。
>
> 在他和托尔斯泰交谈之后,在舍斯托夫脸上我同样没有发现有什么特别满意之处,或什么精神振奋的痕迹。
>
> "难道可以在这么短暂的时间里所有的问题都谈到吗?"——当我问他列夫·尼古拉耶维奇给他留下什么特殊的印象时,他这样回答我说。(布尔加科夫,第127页)

托尔斯泰在其1910年3月2日的日记中写道:

> 舍斯托夫来了,没多大意思——一个"文学家",才不是什么哲学家呢。(托尔斯泰,第58卷,第21页)

接着，3月3日，显然在和舍斯托夫谈话的印象影响下，托尔斯泰在日记中写道：

> 还是那样，身体很虚弱：……和布尔加科夫骑马走了很远的路……有些人思考是为了自己，而当他们觉得思想很新颖也很有必要时，便会把这些思想告诉别人。还有些人思考是为了把思想告诉给别人，而当他们把这些思想告诉给别人时，尤其是当他们受到别人的夸奖时，便会觉得这些思想就是真理了。（托尔斯泰，第58卷，第21页）

对舍斯托夫精神实质的这种不理解，其原因一方面在于托尔斯泰不喜欢尼采①，另一方面，是因为舍斯托夫到的那天，他非常疲惫。

关于舍斯托夫对托尔斯泰的这次拜访，米·谢·苏霍京讲述过：

> 昨天哲学家列夫·舍斯托夫来过……大家都挺喜欢他的：谦虚而又平和……讲梅列日科夫斯基的左倾化讲得非常有趣……（苏霍京，第219页）

在上述拜访发生前的两个月以前，托尔斯泰曾经颇有兴趣地谈起过舍斯托夫，正如布尔加科夫1910年1月20日日记所证明的那样。布尔加科夫说道：

---

① 关于尼采托尔斯泰写道："《查拉斯特拉如是说》这本书以我之见……是纯粹的胡说八道。"（托尔斯泰1910年5月14日给科列斯尼科夫的信，托尔斯泰，第58卷，第21页）

我到了雅斯纳亚·波良纳……对列夫·尼古拉耶维奇讲述了我为《为了每一天》文集所收集到的关于平等的思想，我说其中一个思想，即研究科学和钻研艺术的能力根本不足以拔高人——是我从当代哲学家列夫·舍斯托夫那里拿来的（嗣后在对文集进行审阅时托尔斯泰删除了这个思想）。

"这个思想很好。"他说。

"列夫·舍斯托夫写东西反对咱们，但这对您来说，或许没什么吧?"

"当然没什么了，你不要忘了我不是还经常把尼采的思想写进我的书里吗……"

针对舍斯托夫的上述思想，我说了我的看法，我说列夫·舍斯托夫论述列夫·尼古拉耶维奇的那本书本身并不能令人满意，作者首先应该受到指责的一点是他并不真懂托尔斯泰。托尔斯泰同样持这种看法，他说他自己常常遇到对其观点的这样一种批评，但他仍然还是对舍斯托夫很感兴趣，他的书我就有，可惜没带在身边[①]。（布尔加科夫：第56—57页）

许多年后，舍斯托夫又发表了两篇论托尔斯泰的文章，下文中我们还将谈到（1920年的《最后的审判》和《雅斯纳亚·波良纳和奥斯塔波沃》）。

[①] 这里说的是列夫·舍斯托夫的《托尔斯泰伯爵和弗里德里希·尼采学说中的善》一书。

第六章

瑞士（1910—1914）——《伟大的前夜》（1911）——《惟凭信仰》——回到俄国（1914年8月）

上文已经说过（第5章），1910年3月末，舍斯托夫出国了。他去了瑞士的科拜，他家此前不久刚刚从弗莱布格搬到那里。舍斯托夫一家在那里住了4年多。他家在科拜的房子极有可能他们在1909年就已经租好了，当时他们曾在法属瑞士度暑假（也许在科缪尼或塞里尼）。他们之所以选择科拜这个地方，是因为他们想让孩子读法语学校，而凑巧在离这个地方不远，有一所这样的学校。

科拜是一个风景如画的小城，坐落在日内瓦湖畔。舍斯托夫一家在那里租了一个宽敞的别墅，有9个或10个房间，有一个很大的园子，一直通到湖边。园子通向湖边的坡上，有游泳的地方，还有一只小船。

写作环境比从前大大地改善了。舍斯托夫和家人住在一起，再不用像以前那样经常被迫中断写作前去基辅处理公司的事务。他照旧定期去德国看望父母。1910年7月和1911年6月，他还曾到瑞士的旅游胜地巴登疗养。夏天，从基辅来的亲人，文学家朋友们以及熟人们都纷纷来科拜做客（亚·列米佐夫，谢·弗·卢里耶，弗·格·马拉希耶娃－米罗维奇，尼·希·布托娃，叶·康·格尔齐克，俄国和立陶宛诗人，象征主义者尤尔吉斯·卡济米罗维奇·巴尔特鲁沙伊蒂斯等及其他人）。叶·卡·伦德别尔格也来过科拜好几次。

1910年夏天，舍斯托夫的妹妹法尼亚带着丈夫、侄儿子乔治·巴拉霍夫斯基、侄女柳霞·曼德尔别尔格和伊·伦德别尔格来科拜做客，后者在那里住了好几个月。在《作家日志》里他讲述到这件事：

> 在列曼的"盐"别墅。蒙勃朗纳的优美风景。我们期待有关深夜离家出走①的列夫·托尔斯泰电报到来的那些个夜晚。"总有一天我也会这样出走的。"——舍斯托夫用手杖敲击着洛桑的柏油路面说道。而关于他自己的家，弗·帕·费格涅尔说："这里一切的一切都是那么优裕——要是能投一颗炸弹就好了。"而舍斯托夫很长时间内一直在为她的评价如此单调而惊奇。（伦德别尔格，第76页）

1910年11月20日，托尔斯泰去世了。这一事件深深地震动了舍斯托夫。嗣后舍斯托夫经常向他的读者提及托尔斯泰如何与他从前一直怀着爱心予以描述的上流社会决裂的事。临终前托尔斯泰对他的女儿亚历山大德拉耳语道："要探索，要始终都去探索。"（亚·托尔斯泰娅：《父亲》，第2卷，第404页）希尔引用了托尔斯泰的这句话（第172页）并补充道："我们没有理由推断舍斯托夫知道托尔斯泰的这句话，但我却可以信心满怀地说，这句话肯定能得到他的赞许的。"（希尔，第

---

① 1910年11月9日（根据新历）托尔斯泰离家出走。

173页)

1909年1月和4月,《俄罗斯思想》发表了舍斯托夫的两篇文章,5月又在《言论报》上发表了一篇(参阅第102和103页)。在此期间还有两篇文章发表了:一是发表于文学基金会纪念文集上的《"伟大的前夜"摘录》(1909或1910)和《胜利与失败:亨利希·易卜生的生平与创作》(1910年4月和5月)。舍斯托夫把这些文章编为一本书《伟大的前夜》。文集里还收录了一篇论述威廉·詹姆斯的文章《宗教创造的逻辑》(1910年8月26日)。这本书的出版标志着舍斯托夫创作第一时期的结束,此期他感兴趣的与其说是文学问题,倒不如说是纯哲学问题。

1910年3月1日舍斯托夫和彼得堡的"野蔷薇"出版社就出版全集(共6卷)的事情,签订了合同。全集出版于1911年。"野蔷薇"出版的书都没有署日期。日期是根据《编年书目》和《俄罗斯思想》(分为《投给编辑部的书》和《批评概览》两个栏目)确定的。"野蔷薇"所出全集第一本是舍斯托夫的新著《伟大的前夜》(全集第6卷),该书出版于1911年3月。同月出版了第1卷的第2版,6月则出版了第2卷和第4卷的第2版。同年"野蔷薇"又再版了第5卷和从米·米·斯塔休列维奇那里接受的第3卷的第2版。"野蔷薇"版全集很快就销售一空,现在已经成了图书馆里的珍本图书。舍斯托夫的其他著作没有"野蔷薇"版:战争和革命妨碍了书籍的出版工作。舍斯托夫一生都在争取出版其全集。很久以后,已经是在国外期间了,有好几次眼看就要大功告成了,却总是遇到某种阻碍。舍斯托夫去世后他的女儿们同样也未能克尽其功。

1911年5月鲍·亚·格里夫佐夫在莫斯科出版了一本书《三大思

想家：瓦·罗扎诺夫，德·梅列日科夫斯基、列·舍斯托夫》，书中包括有关于列夫·舍斯托夫的详尽论著。同年基辅出版了亚·扎克勒热夫斯基的一本书《地下室：心理学对比》，书中有一章论述舍斯托夫。扎克勒热夫斯基把此书题献给了舍斯托夫。

1911年春天，舍斯托夫一家建议列夫·伊萨科维奇的妹妹法尼亚和她的丈夫格尔曼迁居到他们所住的科拜。洛夫茨基一家接受了这个建议，从1911年夏天到1913年9月，她家一直住在科拜。1911年9月5日，舍斯托夫的夫人去维希疗养了三周。随后于9月中旬又去了巴黎，继续其专业——皮肤病学的研究工作。在她离开期间，法尼亚负责照看家庭和孩子。在科拜和舍斯托夫一家住在一起的，还有一个宫中女官伊达·舍伊别，大家都十分喜欢她。舍斯托夫一家和洛夫茨基一家给她起了个外号叫"家兔"，或许是因为她个头矮小还略有些驼背的缘故吧。

1911年夏，舍斯托夫的侄女柳霞·曼德尔别尔格也住在科拜。下面摘引在此期间写的三封信（给格尔曼，给索菲亚·格里戈里耶夫娜，给妻子）中的个别片段：

> 我打算再在吉彭这里待一年①。房间里在装了新的热风机以后冬天很暖和……？……您和法尼娅可以住在我的房间和她旁边那间里。住在这里简直太美了。住在角落那间和从前你住的那间简直太舒服了（我要在那里睡觉）。总之，住在这里很舒服，大家都能干自己的事情。我给法尼亚写了一封信，我不知道这个计划她究竟喜欢不喜欢。我看你好像也很满意了……

---

① 舍斯托夫一家住的房子的主人。

至于商店和出行的事，最正确的办法是我不再当理事了。我们只要能找到一个能代替我的人就行了，这个人要能全权代表所有多数股东的利益。换言之，此人要能代替我管理父母的这个企业。你和达尼尔谈一谈，看马尔古利斯是否适合担当这个角色？我们再等一年，如果明年还是老一套的话，则不光我就连父母也被迫退出董事会，而把全权代理的职责交给马尔古利斯。他所做的无非是执行命令罢了，而我就可以解脱所有的操劳了。也许这事能成，这是解决问题的最好的办法。（给格尔曼，科拜，1911年7月11日）

无论我多么不愿意拒绝谢苗·阿法纳西耶维奇也罢——这都是无可奈何的事：我已经写信告诉他，无论以什么借口我都无法接受他的建议。主要原因是我正在忙于别的工作，为了写论述梅列日科夫斯基的文章而抛弃这一工作，这我做不到。第二个原因是我已经就梅列日科夫斯基写过一篇文章了，我也的确不知道我还能写不写得出来新的。我已经让谢苗·阿法纳西耶维奇出面请伦德别尔格写论述梅列日科夫斯基的文章。依我看他能出色地完成这个任务。两年前他曾在基辅做过一个关于梅列日科夫斯基的讲座，并且大获成功。况且他手头也有现成的书。而我却连这事想都没法想。

至于去巴黎的事——同样也只能拒绝，主要理由同样也是不能中断正在进行的工作。夏天很热，效率很低。而且还需要读大量的东西。在此，在乡下，尤其是冬天人都走了以后，你会不由自主地变得勤奋起来的。10月中旬取代我去巴黎的，是安娜·叶丽阿扎洛夫娜——去那儿待一个冬天。现在法尼亚和格尔曼和我住在一起，法尼亚承担了安娜·叶丽阿扎洛夫娜的职责，这样她就能安安静静地在巴黎搞研究了。而您如果能帮她个忙给她推荐个教授——

好让她能够轻松而又方便地搞些真正的研究工作就好了！我知道如果有条件您一定会帮她这个忙的。她一到巴黎当然会去找您的，到时候你们详细地谈一谈。眼下她要去（后天）维希3到4周去疗养。顺便问问，您也许在那里有认识的好大夫吧？如果有，请写封信，不要拖。

书①我会给季娜伊达·阿法纳西耶夫娜寄去的。我如果事先知道她的地址的话，书早就给寄出去了。我今天就给"野蔷薇"写信，所以大约两周之后，她肯定就能收到了。代我向她致以诚挚的问好。

为什么夏天您从不到比维尔萨尔更远的地方？至于我的确还从没到过维尔萨尔——但我想7月份，尤其是今年7月份，那里好不到哪里去。我们这是很热，但至少还可以洗海水浴。11月份您回不回俄国去？是光去基辅还是两个首都都去转一转？搞不好我也得走一趟——时间长了不回一趟俄国说不过去。但我和您也许会错过的，因为我回去未见得能早于2月，甚至得等到2月末才能成行。

（给谢·格·别佳，1911年9月5日）

我们这里一切顺利。法尼娅付出了非凡的努力以便您的"宝训"能一字不差地贯彻执行。从米（？）那儿拿来的瓶子都已经拉过来包装好了。给什瓦茨②寄了20法郎。孩子们8点17分就都跑回去睡觉去了。今天终于让娜塔莎去看医生去了，知道和谁去的？！和柳霞。柳霞自告奋勇要领她去。好像这是她一生中头一次扮演这种角色——迄今为止都是别人领她去的。当然，为了搞劳他们让她

---

① 列夫·舍斯托夫：《伟大的前夜》，"野蔷薇"出版社，1911年3月。
② 舍斯托夫的孩子们上学的学校的校长。

们破例可以在日内瓦吃根冰激凌和馅饼。娜塔莎还没回来——所以你就等着明天她给你写信吧,塔尼亚现在正坐在那儿给你写信写得满头是汗呢。法尼亚和家兔的关系目前还很好……? ……甚至吃饭时法尼亚也卖力地——这同样也是为了执行您的宝训——尽量多说德语。啊哦,对了,今天吃饭时发生了一件小事——大家全都在热议这件事——那只母猫给小公猫叼了一只老鼠。罗格代①看见了,把老鼠叼走了,然后一眨眼间,就在众人眼前,把它给吞下肚去了。格尔曼嚷了一声,声音都不像是他的了,按照他的看法,狗是不吃老鼠的。家兔也害怕了,一个劲儿给他帮腔。当然了大家全都说起了德语。法尼亚……? ……说,如果格尔曼不停止……? 和罗戈达伊……的话,她就不出来吃饭了。我觉得连戏写起信来的口气也越来越像娜塔莎了。不要紧吧? 我就是想和你叨叨几句话罢了,就和从前你经常上楼到咱们住的这半年。闲聊那样。那时觉得好像你来科拜就只能待几分钟似的。总之和你在一起时的习惯还保留了下来。就好像当初咱俩一早晨起来就跑到花园里看紫罗兰花似的。今天是娜塔莎陪我去看的。家里其他人对紫罗兰都很冷淡,虽然那颗树今天开出一朵非常美丽的黑玫瑰色的小花。急不可耐地等着你的来信。你写信时也谈谈各种各样的琐事小情,根本没必要非有大事才写信不可。相反,没有任何事由写的信才最好。 (致夫人,1911年? 9月于科拜)

罗格代玩的把戏还远不止这些呢。有一次是在夏天的时候,舍斯托

---

① 舍斯托夫家的狗名 (是一只火红色带黑斑点的赛特种猎狗)。

夫正在海水里泡澡，它把舍斯托夫的衣服东一件西一件地丢在花园里。罗格代死得很惨。有一天别人让娜塔莎去科拜领狗，她带着狗就出了门。这条狗有个习惯，爱往飞跑着的汽车轮子底下钻，咬轮胎。偏偏这次给汽车碾死了。"盐"别墅的全体居民都很伤心，舍斯托夫安抚了好长时间娜塔莎，因为这场惨祸就是在她眼前发生的。后来舍斯托夫家又养了些别的狗，两条狐狗——阿拉莱伊和米斯，之前在弗莱堡还养过一条黑色卷毛狗涅罗。涅罗是一条非常聪明的狗，但惯得脾气太坏，谁的话也不听。有一次坐电车去森林散步。涅罗跑得不知去向，当大家开始叫它时，它当然了，谁叫也不听。大家回到家，只是没了涅罗，大家心情糟透了。等晚上大家都准备睡觉时，忽然听见门外有狗叫声——真是喜出望外！不用问是涅罗回家了。家人常常回忆这次冒险，都感到十分惊奇，这条狗居然能沿着一条它根本就不熟悉的路找回家。

1911年格尔齐克曾到科拜拜访舍斯托夫。她后来在回忆录里写道：

  路过瑞士时我顺路去探望了舍斯托夫。他当时住在科拜的一幢二层小楼里——直到战前那里一直都是他的栖身之处。他夫人当时在法国的什么地方，正在攻读最后的博士学位。楼下接近到了理想状态的厨房里，一个上了年纪的德国女人在负责做饭。列夫·伊萨科维奇把我叫到一边，详尽地嘱咐我说他们和他问候都行吻手礼，并且她和他们家人一起在同一张餐桌上吃饭。过了几小时后他心事重重心不在焉地又对我嘱咐了第二遍。他对朋友的关心令人感动，能穿透心灵的冷漠。他身上那种在他青年时代曾经把他从严重的危机关头拯救出来的强大的创造力，近些年中一直处于蛰伏状态，这对我来说已经不是新闻了，但我还从未看到过他如此沮丧消沉。我坐在他对面，一贫如洗，心事重重。这一天过得如此漫长。我们和几个脸色红扑扑的小姑娘一起散步。大家谈起在俄国十分猖獗的可怕的反动势力，舍斯托夫心疼得皱起了眉头，但却看不见也不想寻求这些外在灾难和心灵之路之间的深刻关系。

当时在场的还有他的妹妹——哲学博士——非常年轻，就是不爱说话。他的妹夫是个犹太人，一晚上都在楼上的小客厅里长久而又沉浸在幻想中的为我们演奏钢琴。大家都散去后，我和列夫·伊萨科维奇仍然坐在那儿，我的眼睛一眨不眨地盯着他那只富于表情的痛苦地翻动着书页的手指。（格尔齐克，第106、108页）

1912年1月和2月，舍斯托夫回了俄国。他去了基辅、莫斯科和彼得堡。在给法尼亚和格尔曼的信中他写道：

喏，这不，我终于从基辅挣脱出来来到了莫斯科——从这里发出的每一封信都以这句话开头。我在基辅待了两周半——一直在等米沙和列夫回来，我对这一切都如此腻烦，以致都懒得说了……

我本不想来彼得堡的，可事情看来不去不行。在帕那儿我提出了抗议，我说我……？……如果不来一趟的话，就会很"生气"。除此之外，下次来我也还是得找帕的。

请按列夫（列文①）的地址给我写信：斯维奇诺伊胡同，17号。写几句话即可。如果尽快写的话，还能赶上我在这儿。（莫斯科，1912年1月27日）

---

① 在彼得堡时舍斯托夫住在列文家。（希尔，第179页）

舍斯托夫回到瑞士后又见到了叶·格尔齐克。她在其回忆录里写到：

> 喏，还是在那同一个日内瓦湖边，我们又见面了，我们俩和其他人。1912年3月和4月，我一直和弟弟住在洛桑……
>
> 我一直在和舍斯托夫通信联系。他来了，穿一身登山服，情绪活跃……不住口地说了大约4个小时，一反惯例，甚至和我们谈起了他的隐私经验。随后又以激烈的态度深入剖析起了莫斯科的哲学论争。说这已经是第二年了，他一直在兴致勃勃地阅读中世纪神秘论者们，其中主要是路德的著作，他发现路德并非一个平淡无奇的宗教改革家，而是一个和尼采以及他一样的悲剧精神的体现者。我们开始经常见面。正是出于对舍斯托夫的强烈的温情，我竟然开始读一本厚厚的书籍——《天主教徒杰尼弗尔——论路德》。
>
> 在一次会面时，舍斯托夫充满激情地讲起了易卜生，这件事我记得很清楚，他从易卜生那里提炼了一个他非常喜欢的题目：对于人来说，最可怕最致命的事，是为了理想和职责而出卖和拒绝自己心爱的女人。拒绝女人也就是拒绝生命，这是生活最深刻的意义之所在。他指出在易卜生笔下，甚至从她早期创作《北国勇士》到他后期的剧作《加布里埃尔·布克曼》到《当我们死者复活时》……经过数十年后，还能看到这一主题得到了呼应……后来，从这一思想出发，也许比这更早的时候，舍斯托夫论述易卜生的文章便已然

成熟了①……

那年春天很冷。苹果树，桃树和樱桃树开花都很晚，但忽然有一天，令人醉意朦胧的一层白色的雾慢，笼罩了远处和近处的一切。我和舍斯托夫走在蜿蜒曲折的山间小路上，路两旁是一顶白玫瑰色的帐篷。我还记得他说的一句激奋的话："我难道是个怀疑论者吗？"他这是在向我转述针对他的一种批评意见。"难道我不是一直都在宣传一种伟大的希望，恰好正是那个濒临死亡的人，才站在发现的门槛上，他为数不多的时日正是一个伟大的前夜……"

那段时期他读《圣经》读得入了迷。浑身都渗透着《圣经》的精神。有一次甚至腋下夹着一本巨大的书本送我到科拜的车站去（他手里捧着那本书像捧着犹太人的5本经书一样），只为了读完其中的某句话。那天是复活节的头一天。我那天特意赶到日内瓦的俄国教堂去做晨祷，与其说是为了表示虔诚，倒不如说是因为心头充满的喜悦。早晨的晨祷，晚上的弥撒，直到第二天一大早，我才匆匆忙忙回到弟弟家。路上我还在科拜待了一小时。我的出乎意料之外地在早晨到来，这使得列夫·伊萨科维奇非常高兴。他劝我留下来，一块儿去邻近的费尔内，是伏尔泰待过的地方。我拒绝了。他挑逗我说，说我难道不怕亵渎神圣——在这样的日子里亵渎伏尔泰！可是，忽然他又十分严肃地对我说，说伏尔泰待过的地方就在旁边，这绝非偶然，这是因为他舍斯托夫的事业，就是一劳永逸地彻底揭露伏尔泰那种匍匐在地上，嘿嘿奸笑的思想的。舍斯托夫的

---

① 舍斯托夫早在这之前的好几年前就已经写就了论述易卜生的文章。此文发表在《俄罗斯思想》1910年4月和5月号上，标题是《胜利与失败》。

这番话听起来足以令人感到奇怪，因为平常他并不喜欢把自己的使命给象征化或是公开宣扬自己的使命！（格尔齐克，第109—110页）

格尔齐克（在上文所引述的第一个书信片段里）和伦德别尔格都写道，说舍斯托夫在科拜时期情绪一直很消沉压抑。在其书信的第二个片段中，格尔齐克说他而实际像是一个浑身沉浸在自己思想中的人。而实际上舍斯托夫在科拜度过的那些年，可能是他一生中心情最明亮的时期之一。在那期间，他精神振奋地写作了《惟凭信仰》一书。

在科拜待了两年后，1913年9月，洛夫茨基一家去了柏林。下面引述的片段，摘自洛夫茨基一家离开后舍斯托夫写给洛夫茨基的两封信：

安静下来了：沉浸在柏拉图著作里。一旦你们的地址定下来，我会在信里详尽地写的。（1913年9月23日）

贝里斯案件①很使人伤心。一大早就读各种报纸，随后就很难调整自己的心态到工作状态。我已经写信告诉过您，我已经和妈妈就所有问题都交换过意见了，妈妈已经同意安排我彻底脱离企业这摊工作。她没在信里告诉你们吗？

舍斯托夫夫人的附笔：

---

① 贝里斯被起诉在1911年3月的宗教仪式中杀死了基督教小男孩安德留沙·尤申斯基。经过两年的囚禁后，1913年10月23日贝里斯被辩护无罪释放。

格尔曼的斜面桌非常好用,廖利亚正在这张桌上写作他的天才著作,桌子的下层隔板上放着他的全部用品,所以他可以随时沏茶,以保持他身段的灵活性。(1913年11月7日)

在此期间,舍斯托夫开始写作其《惟凭信仰》,在给格尔曼的信中他讲到这本书:

我们这里一切顺利。开始渐渐地写点儿东西。柏拉图已经快写完了。等我回来①,开始写亚里士多德②。书能写成怎样,我还不知道。我只是感觉到,我所说的话,是任何人都从未听到过的。我一点儿不着急,这样很好。静静地思考古希腊人和中世纪人。(1913年12月1日?)

12月最初几天舍斯托夫去了趟巴黎,去看望索菲亚·格里戈里耶夫娜。从巴黎他写信给法尼亚和格尔曼说:

索尼娅家里永远都有许多各种各样的人:俄国人和法国人。但到目前还没有发现任何可能对日尼亚有意思的东西……索尼娅身体很好,日尼亚也一样。眼下施佩特凑巧也在这儿,我们多少讨论点儿哲学问题。(1913年12月7日或14日于巴黎)

---

① 指巴黎之行。
② 此书上卷的第7到第13章是论述柏拉图的,而第14章和第15章的一部分,以及第16章的前半部分是论述亚里士多德的。

在此期间，舍斯托夫写信给布列斯特－斯拉夫教授约瑟夫·保罗请求他指点一些从教条主义和历史角度出发论述天主教会关于钥匙的统治学说的最新文献。舍斯托夫在信中说：

  阅读您的《教义书》一书，我对这个问题产生了很大兴趣，我感到遗憾的是，这个问题已经超出了专门的繁琐哲学范围，而您又没有给予彻底详尽的，像您分析其他问题那样详尽的分析。（摘自舍斯托夫给保罗的信件，同时寄给洛夫茨基的草稿）。（1913 年 12 月 22 日）

保罗教授给舍斯托夫寄来了许多参考文献书目，但他却一本也没有用，因为里面没有他不知道的。

在一封未署日期的，或许写于 1914 年 1 月初的信里，舍斯托夫请格尔曼给他寄一系列书，其中包括几本柏拉图和亚里士多德的著作（是希腊文和德文文本）和路德的《教理问题》（莱比锡，1908 年）。在信的结尾部分他写道：

  多么想充分利用剩下的这几个月时光——也许能把这部著作的哪怕草稿写完：对我来说一下子写这么多东西我还真不习惯。书如果能尽快寄来那就太好了。（1914 年 1 月 8 日？）

两个月过去了，给舍斯托夫的书还是没寄来。他又给格尔曼和法尼亚写信说：

书一本都没收到。最糟糕的是找不到路德的《论纲》。这本书难道真的找不到吗？（1914年3月14日）

终于期待中的那本书到了。舍斯托夫写信给格尔曼说：

今天收到了路德和亚里士多德的《论纲》。多谢你了。实话说我已经丧失希望了，已经不指望能找到（Vorlesungen）了。（1914年3月30日）

文中所说路德的这本书以及路德的《奥格斯堡信纲》是舍斯托夫研究路德的专著的基础，构成了《惟凭信仰》下卷的内容。上文提到的那几本书，仅仅只是舍斯托夫这些年中研究的许多著作中的几种而已。1966年版的《惟凭信仰》书末附有完整的书目。舍斯托夫去世后，他的藏书全部赠送给了索邦大学。

和洛夫茨基夫妇二人通信，对于舍斯托夫来说，不光谈书的事，还得谈企业的事情。谈《惟凭信仰》及企业事情的书信有很多。为家族企业闹罢工的事，舍斯托夫写信说：

妈妈已经回来了吗？她说什么了吗？她在基辅待的最后那些天肯定很不愉快吧。我从《言论》报上读到一封电报，说咱们那里伙计们都在闹罢工。从基辅寄给我的信谁都没有提及这件事。我不知道这是为什么，是不是都在为罢工或其他事情着急呢。（给法尼亚和格尔曼的信，1914年4月6日）

当时在基辅的报纸上（也许是《基辅思想报》上）发表了一篇关于这次罢工的文章，文中愤怒地指出，在一家由一位哲学家和两位医生领导的企业里，伙计们在不符合法律规定的条件下工作。

在另一封信里，舍斯托夫提到企业组织架构上所发生的变化：

> 刚接到有你附笔的基辅来信。因为你现在是女业主，所以，你应该对于铺子里发生的事情有所了解才是。正好昨天我刚接到瓦洛佳的一封长信……（给法尼亚，1914年4月9日）

关于这次变化，舍斯托夫在给洛夫茨基夫妇的另外两封写于1916年12月的信里也提到过。信中指出，法尼亚是大股东（或许从1914年起）……根据家里人的请求，舍斯托夫同意担任"家族荣誉监护人"的角色。企业改组使舍斯托夫得以摆脱企业经营方面的某些职责，并把企业管理交给法尼亚。但监护人角色仍然还是给他带来了许多麻烦，妨碍了他的写作（参阅1915年3月3日写给法尼亚和格尔曼的信）。需要指出的是，家族成员在金钱问题上只信任法尼亚，格尔曼和廖利亚（家里人都这么称呼舍斯托夫），这三个人花费了许多时间和精力处理家庭内部因金钱问题而产生的纠纷。法尼亚和格尔曼总是尽其所能地尽量不让廖利亚参与调停工作。

许多年中舍斯托夫一家一直都想要回到他们心灵向往的俄罗斯，并在莫斯科定居。1914年7月21日，他们离开了科拜，但却并未选择直达俄国的路线，而是决定在德国停留一下。舍斯托夫在返程中顺路去看望住在格律恩瓦尔德（柏林郊区）的父母。在那儿他正赶上征兵。父亲当时已经是残疾人了。出门散步都得坐轮椅。两周后（新历1914年8

月16日）父亲去世。8月□日舍斯托夫不得不绕道通过瑞典回俄国。舍斯托夫的夫人带着孩子们去了柏林，然后又去莱比锡，最后去伊德舍伊别。直到9月末，他们才同样绕道才得以回到俄国。舍斯托夫的藏书被从科拜以慢件的方式发往莫斯科。可是，由于国境关闭，箱子被退回瑞士，放在也许是洛夫茨基在瑞士的家，直到战后，而洛夫茨基夫妇则在战争刚开始时从柏林到了日内瓦。

舍斯托夫甚至都未能"大致"写完《惟凭信仰》的草稿，这本书他早在从科拜到莫斯科之前就已经开始动笔了。未完成的书稿（6个笔记本，共1100页）他竟然没有随身带上。书稿直到战争结束以前一直都在国外。1920年舍斯托夫离开俄国去了日内瓦，找到了这本书的手稿，并于1920年在巴黎将手稿中的几章发表于《当代札记》第1/2期，这几章的内容都和托尔斯泰有关，内容有所扩充，拟定的标题是《死亡的启示·列·尼·托尔斯泰的后期著作》，后来被收入《在约伯的天平上》一书（第1卷第8章，巴黎，1929）。在此书中的标题是《最后的审判》。1921年舍斯托夫就这部著作和女儿塔尼亚有过通信。《惟凭信仰》由上下卷组成，各卷没有标题。我们给这两卷起的名称是："希腊和中世纪哲学"和"路德与教会"。1920年舍斯托夫没有把手稿全文予以发表，或许是因为手稿中所陈述的部分思想，业已被写进写于1915到1919年间、后来于1923年在柏林用俄语出版的《钥匙的统治》一书里的缘故吧。书名舍斯托夫取自《使徒保罗致罗马人书》第3章第28节的路德的译文。使徒保罗的这句话的俄文译文是："人凭借信仰而自证"。这种对于圣经文本的任意改动在神学界引起过很大争议。

舍斯托夫选择"惟凭信仰"这个格言做本书的标题，也许是因为它鲜明地描绘了年轻的路德为信仰而从事的那场斗争（参阅该书下卷第2

章)。在舍斯托夫在其"灵魂中的漫游"中所拜访过的那些人中，就其精神实质而言，很少有谁像年轻时的路德那样让他感到那么亲近，而且路德为信仰而从事的那场斗争，也与他自己所从事的斗争十分相近。这本书的性质与其说是文学性的，不如说是哲学性的。书中所阐述的许多思想，构成了舍斯托夫嗣后著作的基础。这本书写作的时间很短（8 到 9 个月），是在一种心情极度振奋，精神极度紧张的状态下写出的。未能做最后加工使得这本书的语气比舍斯托夫的其他著作显得更直接，更直抒胸臆。这本书在某种意义上可以看做是作者的精神自传。书是在作者死后在巴黎出版的：法文版的下卷出版于 1957 年。全书俄文版出版于 1966 年，此书根据作者手稿排印，青年基督教会出版社出版，标题为《惟凭信仰》。在舍斯托夫全集中此书列为第 12 卷。按写作时序则应列在第 6 卷之后。(《伟大的前夜》)

第七章

莫斯科（1914—1918）——与哲学家们相会——《超伟大的维亚切斯拉夫》文章与报告——基辅（1918—1919）——《钥匙的统治》——尤里安·斯克里亚宾——雅尔塔与出国（1920年1月）

绕道穿过瑞典于1914年8月初（按照旧历）回到俄国后，舍斯托夫去了基辅，在那里等待妻子和孩子们到来，妻子和孩子们在等待离开德国进入俄国的许可证期间，去了耶拿城。9月末，经过长达两个月的着急和奔波以后，全家终于在莫斯科会齐并定居于此。舍斯托夫一家在去莫斯科时，曾经希望永久定居于此的。可是，命中注定他们在那里只生活了5年半——在莫斯科生活了4年（1914年10月到1918年6月），在基辅生活了1年多（1918年7月到1919年10月），在雅尔塔生活了两个月。

舍斯托夫的妹妹法尼亚和她的丈夫格尔曼战争爆发时正在瑞士，是从柏林到那里去度假的。战争爆发时舍斯托夫的父母被困在了柏林，父亲在那里很快就去世了（1914年8月16日）。母亲终究得以在1914年9月末或10月初离开柏林逃亡瑞士。妹妹索菲亚带着孩子日尼亚和乔治也在那里等待回俄国的机会。从1914年8月开始一直到1919年年底，舍斯托夫与洛夫茨基夫妇，与弟弟萨沙，与母亲保持通信。这一时期保存下来的舍斯托夫的信件使我们可以确定这位哲学家一生中的这5年半的一些事实。这些书信里有许多重复之处，因为在战争期间，信件能否送达人们心里都没底。

1914年10月初，舍斯托夫一家住进了格·格·施佩特为他们找到的住宅（莫斯科，普留希赫街，新马厩胡同，14号3室）。住宅由5个房间组成，坐落在一幢木头房子的一楼。住宅由两个俄罗斯式壁炉供暖。院子里有一个储存劈材的小棚子。住宅前面的窗户面朝一个很大的院落，后面的窗户外是一座教堂和隶属于教堂的院子，每到冰天雪地的冬天景色十分优美。1915年1月女儿们都上了赫沃斯托夫小学。安娜·叶丽阿扎洛夫娜开始在诊所上班了。舍斯托夫有一个女仆叫安努什卡，饭做得非常好。全家对于迁居莫斯科非常满意。关于自己的新居舍斯托夫在给法尼亚和格尔曼的两封信中谈到过：

> 我终于住到莫斯科了。安娜和孩子们也在这儿。正在忙着买家具。如果这套住宅能像国外那样就好了，那样我们明天就能搬过去了，因为购买家具需要很长时间呀。而且房子交给我们时简直可怕极了，我们不得不花费一周的时间进行清理。多数家具是碰机会买的，所以很便宜。能回国孩子们都高兴得疯了。在这里孩子们都受到了大家的欢迎——在彼得堡的安娜的弟弟和伦德布尔格，在莫斯科的谢苗·弗拉基米罗维奇·米沙，娜杰日达·谢尔盖耶夫娜[①]，

[①] 娜杰日达·谢尔盖耶夫娜·布托娃（参阅附录）。

施佩特。让我们看一看以后会怎么样吧。至于我嘛工作起来很困难：书在巴塞尔，手稿留在妈妈那里。我都不知道该干什么好了！

[莫斯科，1914年10月1（14）日]①

我们已经在这里安顿下来了。现在我可以满怀信心地说，把孩子们领回来我毫不后悔。在这里可以把他们都安顿下来，我也就免得时常为他们担心了。1月份起他们都可以不经过考试进入中学（有条件地）。当然，刚开始时他们可能会有些困难的——但这所中学很好，而我们也会尽其所能地减轻他们的负担的。眼下他们的学业负担也很重——但这只会持续到节前。他们自己倒是对莫斯科的生活很满意。我们的住宅虽然小了点儿，但很温暖，很明亮，很干燥，也很便宜。总之，我们算过了，在莫斯科的生活并不比在科拜贵。安娜还没来得及联系自己的工作——但现在在一切都安排就绪以后，她就可以和医学界建立联系，为自己找工作了。至于我嘛，如果我的谢廖沙不让我伤心的话，一切都还蛮不错的。你们也知道他被征兵上战场了。他上前线已经将近两个月了，获得两枚格奥尔吉勋章，晋升为士官了。该提升准尉了——或许刚到基辅度一周半的休假。在基辅他被安排在了准尉学校。本来一切都好好的，可是突然发现——第一，他腿部受伤，作为伤员，却隐瞒了伤病留在了队伍里；第二点最糟糕：虽然现在伤好了，可原来他头上还受过两次震伤，后遗症现在才显现出来：在队伍里常常发生深度昏迷。而他却不愿意留在司令部，恳求我同意他重上战场。这事我当然不能

---

① 舍斯托夫在俄国期间写的大多数信件，都署两种日期：一种按旧历，一种按新历。如果信上只标一种日期，那极有可能是指旧历。

同意了:就他现在这种情况怎么还可以上战场呢——他现在最需要的是治疗。喏,这不,看起来我还得再去一趟基辅,好就地搞清楚这件事。但无论如何请你给我往莫斯科写信,我在基辅不会待过一个礼拜的。[莫斯科,1914年11月3(16)日]

在莫斯科舍斯托夫很快就融入了文学界的生活中。他经常和老朋友和熟人见面:格·施佩特,格·恰尔巴诺夫,谢·布尔加科夫,尼·别尔嘉耶夫,维亚·伊万诺夫,米·格尔申宗,谢·卢里耶,尼·布托娃,格尔齐克姊妹及其他人。关于这些事,他在给法尼亚和格尔曼的两封信中谈到过:

我们这里总而言之一切还算顺利。我们安顿得很简朴——所以,也许不会超出以前的预算:虽然孩子们上学花去了不少钱,我们两人生活只用400卢布,但对此我很高兴。如今在这儿近来周围所有人都缺钱,不得不资助许多人,在困难时候能够把多余的钱拿出来帮助别人,比花在自己身上更令人高兴。谢天谢地,安娜在这件事上完全站在我这一边。娜塔莎向你们描述了我们的"讨论会"①。——来的客人有维亚·伊万诺夫、尼·别尔嘉耶夫和施佩特——整整吵了一晚上。动静挺大的。[1914年12月8(21)日,莫斯科]

《俄国公报》收到了没有,我给你们订了三个月的——写信告

---

① 在1914年12月7(20)日给法尼亚的信中,娜塔莎在信里描述了那次"讨论会"的情形:"昨天晚上来了好多客人……我半夜醒来客人还围在爸爸身边坐着,他们说话声就像喊叫似的。"

诉我能否定期收到，如果能，我接着往下订。如今《俄国公报》是一份非常有意思的报纸。我们这里新闻很少。活着，内心焦急，指望战争能有个好的结局。大家都在盼着早点结束，可战争仍然还是一个劲儿地拖。我遗憾的是手头没有我的手稿和书籍。现在最好能干些抄抄写写的工作，比较严肃的工作没法进行。熟人这儿倒有很多，甚至可以说太多了，而且全都是你可以在他们家一坐坐到2/3点钟的朋友。我想摆脱这种环境，看起来会有机会的。安娜已经在就进医院工作的事进行谈判，可能节后就开始上班了。孩子们都上学了——一切都安排就绪了。或许我也能马上走上正轨——开始做一些该做的事了。〔莫斯科，1914年12月17（30）日〕

格尔齐克和方寸在其回忆录里，都描写了舍斯托夫和他那些莫斯科作家们的友好交往：

战争时期在莫斯科形成了一个很小的紧密的朋友圈——维亚·伊万诺夫、别尔嘉耶夫，布尔加科夫，格尔申宗和其他几个人。

我和妹妹和他们当中的每个人的关系都十分友好。在民族灾难令人忧心忡忡波翻浪涌之际的一座小小的孤岛。这并不意味着在圈子内部一切都平平安安意见一致。不，同样的矛盾既在我身上也在圈子里翻滚，冲突着……从1914年起，舍斯托夫带着全家定居莫斯科。这个圈子里有一些人他很早就认识，关系很近，和其他人关系接近令他觉得很新鲜很有吸引力。这些人有时候相互吵架吵到发怒的地步，但大家全都很喜欢舍斯托夫，对他大家都特别在意。

门铃一响，他人已经在门厅了——大家的脸上都神采焕发。而他本人也对语言的竞赛喜欢得要命。他总是说话不急不躁，对对方充满了善意，慢慢发挥他的论据——就好像没必要急着到什么地方去似的，就好像他开着一台中世纪的收割机，前面有的是时间，一年又一年，一个世纪又一个世纪，时间并未催人快跑似的……时刻紧密关注灵魂的内心事件的他，——列夫·伊萨科维奇似乎没有听到时代的风声鹤唳。他的对话者观点越是和他对立，越是教条，他对人家就越是和蔼，越是愿意和人家长久地争论下去，晚宴时间就越长，各种食品也就越丰富……

每当舍斯托夫和维亚·伊万诺夫相会的时候，我和妹妹的审美感就会得到大大的满足——一个是狡黠、细腻的雅典人，另一个则是思想执着于一点的犹太人。我们俩在他们两个周围端茶倒水，有时又故意挑逗他们，还有时候会叫角落里的争论暂时停止一下，好让大家都能听他俩争吵。有一点似乎像是悖论，观点易变喜欢游戏的维亚·伊万诺夫在建筑坚固的繁琐哲学大厦，而总是在用同一种语调歌颂至高无上者的舍斯托夫，却总是能否定一切，总是能找出一切大厦的缺点。话说回来，正是他的这种本事使他名闻遐迩。

但他曾经很长时间并不为人所知，因为他并不属于某个文学团体，总是独来独往，可这些年里，他忽然名声大震：所有杂志都对他敞开门，还出版了全集，人人都在读他的书……他并不掩饰自己天真的满足感，而这个可爱的人这么一点小小的弱点只是令我和妹妹觉得好玩儿而已……

有时候我们这帮好朋友又会转移到舍斯托夫在普留希赫胡同的另外一处住宅，那是一座木头房子，建筑风格有点儿像是乡下家境并不富裕的小地主家。食堂和其中某个房间十分宽敞敞亮：屋里装修只有最必要的,没有一丁点儿美学上的花饰。安娜·叶丽阿扎洛夫娜守着一个容积很大的茶炊。但书房的装修却是格列尔杰尔斯基式风格。有一次,乘人们走来走去抽烟交谈的空当,我溜进书房,在列夫·伊萨科维奇的皮椅子上坐了一晚上,这把安乐椅的靠背严格按照人背部的曲线做成,有扶手,还有一根小杠杆,一拉,就会拽出一根金银线,而另外一根杠杆一拉,就会有一个脚蹬子伸出来,可以伸直腿⋯⋯

他50岁了。我觉得他似乎一生中头一次感到自己幸福,安宁,品味着思想,友谊和人们的认可的温暖的抚慰。(格尔齐克,第110—112页)

我记得那些年中圈子里的谈话也并非总是那么平和,有时也会发生尖锐的冲突,发火和恼怒。1916年年底时,圈子里针对战争中和俄国境内发生的事件,开始形成尖锐对立的两种态度:一些人努力乐观主义地致力于平息所有突显出来的矛盾,另一些人却有意激化矛盾,像是想要让灾难尽快到来。"请问就凭你们这些胡同死巷你们怎么克服知识分子的个人主义,而和人民一心一意呢!"——喜欢埋怨的维亚·伊万诺夫说到。"而您以为人民的灵魂就在人行道上晃荡呢是吧?"——别尔嘉耶夫当即予以反驳。话到此时我们才发现,原来顺利平安的拥护者们,所有的乐观主义者们——维亚·伊万诺夫,布尔加科夫,艾尔恩——果真都住在宽阔的林荫道上,而所有预言灾难降临,并且敏锐地捕捉到了灾难的征象的人如舍斯托夫,别尔嘉耶夫和格尔申宗,却都住在曲曲弯弯的小胡同里,胡同里连行人的脚迹都很少见到⋯⋯而我们的住宅象征性地把胡同和林荫道结合了起来:入口在小胡同,而又和诺文林荫

道就只隔着种菜的院子，窗户也开向那一面。（格尔齐克，第161—162页）

可是，究竟是什么把彼此如此相异的像维亚·伊万诺夫和格尔申宗，别尔嘉耶夫和舍斯托夫团结起来的呢？这不是一个像从前的，比方说，斯拉夫派和西欧派那样的思想同盟者的团体。可是，毕竟把他们联系起来的，不是个人趣味的偶合，而是另外一种更加深刻的东西。是不是在他们每个人身上都隐藏着一种爆炸性力量，这种力量是专门用来对付智力的偏见和旧世界的价值的，是用来对付幻想和自由主义的，但与此同时，它也是用来对付被当时的许多人视作最终成果的颓废派虚荣的？当然，这是一种无政府主义的造反——每个人都有对未来的预期，这种预见很严谨，很和谐，它们决定着他的整个的创作道路。可当国家的生活中发生了巨大的转折时，他们所有人的命运悲剧性地与祖国的历史命运不相吻合。一些思维独特勇敢大胆的人，或是落后于时代，或是超前于时代，总之很少与时代同步。我们不妨回想一下托尔斯泰和陀思妥耶夫斯基。他们都是些孤独者——身上背负着最终隔绝的重担。他们的同伴就是些印出来的，莫名其妙的，沉默寡言的书本而已。但一旦时候到了——也许这个时代很快就会到来——封印会取消，于是，沉默寡言者会发出响亮的声音的。（格尔齐克，第162页）

阿列克谢·托尔斯泰（舍斯托夫对方丹说）是一个很不错的作家，可他从未表现出对于思维的爱好。我记得有一次在俄国，我们被邀请到著名文学史家格尔申宗那里去。格尔申宗和托尔斯泰坐在桌子的一头，我和别尔嘉耶夫和维亚·伊万诺夫坐在桌子的另一头。格尔申宗是一个尚未来得及展现其才的哲学家，喜欢教导人。桌前的人们一时间忽然沉默起来，都听下列谈话：格尔申宗对托尔斯泰说，说他非常有才，但思考得不够深。托尔斯泰就问他：那您是不是认为必须学会思考呢？说着，用手摸了摸额头，脸上露出沮丧的表情。此时我冲他喊了一句：如果您信我的话，您会得到思维的宽恕的；您只管写您的感受和您如何感受就可以了。于是托尔斯泰划了个十字：这么说您认为我可以不去思考？谢谢！（方丹，第82页）

格尔齐克写道：'我觉得他一生中这几乎是头一次感到自己是幸福的'。这话说得究竟对不对呢？舍斯托夫当然很高兴，他想要定居莫斯科的夙愿终于实现了，高兴他在莫斯科受到道路真挚的欢迎。但除此之外，他还有很多操心的事和揪心的事，在妨碍他进行写作。8月和9月他住在基辅，"心里处于七上八下的状态"，在等待全家从德国回来的过程中，心里非常担心，写作也进行不下去。嗣后在莫斯科，他也还是工作不下去：和战争有关的事件在使他分心，手头也没有《惟凭信仰》这部他在科拜完成的书的手稿，还没有藏书（书都在瑞士），当从柏林绕道回俄国时也没有随身带笔记本，而且笔记本最后是丢失了。他在给方丹和格尔曼的信中写道：

丧气，手稿无论如何也无法从银行取出来。也许，是不是可以给妈妈一封开启保险箱的委托信任书，这样终究能从瑞士拿到手稿①，以便一有机会就转寄给我？此外还有所有草稿笔记本也和行

---

① 当舍斯托夫离开柏林回俄国时，他把《惟凭信仰》的手稿留在在柏林的妈妈家里了。9月初或10月末，母亲去了瑞士。她把手稿放在柏林银行的保险箱里了。

李一起丢失了,书还在巴塞尔吗,我现在简直是一筹莫展。[莫斯科,1914年12月3(14)日]

在给洛夫茨基夫妇的其他书信里,舍斯托夫也在抱怨他手头既没有书籍也没有手稿,请求把手稿寄给他。但他们终究无法把手稿寄出来。直到战后,舍斯托夫才最终把手稿和藏书在瑞士取出来。

舍斯托夫在给当时或许住在洛桑的妹妹索尼娅的信中,也同样谈到自己所遇到的难处:

你的来信收到了。我给妈妈单独去了信,信中回答了她所提出的所有问题。咱家的企业一切还好,关于达尼尔的事情,我所问到的所有人的反应都是,这你都未必相信,他的运气居然这么好。当然,谢天谢地,企业运行状况良好——至少我们不必为它担心了。但毕竟业已形成的局势,让我们全家人天各一方,心情沉重,以致就连企业的成功也让我们高兴不起来。和你一样,我也苦闷地问过,这场噩梦究竟什么时候是个头呢。在我们这里,在俄国,人们的情绪还相当饱满——这一点还有希望。听说在德国那里人们的情绪不这样,而且德国人的处境比咱们困难得多。至于奥地利我就不说什么了吧。我本人是过一天是一天。写作进行得不顺利——老想战争的事,满耳朵听的都是人们的议论。而我却觉得大家越少议论情况可能就越好。事件太巨大了,以致根本不可能猜想得到其内在的意义,而事过之后就更不可能了。所有发表议论这甚至包括那些万神殿的智者们,也超不出常识的范围。聪明人说聪明话,蠢人说蠢话。但所有人都同样短视,都什么也搞不明白,哪怕装出已经搞明白的样子也罢。瞧瞧,我又开始大发宏论了:这是老毛病了。请具体详尽地告诉我,你们日子过得怎么样,在忙什么?——无论如何写封信吧,你瞧,寄信虽然慢点儿,但毕竟能寄到。我给你们写了好多信——给法尼亚,给妈妈,还有就是你了。〔(基辅,1914年12月17(30)日〕

"家庭监护人"这个角色远比舍斯托夫曾经设想得事儿多。他必须密切关注企业的运行,关注母亲的财务支出,因为住在瑞士的母亲远离亲人孤苦伶仃。她想了解企业各方面的情况,要舍斯托夫勤写信向她汇报。关注企业运行和给母亲写汇报信令舍斯托夫苦恼不堪,干扰了他的写作。尽管如此,他写给母亲的大多数信件是精神饱满意气风发和能给人以安慰的。在给母亲的一封信里他写道:

我们全都给您写信,只是不知道这些信件你收到没有。你,法尼亚和格尔曼已经好久没来信了。我家里谢天谢地一切还算顺利。身体都很健康,日子过得和以前一样。商店里的事情也很好。买卖不比去年差,但仅10月和11月提供的军需商品就高达1百万卢布。军需部门对企业很满意,决定提名给予奖励。当然,要筹备如此大量的货物是很难,伙计们不惮烦劳,不惜金钱和时间,在全俄国上下寻找必需品;但到底还是筹备齐全并及时供货了。我们的经理们当然对这次采购的成功很骄傲也很满意。军需部门辞退了其他所有供货商,只保留了他们和别霍维奇两家,因为其他供货商定的价格高不说,还不能及时供货。我们的人虽然挣得少但很满意,而且在这件事上表现出极大的能量。

你们那里没听说什么吗？信件来得很少这很令人沮丧。而更使人沮丧的是，你和咱家其他人都不得不在异乡漂泊。请代问索尼娅和孩子们好。［莫斯科，1914年？12月3（16）日］

有时候，在给法尼亚和格尔曼写的信里，谈到"企业"，舍斯托夫的语气也会发生变化：

下周我要去基辅——虽然这次出行可以预料不会愉快。这些琐事什么时候才能结束呀。我在世上最恨的就是商务，而又无论如何也摆不脱商务的纠缠。我这次是办理妈妈交办的事情——我会写信向她汇报的。她希望我每周都给她写信汇报企业的情况。她觉得这一切都很容易很简单似的。而对我来说写信谈商务就等于戕害自己的生命。我总在想妈妈什么时候能回来，把管理者的职责担当起来，那样我就不用跑公司，跑股票，跑银行了。我这人根本不适合干这种事。而且每周写信谈这类事这简直超出了我的能力。就是不这样我也都常常写信给基辅，和米沙谈，他总是把事情搞得一团糟等等。所以请你无论如何劝劝妈妈，给她解释一下，不能要求我这么频繁地给她写信。［莫斯科，1915年3月3（16）日］

可类似的信舍斯托夫却写了无数封。读这些信你会不由地想到他关于普希金的一句格言，即"凝定的星群"，这是舍斯托夫在那个时期写下的。他在这首诗里引用了普希金《平民》诗中的最后一句：

我们生来，不是为了日常生活的烦恼，
不是为了私欲的满足和勾心斗角，
我们生来是为了美妙诗歌的灵感，
美妙的乐音和诚挚的祈祷。

随后又补充道：

这就是普希金所歌唱的。你不妨读读他的书信和传记！永不中断的日常生活的操劳，永无终日的琐事和烦恼，永无终日的为钱而操心，除了金钱还是金钱！你会感到惊奇，他什么时候才有灵感，才能投身创作的激情，写作心灵的祈祷诗和美妙和谐的乐音。显然，他不得不牺牲自己的睡眠。正因为此真正的诗人大都在深夜写作……白天必须为日常琐事而操劳，挣钱养家，白天必须为活着而拼搏。（摘自《钥匙的统治》一文——《俄罗斯思想》，1916年1月号，第37—39页）

许多年以后在一个起笔于1920年8月的一个工作用笔记本里，舍斯托夫又一次谈到这首诗：

"不是为了日常生活的烦恼，不是为了私欲的满足和勾心斗角"——诗人说道。"可终其一生他都始终在描写日常生活的操劳，为生活而拼搏和私欲的满足"。这是不是说明他生来不是为了"美妙诗歌的灵感，美妙的乐音和诚挚的祈祷"呢？不，不是的。拼搏，奋斗，操劳甚至包括野蛮的私欲，一旦碰到神奇的权杖就会变成美妙的乐音和诚挚的祈祷。处处都是奇妙的变化——而科学甚至哲学却只会谈论自然!"①

家庭生活在莫斯科逐渐安排停当了。1915年1月塔尼亚和娜塔莎进了赫沃斯托沃中学,2月份安娜开始在诊所上班。舍斯托夫在给法尼亚和格尔曼的两封信中写道:

> 我们的生活总算安排停当了。孩子们上学已经一周了。孩子们很满意,而学校看样子也对她们很满意。除了俄语、拉丁语和神学课外,其他功课她们都赶上来了。上帝保佑,但愿其他功课她们也能不用费力地赶上来。女友们和老师们都高高兴兴地接纳了她们。使我高兴的是经过长期漂泊,她们终于走上正轨了……眼下米沙正在这儿。他说基辅的事情都很顺利,大家都很健康。或许你们也接到来自基辅——丽莎和玛尼娅——的信件了吧,所以,也许你们知道的并不比我少吧。[莫斯科,1915年1月14(27)日]

> 我们这里一切照旧。安娜在诊所上班,孩子们在上学。所以说一切或多或少都已走上正轨。熟人不很多:这有点儿不太方便。其次就是我总也进入不了工作状态——与战争有关的消息总是在分心。(莫斯科,1915年2月22日)

1915年2月14日,舍斯托夫被遴选为莫斯科心理学学会理事。关于这次选举,根据发表于莫斯科《哲学与心理学问题》杂志(总第131

---

① 这件手稿发表于1977年9月1日的《俄罗斯思想》报。

期，1916年1/2月号）上的1914年2月14日的心理学学会的会议记录。该学会成立于1885年，隶属于莫斯科大学。虽然名称中有心理学字样，但这本杂志实际上毋宁说是一本哲学杂志。

6月份，钢琴家戈尔登维伊泽尔教授邀请舍斯托夫一家去听音乐会。舍斯托夫把这事写信告诉了法尼亚和格尔曼：

> 总之我们这儿一切都很顺遂——没什么可抱怨的。甚至还有一次小小的音乐事件：两天前，音乐学院的戈尔登维伊泽尔教授邀请我们到他家，他为我们安排了一场出色的音乐会：1. 巴赫的奏鸣曲；2. 莫扎特的C小调奏鸣曲；3. 莫扎特变奏曲；4. 莫扎特第10号奏鸣曲；5. 克莱采奏鸣曲；6. 莫扎特变奏曲（编号2）；7. 林涛奏鸣曲；8. 法兰克奏鸣曲；而且他和……（？）……演奏得无与伦比。可惜你们俩不在这儿。音乐会一直进行到深夜2点钟——那美妙的音乐至今在耳边回响。（莫斯科，1915年6月中旬）

月底安娜带着孩子们到她弟弟亚历山大·叶丽阿扎洛维奇·别列佐夫斯基在西伯利亚省的庄园里过暑假。稍晚些时候，舍斯托夫去谢·卢里耶那里做客，待了几周。

1916年3月3日，在给法尼亚和格尔曼的信的结尾部分，舍斯托夫说道，康迪坦丁诺波尔很快就会被拿下了，而在1915年2月22日的信里，说达达尼尔的守卫加强了。在其他书信里他满怀信心地说战争马上就要顺利结束了。例如，在9月份的信里他写道：

我又回到基辅了——虽然老实说,这次来没有什么特殊的原因。更多地是为了和大家多待几天。企业尽管情况多变(?),但还算正常,所以没什么可抱怨的。至于我个人,那么我对未来的看法是乐观的。我觉得德国人虽然有那么多的小胜,但他们比其他参战国更愿意和平,并且很快就会公开承认这一点的。到那时情况就会完全变样的——也许再过3、4个月战争对于我们就该宣告结束了。(基辅,1915年9月25日)

这种对于战争很快就会安然结束的乐观看法如今看来很难理解,但在当时舍斯托夫的所有朋友们也都持同样的看法。

在丧失从国外获得《惟凭信仰》手稿的希望以后,舍斯托夫不顾困难在1915年重新开始写作。他写了18则格言警句,都发表在《俄罗斯思想》1916年1月号和2月号,标题是《钥匙的统治》,嗣后收入同名著作的上卷里。1915年11月14日,舍斯托夫在莫斯科心理学学会做了一次同题报告。关于自己的写作和这次报告,在给法尼亚和格尔曼的3封信中他写道:

我们这儿没有什么特别的新消息。安娜在搞自己的医学,孩子们在上学。我在尽力强迫自己写作,现在正在为发表而写作一篇标题为《钥匙的统治》的文章。可能本年年底能发表。我必须写作,不然就枯萎了。(莫斯科,1915年10月20日)

我开始慢慢写东西——已经写了一些东西,并寄给了杂志……做过一次……? ……报告,详情见报。[莫斯科,1915年11月15

(28) 日]

你们收到那份登载着报导我的报告和关于这次报告的文章的报纸了吗？这个报告实话说仅仅只是已写成的东西的一半——好长时间没法读书。1月份开始连载，到时候我会把清样给你们寄两份——一份给你们，另一份给阿列克谢·尼古拉耶维奇。到底还是很难真正投入工作——总想抽空写点儿什么。说这个城市并不那么适合工作，这话的确不假——总有熟人和其他琐事干扰。总想一有机会就跑到乡下去——我不知道我的理想有没有机会实现。（莫斯科，1915年11月末）

关于舍斯托夫报告《钥匙的统治》的报导和文章发表在莫斯科报纸《俄罗斯公报》11月16日和17日周一和周二两期。标题为《列夫·舍斯托夫的报告》的报导的作者未署名。报导说道：

周六（1915年11月14日）在心理学学会列夫·舍斯托夫做了题为《钥匙的统治》的报告。这是指罗马对于信教者开关天国之门的权力。按照舍斯托夫的观点，总之这是所有宗教和哲学对其信徒的理性和心灵的一种统治权。列夫·舍斯托夫在其报告中，出面反对奴役而争取真理探索的这种自由和任性的权力……

听完报告后，谢·尼·布尔加科夫、加·亚·拉钦斯基和尼·亚·别尔嘉耶夫在讨论中表达了他们捍卫从宗教和神秘论角度探索真理的权力的立场，叶·尼·特鲁别茨科伊伯爵和列·尼·洛帕金则起而为理性辩护。

伊·伊格纳托夫的文章标题是《哲学探索·从列·伊·舍斯托夫的报告谈起》。伊格纳托夫在报告中写道：

> 长桌后面是一排神情专注，表情严肃，忧心忡忡的人脸。
>
> 我甚至有一种错觉，即所有这些表情严肃，神色庄重，好学深思，学识渊博的学者们，都站在同一道哲学的战壕里，而列·伊·舍斯托夫却想要用自己的报告竭力填平所有战壕——所有那些看起来无论如何都有点像是体系，哲学的、科学的，以及其他任何像体系的东西。

接着，伊格纳托夫援引了某些听众的意见：

> "您这不是在抨击我们，倒不如说您这是在为我们辩护。"一位听众说道；"根据您的报告，我曾经以为您是一个怀疑论者，可从接下来的座谈中我看出，您是个信徒。"——另一位听众说。只有为数不多几个人仍然坚持认为报告人是个怀疑论者，说构成其论点的基础的，没有信仰。

在上文所引的片段中，伊格纳托夫说有几个人认为舍斯托夫是个怀疑论者。我们已经提到过在此之前就有人有时候说舍斯托夫是个怀疑论者，但也都不约而同地谈到过他如何驳倒了这些论点。

1916年5月，舍斯托夫去了基辅。他从那里写信给洛夫茨基夫妇：

> 我到基辅一个礼拜目的是看看企业运行情况。一切看起来都再

顺利不过了。米沙管理得有声有色,大家身体都健康,大伙儿心里都只有一个愿望,那就是我们最终能对付得了德国人。这里的人们大多不知怎么都相信,事情很快就会有个了结,这个夏天战争就会结束了。连我也觉得这种想法有道理:不是夏天,那秋天也该完事了……我在基辅只待一个星期左右——这一两天就动身:我待在这里无事可干。在家工作的确也干得不顺手,但毕竟在家里会好些。这个夏天想到乡下走走,不知能否成行。"(基辅,1916年5月7日)

在此期间,舍斯托夫和洛夫茨基夫妇在莫斯科的普留希赫街共同购买了房子。他把这件事写信告诉了法尼亚和格尔曼:

告诉你们一个好消息。我曾经写信(1916年4月5日)说过,我得到了你们寄来的3万卢布。用这些钱这些天我和安娜一人一半购买了房子。来不及征询你们的意见,但我想你们应该不会可惜这些钱的。如果你们可惜的话,则房子还可以卖掉。付掉的款永远都是可以赎回来的。买房很偶然——忽然觉得很合算。等你们来你们可以自己看一看。我们这儿没什么新闻。夏天我要到图拉省谢苗·弗拉那里去住一段。安带着孩子们要到高加索去洗海水浴。"(莫斯科,1916年6月7日)

几天后,舍斯托夫去了辛基诺村的谢苗·弗拉基米罗维奇家,从那儿他写信给当时正在洛桑的母亲和洛夫茨基夫妇说:

喏,这下我算是了结了你们的愿望——夏天住在乡下,住在谢苗·弗拉基米罗维奇家。这个地方太美了——一点儿也不比瑞士差:景色怡人,奥卡河宽广宏阔,丘陵起伏,森林茂盛,青青的草地和菜园,散步其间令人心旷神怡——总之一句话,像平常常说的那样,可以安心做事了。至于吃的,那就碰上什么吃什么,在这儿我们可以一连几小时散步——所以说用来消磨时间没有比这种方法更加符合卫生的了。对这一点你可以完全满意,彻底放心了。[给母亲的信,辛基诺,1916年6月14(27)日]

我是从乡下给你写信的——此刻我正在谢苗·弗拉基米罗维奇家做客。安娜带着孩子们去了黑海边——住在哥萨克小镇(阿尔希波—奥西波夫卡)洗海水浴。我对此没兴趣——一来不想去那么远的地方,二来那个地方是叶甫盖尼·格尔曼诺维奇(伦德别尔格)找到的,此刻他也住在那儿——因而,那应该是一个非常原始的地方:安娜对于具有原始风味的地方一直保持浓厚的兴趣,而我对这样的地方已经不感兴趣了……这里也挺好的,我们大家甚至幻想在这里买个小小庄园。如果真买了那就太好了——只是真要办繁琐的事情少不了,尤其是对于我们这些不懂行情的城里人来说。我不知道我们的这些愿望究竟会不会有结果——买还是不买。如今要买庄园双倍地困难——如果能买一个很小很小的就好了,那样就用不着找人管理了。"(给洛夫茨基夫妇,辛基诺,1916年7月1日)

距此8个月以前,舍斯托夫就曾谈到过他想和洛夫茨基夫妇共同购买庄园的事情,从乡下回来后,他再次谈起这件事:

关于我们的新居我还只字未提,因为没什么可说的。也许,我们和你们都可以到那儿住一住。新居有许多单独的厢房，或许可以找到一间听不见音乐的厢房——虽然究竟如何也很难说得准：毕竟你对这个感觉更敏锐一些。可另一方面，在莫斯科倒是可以找得到独立的完全安静的住房：家家都有人弹琴，现在没有一家没钢琴的。从这一点上说，咱们的新居比别的优越。我们全都幻想买一幢不大的庄园。战争一结束价格就会上涨，但那时咱们可就买不起了。你们对这事怎么看？……我好像已经写信告诉过你们，但已经记不清了，伦敦有人来信要我允许把自己的著作翻译成英语。季娜伊达·阿法纳西耶夫娜保证说能找到非常可靠的译者。我当然寄发了我的许可书，可这件事会有什么结果还得看。"（莫斯科，1916年8月6日）

洛夫茨基夫妇对这封信的复信没有保留下来。普留希赫街新购买的住房，他们两家人谁都没机会去住。庄园也没买成，所以，舍斯托夫一家想和洛夫茨基夫妇一起过乡居生活的理想也未能实现（安娜·叶想当一名当地医生，为农民看病；舍斯托夫想要离群索居，聚精会神，安安静静地思考问题；而格尔曼则想在绝对的寂静中创作音乐）。

尽管舍斯托夫一心想要到莫斯科城外生活，在城里他无法做到闭门独居，但我们可以肯定地说，他和莫斯科朋友们的会面是富于成效的。毫无疑问，与维亚切斯拉夫·伊万诺夫的交往，促使他写作了关于他的《伟大的，超伟大的维亚切斯拉夫》这篇文章。1916年11月4日，还做了一次关于他的报告。文章被发表在11月的《俄罗斯思想》上。文章末尾有一则题记："1916年6月于辛基诺村"。舍斯托夫在给洛夫茨基夫妇的4封信里谈到过这件事：

我们这儿和往常一样，没什么特别的事儿。孩子们在上学，安娜在诊所上班，她已经被任命为住院医生了，甚至还是编内的呢（年薪1000卢布）。我的那篇文章大约过两个月才能见刊。（莫斯科，1916年9月19？日）

《超伟大的维亚切斯拉夫·伊万诺夫》那篇文章的清样刚接到，我马上就发出去。（莫斯科，1916年10月18日）

我这儿的新消息有：接到来自伦敦的通知，前不久我的著作第5卷的英文译本已经在那里出版了，标题是《安东·契诃夫及其他论文》。你们如果有兴趣——写信告诉我。他们答应寄给我两本样书，暂时只寄来了有关出书的广告。出版社地址是：伦敦，博物馆街40号，毛瑟尔出版公司。《超伟大的维亚切斯拉夫·伊万诺夫》一文将发表在《俄罗斯思想》10月号上。也许我会以此（文章）为题在本地的宗教哲学学会做一次报告的。（莫斯科，1916年10月20日）

现在我以挂号邮寄的方式给你们寄两份《超伟大的维亚切斯拉夫·伊万诺夫》清样……我现在很忙，今天在宗教哲学学会①做报告，题目是"超伟大的维亚切斯拉夫·伊万诺夫"。（莫斯科，1916年11月4日）

20年后，1936年，在舍斯托夫70周年诞辰，维亚·伊万诺夫给他写了一封贺信。从信中可以看出，当年在莫斯科建立的良好关系保持了

---

① 这里说的显然是那个以索洛维约夫命名的宗教-哲学学会。尤塔·舍列尔在上文提到的那本书里提供了该学会从1906年到1916年3月每次例会的会议记录。在此日期之后的会议记录她未能找到，所以，我们也就无法对这里提出的推断做出验证了。

下来，虽然他们已经多年没有见过面了：

喏，现在就连您（而我一直觉得您要比我年轻得多！）也到了德高望重的年龄了，人一到这个年龄段（无论他怎样让自己青春像雄鹰一样焕发）——就不得不承认，自己一生最主要的事业，啊，当然还远未完成，远未结束的——而一个终生都过着紧张的精神生活、但如论如何至少其基本精神特征也已然形成的人，是不是也会有同样的感觉呢？这种精神特征大约就像一座哥特式教堂，即便尚未完工，也称得上美轮美奂，叹为观止了。如果说这种感觉（正如瓦列里·勃留索夫预先说过的那样："我不知道是什么消息，但我毕竟给了世界一个新意"）中含有某种个人的自满在内，而您在这样的日子里当然会有类似的感觉的——而您比我这个一生都在追求完善形式的人更有可能有这种体会，这正是因为您那唯一和光辉的信仰。正因此而您唯一的话语注定将会永久地鸣响：因为如果无法和您一起建设一种文化的话，那么，离开您，离开您那警告人们要警惕思维僵化和精神上的傲慢自大的呼吁也无法建设起这种文化。您就像一只既能带来活水也能带来死水的乌鸦。而我随着年龄的增长越来越爱您，而且我觉得自己也越来越理解您。因此我祝贺您，我的老朋友，我无比真挚地祝贺您 70 华诞，并希望您的盛花期——因为您的确正处于盛花期，或许您——我揣测——还丝毫没有感觉到身体衰弱的迹象吧——而您的盛花期将会持久而又光辉灿烂的。"（罗马，1936 年 2 月 10 日）

德米特里·斯维亚托波尔克－米尔斯基在其所著《俄国文学史》

中,在论述维亚切斯拉夫·伊万诺夫章节中提到舍斯托夫的一篇文章。他说:

> 舍斯托夫作为一个辛辣嘲讽性题词的大师给伊万诺夫起了个外号是"伟大的、超伟大的维亚切斯拉夫—伊万诺夫",对于描述伊万诺夫的风格而言再没有比这更好的说法了。(德·米尔斯基,第448页)

在《超伟大的维亚切斯拉夫·伊万诺夫》这篇文章以及此文之后所写的著作中,舍斯托夫常常提到普罗提诺并引用他的话。在此文中他说过普罗提诺是维亚切斯拉夫·伊万诺夫最喜爱的哲学家。

或许正是与维亚切斯拉夫·伊万诺夫的交往唤醒了舍斯托夫对普罗提诺的兴趣,金斯托夫此前也曾涉及他,却并未专门对他展开研究。金斯托夫首次提到普罗提诺是在《惟凭信仰》一书中,关于他舍斯托夫写了两页之多。7月舍斯托夫写信给洛夫茨基夫妇请他们为自己购买普罗提诺的著作:

> 我到图拉省大约待了4周时间。人们都说我恢复得不错。我今天又上路了——但这次去不长时间,大约一礼拜或10天左右。别忘了给我写信。接下来我有个请求:问问书店有没有《普洛蒂尼·恩奈德斯发现了赫曼努斯·弗雷德里克斯·穆勒》希腊文原文两卷本和同一个缪勒(Mueller)的两卷本译本。我非常需要而且正需要这个版本。如果你们搞到了书——切记不要邮寄:这里有个我熟悉的教授手头有这套书。他会把他的这套书给我的,而我如果另有

一套的话,那么即使战后,也能保证我手头有一套了。(莫斯科,1916 年 7 月 29 日)

此后舍斯托夫花费了好多时间研究普罗提诺,写了好几篇文章。

格尔齐克在其回忆录里,写到她自己与舍斯托夫在 1916—1917 年冬季的几次会面,以及舍斯托夫儿子谢廖沙在战争中阵亡的事情:

> 16—17 年冬季有一次我们又在他家聚齐了——在熟悉的作家群中有一个年轻漂亮穿着军装的年轻人。是舍斯托夫的儿子谢廖沙。整个晚会上我都在密切关注父亲和儿子相互交流着充满爱意的眼神。在所有这些熟得令人感到乏味的人群中,忽然响起一个响亮的、冲破云霄的洪亮嗓门。我没听清他究竟在说什么。好像是一句大胆无畏直抒胸臆的话。但无论说什么都无所谓了。

> 过了大约 10 天左右,一个令人不安的电话在我们圈子里传播:一个打电话给另一个,第三个,而第三个又给第一个……格尔申宗由于激动说起话来磕磕绊绊,话筒里他的声音含含糊糊:"您听说了吗……谢廖沙·舍斯托夫……是吗,是真的吗?……谁说的来着,好像阵亡了……可他——怎么样?"他倒没什么。他家没有电话,况且这种事情又怎么能在电话里说呢。普留希赫街独家宅院里,仆人打开大门,对朋友中的某个说:"列夫·伊萨季耶维奇不在家。""那安娜·叶丽扎洛夫娜呢?""她也不在家。"过了一天,又过了一天,他们还是不在家。我和妹妹心痛如绞,便给舍斯托夫写了一封信。我不记得过了多长时间了,总之,记得是在一个阳光

明媚，春意盎然，下着淅沥小雨的日子里，他亲自来了。他戴着一顶平顶的羊羔皮帽，他那亲爱的脸上表情依然如故。是不是因为哀伤已经犁过了所有的沟垄——再深了不行，再悲哀也不行……谈起谢廖沙只说了寥寥几句——对自己只字不提——可随后谈起别的来，哎呀呀，他又在费尽九牛二虎之力地滚动着那些百无一用的理念的石头。

我们分手是在1917年5月。秋季来临之前。在我动身前往克里米亚之前，有一次我们一起坐电车。在车上聊了起来。涌上来一群当兵的如潮水一般把我俩给冲开了。我被推挤下了车。他留在车上，车开远了，他从移动中的车窗里朝我点着头，朝我嚷着："咱们谈开了吧。"可我们到了儿也没谈妥。

5年后当我重新回到莫斯科时，他早已就在国外了。（格尔齐克，第112—113页）

1917年舍斯托夫发表了一篇论述胡塞尔的长文《凡人皆有一死》，文章发表在《哲学与心理学问题》杂志9/10月号合刊。早在1908年舍斯托夫就读到过胡塞尔的著作。也许，舍斯托夫对胡塞尔著作的兴趣，是受了他的朋友格·格·施佩特的感染所致，后者乃是胡塞尔最狂热的信徒。1926年年初，舍斯托夫论胡塞尔著作的法文版在巴黎出版了，在法国和德国引起了热烈的反响。1917年，还在不同的杂志上发表了21则格言警句：其中11则刊载于《枝条》文集，8则刊载于《思维与话语》周刊第2期。后一种刊物本该于1918年问世，可实际出版远比这晚（书末标注的时间是1918—1921年）。上述著作是在俄国发表的最后两部论著。

关于自己在 1917 年的写作生活，舍斯托夫在来往书信中只是偶或谈及。在从莫斯科给他在瑞士的亲人的信中他写道：

我力求少读报纸多写文章。[1917 年 9 月 12（25）日]

工作进行得并不顺手，尽管还是写了一些，也发表了一些东西。[1917 年 10 月 7（20）日]

总是尽可能写点儿东西，发表点儿东西——只要有一点机会。（1917 年 11 月 22 日）

我……正在对当前事件作出反应，写作进行得很不顺手。但这个夏天和去年冬天还是写了一点儿。马上会把新著的清样给你们寄去。[1917 年 12 月 1（14）日]

活着并且很健康，力求尽可能写点儿东西。[1917 年 12 月 1（14）日]

我们无法判定这里所说的是哪些著作。1917 年发表的 21 则格言警句和 1916 年发表在《俄罗斯思想》上的 18 则格言警句一起，构成了《钥匙的统治》的第 1 和第 2 卷（《钥匙的统治》——第 7 卷）。论述维亚切斯拉夫·伊万诺夫和胡塞尔的构成该书第 3 卷的第 1 和第 2 章。被纳入此书中的或许还有早在基辅就写成的一些论著：《论万物之根》，峻稿于 1918 那年 10 月（全集第 3 卷的第 3 章）；和《一千零一夜（代序）》，文末标注的日期是：基辅，1919 年 1 月。后两部著作未能在俄国出版。这两部著作于 1921 年发表于巴黎的《当代纪事》第 3 到第 5 期。《钥匙的统治》一书 1923 年于柏林的"西徐亚人"出版社出版。前言毫无疑问是在全书各章都已就绪后写成的。舍斯托夫的所有著作都遵循这样一种写作顺序。关于这一点他在《雅典与耶路撒冷》的前言中写道：

> 前言实际上永远都是最后写成的后记。一本书通常总要写好长时间，直到全书竣稿后——前言会在相对较少的文字里表达作者在若干年里构思所发生的变化和指向。

二月革命发生时舍斯托夫正在莫斯科。革命最初日子里的火热激情使人觉得它最终会是一场"不流血的"伟大革命，正如当时直至今日人们对它的称谓那样，尽管有时略带一些嘲讽的意味。欢乐的人群摩肩接踵地走过莫斯科街头。舍斯托夫尽管没有像大家那样热情洋溢，很少出门，总是忧郁而又沉思地坐在书房，但在他写于那个时期的书信中，却反映了他那个时期笼罩着整个莫斯科的欢庆节日般的情绪。在写给住在瑞士的亲人们的6封书信中，他描述了这些事件：

> 当然你们想必早从报刊上了解了我们这里所发生的巨变。对于所发生的事件没必要进行描述：消息总是远远落后于事件。须知我们也订有许多俄国报刊。谢天谢地，发生的一切都再好不过了：既未发生流血事件，也没有抢劫行窃。甚至在最激烈的日子里，警察局也无所作为，而民警局则还没有，也没发生任何违法行为。现在一切都已经走上轨道：今天电车已经开通了，工人也上工了。邮局，电报局和铁路始终都在正常运行。上帝保佑，但愿今后也照这样下去，等德国人冲破我们的战线，他们会看到一个井然有序的国家。"［给法尼亚，莫斯科，1917年3月6（19）日］

这里我们心里想的和嘴里说的都是当前在俄国发生的这些巨大的事变。一个未能亲眼见过这一切的人是很难想象的。尤其是莫斯科。就好像接到了上峰的命令似的,大家全都齐得和一个人似的断定必须彻底改变旧制度。并且毅然决然决定在一个礼拜之内把全部事情都做完。彼得格勒早先就已经发生过一些小摩擦——而莫斯科却上上下下全城一派节日气氛。基辅则更简单:勃鲁希洛夫将军下了一道命令,一切就都按部就班了。这样的情形在蔓延,越往下时间越短,整个巨大的国家在不到一星期的时间内心平气和地,像过一个庄严隆重的节日一般地,抛弃了旧制度,走向了新制度。在区区一封信里当然难以尽述,但你当然通过俄国和沄国的报刊读到了所有的详情细节。眼下生活已经走上了日常的轨道:电车在运行,工厂都开工了,学校复学了,高等院校讲课照常进行了,报纸也出版了——任何人也想不到就在上个星期里发生了震惊世界的一件伟大的大事。上帝保佑让战争也尽快结束了吧:德国人想要让俄国的具有影响力的亲德党派上台的最后一线希望破灭了。或许俄国依然有许多亲德派,但他们不是被捕了,就是躲起来了,危险已经过去了。[给母亲,莫斯科,1917 年 3 月 7(20)日]

我们这里秩序良好。事变在莫斯科也和在基辅一样,发生得十分平静。现在随着每一天的到来,生活变得越来越宁贴了。每个区段取代警察局的,是宣过誓的代理人。代替警察每天守夜的都是护院人。全社会到处是一派协调一致的气氛:极端分子都灰头土脸地退居二线了。政府赢得了全社会的普遍信任。上帝保佑,所有困难我们都能对付过去,尽管困难不少。[给法尼亚,莫斯科,1917 年 3 月 15(28)日]

在基辅也和在莫斯科一样,事变发生没有遭遇任何曲折,很平静。众多的群众集会和宣言传单并未影响社会秩序。在基辅这一点显得尤为重要——因为基辅离战事正在进行的舞台距离最近。今天距离事变发生整一个月——生活越来越日新月异。上帝或许会保佑俄国会比其他国家更加理智,在建立新制度的过程中不必经受急剧动荡。(给母亲,基辅,1917年3月29日)

你们能看到俄国报纸——根据报纸你们也可以判断一切是怎么发生的,现在正在发生什么。总之,有一点可以断言:无论如何也想不到如此可怕的事变竟然发生得如此平静。旧政府垮台已经一个半月了,任何地方也未曾发生任何大型动乱事件。昨天莫斯科庆祝了五一节。到街上游行的人群数也数不清——但一切都井然有序,人们庄重而又宁静地在街上走一会儿,听听群众集会上的演讲,就各回各家了。今天工作照常,商店开门,电车运行。显然,我们的人民远比我国那些旧的统治者们要理性得多。上帝保佑,一切都会安静下来的,按部就班的:德国人想要发生动乱的希望落空了,他们的其他妄想也同样如此。战争看样子正在急速走向结局。或许夏天结束时我们就可以相见了。[给母亲,莫斯科,1917年4月19(5月2)日]

前几天刚给你和妈妈写过信。为以防万一再给你们寄一张明信片,以加强联系,并简短告知我们这里一切都顺利,大家全都身体健康。革命过去已经就快2个月了——一切正在逐渐回归正轨。这一切当然很不容易。可这样的事变除了我们这儿还有哪儿能发生得如此轻松呢?俄国比较而言还比较顺利。毕竟我们都还平平安安地活着,虽然仍在吵嘴,但都不会较真的。等拖到立法机构成立——

到那时一切就都就绪了。我们也就走进新制度了。或许到那时战争也终于结束了呢。[给法尼亚，莫斯科，1917年4月24（5月7）日]

舍斯托夫的那些朋友们对事变的看法却各个不同。叶甫盖尼娅·尤吉福夫娜·拉普——尼古拉·亚历山大洛维奇·别尔嘉耶夫的妻妹——当时和别尔嘉耶夫一家正住在莫斯科，曾同他谈到别尔嘉耶夫和安德烈·别雷对事变的看法。她写道：

直到十月和布尔什维克政变岁月之前，尼古拉·别尔嘉耶夫的情绪都很消沉。我还记得当我们许许多多朋友们高高兴兴地谈论"俄国这场不流血的革命"，歌颂克伦斯基的滔滔雄辩和口才，对一个自由正义制度的到来充满了期待时，他脸上那嘲讽的微笑的表情。他懂得不流血的革命势必会以血流满地做结。他变得沉默寡言，忧郁哀伤。只是有时候为了答复那些欢天喜地信仰革命的交谈者，他才会怒火填膺地，满腔愤怒地揭露革命凶恶的本质，他的交谈者走时大都认为他是个反动分子。

有一次我独自一个待在家里。门铃响了。安·别雷出现在客厅门口。他顾不上问候，就声音激动地问：'你知道我到哪儿了吗？'然后不等我回答，就继续说道。'我见到他了，克伦斯基……他说话了……数千人的集会牙……他竟然讲话了。'处于狂喜状态的别雷说着说着就举起了双手挥舞不停。'而我看见了，'他继续说道。'一缕阳光如何洒在他身上，我亲眼目睹了"新人"的诞生……他—是—个—人—物'。

尼古拉·别尔嘉耶夫不知什么时候不为察觉地走进客厅，听见别雷的最后一番话他不由地哈哈大笑起来。别雷飞快地朝他闪电式地瞥了他一眼,也未告别一声,就跑出了客厅。这事过后他很长时间都没再来过我家。(叶甫盖尼娅·尤吉福夫娜·拉普:尼·别尔嘉耶夫著作《自我认知》第 247 页注释)

尽管舍斯托夫在书信中的语气意气风发,但这部分原因在于他不愿让亲人担心,他当然与安·别雷和别尔嘉耶夫那些朋友们欢天喜地不同,而是和别尔嘉耶夫一样,或许没有像那么强烈,但也认识到"这场革命是不会停留在二月的阶段上止步不前的,终究不会是不流血的和热爱自由的。"(尼·别尔嘉耶夫:《自我认识》,第 246 页)

1917 年夏舍斯托夫和家人住在朋友谢苗·弗拉基米罗维奇家(图拉省卡希尔斯县扎哈林邮局,马什科夫采夫庄园)的庄园里。舍斯托夫一家在马什科夫采夫庄园住了两个多月。从那里出来他们去了鲍里斯·扎伊采夫在普里特基诺的家里做客,谢苗·弗拉基米罗维奇也去了那儿。在寂静的乡下舍斯托夫得以少想政治,而多写东西。关于自己在乡下的逗留他在给母亲的信中写道:

我明天到乡下去。到我去年待过的那个地方,虽然不是到同一个庄园。是一些好朋友谢苗·弗拉基米罗维奇……房子里一切设施齐全,生活顺顺当当。可是,当然了,如今做事很少能使我感兴趣——只有一件事是大家全都密切关注的:俄国的事。我们都希望俄国能对付得了所有的难关:俄国处于困境这并非是第一次了。迄今为止俄国都光荣地克服了难关,上帝保佑,这次也千万不要一败涂地。[莫斯科,1917 年 5 月 25(6 月 7)日]

这封信是从我在这里已经生活了一个多星期的乡下写的。这里一切都挺好：空气洁净，戏水更佳，天气美极了。也许在这里我能像去年一样恢复得很好的。这里很安静宁帖。两三天送一趟报纸，所以，关于战争，革命和政治，有时甚至会忘得干干净净。在这样僻静的地方，有时候你很难相信什么地方有战争和政治斗争。我想在这里过完整个夏天，过到8月中旬，甚至干脆就不去莫斯科了。这里的女主人很可亲，邻居们也很喜欢，所以，简直没什么可抱怨的。如果整个夏天天气都像现在这样好——那就是再好不过的事了。要我看，根本没必要去什么国外：这里就好极了。〔马什科夫采夫庄园，1917年6月4日（17）日〕

今天从乡下回到莫斯科，就接到了你的两封信。很高兴您身体很好。我同样也无可抱怨。在乡下住了两个多月，那是一个奇妙的地方。夏天简直美极了。那个地方简直太美了，吃得伙食要按现在的标准看，那就太好了。所以我身体康复得很好，自我感觉妙极了。〔莫斯科，1917年8月4（17）日〕

1917年年初，会社职员罢工了。直到罢工的第二个月冲突才得以安抚下来。根据母亲的请求舍斯托夫在给她的信中谈到过这件事：

你想了解会社职员罢工的消息。我此前写信没提这件事，是因为我不知道写这件事有什么必要。我本人对这件事的态度很平静。以前在会社的商务全靠借贷进行，其债务差不多都快达到2百万时，职员的罢工的确很危险，可能会导致会社破产。而现在，你也知道，所有商务都用现金结算。从开战以来整个俄国都取消了贷款。因此，说破产那简直是不可能的，因为没有任何期货，也没有任何其他的支付方式。至于职员所提不适当要求，归根结底，也会落实在消费者身上。这很令人沮丧，的确如此，但对此我们毫无办法：如今整个俄国大家都想提高价格，只是因为普遍提价不会给任何人带来任何好处，所以，总的结果只能是普遍混乱。但我依然不认为目前正在进行的事情是毫无希望的：稍有变更，便痛苦无限。［莫斯科，1917 年 10 月 2（15）日］

革命最初日子里充满欢乐的希望早在十月政变前就已破灭。舍斯托夫在给法尼亚和格尔曼的信中这样写道：

一般说没什么可写的。关于我国——最好是莫谈国事。我原以为稍有变动便会痛苦无限。但目前体验到的只有郁闷和郁闷。大家全都以为革命不会就这样过去的。虽然为什么会有这样的指望？说不明白！（1917 年 10 月 9 日）

布尔什维克经过 5 天战斗以后终于在莫斯科掌权（11 月 2 日），舍斯托夫一家此时就在城里，全都体验到了。就在那里，在莫斯科，他们度过了 1917—1918 年那个艰难的冬天。舍斯托夫在给住在瑞士亲人的书信中谈到过这一经历。他从莫斯科写道：

你们从报纸上想必也已经知道莫斯科所发生的事了吧。如今一切已经结束了。我身体很好，家里住宅也没有丝毫受损。一旦有机会，我会给你们发电报：书信走起来太慢！［给母亲，1917 年 11

月 7（20）日〕

可在如今这样的时候难道能写出许多东西来吗。一切的一切都那么令人郁闷，以致什么都不想说了。再说报纸你们不是也能读到吗，我们不写你们也全都知道了。我在这儿更经常的是读瑞士报纸，是娜塔莎寄给阿列克谢·尼古拉耶维奇的①。一般说这些报纸通报的消息足够多，对我国发生的事件评述也相当准确。除此之外，你们从这类报纸上所了解到的消息，也比我在信里能够对你们讲述得早一个半月。你说阿列克谢·尼古拉耶维奇也在给你写信说过，说国内发生的事情远比初看上去令人高兴得多。而我不这么认为。我觉得正好相反，令人高兴的事儿一件也没有。造成阿列克谢·尼古拉耶维奇乐观主义的原因仅仅在于他乐观其成的愿望罢了。有这种想法的人不只他一个。许多人，尤其是老一代革命活动家中的许多人，都希望从当前的一片混沌中能诞生光辉的未来。但这只是误解而已。从当前的一片混沌中只能诞生令人厌恶的反动——即使是在战后德国人已经无法保持其先前的影响力的情况下。愚昧的人民大众早在现在就已失去了任何理解现状的能力。三个月以前他们在许多城市里紧跟着社会革命党亦步亦趋。如今却又跟在布尔什维克后面寸步不离。再过3个月或是4个月，他们又会跟着什么人后面鼓噪不休呢?! 这事我连想都不愿想——但我能感觉得到，革命所能带来的一切好的东西，以及她那崇高而又光辉的

---

① 阿列克谢·尼古拉耶维奇·巴赫（1857—1946）。著名化学家。革命前生活在日内瓦，舍斯托夫一家住在科昂时经常和他一家人见面。1917年6月巴赫回到俄国（莫斯科），遂再次见到舍斯托夫。巴赫的女儿娜塔莎1917年留在日内瓦。后来也回了俄国。

理念已经被人们践踏到了污泥之中了。如今信任黑色百人团的人数不是与日俱增,而是与时剧增。民众中间和知识分子中间,到处都有此类信任者。侍女、厨娘、看门人和看院人们眼下悄悄议论的就只有一个内容:还是把沙皇还给我们的好。而此刻你却想要回到俄国。我担心到今年夏天你已经就不愿意回来了,而我们大家也全都想着要离开俄国了。这只是我的一种感觉,谢天谢地,千万不要让这种感觉成了真的。至于我们比较而言还算顺利。莫斯科的枪击事件我们也经历过了,大家全都毫发未损。甚至就连大搜查也没触及我们。食物和劈柴也无后顾之忧。我们的住房属于微型类,消耗的劈柴很少。劈柴储备方面我们也有人供应——兄弟姐妹们通过邮递和来人的方式,所以暂时还没感觉到有什么不足。其次莫斯科的蔬菜也足够多。还有肉类,尤其是小牛肉,羊肉,猪肉都很充足,此外还有鱼。米面和食油略嫌不足。但我之所以不说,是因为迄今为止我们一直都得到救助——不断有人给我们邮递。[给法尼亚,1917年12月1(14)日]。

今天是我国的新年。谨向你和咱家所有人表示祝贺新年,并希望新年最终能给我们带来盼望已久的和平。这已经是我们盼望和平的第4个年头了。或许这次我们的理想能够实现。到那时,上帝保佑,我们就可以见面了。只要战争一结束,只有一有出国的机会,我立刻动身到你们那儿,到那时我们一块儿商量一下今后怎么办。我想4月份或5月份咱们终究会见面的。我们这里正如我在以前的信里说过的那样,一切都很顺遂。总能接到索尼娅、马尼亚和米沙通过邮局或托人捎带的书信。除了书信他们还经常给我带各种东西。所以迄今为止我生活什么也不缺。劈柴也没什么问题。我们的住房很小,又不是中央供暖,而是用的荷兰壁炉,只要少量储藏的劈柴就够我们烧一冬天了。我都是自己亲自劈柴——这样更经济划算,因为我劈得很匀,粗木绊和细木绊一样多,这样烧起来更暖和。总之,尽管难处不少,总算还多少过得去,无可抱怨,你也不用担心。半个冬天已经过去了,上帝保佑,下半个冬天也快过去了,到那时一切都会'言归正传'的。〔给母亲,1918年1月1(14)日〕

　　我这里诸事顺遂,身体健康,生活资料充足:多亏朋友、熟人和亲人的帮助。不多的需求很快就能满足……

　　我这里没有什么新闻。日子一天天地过。总想写点儿什么,以便不再多想战争和政治的事。(给母亲,1918年2月17日)

上面的两封信中,最后一封是从舍斯托夫档案中发现的,写于1918年的莫斯科。

1918年6月11日圣灵节那天,在莫斯科举行了谢尔盖·尼古拉耶维奇·布尔加科夫接受神父教职的授职仪式。舍斯托夫参加了这个仪式。布尔加科夫在其《自传随笔》中讲述道:

　　那时从前住在莫斯科的我的朋友们都来向我表示祝贺。我首先会想到的是保罗·弗洛连斯基(带着他的瓦夏),参加仪式的还有米·亚·诺沃谢洛夫、尼·尼·普赖斯、维亚·伊万·伊万诺夫,尼·亚·别尔嘉耶夫,怕·鲍·司徒卢威,叶·尼·特鲁别茨科伊公爵,米·奥·格尔申宗,列·伊·舍斯托夫,叶·亚·阿斯科尔多夫等人。他们全都在仪式结束后参加了气氛友好的茶歇,是教会神学界为我们友好地特意准备的。当时做这一切并不是那么容易。

(谢·布尔加科夫,第42页)

许多年后,时在巴黎的布尔加科夫写信给舍斯托夫说,舍斯托夫给他赠送了一块用来制作袈裟的呢子(1936年3月12日信。参阅本书下卷)。这里所描述的那次会面,是舍斯托夫和他那些莫斯科的朋友们的最后几次会面之一,或许甚至就是最后一次会面。7月初舍斯托夫一家离开了生活变得日益艰难的莫斯科,去了基辅。在以往的4年中,他们在舒适的住宅里安顿了长居地的莫斯科,他们注定永远离开并再未回来过。

舍斯托夫一家也许是1918年7月5日回到基辅的。索菲亚·伊萨科夫娜和丹尼尔·格里戈里耶维奇·巴拉霍夫斯基一家接待了他们一家,他家住在三圣者街——如今改名叫革命英雄街(也许是41号)——一幢由10—12间房组成的、窗外景致绝佳的宽敞的大住宅里。这座房子坐落在德涅泊尔河陡峭的岸上,离安德烈耶夫斯基教堂不远。这幢房子是丹尼尔·格里戈里耶维奇的父亲战前为巴拉霍夫一家盖起来的。丹尼尔·格里戈里耶维奇和索菲亚·伊萨科夫娜住在整个3楼。安娜·叶丽阿扎洛夫娜带着孩子们到克里米亚消夏去了。秋天娜塔莎考进了日古利诺中学,而塔尼娅考进了大学语文系。

当时的基辅是独立的乌克兰共和国的首都,正处于德国人的监管之下,其头儿叫斯科洛帕茨基盖特曼,是德国人占领之后(1918年3月1日)任命的。舍斯托夫携家带口地来到乌克兰时的基辅在粮食状况方面简直可以说是一座童话般美妙的城市了。1918年11月,德国人走了,盖特曼垮台了,基辅几经易手。12月彼得留拉占领了基辅,1918年2月5日布尔什维克进城,8月31日白军占领该城。基辅城随着每个新政权的建立而变得每况愈下。

1918年秋巴拉霍夫一家坐法国列车去了奥德萨(丹尼尔·格里戈里耶维奇曾任驻法国公使代表),1919年4月从那里前往巴黎。基辅的住宅他们便委托给舍斯托夫一家照管。舍斯托夫一家在那里一直住到1919年10月。

从1918年9月起一直住在巴拉霍夫一家在基辅的住宅里的音乐学家尼古拉·列昂尼多维奇·斯洛尼姆斯基在其公开出版的回忆录里,讲到过他在那个时期基辅的生活:

革命后,由文学家、音乐学家以及政治色彩各异的各类人等组成的流亡者大潮,大批涌进乌克兰,主要是基辅。1918年秋,我也决定离开饥饿而又寒冷的彼得格勒。我去了基辅,并且承蒙巴拉霍夫的好意与好客,在他家做客,他家和我家是多年世交。

我记得当时基辅正面临着乌克兰"盖特曼"彼得留拉的袭扰,1918年冬季,《基辅思想》报发表了一篇论述舍斯托夫的随笔,文章带有一个'颇富哲理意味'的结论:人人争说彼得留拉,可是却很少有人知道,基辅城住着一个杰出的思想家舍斯托夫。不知为何,舍斯托夫总以为这篇文章是我写的,可实际不是。而基辅报刊再次提到舍斯托夫的名字时已经带有一些政治色彩。这已经是在布尔什维克于1919年2月占领基辅以后的事情了。苏维埃报纸《基辅真理报》发表了一篇文章,文中"揭露"了这样一个事实,即我们十分尊敬的哲学家舍斯托夫,同时也是位于波多尔的工贸企业的所有主,他的真实姓氏是施瓦茨曼。文中也不乏反犹主义色彩,这篇文章刊载在一份共产主义报纸上,这在托洛茨基担任军事委员的时期显得十分奇特和诡异。在国内战争频繁激烈的角逐和摩擦中,施瓦茨曼家储存商品的仓库被大火烧掉了。舍斯托夫从巴拉霍夫家的"七重天"上亲眼目睹了这场大火。

丹尼尔·格里戈里耶维奇·巴拉霍夫斯基除了其在工业领域的工作外,还是一位音乐爱好者。他筹办了斯克里亚宾1913年在基辅的音乐会,1972年,为了纪念斯克里亚宾百年诞辰,俄国发表了他与斯克里亚宾的通信。斯克里亚宾于1915年猝然去世后,他的家庭和巴拉霍夫斯基一家一直保持着良好的关系。塔基亚娜·费奥多罗夫娜·斯克里亚宾娜和她的孩子阿尔南德娜,尤里安和玛丽娜于1919年1月移居基辅,就住在巴拉霍夫斯基家。很快又有鲍里斯·费奥多罗维奇·施莱策尔,塔基亚娜·费奥多罗夫娜的弟弟和他们年迈的母亲加入了进来,塔基亚娜·费奥多罗夫娜的弟弟是一位著名音乐评论家。巴拉霍夫斯基家的住户们千方百计绞尽脑汁地想要保护这幢住宅不被军队征用——须知这幢房子在"德涅泊尔沿岸"是最"醒目"的建筑,新"政权"刚一成立,士兵和军官们就竭力想要把这幢房子"收归国有"。塔基亚娜·费奥多罗夫娜和我利用斯克里亚宾一家在巴拉霍夫斯基家居住的时机,成立了一个"斯克里亚宾协会"。我是这个协会的秘书长,这个职务使我得以有机会保护这幢住宅不受各类军队部门的袭扰。很快来了一对苏维埃军官,他们极力想要征用这幢房屋。他们限令我们在48小时内搬出这幢房子。万般无奈之下我决定走一着险棋。我给"苏维埃人民代表大会主席维·伊·列宁"拍发了一封电报，内容如下（我几乎能一字不差地背诵电文）："正在莫斯科为伟大的作曲家斯克里亚宾竖立纪念碑的关头，他的家庭却还转增在被基辅红军主席驱赶出自己的住宅。我郑重请求您采取措施，制止这一危险事态的发生。"列宁是否收到了这封电报，以及他是否下令不要触动斯克里亚宾的住宅，我不敢说，但事实是，当责令我们搬迁的期限到来时，无论军官还是士兵都一个没来。

1919年夏，塔基亚娜·费奥多罗夫娜回莫斯科处理事务。她不在期间发生了一幕悲剧。1919年6月23日星期日，基辅小学一位女教师领着一个班的孩子们到德涅泊尔野餐，其中就有斯克里亚宾的孩子。等待该返回时才发现尤里安不见了。他羞于在一帮孩子们中间穿游泳裤衩，就走到了一边。女教师决定返回，把孩子们放在家里后，返回河中间的小岛上寻找尤里安。可舍斯托夫当时就断定"尤里安死了"，就好像他通过一种神秘的方式知道已经没有指望了似的。我也参与了搜索，我们还带了两位有经验的水手。可怜的尤里安很快就找到了——他被淹死在一个小小的河湾里了，河湾里的水一下子变得很深很深。哀伤的祭悼仪式早在塔基亚娜·费奥多罗夫娜回来以前就举办过了——仪式上发言的是作曲家格里耶尔，基辅音乐学院校长和尤里安的老师。尤里安秉承了其父的才华。他死时年仅11岁，却已经按照斯克里亚宾后期作品的风格创作过钢琴小品，和声配置之和谐令人惊奇。这些小品保存了下来，1960年在俄国出版。

白军占领基辅（1919年8月31日）后，有组织地对于犹太人实施了可怕的大屠杀，其野蛮凶残比革命前的大屠杀有过之而无不及。《基辅思想报》拿出很多篇幅登载了在其自家被野蛮残杀了的家庭成员和孩子的名单。我能记住的是前国家杜马议员舒尔金的一篇小品文,题目是"恐惧的考验",他在文章中贯彻了这样一种思想,即大屠杀是对在托洛茨基领导下毁灭了俄国的犹太人的一次报复。考虑到当时的局势,有人劝我暂时离开巴拉霍夫斯基家。舍斯托夫一家把我转移到基辅的郊区,他家在那里有一个小小的别墅。塔尼亚和娜塔莎看样子特别像俄国人民最理想的女性形象,任何搞大屠杀的凶手也不会怀疑她们的父亲是个犹太人。我记得这样一个细节:又一次一个顿河来的哥萨克骑兵停在别墅门口。塔尼亚正好迈出大门的台阶。哥萨克很有礼貌地问:"你们这儿难道没犹太佬吗?"塔尼亚回答说没有。哥萨克继续以一种似在道歉的语气说道:"我这么问是因为我们接到命令要杀光犹太佬。"说完,他行了个礼,轻轻地用鞭子抽了马一下,骑马跑开了。

很快一件事就变得明朗了,继续待在俄国已经不再可能了——内战的狂潮巨浪席卷到了南方。必须出国了。巴拉霍夫斯基一家和舍斯托夫一家都去了巴黎。等到最后,我也去了那里。在那儿之后我的人生之旅延伸到了美国,美国成了我新的家乡。(尼古拉·斯洛尼姆斯基,《未刊回忆录》)

自然,在巴拉霍夫斯基一家走后,舍斯托夫一家也就不再能继续占用其宽敞的住宅了。1919年11月,塔基亚娜·费奥多罗夫娜·斯克里亚宾娜带着3个孩子和几位熟人和他们一家住在了一起。关于这件事,舍斯托夫在给当时还在奥德萨的丹尼尔·格里戈里耶维奇和索菲亚·伊萨写信说:

> 我们这儿一切顺遂。塔基亚娜·费奥多罗夫娜和阿拉①丈夫的弟弟瓦·帕·库兹明离开了。现在整个住宅都被我们占用了。塔基亚娜·费奥多罗夫娜很高兴,说自己终于摆脱了弗(?)。她的孩子们也一样。总之一切都安排妥帖了。[基辅,1919年1月18(31)日]

布尔什维克来到后,巴拉霍夫斯基家的房客们不安地关注着事态的进展,每天提心吊胆地担心房子被征用。有一天家里来了几个当兵的,想住进来。家里所有人都不敢作声,等着下文。门铃响了,有人敲门。门是上了门闩的。还是安娜·叶丽阿扎洛夫娜最勇敢。她披上医生的白大褂,微微地欠开一道门缝,用威严的嗓音对来人说,这个房子他们没权利进去,他们要住只能住上面那层,那上面有空房。当兵的居然很听话,从而和他们签订了和平协议。住了一段时间后他们就走了。

关于自己在布尔什维克统治时期在基辅的生活,舍斯托夫曾在给方丹讲述的故事和给亲人的两封信中谈到过:

> 幸好我是"人物甲(格拉特)"。他们的领导人中有几个曾是我的听众。他们认为我和他们是完全一致的,因为我是哲学中的革命家,而他们则是政治革命家。他们对说服我还未丧失希望。可我亲眼目睹的恐怖事件……每次到学校去讲课,我都避免走人多的大街,而走无人的小巷。(方丹,第108页)

有一次有人邀请舍斯托夫参加一个讨论马克思主义思想的公开讨论会。他本不想去,可又实在找不出理由。在革命后的基辅他比

---

① 阿拉·塔拉索娃,艺术剧院演员。

革命前的基辅都享有更大更多的威望和名望。正因为此，他的住宅没有被征用……

会议主持人说，革命荡涤了所有那些亚里士多德们，柏拉图们和神祇包括舍斯托夫们，如果他们拒绝拿出他们的才华为革命服务的话。如今他们可以无所顾忌地畅所欲言了。现在人们会命令他们说。要求他们的，就只有他们的才华。对此舍斯托夫回答说，这次革命并非第一次。说亚里士多德和柏拉图被扫荡也非只一次了。即使这样，过几百年后，未来的人类仍将挖出亚里士多德和柏拉图留下的遗迹，对其顶礼膜拜的……

舍斯托夫说如果一个工人来找我想要了解，我到底想要对他说些什么。他想了解我的思考究竟得出了什么样的结论，而非我按照上面的旨意会对他说的话……

舍斯托夫继续说，我承认当时我这么说算不上什么了不起的功劳，因此当时任何人也不敢于对我龇牙咧嘴，因为我在革命者中也拥有许多朋友。他们异口同声说他们是我的崇拜者，虽然他们并不理解我的思想，而且还把亚里士多德、柏拉图和舍斯托夫混为一谈。对他们来说这些人群全都是一丘之貉。（方丹，第22—23页。这里所追述的讨论会发生在1919年夏天）

舍斯托夫在给亲人的书信中讲述了自己在这些日子里的生活：

我们这儿暂时还算一切顺利。大家无一例外还都活着并且很健康。生活当然很艰难，但在基辅人们毕竟没挨饿，因为现在是夏天，所以，木柴的短缺还感觉不明显……我的家人身体都很好。塔尼亚刚通过考试，娜塔莎口学毕业了，现在在 C 的土地公社农场里工作，还很满意……

所以应该认真思考一下，我们终究不会堕落的。更何况基辅的情况也比莫斯科和彼得堡好得多。（给法尼亚，基辅，1919 年 5 月 23 日）

总算有一件事可以写信给你说说了。谢天谢地，我们大家全都活着还很健康。我在这儿找到个好工作——到人民大学讲课，担任哲学书籍①出版学术委员会成员，人民大学学术委员会主席同志，做报告和讲公开课等等。总之，由于我在学术界和文学界的地位，我还可以找得到工作。无论我出现在哪里，都能找到我的听众和读者，能为我提供各种或大或小的帮助。我仍然相信以诚待人，必有善报。（给母亲，基辅，1919 年 5 月 25 日）

在舍斯托夫档案里保存着一份《哲学基本问题的历史阐释（从柏拉图到笛卡尔）》课讲义文稿。极有可能，舍斯托夫是在 1918 年秋天在人民大学讲授这门课程的。1918—1919 年冬季学期，他在那里讲授了《希腊哲学史》课。在舍斯托夫档案里保存着八次课《从法勒斯到伊壁鸠鲁主义者》机打文稿（267 页）。这两部讲义都未出版。从上文所引书信可以看出，在当时那种万般艰难的生活条件下，舍斯托夫仍然保持了旺盛的工作能力和饱满的精神状态。

正如上文所述．1919 年 1 月舍斯托夫完成了《钥匙的统治》的手

---

① 全乌克兰书籍出版委员会哲学部。

稿，里面汇集了1916、1917和1918年发表的文稿，和两部于1918年和1919年1月写于基辅的较长的文稿。洛夫茨基讲述说，布尔什维克们愿意出版这部书，但其条件是，舍斯托夫得在其前言中哪怕只用半页纸的篇幅为马克思主义学说辩护。舍斯托夫不同意，书也就未能出版（洛夫茨基，第29页）。现保存着一份合同，签署于1919年8月29日，是关于出版舍斯托夫的《论万物之根》这部著作的，印数是"1万册"，出版者为犹太人民出版社。这份出版合同同样也未执行。而我之所以提到这件事，是想说明，无论是在这之前还是在这之后，舍斯托夫的著作都从未有过这么高的印数。

伦德别尔格在其《作家日记》中记述了舍斯托夫生活中的这一时期：

> 革命令他感到害怕。他始终在窥测但却一直未能看清其本质。在基辅他可以避免文格罗夫①大大小小的灾难。在此期间的舍斯托夫尚未明显敌对，但多数情况下保持沉默，精神上像是得了一场病似地晦暗了。（伦德别尔格，第76—77页）

可以推断文格罗夫就是他在给母亲的信中所提到的，曾经给予他以"或大或小的帮助"的那些人中的一个。

教学年结束后舍斯托夫一家住在基辅城郊的斯维亚托申，他们和朋

---

① 文格罗夫，纳丹（生于1894年），俄国作家。参加过1915—1917年的革命运动。十月革命后在人民教育领域工作。

友们在那里租了一幢别墅。

8月31日白卫军占领基辅。现保存着几封舍斯托夫写于9月初的书信。他写道：

> 我们这里一切还顺遂，所有的政变都过去了，没有触及我们。大家都活着并且很健康……被迫写很多东西，但没有饿肚子。我在讲哲学课……
>
> 只要一有机会我们就动身去你们那儿。但现在还很难说什么时候会有机会，但如有机会绝不放过，因为我们现在一门心思就想走。[给母亲，基辅，1919年9月1（14）日]
>
> 现在我们全都盼呀盼呀总也盼不到最终可以动身找你们的时机。只要一有机会，我们就会丢下一切，动身去找你们的……
>
> 基辅生活的物价也很贵，我们全都很想尽快离开这里，但暂时还很难从这里脱身。这里的物价腾涨，简直到了不可思议的地步，眼下虽然又跌落了3、4倍，而面包则跌落了10倍。黑面包曾经是一俄磅100多卢布，而眼下则只有13卢布。食油曾经是600多卢布，眼下已经只有200多了等等。必须设想这里的物价也会大跌，跌到也许可以和克里米亚相比的地步，那里的面包20卢布一俄磅，大家全都觉得这价格很便宜。[给母亲，基辅，1919年9月7（20）日]
>
> 刚度过的这8个月比较而言还算顺利。大家全都活着，如果不算可怜的丽莎的话，也全都健康……
>
> 总之大家一切顺遂，尤其是你，索尼亚。马尼亚的房子彻底毁

了:整幢房子都废弃了。只有不多几件物品和家具保留了下来。米沙①的房子虽然没被征用,但什物全都被搬走了,只有家具多少还算保留了下来。你们家东西和有些家具被拖走了,但有许多较好的家具留下来了:所有乐器、卧具和橱柜等。我们真羡慕你们——你们住在瑞士:我在这儿几乎什么也没法干,一片混乱。只要一有机会我们也走,但究竟拖到什么时候这很难说。国内战争兴许快要结束了吧。可我们受过的苦还得受……

萨沙和妈妈想必急不可耐地想要了解企业的状况吧。好消息不多。房子还在,虽然经历过两次火灾——波多尔的房子房顶被烧掉了,弗拉基米尔的房子也一样。商品一件没剩下。钱倒是有,可钱没什么价值。最主要的财产,或许就是(?)这些房子了吧……

斯克里亚宾一家5天前动身去了诺沃切尔卡斯克。他们这一路怎么走呀!道路可怕之极。[给法尼亚和索尼娅,基辅,1919年9月14(27)日]

舍斯托夫心痛地经历了俄国所发生的悲剧性事件。他从10月起开始记日记,给其起名叫"思想日志"。在最初的两则日记中他说:

难吗?当然很难。难以尽述!总有一些事情是心里丢不下的。强迫自己吗?试试看吧……思维从未像如今这样顽强、紧张而又不间断地运转,在这样一些可怕而又血腥的日子里。但也从未像如今

---

① 丽莎、索尼娅和马尼亚,都是舍斯托夫的妹妹。丽莎在此之前刚刚做过一次大手术。米沙是舍斯托夫的弟弟。

这样——一无所获。这是为什么？就该这样吗？是的本该如此！〔基辅，1919年10月12（25）日〕

　　有一种思绪，喏，已经有5年之久了，从战争刚一打响起，就始终如影随形地跟着我，就好像我们生活在建造新的巴比伦通天塔的时代似的——生活在这样的时代我们又能怎么办呢？如果让语言混淆的确是来自上帝的旨意，而非像人们通常所以为的那样，是从生存条件中"自然而然"发生的话，那人类的任务也将会与此不同。这样一来最主要的东西就是重新追求一度被我们忘却了的上帝。而这样一来也就是说，我们应当只想着上帝，其余的一切自然会迎刃而解的。〔基辅，1919年10月12（25）日〕

初秋舍斯托夫一家开始准备动身出国。那时出国很费劲。舍斯托夫究竟是如何做到的，对此，他曾经对方丹说过：

　　我认识一个曾经当过左翼社会党人后来又当了白军的老爷子。他给我开具了一张公文。公文里说我具有某种全权，这份公文就成了允许我前往克里米亚的通行证，然后接下来就是去康斯坦丁诺波尔。如果我拿自己的护照——那上面写明我的信仰是犹太教——的话那就糟了。（方丹，第156页）

10月中旬舍斯托夫一家离开基辅，经过哈尔科夫、罗斯托夫和诺沃罗西斯克，抵达雅尔塔。能随身携带的东西很少很少。但舍斯托夫还是随身携带着他的文稿箱，其中包括《钥匙的统治》和《思想日志》文稿，以及写有后来被收入《一千零一夜》中的草稿的工作用笔记本，除此之外，还有许多未刊文稿。经过艰辛的旅途，最后于 11 月 9（22）日抵达雅尔塔。一到那儿就开始为出国的事情而奔走张罗。在雅尔塔等待机会的，除了舍斯托夫一家外，还有施瓦茨曼家族中的 7 个成员（米沙一家，马尼亚一家），日尼亚和丈夫，以及巴拉霍夫斯基家的 4 名成员。丽莎妹妹和丈夫带着 3 个女儿留在了基辅。她无法出行，因为动过大手术后身体还未彻底康复。

舍斯托夫在其《思想日志》中对于从基辅到雅尔塔一路上的情况和自己的思考，是这样写的：

> 一个月没写东西：在前往克里米亚的路上。取暖货车，在哈尔科夫睡地毯，继而是罗斯托夫，最后才是雅尔塔。现在总算有个居室，有一张床了。可也还是一仍其旧——我非我，而是一颗为今天一口糊口的面包而操劳的琐碎的心。没有什么"思想"，对思想的信仰也荡然无存。未来无可预测，前途也未可知。一切的一切看上去是如此荒谬如此毫无意义。触目所见都是身心疲惫、面容憔悴和生活无着的人。投机商人面露得色，但也仅仅只是外表而已。境况较好的军官们也都绝望至极，而那些境况不好的军官们则纵酒狂欢，或用投机买卖赚来的钱纵酒狂欢。报纸从来没有像今天那样内容空洞空话连篇。可怜的俄国正在腐烂和崩塌。一切美好的东西都正在走向沉沦。浮现在表面的都是下流无耻和庸俗粗浅。（雅尔塔，1919 年 11 月 15 日）

> 其他事情——日记也丢弃了将近一个月了。处境艰难，但毕竟还没有艰难到连思考也无法进行的地步。疾病、寒冷和饥饿，也还能与探索妥协。唯有对外在事务的操心则会毁掉思维。而如今所有

人都把精力浪费在如此琐事上。(雅尔塔,1919年12月12日)

舍斯托夫从11月10日到14日从雅尔塔写给国外亲人的书信,保存下来的竟然有14封,他在信中请求帮忙离开俄国,并且还描述了他们不得不予以克服的所有困难处境。且从其中摘录一些片段:

> 昨天和安娜、塔尼亚和娜塔莎从基辅来到雅尔塔。基辅再也没法待下去了;况且我们也真的受够了。路上走了3个礼拜……一路上艰辛备尝,坐载货火车(从基辅到哈尔科夫走了4天),轮船上坐甲板,在哈尔科夫躺地板,甚至在罗斯托夫睡沙发,总之整整3周时间生活在完全没有文化的生活条件下。所有这一切我们都挺过来了,最后终于走到雅尔塔……眼下暂时还挺得住。毫发未损地走到雅尔塔这不能不说是个奇迹。如果以后奇迹能继续发生的话,我们就能挺到康斯坦丁诺波尔了……索尼娅①肯定已经给你们讲述了我们这一路上的辛苦了,可她看到的只是初开的小花,结果和成熟是在她走了之后才发生的事儿。显然,俄国的无政府主义混乱状况不是一年两年能结束的……别想指望她很快就会平息下来。我们大家都不得不靠留在国外的那点儿资金活着了。这点儿资金还必须千方百计省着点儿花……眼下在俄国一切方面都困难到了闻所未闻的地步,当然了,尤其是冬季——而就差3个月就到冬季了,而且是严冬。前所未闻的物价腾飞仍然在持续……面包6卢布1俄磅,盐也同样,食油1俄磅160卢布,皮鞋3500卢布等等。我们唯一的

---

① 舍斯托夫的大姐秦菲娅·伊萨科夫娜·巴拉霍夫斯卡娅是1918年年初出的国。

希望是离开这里出国……而且越快越好，要知道这已经不是那种尚可以忍耐一下的凶年了，趁时候还不晚，得把我们自己拯救出来……假如我们最终无法挣脱这里到你们那儿，我们便会深陷四面楚歌的困境，可大家都已经筋疲力尽了：每个人都已经半死不活了。所以请尽一切可能帮助我们出境……

至于资金嘛，在这个问题上，正如我给你的信中所写，我们手里并没有带现金。出国后可能会有点儿，也就是萨沙那儿剩下的那点儿，还有就是一批皮毛，是两年前和谢苗·弗拉基米罗维奇合伙儿买的，货值2、30万法郎。今后不得不过紧日子了。最要紧的是如果妈妈同意把她的钱汇给你（法尼亚）就好了……

我们在这儿是如此没有远见和无所保障，以致对于未来根本不敢去想：如今我们付出的代价太惨重了，如果今后依然没有保障，就会沦入贫穷状态。须知我们都已不是年老就是有病，再加上年幼，无力挣钱了呀。只有我和我的家庭还勉强可以度日，但要供养大家却有心无力，因为我们自己也不得不生活在赤贫中了……

可我该怎么办呢！需要许可证，需要生活资料。在这儿我们正在办理出国护照，希望能拿到。如果能从你们那儿拿到许可和钱，那我们现在就可以动身出国了……索尼娅应该给日尼亚和她的丈夫（约瑟夫·普列斯）寄点儿钱。他是个出色的大提琴家，他的演奏非常具有个性，走到哪里都很受重视，可如果他被困在这儿的话，便会完全生疏了技艺，会大病一场的，等等。

在雅尔塔，舍斯托夫为了以防万一无法出国，而积极为争取塔甘罗戈大学的教席而奔走努力。曾经在基辅神学院担任教授、此时在辛菲罗

波尔当教授的伊万·皮面诺维奇·切特维里科夫,在为他的事情而奔走张罗。他给时在雅尔塔的合斯托夫写信说:

听说您想竞选我们大学的编外副教授一职。如果确实的话,那么,我和谢尔盖·尼古拉耶维奇·布尔加科夫愿意做您的推荐人。但为了要"入选",就必须:1. 了解您是否真的想要参与竞选;2. 必须具有您的 curriculum vitae;第 3,您的著作(在辛菲罗波尔只有"野蔷薇"版的您的两卷集:《无根据颂》和《伟大的前夜》)抑或至少——您著作的目录。热盼您的回信。如果您个人想来辛菲罗波尔转转的话,则可以就住在我家,我会非常高兴在这里见到您的。如果您能把去年从我这里拿走的我的学术书也一并带来的话,那就再好不过了:如今在 Siebeck'e 我非常需要它们。(辛菲罗波尔,1919 年 11 月中旬)

关于在大学安排工作的事我简单说几句。我的推荐信和谢·尼·布尔加科夫的推荐信,将在即将召开的最近一次系务会上听取。有希望听到遴选结果的好消息。物质保障同样也是个问题。如今我们大学的财务状况正如您感觉到的那样也不怎么乐观。帕·帕·库德里亚夫采夫没有到辛菲罗波尔,而是从哈尔科夫回到基辅去了;谢·尼在法律系讲课,所以整个哲学系就只有我一个代表。我建议您可以讲授一些必修课,如近代哲学史。而讲授必修课就得支付课时费(付费多少我忘了),住房费和每月 30 普特的劈柴费。住房很难找但能找到……

但所有这一切安排,当然都只有一个条件,就是您出国未能成行。在辛菲罗波尔您当然可以就住在我家。请原谅我通报给您的和

物质问题有关的信息都不准确。(辛菲罗波尔,1919年12月4日)

昨天的系务会上,听取了对您科研工作的反响,并通过了允许您试讲的决议,试讲之后就将进行遴选。试讲和遴选(在系里)以及向直管部门提交材料,这都是简单地走形式,是大学条例要求的。现在可以说您实际上已经是我们大学编制中的一员了,从下学期开始您就可以讲课了。您可以自己选定自己开设的课程,除此之外,我可以向系里建议您担任从康德以来的近代哲学史课程的教学工作,当然了,如果您同意的话。昨天在系务会上听取了新出台的编制表,年度课时费3000卢布。近代哲学史每学年4课时。如果你讲授俄国哲学史课程(每学期2学时)的话,则这门课就成为推荐选修课,课时费也是3000卢布。我告诉您这个同时也是对上一封信里所谈的物质保障问题的一个补充。(辛菲罗波尔,1919年12月15日)

现在保存着一封塔甘罗戈大学1919年12月19日(1920年1月1日)的来信,信中写道:12月13日历史语文系例会决议可以允许您以编外一副教授的身份开课……有鉴于您的科研论著为您赢得的声望。可是,舍斯托夫终究未能在辛菲罗波尔大学讲课,因为他很快就出国了。"塔甘罗戈大学编外副教授"这个头衔有助于他在1921年于巴黎大学俄语系获得教授席位。

终于久矣期盼并很正宗的许可证下来了,1月初所有13个人去了塞瓦斯托波尔,他们可以从那里乘坐法国邮轮 Дюге－Труэн 前往康斯坦丁诺波尔。从雅尔塔到塞瓦斯托波尔他们坐了两到三次引渡船。恰逢冬季天气最美妙的时候,尽管仍有些忧心忡忡,但大家还是尽情地欣赏着山海美景。

在康斯坦丁诺波尔大家下了船。一下船就收到洛夫茨基的来信和萨沙从伦敦寄来的外汇（750英镑）。因此他们才不致像别的许多人那样滞留在康斯坦丁诺波尔，而是过了一两天后就在一艘开往热那亚的美国邮轮上买到了座位。邮轮在比雷埃夫斯停留了将近一个礼拜，青年人们得以好好游览雅典的美景。新历1920年1月5日抵达热那亚。在那儿住在"不列颠"酒店。从热那亚舍斯托夫去了巴黎（2月10日），妻子领着孩子回了日内瓦的洛夫茨基家。

现在保存着6封舍斯托夫从比雷埃夫斯和热那亚写给洛夫茨基和母亲的信，上述日期可以从信中断定。舍斯托夫在这些书信里几乎专门只谈谁到哪儿，谈与瑞士大使馆就能否允许入境瑞士的问题进行的谈判，谈每走一步所遇到的阻碍和障碍。"总之烦乱不堪，奔忙不已，张罗不已。等呀等总也等不到什么时候到什么地方……累得够呛，但还挺得住。"——舍斯托夫在给法尼亚的信（1920年2月7日，热那亚）中如是说。这些信里只有几句提到自己很高兴，终于得以出国了，而在一封信里他感谢亲人们为此事付出的辛苦操劳。他给母亲和洛夫茨基写信说："谢天谢地，大家都还活着，健康，并且很快就能见面了。"（比雷埃夫斯，1920年1月25日），马尼亚在信末附笔道："……我们已经到了国外。我们想望了整整一年的事情终于办成了。上帝保佑，快了快了，我们马上就要见面了。"（比雷埃夫斯，1920年1月27日）。在最后一封信里附了两张纸条。第一张纸条上马尼亚同样也感谢了洛夫茨基一家："非常感谢你们把我们救出来了。现在我们已经安全了，谢天谢地。"在第二张纸条上，柳霞感慨道："……我是从雅典给你写信！现正准备出发去看大墓地！……谢谢把我们救出来。"

第八章

日内瓦（1920）；巴黎（1921—1923）——论述《现代人札记》的文章——前往柏林——索邦大学的课程——在柏林的"西徐亚人"出版社出版了三卷著作（第 2、3、4 卷）——用法语发表了一篇文章两部著作——戈里格里耶夫和索林的肖像——与艾金贡相识——前往庞蒂尼

如上所述，舍斯托夫一家于新历 1920 年 2 月 5 日来到热那亚。从那里舍斯托夫于 2 月 10 日去巴黎，与文学界代表人物建立了联系，并见到了谢苗·弗拉基米罗维奇·卢里耶和丹尼尔·格里戈里耶维奇·巴拉霍夫斯基，为的是了解家庭的经济状况。从巴黎出来舍斯托夫又去洛桑去见母亲，然后（1920 年 2 月 20 日）去了在日内瓦的洛夫茨基家。在日内瓦度过了忧心忡忡的战争岁月的洛夫茨基一家，邀请全家到他家住宿。舍斯托夫的妻子带着孩子们已经在日内瓦了，他们是从热那亚直接去的那里。洛夫茨基一家在其舒适的住宅里给舍斯托夫一家分配了两间房子。舍斯托夫住进了其中一间。在瑞士他找到了自己的藏书，就是 1914 年他无法随身带到莫斯科的那些。除了洛夫茨基一家外，工程师雅科夫·萨莫伊洛维奇·什列伊波尔也热情地欢迎他们一家的到来。他是舍斯托夫的老熟人，正和妻子弗丽达·拉扎列夫娜以及第一次婚姻留

下的女儿维拉一起住在日内瓦。在舍斯托夫在日内瓦度过的一年多中，他经常到他家做客。尽管长期离别之后终于见到亲人心情欢快，尽管艰辛备尝的旅程终于结束了，舍斯托夫的心情仍不轻松。他在于1919年10月在基辅开始写作的《思想日志》中写道，这次他从俄国带出来的手稿中，除其他以外，还有在基辅期间写的：

> 终于到了。我曾经想过，一旦到了日内瓦我就可以说：现在你可以释放你的奴隶了。可实情并非如此。又是一大堆琐碎的操劳，千头万绪的小事，根本没有任何可能去想别的事情。本想在这个笔记本上接着往下写，可是先得写信，写信，没完没了地写信。（思想日志，日内瓦，1920年2月20日）

首先应予关心的是家庭的物质生活现状。公司在国外也有一些财产：和谢苗·弗拉基米罗维奇·卢里耶合伙儿购买的一批皮货，公司在战时的1914年在伦敦设立的办事处还有一批商品。战后那里积压了相当多的存货。办事处已经不能和以前那样工作下去了，这就产生了一个问题，是着手开辟一桩新的业务，纯粹在伦敦从事一种商业活动，还是只把存货和皮货卖了。这个问题讨论了好长时间，而舍斯托夫也为此事和家族成员进行了大量的书信来往。他认为第二条出路是唯一正确的选择。为此他在给当时住在伦敦的萨沙的信中写道：

> 我不赞成开展新的商贸业务。这会冒很大风险。而现在这里已经有17个人，而他们除了留在伦敦和谢苗·弗拉基米罗维奇那里的存货外，一无所有。而要开辟伦敦的业务，就必须把销售谢苗·

弗拉基米罗维奇那儿的存货所得大约20000英镑资金都用了,而这笔钱所有17个人如果生活节俭的话,可以生活8到10年。在此期间总会有人能找到工作,年轻人在经济上可以自立等等。但生活当然得过得十分简朴。每个人都得靠100英镑过一年。但却可以树立明天的生活是有保障的信心。米沙和瓦洛佳当然不同意这种观点。米沙想要干大事赚大钱。瓦洛佳则一直坚持认为应当继续开展在伦敦的业务。而我要向你重申的是,强烈反对这种意见。我相信伦敦的业务除了哀伤,争吵等等,是不会带来什么结果的。(给萨沙,洛桑,1920年2月20日)

我给你写这封信,好像已经是第4封了,但4封信都写得匆匆忙忙。一路上的艰难险阻让我疲惫不堪,况且直到现在生活过成了这样,以致没时间坐下来安安静静地写东西。现在在格尔曼家我才算初步安顿下来了。他们挤了挤让给我们两个房间。一间娜塔莎住,她是病人,在出麻疹。安娜和我住另一间。塔尼亚暂时住什列伊别尔家。娜塔莎的病把我们折磨得够呛,但还是得感谢上帝,她的病是在这里得的,而不是在热那亚,在可怕的旅馆之类的生活条件下。安娜自己也勉强才支撑得住,她被迫一天天地出来进去地伺候娜塔莎。我则整天整天往各个城市写信,询问和打听什么地方可以价廉物美地生活下去。但愿这就是最后的考验了。而这在很大程度上取决于你,我这就步入正题。

我已经写信告诉过你说我们这次出国什么也没有来得及从俄国带出来。甚至路上也没带足本该带足的盘缠。只有你们寄来的外汇才把我们拯救了出来。在雅尔塔逗留期间,大家的心思都只有一个,就是尽快从眼下俄国这个人间地狱里挣脱出来。可还没等我们坐上轮船，从前的一切就都……? 被忘却了。等来到这儿，更是忘得一干二净了。以前人们都说：只要让我出国，要我干什么都行。而现在却想过以前那样的生活。而要像以前那样就得需要好多钱……

所剩无多的这点儿钱我们该怎么花呢？这就是眼下我们面临的选择：一方面（是把存货和皮货卖掉，这样就能）使我们保证我们所有人过上8到9年节俭的生活，而无须打架、詈骂以及其他所有基辅生活时充斥着的一切内容；另一方面（是继续伦敦的业务，其结果是——）有可能过上外表上光鲜亮丽的生活，但需要冒在国外一文不名的危险，亦即注定挨饿到死和奢华靓丽的生活前景，这样的前景在你的回忆中想必还活着，而对这样的生活，我也希望，你对其的态度也不像从前那么轻松了吧。显而易见，在这个问题上不可能两种意见并存。只是对不得不过如此这般艰难的生活的考量和担忧，促使瓦洛佳倾向于第二种决定。至于我嘛，则我和从前一样，宁愿过随便怎样节俭的生活，也不愿陷入像在基辅时期那样一种永远都在争执吵架中度过的生活。而且我还认为，我们不能为了一种虚拟的可能会有的利益，拿20个人的生活去冒险。我还相信，在这个问题上你会站在我这一边的。米沙，只要愿意，我们离开伦敦也完全可以做生意。瓦洛佳也可以找到自己的位置。你多少还可以靠自己的音乐挣钱，而我则靠我的文学。与此同时，我们还可以从企业关闭中获得一定数额的、足够我们生存下去的资金。需要的只是多少一点勇气，以便能够协调一致地生活下去，像上千万人那样生活下去——须知这样一来我们当中任何一个人都既不会挨饿，也不会超负荷地工作。需要的只是摒弃奢华生活的习惯而已。

我在信里给你说的一切，对于我们都十分重要。记住并仔细思索我在信里说的每一句话。我坚信如果你们不关闭在伦敦的企业的话，那对我们来说将会是一个真正的灾难。无论如何请你赶快回答，因为我很想尽快确信你本人已经理解了我在信里所说的每一句话了。（给萨沙，日内瓦，1920年2月24日）

在1920年2月24日写给萨沙的信中，舍斯托夫谈到基辅生活中的争执和吵架。在另一封信中他甚至写到，家族的不和导致了基辅企业的倒闭，导致其破产。或许舍斯托夫描绘如此阴暗的画面目的只是为了说服萨沙。但当你读舍斯托夫1914—1918年间写的书信时，情况就远非那么无望，相反，信里不止一次谈到企业的运转非常良好。

在暂时无法判明企业的状况的情况下，决定给每个家庭每月每人先"发"200瑞士法郎生活费。这点儿钱看来不够，于是，从4月起开始每月250瑞士法郎生活费。法尼亚和萨沙承担起了管理家族财务的责任。就此话题写过许多书信。这里片段引用舍斯托夫在日内瓦时写给法尼亚和格尔曼的两封信，二人3月初从日内瓦去德国待了两三个月，但却在那里耽搁了下来，一直待到7月初才回来。

现在谈正事。我在给萨沙的信里只说，现在你和他一起来取代我的工作。这就是说，无论把谁推出来，你都得把企业给管起来。我只能把我的意见告诉你一个人。我认为与其拿我们剩下来的资金希望赢得丰厚的收入而哪怕只用其中的一部分来冒险，也不如给每个人分发不是200，而是250瑞士法郎妥当，除此之外，有鉴于一切都已经毁掉了，大家全都倦怠不堪，故此一次性地给每个家庭分发1000法郎的生活费:好让大家都能靠这些钱安排好自己的生活。这能安抚人心,能让所有人都能多少安顿下来。不然的话大家穿的全都破破烂烂,脏兮兮的,而且最主要的,是越往后物价越贵。(1920年3月26日)

我们这里一切照旧。孩子们在格连诺波尔——已经安顿妥帖。那里物价毕竟远比瑞士便宜得多。但即使这样生活也还是很昂贵。孩子们的穿衣戴帽买书——这对所有人来说都是老生常谈。而如果每人再增加50法郎——或许他们就能过得下去了。最可怕的是大家全都十分沮丧消沉。每个人都清楚自己很困难,但却看不到别人的苦难丝毫不亚于他。米沙认为我们全都"妥帖"了,马莎认为米沙"妥帖"了,索尼娅觉得自己很悲惨,诸如此类,不一而足。大家全都觉得"很悲惨",可只要不沮丧消沉,忍耐上个1年半年的,全都会在经济上自立了。这一点却谁都不明白。依我看我提出的决定是最正确的。而且,假如大家全都理解这个道理的话,我们归根结底终将会摆脱困境的……伊·伊斯①暂时和我们住在一起。创作很勤奋,开始结交音乐界人士。已经开始授课讲学了。好像这两天他要去一个富人家里去演奏,为此他能挣到几百(300、400)法郎。而这个可怜人过得很凄惨。住在城郊,背着大提琴走遍全城——他身上一文不名,可他即使是对索尼娅也不愿意张口借钱。而且还白给科马洛夫斯基授课。穿的是一身破衣烂衫——他的同事都说他的礼服是 ganz kaput。的确,他的衣服浑身都是窟窿。但他仍然毫不沮丧——真是个好样的:这是唯一的安慰。好像所有人都

---

① 约瑟夫·伊萨科维奇·普列斯,著名大提琴家,日尼亚的丈夫。

写到了吧。小结如下:必须关闭所有企业,趁手头钱还够用,支持大伙儿的生活。(1920年3月30日)

在为家族的事情操劳的同时,舍斯托夫还必须在当时的文学界审时度势,选择自己的常住地点。他想去巴黎和柏林。格·司徒卢威在其《流亡中的俄国文学》(第19—20页)一书,以及帕·科瓦列夫斯基在其《国外俄罗斯》(第81—90页)里,对这些城市里俄侨们的生活做了描述。下面是对其描述的简短转述。

巴黎是散居的俄罗斯人的首都,从一开始起就是政治和文化中心。最初一批侨民报刊就是在这里诞生的。其中《新闻》是存在时间最长久、在侨民出版界占据最重要地位的一份报纸。从1920年4月27日出版第1期起,到1921年3月转由帕·米留科夫主编,继而成为共和一民主团体的机关报。该报一直存在到德国人1940年占领巴黎为止。报纸上公布了在巴黎组织的所有会议和讲座,并对此类活动做出报道。可以根据这份报纸追踪舍斯托夫在这一领域里的全部活动。第一份大型侨民杂志是《未来的俄罗斯》,其最早的两期于1920年1月和2月出版于巴黎。此后由于缺乏资金而再未出版。几个月后在巴黎又创立了一份杂志《当代纪事》,其第1期出版于1920年11月。在此期间,巴黎还成立了一个俄国学术团体,它成为俄国教授和科研工作者交流的中心。从一开始起,一些法国教授和俄罗斯文化的专家们,就参与了该团体的组织工作。该团体坐落在法国大学中央委员会所在地。该团体所遴选的第一任主席是叶·安尼奇科夫教授,但由于他后来去了贝尔格莱德,又补选了安·安齐费洛夫为主席,后者在这个岗位上一直工作到1942年去世为止。法国俄语教授朱丽·帕杜耶从一开始就进入了理事会,而东方语言大学的校长保罗·布阿耶教授，被遴选为荣誉理事。舍斯托夫从1921年6月起担任学术团体理事。

1922年帕·米留科夫和帕·格龙斯基创办了学术联盟。

巴黎创办了8所俄语高等教学机构。占据首位的是巴黎大学的俄语系，它同时也是斯拉夫学院俄语部。该学院一般又称斯拉夫学院。重要的系有法律系，物理－数学系，历史语文系，这些系里的教师队伍里聘请了40多位俄语教授和副教授。斯拉夫学院还组织了讲座课的教学活动。舍斯托夫在俄语历史语文系，在16年中以巴黎大学俄语系教授的职称讲授哲学选修课。俄语系教授的工资额度远远低于法国大学教授的工资额度，教学生涯（每周1小时）给舍斯托夫提供了一定的物质支持，但依然无法保障其生活。采用俄语教学的各个系不隶属于索邦大学，但由于大多数课程是在索邦大学的教室里进行的，所以，一般公认的说法是在索邦大学讲课。有时候也有人说，更正确的说法是，在斯拉夫学院讲课。舍斯托夫在书信中不止一次提到他讲授的课程和在教研室所做的工作。在某些书信中也称俄语系为"学院"。在1921年9月18日的信中，他说"索邦大学下属的俄语历史系"。而在另外一些书信中则说自己"在索邦大学讲课"。我们在本书中也采用他的后一种说法。有关教研室和课程组织的详情细节，舍斯托夫在其1922年2月23日的信写给洛夫茨基夫妇的信中，以及在1925年11月21日写给曼德尔别尔格的信中，都有所表述。

舍斯托夫有时候也在创办于1925年的法－俄学院（社会、政治和法律高等学校）和创办于1921年的人民大学讲课。1921年的上半年他曾在人民大学讲课。

如果说巴黎曾是俄国侨民的首都的话，那么，从1920年末到1924

年初,柏林则可以称之为俄国侨民的第二个首都,抑或煞像某种意义上的文学之都。战后物价飞涨和相对便宜的物价,使柏林成为出版事业非常宜于生存的环境。如果说在法兰西或一般说整个欧洲苏联政府尚未获得承认,因而苏联人尚未能问津那些地方的话,那么,在德国,随着俄国国内战争的结束和新经济政策的实施,在苏维埃俄国和魏玛共和国之间建立了友好关系,因而苏联人也得以涌向那里,这在其中发挥了很重要的作用。涌现出一大批出版企业。1921到1923年间在柏林的俄语出版社的数目,非常之多。除了格尔日宾纳外,其中最重要的还有:伊·帕·拉特日尼科夫出版社的"语词""时代""格尔康""界限""西徐亚人""俄国创造""普及出版社""思维"。那个年代柏林出版了好几种俄语报纸(日报有《舵手》和《俄国之声》《日子》,周刊有《时间》、拥护君主制的《未来俄罗斯》)。柏林的俄侨村,尤其是其西部街区,在这些年里扩展得那么大,以致你在库尔富斯滕达姆能听到的就只有俄语。这一时期柏林俄语文学生活的特点是侨民作家与苏联作家之间的交流互动,而这种情形在那儿之后再未出现过。但从1924年起,柏林的生活也开始昂贵起来,于是俄侨开始风流云散。许多报纸和出版社被迫关门或是转移到别的城市。有些作家移居到巴黎(列米佐夫、别尔嘉耶夫等人)。但即使是在1924年之后柏林也还是留下来不少俄国人,其文学生活当然也还在持续,但当然没有以前那些年中那么火爆。从1921到1930年,舍斯托夫经常去德国,在柏林或其他城市做报告,与俄国或德国作家见面。

正如上文所说,舍斯托夫从热那亚出发到巴黎待了10天,和那里的文学界建立了联系。他见到了他早在俄国就已认识的伊·伊·方丹明斯基。他俩约定嗣后舍斯托夫要把自己的未刊著作也寄给他。除此之外，方丹明斯基和他的朋友们还请求并坚持要求舍斯托夫不偏不倚地描述在俄国所发生的事件。

2月20日从巴黎回到日内瓦后，舍斯托夫开始着手工作。3月13日他给时在巴黎的德·格·巴拉霍夫斯基去了一封信，请他把随信寄去的一篇文章转交给方丹明斯基。在给德·格的信中没有提到文章的题目。一周后舍斯托夫又给巴黎寄去一篇文章——《一千零一夜》和论文《何谓俄国的布尔什维克主义？》，文章末尾签署的日期是：日内瓦，1920年3月5日。关于这些著作他在给洛夫茨基夫妇的信中写道：

> 我已经从巴黎得到一篇文章的稿酬350瑞士法郎。给他们寄的第二篇文章（《一千零一夜》）和在这里写的论述布尔什维克的一篇文章。或许还能收到一笔稿费。（日内瓦，1920年3月23日）

论文《何谓俄国的布尔什维克主义？》法文本9月1日发表于法国水星杂志。同时被译成瑞文，或许于1921年刊载于瑞典杂志上。关于未曾实现的俄语文本下文再谈。舍斯托夫从俄国带回一箱他在基辅生活期间写于1918—1919年间的手稿。其中有两部业已峻稿的文稿：《论万物之根》和《一千零一夜》。后一篇文章也就是舍斯托夫在给洛夫茨基信中所说的"第二篇文章"。而"第一篇文章"毫无疑问指的是《论万物之根》。关于这篇文章，舍斯托夫在1921年6月16日写给女儿的信中写道："……去年这篇文章为我……从杂志上获得800法郎，虽然文章仅仅只是排版了但却未登载出来。"可以设想，方丹明斯基一接到"第一篇文章"就将它转交给了《未来俄罗斯》杂志，这家杂志马上付给了舍斯托夫稿酬，但文章却未能登出来，因为杂志很快就关闭了。这里提到的两篇文章一年后都发表在1920年7月创刊于巴黎的《当代纪事》上。《一千零一夜》发表于该杂志的第3期（1921年2月号），而《论万物之根》则是第5期（1921年6月号）。而在发表这两篇文章之前，《当地记事》同年的第1期和第2期（1920年11月号和12月号），发表了舍斯托夫的文章《死亡的启示——列·尼·托尔斯泰的后期作品》，该文系未完成著作《惟凭信仰》的一部分。很有可能，《惟凭信仰》的手稿也混杂在洛夫茨基1920年6月初从柏林带给舍斯托夫的那批手稿中，而接到手稿后，舍斯托夫立刻准备发表，便给方丹明斯基寄去了《死亡的启示》一文，而《现代记事》也早于其他那两篇文章发表了此文，因为此文的题目更适于这家杂志。后来此文被收入《在约伯的天平上》，题目是"最后的审判"。

关于《当代纪事》的创办和发展，米·维什尼亚克在《当代纪事——主编回忆录》一书中谈到过。他是这样写的：

> 凭借私交和个人威望，亚·克伦斯基得以从托马斯·马萨利克和爱德华·别涅什——捷克共和国总统和外交部长——那里取得承诺，对俄国自由和文化事业提供物质支持……在布拉格刚一结束谈判，克伦斯基就在1920年7月初在巴黎召开了最亲近的志同道合者——主要为社会革命党人，大约30个人的会议……会上商定着手在巴黎出版一种对于俄罗斯知识分子意识而言属于传统的"厚重"的杂志……未来杂志的核心成员有维什尼亚克、古科夫斯基和鲁德涅夫。（该书第89—90页）

编辑部核心圈还邀请了尼·阿夫克谢尼季耶夫和伊·方丹明斯基。

后者很长时间都不同意参加这份纯粹社会革命党刊物的编辑部工作,坚持一种超党派立场,但最后到底还是同意了。

> 为了迎合他那与他人完全吻合一致的情绪,决定不刻意强调和突出其在杂志中的领导作用。决定取代通常惯用的、而在此情景下却可能把人吓跑的'编者的话',而登载较少意图性,不易引起反驳和歧义的带有挑战性的'密切参与者'字样,下面罗列5位社会革命党人的姓氏……确定第一期的印数为2千册……可该给杂志起个什么名称呢?……最后决定采用旁人提出来的一个仍然带有一定危险性的两个有名的名称的组合形式。特·伊·波尔涅尔提议新杂志的名称为《当代纪事》,以纪念《现代人》和《祖国记事》的荣誉。(维什尼亚克,第92—93页)

《当代纪事》的编辑部成员由来自广泛的俄国侨民文学界和社会活动家代表组成。流亡中的俄国文学界最重要的代表人物全都参与了这份杂志的工作。关于方丹明斯基在杂志出版工作中所发挥的作用,米·维什尼亚克讲到:

> 众所周知,方丹明斯基起初并不同意参加杂志的编委会,可一旦加入了编委会,却立刻成为其最炽热最热情的宣传者。这工作很适合他的性格和天性:无论他干什么工作,都会热情洋溢,干劲儿十足……在《当代纪事》存在的最初几年中,这份杂志成为方丹明斯基生活和思想关注的重心,就不说是关注的焦点了吧。(米·维什尼亚克,第69页)

在《当代纪事》存在的20年中（1920年11月到1940年初），共出版了70卷。其中发表了舍斯托夫的13篇文章。这些文章仅仅只是舍斯托夫在这些年中所写东西的一部分，他也经常和这份杂志发生冲突，主要因为杂志常常答应尽快发表他们收到的来稿，但实际上却常常拖延，往往很晚才发表。

舍斯托夫大约是在1920年夏天和柏林建立起联系的。左翼社会革命党人当时（1920年6月？）在柏林创办了"西徐亚人"出版社。在那里工作的有左翼社会革命党人亚·施列伊德尔，和舍斯托夫的老熟人，其哲学的崇拜者、苏维埃公民叶·伦德别尔格。得知舍斯托夫在西方，他立刻和他建立起了通讯联系。当时约定，"西徐亚人"将出版舍斯托夫的著作，首先是用俄语和德文同时再版其第2卷——《托尔斯泰伯爵和弗·尼采学说中的善——哲学与布道》。和第3卷——《陀思妥耶夫斯基与尼采——悲剧哲学》，从1921年1月开始陆续出版。1920年9月舍斯托夫得到预付的3000瑞士法郎稿费。出版筹备工作当即展开，当年11月舍斯托夫就收到了供其审阅的第2卷德文译本最初的篇章清样。

与此同时，舍斯托夫还向"西徐亚人"出版社推荐了施莱策尔的著作，施莱策尔和伦德别尔格就出版其著作和舍斯托夫著作的法文版一事，与其进行了谈判。施莱策尔为此写信给时在日内瓦的舍斯托夫说：

凭借您的帮助，看起来我和伦德别尔格已经谈妥了。我收到他的一封十分客气的来信，信中说他不仅想出德文版，就是俄文版他也想出，大体说他所提出的条件和您给我写的一样。关于您的著作，他基本同意我的意见。我写信要他提几点补充说明，并告诉他本月的10或15号我就可以开始着手翻译了。但我担心此时他也许已经离开柏林了，因为到现在还没接到他的回信……法语方面伦德别尔格究竟想出那些东西？或许是最新的吧，我想！此刻刚写完一部书，我又精神焕发了，脑子里产生了好多好多计划。也许我可以在新法国杂志写点谈您的文章，我在那里有几个熟人。我很想就此事和您多所沟通。（布鲁塞尔，1920年12月5日）

施莱策尔信里没提伦德别尔格想要给他出的是那本书。这里谈到的毫无疑问是施莱策尔所写论述斯克里亚宾的著作。此书未能在"西徐亚人"出版，而是1923年在柏林由"界限"出版社出版问世，书名是《亚·斯克里亚宾：有关个性及创作的一本专著》。

伦德别尔格想要在"西徐亚人"出版社出版舍斯托夫著作的同时，出版舍斯托夫的论著《何谓布尔什维主义》的三种文本（俄文、法文和德文）。1920年11月他以小册子的方式出版了这本论著，印数为15000册。这本论著直到印刷之前，伦德别尔格都没读过，以为文章涉及的都仅仅是哲学问题罢了。等他读到清样，才大吃一惊，但小册子他还是准予出版了。但此书也没有交付发行，而且，尽管舍斯托夫一再恳求他也没有把样书寄给舍斯托夫。伦德别尔格犹豫了好久也没拿定主意该把这书怎么办好，致使小册子在他书库里躺了将近一年。1921年10月伦德别尔格毁掉了这1版，只保留了50册。他把其中25册给了舍斯托夫，另外25册留下来准备送给苏联国家图书馆。伦德别尔格的这种做法令舍斯托夫和他的朋友们非常愤怒，但他后来和伦德别尔格达成和解。在写作论述布尔什维克主义的文章之前和之后，舍斯托夫都不曾以迫切的政治问题为题写过东西，也不喜欢回忆和小册子有关的这件事。在如此短暂的时间内安排自己的两部著作的出版事宜，这对舍斯托夫来说是一次成功。但早在1920年12月末他就有了一个印象，就是这事不会那么顺利。他给时在巴黎的安娜·叶丽阿扎洛夫娜写信说：

> 已经很快三个礼拜……？……没有得到来自伦德别尔格的任何消息了。他那儿出了什么事，不得而知。我担心一定是企业遇到什么麻烦了。据我看，"西徐亚人"的资金不足，底金不足很容易出问题，因为如果伦德别尔格有数百万资金，他早就该"大张旗鼓"地干一把了。出了好多没用的书，那些书没人会买。……可话说回来这也只是我的猜测罢了，你暂时不要对任何人说这件事。假如猜测被证实，这会令人很郁闷的：再找别的出版家几乎没可能。尽管如此也有必要在巴黎找找看。柏林如果去不成也很令人遗憾：看一看那里的人们是如何生活的该有多好。柏林如果去不成，不妨去一趟巴黎。让我们都想想这件事。（给妻子，日内瓦，1920年12月29日）

舍斯托夫的担忧被证实了。1921年1月份"西徐亚人"什么书都没出版，也不会回舍斯托夫的信，而到4月份，经过了长时间的沉默以后，来信说由于资金耗尽已经无法执行承诺了。

1921年11月，舍斯托夫受邀到柏林做两场有关陀思妥耶夫斯基的讲座。他一到柏林，第一件事就是着手调查"西徐亚人"究竟是怎么回事。原来他们无法出版舍斯托夫著作的德文版，便将他们1920年就已译完的两卷本文稿交给了舍斯托夫。随后他们提议他们应当拥有舍斯托夫三本俄文著作的版权，以弥补1920年他们准备出书时的前期投入的费用。当时无法做出任何决定,而舍斯托夫仍然继续与其进行一场毫无结果令人疲惫不堪的谈判。与此同时,他还通过德·列文和"教育"出版社,通过米·亚·阿尔达诺夫与"话语"出版社谈判商讨出版其俄文著作的事情,但也毫无结果。1922年3月末,事情总算谈成了,因为"西徐亚人"搞到了一笔钱,决定立即重版舍斯托夫两卷俄文著作——第2卷(《托尔斯泰与尼采》和第3卷(《陀思妥耶夫斯基与尼采》),印数为3000册。他们出的第一本书是1922年出版过一次的第3卷。接着出版了第2卷。书上签署的日期是1923年。"西徐亚人"还出版了舍斯托夫的《钥匙的统治》(第7卷),其文稿是舍斯托夫从俄国带回来的。

舍斯托夫不得不为其德文著作寻找另外的出版商。他在柏林时,已经和谢·亚·叶夫龙就出版德文版第2卷和第3卷的事情,达成了协议。他在给时在维斯巴登的洛夫茨基夫妇的信中这样写道:

> 现在谈几句正事。我好像在信中已经给你们提到过叶夫龙,原来他是个非常招人喜欢非常有文化教养的人。他的企业有一半和某个德国人有关,所以迄今为止他还没给我最终答复。但他90%地说过说他会出版我的德文版第2卷和第3卷的,我已经把第2卷的文稿交给了他,就是我和你,以及格尔曼在日内瓦[①]见到的那部文稿。他要把文稿给他的合作伙伴看一看,这事儿到我走之前还没有定下来。(1921年11月26日)

[①] 译本是"西徐亚人"出版社于1920年完成的,当时舍斯托夫就住在日内瓦的洛夫茨基家。

1921年11月29日，和谢·叶夫龙出版社的合同签署了，舍斯托夫得到了4000马克定金。可过了几个月才搞清楚，叶夫龙不能出版舍斯托夫的著作。有关其著作的德文版，舍斯托夫同样也和费列斯捷尔（……某个叫P……的出版社），和吉比连、吉特里赫斯、文斯特武德奥斯特出版社，和古尔特·伍尔夫同样进行了毫无成效的谈判。最后终于在科尔涅找到一家可靠的出版社马尔坎—勃洛克，愿意出版德文版第2卷和第3卷。1922年11月末签署了协议后，"西徐亚人"便把他们已经做好的译文文稿，转交给了该社。德文版第2卷出版于1923年6月，译者是纳迪·斯特拉塞尔；第3卷出版于1924年7月，译者是莱茵戈尔德·冯·伏尔泰。嗣后伏尔泰又翻译了舍斯托夫的其他几部著作。

需要在这里提到一笔的是1922年11月30日与柏林"时代"出版社就出版其《灵魂中漫游》一书而签订协议。或许是由于德国变化了的经济形势的缘故，书并未能出版。这本书毫无疑问是由1929那年出版问世的《在约伯的天平上》的第1卷和第2卷构成的。早在1920年舍斯托夫就提到他已经着手写作一本"新著"了。

为了此书的出版，舍斯托夫又不得不写无数的书信。他就此话题写给洛夫茨基夫妇的书信，保留了下来，这使我们得以确定上述日期，但我们在这里引用的仅仅只是其中一小部分。关于孩子的上学问题同样也需要动脑筋。一度曾想到德国，但最终还是选定了格列诺波尔一所很小的法语大学。孩子们动身到那里去是1923年3月23或24日，住在学生公寓。娜塔莎上了物理—数学系，塔尼亚上了文学系。格列诺波尔的生活竟然很惬意，孩子们精神奋发的来信使舍斯托夫夫妇得以摆脱难以数计的日常烦恼和操劳。安娜·叶丽阿扎洛夫娜在给娜塔莎的信里写道：

你居然能说出这样的蠢话,说你们写信是不是太频繁了。如果你看到昨天你爸爸读你们的来信时那副笑模样和善良的表情,你们就不会说这样的话了。[日内瓦,1920年4(?)月4(?)日]

你们的来信取得了意想不到的效果:大家全都一一仔细地读信,我们俩和什莱伊别赫夫妇(给谢廖沙寄来的信),抑郁气氛一扫而光,大家全都很开心——让人开心这同样也是在行善。爸爸很惊讶说你从哪儿来这么多的表达法,完全出乎意料——一直都沉默寡言,沉默寡言,忽然一下子变得那么雄辩那么机智俏皮。[日内瓦,1920年4月19(?)日]

"能使抑郁气氛一扫而光,让人开心"的书信一封也没有保留下来。关于自己的写作舍斯托夫在给法尼亚的信中这样写道:

我们这里没有任何新闻。在这儿也无法进入真正的写作。总是不得不写好多书信,为亲人担心。但仍然总是想要写点儿什么。一旦家族事业安顿妥当,我也就能进入真正意义上的写作了。(日内瓦,1920年4月10日)

安娜·叶丽阿扎洛夫娜想去格列诺波尔看望孩子们。舍斯托夫在给孩子们的信中提到过这件事:

我想妈妈现在总算可以安心地动身去看你们了,因为昨天已经和弗拉·拉扎①谈妥,在法尼亚到来之前,我到他们家吃饭。他们同样收些伙食费,这样一来也不会有什么麻烦了。他们还想让我干脆搬过去住,但这未必合适。法尼亚还想来洗海水澡,所以最早也得一个月以后才能来;而我还不想离开咱们家。(日内瓦,1920年5月8日)

安娜·叶丽阿扎洛夫娜于1920年5月18日去了格列诺波尔,在那儿和孩子们住了一个月。舍斯托夫留在了日内瓦,一度柳霞也和他在一块儿(7月初去威斯巴登看望父母去了),而另一段时间则就他一个人在家。当时法尼亚和格尔曼正住在威斯巴登,叫舍斯托夫也去那里去。关于自己一个人在日内瓦所过的生活,舍斯托夫在给洛夫茨基夫妇、妻子和孩子们的信中做过一些描述:

刚接到你从莱比锡寄来的明信片,你和妈妈都劝我到威斯巴登去疗养,但此时此刻要做到这一点对我来说非常之困难。我刚把写作的事儿理顺了,而现在又正是写作的最佳时机——却忽然打断!我想如果这个夏天我能用一下功,等到冬天到来之前新著②就杀青了。等到了冬天,天气一冷,写作会进行得很艰难的。总之我极不愿意中断刚刚着手的工作。至于疗养,那么,依我看,对我来说最

---

① 弗丽达·拉扎列夫娜·什列伊别尔是雅科夫·所罗门诺维奇的妻子。
② 很难断定舍斯托夫这里说的是哪本书。应当推断写作新著的材料应当由写于1920年的5种手稿组成,它们都保存在舍斯托夫档案里(文稿第24—28号,520页)。这部分文稿主要包括一些摘录和草稿。多数草稿已经以格言警句的形式发表于1922到1923年的杂志上,随后被写进1929年在巴黎出版的《在约伯的天平上》的第2卷。1920年7月21日在给妻子的信中,舍斯托夫同样提到新著的事。

佳的疗养方式是洗河水澡。1916年我做过这样的疗养（在奥卡河）——康复得好极了。所以对我来说此时去威斯巴登很难很难，除非绝对必要，依我看，现在去不成。你们好好玩儿吧——这对你绝对必要。我就在这里等你回来。（给法尼亚，日内瓦，1920年5月10日）

在俄语大学每个系都有其固定的教学大纲，分布在4个学年里。每个学生每个学年都得通过各类必修科目的考试。当然了，对别人家的修道院，我们没必要用自己的章法去苛求。必须对其加以适应，与之和谐相处。既然是来学习的，既然或许会有出息的，就不要挑三拣四的。当然，要想达到目标，就必须努力学习，长期磨炼。要知道就是学习本身也会有许多有趣的方面。柳霞在这儿也在为写论文提要而费脑筋。5月16号她得当着全班的面朗读提要。而最主要的是不是朗读，而是讲话。她现在整天坐在那里苦思冥想。无论我给她解释多少遍，说这样苦思冥想没用，也无济于事。正如你所说，把自己的"声望"当作最大的事，甚至当作世界大事，就是另一回事儿了。本该这样。须知要把自己的全部精力都投入到工作中去，首先必须对待工作严肃认真，也就是说要树立工作最重要的信念。但为此担心就毫无必要了。必须记住我们全都是凡人，全都在上帝面前是有罪的，全都是一开始什么都不会，后来才多少学会点儿什么。而旅游时你如果开心，大家也全都开心。你把详情细节都向我描述，还写了这么长的信，这都很好。但凡你们写长信，这多少能代替面对面的交谈。要知道咱们没有促膝交谈已经有3个月了。或许夏天能见面——尽管此刻做决定的确难得很……吻你们。对你们的表现我很满意。可见，等你们俩加起来年满40

岁时,就可以给你们自由了。再次吻你们。多写信。你们的长信永远令我高兴。[给女儿们,日内瓦,1920年5月14(?)日]

很高兴你已经不再坚持要我到威斯巴登了。疗养不会有任何效果,价格又那么昂贵,还得损失那么多时间。在这儿我能全时工作。我的书都在这儿,而在威斯巴登我能干什么?生活很舒适。安娜3天前去了格列诺波尔,我和柳霞过着独立的生活。我在什莱尔别尔家吃午饭,柳霞在妇女之家,而早饭和晚饭自己做。各自打扫自己的房间。这对柳霞稍稍有些难,因为她总是得往学校赶。而我对此很适应,我觉得如果不在家吃午饭的话,即使身边没有仆人也不难生活……(给洛夫茨基夫妇,日内瓦,1920年5月20日)

现在离开日内瓦对我来说多有不便。我多多少少刚把工作理顺,中途打断就意味着半途而废……非常不愿意丢掉手头的工作。须知我未能真正写点儿什么东西已经两年将近3年了呀。我这般年纪已经不适合短期突击了……大约两个星期前伦敦给我寄来了我的《无根据颂》的译文。可起的英文名却是:"All things are possible"(一切皆有可能),没有前言也没有附录。译者明知道我的地址却没曾写过一个字。很令人不快。我请萨沙打听一下究竟是怎么回事儿,可他没来信。(给洛夫茨基夫妇,日内瓦,1920年6月2日)

我还不知道夏天怎么过。很想去找你们,可是,第一,很难下定决心,第二,书怎么办。不幸的是我有这么沉重的一个工作室,可又不愿意中断写作。要知道很快就将近3年了,一直是在围绕工作打外围战。如果有什么非收拾东西起身的理由的话,就只有游玩了。而此刻,当家里只有我一个人在的时候,如果不收拾房间的话,我可以捧着书一坐就将近24小时。总之,从这方面说一切都还算顺利。毕竟能写点儿东西。惋惜的是咱们全家没在一起。但我希望这样的情形不会持续太久。好在这一切我们都能忍受，而且相互之间并未隔绝：当今之世这一点很重要。（给女儿们，日内瓦，1920年6月2日）

这里没什么事儿。娜塔莎说她有事儿，是指她初次上台演出，而我这里昨晚发生了一件事，是你不在的这几乎4个礼拜里（已经4个星期了，时间过得飞快！）发生的最大的事件——小牛头。昨天弗丽达·拉扎列夫娜午饭时炖了一个小牛头。费了很大劲儿，以为大家能喜欢。雅科夫·萨洛门诺维奇根本就不动。我也是。我可是什么都吃的呀：就是那些叫不上名称的蔬菜我也吃，可要和这家伙儿比起来就连菠菜都很理想了。可小牛头却是我碍难接受了。我决定试着尝一尝。于是就尝了一口。可还是不行，只好放下武器。弗丽达·拉扎列夫娜深感绝望。今天总算挽回了局面。这顿午饭好极了。肉汤，搭配的馅饼也好吃极了——肉馅春饼：4只。凉拌冷牛肉沙拉。最后是一道凉甜的大米粥和咖啡！所以说彻底挽回了面子！这就是我们这里生活中所发生的最大的外在事件了。如果不是这件事，今天还真的没什么东西可写了。（给妻子，日内瓦，1920年6月11日）

没什么可写：这里贫乏单调的生活从外部看就是这样。要知道我在这里谁都见不到，哪里也不去。也没有什么人来看我。对于写作来说这简直太好了。塔尼亚，你来信说，你正在翻译"无……颂"（《无根据颂》），这很难，因为语言很凝练。依我看，既然你执意要选择《无根据颂》做翻译练习，不妨试着翻译第3卷——《论裘里斯·恺撒》那篇文章。翻译文章和翻译格言警句有所不同，后者中的每个语词都很重要,因此必须对语言有娴熟的把握。我不久前刚接到伦敦寄来的《无根据颂》的英文译本(当时妈妈还在家)。译者是两个人,一个英国人,一个俄国人。尽管如此,译本还是很难尽如人意。所以我建议你最好还是从《裘里斯·恺撒》开始试笔(格尼亚·维纳韦尔英译)。总之你要记住,既然做翻译,就必须储备足够的耐心。例子不用到远处去寻找,就拿普罗提诺来说吧。28岁以前他一直在更换老师:无论如何也找不到一个合适的老师。28岁那年他终于找到了——但却不是一个平常的老师,因为这个老师就其职业而言是个搬运工。此人年届50才开始写作。总而言之,你也知道,哲学是不好的尺度。所以应该养成习惯。劳作并不能很快就带来成果。必须学习,而且不要左顾右盼,不问收获。而一旦你左顾右盼斤斤计较了,头脑必定就会僵化。假期读书当然不妨读些哲学书,而且最好是读读大策勒——只是你怎么搞到他的书呢?我手头倒有,可我离开他寸步难行。读一读戈姆别尔茨(?)倒也不错,虽然远不如大策勒。然后再多少读点儿柏拉图,或许马可·奥勒留。总之,要读总能找到该读的书的。要知道就连叔本华你也远不是全都读过呀。话说回来,莱布尼茨也很值得读一读:他很有趣,文笔很清晰。所以,就是说,到底还是要往前走,别沮丧。沮丧任何时候都来得及。你说你不读报纸这很好。报纸上没有历史,有的只是时事。你哪怕多少读过一点儿黑格尔的《历史哲学》,就会对此确定无疑的。我会努力找一本黑格尔的《历史哲学》给你寄去的。(给女儿们,日内瓦,1920年6月11日)

如果你不偷懒,塔尼亚,把你译的《无根据颂》誊抄一部分寄给我。我很想看看你译的究竟怎么样。而且最好是:你翻译的时候,最好不是写在笔记本里,而是写在单页纸上——这样邮寄起来也方便一些。我当然无法从语言角度评价你的译文,但我可以看看你传递的是否准确。所以你不妨试试看。——至于我的工作嘛——工作一大堆。写字台上堆满了书,都是希腊语的,法语的,拉丁语的字典,甚至还有一部希腊语法书。哎呀!我活到这般年纪还无法摆脱苦力般的劳作。如今我手头的活儿比以往任何时候都多。不得不看原文,看译文,看注释本,看教科书。这是有些枯燥乏味,可是没别的办法。钻研得越深入,新的各种小问题产生得也就越多,不解决这些问题就寸步难行,而要解决这些问题,那可真难呐。但我要培养自己的耐心,刻苦地磨炼我自己。每天8点或8点半就起床看书,在书海里挖掘梳理,寻幽探微。这样干活儿或许还得1年或1年半,直到能够进入真正的写作阶段为止……我的生活和往常一样,没有什么新闻,也没有什么人的来信,而我如今写信也不像从前那么频繁了。(给女儿们,日内瓦,1920年6月19日)

7月初洛夫茨基夫妇从德国回到日内瓦,安娜·叶丽阿扎洛夫娜带着孩子们到萨伏依的埃伊斯-伏尔-博纳维尔村消夏去了。舍斯托夫往那里寄过好几封信:

关于你翻译的《无根据颂》的译文,塔尼亚,我在信里都直言不讳地说了。译文一个错误也没有,意思传达得很准确。那位英国译者一开头就好几个错误——而在你的笔下所有地方都十分通顺准确。那位译者看起来毕竟没有那么用心认真,而你读得十分仔细认真。可惜你们现在就要考试了。如若不然你倒是可以译一本书过来,和译文对照着读,那样想必十分有趣。总而言之,分开住毕竟令人感到遗憾,可事情就这样了你有什么办法。我总是想以后或许会发生什么变化,让咱们一家人终于可以一起生活了。如能这样那可就太好了。"(给女儿,1920 年 7 月 16 日)

我仍在继续研究——开始啃柏格森,对他已经多少有些了解了,尽管两周前才开始读他的东西。只是手头没有他的主题和记忆和笑……。我在这儿的生活当然再安逸不过了。我一个人占用了两个房间:睡觉在放钢琴那间,工作在以前用的那间。所以,等我起床,房间已经收拾得干干净净的。就这法尼亚仍嫌不够——她总在忙忙叨叨地,要我购置一些书架,好把书摆放得整整齐齐的。我觉得自己精力充沛。胃口好极了,甚至每天晚上喝克瓦斯。这究竟是怎么以及为什么发生的,我不知道。无论如何关于生活的外部条件,可以不用操心了。最重要的,是不要让工作停顿:如今做到这一点很难。法尼亚和格尔曼把我的文稿从柏林带回来了——现在需要加工这部分文稿,需要继续写作新著,结束普罗提诺这部分,然后着手写柏格森:工作积累得太多太多。(给妻子,日内瓦,1920 年 7 月 21 日)

塔尼亚,我现在根本不愿意建议你读柏格森。最好把他搁在一边直到咱们在一起生活为止。不然的话你会白白浪费许多大好时光的。读他的难点还不在于他涉及一些很复杂很艰深的问题——光这并不算难。但他写出自己第一本专著时还很年轻(32 年以前)——一个血气方刚的年轻人在他那样的年纪,有时候会觉得自己能一下子就解决人类数千年来一直未能解决的所有难题。这些难题他当然也未能予以解决。但时至今日他依然持续凭借着他在其第一部著作中表达的思想支配着人的大脑,依然在持续不断地提出一些新而又新的论证,这些论证往往是振聋发聩的,令人困惑不解的和险峻陡峭的。而所有这些证明和他所提出的所有思想,并不具有什么特殊的价值。而最好的说法是,柏格森所拥有的一切,以及使他变得无比重要的一切,恰好不在于他的核心思想,更不在于他的那些证明,而在于散在于他的书中的那些零星的、偶发的、常常与中心理念和思想毫无关联的互不关联的个别思绪中。要把这一切都梳理清楚,需要具有极大的耐心,长期的准备和艰苦的劳动。尽管我早已养成读这类著作的习惯,但也仅仅只钻研了柏格森的两部著作,就花了整整一个月时间的艰苦劳动。可以肯定我还得花费大约两个月时间来对付他。所以说,由于你现在满脑子都是考试和拉丁语,所以,最好暂时把柏格森丢在一边。咱们一家团聚,你那时也有了充足的时间……咱们一块儿读。(给女儿们,日内瓦,1920年8月3日)

塔尼亚来信说她正在读柏格森。这是白费功夫。他是不宜读的——非常艰涩。尤其是对于缺乏经验的、年轻的和严肃对待阅读的人来说更其如此。他的著作充满了矛盾,一方面是由主题的难度和艰涩引发的;另一方面,是由于他性情急躁。他总是想一蹴而就地解开缠绕人类的世界性的数百年之久的难题谜团。可这些谜团他终究未能解开,而他却装出一副已然解开这些谜团的样子,而我要把所有这一套隐蔽的机制都统统揭露出来,其实很不容易,而塔尼亚就更加会压抑了。其次,她是从第二本书开始读,而既然起手读柏格森,本来应该从第一本开始读的。虽然他也常常重复,但仍然须以了解其此前著作为前提。再次一般说他是一块难啃的石头。昨天我给法尼亚用了一个多小时讲解柏格森,连她也觉得即使有注释,即使有提问,要想彻底理解柏格森仍然很难很难。我满意于自己的是幸好我研究过他。他在许多方面都令我觉得受益无穷,必不可少。但需要下很大工夫。即便如此,我觉得现在的我也还是缺乏准备。也许还得再搞它两个月,才能最终搞懂它。使人懊丧的是咱们不在同一个地方,如同在一地,我就可以和塔尼亚一起或是读柏格森,或是多次给她讲解柏格森。总之我又再次回到一个古老的怪圈上了,最糟的是分居两地。(给妻子,日内瓦,1920年8月3日)

8月底,舍斯托夫经过长达4个月紧张的精神劳动后,携全家前往博涅维利疗养。他从那里写信给时在日内瓦的法尼亚和格尔曼说:

接到了转寄来的你们的来信——谢谢。还应该有一封来信——我一直都在等待的——来自鲍·费·什莱采尔的:一旦接到,请立即转寄给我,我急需这封信。他的法语纯熟之极,是个很棒的工作者。眼下他正在结束把自己的著作译成法语的工作。而今后一旦谈到把什么书译成法语的工作的话,则可以把这件工作委托给他来做。我今天就给叶甫盖尼·格尔曼(伦德别尔格)写一封信。而你,格尔曼,如果不使你为难的话,我想求你一件事。一旦伦德别尔格到瑞士,是否可以考虑让论据把书交给他。他会把书带到身边的。今天我无论如何也要写信告诉他这件事。我迫切需要的书有:胡塞尔:《日志,调查·思想》和哈特曼:《德国唯心主义哲学》,黑格尔:《哲学史》,哲学的历史和哲学史。即使这些书阿姆蒙斯通过伦德别尔格转来了,我也还是有一大堆今后工作要用到的书。普罗提诺我已经有了(甚至有 Bouillet① 的两卷),柏格森也有了,只缺胡塞尔、黑格尔和哈特曼。如果所有书都搞到手,那么,到冬季工作就能进入扫尾阶段了,开春就终于可以去巴黎了。所以请你努一把力,如果可以安排的话。我们这里诸事顺遂。天气好极了,伙食也很好,我依然睡觉很多,但却几乎无事可做。我想既然到了这儿,就不急于离开了。可能住到10号、20号左右。也许,在经过一番休整之后,能够更好地工作。[1920年9月(?)1日(?)]

总之近来多少有点儿走运。谢夫搞到了普罗提诺两卷集的译本,并且花了75法郎寄来了,所以,我希望第三种书在巴黎的什么地方也能搞得到。无论天气还是寄宿学校都很走运:眼下这里的天气好极了,伙食也很棒。也许我真的是受了蛊惑,因而会住到我的旅游签证结束为止,因此回到日内瓦不会早于下周六。(亦即1920年9月8日)(1920年9月8日)

至于说让伦德别尔格,法尼亚,出版你的书,这一点我早已就想到了。但我并不那么指望他的报价。等他来了咱们和他好好谈谈:要知道连我也……?……从以往的谈判中,连我的书也没有落实呢,目前对这家出版社将究竟如何,也未搞清楚,所以,我不会给予其最终答复的。(1920年9月12日)

在上文所引的两封信中,舍斯托夫曾提到伦德别尔格想要到瑞士来

---

① M. N. Bouillet, Les Enneaders de Plotin (Traduction francaise) Paris, Hachette. Tome I (1857). 1ere et 2eme Enneacles. Tome II (1859); 3eme et 4eme Enneades. 带有舍斯托夫注记的这两卷本都保存在舍斯托夫藏书中。

和他见面。我们不知道他是否成行。9月18日舍斯托夫回到日内瓦洛夫茨基家,过了一段时间后女儿们也都回到了格列诺波尔,而安娜·叶丽阿扎洛夫娜则去巴黎办事,因为舍斯托夫一家准备来年迁到那里。10月份舍斯托夫接到谢苗·弗拉基米罗维奇·卢里耶的一封信,信里提到了伦德别尔格的新著:

> 从报刊登载的公告得知,伦德别尔格写了本新著:柏格森与舍斯托夫。为什么关于这件事你以前只字未提呢?还是连你们事先也不知道?这本书你们读过没有?我这里找不到这本书,我想从柏林订购一本,可这样做困难很多,因为需要等待合适的机会。现在我……?很想了解一下他究竟说了些什么。或许他愿意根据其著作给法语杂志写篇文章。我个人感到很遗憾,就是您给我提出的想法我不得不放弃,但为了尽快起见却不得不这么做,而万一他写的还真的是当今需要的呢?(巴黎,1920年10月31日)

上封信中提到的伦德别尔格的那本书终究未能找到。舍斯托夫依旧和孩子们和妻子通信:

> 看得出你们那里到底还是积攒了许多事情:一整天都占满了。而这很好。第一,所有事情都是有益的,第二,它们能让你们少读报纸。而我本人现在几乎根本不读报纸。所有消息都令人感到郁闷。扫一眼标题就丢下了。我同样也在努力找更多的事儿做,以便根本不去想那些根本无法改变的事情。俄国的事情一眼看上去就这样了,只有时间能使他改变。必须等待一年,两年或许三年。我当

然不会以为俄国对付不了,但其对付这一切的方法,根本不是迄今为止我们所指望的那种。无论是尤登尼奇还是高尔察克抑或是邓尼金,他们所想的都是想让俄国一下子回到战前的样子。您大概还记得邓尼金刚到基辅时的情形吧!他运气不佳这一点儿也不奇怪。须知这乃是同一种布尔什维主义,只不过是从另一个角度看而已。必须指望俄国会出现那样一些人,他们懂得人民期待于他们的究竟是什么,这样的人能做到邓尼金和弗兰格尔等人无法做到的事。当然许多工作做起来是很难,但对此不必留意——要知道我一直都在对你们强调指出这一点。必须学习,而一旦学到点儿什么,就会看得很清楚:您只管做您的,让别人爱怎么想怎么想好了。况且想什么也只能到秋天,易言之,到那时所有的工作都结束了。(给女儿们,日内瓦,1920年11月24日)

我把塔尼亚寄来的贺信转寄给你。谢天谢地,她现在和你在一起——你也许可以给她好好安排一下,让她的生日过得更欢快一些。总之我很高兴,在巴黎你能给她们安排各种娱乐活动。她俩都是好样的——学习很好,精神饱满,千方百计赢得人们的赞美欣赏。遗憾的只是他们竟然那么急于回到格列诺波尔。难道就不能在巴黎多待5、6天吗?依我看这可以做到,而且她们也可以不必那么急着回去。让她们好好看看巴黎,好好歇几天,好好乐一乐。那以后才能更好地学习……我的眼睛好点儿了,但还是需要节制工作,这虽然令人不快,因为积攒的工作多到无法数计的程度,而且越往后工作越多。敷热毛巾得很勤,或许多少会管点儿用。(给妻子,日内瓦,1920年12月29日)

生日很好地庆祝了一番:甚至有甜馅饼。法尼亚和格尔曼赠给我一套拉丁语圣经,有许多来信甚至还有两封电报——总之,诸事顺遂。法尼亚烧了汤,一个冷的一个甜的。只有一点不尽如人意:妈妈和你们不在。而我总在想,谢天谢地,明年就将是新的一年了,您的生日和我的生日,咱们可以合起来庆祝。很高兴你们那儿散步条件那么好。散步要勤,以后一有机会就不要放过。妈妈在教你们,教得挺好,这对你们会很有教益。你们对自己所学习的科目越来越喜欢,这一点也很令我高兴。我相信随着你们对科目的掌握越来越深入,你们的兴趣也会越来越浓厚的。刚开头的确是很难理解,教我们学的这些科目究竟有什么用处,这一点是需要了解。但随着学习的深入,也就会越来越深入洞悉一门知识的秘密和意义。每个教皇,每个国王,每个历史活动家——学者、诗人,信徒——都会变得栩栩如生,可以理解。于是乎原因,集合图形以及某种建筑样式,也都会变得分外有趣起来。对于那些不是为了学位或是考试,而是为了丰富自己灵魂而学习的人来说,善于深入洞察生活的无比丰富性和不可穷竭性。在我们眼里,甚至就连生活中的恶和困难,也会因具有了意义而变得有趣起来。以前的人们所犯的错误你会觉得毫无必要。人只要一努力就会犯错误,而你到那时也不会感到害羞,甚至宁愿在犯错误中追求,在追求中犯错,也不愿意向生活这个虽然可怕但却无比恢宏壮丽的伟大景观面前,丧失意志地拱手投降。重要的是必须记住,成功总是继之以失败,目标永远都在未来——甚至当你获得成功的时候。因为摆在我们面前的目标,是人类生活中永远都无法实现的。(给女儿们,日内瓦,1921年2月14日)

俄国的事变将会怎样结束——这很难猜测。对此我们不敢指望太多。俄国人民非常愚昧——他根本搞不清自己需要的究竟是什么。在俄国布尔什维克受到人们的鄙视和仇恨，但应当如何安排生活，人们就不甚了了的。或许这次，又会像从前那样，以叫来瓦良格人做结。也许这次，又会在经历了如许多的说什么俄国终究会向世界说出那最后一句话的空谈以后，俄国人会再次拜倒在西方脚下，向它祈求帮助。这里的人们尽管一直都在嚷嚷，说不干涉俄国的事务，但显然时刻在窥测着合适的时机，等俄国最终闭上眼睛，会有人起而拯救他。可当然，现在也和从前一样，俄国终将站稳脚跟，重获新生的。强大而又才能卓著的人民，有着源远流长历史的人民，终究不会灭亡的。（给女儿们，日内瓦，1921年3月12日）

复活节假期期间，塔尼亚读了舍斯托夫的文章《死亡的启示：列·尼·托尔斯泰的晚年作品》（《当代纪事》第1和第2期）后，给时在日内瓦的舍斯托夫写信说：

昨天读了你的文章，当然，是续篇，不过不要紧，很快就把线索给串联起来了。我已经有好长时间没有这样被阅读所吸引了，我的思绪飞到了遥远的地方，我多么想沿着一个方向持续不断地往下走，可我一个人做到这一点很难，而文章也读完了，我是多么不愿意文章就这么结束了，因为我已经停也停不下来了，可我知道再往下走就只能是我一个人孤独地走下去了，而谁又能面对一堵高墙不停步，谁又能看出一个可以容人栖身的窟窿。我想出发去探索，可此刻不行，现在我得从事伊万·伊里奇奋斗了一辈子的那桩'事业'，可他所从事的那桩'事业'又导致什么了呢？但我必须做。可这么做究竟是为什么，又有什么原因，我不知道，为什么不能从

最重要的事业开始探索呢。(格列诺波尔，1921年3月22日)

就此文章舍斯托夫写信给女儿们说：

上帝保佑，一切都会按部就班的——只要有恒心，铁杵磨成针……

现在谈谈我的文章①。要知道这是死亡的启示呀。托尔斯泰以前写过《战争与和平》，后来又写了《主人和仆人》，《伊万·伊里奇之死》和其他一些小型作品。这一点不要忘记。也就是说，不要忘记启示仅仅来自死神。死亡是一个最伟大的秘密和最伟大的谜：无怪乎死亡能给圣徒、哲学家们和艺术家们以如此多的灵感。但生命作为秘密和谜也一点儿不亚于死亡。而实际上一个人只有经历了全部生命，才能洞悉或更确切地说才能接近死亡之谜。如果托尔斯泰没有写作《战争与和平》的话，他也就写不出他的后期作品了。我们的理性就其天性而言趋向于"运动"，而对"运动"却绝对不可以加以鄙视。只有那个以前从事过活动的人，才不会游手好闲地无所事事的。因此从死亡的启示中推导出生命的法则这是一个绝大的错误。全部实质在于不能推导。也就是说，要善于完整地把握生活，把生命连同其不可调和的各种矛盾一起都把握在手中。伊万·伊里奇在临终时刻谴责了自己过去的生活，但这并不意味着这种生活完全是不适当的。当一个孩子长大时，他就不再会扑向母亲的乳头了，但他如果始终厌恶母亲的乳头的话，那也不正常。当我们攀

---

① 《死亡的启示》，《当代纪事》1920年第1第2期。

登楼梯时，每当登上一层台阶时，我们就会背对下一层台阶——可要知道在此之前下一层台阶也曾经是我们所曾面对过的。我们不应该忘记这一点，不然的话，我们所得的就会和应得的正好相反。也就是说我们得到的不是完整的和活的知识，而是割裂的和抽象的知识。有时候这种认识也会在托尔斯泰身上发生，当托尔斯泰企图在其所谓的"哲学"著作中，想把生活表现为似乎来源于同一个被他称之为"善"的原则时，就是这样。这是错误的。也就是说，人们用其自己所惯用的语言是无法把他们所体验的一切都连接起来，然后用一句话或是一个概念将它们表达出来的。避免片面性是一种很高超和很难学会的技巧，而我们的语言就在不自觉地引导我们走向这种技巧，甚至包括我们的在语言培养下养成的思维习惯，也在不自觉地这样做。因此之故我们不能把自己的思考局限在一个作家身上。而应当永远都睁大自己的眼睛。我们有死亡及其所带来的恐惧。有生活及其所具有的美。你们可以回忆一下我们在雅典所看到的一切，回忆一下地中海，回忆一下在旅游中所见到的一切。再不就回忆一下在罗浮宫所看到的一切。美同样也是启示的来源。甚至就连死亡的启示归根结底也是在瓦解的可见恐惧和不可见元素的总和下对新的美的一种探索。的确，艺术家常常会如此入迷地深陷于对于存在的恐惧之中，以致甚至都来不及在其最优秀的作品中说完和写完他想说想写的一切。但在托尔斯泰那里也和在柏拉图和普罗提诺那里一样，有关死亡的思想永远都伴随着一种特殊的感觉，这种感觉有点儿像是一种先于恐惧，背后长出一对翅膀的意识。或许这有点儿像是在毛毛虫身上发生的事情，刚生下来的毛毛虫咬穿了包裹自己的茧。而它之所以这么做，是因为它身上长出了翅膀。因此我们无论如何也不应把无论托尔斯泰、柏拉图还是普罗提诺,理解为他们似乎在呼吁我们忘却生命。一个人一旦理解了伊万·伊里奇的心态,他对许多问题的判断便当然会不同于他人。但生活终究是我们无法背弃的。这能使我们善于学会从以前看似无足轻重的事物背后看出许多珍贵的价值来。

以前伊万·伊里奇把牌戏和舒适看作是人类文明所能达到的最高成就,而职务的提升和住宅的宽敞也是"人人都有"的社会地位的理想。他看不见太阳和天空,看不见生活中的一切——虽然天下万物都摆在他的眼前。可当死神来临时——他突然明白其实自己一无所见,就好像一切都不曾有过一般,除了文特、职务的提升和舒适安逸的生活外。一切被他看作真实的东西,都只存在于他的童年和少年时期,此后却被他忘却了,此后他开始竭尽全力只追求一个目标,那就是不是成为自己,而是要成为一个和"所有别人"都一样的人。因而死神的启示不是对生命的否定,而相反,毋宁说是对生命的肯定——只不过不是对通常意义上那种"鸡零狗碎、蝇营狗苟"生活的肯定,而是自己一生所追求的东西。(给女儿们,日内瓦,1921年4月13日)

《死亡的启示》一文后来被收入《在约伯的天平上》,标题是《最后的审判》。舍斯托夫1920年7月21日、1920年8月3日、1921年1月14日和1921年4月13日的信,发表于1969年2月27日巴黎周报《俄罗斯思想》上。1921年4月13日的信,后来被收入舍斯托夫的著作《在约伯的天平上》的俄文、英文和法文第2版中。

抵达日内瓦以后不久，舍斯托夫一家就开始确信，自己一家人不可能在那里生活，于是决定移居巴黎。早在1920年秋天，安娜·叶丽阿扎洛夫娜就怀着希望去那里安排自己的工作（这件事她未能做到），而舍斯托夫自己则留在日内瓦继续研究工作，并在那里一直住到1921年春天，一直生活在洛夫茨基一家人的关爱和呵护之中。（参阅安娜·叶丽阿扎洛夫娜1921年5月23日写给法尼亚的信）。尽管有与出版社发生的种种不快和处理家族财政事务相关的种种困难，舍斯托夫在洛夫茨基家度过的一年，是经历了可怕的革命岁月之后，休养生息的一年，也是难得的喘息的一年，此后他将在法兰西开辟自己的生活道路方面，遇到更多的困难。

也许是1921年4月23或24日吧，舍斯托夫来到巴黎。他在巴黎临时住在巴拉霍夫家，他家在那里有一个很大的住宅。5月20日左右他和妻子到了克拉马尔，妻子在那里找到一幢价格不菲、带有家具的住宅，一家人临时住在这里，同时仍然继续在巴黎寻找可以长住的住宅。夏末。女儿们从格列诺波尔来到克拉马尔，并且开始在巴黎的索邦大学继续其学业。

在巴黎停留的四周期间，舍斯托夫一直都在积极展开活动。抵达之后刚过了2到3天，他就去了《当代纪事》编辑部。随后会见了梅列日科夫斯基、布宁、还参加了5月3日举行的宗教一哲学学会的例会。关于这件事，他在给时在日内瓦的洛夫茨基夫妇的信中写道：

> 昨天终于在编辑部堵住了维什尼亚克。方丹明斯基还没来，但今天应该到，还得再去找他一次。你论述里姆斯（里姆斯基一科尔卡科夫）的文章上第5期，文章排版几乎已经做完了。而关于贝

尔格①那篇,看来情形不妙。一位编辑看过说文章写得很艰涩,而且篇幅也太长。他说他,你瞧,更喜欢文章的下半段,然而,全文当然无法发表。所以关于此文不能有太多指望。维什尼亚克说,就这读者还一个劲儿抱怨,说文章太难了(尤其对我的怨言最多)。读者甚至写来好多意见信。至于以后的文章,等方丹明斯基来了,我要和他谈一谈……安娜现在感觉好一点了。但生活还是过得很糟。你倒是想想看,住在巴黎那样一个地方,她居然能不多花一分钱地活下去,就知道省钱了。她和孩子们都发疯般地以为,如果他们花钱大手大脚,也许我就不得不丢掉自己手头的工作……最主要的该跑的事儿都办完了。所有人都得见一见,所有家都得拜访一下。今天我到别佳太太家吃早饭。不久前刚从彼得堡来到这里的医生马努欣也会在她家。还得拜访几位同行:布宁和其他几位。不像在日内瓦——看望一下雅科夫·萨马伊和巴拉诺夫家②就全有了。(1921年4月27日)

总是在外面跑,总没时间坐下来好好写封信。所有事情都茫无头绪。总是跑来跑去,协调来协调去,总是在匆匆忙忙编织着童话,而事情却一事无成。无论到哪里都受到热情接待,每次都以为这次总算能办成一件事了。无论如何,办成的事儿,怎么也不会少于日内瓦。显而易见,通过维纳韦尔总能和格森等人联系上。等事情明

---

① 这里说的是洛夫茨基的文章《写在人生边上(安里·柏格森和列夫·舍斯托夫)》,舍斯托夫竭力安排此文在《当代纪事》上发表。尽管方丹明斯基许过诺,这份杂志还是未能发表这篇文章。舍斯托夫随后将此文推荐给了其他杂志,但无果,此文终究未能发表。此文的德文译文也遭遇到同样的命运,其中一份保存在舍斯托夫档案里。
② 巴拉诺夫,小提琴家,洛夫茨基一家的朋友。

朗一些，跑关系告一段落后，我会详尽地写信告诉你的……今天晚上要参加一个宗教—哲学学会的例会——我已经见到梅列日科夫斯基和布宁了。我们的会面相当友好。今天要见一见其他人。也许要做一个公众讲座。或许还将在宗教—哲学学会做一个报告。总之一句话，说到采取行动 agir 那真是多得不得了。（1921年5月3日）

我自己的事情尚在未定之天。大家对我都很好也都很同情。维纳韦尔是所有人中最能干的。我已经找过他。虽然他正在生病，卧病在床，但还是和我谈话超过了两个小时。谈到各种计划。会不会有什么结果这很难说。总之，这里很快就会什么事都不做了。努力保持旺盛的行动 agir，鼓足自己全部的力量，但我也不知道我能坚持多久。一旦事情稍稍有些眉目，我当然会写信告诉你的。也许下周便会有我的报告讨论会。我讲座的题目是"一千零一夜"，虽然文章早已发表。梅列日科夫斯基、施莱策尔、卡尔塔舍夫等人会参加讨论。结果如何，让我们拭目以待。随后维纳韦尔会提议，等他病好了，他会在他家安排一个小型的社交晚会 soiree，以便介绍我认识一下本地的文化圈人士（？）……。而这一切都需要 agir, agir agir。（巴黎，1921年5月4日）

舍斯托夫用 agir（行动，作为）这个词来描述自己在这一时期的活动。此词来自柏格森的著作《Essai sur les donnes immediates de la conscience》。柏格森在书中说道："Originellementt mous ne pensons gue pour agir. C'est dans le moule de l'action gue notre intelligence a ete coulee. La speculation est un luxe tandis gue l'oction est une necessite."（起初我们思考的目的仅仅是为了行动。我们的理智被铸造为行为的模

式。思辨是一种奢侈，而行动是一种必要。）舍斯托夫在其文章《死亡的启示》第 6 节的开头引用了这句话。正如上文所述，这篇文章是写于 1913—1914 年间的《惟凭信仰》一书中的一卷。1920 年舍斯托夫在筹划发表这篇文章时，对最初的文字稍许做了些改动。很有可能正是在这次改动时，他添加了柏格森的上述名言，而此时柏格森正是他研究的对象。有关柏格森的这部著作舍斯托夫也曾在和格尔曼的谈话中提到过，并曾写信给格尔申宗："如今这个时代必须始终想着如何作为的问题。正如我和格·列·开玩笑时说的那句话：Nous ne pensons que pour agir——而他本人却并不需要从事任何行动。而我则认为，我们思考不是为了行动，却不得不始终 agir et agir。而且就这样一直奋斗到死。"（给格尔申宗的信，1923 年 6 月 8 日）

舍斯托夫在此期间还多次与梅列日科夫斯基和吉皮乌斯见面，虽然他在来往书信中没有提到。吉皮乌斯对他写道：

> 那天晚上我读了您的文章（《一千零一夜》），喜不自胜：此文除了其所具有的客观价值以外，似乎是有意为第一届宗教哲学学会例会写的！文章好到了出乎意料的地步。因此我坚决主张尽量少压缩。外语引文当然应当删去，其他或许就再没有什么了。德·谢（德米特里·谢尔盖耶维奇·梅列日科夫斯基）在我之后也读了此文。他完全同意我的意见，同样认为这篇文章非常适时，只是不知道该反驳些什么好了？可要知道也可以不要什么'反驳'的呀，只需把线索接续下来……哪怕是自己的线索呢。为什么我以前就没读过您的文章呢？或许是因为书到我手上已经不那么及时的缘故吧。这本书中的文章我几乎都没读过。（巴黎，1921 年 5 月 5 日）

吉皮乌斯称预计召开的这次例会为"第一届"。此次会后，宗教一哲学学会的会议是否继续进行了，现在已经无法确定了。来信温暖的语调以及舍斯托夫刚刚到来就被邀请做报告这一事实，说明舍斯托夫刚一到，就走进了俄罗斯巴黎文学生活的中心。尽管如此，要把生活安顿下来依然很难。舍斯托夫在给洛夫茨基夫妇的信中写道：

这里生活很艰难——只有凭借运气才能办成某件事。我在外面跑来跑去的已经是第三个礼拜了——可仍然一无所获。而且今后能否办成也无从得知：无论如何该很快了，如果我能毫不停歇地行动下去的话。我刚开始时一直指望方（方丹明斯基），开头他似乎也很想出力。可后来才搞清楚，他原来有自己的事。归根结底他无法帮我的任何忙。刚开始还提出，我做一次公众讲演，报酬是差不多将近2000法郎。可结果却是我做了一次带讨论的报告（业已发表的《一千零一夜》），却分文不给。总之后来搞清楚后，情况令我非常沮丧。《当地记事》是一份政治占主导地位的杂志。这一点并未当下而是慢慢地告诉我的。我担心我的几乎是被定制的"大胆无畏和谦恭顺从"，根本就不适合……这一点连同其他一些小小不言的毫无意义的小话，使我内心极为不快。想当初在编辑部，所有的谈话都带有强烈的抒情性，我甚至都无法重述我们关于格林卡①的热议的内容了。但使他们窘迫的，不是《为沙皇而死》这部剧，就只是不想给音乐、哲学和文学以较大的篇幅而已。他们只愿意发表3/4页小文章……？而且喜欢用小号字体排版。而且一眼就可以看

---

① 这里指的是洛夫茨基论格林卡的文章。此文未能在《当代纪事》发表。

出,越往后情形越糟糕。他们的钱是党给的——而党却既不需要格林卡,也不需要普罗提诺。出书的情形也比这好不到哪里去。这里有一个小姐写信给《言论》报,同时也给《言论报》的订户,在柏林的她的弟弟写信谈到我的文章。信写得很热情。却被拒绝了。这样的情形到处都是这样。所有的人都在忙于当下时事,而很少有对文学和哲学等的需求。人们见面时都很热情,相互许诺也很容易,但就是不遵守任何诺言。唯一但也很渺茫的希望就是如果能在这里住下来努力工作的话,也许过一段时间总能做成一点儿事情。眼下我还在巴黎,正在办理各种手续。而等所有手续都办完,我会迁到郊区去,从那里经常来巴黎,以便自己能有 agir 和耐心等下去。前天(5月14日)我再次见到方丹。——通常在做报告前大家都会先在他那里集合,到时我会再一次和他斗争一番的。至于能有什么结果,这就不得而知了。最重要的事情尚处于未定之天。7个人把所有文章都读一遍:等他们意见一致了,天呐,谁知道又得耗去多少时间。在这样一种组织形式下,我不知道他们是如何就某事达成一致意见的。司徒卢威我还没见到过,他编的杂志我也没读过。见了梅列日科夫斯基,从他那里得知吉皮乌斯在《俄罗斯思想》上发表文章,可到现在还没收到稿费。梅列日科夫斯基看样子已经安顿下来了:他告诉我说,眼下他已经有7本书(不是小说,而是文集)由一位非常知名的出版家用法语出版了。如果我在这里住一段时间,也许也能为自己找到一条路子的吧。重要的是不要垂头丧气。而你们会觉得尤其困难,依我看,搬到巴黎这件事你们连想也不值得想,尤其是你,法尼亚,如果已经有什么安顿就绪了的话。如果是格尔曼在巴黎有事,不是歌剧,就是室内乐或交响乐的话,或许还值得来巴黎一趟,因为通过什莱采尔还有可能进入音乐圈。他和古谢维茨基关系很好,和所有法国和俄国的作曲家们也都保持着良好的关系。可俄国歌剧在这里根本没有市场。其次,要想做成一件事,就得具有非同寻常的 agir,而且更多的不是在文学圈,而是在音乐圈。什莱策尔在日夜奔走:他是怎么挺得住的,这我就不得而知了……古谢维奇刚来了一封信:他已经就翻译的事和一家意大利出版商谈妥了,译作包括论述托尔斯泰、陀思妥耶夫斯基和尼采的著作合为一卷。出版商①给我来了一封信:出版的每一本书将有我 9% 的版税。这样的条件是可以接受的。但他那儿却没有我的著作。因此我请你给他寄一本《托尔斯泰与尼采》(皮罗日科夫版),而只是……? 的确还需寄一本《陀思妥耶夫斯基与尼采》。他的地址是:意大利,Torino,Via Legano 33,B. Gourevitsch。请即刻把书寄出来,不要拖延。毕竟意大利语译本更有意思,更何况,和伦德别尔格显然不会有什么结果……需要 agir,agir。这里所有人都在跟我们作对——而咱们又无可奈何,只能应战。(巴黎,1921 年 5 月 12 日)

昨天晚上和方丹谈了一次话。你倒想想看:他对我说他居然为你的《柏格森和舍斯托夫》一文感到高兴。高兴倒在其次,他说尽管他说过相反的话,但还是想要竭力力争让此文在《当代纪事》发表……唯一可能会有的驳议是文章的篇幅:5 个印张。我提出缩减一下。他不愿意:说缩减了很可惜。他尤其喜欢文章的下半部分。

---

① 不清楚这里说的是哪个出版商,也不清楚舍斯托夫的意大利文著作当时是否出版了。

这件事会有什么结果我不得而知。但无论如何这件事还是给我打足了勇气：我们可以斗一斗了……当然，如果能让此文发表，会是一个了不起的奇迹。可话说回来，你还是想一想该如何缩减此文吧。虽然方丹竭力反对缩减，但无论如何不能发表比缩减要糟糕得多，因此一定得想出一个什么办法来……将来随着情况的发展和变化，我会写信及时告诉你的。可说话会很快，而做事就不那么利落了。而且在这个过程中总是会有各种各样的误解产生，而且这些误解往往是很难解释的，因为这里的所有人全都忙得要死，空闲时间很难找到人……明天我做报告，方丹要来做主持，我会再催催他并再给你写信的：或许经过这一个星期以后，有什么事到底还是搞清楚了，虽然前途如何现在还无法断定——这里的一切就这样逐渐展开，渐渐地有点儿头绪了……后天我要去一趟克拉马尔，在巴黎郊区，安娜在那里找到一幢便宜的住宅。那地方甚至可以说就是巴黎，因为可以从那里一旦必要就坐车进城。而且确实在那里也可以从事研究。我还没去过那里，而安娜却已经去了10趟了：把房间打扫得干干净净的好让我能"从事工作"。她和孩子们都在为这件事发疯似的忙，甚至在我看来都有点儿太过分了。但对付这一切我还是有办法的。（巴黎，1921年5月15日）

5月15日《新闻报》登载了一则公告，说5月16日周一8点30分将举办一场各种座谈会，题目是"De Profundis"，报告人是列夫·舍斯托夫。参加会后讨论的有尼·弗·柴可夫斯基、伊·帕·杰米多夫、德·加夫龙斯基教授、鲍·费·什莱策尔、伊·伊·布纳科夫、德·谢·梅列日科夫斯基等人。届时举办座谈会，会上舍斯托夫做了与其文章《一千零一夜》同题的报告,文章业已发表于《当代纪事》第3期,出版于1921年2月27日,5月20日,《新闻报》发表了座谈会纪要,署名为鲍里斯·什莱策尔。纪要作者写道:

> 舍斯托夫的哲学报告吸引的听众人数远远超出了主办者的预计。Societes Savantes 的小礼堂里,早在预定开始时间以前就挤满了人,后来许多人不得不无票放入。列夫·舍斯托夫报告取得如此大的成功,以及赢得听众如此密切的关注,加上报告后紧接着进行的讨论会,无疑证明了这样一个事实,即报告人的题目在俄罗斯人的殖民地引起了极大的兴趣……舍斯托夫在报告中以一种激烈尖锐、不同凡响、甚至带有几分悖论色彩的方式,提出了理性和信仰之间的关系问题,揭示了二者之间存在的悲剧性的矛盾。显然,揭示人类认识中的这一悲剧就是这一报告的核心思想。但是,这一点却并未引起反方代表的足够关注:加夫龙斯基先生和米·尼·明斯基先生都起而为理性辩护:前者从新康德主义出发,后者则从一种独特的神秘主义——如果可以这样表述的话——的理性主义出发。以一种调和角色出场的阿·弗·卡尔塔舍夫以信仰和理性之间有和谐存在这一理由试图调和这一矛盾。十分激烈的讨论持续到很晚的时候,主持人尼·弗·柴可夫斯基不得不宣布讨论会结束。

在舍斯托夫报告之后发言的明斯基后来把他的发言发表在《当代纪事》第6期上,标题是"唯一的光源"。

报告后几天后,舍斯托夫偕妻子移居克拉马尔。安娜·叶丽阿扎洛夫娜给在日内瓦的法尼亚写信说:

廖利亚非常喜欢我们的新居。新居当然非常简陋，但价钱不贵，而且窗外有一个芬芳馥郁的小小园子，非常宜于工作。他对你给他提供的照顾，和为他安排的一切，都赞不绝口。〔克拉马尔，1921年5月23日（?）〕

由于5月16日那天，就舍斯托夫报告所进行的讨论会未能进行完，所以，决定于5月29日召开另外一次座谈会。伊·帕·杰米多夫，尼·弗·柴可夫斯基、德·谢·梅列日科夫斯基、伊·伊·布纳科夫、帕·巴·司徒卢威、列·阿·谢夫参加。关于这次座谈会，舍斯托夫在给洛夫茨基的信中也谈到过：

星期日就我的报告举行了一次讨论会。柴可夫斯基扼杀了一切：大谈特谈人所共知的常识，谈了整整一个小时。杰米多夫发言不错——只是他谈的问题和报告没有多大关系。发言最精彩的是梅列日科夫斯基。开头就紧切报告的主旨，谈得非常精彩。可他最后却不得不把结尾部分压缩一下，因为他前面几位发言者都超时了。幸好轮到我时供我支配的时间就只有两分钟了，我只简单地说了几句。礼拜日我做了《论万物之根》的报告。安娜亲自安排了这次报告会，因为通常主办者需要200法郎。她奔走忙乱了一番：但她是好样儿的：既是厨娘，又是礼宾官，又是组办人。只是，据说，收费并不多，因为我做了两次报告。但倒也不至于赔钱：这是因为一切都是安娜亲手操办的，费用不会超过300法郎。（克拉马尔，1921那年5月31日）

6月5日礼拜日舍斯托夫做了《论万物之根》的报告。6月8日的《新闻报》登载了报告会纪要，没有署名，也许出于什莱策尔之手。他写道：

> 前来聆听报告的数量相当多的公众和列·伊·舍斯托夫报告——《论万物之根》——所获得的巨大的成功，是其在这个地方所做的报告——《一千零一夜》——的继续和发展，该报告留给公众的印象由于接踵而来的讨论会而在很大程度上有所减弱。幸好这次的报告后没有举行讨论会，所以听众能从始至终沉浸在舍斯托夫思想的氛围里，这是一种紧张、丰富、复杂而又大胆无畏的思想……在俄国哲学思想的生活中，列·伊·舍斯托夫在前几天刚刚出版的《当代纪事》第5期发表的著作①，无论如何都是一个巨大的事件。

舍斯托夫在给亲人的书信中，也提到自己的演讲。他在给日内瓦的洛夫茨基夫妇和在格列诺波尔的女人们的信中写道：

> 我们这里没有什么新闻。现在是夏天，人们都在忙于出门，去往郊区或是哪个更远一些的地方。《当代纪事》编辑部同样也笼罩着一种出行的气氛，所以一切看上去比以前更加令人心情沉重。而当一个"集体"进行编辑时，要想搞清点什么，那就更难了。我当初好像已经和方丹明斯基最终谈妥了的，可是，后来集体一干涉，

---

① 该期杂志首页标注的日期是1921年6月5日。

一切又得重来。我希望明天一定能抓住他，这样《论里姆斯基－科尔萨科夫》①的文章哪期发表，会得到一个确切的回答的……关于我的演讲，你们想必已经从报上看到了。总的说来，演讲进行得还可以。纯收入将近400法郎——同样也很不错。老实说这甚至算不上是我挣来的，而是安娜挣来的，因为如果不是她的话，就不得不给演讲的主办者缴纳200法郎，还要加上费用200多法郎。秋天将举办庆祝陀思妥耶夫斯基百年诞辰的活动。如果时间来得及，我会写一篇演讲词，我希望这次演讲会吸引更多听众，而已经有了经验的安娜，举办这次活动会更加得心应手了。（给洛夫茨基夫妇，克拉马尔，1921年6月9日）

先谈谈考试。你呀，塔尼亚，你完全没必要把开始挪到秋天进行。要想完全做好应试的准备——反正不可能，哪怕你再往后挪5年也是这样。我当年也经历过无数次考试，每次都考得很好，但每次临考前，也都似乎觉得自己知道的，仅仅只是所有必须了解的知识的十分之一而已。而且不光是感觉如此，而是实际如此。就连教授们也都知道这一点，但还是给我打5分，因为他们知道得很清楚，应试准备充分到十分之一以上是不可能的。要知道当年那些教授们也都当过学生，也曾具有考试的经验。重要的是要确信学生下功夫学习了。而真正的知识是后来才获得的——这是指那些终生坚持学习的人。当然有时候也会发生教授犯错从而导致好学生考砸了的事情。因此考试伴随着风险。可即便你这次考砸了，也还是可以

---

① 这里说的是洛夫茨基的文章《尼·阿·里姆斯基－科尔萨科夫·其创作的来源》，发表于《当代纪事》第6期，1921年8月号。

秋天时重考嘛。总而言之没必要把考试太放在心上。要知道即便你考砸了，也不要紧：你不还在学习嘛，仅此而已。而如果你考试通过了，那么这个夏天你就自由了，以后等你来到巴黎，咱们就可以一起生活，到那时咱们一块想一想，今后你从事什么工作好。重要的是心里要想着未来。过个两三年，会有人叫你回俄国的——即使现在那些布尔什维克们就已经在召唤了——将来你们一定会成为那里欢迎的客人的。所以感到为难大可不必——只要努力学习再学习就够了：毕竟未来是你们的——未来属于青年。这一点理应鼓舞你们，让你们朝气蓬勃。我们这里一切照旧。妈妈在做家庭主妇，给我做饭，安排讲座，现在还要计算所有收入——已经达到400法郎了——我每天都要进城去找米·格（玛丽娅·格奥尔吉耶夫娜·谢夫）去看牙。而谢天谢地，只要看牙一结束——我就要开始工作了，准备秋天关于陀思妥耶夫斯基的讲座课。[给女儿们，克拉马尔，1921年6月（?）10日（?）]

我做了一个讲座《论万物之根》——如果你们还记得，这就是我在基辅哲学学会作为报告讲过一次的那个内容。现在就连这次讲座也发表在最近（第5期）的《当代纪事》上了，这篇文章使我挣了1000法郎。讲座还欠我500法郎。而去年同一篇文章让我从另一份杂志（《未来的俄罗斯》）获得800法郎。所以，这篇文章总共给我挣了2300法郎！写文章有时候会很走运的。（给女儿们，克拉马尔，1921年6月16日）

6月末舍斯托夫加入了巴黎学术团体。他希望通过这个团体他能够出版其俄文著作，或是再版其以前的著作。

当舍斯托夫初到法国时，还没有人听说过他的名字，也没有任何一部他的著作被翻译成法语。在他抵达之前他的文章用法语发表的就只有一篇，这篇文章也没有引起任何反响。只是在他的署名出现在法文杂志《新法国评论》上以后，人们才开始注意到他。当他抵达巴黎时，让可·利维艾尔——这份杂志的主编——正在筹备纪念陀思妥耶夫斯基专刊。利维艾尔请求什莱策尔为他推荐为专刊撰稿的俄国同行。什莱策尔建议他去找舍斯托夫，舍斯托夫也就接受了邀请。他于是写了《克服自明性·写在陀思妥耶夫斯基百年诞辰》一文。此文的手稿草稿保存在舍斯托夫档案。封面上标注的字样是："Clamart，1921 年 6 月至 9 月"。此文的俄文文本发表于《当代纪事》1921 年第 8 期，和 1922 年第 9 期，1922 年第 10 期。法文文本只发表了文中的一部分，发表于 1922 年 2 月 1 日出版的《新法国评论》上。舍斯托夫的这份文稿及其几乎所有文章和著作，后来都被鲍·费·什莱采尔翻译成出色的法语本。在同一期《新法国评论》上，还登有让可·利维艾尔和安德烈·纪德论述陀思妥耶夫斯基的文章。舍斯托夫思想的深刻性和独特性，给法国读者留下了深刻的印象。

8 月份，舍斯托夫写信给在离伯恩不远的一家疗养院，在夏季演出季在市里酒店演出的大乐队里负责演奏钢琴声部的洛夫茨基说：

> 非常高兴你居然能这么快就把 Heustrich 给拿下来了。而我和你不一样：按"期限"完成一篇论述陀思妥耶夫斯基的文章，把我多少搞得"疲惫不堪"。可好像就这儿还不算完，这不又让我为法国的例会做个报告《陀思妥耶夫斯基与帕斯卡尔》。我真担心应付不了。论述陀思妥耶夫斯基的文章还没有动笔：正在重读和思考他

的全部作品。(克拉马尔,1921年8月19日)

我们未能判明,这里提到的法文演讲和法语文章,究竟做没做,写没写。舍斯托夫后来以话语为题在索邦大学做过一个讲座课:《陀思妥耶夫斯基和帕斯卡尔的哲学理念》。

几天后,舍斯托夫给在日内瓦的法尼亚写信谈到了家庭生活和文学事务:

> (分钱时)要遵守共同原则,并不要把我当做例外,说什么我有工作之类的话。况且我也不需要把我当作例外。那一小口面包,如果伴随着大家的哭泣声,我又怎么能咽得下去呀。现在周边人们都在哭鼻子发牢骚,弄得我甚至愿意割让自己的所得,如果能让大家都没有怨言的话,我情愿这么做——目的只有一个,就是不愿意听到人们的怨言和牢骚。可我即使这么做也无济于事。而 agir 总归是难以避免的。那就只有努力适应这一条路了。而且,坦白地说,假如就只有我和我的全家在这里的话,我的心里肯定会安宁得多:总归能闯出一条路来的。最使我担心的,是其他人的家庭——索尼娅、马尼亚、米沙和萨莎。我也知道得很清楚,他们在许多方面是罪有应得,他们败坏了我的许多事情,做了许多坏事,花钱不量入为出等等。可他们毕竟是我的兄弟姐妹呀,你甚至在最生他们气的日子里,也难免会怜惜他们。可见,我只有一个办法:严格遵守业已确立的定额,不给任何人以多余的东西。恰好我刚刚接到马尼亚的一封来信,从来信你可以看出,她现在已经平静下来了,已经接受和认可了自己新的地位了。米沙和萨莎看样子仍然还没能平

静下来。索尼娅也一样。但他们总归会心安理得的——到时候他们在道义上也会感到心情轻松的……说到明斯基①那篇文章——这篇文章我还没读到，但或许颇有些小市民气息吧。答复它完全无此必要：《当代纪事》不会让人们如此关注我的。但在谢苗·弗拉论述一般哲学题目的最近发表的那篇文章②（这篇文章是早先就已经向他预约的）中，会有一个很长的附笔，他在附笔中会对明斯基所说的恰恰是他不懂的东西这一点，做出解释和说明的。比这更重要的答复是《当代纪事》所不能允许的。但上帝与他们同在，这一点并非那么重要。（克拉马尔，1921年8月15日）

9月份除了匆匆写作论述陀思妥耶夫斯基的文章外，还得加上为获得教席的事奔走的事情。舍斯托夫在给洛夫茨基的信中写道：

这里有人建议在巴黎的索邦大学③下开办一所俄国历史学院，仿照现已存在的法学院的样式。明天将就此事和米留科夫商谈。这个学院所教授的科目都和俄国有关，讲课都采用俄语。当然会开设俄国哲学史和文学史课程的。学费为每学年12000法郎……而巴黎学院却仅仅只是一种希望，而在如今这样的时势下，很大程度上是无法实现的希望……我们这里没有什么新闻。誊抄论述陀思妥耶夫斯基的文章的事也马上结束了。（克拉马尔，1921年9月18日）

昨天见了本地学术组织负责人格龙斯基教授，谈了谈有关历史

---

① 尼·明斯基：《唯一的光源》，《当代纪事》1921年8月5日。
② 谢苗·卢里耶：《两条道路》，《当代纪事》第7期（1921年10月6日）。
③ 舍斯托夫喜欢这样称呼于1922年开办的隶属于巴黎大学的俄国历史－哲学系。

学院和我的课程的事儿。一切都尚未确定。用他的话说，是法国人非常愿意开办这么个学院，只是缺乏讲师。10月下旬 Patouillet 教授会回到巴黎，他会决定这一切问题的。到那时一切就会明朗起来的……

（安娜·叶丽阿扎洛夫娜的附笔）：廖的身体一度恢复得很好，可现在他的工作实在太多：正在誊抄论述陀思妥耶夫斯基的文章……所以他又瘦了，疼痛又开始加剧了。奇怪的是，除了您以外，谁都不怜惜他，也不尊重他的人格，这个人是人群所需要的，他具有多么非凡的才华。[克拉马尔，1921年9月21日（?）]

需要写的文章很多——都不知道该从那篇开始了。而且我对写东西已经厌烦死了：如今我从早到晚一直在写。10月1日以前必须写完论述陀思妥耶夫斯基（百年诞辰）那篇。文章写得很长，就这还有一半资料留在了国外，我所做的只是继续写完和重写——从早到晚。只要能写得好……格尔曼，我很高兴，你的演出季顺利结束了，报酬毕竟很丰厚。我可挣不了你这么多钱：写一篇论述陀思妥耶夫斯基的文章花费了我3个多月的时间，而我为此文还得不到80瑞士法郎。总之目前在《当代纪事》我们的机会在下降。第6期出来了，第7期也快了，可那里面没有我的文章。论陀思妥耶夫斯基的文章是他们需要的，而 Дерз. и Пок 却不是。总而言之，该让我的那些读者歇一歇了。杂志发行很好，甚至印数有所上升。方丹说这份杂志长期出版是有保障的了……

眼下我们刚租了一幢不带家具的住宅：3个小间，一个小小的厨房，外加仆人住的一个小间。位置在6楼——400法郎一个月带供暖。新房的建设10月15日完工。眼下，正如所签合同所说，我们刚接到通知，布拉格开办了一家俄国大学，据说有捷克政府对其的投资，来信问我想不想到那里去教书。薪水少得可怜：月薪2000克朗即300法郎。可据说那里生活很便宜。如果安娜也有人要，我们就会去的，我会给学生解释，为什么说哲学是科学，以及什么是进步等。但就是这也比其他工作好，虽然不如你，不如你演奏Heustrich，必须花费许多时间去备课。只有一点好——如果我能活到70岁的话——最后的10年讲授的全是现成的教案了……？〔克拉马尔，1921年9月22日（?）〕

至于教授资格问题对我没那么大诱惑。我本人没那么大把握会让我过关。米留科夫我见到了，但他说他不知道这件事，我从他那里什么也没了解到。一般说要是不写信，贸然去"敲门"，人家不大愿意去开门的。在这儿我曾拜访过一位叫梅耶松的教授，是柏格森的好友，著有许多名著。他懂俄语（是从俄国出来的），在莫斯科曾经见过我，对我多少有些了解，读过我的一些书。我请他帮忙在罗特席尔德的机关里给安娜找个工作。他认识的人很多，如果愿意的话，肯定能帮上忙。他答应打听一下，包在他身上，并且即刻就写信。可三个星期过去了——他那儿却没有任何回音。而维纳韦尔目前什么也没干，虽然我曾相当固执地敲过他家的门。的确，他一直在生病，而且病很重。但总而言之，看起来需要具备足够的耐心。或许，随着时间的流逝，总会做成某件事的，但显然不会很快……

论述陀思妥耶夫斯基的文章写完了。我不知道写得怎么样，反正预约我履行了。可即便方丹不会因这篇文章把我赶走，也会因下一篇文章赶我走的。看样子他因我而感到很不好受。〔克拉马尔，

1921年9月24（？）E］

不得不打搅您，尽管心里万分不愿意也罢。我写信告诉过您说我们租了一套房子，10月中旬就搬进去。我们必须用我们在日内瓦用的那套家具。请帮我们找个人，把东西打点一下，包装一下，托运一下。所有的家居什物都需要，除了那部分书籍外。问题在于我目前正在就提议我讲授的俄国文学史和哲学史课程的问题进行谈判。因此我需要，一旦谈成了，所有俄国作家——亦即普希金、莱蒙托夫、果戈理、托尔斯泰、契诃夫等等，（所有作家，有一个算一个），其次就是伊万诺夫—拉祖姆尼克、别林斯基、别尔嘉耶夫（尤其是他论霍米雅科夫的小册子）、索洛维约夫（论教会）等书。除此之外，由于还得将许多神学方面的问题……？清教百科全书，其次就是Pohl，天主教繁琐哲学。如果还有文德尔班的哲学史第2卷，以及他的绪论 *Preludien*，《纯粹理性批判》（俄文版）那就太好了。请您在你们动身出发前务必把哲学书都托运出来，因为你们肯定不会很快就回来的，而课程，如果我被录取了的话，则必须11月份就开课。这些书我还得事先都做好准备——而没有书我是一筹莫展呀。不过话说回来，如果我获得这个教席，而听众又很多的话，那我就会拥有稳定而又可观的收入了（月薪1000法郎），到那时可能就只有开学头一年会忙一些。所以，虽然打搅您我于心不安，但我真的是无可奈何。您可以找个人来帮帮忙：我已经可以预见到一笔可观的收入，所以对我来说这不算什么了不起的事情。论述陀思妥耶夫斯基的文章为我挣了2000法郎，除此之外，讲课肯定还能给我带来5、600法郎的收入……

我在继续 agir。昨天到过梅耶松教授家。我不知道你听没听说过这个人。这是个俄国犹太人，还会说俄语，但已经法国化了。他在 бар. Гирша 的机关工作，认识人很多。他著有两部很有价值的、引起人们密切关注的基本著作，《思想史》和《科学哲学》。他的书我还没读过，但他大略向我讲述了其著作的基本内容，并且对最后一部著作做了简短的评论，发表在《科学评论》上。题目很有意思，他是一个不同凡响的哲学家，我很有兴趣结识他。我和他谈到过柏格森，并且专门讨论了 nous ne penson que pour agir 的问题。在这个问题上，他和柏格森有严重分歧，虽然出之于和我完全不同的理由。我敢说在这个问题上他接近胡塞尔，虽然他不了解胡塞尔也不喜欢胡塞尔。柏格森他认识，而且评价很高。答应介绍我和柏格森认识。所有这一切都很有意思。或许我甚至会就他的著作写篇文章，力图说明……？如何理解 nous ne penson que pour agir 的问题。尤其重要的是，一旦我结识了柏格森，我就可以在谈话中检验我对他的观点了。所有这些前景都非常吸引我，如果巴黎让我有可能靠教授的工资生活下去的话，我就可以进入法国哲学家圈子，那样的话就比布拉格强得多了，顺便说说，我怀疑布拉格非常倾向于黑色百人团的反动主张。目前梅耶松交给安娜一封写给当地慈善部门的信，或许她终究能在某个当地的医疗机构里得到一份工作。当然一切不应该加以夸大，但毕竟也没必要有意缩小。而且，很明显，没必要到处求医。即使不是现在，那么，过个一年半或一年，经历了各种可能以后，或许就会有哪个机会就实现了呢。更何况如果在巴黎就过我们现在所过的这种生活的话，生活费用并不是那么高。［克拉马尔，1921 那年 10 月 1 (?) 日］

舍斯托夫和梅耶松建立了良好的关系,但却未能和柏格森认识,而且梅耶松的信也未能帮助安娜找到工作。

10月10日,安娜·叶丽阿扎洛夫娜前往威斯巴登休息和治疗一个月。28日舍斯托夫带着孩子们从克拉马尔迁居巴黎,他们早在9月份就在巴黎找了间住房。在给安娜·叶丽阿扎洛夫娜和洛夫茨基夫妇的信中,他谈到迁居和他在巴黎做演讲的事情:

> 迁居原来比我们所能设想的都复杂得多。和每次迁居一样,除了过程极其复杂外,还得加上一大堆非常紧急的事务需要处理。在把搬运家具的事务委托给事务所以前,他们在礼拜二准时来人来取东西,当时就把东西拉走了,而直到礼拜四才把东西搬进新居。可偏在这时,就好像故意一样,从柏林寄来了谢瓦的一封信,说讲座已经安排好了。需要打听一下领事馆是否准予签证。领事馆设置了障碍——必须亲自去跑,以便获得我并不想拥有一次性进入德国的"证明"……?而要领到证明,就得跑到人民大学开证明。而大学又要求我参加他们举办的一个纪念陀思妥耶夫斯基的什么会,并且在会上给他们做一个关于陀思妥耶夫斯基的报告。于是我不得不参加会议,不得不今天白天就陀思妥耶夫斯基做一个报告(我的文章《先知的才华》)。接着又接到来自意大利的急件,要我尽快给他们把书寄去,因为他们答应12月份以前把书交交付翻译。接着从瑞士托运来的东西也到了。等等等等,不一而足。此外,还得去理发。得写信:给意大利,给柏林,给这个给那个。可到底还是都应付过来了。此刻我们已经在新居住了两夜了。新居很好。但暂时没有煤气也没有电。我和娜塔莎时而在卢里耶家,时而在达尼尔家吃

饭（参与费用分摊）。（给妻子，1921年10月30日）

人们渐渐开始聚集于巴黎。到处是音乐会，展览会和演讲会。昨天开过了第一届庆祝陀思妥耶夫斯基诞辰纪念会（人民大学①）。宣读的参加者名单中有我，而我只不过是在主席台就座而已，但也因此得以避免与人交谈。下周二就得做讲座了——是给学生讲②，我演讲的题目是"音乐与幽灵"③。文中多少涉及陀思妥耶夫斯基，而且没有人读过这篇文章。再说对于学生是不能拒绝的。（给洛夫茨基夫妇，1921年10月31日）

前往柏林的签证终于下来了，于是舍斯托夫11月22日前往柏林，23日在那里做了论述陀思妥耶夫斯基的讲座，然后，或许在一周后，又就同样题目做了第二次讲座。当时米沙、萨沙和马尼亚都住在柏林，舍斯托夫和他们都见过面。28号是礼拜一，他们一起去给父亲扫墓，并委托萨沙定做一块纪念碑。舍斯托夫在柏林期间和许多出版商进行了谈判，并和许多作家见面：不久前（也许是11月初）才到柏林的列米佐夫，安·别雷、季娜伊达·文格罗娃，明斯基，临行前，还见了刚刚抵达科恩的女钢琴家伊扎别拉·文格罗娃。关于明斯基舍斯托夫写道，说他"以其对于最起码的常识的无知而令所有人惊奇。说他几乎什么都不懂"。在舍斯托夫逗留柏林期间，艺术家列昂尼德·帕斯捷尔纳克为

---

① 人民大学召开的群众集会。（1921年10月30日），主旨是纪念陀思妥耶夫斯基，纪念他的百年诞辰，参加者有：亚·卡尔塔舍夫、尼·库尔曼、德·梅列日科夫斯基、列·舍斯托夫、日·巴图热、尼·柴可夫斯基、亚·艾柯。
② 法国俄罗斯大学生联合会。这是一次纪念陀思妥耶夫斯基的晚会（1921年11月8日）。
③ 此文1917年发表于《西徐亚人》杂志第1期上。随后被收入《钥匙的统治》。

他做了一幅肖像。肖像下面署的日期是：1921年12月1日。肖像现存放在牛津的艺术家家族收藏品部。此肖像曾和列·帕斯捷尔纳克的其他作品一起曾于1979年3月份在莫斯科的特列季亚科夫斯基画廊展出。舍斯托夫在柏林期间还曾参加过柏林为莫斯科艺术剧院演员举办的纪念会，参加了当时刚在柏林成立的自由哲学学会的第一届会议。对此次会议，伦德别尔格有如下描述：

  安·别雷，费·亚·伯劳恩教授，亚·施列伊德尔创办了自由哲学学会的分部。针对我的仇恨的呐喊声响彻在第一届会议上。安·别雷发表了一通荒谬的讲话，讨论自由和破坏的魅力。列夫·舍斯托夫拒绝参加这次会议，如果在此学会的第一届会议上对布尔什维克的暴行不表示抗议的话。（伦德别尔格，第203页）

伦德别尔格没有提到伊万诺夫－拉祖姆尼克，他毫无疑问也参加了自由哲学学会。舍斯托夫被遴选为该学会名誉主席，但几个月以后他就退出了该学会。在柏林，舍斯托夫住在俄罗斯人街区的中心。

那个时候俄国作家常常在柏林的咖啡馆见面。伦德别尔格在其《作家札记》中记述了其中一次这样的会面。爱伦堡则在其《人、岁月与生活》中记述了另外一次会面：

  一群作家经常在维利餐厅下属的美观的咖啡馆品茶喝酒……人们开始敬酒。有人干杯是为文学，有人为智慧，还有人为自由。一位超级爱国的哲学家忍受着口腔内部剧烈的牙痛，吃着甜点，举杯祝酒道："反对暴力！"大家全都安静了下来。很明显，这杯酒明显是针对某个人说的。大家沉默了一会儿，相互吻别后，渐渐都散去了。只有我和伊·爱伦堡始终站在旁边。(伦德别尔格，第209页)

有时候，有些俄国作家会到"普拉格尔—吉列"咖啡馆来……有一次，安德烈·别雷和舍斯托夫吵了起来：他们在讨论个性的堕落，用的都是只有职业哲学家才能听得懂的语言。紧接着最要命的"宵禁时刻"到了，咖啡馆里的灯全都熄灭了，可哲学的论战却并未止息。而且最后一幕场景我们又怎么能忘记呢？安德烈·别雷和舍斯托夫在旋转的门扇里大声争吵。两个人都不知不觉地往前推门，结果是两个人谁都怎么也走不出门。满脸络腮胡戴着高顶帽子、拄着根粗大手杖的舍斯托夫，在对永恒的犹太佬大肆抨击。而别雷狂怒不已，手舞足蹈，怒发冲冠。(爱伦堡，第428页)

不敢说爱伦堡讲述的是指1921年11月舍斯托夫到柏林的事情，可以说描述的会面发生在1922年或1923年。

当时洛夫茨基夫妇决定到柏林亲眼看一看，那里的生活状况究竟是否比日内瓦更适于工作。10月中旬两口子陪着母亲一起离开日内瓦，移居威斯巴登。他们在那里一直住到1922年的1月末，把母亲安顿好后，才去柏林。舍斯托夫在了结了柏林的商务以后，也于1921年12月4日到威斯巴登看望母亲和洛夫茨基夫妇，在紧张的柏林生活之后，他在那里休整了3个星期。12月26日回到巴黎。

舍斯托夫回到巴黎以后，继续为教研室和书籍出版的事情奔波。1922年2月1日，《新法国评论》发表了一篇他论述陀思妥耶夫斯基的文章。关于这一切，他都在给洛夫茨基夫妇的信件中谈到过，起先写给威斯巴登，嗣后写给柏林。格尔曼答应帮助舍斯托夫和柏林的出版商进行谈判，所以，舍斯托夫要他随时了解其不光在柏林，而且也包括在巴黎的文学工作的进程。舍斯托夫在给洛夫茨基夫妇的信中写道：

> 新鲜事儿我这里倒是有一件：法国政府给文学史研究所的款项拨下来了。现在只剩下一个问题了，那就是我能否被遴选为讲师，如果遴选了，那么，分配给我的课时是多少？这里的人起先想把我刷掉，因为我没有从事学术工作的"履历"。可是，由于我已经被遴选为塔夫里契大学的副教授，所以，这才没把我刷掉。或许下周就会有确切消息了。（1922年1月14日）

> 我的事不太好：研究所的事儿吹了。我被刷掉了。组织委员会所有人都请了，就没请我。可后来又决定（现在还不算最终决定）给我每周一课时——而其他人则每周或2或3或4课时。而给课时的都是些什么人呐！卡尔采夫斯基每周一次得从斯特拉斯堡来一趟！给了库尔曼3个课时！喏，至于米留科夫，当然了，4个课时，而康达科夫（俄国艺术史）是从索菲亚注册的，给了4课时。而我只给了1课时现在还未定！（巴黎，1922年1月22日）

> 在《新法国评论》2月号上发了我一篇论述陀思妥耶夫斯基的文章（缩减了4倍——前半部分的一半），有鲍里斯·费多洛罗奇·什莱策尔写的前言。文章好像反响不错。三少法国批评界最著名的批评家安德烈·纪德以非常热情的话语对文章表示赞赏，还给我寄了一张请柬（值50法郎），请我去参加他在一个限定的圈子里所做的论述陀思妥耶夫斯基的讲座。

> 和伦德伯格的关系看起来今后也很难搞好了。关于我退出B.

Φ. O一事,他至今未对外界透露一个字。——因此我不得不亲自采取一定措施,以便把这件事告诉给公众,因为多数报刊仍然在把我当作荣誉主席。(巴黎,1922年2月12日)

至于给……(其著作的德文版)写序的事,我竭力反对将此事委托给某个德国名人。要知道一个德国名人了不起只读过那么一两本书,而且读得匆匆忙忙,因此,什么都没看懂。其结果会和英文版序一般无二。依我看,写序的那个人,最好对我的全部著作都耳熟能详才好。我给你寄一本《新法国评论》,你让叶夫龙看一眼就可以使他确信,法国人同样也宁愿把写序的事情,不是委托给一个懂法语的人,而是委托给一个对我的著作深有了解的人的。这件事非常之重要,如果叶夫龙不同意把写序的事儿委托给一个对我的著作深有了解的人的话,那他最好不要给我的书搞什么序言好了。在我们这儿,比方说,《新法国评论》的编委安德烈·纪德对我的文章赞不绝口,可编辑部仍然宁愿把写序的事儿不是委托给一位对我的著作一无所知的法国名人,而是委托给什莱策尔,他虽然不是什么名人,但却了解我的著作。因此我请求你一定努力不要让叶夫龙实施他的意图。或是干脆不要什么序言,或是由你来写一篇序,至于什莱策尔,就让他挑选好了,但无论如何得是一个对我的著作有所了解的人才行。

我们这里一切顺利。孩子们都在上学。我在竭力写作,虽然'日常生活的操劳'总也难免……?这一切在这儿都是'学术团体'给我安排的,而伦德伯格从柏林给我安排的一切只会令我感到碍手碍脚。研究所的事结果是这样的,到底还是任命我为教师了(一切都是法语系决定的),而因为一下子任命了11个人,所以,工资十分微薄：年薪4000法郎。每周还得到人大（即人民大学）上一次课，结果是每两小时课25法郎。昨天做了第一讲。当然，备课时间太少，所以，讲的实际上是在基辅讲过的内容。（巴黎，1922年2月23日）

今天接到格尔申宗的一封来信。包裹他收到了。看样子他的日子过得不怎么好。请把他和维亚切斯拉夫·伊万诺夫的通信出版了，而把给他和给维亚切斯拉夫的稿费以包裹的形式寄给他们。我给叶夫龙写了一封信。但需要打听一下伦德伯格的态度，因为格尔申宗也向他发出请求过，问他是不是已经把出版事宜委托给什么人了。我尽量安排从这里给他邮寄，并且如果可能的话，尽可能让稿酬体面一点。或许叶夫龙还能同意出版格尔申宗的其他著作——《格里鲍耶妥夫的莫斯科》或《历史札记》？——也说不定，这几本书篇幅都不大，销路不错！（巴黎，1922年3月9日）

你简直无法想象，我关于陀思妥耶夫斯基的文章在这里居然大获成功。至于《新法国评论》编辑部（编辑本人是让·利维艾尔和安·纪德）本身就更不用说了，报刊上也发表了一些热情的评论，有一篇甚至发表在了 Radical！——简直把我捧到天上去了。而我也已经通过鲍里斯·费德接到来自一家出版社的建议书，建议出版一本我的法文著作（其中包括我论述陀思妥耶夫斯基的文章）——这份建议书里通篇充满了针对我的夸大不实的夸奖和表扬之词。而现在也正是因为这篇文章迅速开道，我也才不必急急忙忙做出决定，我想努力再找找，看能否找到愿意出版我全部著作的出版商，好让德文版的故事不要重演。我会尽我所能而且会步步小心的……

对我来说最重要的是不要在私德上有所负累。而你们如果知道围绕着历史研究所所发生的一系列怪事,简直无法相信!而和'西徐亚人'的关系也不愉快。至于收拾房间和洗衣服这还都是小事。不久前,我就是在收拾房间和洗衣服的过程中,仔细构思了给自己的新著写的序言全文和讲座课的开场白。重要的是不要让自己被这一连串肮脏的故事给搞迷糊了。好在上帝保佑,在这方面,如果和出版社的关系正在步入正轨,那么,一切会逐步好转的。我无论如何不会丢下我的工作的。那些不快的事是有些妨碍,但眼睛也在把我妨碍。可由于有安娜在,所以,我的生活还说得过去,我只要一摆脱开外部事务,就可以开始工作。而一旦摆脱外部事务,则身边即使没有仆人也很好。无论如何,论述陀思妥耶夫斯基文章所获得的成功使我有权指望未来的一年将比今年一年轻松得多,而我也将能做更多的工作。(巴黎,1922年3月15日)

论述陀思妥耶夫斯基的文章在巴黎这里在法国文学圈里,获得极大的成功。而这里的人们已经在毫不打磕巴地把我当作和 A. Gide 一样的 remarguable 了(而 Gide 在这里可是个大人物)。纪德本人给我 Clarte 介绍了(这是巴尔布斯办的一份杂志)的文章,文中把我和他相提并论。已经开始有出版社的约稿函源源不断地给我寄来。但这却是一件很折磨人的事情。不得不建立新的 relations(关系),到处露面,没完没了地和人谈话——一直以来 agir 都浪费在诸如此类烦琐小事上了。我不知道这一切会如何结束。出版商们做事总是一意孤行,和他们逆着干简直不可能——或许我会不得不让步的。但我仍然还是要试一试——试试吧,或许能争回一部分。在文章获得那样的礼遇之后,唯一使人感到懊丧的是,假如在另外一种环境下,此文也许能获得比这更多更好的礼遇呢。我不光在法国人圈子,而且也在俄国人圈子里听到许多赞扬,这搞得我都不好意思了。有一位著名艺术家(格里戈利耶夫)已经开始创作我的肖像了,此画4月15日将展出。据说这会有助于谈判的进行!假如有谁愿意做这件事就好了,那样我就犯不着和出版商打交道了。眼下暂时还没人愿意去;不过,总归会有人愿意去的。(巴黎,1922年3月22日)

　　昨天领到了所里发的最初三个月的工资——呀呀,统共才1000法郎。当然,我还没开始讲课呢——但在复活节后就要开始讲课了。我正和一个叫"普隆"的法国出版商谈判。这是一家非常好的旧式出版社,但就是太抠。它想出版我最新的一部著作(灵魂中的漫游),并且在他们所出版的一本契诃夫文集之后,附上一篇我论述契诃夫的文章。但所有这些文字(一共22个印张)他们只肯付我1000法郎,而什莱策尔翻译所有文字(论述契诃夫的文章除外)同样也总共给1000法郎。安娜很生气,说千万别答应,而什莱策尔则主张答应下来。今天晚上还得就此问题和什莱策尔商谈。我也觉得讨价还价还是很有必要的。(巴黎,1922年4月16日)

舍斯托夫在这封信中提到"普隆"出版社想要出版法文版的他的著作《灵魂中的漫游》。但实际出的,就只是一个薄薄的小册子,里面的内容就只是原文手稿中的两章。合同是1922年11月7日签署的。书是1923年3月出版的,印数3000册,书的标题是:Les Revelations de la mort. Doctoievsky—Tolstoï,此书被列入"外国作家译著丛书",主编是夏尔·久·博斯。什莱策尔的发表于1922年1月1日的 Меркюр де Франс 的文章被用作本书的序言。1958年"普隆"出版社又再版了两卷本的这部著作,并且附有什莱策尔的新序。舍斯托夫在信中所提到的论述契诃夫的文章《从虚无中创造·阿·帕·契诃夫》在该社出版的契诃夫全集中,并未被作为附录收入,这套全集是从1922年开始陆续出版的,同样属于外国名家翻译丛书系列。《灵魂中的漫游》一书在此期间并未出版。舍斯托夫后来把他写于1922—1926年间的著作也收入其中,并将其于1929年在巴黎出版,标题是"在约伯的天平上",副标题是"灵魂中的漫游"。虽然久·博斯未能实现其出版舍斯托夫所有著作的计划,但他们观点一致,并且频频见面。数月后,久·博斯将其新著近似值 $Approximations$ 的第一卷赠送给了舍斯托夫,并在扉页题词:"A Leon Chestov avic ma bien vive symphatie…5 juillet 1922"。久·博斯很快又帮舍斯托夫出版了另外一部法文著作。

如上所述,1922年1月洛夫茨基夫妇去往柏林,要实地看一看那里究竟能否安生。法尼亚想要继续其在日内瓦期间刚刚开始着手的心理分析研究。在柏林她幸运地结识了杰出的俄裔俄国精神分析学家马克斯·叶费莫维奇·艾金贡(1881—1943),后者同样担任她的研究的指导教师。关于这件事,她在给舍斯托夫的一封未保存下来的信中曾经谈到过。舍斯托夫对她的回答是:

你的那封信我没有当即回复,心里想的是等你下封信到了一块儿回复。这些天忙忙叨叨地总也歇不下来,而我到底还是不愿意丢下手头的工作,因此总是千方百计地珍惜时间。你最近的那封信让我喜不自胜!这位艾金贡医生究竟是个什么人呢!我在此之前从未听说过他的名字!是个俄国人还是德国人?根据他能读我的著作这一点判断,他十有八九该是个俄国人——而一个俄国人又如何能像他那样，在柏林居然爬到他那样的地位？如果你的这件事能搞妥的话，那真是再好不过了。可以说是适逢其会！好在你早就离开瑞士了——其实你早就该离开那里了。我们大家全都只有生活无忧，才能在瑞士安居。可眼下当需要进行 agir 时，却被迫在大城市定居。这又是一个恰逢其会！……

我已开始讲课——与此同时，尽可能写点儿东西。无论如何竭力不放弃自己的事业。我不知道今后会不会写一点儿斯宾诺莎（我还没有收到答复）——但是，如果将来我不得不写，如果这篇文章获得成功的话，形势便将变好——现在我已经上路了。本周五我在人民大学讲最后一次古代哲学史课，接下来还有人建议我再讲三次陀思妥耶夫斯基（即以我的文章《克服自明性》为蓝本）。所有课讲完后会给我带来 400 法郎收入。下周开始在索邦讲课——只来得及讲三讲，不会多，为此已经挣了 1000 法郎，以后还能挣 1000 法郎。（巴黎，1922 年 5 月 18 日）

如前所述，1922 年 2 月，舍斯托夫被任命为巴黎大学俄语系教师，而一般人们都称此大学为索邦大学的俄语部。舍斯托夫在给洛夫茨基夫妇的信中所提到的前三次讲座课，应该是在 6 月 1 日、3 日和 10 日分三次讲的，题目是"当代俄国哲学"。在以后的 16 年中，从每年的 11 月中旬或 12 月初起直到圣诞节（秋季学期），从 1 月份到复活节（春季学期），舍斯托夫始终都是每逢周五 5 点讲课。1922 年秋季学期和 1923 年春天，他讲授《19 世纪俄国哲学》课。以后的 4 个学期（1923/1924 和 1924/1925），讲《陀思妥耶夫斯基和帕斯卡尔的哲学思想》。该课程的名称是在斯拉夫学研究所所出的海报中找到的，见米·别伊萨科的著作,又见《最新新闻报》。1931年秋天和1932年春天,该报并未公布舍斯托夫讲课的消息,因为在1931/1932教学年中,舍斯托夫也许根本就没讲过课。所能找到的课程名称,已被纳入《舍斯托夫生平主要年谱》。米·费多罗夫讲述了舍斯托夫及其他教授在索邦讲课的情形:

> 1923年。凭着学士学位证书,我进了索邦大学语文系的俄语专业。领导该分部的是 Emile Homan 教授,是一位亲俄分子和读书广博的人……索邦的各个教室和阶梯式大教室都在讲课。做报告和讲座的,多数都是些自愿或非自愿离开苏联的俄国作家和诗人,宗教思想家和哲学家,艺术学家和文学批评家。讲教会史的是金口玉言的卡尔塔舍夫;脸上总是挂着神秘而又腼腆的笑容,把普希金的诗学分析得头头是道的霍夫曼;散发着迷人魅力的,口才绝佳、风度优雅的维舍斯拉夫采夫;以其并非总是能不偏不倚的批评见解而见长的列文森;以一种哲学所特有的气吞山河的气势,旧约先知那种绝望的忧伤扑面而来因而令人衷心信服的列夫·舍斯托夫;喜欢就俄罗斯思想的宗教倾向大肆发挥、因口吃而饱受折磨的别尔嘉耶夫……在这个数百年来由法兰西知识界精英所占据的合法领地的中心,我们却呼吸到了俄罗斯的气息,呼吸到了白银时代的气息。

1922年5月22日,舍斯托夫写信给洛夫茨基夫妇,请他们尽快将《托尔斯泰与尼采》递交给"西徐亚人"出版社以供出版之用,因为6月份排版费将上涨35%。在同一封信中他还提到格尔申宗和格里戈里耶夫所做的他的肖像画。几天后他在给洛夫茨基夫妇的信中谈到自己在巴黎的事务和母亲的事情——即给留在俄国的亲人邮寄的包裹的事情。

接到格尔申宗的一封来信……为格尔申宗感到万分地惋惜。我会尽我的一切力量将他拖拽出国外，哪怕只有半年也罢……刚接到马尼亚的一封来信。她信中说柳霞想要根据我的肖像画做一幅木版画，作为我著作的插图，问我是否同意。你想想这样的好事我怎么能不高兴呢，说实话只要是对柳霞有益的事我都愿意。但要我亲口和"西徐亚人"或是叶福龙谈这件事，我还真不好意思。只有一件事是我能做到的：如果叶福龙或是"西徐亚人"问到我，我不仅可以推荐柳霞，而且还可以命令他们把这个活儿交给柳霞做。但以夹页的形式把我的肖像放进书里这种想法，不应当出自我的大脑，而应由别的什么人提出。艺术家格里戈里耶夫——叶福龙对他非常尊敬——在这里为我做了一幅肖像，格里戈里耶夫也想让他的作品，能夹在书里。而我更喜欢让叶福龙出版的我的那些书，即最初版本的书，都以我以前——即写作那些书时期的肖像做夹页。也就是我在日内瓦的家里墙上悬挂的肖像之一（谢苗·弗拉拍摄）。这件事你和马尼亚谈一谈，重要的是，要想出一个可以向叶福龙或西徐亚人提议的人。（给洛夫茨基夫妇，巴黎，1922年5月22日）

你和丽莎的信我都收到了。显然，丽莎的情况好多了。我们3月份给她寄去的三个包裹她或许都已经收到了吧——够她用一阵子了。5月份我们还要给她寄上3个包裹，6月份也是3个，所以，粮食够她支撑很长时间的了。住在哈尔科夫的丽达也给寄了包裹，至于所罗门，总共只寄过3个包裹，6月份还将寄第4个。所以说在这件事上我们会竭尽所能的……我这里一切照旧。忙忙叨叨，一刻不停。各种各样的约稿函从四面八方涌来——有要合作的，有要翻译某部著作的，等等等等，不一而足。但所有人全都一味地想要少付钱多得益,所以,我不得不和所有人吵架。来往信件没个完儿,但却没有多大用处。可你一停笔麻烦就来了。必须储备足够的耐心。谢天谢地,我还能等下去。威斯巴登我只能7月份去了,到那时讲座和其他课程就都结束了。安娜也要到德国的某个地方去疗养,至于孩子们,她们的女友请她们到英国的庄园里去做客。这件事从哪方面看都挺好,能好好休息一下,价钱也不贵,还能练习练习英语。(给母亲,巴黎,1922年5月27日)

6月9日舍斯托夫在人民大学、而6月10日则在索邦讲了最后一次课。在给柏林的法尼亚的信中,他谈到自己那个时期的工作:

7月15或20日我肯定要去威斯巴登,所以,我们很快就会见面,等见面再谈……我希望15号以前我能交出论述斯宾诺莎的文章,到那时,便只有一篇短小的论述维亚切斯拉夫·伊万诺夫的文章要写了。(巴黎,1922年6月29日)

5月18日舍斯托夫在给法尼亚的信中,也提到关于斯宾诺莎的文章的事儿。而在12月12日给洛夫茨基夫妇的信中,他写道:"欧洲论坛退还了我的稿子,虽然稿费我早就收到了。"显然,这几封信中所说的,是《时代之子与养子——斯宾诺莎的历史命运》一文,此文本应发表在周刊《欧洲论坛》上的,却并未发表成。此文法文版于1923年6月15日发表于《马克·德·弗朗斯》,而俄文版则一直到1925年才于《当代纪事》第25期发表。后来此文被收入《在约伯的天平上》。舍斯托夫在6月29日的信中,同时还谈到,自己应该写一篇比较长的论述维亚切斯拉夫·伊万诺夫的文章。我们未能发现任何写作这篇文章的痕迹。

结束了关于斯宾诺莎文章及其他事务以后，舍斯托夫于1922年7月17日去了威斯巴登，看望母亲并疗养。此时，洛夫茨基夫妇去日内瓦住了几个星期，并邀请舍斯托夫到他们那里做客。舍斯托夫写信回复他们说：

急急忙忙回复你们的来信。感谢你们的盛情邀请——当然，现在这个季节日内瓦是相当美好的。可是，第一，我的海水浴课程1号才结束。第二，我已经决定9月份到柏林待3个星期或4个星期，好安排一下哪怕是我的俄文版新著的出版事宜，这件事对我来说十分重要。也许我会去安娜那里待一周，但也许会直接去柏林，看情况吧。我必须充分利用在德国逗留的机会尽一切可能……

我感到自己身体很好。近来天气也变好了，我散步的次数也多了起来。孩子们的情况好得没得说。寄几封她们的来信好逗你开心。（威斯巴登，1922年8月18日）

夏天，安娜·叶丽阿扎洛夫娜去了巴德－萨尔茨希利尔夫，舍斯托夫在结束了威斯巴登的海水浴课以后，也于8月末去那里看她。他一下子就喜欢上了这个地方，这里的生活也比威斯巴登便宜两倍。他在给萨沙、法尼亚和索尼娅的信中写道："这里太美了"，"这里真的很好"——并叫她们也快来。

9月16日，经过两个月的休整后，舍斯托夫去了柏林，而安娜则去了莱比锡参加一个医学大会。他去柏林的事儿很少有人知道。他当然

去了正在出版他的著作的"西徐亚人"出版社。他委托洛夫茨基关注出版流程。他从柏林写信给母亲说:

> 向你致以新年的祝贺,愿你永远健康长寿,希望明年你和大家都能像去年年底马尼亚和瓦洛佳那样欢乐幸福。① (柏林,1922年9月23日)

9月中旬舍斯托夫回到巴黎。他刚到,艺术家谢·索林就为他画了一幅肖像,此画如今收藏在纽约大都会博物馆。许多年以后,从此肖像翻拍的照片,仍然给列奥·季姆尼留下了很深刻的印象。他在给娜塔莎的信(1977年4月20日)中写道:

> "我非常意外地获得索林所作的一幅舍斯托夫肖像,这幅肖像在我身上引起的感觉,就好像俄罗斯大地精神在飞扬,要知道这张脸完全可以是一位圣洁的脸,一个禁欲者的甚至是一位旷野中呼告的先知的脸。肖像上的这张脸是我永难忘怀的。"

舍斯托夫和艾金贡经常见面,因为他也到巴黎待了一段时间。这些见面为他们多年的友谊奠定了基础。从此在以后的15年中,他们几乎每年都要见面。艾金贡对舍斯托夫的态度十分特殊。他在许多方面都为他提供了帮助,为他以及他的朋友做了好多好事。在舍斯托夫档案里保

---

① 这里说的是柳霞和谢·洛夫茨基于1922年8月订婚的事。我想丽莎很快也能来,我们马上就能见到她了。

存着 34 封舍斯托夫写给艾金贡的书信和 6 封艾金贡写给舍斯托夫的书信。本书不止一次援引了他们彼此来往信件的片段，或提及这些通信。

"眼下，"舍斯托夫在给洛夫茨基的信中写道，"最初的日子根本就不属于我自己。谢·索林每天早晨都会来：肖像快要完工了。完事后还得去一趟 Лурье，Винавер 去取工资，和鲍里·费多洛谈话。艾金贡来过我这里——聊了聊精神分析，终于搞清楚了，原来我和弗洛伊德的观点是一致的。他这人非常聪明很有教养：和他聊天很有意思。星期日他还要来，到那时我们又可以海阔天空了。[巴黎，1922 年 10 月 20 日（?）]

此时（也许是 10 月 19 日），格尔申宗到了柏林。

舍斯托夫在给洛夫茨基的信中写道："格尔申宗甚至都没通知我一声说他已经到了柏林，我是从你的信中才得知他来的事的。好一个意外惊喜！现在该他为我的出现而惊喜了。（巴黎，1922 年 10 月 27 日）

舍斯托夫离开柏林后，安娜·叶丽阿扎洛夫娜又多待了两个星期。舍斯托夫在给她的信中谈到过她在巴黎的事情：

我在给你写最后一封信，亲爱的叶丽阿扎洛夫娜，前一封信应该是 30 日到，而 31 日或 1 日，我想你该离开柏林了。你肯定已经见到过科里亚了吧——因而你想必已经知道，娜塔莎的力学已经考过了。谢天谢地,我简直不敢相信自己的眼睛,一切居然这么顺利。现在她可以安安静静地准备她的 ecole superieure 了。而且,幸运的是,她听的所有课程,今年和明年,都是在城里我们住的这个区进行。所以说,我们这个住宅的另外一个缺陷之一,就这样自行消除了。如果塔尼亚的所有事情都能这么顺利就更好了!我建议她再增加一门课——听一听奥曼和库尔曼的俄语语文学课。万一她的法国文学课考砸了,她毕竟还有 4 个合格证书和资质证。等你来咱们谈一谈这件事:时间还来得及。塔尼亚和娜塔莎现在好不开心呀。她们俩结交了一个法国女人,在塞夫勒有一个豪华的网球场,两人现在成天泡在那里——好在这些天的天气好极了:一大早就阳光明媚,虽然稍稍有点儿凉。她俩一早就跑出去了,晚上才回家。有时还去听音乐会——塔尼亚有时去库谢维茨基那儿,有时去 д'Альгейм 听。莫斯科的奥尔洛夫等下周一会来咱家演奏,而且已经确定了。不过,科里亚肯定把这些事都告诉你了吧。昨天在 д'Альгейм 见到了玛丽娅·尼古拉耶夫娜·(穆拉姆采娃)。要不,我请她来参加奥尔洛夫的音乐会,如果来得及的话。懊丧的是你不在这儿,而我或许能再次把他勾引到家里来。正如你所看到的,我们这里一切都顺顺当当的,好得不能再好了。只是够不着你,我甚至都已经开始生气了,你居然不在这儿,而孩子们都哭了。(巴黎,1922 年 10 月 28 日)

在此期间,法尼亚开始在柏林行医了。一开始就遇到困难。舍斯托夫建议她在自己身上培养一种必要的"干练和稳重":

我想,将来,当你平生第一次接待病人时,你也许尚不善于为他们创造一种理想的条件。而且和亲爱的病人发生摩擦也是必然难免的……依我看,这就是 zur Sache gehort。所有的医疗实践都必须适应条件,和那些无法免除的东西妥协。这一点你应该一劳永逸地告诫自己,并且要像所有干事业的人那样即稳重地对待此事……你应当对于可能会出现的考验多少有所准备才行,并且要以一种干练的稳重来对待它,这种精神和态度,无论如何你需要在自己身上加以培养,既然你已经决心从事医务工作,用精神分析法来治疗病人。假如你仅限于从理论上研究精神分析法的话——你也许——这是当然的——'无法对自己实行再教育'。可是,既然这需要 agir,那么无论是你还是我们,就都需要重新教育自己,也就是说,必须教会自己善于适应生活的条件。我到老年还不得不做同样的事情。起初我对周围所有的不快之事反应十分强烈,如今对它们已经安之若素了:责之太细,麻烦必多……或许你不能一下子就——但你终究能做到尽其所能的,只要你能断然对前进路上所能遇到的一切障碍采取 Schwamm druber 的态度的话……现在该聊聊我的事儿了。但首先还是得先谢谢你,格尔曼,为你付出的操劳,为你给我家里的书,为你专门还跑了一趟科隆等等。(巴黎,1922 年 11 月 4 日)

在给洛夫茨基夫妇的下一封信中,舍斯托夫谈到自己与艾金贡会面的事情:

我们这里一切照旧。我常和艾金贡见面。还认识了他的夫人,夫妇二人都很可爱。要我读了一些弗洛伊德的文章——有很多有趣而重要的东西。我对艾金贡说,弗洛伊德成了个医生而非哲学家,这很令人遗憾,因为如果他并未赋有某种专门的和医学有关的使命的话,他的勇敢和观察力本来会引导他做出更加有趣的发现的。而他却对我说,如果弗洛伊德认识我的话,他肯定会感到惋惜,惋惜我不是一个医生。可我却认为,我更接近于真理。的确,我仅仅只读过弗洛伊德的那样一些文章,这些文章和医学没有一点关系,因为他对医学并不很精通。而和艾金贡聊天时,我们更多时候是在讨论精神分析法最一般的问题——像 Oedipus—Komplexus——在我们的交谈中退居次要地位了。(巴黎,1922 年 11 月 10 日)

1921 年 5 月 12 日,舍斯托夫在给洛夫茨基夫妇的信中,舍斯托夫说,他担心他投给《当代纪事》的《大胆无畏与恭敬顺从》一文,这份杂志根本就不会发表。这篇文章由 52 则格言警句组成,都写于俄国和日内瓦。1922 年 11 月才搞清楚,《当代纪事》只发表了此文的前半部分(格言警句 1—20)。下半部分(格言警句 21—52)舍斯托夫得以将其安排在一份文学季刊《窗口》发表,这份杂志是由玛丽娅·所罗门诺夫娜和米哈伊尔·奥西波维奇·采特林夫妇共同创办的。关于这件事以及在巴黎的其他事务,舍斯托夫给时在柏林的洛夫茨基写道:

> 昨天在(《当代纪事》)编辑部有人告诉我,说你的论述爱因斯坦的文章,格尔曼,会全文发表在第 14[①] 期上。要有耐心。我文

[①] 文章最后发表的不是第 14 期,而是第 18 期(1923 年最后一期)。

章的摘录①在第8期里也仅仅只占了15页,在第14期——根本只字未登,而在第15期里,又占了20页。他们不知道在他们那里积攒下来的这么多材料究竟往哪儿搁好。本来已经很本没有指望了,可幸运的是,采特林夫妇②也想从1月份起创办一份季刊,所以,尽管很紧张,但还是要我到他那里去。我今天去和他谈一谈,也许能把《大胆无畏与恭敬顺从》③的下一半安排在那里发表。然后再说别的。采特林的杂志暂时还很需要材料。在他们那里,格尔申宗很受宠。格尔申宗非常喜欢 Б и Ш 这篇文章。格尔曼,你是否给他写一封信,让他把稿子投给采特林夫妇,即使不是全文,哪怕第二部分也行。这话由我来说,你也知道,颇有不便;但格尔申宗却可以自由行事。试一试没什么难的。

艾金贡去了伦敦,一周后又返回来。我和他的观点是越来越趋同。他到索林家里做过客,同样也对我的肖像赞不绝口,想要让画家给她夫人也画一幅肖像,并说他能找到我这幅肖像的买主(他自己的在美国的 beau—frere),这样一来,肖像最终会落到他自己手里。但索林却不愿意让他卖给私人④。"普隆"好像在书里把这幅肖像用作插图了。也就是说,"普隆"想要取消插图,而索林却要保留,以便 fac simile。我不知道他们最终能否达成一致意见。如果要真迹的话,则我们有非常棒的照片。也许德文版能用得上。

---

① 《大胆无畏和恭敬顺从》。
② 舍斯托夫误把 Цейтлин 写作 Цетлин。
③ 《大胆无畏与恭敬顺从》的下半部(格言警句21—52)发表于1923年的《窗口》杂志第1期(3月份)和第2期,题目是:"摘自'灵魂中的漫游'"。
④ 这幅肖像保存在纽约大都会博物馆。被用作多部舍斯托夫著作的插图的封面。以及在日本出版的著作。参阅《俄罗斯思想》1977年9月1日一文。)

(巴黎,1922年11月17日)

　　至于你的文章——《柏格森与舍斯托夫》——如果有机会,我和采特林说一说。但一般说由于格尔申宗的关系,我和他的关系有些紧张,当格尔申宗从莫斯科开具证明时,他俩都不愿意和我说话。我仍然要努一把力,虽然成功的希望渺茫:要知道,最主要的,是在他们那里,是梅列日科夫斯基和吉皮乌斯夫妇说了算,而这对夫妇不知为何又在对我生气——或许他们以为是我授意别雷那么做的:你是否读过他的《回忆勃洛克》一文①?而你,格尔曼,不妨和格尔申宗通信联系一下。(巴黎,1922年11月27日)

　　今天我接到别尔嘉耶夫的一封来信:他们在柏林想要从1月份起创办一份哲学杂志②。但那里同样也未必会让我们投稿:他们有自己的宗旨。这一点可以通过拉扎列夫了解一下。我已经和Marcan—Block签订了合同。我给他们写过两封信,说汇款不是你格尔曼的,而是"西徐亚人"的,建议他们去找伦德博格,他在科隆曾经答应过我说要把汇款转交的。(巴黎,1922年12月9日)

　　昨天艾金贡来我这儿道别。今天他已经动身前往意大利,然后从那里去德国。法尼亚,我和他谈到过你。他的意见是弗洛伊德是不会认同你的新的联想的。他说你最好还是留在他们那里。而我已经不知道该给你出个什么主意好了——从我这里什么也看不见。昨天塔尼亚课后来找 P. Janet,问他招不招哲学博士生,她对哲学很感兴趣,他坚决地回绝了。其他的还有就是艾金贡邀请我去德

---

① 安德烈·别雷在这部书里,讥讽地谈到梅列日科夫斯基夫妇。舍斯托夫于1921年和梅列日科夫斯基夫妇建立了良好的关系,但显然持续的时间并不很长。
② 《索菲亚》。

国——就住在他家，住多久都行。我现在当然哪儿都不想去。一方面，有课要讲，另一方面，我在这里刚想办一件事，此事如果办成了，对我来说，许多方面都会有好的结果的。因为这件事刚刚着手办，所以，暂时我还不想说。再过三四周，我想总会有点眉目的：到那时我会告诉你的。(巴黎，1922年12月12日)

安娜给你们写信说这里生活很难安顿下来，算是白说了。如果能够只忙自己的事情，那当然是再好不过了。可要知道这样的好事是从来不会有的。首先，请你们回想一下，为了生活琐事，我的那份辛苦操劳！半条命搭上去了！另外半条命也致残了。眼下当然同样如此——可既然我们不能改变什么，那就必须接受这一切并与之妥协。安娜一直都在玩命地干——其他人也总是能感觉到物质生活的窘迫。可眼下离开沄国同样也是错误的。或许因为种子撒得多，所以，果实归根结底也不会少吧……为了你所付出的辛苦，我真得好好地谢谢你，格尔曼。我不知道究竟该如何感激你，而且也不知道将来究竟有没有机会报答你——你为我们做的实在是太多了。可惜的是，M. B（Marcan Block）不愿意安排序言；但序言毕竟能多少给读者一个说明，他们现在读的究竟是一本什么书。在这里，在巴黎，什莱策尔的文章给我提供了许多帮助。如果可以的话，无论如何也该说服一下他们，无论如何得有个引导词吧。这不"普隆"就既发表文章也带插图（索林的那幅）。你是想写关于叔本华、休谟和康德的文章吗？这个题目当然很有意思，可到哪儿发表呢？要知道我们这里根本连一本哲学杂志都没有呀，而在德国人那里——你休想把文章发表在哲学杂志上。我觉得你在《当代纪事》发表一篇小文章相对而言还是很容易的。或许，到最后，说不定就连《柏格森和舍斯托夫》也能上,因为我这儿已经没有了。给采特林夫妇和《当代纪事》我恐怕得过一些时候才能搞出点东西——他们非常喜欢你的文章。(巴黎,1922年12月17日)

圣诞节时孩子们都去了威斯巴登和祖母一起欢度圣诞节假期。洛夫茨基夫妇也去那里待了几天。舍斯托夫给他们写信道:

我们这里一切照旧。工作积累了许多——但除了讲课和校对(俄语,法语,德语和意大利语!)以外,都很有趣。如果帕斯卡尔能对付下来,应该能对付得很好:这是一个很棒的题目。柏林很少有人给我写信,可是,据说被布尔什维克流放到那里去的学者们和作家们,把殖民地文化搞得很活跃。是真的吗?我倾向于认为这是真的。[巴黎,1922年12月27日(?)]

"如果帕斯卡尔能对付下来"一句,在舍斯托夫的来往书信中,是首次提到自己正在写作的文章,此文是就帕斯卡尔诞辰300周年而写的。

12月31日塔尼亚年满25岁了。舍斯托夫给在威斯巴登的她寄了一封祝贺的信:

祝你生日快乐,当然,也愿你精神饱满,身体健康:万事如意。我和妈妈都很惋惜你不在这儿,不和我们在一起:这一天如果能一起过那真是再好不过了!妈妈又该把各种礼物藏在各个角落里,而你又该到处寻找,我则跟着你,嘴里一个劲儿地"你好,塔尼亚，你好，塔尼亚"地说个不停，这套把戏当然很老旧了，但却很令人开心，尽管没有什么新意。但却开心呀——你们和奶奶，和法尼亚，你们如果也这么玩儿的话，我想应该也很有意思。说到底，也许让格尔曼（当然他演这个角色不会有我那么好）演这个角色，唱"你好，塔尼亚"①，而且或许法尼亚藏礼物不会不如妈妈的。大家一起回忆我们——结果就像在自己家里一样。也许我们可能还会安排一次很好的散步。而我们这里一切照旧。缅塔里尼科夫上周二来过我们这儿，做了一个关于不是灵魂而是肉体不朽的讲座。听众多得不得了——根本没地方坐。索尼娅和她分校的那帮人（谢廖沙和乔治都带着夫人），玛丽娅·柳比姆，玛丽娅 乔治.（谢尔），亚里·维纳韦尔，格尼亚·维纳韦尔，丽达——再加上我们两个人，一共 14 个人。他再次答应要来——说这话时，你们已经在路上了。妈妈打算过一过上流社会的生活，前些天去了克列里（帕别尔诺）——就算完事儿了。新年我们在没有你的情况下要去什莱策尔家：他家会有好的音乐。玛丽娅·尼古拉耶夫娜（穆罗姆采娃）又打来电报：今天她的音乐会是慈善性质的，所以她希望大家都去帮她张罗一下。我们这里的新闻就这些了。刚刚接到你们的来信，来信让我和妈妈都十分高兴，使我们高兴的还有法尼亚和格尔曼是一起来的。再次祝贺你，吻你，而你要吻一吻奶奶，法尼亚，格尔曼、娜塔莎和罗莎奇卡。（巴黎，1922 年 12 月 28 日）

---

① 一首歌谣开头的一句："你好，妈妈。你好，妈妈，/快来把我们亲吻，/今天是多么欢乐，/今天妈妈刚刚诞生！"

1923年最初的几个月，舍斯托夫在潜心写作论述帕斯卡尔的著作〔关于这件事在1922年12月27日（？）的信中曾经提到过〕，此文是他为《马克·德·弗朗斯》准备的。论述斯宾诺莎的《时代之子与弃儿》一文也将在这份杂志发表。舍斯托夫在给洛夫茨基夫妇的信中，谈到过这件事以及其他一些事：

我现在手头的工作多得不得了。除了讲课和讲座外，还有一大堆琐事，还要读书，管理家务，我答应要给 Mercure de France 写一篇论述帕斯卡尔的文章，这件事吞噬了我所有的业余时间，因为要在规定期限前（6月19日是其300周年诞辰，可要知道我还得翻译好多东西呢）完成，而我，显然，似乎从来就没有学会快速写作。而且这个题目是多么诱人呀——问题仅仅在于我能否胜任。再加上还有《陀思妥耶夫斯基与尼采》的意大利文版，现在小样来了，得校对。还有《钥匙的统治》也需要校对，完事后还得校对法文版。当然，我的主要精力，毕竟还是用在帕斯卡尔身上的——而我总担心自己无法胜任写帕斯卡尔的任务。（巴黎，1923年1月12日）

我们这里没有什么特别的新闻。不得不多多操劳多多写作。这半年对我来说具有决定性意义。我的著作将在"普隆"出版，而《马克·德·弗朗斯》也将发表我两篇文章。前几天 pr. 布阿耶对我说，说柏格森想要认识我。也许很快就会和他见面的：我不知道见面会有什么结果。对塔尼亚来说同样也是决定性的时刻：如果她能通过考试的话，一切的一切就会完全变样的。（巴黎，1923年1月26日）

我们这里没有什么新意。可是，看起来我的文学地位渐渐变得十分牢固了。书在普隆出版社已经排好版,很快就能面世了。重要的是论述帕斯卡尔的文章能否成功,以及人们将如何接受《时代之子与弃儿》!什莱策尔已经将这些文章翻译好了。(巴黎,1923年1月29日)

什莱策尔由于个人生活中一件不幸事件而无法继续进行翻译工作了。翻译此文以及论述帕斯卡尔那篇文章的任务,交给了米·艾克泽姆普里亚尔斯基。此后舍斯托夫的文章和著作,几乎全部都是由什莱策尔翻译的。

我们这里乏善可陈。论述帕斯卡尔的文章正在杀青。想要写得好一点,所以,写得很累,但我不知道,写了些什么,写得怎么样。多少有点疲劳了——这一点外表也能看出来,总的状态也不佳。你和法尼亚我建议你们可千万不要过度疲劳:以后后患无穷任何时候都要中断工作歇一会儿。(巴黎,1923年3月11日)

格尔曼,你问我还能为《当代纪事》写点儿什么。这就给你两个题目:1. 什莱策尔论述斯克里亚宾的著作;2.《窗户》—即采特林夫妇的那份杂志,这份杂志或是已经在柏林出版,或是近期就要出版。两个题目都挺好的。但只是需要你给自己立一个原则:不是寻找缺陷,而是寻找优点。尤其是在与什莱策尔打交道时。我读过他的书——依我看,书写得很好。也许你会在某些观点上不同意他的见解——这都可以畅所欲言。但关于本书真正的建树必须加以指出——尤其是因为眼下什莱策尔心情很不好受,正在经历艰难的时刻。你的夸奖越多,就越好。关于《窗口》——这本杂志几乎汇集了所有现在生活在巴黎的作家——写点儿什么同样也很有意思。然而,谢天谢地,千万不要骂梅列日科夫斯基。多说些这样题目的话,即和布尔什维克的希望相反,俄罗斯文学在境外还活着,而且还壮大起来了。(请你为我的灵魂做一下这件事)。所以这就是我给你的题目——写吧。我想你很快就会……?《当代纪事》,而成为这份杂志离不开的合作者的。关于这两本书,请尽量多说些好话。我们这里没有什么特殊的事情——安娜一直都在找住处……

我马上就要结束论述帕斯卡尔的文章的写作了——所以,暂时被拴在巴黎了。如果文章写好,那就好了。(巴黎,1923年3月30日)

我再次提醒格尔曼写完关于什莱策尔评论斯克里亚宾和《窗口》的书。只是不需要斥责——需要寻找好的、主要的东西,支持在国外的俄罗斯文学不死的思想,而不是布尔什维克所盼望的那样。其实俄罗斯文学在国外奋斗着并活着。需要根据每一个证据说明这一点。整个文学(甚至同情布尔什维克的文学)辗转到了国外以后,在这里生存下来,而在俄罗斯会消失的。(巴黎,1923年4月5日)

关于帕斯卡尔的文章舍斯托夫是于1923年4月8日写完的(手稿所属日期)。关于什莱策尔的著作洛夫茨基写了一篇评论,发表于《当代纪事》1923年第16期(6月号)。关于《窗口》的评论,不是洛夫茨基写的,而是什莱策尔写的。什莱策尔在给舍斯托夫的信中写道:

已经写信告诉过你,我收到了《窗口》。只来得及匆匆看一眼。编得很好。库普林和列米佐夫的东西也很好。扎伊采夫也没变:富于诗意和"汁水饱满"。布宁那篇不是他最好的。你记得不记得，这篇短篇他曾在你家朗读过（《疯狂的艺术家》）。起先读的是您的格言警句。其中有两则尤其令我感动，也许这纯粹出于个人……的喜好吧："Liberium arbitrium"和"认识你自己"。我读完一遍又一遍，反复读，每次都有新的发现，有些就连你恐怕都没想到……

还是回到《窗口》上来。刚开始读梅列日科夫斯基：个别地方文字值得赞赏，语言也富于表现力，非常生动。但他只要一开始进行理论阐释，就能听到剪刀咬合的吱呀吱呀声——一下，两下，三下……真难以忍受。（什莱策尔启，蒙特卡洛，1923年4月27日）

什莱策尔的评论发表于《当代纪事》，标题是《窗口·文学季刊》，和洛夫茨基论述什莱策尔著作的评论发表于同一期。要多谈"俄罗斯文学在境外仍然活着，而且获得壮大"这个题目的建议，舍斯托夫毫无疑问也给什莱策尔提过。但无论是什莱策尔还是洛夫茨基，却都未听从他的建议。什莱策尔在对1923年3月份出版的《窗口》第一期所做的评论中，写道：

选择作品的标准显然是看作家的名气大不大，其结果是使得目录看起来的确很丰赡，在这个目录里，布宁、巴尔蒙特、扎伊采夫、梅列日科夫斯基、舍斯托夫、库普林、列米佐夫……比肩而立……封面上的文字是："巴黎，1923"。但如果写作："彼得堡，1913"，那么，我想也不会没人相信的。

在评论文的末尾，什莱策尔谈到舍斯托夫发表在《窗口》上的格言警句：

> 舍斯托夫的格言警句，实质上，是无头无尾的：最初的几句格言警句在把我们的头深深地按进水流的深处，而最后的几句却又把我们拉回稳固而又坚实的岸上，却又把我们抛弃在半路上。话说回来，舍斯托夫的著作也同样是如此写法：它们不是精心结构而成的，其中没有底座和基础，也没有充当完结作用的塔楼，但却是有机地生长出来的，像活的东西一样——并未封闭在自己身上。(《当代纪事》，第16期，第418—419页)

写完论述帕斯卡尔的文章后（1923年4月份），该关注文章的翻译问题了。舍斯托夫在给洛夫茨基的信中写道：

> 眼下我手头工作还是很不少。必须编辑和校对论帕斯卡尔的文章和（论斯宾诺莎）的文章（将发表于6月1日和15日的 *Маркюр de Франсе* 上），得讲课，编辑意大利语译文（这事已经接近完成了），以及一大堆烦琐小事。但活儿仍然还是比以前少多了，因而可以让眼睛休息一下了。（巴黎，1923年5月8日）

但很快就搞清楚，关于帕斯卡尔的文章对于杂志太长了。关于这一点，舍斯托夫对久·博斯写信说过。而后者也曾写信给舍斯托夫：

> 恭请您和夫人于5月29日星期二下午5点到寒舍茶叙。届时达尼艾尔·哈列维偕夫人，罗伯特·德特拉兹（日内瓦杂志社社

长）偕夫人莅临，他们都非常愿意与您结识。我已经和达尼艾尔·哈列维谈到过您论述帕斯卡尔的文章。他很想读一读手稿，当然，他肯定不会事先就承担什么责任。您可以利用这个机会在我这里和他谈一谈。(1923年5月21日)

"格拉谢"出版社"绿色笔记本"系列主编接受了舍斯托夫的文章。1923年6月18日，签署了合同。舍斯托夫写信告知了洛夫茨基：

文章杀青了——可现在还得将其俄文和法文版润色一下。而这件事任何人都代替不了我本人。马上就要出版的 Mer. de France 的帕斯卡尔专号上（6月15日）还将有我一篇论述笛卡尔和斯宾诺莎的文章。论帕斯卡尔的文章如果放在杂志上太长了：此文将和书一样出一个单行本。但其出版不得晚于7月1日：因而我必须尽快编辑和校对等。像这种紧急事务还有一大堆。(巴黎，1923年6月2日)

眼下正在结束我手头的所有工作。新一期的《马克·德·弗朗斯》已经出来了（1923年6月15日），里面有《笛卡尔和斯宾诺莎》一文，而我已经接到此文的稿费决算单。再过10天，《帕斯卡尔的哲学》便将作为单行本出版了（在 Grasset 出版社），此文对于《马克·德·弗朗斯》实在太长了，不得不以单行本的形式予以出版……礼拜一我就能接到 Grasset 的稿费了。课也结束了。所以，我已经从自己的事务中解脱了。我还需要在这里再待一个礼拜，以便结束格尔申宗的事情。所以，27、28号，如果签证顺利办下来的话，我就会动身出行了。我想去科隆（Marcan Vertl 来过信），然后从那里坐船到威斯巴登——最后再从威斯巴登去柏林。所以，下月初我便将在柏林了。请代我谢谢 Д—pa Эйт。我当然很高兴住在他家，只要时间和情况允许，多久都行……

塔尼亚和娜塔莎完全沉浸在各种可怕的科学中了。而安娜正在准备考试，以便取得法国女按摩师证书。这使她有权开业行医，或许还能挣到工资。她即使眼下也能多少挣到点儿工资。按摩培训班她花了 500 法郎。——但所有这些钱她都是从自己的工资里支付的，现在多少已经开始挣一点儿了（每周 50 法郎），这使她非常高兴。我不认为她能挣得很多，但四五百法郎月薪应该没问题；而这实际上已经不算少了。她打了好几份工：又要按摩，又要出诊，还得管理家务。她终于找到一份正式工作，这简直太好了——因为我的这份工资目前还只是偶或一得而已。这不《当代纪事》此刻又在压迫我。就是不给我位置。显然我和你是同病相怜呐，格尔曼：他们既挤对你也挤对我呀。我都不知道《当代纪事》会把我的《帕斯卡尔》一文安排在哪个栏目发表，他们全都希望我能给他们写一些政论性质的题目。我和他们一直在吵架，但暂时看不出能有什么结果。等我到了后再和你详谈。如果我在柏林期间能读到《帕斯卡尔》这篇文章，那就实在是再妙不过了。我不知道这事该找谁才是。（巴黎，1923 年 6 月 16 日）

论帕斯卡尔的文章后来出了个单行本，有加列维写的一篇序言，由"格拉谢"出版社 6 月末出版，标题是"La nuit de Gethesemani. Essai sur la philosophie de Pascal"，系"绿皮笔记本"系列丛书中的第 23 种。要知道印数（4000 册）一年内就被销售一空。在舍斯托夫生前，在此书出版之前和出版之后,他的任何一部著作都不曾有过如此这般的销售业绩。《当代纪事》在过了一些时候以后,仍然还是接受了论帕斯卡尔的文章。但直到1924年才在该刊的总第19期(3—6月号)和第20期(7—9月号)上刊载,给出的标题是"客西马之夜·帕斯卡尔的哲学"。后来此文被收集在《在约伯的天平上》。

1923年的上半年,对舍斯托夫来说是很成功的:他出版了两部俄文著作,两部法文著作和一些文章,还出现了许多评论这些著作和文章的评论。我们想要提一下的,是马松·乌尔谢利于1923年11月15日发表在《马克·德·弗朗斯》,和阿尔伯特·季博捷于1923年2月1日发表于《新法国评论》的文章《论舍斯托夫的客西马之夜》。季博捷在《新法国评论》写道:"……我似乎觉得自己这是在触摸一位差不多已经俄罗斯化了的帕斯卡尔"。舍斯托夫自己也接到许多来信,我这里只引述来自哲学教授布伦什维克、柏格森和列维—布留尔的信:

> 鄙人不胜荣幸从您手中获赠两本您出版的著作,为此向您表示真挚的谢忱。您论述笛卡尔和斯宾诺莎的著作我也拜读过。我和您一起思考陀思妥耶夫斯基和托尔斯泰,因而能生动地感知您独特的个性。如今,当您谈到我们也很熟知的思想家时,这种感觉就更加强烈了。正是出于我们对这些思想家的熟悉和了解,才使我对您令人惊奇的雕刻般的精确赞美不已,您成功地捕捉到了他们著作中最吸引人的问题所在。(列·布伦什维克,1923年6月30日于巴黎)

> 已经一连几个星期过去了,我病体支离,琐务缠身,身体疲倦,一直没找到机会写信,谈谈引起我极大兴趣的您的大作《死亡

的启示》。我怀着同样的兴致，刚读过您的《客西马尼之夜》。请允许我对您给我寄这两本书表示感谢：这两部著作的心理分析都同样深邃而又透彻。允许我就您这两部出色的研究著作表示赞美。请您接受我最真挚的感激之情。(柏格森，1923年7月6日)

  首先感谢您寄来的大作《客西马尼之夜》，我很想一口气把它读完但又不得不把阅读挪到考试结束之后，如今考试占用了我许多时间。考试终于完了，而我也一口气读完了您的著作。仍然还是您在讨论陀思妥耶夫斯基、托尔斯泰、斯宾诺莎时的那样一种洞察秋毫的才华，而现在您洞察了帕斯卡尔的灵魂，从而让读者有可能了解您自己对于曾经激动这些伟大思想家的问题的看法。而这使得您的这部著作具有非凡的魅力。(列维·波留尔，1923年7月14日)

本书最后一章将列举舍斯托夫的俄国友人评论其著作的书信，大是时过境迁好久以后才获得的。

6月末或7月初，舍斯托夫去了德国。路上又顺路去科隆会见马尔甘，这家出版社此时（1923年7月）刚出版了一部著作《托尔斯泰与尼采》，而另一本德文著作《陀思妥耶夫斯基与尼采》也在积极筹备之中。随后他前往威斯巴登看望母亲，大约在7月20日前后，又从那里动身去柏林找艾金贡，后者邀请舍斯托夫到他家做客。7月22日和24日，什莱策尔和久·博斯给当时在柏林的舍斯托夫写信，邀请要推荐他参加在庞蒂尼举办的文学旬活动。他们在信中说：

  我仍在坚持不懈地工作。眼下在翻译《永恒的丈夫》，前几天刚把第一部分寄给希夫林。给《种子》写了一篇论述您的文章，题目是"帕斯卡尔和舍斯托夫"，而列文松觉得这个题目不太合适，把题目改成"帕斯卡尔和舍斯托夫论他的著作"，结果使题目像个四不像，因为在那里对您的讨论和对帕斯卡尔的不相上下。载你文章的新的一期杂志明天出版（1923年7月23日），我会第一时间就给你寄去的……等我翻完《丈夫》（再过两星期），就开始给美国写作论述您的文章。我和勃雷德利谈到过这件事。①

现在我应该郑重向你转达久·博斯和纪德的邀请：您动身离开不久之后，我就接到来自久·博斯的一封长信。邀请我到庞蒂尼（记不记得，去年布宁曾受邀到过那里），我和 Du Bos 想问一下您，对去那里一趟有没有兴趣，他请我把邀请转发给您……"。

这一年文学旬举办的座谈会题目略嫌窄了点儿："Y a-t-il dans la poesie d'un peuple un tresor reserve, impenetrable aux etrangers?"（来自什莱策尔，巴黎，1923年7月22日）

我知道，施莱策尔已经给您转交了保罗·捷查尔登和安德烈·纪德要我转交给您的邀请函——邀请您参加在庞蒂尼的庄园举办的文学旬活动（8月23日—9月2日）。我今天给您写信就是和您一起响应他们的邀请。参加这次文学旬的许多人都对您的两部著作表达了真挚而又生动的赞美，因此您的在场将给他们带来极大的快乐。假如您能及时从德国回来，请您先到我们这儿。今年会有许多有趣的事情：外国人中我们正在期待李顿·斯特拉舍，也期待德国人（里尔克和卡斯涅尔）的到来，西班牙人则有（乌马努诺、奥尔

---

① 勃雷德利，一位美国出版商。什莱策尔所说的这篇文章我们未找到。

捷吉和加谢特)。法国人里有纪德、捷查尔登、什鲁姆别尔热、莫鲁阿、马丁·丢·加尔，让·德·拉克列杰尔等。施莱策尔令我们高兴地已经接受邀请。我随信附上一份议程，您从中可以了解有关座谈会的信息。需要提醒您的是，在庞蒂尼您将是我们的贵宾。我按照地址已经把您的信和大作给纪德寄去了，是利维埃拉转交给我的。谢谢您的《客西马尼之夜》。今天我是不会谈这部著作的，因为我正在写作一篇关于此著以及您的《死亡的启示》的书评，是给法国航空出版社写的。这篇书评可以让您了解我是怀着多么大的兴趣拜读您的大作的。（丢·博斯。1923 年 7 月 24 日）

久·博斯关于自己想写一篇论舍斯托夫的文章这一意图，久·博斯在其《日记》里提到过几次。在其第一卷（1921—1923）年中，他写道：

我刚把我对布罗宁格的《凯维尔特》评论寄走，便又着手写作《客西马尼之夜》的评论文章（在火车上，——我当时正在去往沃克连松），晚上从我的藏书室取了《死亡的启示》和施莱策尔论舍斯托夫的文章。今天早晨在火车上我想了好久文章的事，这篇文章是为《新法国评论》写的，是论述这两部著作的。这篇评论我想写得简洁一些，并且我让自己（舍斯托夫和施莱策尔都鼓励我这么做）和舍斯托夫展开争论而反驳他的观点。当然，在我的评论文章里，我谈论最多的，是舍斯托夫，而非他所涉及的主题。我曾在我2 月 6 日的日记里写到过这一点，今天早晨我又重读了一遍，即将写作的文章的大纲也就成型了。施莱策尔的文章写得很清晰，而我则把它当作我的出发点。我想这样来开头:"我想谈一谈陀思妥耶夫斯基、托尔斯泰、帕斯卡尔,而最主要的,是想谈谈舍斯托夫,尽管对于施莱策尔介绍他的文章,我已经很难再补充什么了。"(1923年7月10日)

在《日记》的第2卷(1924—1925)中他写道:

> 我想在3月5日把我的评论文章《舍斯托夫。死亡的启示与客西马尼之夜》交给利维埃尔于4月号《新法国评论》发表。(1924年2月11日)

久·博斯那时投给《新法国评论》的文章未能发表。1926年8月舍斯托夫的法文本著作《陀思妥耶夫斯基和尼采》出版后,久·博斯再次想要写一写舍斯托夫。在《日记》的第3卷(1926—1927)中他写道:

> 舍斯托夫。悲剧哲学。写一篇评论(给《新法国评论》2月号)……论舍斯托夫的全部创作,为此需要我1924年写作的一篇长文,我当时没写完,也没发表过。(1926年11月13日)
> 或许,我可以同时写完论纪德和论舍斯托夫的评论文章:为此我的乘坐火车旅行是完全合适的,因为我想写的,与其说是内容,倒不如说是尽可能在5、6页篇幅里说说我想说的话而已。

久·博斯又一次未能实现其意图。1927年,也和1924年一样,久·博斯论述舍斯托夫的文章又一次未能在《新法国评论》上发表。显然，这篇文章始终未写完。在久·博斯的档案里也未找到。

当时，法德两国之间的邮局业务工作不正常，舍斯托夫在柏林接到什莱策尔和久·博斯附带有请其去庞蒂尼的来信，一直到1923年8月初才收到。关于自己在艾金贡家里借宿时期以及自己被邀请前往庞蒂尼的事情，舍斯托夫在从柏林写给姐姐索尼娅、女儿和妻子的信中，都曾谈到过：

> 我来柏林这里已经好几天了……我在这儿住在艾金贡医生家。他很客气和蔼，所以，我住在这儿感觉真的是宾至如归。我住的那间屋很宽敞，面朝园子。离动物园就两步路，我在那里一待就是几小时。所以，我的自我感觉简直好极了。什么都不写——就只是写写信而已。虽然写信也是工作——因为必须得用法文写信——收信人是那些读过我的书有所反应的人（可话说到这儿，柏格森既有所反应，还写来了信——信虽然很短，但非常客气）。（给索尼娅，1923年7月26日）

> 我在这里过得简直好极了。我住的房间很宽敞——比咱们家的全套住宅都大。很安静，很恬静。离动物园就两步路，那里甚至可以用来接待客人。我现在无所事事——而且已经感觉自己已经彻底休息过来了。真的，在这里或许再住个一两个礼拜，就可以继续往前走了，因为和捷克人就翻译问题的谈判就要开始了。当然，现在还不知道会不会有结果，但试一试还是有必要的。我的第一本德文著作（《托尔斯泰与尼采》）已经出版了，我甚至得到三百万马克，可是，就在这笔款从科隆寄往柏林的这一星期里，马克已经降价

了，这三百万马克眼看着就变成4美元了。（给女儿们，1923年7月29日）

在这里（柏林）生活当然不十分愉快：在德国人中总是忧心忡忡的。眼下在艾金贡医生——一个安静祥和的人家里，这一点还感觉不出来。而在其他人家里这一点感觉特别明显。所有人都惶惶不安，大喊大叫，说德国完了，等等。依我看这里难免有些夸张之词——而且我觉得夸张成分很大。德国毕竟不是俄国，它才不会轻易向布尔什维克低头呢。这里至少眼下所有人还都在干事儿——而在俄国，一切灾难都起源于大家全都不干活儿了。但无论如何，多数惶恐不安，在这里生活没有什么欢乐可言……

我各方面都挺好的。如果和捷克人谈妥的话——那么拔牙及旅程的全部费用都有人支付。只要你和孩子们都好就好。急不可耐地期待着你的来信。要是不需要用书信沟通——全家人都在一起——的话，那就再好不过了。明年我努力安排一下，尽量不要长久分居。可眼下还得过两个月的分居生活。（给妻子，1923年7月31日）

我有个好消息，但它会彻底改变我的全部夏季休整计划的。我接到Du Bos一封热情洋溢的信：叫我到他那儿去，他去年叫的是布宁……要我看，拒绝这么好的建议是完全不可能的。于是我决定在8月15日以前在柏林的艾金贡那里住几天，15日以后动身再次经过科隆前往威斯巴登，而后从那里去巴黎，最后到庞蒂尼……

正在结识一些德国作家。德文书已经出版。让我们看看读者是怎么接受它的吧。伦德伯格已经开始竭尽所能而又十分可笑地以儿童的方式讨论起我的'语言风格'来。这里的人们已经开始阅读我的著作的法文译本了。荷兰报纸上发表了一篇长文对我的帕斯卡尔

论进行评论①，我已经幻想得到荷兰盾了。(给妻子，1923年8月3日)

我在这里的生活条件很优越，休息得很好。丽莎和列夫·格尔申宗现在也在这儿。也许一两天内我会去找一趟别尔嘉耶夫，在他那里住一天，他住得很近，在海边。而且事情看起来已经有些眉目了。我的《托尔斯泰和尼采》德文译本已经出版了。现在正在就捷克文译本的《托尔斯泰和尼采》以及《陀思妥耶夫斯基与尼采》在谈判。如果一切顺利的话，咱们的事业就走上正轨了。所以你就安安心心地过日子吧，什么也别多想了。上帝保佑，一切在向好的一面转变。(给女儿们，1923年8月4日)

舍斯托夫的捷克语著作很可能未能面世。也许是因为20年代中他倒是有几篇文章在捷克斯洛伐克发表过。

捷查尔登的邀请舍斯托夫接受了，并于1923年8月前往庞蒂尼参加第三届文学旬活动。来自欧洲各国的哲学家和作家们，每年都到保罗·庞蒂尼的庄园聚会座谈。《保罗·德斯贾丁和庞蒂尼的几十会》一书就是关于捷查尔登和他们所创办的这些座谈会的。文学旬的参加者们提供曾提供过一张照片，照片上有应邀前来的舍斯托夫。照片上出现的还有舍斯托夫本人。照片下有题词：

    1923. 3e Decade：Arts et Lettres (23 aour—2 septembre)

---

① Leon Chestov. La nuit de Cethsemani. —＜Nieuve Rotterd. Courant＞，28. 07. 1923. (该评论标题为法文，但文本系荷兰文)。

在一个人的诗歌里 Y a-t-il dans la poesie d'un people〈un tresor reserve?〉

在这本书中称文学为"诗意的宝藏 Le tresor poetique reserve ou de l'intradusible"。照片上共有 35 名参加者，其中有久·博斯和纪德——此二人舍斯托夫已经认识了，有保罗·捷查尔登，阿·伊·斯密特、让·塔尔捷，罗热·马丁 丢·加尔——在巴黎时，他常与后者见面，他俩也许就是在庞蒂尼时认识的。后来，捷查尔登邀请舍斯托夫参加他在巴黎举办的招待会和例会。

舍斯托夫在两封写给洛夫茨基夫妇和一封写给艾金贡的信中，描述了在庞蒂尼参会的情形：

> 我在这儿已经 5 天了。一直都想写点东西，可就是找不到时间。午饭后一直到傍晚，都是座谈，而早晨得读纪德的著作，因为他在这儿，而我却对他几乎是一无所知。有时候也想去散散心：整整一天一晃就过去了。这里挺好的。一座旧的修道院被改造成了住宅。周围都是田野、草地和森林。空气好极了。人也都很有意思：法国人个个都是说话的大师。也有几个英国人，可每当他们说法语时，我总觉得他们说的是法语，我连一句也听不懂。西班牙人和意大利人没来。德国人中只来了一位亨利·曼。我不爱说话——面对大庭广众说话总有些不好意思……能不说话就不说话。但我很高兴自己来到了这里——这是我第一次与法国人的真正接触。明年准备和柏格森一起召开一次哲学—宗教座谈会。柏格森是主人捷查尔登的好朋友。（给洛夫茨基夫妇，庞蒂尼，1923 年 8 月 29 日）

后天我们的文学旬就结束了——我就要动身去巴黎了。这些天过得很有意思。在巴黎待了两年半后,我终于打入法国人圈子里来了——所有法国人全都很有教养,喜爱文学,读书广博。眼前一下子出现了这么多教养优厚学识渊博的人,令人产生一种奇特的感觉。要知道这些人中不光有纪德、捷查尔登和久·博斯等那样的作家,还有许多青年学者等人。而所有这些人全都狂热地喜欢探讨最艰深的哲学、历史和文学问题。他们对我全都很客气。多数人对我的著作都有些了解或听说过。主人(就是捷查尔登)和我刚一见面就说,他很久没有读到一本像我的《帕斯卡尔》那样令人心情激动不已的书。所以在这你可以听一听,也可以谈一谈。还可以结识一些人等。总之,我非常高兴来这儿,要不然我永远都不可能这么近地和法国人打交道——而既然我们住在法国,和法国人在所有方面都尽量建立一种良好的关系是非常重要的一件事。(给洛夫茨基夫妇,庞蒂尼,1923年8月31日)

面对您我非常忐忑:迄今为止还没给任何人写信。我能用以自辩的就只有一个借口:那就是我一直在生病。在您那儿住时一直觉得自己好得很。可在威斯巴登就感觉有点儿不妙。一到巴黎就病了。所以我担心我怕是庞蒂尼去不了了。可是,虽然我觉得身体不太好,还是去了。就这样一直都很难受。现在我到巴黎已经5天了,今天才觉得自己好多了,觉得自己终于可以开始写信了。庞蒂尼那几天过得很有意思。尤其是对我来说。要知道在去庞蒂尼以前——虽然已经在法国待了两年了——根本就不认识一个法国人。而这回一下子落入法国人的圈子里,而且还是一个非常好的法国人圈子。一共只有45个人,其中10个外国人,其余都是法国人。没有意大利人：墨索里尼不放行。西班牙人也没来——费用太高。德国人只来了一个亨利·曼（里尔克和卡斯涅尔没来），男女英国人有5、6个。座谈的内容非常有意思。法国人都是说话的大师。大放异彩的有主人本人（捷查尔登），久·博斯和安·纪德。捷查尔登做了一系列讲座——有时候长达一个小时——他本人不累不说了，听众也个个精神抖擞。久·博斯和纪德的发言也很有趣。法国人对待俄国人和俄国文学的态度也很令我吃惊。他们全都知道，全都分析得头头是道——而且也全都喜欢得不得了。我常常偷听他们在桌子前或个别群落里的私密谈话，常常都不敢相信自己的耳朵。当他们对陀思妥耶夫斯基交口称赞时，这还没有什么。也许这不过是一种时髦，况且陀思妥耶夫斯基早就名闻遐迩了。可你一旦听到它们议论契诃夫，那就截然不同了。《乏味的故事》发表了还不到两个月，大家就已经全都读了，而且更妙的是，大家对许多细节都记得很清楚，并且比具有专利证的俄国批评家理解得都深刻。等见面时我给你详细说一说。你们那儿怎么样？你们在哪儿？米拉·雅科夫列娜在哪儿？你们也在休息吗？冬天你们打算怎么过？来自德国的消息都令人很惊慌。那里的物价高得离谱——生活指数贵得快比得上法国了。这很不好——那些……居民们，怎么能忍受得下去呀？柏林还可以生活得下去吗？这个冬天你们回不回家？我一连接到列米佐夫的两封信。他们又在哭穷。想去巴黎，因为不知道该怎么在德国生活下去了……祝你们万事如意——让我再次祝福你们，感谢你们的好客；回忆在你们那里度过的时光，是我一生中最愉快的一件事。（给艾金贡，巴黎，1923年9月7日）

舍斯托夫还在给方丹的信中谈到他和纪德在庞蒂尼交谈的事：

这是我所认识的人中最聪明的人之一。他能猜测到一切。什么事儿都瞒不了他。他论陀思妥耶夫斯基的书出版了。我们当时在庞蒂尼。他问我对他有什么想法。我回答说书写得很好，反正是诸如此类的好话吧。他一下子就明白了，即刻转换了话题。但从那儿以后再也不和我说话了……①

嗣后（已经是在庞蒂尼见面以后的事了），纪德给舍斯托夫寄来了他刚刚发表的论述蒙田的随笔，文章还附有绝妙的献词。可当鲍里斯·德·什莱策尔请求纪德为舍斯托夫选集写一篇简短的引论——此书本应由法国航空公司出版社出版②——时，纪德却以没时间为借口推托了。也许，其原因在于他对苏联抱有同情的态度吧。（方丹，第 77 页）

---

① 我们以为舍斯托夫和纪德的谈话，发生在庞蒂尼，时间是 1923 年夏天。但也许应当认为此事发生在 1924 年夏天。
② 这里说的是这本书，即 *Leon Chestov. Psges choisies*，此书于 1931 年 5 月由加里马尔出版，没有序言。

第九章

与格尔申宗通信（1922—1925）——格尔申宗前往巴登维列尔——格尔申宗去世；讣告——与别尔嘉耶夫通信——别尔嘉耶夫移居巴黎——在宗教－哲学学园所做报告（1925）

住在巴黎期间，舍斯托夫并未割断与俄国朋友们的联系。他和米·奥·格尔申宗、和尼·亚·别尔嘉耶夫、与弗·格·马拉希耶娃－米罗维奇、和德以及阿·茹科斯基兄弟，与叶·格尔齐克于20年代初的通信都保留了下来。

分量最重的，是舍斯托夫与格尔申宗的通信。格尔申宗给舍斯托夫的信保留下来的有53封，写于1920至1925年间，格尔申宗给洛夫茨基夫妇的书信，有30封（写于1922—1925年间），而玛丽娅·鲍里索夫娜·格尔申宗给舍斯托夫的信（写于1922—1925年间）4封，舍斯托夫写给格尔申宗的信（1923）6封。格尔申宗和他的家庭（妻子玛丽娅·鲍里索夫娜，出生于戈尔杰维伊泽尔，孩子有：谢廖沙，娜塔莎）在莫斯科生活很困难，经常生病。舍斯托夫为了帮助他们一家出了不少力。他关心如何给格尔申宗寄包裹，1922年5月，他决定尽自己一切可能和力量,"把他拽出国外,哪怕只待半年也行"(1922年5月22日给洛夫茨基夫妇信中语)。9月,格尔申宗一家开始为出国做准备。他们原想10月初动身和舍斯托夫在柏林相会,但行期耽搁了,或许直到10月21日才抵达那里,而那时舍斯托夫人已经去了巴黎。在柏林住了几天后,格尔申宗一家又去了巴登维列尔。舍斯托夫积攒了一些钱,以便能让他们一家能在那里过上安宁的生活。这笔钱舍斯托夫是托格尔曼·洛夫茨基转寄的,当时洛夫茨基正在柏林。格尔申宗在出发去德国前于莫斯科写给舍斯托夫的书信中,主要谈了莫斯科生活如何艰难,简短讲述了他和舍斯托夫共同的熟人的近况,自己的写作以及《四位哲学家选集》的情况。格尔申宗从莫斯科在写给舍斯托夫的信中说道:

> 你通过阿拉寄来的包裹收到了,并且已经按照你早先的来信分配完毕……我感到遗憾的是,经过这么漫长的时期您寄给我们的唯一一封信,又一次本着您的习惯,关于你和你的家庭什么也没对我们说。我甚至都不知道你们全家是不是都在一起,塔尼亚是否已经出嫁,你现在在从事什么研究,挣钱多少,这段时间里又写什么发表什么了。信里写一点儿这方面的事儿,这里面的情谊不亚于一个包裹,因为要知道我之所以还能接收来自你的包裹,仅仅是因为我对你有一种感情在,故此理所当然,我最感兴趣的是你的遭遇和命运。我读过……你论述托尔斯泰去世后著作的文章。顺便说说:这两天彼得堡的一位出版商叶·雅·比利茨基①(《时代》)会找你,

---

① 在格尔申宗的其他书信里此人被写作别里茨基。下文中我们保留第一封信里的书写法。

请你用 2/3 印张的篇幅，陈述一下你的基本思想（他想在一本书里汇集 4 到 5 篇这样的文章：你、别尔嘉耶夫、布尔加科夫等人——当代俄国思想界巨擘。还请求对此要暂时保密）。比利茨基是一个非常正派的人，出版过安·别雷全集，斯·列米佐夫的朋友，现在又从我这里买了一本小册子。稿酬给得也很丰厚……这里很困难，而你们那里看起来也不轻松，还很沉闷，某种意义上并不比这儿强。我这些年一直在写东西，写……? 一些遥远的题目：这两年中写了两本 5 至 6 印张的书稿：《信仰的钥匙》和《湾流》，两本书都已经发排。此外我还有工作——在总档案馆等。(1922 年 2 月 26 日)

  这些年里你没少给我东西——甚至钱，当然了，在友谊的祭坛上最大的牺牲品，凭着你这种最不爱写信的性格，是你给我写的这封长信。就是阿拉也拿不出那么多的钱和那么多的包裹，也拿不出像这封信那么遥远的欢乐，——（甚至在 1920 年，咱们可真是挨饿挨惨了：瞧瞧打比方打到什么地方了啊）。这不是开玩笑：你那封信寄到的那一天，是我的节日，我从中明白了，其实我非常爱你，而以前不知道，只是怀疑，而这一回首次从自己身上感觉到了这种爱，就好像口袋里的栗子一样。随后我把这封信大声朗读给玛丽娅·鲍里索夫娜听，我们说了好多关于你的好话。但你即使没有这些好话也已经名扬五洲了，而且名声传到了英国和法国。关于事业我所能说的，首先是：对于你已经寄来的包裹我表达诚挚的谢意，但请你立即此后停止再邮寄包裹。在纽约，在"阿拉"，正如柏林给我写来的书信所说的那样——你如果还记得纳特·米哈·达维多夫的话——理应每月都给我、给别尔嘉耶夫，给维亚·伊万诺夫邮寄包裹的。如果那些包裹真的寄来了的话——我只要有一个就够了,如果这些邮寄的包裹中断了的话,我会写信告诉你的。而现在,两个包裹撞到一起了,我只好把其中一个交给作家协会……我们的生活都不好过。去年冬天孩子们得了支气管炎,而谢廖沙得了肠伤寒,拖了好长时间才好。紧接着,2月初,我也病倒了,医生诊断说,由于缺乏营养,很久以前肺部的病灶又开始作祟了——对此我从未怀疑过。高烧两个月不退,身体瘦得瘆人,身体虚弱到在此期间我连一个字都没读,甚至连散文也未曾涉猎的地步。病我也治过,一到暖和地儿就有所康复。现在已经多多少少可以出门了,但身体还是很虚。玛·鲍(玛丽娅·鲍里索夫娜系格尔申宗的夫人)身边没仆人,一个人生活很困难,我不时给她从寒冷的厨房里送点劈柴和水,劈点柴生个炉子,取个包裹啥的,而现在她就只能自个儿操持了。而且住得也很拥挤,大家都挤在一起,只有饭厅和紧邻饭厅的小卧室可以住人,——你的记性挺好。玛·鲍年龄并不算老,只是添了许多白发,而我身体垮了,身体羸弱到了极其虚弱的地步。最初一段时期,即1918年全年到1919年年中,我写了许多东西(《普希金的智慧》和《伊·谢·屠格涅夫的理想和理念》)。这两本书我都寄给你,书早就出版问世了。此后就写得少了,只在天暖和了才写,而且待在这里算是与俄国文学彻底隔绝了。这些年里我读了好多书,读书之多除了大学以外,这么些年这还是第一次——也许连我都没想到,自己的思考是如此之独特。我对许多事情开始有了别样的看法。这是一种沉痛的生活积累,这样的人生经验你们侨居国外未曾体验过,这是一所严肃的学校。其结果是,我花费大量的时间勤奋钻研《旧约》,终于写就一篇文章或一部著作《信仰的源泉》。如今这部著作已经以小册子的形式在彼得堡出版。

此后（而且几乎可以说是与此同时）我还有另外一个更加疯狂的想法，用了三年时间反复阅读关于原始文化、野蛮人的书籍，长期潜心研究比较语言学——最后终于写成一本叫《湾流》的书。此书现在在莫斯科一家重开的出版社《野蔷薇》出版。我对起源的、对渺远的远古、对人类的始源非常感兴趣。你不要因此而责备我：我是发自内心的，连我自己都没料到自己居然沿这个方向走，纯粹是迫于一种不可遏制的感情的驱使，因为只有这样的研究才能令我满足。的确，当你自己或从别人身上认识到什么是真正的饥馑，当你对"文学史"的兴趣不知怎么竟然了无踪迹了的时候，当你看见周围人的苦难时，你就会懂得什么是寒冷，以及寒冷所带来的死亡。这样的人不止我一个。而我知道现在也仍然喜欢"文学史"，只不过仅仅将其放置在应处的位置而已，而且还赋予其以别的内涵。我是以你为榜样，而我这样说丝毫也不是什么笔误——相反，我对自己的要求比从前更严格了：我什么都没写，任何可写可不写的东西我绝对不写，只写那些对我来说绝对必写的东西，而由于来自新开张的出版社，文集和杂志实在是太多了，而我却一概拒绝，因此而忍受金钱上的极度匮乏，我们几乎全凭自家食物生活，金钱上几乎一文不名，但话说回来，我们也并不为此而伤心……

你在信中询问朋友们的情况。别尔嘉耶夫一切照旧，而且过得还不错。两位太太都有工作，收入颇丰，而他笔耕不辍——这些年里，好像已经出了5本著作。他家每逢周二还照旧举办"本区教堂招待日"活动——这是我给这一活动起的诨号——做各种报告，题目涉及神秘主义，教会和民族。我和他每次见面都要聊几句，但也仅此而已。除了那几次争议外，其实我们两个人的思想已经相去甚远,也许我们对于一切事的看法都正好相反。施佩特正如日中天,报酬丰厚,一点儿没变。前不久刚出版了一本小书《论赫尔岑的哲学观》,此外,就是你的文章也在其中的《思维与语词》第2辑有他一篇文章《苏格拉底与圣奥古斯丁》,即将出版的还有一部《俄国哲学史》第一卷。维亚·伊万(伊万诺夫)仍然带着女儿和儿子住在巴库,课讲得多,酒喝得也不少。这个冬天女儿患感冒病了很长时间。他偶尔给我写封信,我对他也一样……关于特·费·斯克里亚宾娜的死讯……你是否确认。离开基辅后她的生活简直是一团糟。两周前布尔加科夫的女儿来过。他是雅尔塔教堂的大祭司,和他一家人在那里过得挺好,可他想到莫斯科去,他激情洋溢的布道辞在那里颇有影响力……

该说说我的事儿了。你瞧,我在思考。迄今为止,我们一直都是不得不住在这里,而你们不到这儿的人,在精神上蒙受了重大的损失,而如今,看样子,万事俱备,可以歇口气儿了,况且身体也在要求休养生息。的确,要做决断是很困难的,因为再过6到8个月,等你回去,还不知道自己的房子还能不能住人,无论你怎么小心呵护也罢。但这也还不是最主要的,最重要的,是拖家带口地在国外靠什么为生。要依我,我很想一口气跑到德国南方的某个地方,对柏林不屑一顾地,在那里好好休养一段时间,根本不想赚钱的事儿。而这几乎是一个乌托邦……

我无数次地想你,如今,除了你,我已经再没有比你更亲的人了。我的思想已经发生了变化,如今和你的思想比以前更为接近了。有时我会从书架上取下一本你的书来,一读就是一两个小时。
(1922年4月23日)

我们的身体,正如我写信告诉你的那样,不太好,我们被迫在国外过冬,如果我能积攒足够的钱的话……关于叶·雅·比利茨基出版的几位哲学家文集,我想给你写几句话。你寄给他的两篇文章我读过了。我觉得你应该写篇序言 ad hoc(放在卷首),而且是专为这本文集写,哪怕只有一两页,有多少算多少。你的文章仅仅讲了人的思维是(没有的),你还应当解释一下,要想在你的文章中找到对你正面观点的阐释是徒劳的,因为就你观点的实质而言,你的观点不可能有正面的表述——你的观点只是在用语言来否认任何成型真理的真实性,对其说(不),而非致力于确立自己的定型真理。而至于别尔嘉耶夫(我读过他的文章)本人是以公式法来阐述其学说的,或许别雷的做法也大致与其相似:他们都以立论的方式阐述其观点。我拒绝写自己,写我的都是别人,但我会给写我的人一个简要的序言或说明。(1922年6月26日)

几个月过后才搞清(见格尔申宗1923年2月27日写给舍斯托夫的信),《几位哲学家文集》不出版了。至于舍斯托夫交给比利茨基的那些文章,后来的下落也就不得而知了。

如上文所述,格尔申宗一家住在巴登维列尔。他们给舍斯托夫的信,也是从那里写来的。

第三天我们到了这里,住在一家看样子还不错的寄宿学校。从莫斯科到柏林陆路走了4天,车上条件相当棒,但现在一路上要经过6次海关检查,其他烦心事儿也不少。在柏林住了4天。任何人也不像格·列昂普(格尔曼·列昂波利多维奇·洛夫茨基)那么热情地接待我们，给我们提供了许多帮助。与安娜·叶丽阿扎洛夫娜相会令我们很高兴，还认识了曼德尔别尔格。我感觉到你的亲人也都是我的亲人。我们是和格·列一起从柏林动身的，他坐车去日内瓦先待两天，所以，我们和他一起坐到离柏林一个半小时车程的米莱姆才分的手……我在柏林没见到别雷，也没见到汉德伯格或是列米佐夫——没来得及。（来自米·奥·格尔申宗，1922年10月27日）

在柏林，格尔曼·列昂波利多维奇在实际事务方面，为米哈伊尔·奥西波维奇帮了很大的忙，我们和他一起去的黑林山。在车厢里和他一起愉快地度过15个小时。途中他为我们朗读了他与您和柏格森文章……巴登维列尔是一个非常迷人的地方。我们住的寄宿学校非常好，显然，有这样的条件我们肯定会康复……我简直无法表达我对您、列夫·伊萨科维奇的感激之情，因为您在米哈伊尔·奥西波维奇决定和我们一起出国这件事上，是加了自己的影响力，并提供了帮助。假如我们继续待在自己在莫斯科那套只有一间半、被壁炉的烟熏得黢黑而又不得不栖息并为四个人做饭的家里的话，根本谈不到肺病还有可能康复了，至于天气那就更不用说了吧。（来自米·奥·格尔申宗，1922年10月31日）

我看到你在欧洲大获成功——无论是德文世界还是法文世界。这很好，因为欧洲只有一、两个人读得懂你，而其余读者，有没有他们难道不一样吗？为某个或某两个这样的读者写作，也是值得的。依我看，你现在笔锋很健，比莫斯科时强多了。你的《论陀思妥耶夫斯基》整体而言我觉得似曾相识，但文中某些文字刺穿了我的心。我特别欣赏文中的格言警句，每次读都会激动不已。总之，您的理论趋向与我高度接近，可似乎总有什么在妨碍我登上你的岸边：在这个事上妨碍我的——如果我没搞错的话，是由于我的观点和情感的具体性所致，也就是说，我总是乐于满腔热情地接受尘世和人类的一切，满腔热情地参与其中……

柏林出版的俄文报纸你读不读？别尔嘉耶夫，伊里因，弗兰克等人在那儿所做的活动，是多么下贱而且愚蠢呀。侨民青年们本来就已经够茫然的了，他们还要上来进一步把他们搞糊涂……

你的《钥匙的统治》出版了，表示祝贺并希望早睹为快。（来自米·奥·格尔申宗，1923 年 2 月 27 日）

今天找到你 27 日寄出的挂号信，而大约五天前也同样给你寄了挂号信。你的来信令我心潮起伏，很难命笔。首先，是您那令人惊奇的良善和爱人以及帮助人的能力：您为我所做的一切，恐怕只有亲兄弟或是爱人才能做得出来。当然，你天生就是这样的人：这种能力你是与生俱来的，当然，你的哲学学说更进一步增强了这种能力——而这就是这种能力所焕发出的光彩……

你当然也知道，一直以来接受别人的馈赠并靠馈赠为生，对我来说有多么难受，由于孩子们的身体原因，我没有别的出路。孩子们也懂得，所以他们心里也不好受，至于米·鲍，那就更不必说了吧。这样长久下去终究不是个办法。读了你今天的信我心里很沉重，你到处奔走为我募集善款，当然了，陌生人所表现的善意，同样也令我感动。我差不多已经决定，还想再去找医生看一下（此人即格海默拉斯·施瓦勒，曾经为濒临死亡的契诃夫治过病，是当地的名医）。一个半月以前，他从我身上还未发现明显复苏的征象，这次我问问他应该不会说任何可怕的结果吧（在这件事上，最重要的当然还是米·鲍），到时我们便会动身的……

米·鲍向你问好，我们一家三口都向你致意。我的理想是：我要是能和家人一起住在巴黎的话，我们就可以在一起了——或是你找我，或是我找你——春天，大约晨5时，我们一块去布洛涅林苑游玩。晚上一块儿聚聚。鲍·费·什莱策尔也来了，好好聊一聊。像战争最初几年在莫斯科时那样！我引领你的塔尼娅游览历史和文学的深处，这类知识她那些法国教授们是不会传授给她的。（来自米·奥·格尔申宗，1923年3月5日）

经历过近几年颠沛流离考验后，在巴登维列尔度过的这六个月，煞像一场美妙无比的春梦。这段时间足够长，所以，我们都休息得很好，我家的那些病人们都吸饱了山间清新的空气。对米·奥和孩子们来说，这趟旅行具有拯救意义，如果不是因为有您和您固执己见的来信，我们恐怕永远也不敢也不会进行这样的旅行的。亲爱的列夫·伊萨科维奇，您为我们做的好事，我永远也不会忘记，并且会永远对您充满感激之情。说到我个人，那么我同样也从您那里，得到过或许丝毫也不亚于此的支持和帮助。我指的是您发表在《当代起源》上的文章，就是为著作写的那篇序言。关于这些著作，区区短信难以尽述。您那么伟大，而我这么渺小，但在你长期的这种原始混沌般的乱世的漂泊之旅中，我一生中也有几次与你已经历过的生命之旅交错，而一个旅人，当他看到前方隐隐闪烁的灯光，不太踏实的脚底触到坚硬的脚印时，心头的喜悦是语言难以描述的……

本地医生认为可以让孩子们勇敢地回俄国去了，说到米·奥，他有些犹豫，但最后一次就诊时，对她的康复还算满意，说她也可以上路了，只是需要全程由医生陪护，一旦病况恶化即立刻采取必要措施。所有这些事情我们全都讨论过,而且不止一次,看起来我们的最终决定是——必须出发。从这儿动身需要走一个星期,在柏林待十天左右。米·奥当然会从柏林给您写信的。(来自米·鲍·格尔申宗,1923 年 4 月 30 日)

5月8日左右格尔申宗一家动身前往柏林,准备在那儿待十天左右,然后去莫斯科。可在柏林米·奥·格尔申宗又病了,于是,全家非但没去成莫斯科,反而回到了巴登维列尔。格尔申宗在那里读到了舍斯托夫刚刚问世的著作:

这些天一直在读您的法文著作。等见面时再聊。也许因为我读的是法文,也许还因为这篇文章是你为外国人写的,总之,帕斯卡尔这本书是你思路最清晰,写得清楚晓畅的一本书。埃克泽姆普列尔译得很棒。且问:杀死上帝好让人们毫无阻碍地在尘世间安顿生活,还是如此理解上帝,以便让尘世去神祇化,去心灵化,这样究竟是更糟糕(还是更好)?前者(笛卡尔)是我不能接受的,但第二种我也无法苟同。我今天卧床4小时一直在读你的书,读时的想法很新颖也很活跃。午饭后天空中出现了云彩,天气晴和,我们出门去散步,顺路走进一个只有三间农舍的小村子。其中一间农舍的墙上有一块铭牌:此房兴建于1874年,铭牌也是从那时就有的:
等因纽斯豪斯哈右埃尔鲍特,
冯维伦的电线变了。
上帝啊,大亨和艾因
拉丝迪尔,基督先生,贝弗伦塞恩

开头两行话语中所透露的骄傲与自豪是多么意溢言表呵！的确，这农舍是用自己的双手亲手建造。但这位农民所过的不是什么没有神祇的生活，而是在上帝中的生活。人不能不睡觉，可如果他整日劳作，为自己建造新居，到了晚上累得筋疲力尽，躺下睡觉时心里还在想，他自己本人以及他的新房子，都归神祇支配，那么他的梦境会是场好梦。你笔下即使人得出这样的印象，即认为自己构建了理智，可要知道理智即来自你的知识所自从来的同一个地方呀：理智的理性和逻辑性，难道不是比从那里而来的一切出乎意料性都要更加神秘吗？而我却认为无论理智还是"法律"，都带有神性，但其对神性垄断权的觊觎却是徒劳的。无论是那位农夫的梦还是彼得的梦（或许由于极度疲劳，由于神经性疲劳）在我看来都比帕斯卡尔病态的失眠强得多——这就是我的附加条件。但就整体而言，我的观点和你完全一样。但这又是一个长话题。你写出了斯宾诺莎的两面性，这很好，只是读者能否读懂你的题词呢？这段题词内容极丰富，这令我嫉妒。整篇文章从头到尾都充满非凡的魅力。(1923年7月15日)

对格尔申宗的这封信，舍斯托夫从柏林写了回信：

如你所知，我已回到柏林，昨天到的。我这次也要在这过两到三周或许四周吧……在此，在柏林，我住在艾金贡医生家，在蒂尔加滕附近，我觉得这里比所有的疗养院都好。艾金贡医生对我非常友好，所以，我的逗留他丝毫不介意，况且，显然，既然我在这儿已经开始康复了，那么离开这里就显得极不明智了……

你对我的《帕斯卡舍》的批评令我很伤心。你说我写得很 clare et distincte，然而，显而易见的是，我的阐述中有一个重大缺陷。如果说甚至就连如你这样精细而又善于读书的读者，都以为我是在责备那位农民，因为他劳作之后去休息的话，那么这就是说，我其实写得并不清晰而又独特 clare et distincte，因此你也就可以理解究竟是什么使我不快乐。要知道我甚至根本就不曾想过要读这个的。该书的标题是"客西玛之夜"，这就意味着，这个问题仅涉及为什么耶稣的濒死状态会那么痛苦，为什么当别人都已入眠时，他却无法入睡（显而易见，是由于极度的疲劳）。难道这样的问题在你看来居然是非法的吗？难道对于能够入睡的彼得而言，如果有谁回想起同样也想入睡的耶稣但却终究无法入眠（会听从你的意志吧？）而我却觉得恰好相反。抑或比这更好：就让能入睡的彼得和无法入睡的耶稣不要发生冲突好了。甚至当彼得弃绝耶稣时也不要让他俩发生冲突好了。而且，得知在《帕斯卡尔》和死亡修正案中所探讨的，并非一个伦理学问题，而是在探讨一个不同于伦理学的另外一个层面的问题。比方说，很明显，在我的阐述中有某种东西，为你走向另一种阐释提供了口实。也许，等和你见面时，咱们俩再好好讨论一下，我想搞清楚一个事，即书中究竟是什么促使你发现了我原本不愿意涉及的内容的。活到老，学到老，写东西即使写一辈子，也学不会写作。给我往柏林写信吧——就用信封上艾金贡的地址。一旦搞清楚你和我的计划，就谈一谈见面的事，我很想见你一面。［1923 年 7 月 20 日（？）］

在此期间，舍斯托夫正在为格尔申宗有机会到国外生活 8、9 个月的事奔走。尽管舍斯托夫一再劝阻，格尔申宗一家还是在8月初动身回莫斯科了，只在路过柏林时停留了一下，在柏林，舍斯托夫终于和他家人见面了。关于这次久已期待中的会面，舍斯托夫在给女儿的信（见1923年8月4日给女儿们的信）中顺便提了一句，而格尔申宗提及此事的信却有三封，是在他回到莫斯科后给舍斯托夫的：

巴登维列尔犹如爱丽舍大街的一场美梦，而和你的会面则更是一件终究得以兑现的奇迹。你从始至终都是那么无微不至，和蔼可亲……而要知道这在你来说却绝非休息，你的亲戚和朋友中求你办事的实在太多了，你每天都忙得只恨分身乏术。也许只有回到安娜·叶丽阿扎洛夫娜身边你才可以休息一下。（1923年9月3日）

昨天他（维亚切斯拉夫·伊万诺夫）在我这里朗读了自己的一首新诗，悲喜剧类型的'天赋很高，主要是美妙的诗。让他去艾金贡一生那里朗读这部作品吧，就像去年列米左夫朗读自己的别奇卡①一样。（1924年6月16日）

请代我向你的可爱的阿姆菲特利翁（马·叶·艾金贡?）问好，并告诉他，我经常愉快地回忆在他那里度过的那个迷人的夜晚。（1924年6月23日）

格尔申宗回到莫斯科后写给舍斯托夫的书信，现在保存下来的有23封。他在信中感谢舍斯托夫为他搞到的每月75美元的资助，讲述了他们一家在莫斯科比以前已经好过很多的生活，谈他自己的身体情况

---

① 别奇卡——列米佐夫短篇小说《小公鸡》中所描写的小男孩的名字。

（他经常生病），谈他们共同的熟人——叶·伦德伯格，格·施佩特，弗·伊万诺夫，瓦尔瓦拉·格拉，马拉希耶娃—米罗维奇等。瓦尔瓦拉·格拉当时住莫斯科郊外的谢尔吉耶次，常常沦落到失去工作一文不名的地步。格尔申宗和舍斯托夫都帮过她的忙，不止一次把她从艰难的困境中拯救出来。她也和舍斯托夫通过信。在此期间施佩特也读了舍斯托夫的《客西玛之夜》。格尔申宗写道：

> 他（施佩特）读完帕斯卡尔后极口称赞……关于这部书他的说法和我说的一样：正因为书中没有你惯常特有而对你并不合适的讥讽和嘲讽，因而的确是你一本最好的著作……而人到高点，其第八或是第九部著作与之前的著作相比并不都是最好的一部，这种情况并不多见；所以，你该为此感到骄傲了。（1924年5月3日）

格尔申宗还写到舍斯托夫的"讥讽与嘲弄"。而舍斯托夫本人也在写于1919年10月8日的《思维日记》的一则笔记中，谈到过这一点：

> 不需要讥讽——天倦了。不需要激情——激情显得多少有些矫揉造作，不会有任何好的效果。也不需要宁静祥和，这是一种假象。那究竟该怎么写呢？连提问都厌倦了，回答便显得假。由此可见，还是一字不写好。这可以做到，但要不思考却万难做到。（思维日记，第241页）

格尔申宗在其信中谈论维亚·伊万诺夫的地方最多。在动身出国前，他对伊万诺夫在莫斯科逗留期间的事情，做了沐漓尽致的描述：

维亚·伊万诺夫的到来在我们这儿成了一大"事件",那天是6月6日,是普希金诞辰125周年纪念日。俄罗斯文学爱好者协会值此之际在大剧院举办了一场传统晚会,并预定由维·伊做主题演讲。他也答应了,于是距该日5天前他一个人来到了莫斯科。他很久没有像现在那么精神了:年轻,充满朝气,精神饱满,情绪激昂,谈吐文雅,风流倜傥。他知识渊博,记忆超群,口若悬河。常用一口地道的外语夹带几句外国的格言警句,引文名言,而由于他所到之处人人都把他奉若上宾,所以他也就如虎添翼,英气勃勃,也反过来还给每个人以温存和善意。总之,大富翁兼凯旋者,以及光彩照人的众神之王,或诸如此类的神祇,似乎也比不上他的风采。他来此的目的是给自己弄一个资助出差的机会,而且看这样子,这机会笃定是归他了,于是,当年秋天,他就带着利季娅和季玛上路了,而您到时一定能见到他的。他在这儿待了3到4星期,住在学者之家。我们那时每天能见面,我当面很欣赏他的风度,并且有一次爱上了他。一般情况下他晚上来,时间大约是9点,经过了白天一天的奔波和宴请,略感疲惫,但气色绝佳,一直坐到零点,讲述他一百天的奔波斡旋,以及在巴库的生活。但是关于你,我都理应给他详尽地讲一讲。他体力很好,外貌很帅,头发灰白,但刮得干干净净……

我自己都写不下去了(由于完全无此必要)。唯一能做的就是工作,亦即在学院和研究所讲课。你多幸福,还在写作,虽然写得不多,可要知道我们这样的人只要有东西写就有生命在。而没有东西写的间歇,只不过是令人痛苦万分的苟活于世而已!(1924年6月4日)

维亚·伊万诺夫已经归心似箭了——万事俱备,就等意大利使馆的签证了。丽季娅和季玛已从巴库来到这里了。两人都很漂亮,丽季娅还随身带来了她才气横溢的作品。他们或许 20 日左右即可成行,先去威尼斯然后很快就从那转道罗马。冬天他无疑会去巴黎,是为了挣钱或是为了出版著作。瞧他身上的生命意志有多么强大!你就等着瞧吧,他还会梅开二度呢。他现在为了搞钱,为了舒适而奔波起来总是欢快活泼,蹦蹦跳跳,不知疲倦。(1924 年 7 月 7 日)

九月份维亚·伊万诺夫已经到了柏林(参阅舍斯托夫 1924 年 9 月 12 日写给艾金贡的信)。定居罗马后,他曾和格尔申宗通过信,格尔申宗在给舍斯托夫的信中谈到过他:

这两天接到维亚·伊万诺夫寄来的一封内容丰富的长信。他们一家在那里生活得很好,他本人经历过那么多年的疏懒以后,又开始写作了,孩子们也都入学了。只有一件事烦心:钱越花越少,收入却一文没有。显然这件操心事儿在败坏他们的生活。他想就地找个工作,可这当然是一枕黄粱而已。(1925 年 1 月 9 日)

格尔申宗在给舍斯托夫的信中常常提到安·别雷。在他现存最后一封信中,他这样写道:

上周鲍·尼(鲍里斯·尼古拉耶维奇·布加耶夫即安德烈·别

雷）提议要在我这儿朗读他新写的长篇小说《莫斯科》的开头部分……鲍·尼读了整整一个晚上。你也知道他我是崇拜的——所以我也很喜欢这个晚会。依我看，这部小说是经过了缜密构思，深思熟虑和精雕细刻的，语言则和以前的《彼得堡》一样。几天前，人民艺术学园为了纪念诗人诞辰，举办了普希金之夜，鲍·尼在晚会上做了一个半小时的演讲。人们还担心他会一不小心脱口说出什么不合适的话，他从前总是这样，但他这次自制力很强，虽然讲得不那么生动，但很有趣。他演讲之后。一些演员朗诵和演唱了普希金的诗歌。而卡恰洛夫和塔拉索娃配合绝妙的表演了《石客》中的两场戏。塔拉索娃非常漂亮，很招人喜欢。我和她聊了几句，她一开口就问到你，说了你许多好话。请我在给你写信时代她向你问好。
（1925年2月14日）

1925年2月19日米哈伊尔·奥西波维奇·格尔申宗忽然去世。玛丽亚·鲍里索夫娜、维亚·伊万诺夫以及瓦尔瓦拉·格里格耶夫娜都在给舍斯托夫的信中，谈到了这一重大损失：

我很难过，心中无比沉痛。我总感到如果我见到了您的话，您一定能宽慰我，哪怕能帮我理清思绪也行呀……每天我都会面对一个可怕的秘密，重新体验一下米哈伊尔·奥西波维奇的死亡。我当然知道，我应当一个人独自承受这一痛苦，因为谁都不能帮助我，可我们仍然还是忍不住向我爱戴的老朋友，伸出了求援的手。
（米·鲍·格尔申宗，莫斯科，1925年4月15日）

很久以前一直想给您写，竭力恢复咱们以前那种友好的交往。

一个月以前，死者米哈伊尔·奥西波维奇曾经在临终前为此责备过我，说我为什么总是拖着不给您写信……于是，首先，在多年以后刚开始与你说话时，我却必须首先对于一个为我们两个人所共同尊重的一个人的去世，交流我们两人深深的悲伤和哀伤。这位亲爱的朋友生前有着无可比拟而又强大的理性头脑，还有一颗无比纯洁的心灵。(维亚·伊万诺夫：1925 年 5 月 4 日于罗马)

距离我诵读《客西玛之夜》那晚已经过去一个多星期了，但文中的那句"Ad tuum Domine tribunal appell"仍然萦绕在我的心头。还有另一种感觉也是我非常熟悉的，即耶稣的临终状态将会持续到时间的终点……

玛丽娅·鲍里索夫娜——这本《客西玛之夜》是她给我的——也同意我的一个看法，即这本书焕发着一种强烈，清新的巍巍高山，猎猎清风的气息……她认为那正是米哈伊尔·奥西波维奇此刻待的地方。而她的说法有些是对的。我很高兴她还能跟我聊聊他。我以后去莫斯科时，会常去看望她的。(弗·格·玛拉西耶娃·米罗维奇：1925 年 5 月 8 日于莫斯科)

关于格尔申宗，舍斯托夫写了一篇悼念文《论一部不朽的书。纪念米·奥·格尔申宗》，此文发表于《当代纪事》1925 年总第 24 期 (4/6 月号)。

在舍斯托夫档案里，保存着叶甫盖尼·卡济米罗夫娜·格尔齐克，阿杰莱达·卡济米罗夫娜·茹科夫斯卡娅和德米特里·叶甫盖尼耶维奇·茹科夫斯基于 1924 至 1926 年间写给舍斯托夫的 12 封信。这些书信作为叶·格尔齐克《回忆录》一书的附录部分出版于 1973 年。

1922年，苏维埃政府把160多名知识界代表人物——学者、作家、记者、社会活动家——驱逐出国外。其中的一批人被从莫斯科和彼得格勒发配到了柏林。这批人里有哲学家尼·亚·别尔嘉耶夫，鲍·帕·维舍斯拉夫采夫，伊·亚·伊利因，谢·列·弗兰克，列·帕·卡尔萨文等人。别尔嘉耶夫在其《自我认识》一书中讲到他们这批人离开俄国的情形，以及其在柏林的生活：

1922年9月，被放逐的一群人离开了俄罗斯。我们途经彼得堡，从海路去斯德丁，再由那里奔赴柏林。被放逐者大约二十五人，连同家属大约七十五人……

在流亡者中间，有科学家和教授，这使得在柏林建立俄罗斯科学院成为可能。我积极参加了这个学院的创建，是学院的一名系主任。我在大教室里讲授俄罗斯思想史和伦理学。德国政府非常关心这个创举，对它的建成给予了很大的帮助。应该说，一般而论，德国人对流亡者很友好，为提高我们的声誉，安排了一些部长们出席的聚会、聚餐会。政府当时由天主教中心和社会民主党人组成。我认识几个社会民主党的部长，但他们给我的印象相当乏味……对我而言，在柏林建成宗教哲学研究院具有巨大的意义，而且也会更持久一些。但这已经是我个人的创举了。还在出国途中，我脑子里已经出现了建立一个类似于继承莫斯科自由精神文化研究院和宗教—哲学学会那样的机构的想法，不过，它不是旧机构的简单重复。"科学院"的名字过于哗众取宠，不适合我的口味。我从来不把宗教—哲学科学院看作科学院。可是，我们也想不出其他的名字。由于美国青年基督教协会（УMCA，它至今还存在）的帮助，宗教—

哲学科学院才得以成立……宗教—哲学科学院举办的第一个活动，是我的一个关于俄国革命的宗教意义的报告①，这个报告的某些思想与侨民社会相悖离……除了讲座以外，宗教—哲学研究院还每月安排一次带辩论的报告会……当时，在柏林，还没有俄罗斯侨民与苏维埃俄国之间绝对隔绝的感觉，我非常珍视它。还能够举行文学聚会，侨民作家和苏维埃作家都会参加。那时，还有第三种范畴存在——流亡作家。在巴黎，就有了很大的隔绝感。②

抵达柏林后，别尔嘉耶夫请舍斯托夫打听一下有没有可能安排在巴黎生活。舍斯托夫给他的答复是：

> 一直拖着没给你写信，因为没什么可写的。一直在等机会会见此地一位颇有影响力的法国人，直到昨天才终于见到他了（1922年11月11日）。布阿耶③教授邀请我们（这些在索邦教书的人）参加午宴，宴会结束后，我和他谈起了你们这些被从苏维埃俄国放逐的人的事情，我对他讲述了你们的现状——令人惊喜万分的是，我的话激起了他对你们这些人的极大的同情。在交谈过程中，卡拉塔舍夫④也帮我说话，然后又有库尔曼⑤、帕（？）及其他人也陆续帮我说话。布阿耶认为他有足够理由认为，法国政府肯定会拿出足

---

① 参阅《索菲亚》，别尔嘉耶夫的这次公开报告做于1922年11月26日。
② 尼·亚·别尔嘉耶夫：《自我认知——哲学自传的体验》，汪剑钊译，云南人民出版社，1998年，第200-205页。——译者
③ 这里指东方语言学院院长保罗·布阿耶教授。
④ 安东·弗拉基米罗维奇·卡拉塔舍夫系巴黎神学院教授（1875—1960）。
⑤ 尼古拉·卡尔洛维奇·库尔曼系俄国文学教授（1871—1940）。

够的资金,用以邀请被放逐的哲学家们(洛斯基、卡尔萨文、伊里因、弗兰克和你)为索邦做讲座的。可要知道,问题在于你们全部得提出(甚至不必非得采用正式形式,而只在给我或是卡尔塔舍夫的私人信件中稍稍提及即可)求职申请。按照卡尔塔舍夫的意见(在诸如此类的事情上,他比我更在行),你们当中凡是对布阿耶的想法感兴趣的人,最好是寄一份简要的、附有曾从事工作内容的个人简历。请你想想,并告诉其他人,然后尽快(因为此刻正在研究预算)写信告诉我。但是,我不太相信,法国政府提供的资金,足够维持你们和家人在巴黎的生活。但我想这笔钱要安排"一家之主们"到巴黎待一两个月办个讲座什么的,应该绰绰有余吧。这样一来,剩下的一部分钱,也许还够他和他的家庭在柏林待几天吧。这封信我按旧地址寄——如果你已迁走,希望能够给你转寄到。暂时没有其他消息。

真难相信,此地从一月份起,即将出版一份俄语的《文学季刊》(《窗口》——这是一份绝对没有任何政治内容的杂志),我们可以与之尽情合作。出版人是采特林,所以,可以推想,梅列日科夫斯基夫妇会进入编审,担任编辑,或至少是编委会的亲密同仁。你们那儿怎么样?你和其他人的生活安顿下来了吗?还有谁从俄国出来了?(1922年11月12日于巴黎)

终于收到你的信了。恰好也到了需要加快步骤的时候了,原来我的信人家给退回来了!眼下又有一道新的关卡:我在和布阿耶谈话时不能只谈你一个人的事。因此,其他人——洛斯基、卡尔萨文、弗兰克、拉普申、伊里因——的材料也是必须具备的——只有这样才能让布阿耶当即搞清一个事,即需要给俄国学者提供究竟多大力度的支持。你关于其他人却只字未提。这是为什么？这是否可以这样解释，即伊里因和弗兰克已经去了布拉格，而拒绝了巴黎？而那几个彼得堡人——洛斯基等——是不是同样也拒绝了呢？我在给你的第一封信中，就请你把所有材料转给在柏林的俄国哲学家们。没有这些材料我们什么也做不了。所以，请你费点心，尽快与洛斯基及其他人谈一谈。让那些想到巴黎的人和你一样，通报一下有关自己的必要信息。我希望你们所有住在德国的人，都能被安排为索邦大学的教授，都能短期来巴黎教学。如能办成这对你们大家都颇有好处。但这件事以及布阿耶全部设想究竟能否实现，我当然也说不准。可由于布阿耶非常……？……所以你们还是值得一试的。只是需要一开始就把所有的人都照顾到，而且还得加快速度。我很为您高兴，因为您已经着手工作了。您开办的讲座课和短期班对俄国侨民而言无疑是雪中送炭：大家一直在寻找和期待着精神上的支持。(1922年12月1日于巴黎)

可以推断，到1923年年初，是别尔嘉耶夫自己决定不再继续张罗迁居巴黎的事儿，因为正如上文所述，他已经得以在柏林安顿下来了。

1923年末，柏林的生计变得日渐艰难，俄国侨民开始陆续离境。1923年年末或1924年年初，别尔嘉耶夫请求舍斯托夫帮他和他的朋友们迁居巴黎。别尔嘉耶夫就此事开始与舍斯托夫通信（这些书信未署年头，但无疑都写于1924年初）。在这些来往书信中，别尔嘉耶夫和舍斯托夫当然也坦白地交换了他们对舍斯托夫《客西玛之夜》一书的看法，此书他是1923年秋寄给别尔嘉耶夫的。下面，我们从那个时期两人的来往书信中，选摘别的三封信以及舍斯托夫的两封信：

早就想给你写封信。可我一直都在东奔西走。前不久刚从罗马回来,在那儿过了两个星期,用法语给意大利人做了一次《俄国宗教理念》的报告。旅行和在罗马的逗留当然美不胜收。这事情是东欧学院安排的。在去之前还去了一趟布拉格,是在那儿开一个基督教大学生大会①。而在那之前去了海边。所以在这个季节以前,我还没有在柏林宁静而又长期地住过。有一点我必须说一说,今年在柏林生活比去年变得无比糟糕而且艰难了。未来尚在未定之中。我们暂时尚能支撑。我感到自己已经被牢牢捆在科学院和学院身上了。要知道这两个机构都是我组建的呀。可我不敢保证俄罗斯人的机关能在柏林长期生存下去。各种各样灾难性事件会接踵而至。资金也会变得日益捉襟见肘。许多青年离开柏林,这一点在我们的工作中已经能够感受得到了。身在柏林会比旁人眼中看上去要平静得多,德国人是一个非常安静非常具有忍耐力的民族。但无论如何终有一天我们不得不离开这里。因此现在就应着手为即将到来的撤退做好准备。每当我们说到说不定哪天必须离开柏林时,头脑里经常闪现的念头是巴黎。可这件事很难办到,要知道我们有四个人呀。在此我们的基本生活暂时是有保障的,虽然生活费用始终在上涨。你怎么,有没有什么希望,一旦我们在此新办的事业垮台,而必须移居时,能否在巴黎安顿下来?我想早点弄清楚,以免临时抱佛脚。我本人对这件事的看法是相当悲观的。我在布拉格曾经见到过A. B. 卡拉塔舍夫,他对我说,有人提议要去巴黎组建一个类似俄

---

① 第一届俄国大学生大会是在普舍罗夫(1923年10月1—8日)召开的,此会奠定了俄罗斯大学生基督教运动的基础。

罗斯哲学院的机构，这样就可以在当地获得一定的物质基础了。这件事你听没听说过？你问我想不想把自己的著作翻译成法语，并提出可以在这方面提供帮助。我想著作中《陀思妥耶夫斯基的世界观》或《历史的意义》译成法语也许会有点儿意义。文章中也许《俄罗斯的宗教理念》比较合适，可是文章已经有了法文译本，是一家天主教多米尼加法文杂志《岑西亚》向我约的稿，而此文已经译成英文，译成英文的还有《民主制社会主义和神权政治》。一位叫格列涅尔的非常好的翻译主动要求把论陀思妥耶夫斯基那本书翻译为德语。你怎么看，我们能否找到法文出版商和译者，或能否在法文杂志上发表文章？我很想把这事办一办，而无须取决于今后是否被迫移居法国。我的某些文章已经被译成意大利文发表了，根本不用我自己张罗。关于帕斯卡尔那本书你译得好极了。我不仅怀着极大兴趣读了你的译本，而且还为《索菲亚》① 写了一篇短文。这本书很有趣，写得非常精彩，但却也引起了我的强烈抗议。你固执己见地不愿意承认，帕斯卡尔的疯病也和使徒保罗的疯病一样，实在是基督身上的一种疯狂。你把神赐变得黑暗和恐惧。使得保罗、圣奥古斯丁、帕斯卡尔和路德的经验除了离开基督教、离开对基督教现实的无比严肃的接受之外不具有任何意义。你的译者以及志同道合者什莱采尔在《当代纪事》就你有关陀思妥耶夫斯基②的论著写了一篇书评。必须注意到，他在读我的同时也在批我，他说我和

---

① 1923年，由别尔嘉耶夫主编，在柏林出版了一本名为《索菲娅》的文集。别尔嘉耶夫信中提到的那篇文章，该书未予采纳。看得出，这篇文章是为没能成功出版的文集第2版准备的。
② 鲍·什莱采尔：《尼·亚·别尔嘉耶夫：〈陀思妥耶夫斯基的世界观〉》（布拉格，1923）——《当代纪事》1923年第17期，第458—465页。

批我的那些话，完全可以用来批任何信徒，任何基督教徒。他不接受信仰这一事情本身。他心目中的宗教是静态的和凝固不动的。我认为无信仰和怀疑主义同样也是静态和凝固不动的。我看出了"出路何在"（看出你奋起反对的究竟是什么），因为我是一个有信仰的基督教徒，并将终身严肃地保持自己的信仰。"出路"是一种运动，无出路就是一种怪圈了。陀思妥耶夫斯基同样也是一个东正教信徒，这是任何诡辩也无法予以否认的。归根结底只有一件事是我们可以终生与之的，那就是寻找"出路"，而运动仅仅只意味着究竟是谁找到出路了。你以及什莱采尔以及具有我们这种精神的任何人全都起而反对承认生活有正面意义的任何人。可要知道承认生命的正面意义也就是任何宗教的特征。你们认为一位信徒的状态是非悲剧性的，而只有非信徒的状态才是悲剧性的，但你们这样以为是徒劳的。一切恰好相反。信徒所冒的风险更大。信徒的风险是输掉永恒的生命，而非信徒的风险仅仅只是输掉几十年时光而已，二者并没有那么悲惨和可怕。关于所有这些事我都想好好谈一谈，一封信里很难尽述。

但有一件事我还是想先把它搞清楚。如果将来不得不去法国的话，那是不是应该早点安排我们的签证。我想叶·尤·普季可以安排我们的签证。他已经为扎伊采夫一家非常周到地办了签证。如果你来信谈到可行的建议的话，我会非常感激你的（别尔嘉耶夫，1923年末或1924年初于柏林）。

你也许想不到，哲学家的上帝竟然不是圣经中的那个上帝。你宁愿像费希特那样重复说，什么基督教的意义即包含在第四福音书的第一行诗中。我们之间的全部分歧都可以用这一分歧点来加以解

释。你在把理念神圣化，而我最无法容忍的，就是理念的神圣化。（舍斯托夫：1924年3月？于巴黎）

你所写的关于你自身体验的那些话，我全部接受。甚至在读到你的来信以前，我就不止一次给和我谈过话的不同的人说过，说你的"乐观主义"或你的"慈善心肠"，恰好也正是人们抨击你的要点，但这仅仅只是你的外表而已。你在书中的确超有魅力地表现出一种教条主义，但你的经验远比著作更加复杂得多。而你的经验我是无从否认的，而且我也不想否认。只是当你借助于现成理性前提的帮助想把自己的经验转变成为"真理"时，我才与你有争议。你声称站在基督教立场之外的人，是没有资格评判基督教徒的经验的，而把其他任何经验都归于"心理学"领域。这恰恰正是你的特点。我认为这恰好就正是你在言谈中竭力想要从中摆脱的那种"伦理唯心主义"。因为你的说法和天主教徒的说法如出一辙。而这种把 guandmeme 当作正义之特权来追求，这种认为自己的经验高于一切的愿望，是从古代伦理学中继承下来的，并被形形色色各种信仰形式的基督教徒所继承，并被当作是一种战斗哲学。而须知最主要的是，一种完全虚假的特权，像 saneta superbia 一样根本就不存在，子虚乌有，正是后者滋生了想要获得这种特权的愿望。而比这更加重要的是，要知道贝拉基主义你当然是不会接受的，而贝拉基主义就曾专门从这样一种虚构的特权中汲取养分，以之为生。而古代贝拉基主义在我们这个时代却被称作伦理唯心主义，他不仅供养哲学，同时也供养了宗教教条主义学说。只有死亡经验或与之等值的对于悲剧体验的经验，才能打开人的双眼，让他看出任何尘世特权，其中也包括道德特权的子虚乌有性。在你眼里这全是"黑暗"，而我却觉得正好相反，倒是你所谓的人们对之像对偶像一般顶礼膜拜的"正义"乃是一种恐惧。须知偶像不仅可以用木头雕刻，用理念也未尝不可。真理的"唯一性"就是诸如此类的偶像之一。好像有一句话是人们常挂在口头上的，说什么"唯一性"终结了"仇恨"而开启了"爱"的纪元，而实际上却截然相反：任何东西也不像唯一性理念那样，带给世界如许多仇恨和最令人恐怖的残酷无情。

还有好多话要说，可一封信不可能写得太长。不妨再提醒你重温一下被我选作《客西玛之夜》题词的帕斯卡尔那句名言①。而你好像并未注意到这句话似的。这是为什么？〔舍斯托夫，1924年3月（？）于巴黎〕

我们不得不认真考虑从柏林迁居的事情了。我们当初之所以留在此地，是因为柏林曾经是欧洲最便宜的城市，而且这个城市集中的俄罗斯青年人的数量最多。如今一切彻底变了样儿，柏林成了欧洲物价最贵的城市，而巴黎却成了俄罗斯人的中心。在物质意义上我们已经无法再在这里生存下去了。收入不仅没有增加，反而日渐减少。科学研究院所处处境几乎已到绝望的地步，我怀疑它的存在能否撑到秋天都成了谜。宗教哲学学院的预算经费少得可怜，根本无法保障我们的生活。美国人在给钱上是宁愿少给而不愿多给。柏林的俄语出版社已都彻底关门倒闭了。我感到我们柏林时期的生活就要结束了，此时浮上我心头的第一个念头，是我们必须移居巴黎

---

① Jesus sera en agonie jusqu'a la fiu du monde: il ne faut pas dormer pendant e etemps la（基督的痛苦将持续到世界的末日，在此期间我们不应该蒙头大睡）。

了。也许我们终究得以把宗教哲学学院部分或整体搬迁到巴黎，可谁会为我们提供保障呢。在这种情况下必须寻求别的收入来源。关于是否有可能从法国政府那里得到支持这件事你是怎么想的，哪怕只为少数被放逐的与斯拉夫学院或索邦大学有关的哲学家提供些许支持也行呀？你的意见呢，你看我是否应该调查一下这个？我亲自写信给索菲娅·格利戈里耶夫娜或叶甫盖尼·尤利耶维奇·普季本人，这样做有没有用处？巴黎我没有人脉，同时也不知道通过谁做工作最明智？况且，为我自己去找人求情，这令我十分尴尬。这也就是我为什么会请你出主意帮忙的原因。在那里从事文学工作收入有没有，前景如何？如果你回信谈一谈这方面的情况的话，我会十分感激的。根据你的资料，一个四口之家在巴黎生活，每月的最低生活费用是多少。鲍·帕·维舍斯拉夫采夫也曾想搞清能否在巴黎安顿生活的事。可我不知道他到底找没找到正确的路径。如今对我们来说，已经到了极其必要立刻搞清楚所有这些事的时刻。而且我也不知道咱们这伙人中，有谁愿意到巴黎去。可我个人最愿意去的就是巴黎，我家的女士们也个个都愿去。

我和你之间就你论述帕斯卡尔的大作进行的通信中断了。我总而言之是一个非常差劲的通信者，再加上可怕的超负荷的工作也妨碍我写信。

但咱们通信的题目使我很兴奋。我的朋友，当你说我信仰费希特和黑格尔的上帝时，你错得太离谱了。这种说法与我的内在生命和命运绝无任何相似之处。我甚至倾向于认为，费希特和黑格尔甚至并不信仰上帝，而且也从不向上帝祈祷。一般说我并不喜欢费希特，而且我认为他是一个高傲得莫名所以的哲学家。我珍重黑格尔，把他看作一个非常强大的思想家，但他却从未在我的精神生活中，起过任何作用。有机会我会让你认识并感觉到，我最不可能被指责为一路顺风和乐观主义。如果某一刹那你感到我的灵魂并非为与我的天性格格不入的怀疑和怀疑主义所折磨，而是被我的宗教生命所折磨的话，那你就不再会援引意识形态的标准来评判我了。我的写作总是采用一种极端教条主义，坚决肯定的形式，从未直截了当地发现我的心灵之剧和我的精神体验中的矛盾性，因为我的性格非常自闭，而就我的性格而言，或许又实在是太骄傲了吧。

如果我终究得以根治我的内向性格，我一定要让你感受一下至少对于某些人来说，在基督教内部生活是多么艰难多么悲催呀。有时候在我累得要死的时候，我会发展到嫉妒费希特和黑格尔的地步，从宗教信仰角度我鄙视他们，而且无论这听上去多么粗鲁而又奇特，我有时候甚至会走到嫉妒实证主义者的地步。我的悲剧并非一种无信仰的悲剧，也是信仰的悲剧。人们常常会把人类的命运想象成这样：尘世生活从生到死多得是苦难与痛苦，而死后更是充满了种种地狱般的苦难，因为你会觉得自己只配享有这样的宿命。我凭自己的意识否认永恒的地狱之苦，我的良知也在抵抗这样一种可怕的理念。我就意识而言是一个奥利金①派。奥利金类型的德尔图良离我更近。但我在我的基督教意识中予以否认的那些东西，在我的经验中却为我十分熟稔与亲近。这根本不在于我身上有一种旧约式的对上帝的恐惧（我认为对你来说上帝永远就是《旧约》中那个

---

① 奥利金（约185—253/254），基督教科学家，哲学家，语文学家，早期教父的代表，居住在埃及亚历山大城。——译者

上帝。你好像忘记了，亚伯拉罕、以撒和雅各的上帝，也就是那最终在圣子身上发现了自己，发现只有通过圣子才能认识他的到临的那同一个上帝），这在于我有一种恐惧是针对我自己的罪孽的。费希特和黑格尔或许压根就不曾感受到这种恐惧。来自外面的人根本无法理解基督教和教会内部所存在的艰难与痛苦。在许多忠实于基督教并对之毫不怀疑的人当中，基督教内部存在许多事。我认为凡不属于基督教且对其无任何体验的人，是根本不可能评判基督教经验的。这是我反驳你的主要论据。你以一种宿命的方式注定不可能理解帕斯卡尔，因为你自己对于基督教经验无丝毫体验。无论你头脑如何聪明，才华如何卓越，心灵如何细腻都无济于事。关于帕斯卡尔，你写的一切都太聪明了，太细腻了，心理描写太精微了。帕斯卡尔向你展现出来的，仅仅是他心理微妙的一面，而非宗教体验的那一面。对你来说，信徒仅仅只是一个心理实验罢了。但你自己的研究却带有高尚的品格，透过你的研究，我们能感受到你在探索真理之路上经历的戏剧性转折和痛苦。而那些你对其施加影响的人们，其实并不具有亲身体验的高尚品德。他们喜欢你为双重簿记学所做的辩护：即把生活中愚昧而又浑浑噩噩的日常庸常性和文学中无须承担任何许诺的悲剧性糅合在一起。这是最令我不快之处。我们的整个生活是彻头彻尾地充满了悲剧性的，历史也充满悲剧性，而并非精神经验中某个个别角落方才如是。我现在正在写作《基督教意识论》①，这本书我想写的与我迄今写的略有不同。这本书

---

① 别尔嘉耶夫此著出版于巴黎，由青年基督教会出版社出版于1927年，书名是《自由精神哲学·基督教问题与辩护》。

"想专门谈一谈基督教中的事"。

　　我的命运好不奇特：左翼认为我是右翼，右翼则认为我左，正统派说我是异教徒，异教徒又认为我是正统派。而我自己则永远觉得自己的形象被歪曲得很厉害。如今在我们这里占据优势地位的反应，确实针对国外俄罗斯人身上日益严重的蒙昧主义而发。这种蒙昧主义简直令我窒息。而且布尔什维克和右翼蒙昧主义，都同样令我感到厌恶。他们浑身上下散发的仇恨令我窒息。人们都传说你们巴黎有许多恶人。（别尔嘉耶夫，1924年4月11日于柏林）

　　你到底还是没有给我提个建议，究竟该如何采取行动好弄清楚能否有在巴黎定居的可能性。我会给索菲娅·格利戈里耶夫娜写信的。但除此之外远隔千里还有什么是我能做的吗？到法国人那里为自己个人的事儿求情很尴尬且令人不快。应该一下子就把有关一小批俄国哲学家的事提出来。关于迁居巴黎的事，我原则上必须在七月初做出决定，尽管迁居本身可以放在秋季进行。可这个事究竟该如何解决，我没有任何明确的概念。5月中旬如能在柏林见到你我会非常高兴的。而我想尽快搞清楚我应当在哪方面开始行动。最好的办法当然是我本人能亲去巴黎谈判。可我却没条件支付这笔必要的开销，只有去巴黎的旅费以某种方式替我出了，我才能够去一趟。你那方面如能有什么建议，就请写信告诉我。（别尔嘉耶夫，1924年4月30日于柏林）

　　在此期间，舍斯托夫得到了关于那些想去巴黎的哲学家们的必要信息，于是将其寄给了索菲娅·格利戈里耶夫娜：

给您寄去下列信息,即别尔嘉耶夫、弗兰克、伊利因和卡尔萨文亲笔书写的关于他们教学和学术研究工作情况的说明。柳舍尔,按照塔尼娅的说法,周四就会到巴黎了。要我看,如果要做些什么的话,他无论如何都会很方便。如果您能在我出行之前和他谈妥这件事,那就太好了:等见面时我就可以口头转述别尔嘉耶夫及其同事们的需求了。(1924 年 5 月 13 日于巴黎)

显然,索菲娅·格里戈利耶夫娜很快就为所有人弄妥了必要的签证,于是,别尔嘉耶夫们夏天或是秋天就可以动身去巴黎了。宗教哲学学院也将搬迁到那里。在巴黎别尔嘉耶夫立刻变得十分活跃。1924 年 11 月 9 日,举行了俄罗斯宗教哲学学院巴黎分院成立大会,从 11 月 18 日起,别尔嘉耶夫开始正式在分院讲授一门系统课程《俄罗斯神学学派》。在巴黎也和在柏林一样,学院分院除了讲座以外,还组织安排了公众报告,舍斯托夫也常去做报告。从 1926 年秋天开始,学院坐落在蒙帕纳斯林荫道的俄罗斯大厦是基督教青年会为俄罗斯机构提供的,它还为另外一些俄罗斯机构(如俄罗斯大学生基督教运动,青年基督教会出版社的俄国分社等)提供支持。1937 年,学院搬到位于卢尔梅丽街"东正教事业"中心而青年基督教会出版社则迁至 Сен-Дидье 街。别尔嘉耶夫在其《自我认识》中谈到自己在巴黎的搬迁和工作时,是这么说的:

1924 年,我从战败的德国移居到胜利的法国。我命中注定要在十六年以后重新认识胜利的法国。有很多理由把活动中心迁移到那里去。柏林已经不是俄罗斯人的中心了,成为中心的是巴黎。

(自我认知,第275页)

1924年3月舍斯托夫写给别尔嘉耶夫的上述两封信的原件未保存下来,这里的引文或许不全。这两封信以及别尔嘉耶夫同年4月11日来信的下半部分,曾经发表于《桥》杂志1961年第8期。在舍斯托夫档案里,共保存有舍斯托夫致别尔嘉耶夫的9封信,别尔嘉耶夫致舍斯托夫的7封信(由叶弗盖尼·拉普做了手稿影印件)。这些书信中与别尔嘉耶夫从柏林迁居到巴黎有关的7封,已见上文。剩下的两封见于本章下文,另外两封将见于下一章,这里没有引用舍斯托夫1924年9月10日的信,在那封信里,他向别尔嘉耶夫提供了有关维希①的情况,别尔嘉耶夫的两封信则是谈论德国出版商的(1925年7月26日,1926年4月9日),还有舍斯托夫的两张明信片(1929年12月21日,1929年5月18日)。这些信都曾发表在《大陆》杂志1981年第30期。

迁居巴黎(1924年夏天或秋天)后,别尔嘉耶夫定居克拉马尔(Clamart—巴黎郊区)。在此期间,他和许多老朋友拜拜了,但与舍斯托夫的多年友谊不但保持下来,而且得到了巩固。别尔嘉耶夫写道:

> 我在巴黎生活了二十多年。这段时间,巴黎成了俄罗斯文化中心。当时,在巴黎,住着一些和我过去有联系的人,有的甚至还有很近的关系。但我和这些过去的熟人没有什么来往,甚至几乎没见

---

① 法国城市名,维希政权对1940年7月—1944年8月法西斯军队占领期间投靠法西斯的法国政权的称谓,因贝当政府设在维希而得名——译者。

过面。联系最多的是和一些新结识的人。很长时间,我没有见过梅列日科夫斯基。梅列日科夫斯基写过很粗暴的文章攻击我。和司徒卢威也终止了会晤,他也写过文章尖厉地抨击我。我几乎再也没有遇到过卡尔塔舍夫,我们在政治上背道而驰。我同样没见过扎依采夫和穆拉托夫。我和布尔加科夫没有什么裂痕,但我们也很少见面,见面也大多是在事务性的会议上。我担心,如果我们经常见面,分歧会越来越大。在老关系中,与舍斯托夫保持和巩固了友谊。我和他有过最有意义的交谈。(自我认知,第299页)

早从1925年1月起,他们俩就经常见面。舍斯托夫答应别尔嘉耶夫在宗教哲学学院做演讲。他在给别尔嘉耶夫的信中写道:

刚接到你的来信。毫无疑问,2月1日礼拜日这一天是不会变的,正如我曾答应你的那样,其他任何事情都得放到一边,这天我要到你那儿做演讲。不值得为此报告杜撰一个新名称,还按以前的好了:《科学与圣经》。您明天(周五,1月23日)打不打算参加列米佐夫家的晚会?您要去的话,我想一切会非常有趣的。除列米佐夫本人外,参加者中还有普列维茨卡娅,莫言列夫斯基,亚历山大济维奇。坐车去并不远——卢蒂亚酒店。(1925年1月22日于巴黎)

关于其演讲,舍斯托夫在给洛夫茨基的信中写道:

礼拜日我在宗教学院做了一个报告。听众很多,虽然讲课费很

少（2法郎），该给我250法郎。（1925年2月4日于巴黎）

别尔嘉耶夫在克拉马尔自己家里举办了各类聚会，每逢周日还有茶会，茶会后往往还会就其感兴趣的题目举行座谈会。舍斯托夫常常去参加别尔嘉耶夫家的周日聚会。比方说，他在给别尔嘉耶夫的信中写道：

真令人沮丧！阿·叶明天白天又一次出乎意料地有事，去不了克拉马尔了。我都不敢答应下周日去：阿·叶的时间从未属于过自己，无法支配自己的时间。但只要不出什么意外的话，我们一定去。我5月23日或24日出发，也就是说，我还得到法兰克福做演讲。行前非常想和您见一面，谈一谈。也许，等你到巴黎后，来我家坐坐。你论伯麦（关于伯麦的两份草稿。第一份《论深渊的学说》，载《道路》1930年2月第20期，第二份《关于索菲娅和男性的学说——雅·伯麦与俄国索菲娅学说流派》，载《道路》1930年4月第21期。——原注）的两篇文章，和发表于《当代纪事》（《论19世纪俄国宗教思想的性质》，载《当代纪事》，1930年4月（总第42期）——原注）的文章我都读了——有许多本该亲口对你说的。最重要的，是为什么，像你这样热情如火，不知疲倦地寻找上帝的人（俄国哲学的意义即在于此，正如你所指出的那样，俄国哲学家们不是在学术性的大部头哲学论著中，而始终是在普希金、果戈理、托尔斯泰、陀思妥耶夫斯基等人的艺术创作中，寻找着被围困于"思辨"中的真理呢？当你继伯麦之后断言，说没有不是就不可能有是时，要知道你实际上也就以此一劳永逸地判定理性真理高于启示。而《圣经》却说，即使你的信仰只有石头豆粒那么大，你也是一切皆有可能。而对上帝来说,没有不是的是是可能的,对上帝来说,自由对他以及对造物都同样是可能的。对上帝你不能问他好不好,因为来自他的一切都是好的。圣经如是我言——我们无法理解这一点——但这不需要理解。只需要学会不需要任何先天的条件的自由地思考就行了。而不要以为只有我们的理性认为可能的才是真理。等再见面我们好好聊聊这个题目。无论伯麦有多么有趣(依我看,研究他的兴致不在于他为德国唯心主义准备了理念,而在于他的这些理念……),真理仍然是在圣经一边。(1930 年 5 月 9 日)

皮埃尔·帕斯卡尔于 1933 年从苏联回来后,总是定期参加别尔嘉耶夫的周日聚会。在题为 Berdiaev—l homme 的这篇文章中,他描述了这些聚会:

> 来了一些俄罗斯人和外国人,还有一些法国人路过巴黎。围着餐桌,喝茶,上了一些非常可口的馅饼,是丽姬娅或叶弗盖尼做的,在谈话。尼古拉·亚历山大洛维奇提问,引导谈话转向严肃的话题,正餐后便开始讨论。这一点和莫斯科的学院不太一样:既没有主席,也没有书记员。别尔嘉耶夫主持座谈。他活跃气氛,激发大家的兴趣,挑起他们的话题——多亏有他的发言、总结、概括、结论……和不时的发火,关于这一点我以上谈到过……对听众来说,最有趣的是别尔嘉耶夫和舍斯托夫的决斗……一旦舍斯托夫不在场,就总觉得缺点什么……尽管别尔嘉耶夫说话颇有教授的风度,但周日的聚会带有家庭的性质。(作为一个人的别尔嘉耶夫。

第 17—18 页)

舍斯托夫不仅曾是个有趣的交谈者,话语角逐的热爱者,而且也是一位才华卓越的演说家。他的演讲和报告总是大获成功。娜塔丽娅·维克多罗夫娜·列兹尼科娃在其《火红的记忆》一书的《阿列克谢·列米佐夫在巴黎》一章中,对他的某次演讲做了记述:

> 我无法忘记舍斯托夫的一次演讲。他就一个令他激动的题目做了一次大报告:理性与信仰的冲突。舍斯托夫的演讲结束后,费·斯捷蓬作为反方代表走上台。他以调侃的方式涉及这个题目:"有什么必要设置戏剧性冲突?"斯捷蓬心目中的理性,是一个长着一双蓝眼睛的小男孩,有必要摸一摸他的头,从他旁边走过……舍斯托夫站了起来,于是我们看到,一个怒不可遏的携着风雷和闪电的圣经中的先知站立在我们眼前。(《火红的记忆》,第86、87页)

遗憾的是,娜塔丽娅·维克多罗夫娜记不起来究竟是哪次会上听到舍斯托夫演讲的了。本书中也讲到舍斯托夫的几次出色的演讲。

在巴黎别尔嘉耶夫和帕·费·安德尔松和鲍·维·舍斯拉夫采夫领导着青年基督教会出版社,该社 1921 年创办于布拉格,随后转移到柏林(1923)和巴黎(1925)。青年基督教会出版社于 1925 年至 1940 年间在巴黎出版了大量俄罗斯哲学家,神学家和作家的著作。在此期间,《当代纪事》杂志也创办了一家自己的出版社——《当代纪事》。这两家出版社都于 1940 年战前被关闭。青年基督教会出版社 1944 年恢复工作，后来甚至兴旺发达。而《当代纪事》的工作却未恢复。在国外生活期间，舍斯托夫写了三本著作《在约伯的天平上》（第8卷），《克尔凯郭尔与存在主义哲学》（第9卷）和《雅典与耶路撒冷》（第10卷，由四部合成）。"当代纪事"出版社1929年出版了第8卷。舍斯托夫生前，青年基督教会出版社仅于1932年出版了一本小册子（《被缚的巴门尼德》——第10卷第1部分）。第10卷全书和第9卷俄文版舍斯托夫生前未能面世。从1951年起，青年基督教会出版社出版了舍斯托夫的三本书，再版了4本书（在舍斯托夫家人的赞助下）。

除书籍外，青年基督教会出版社还出版若干杂志。其中有一本叫《道路》。这本杂志于1925年由别尔嘉耶夫主编创刊。封面标识写有："俄罗斯宗教思想界相关刊物，宗教哲学学院出版"字样。别尔嘉耶夫在其《自我认知》（第276页）中指出：《道路》杂志集聚了所有著名的知识分子力量，但排除了显然具有蒙昧主义和恶意的反动派别……杂志的办刊方针不代表我的倾向……作为主编，我相当宽容，时常刊登一些与我观点不同的文章。"《道路》从1925年8月到1940年3月共出版了61期。1930年到1937年间，舍斯托夫共在这本杂志上发表了7篇文章。战后这本杂志再未出版。

第十章

巴黎（1923—1927）——生病——与茹勒·德·戈蒂耶和本雅明·方丹相识——尼采学会——论述胡塞尔、普罗提诺、弗拉基米尔·索洛维约夫的文章

1923年6月，安娜·叶丽阿扎洛夫娜领到了按摩师证书，前往沙捷尔—居永疗养院，想开办一家医学按摩所。从那以后，安娜·叶丽阿扎洛夫娜每年夏天都会在这家疗养院待四五个月，在那创办了一家很不错的诊所。疗养院医生鲍曼博士，很乐意把病人打发到她那儿，于是，舍斯托夫全家人都和他以及他全家人，建立了友好的关系。从1924年起，舍斯托夫每年夏天都在沙捷尔休养6到8周。鲍曼博士非常关注他的治疗情况。1923年9月中旬，季度工作结束后，安娜·叶丽阿扎洛夫娜去了维希。

舍斯托夫从他参加第三季活动（1923年8月23日到1923年9月2日）的庞蒂尼回到巴黎，又从巴黎前往维希与安娜·叶丽阿扎洛夫娜见面。他们在那里待了三周，然后一同回到巴黎。早在8月份动身去庞蒂尼之前，舍斯托夫就感到不舒服，可到维希后感觉好多了。回到巴黎

后,他又感觉不舒服了:大腿剧痛难忍。9月末他被迫住院。关于这件事,他在给艾金贡和法妮娅的信中这样写道:

> 终于出院了。今天感觉很好,可以坐到写字台前,于是给你们写了这封信。医院的诊断(一份射线片,三份X片,验血等等)使医生得出一个结论:我身体内没有什么器质性病变。一切都起因于神经病,其原因你们自己也多少大致有些了解。当然,对这样的结果应当高兴才是,况且还不需要做任何危险的手术等等。现在在A. E的监督下,正过着一种卫生的生活方式——强化营养,每天早晨散步等等。可以相信不会再犯病的了,这个冬天会平安无事的。昨天和米拉·雅科夫列夫娜(艾金贡夫人)通过电话。现在还不敢坐车到她家:毕竟是一次正儿八经的旅行。米·雅对我说,说她和您通过电话,说您情绪好极了,说在柏林生活并不像报纸上宣传得那么糟糕。如果实际真的如此那可就谢天谢地了。要知道通常当人们远隔千里打电话时,同样也无法畅所欲言。当然,我给你写这封信,对米·叶只字未提。昨天,列米佐夫一家经历过千灾万难,终于到巴黎了。而他同样也是瞒着我,给米·雅打过电话,并且转达了您的迟到很久的问候,也转达了同样也迟到很久了的来信。周日米·雅和E. Я[①]要来我家。很高兴见到她们。明天有人请我去看望杰扎尔登。在那里我将见到所有熟识的法国人和英国人。——到那儿后或许能为列米佐夫办点什么事……安娜·叶丽阿扎洛芙娜的附笔:列夫·伊萨科维奇出院回家了。他身上还在疼,

---

① 叶丽扎维塔·雅科夫列夫娜·拉伊戈罗茨卡娅,米·雅的妹妹。

但自我感觉好多了。我会尽我所能为你安排好一切的:终于劝说他每天早晨出去散步,而不是一起来就坐下看书。(给艾金贡,1923年11月9日于巴黎)

原来索妮娅已经写信告诉你说我病了。自从从威斯巴登一回来就觉得不妙。不得不住院(罗斯柴尔德:那里白给我治了一通,还给我分了间单独病房)。三方会诊各种化验……未发现机体有任何病变。现在我已经出院了,但还得去医院做放疗。我此刻已经好多了,上帝保佑,放疗有效就好了。(给法妮娅,1923年11月10日于巴黎)

《当代纪事》1923年第17期(10月号)发表了洛夫茨基的一篇文章《世界运动的节奏——爱因斯坦的相对论》。读过此文后,舍斯托夫给洛夫茨基写信说:

《当代纪事》收到了。你的文章我看写得很好——写得很精练:在这么短的篇幅里说出最丰富的内容。只有一点我不同意你的观点,而这一点对于爱因斯坦的哲学而言只是食物。要我看,如果他对物理学带来了突然而又影响广泛的巨大变化的话(我仍然还无法想象这会是一种什么性质的变化——权且相信他和信奉其学说的那些人的话吧),那么,在哲学的原则问题上,一切则会依然如故,而在这个问题上,胡塞尔分子们当然是对的。(给洛夫斯基,1923年11月20日于巴黎)

在此期间,舍斯托夫接到著名作家戈蒂耶的信,建议舍斯托夫能允许自己的某部著作在一家新出版社出版（锡德出版社），戈蒂耶本人担任该出版社哲学部主任。他在信中写道：

> 关于您我一无所知，除了您的享有盛誉的名字和您发表在《马克·德·弗朗斯》论笛卡尔、斯宾诺莎以及论帕斯卡尔的论著（《客西马尼之夜》）。与您的思想的两次接触，第一次就已经展现了一种精神，即哲学不是一门手艺，而是个人的痛苦，一个吞噬灵魂的问题。我明白您是那种刚与人见第一次面就想建立亲密的智性联系，想要再次会面的人。原来在我们会面之后，再过几个月，刚成立不久的数目出版社想要请我牵头搞一个哲学系列丛书，可以把相当数量的著作纳入其中，这个工作也符合我选择的思维路径。与此同时，我的朋友兰姆别尔先生告诉我，说他想拜访我，于是，我请他转告您，该系列的作者中，我第一个想要一见的，是您一个人。兰姆别尔写信告诉我，说已经就此问题和您谈过了，说您在跟他要我的地址。机会难得，我想利用这次机会亲口告诉您我的愿望。眼下我们预见的该系列的著作都很短——约200页一本。出版社提出了条件，都是于今多数出版社的普遍通行的做法。这没什么可说的，而您的名字或许可以允许您获得特殊的、更有利的条件。但我认为领导数目出版社的，都是些年轻人、很有积极性，头脑也不笨，善于沟通书籍推广和出售的渠道。如果我的建议您觉得尚可以接受，如果您也有合适的著作，您的尽早答复会让我感到荣幸的。过几周我会到巴黎，我刚在那里找到一处住宅，到时候我们可以详尽讨论这封信里所涉及的问题。（科特·丘·诺尔，1923年11月22日）

关于戈蒂耶信中提到的拉姆贝尔舍斯托夫在给法妮娅的信中写道：

这（他）就是那个还不认识我就开始和我通信的法国人。原来……（是他把我的《帕斯卡尔》送给戈蒂耶）而后者对我的著作发生了浓烈的兴趣。（给洛夫斯基，1923年11月26日于巴黎）

在舍斯托夫档案里，保存着几封拉姆贝尔写给舍斯托夫的信。

在找到来信后，舍斯托夫很快就开始与戈蒂耶就出版其著作的法文版一事，展开磋商，并就此与其相识。"正在就出版法版《陀思妥耶夫斯基与尼采》和《托尔斯泰与尼采》一事进行磋商"。——1924年1月16日，他在给艾金贡的信中这样写道。当时已经住进塞纳河畔布隆的戈蒂耶，给舍斯托夫发了一封邀请函：

卡甘，路易·卢里耶（一部关于理性主义的不符合逻辑的著作的作者），康斯坦·布尔格，方丹周三（2月27日）在我家聚会到4点半。如果您能加入我们的聚会我们会很高兴。希望我们能够解决您的著作的出版问题。（1924年2月25日）

戈蒂耶提到过的康斯坦丁·布尔根，是世纪出版社社长。过了一段时间后（合同是1925年4月6日签署的）舍斯托夫和他就法文版《列夫·托尔斯泰与尼采》出版事宜进行了磋商。1925年（或许是11月）该书出版，书名是 *L'idee de bien chez Tolstoi et Nietzsche. Philosophie et predication*，由戈蒂耶作序。把俄文翻译成法文是又塔妮娅和乔治·巴塔耶姆——未来的著名作家——共同完成的。与此同时，他又对尼采产生兴趣，经常到舍斯托夫家聊他。后来他离开了舍斯托夫。虽然最初开始磋商时商定出版的不光有《列夫·托尔斯泰与尼采》，而且还有《陀思妥耶夫斯基与尼采》，但后一本书却未被纳入世纪出版社的出版计划。舍斯托夫终生保持了与戈蒂耶的友好关系，他们经常到对方家作客。

1924年初，舍斯托夫的身体状况不太好，在给艾金贡的两封信中，他通报了这一情况：

> 急着与您分享一些好消息。西罗特金教授的预诊错了，结果与您和A.E的预言是吻合的。昨晚给我做了X光透视：没有肾结石，肠道也没有肿块。只有肾脏和别的什么略有下垂，按照医生诊断，（西罗特金尽管答应了却没来）是由身体瘦弱引起的。所以唯一的办法是严格遵守作息制度——加强营养，"注意休息"——上帝保佑，等下一个新年来临时，体力能够恢复，病痛会消失。此时此刻当一切都已成为过往云烟时，可以对Ф.И说了：写那么多信于我来说不是很困难，更何况如今正是最忙的时候……
>
> 塔妮娅今天要会见柳舍尔——法国高等教学机构督学和民族联合委员会支援"智力"工作者委员会委员，该委员会主席系柏格森：他或许能分配给她一份有趣的工作的。（1924年1月16日）
>
> 我感觉身体好多了。又去了一趟西罗特金家。他又把我仔细地诊察了一遍，他得出的诊断结果是这是肌肉收缩引起的痉挛。开了一种药，结果你瞧，这种药的效果绝佳。病痛减轻了——所以我现在到底可以逐渐延长工作时间。当然，仍然还是很快就感到累，但

我希望这种感觉会逐渐消失。我仍然遵守严格的作息制度——准备一直坚持到夏天。或许夏天过后，体力就可以恢复了。（1924年2月18日）

舍斯托夫在第一封信中写到自己希望塔妮娅与柳舍尔会面的事，这次会面可以解决她的工作问题。1923年夏，塔妮娅大学毕业，秋天学会了速记和打字，在此期间一直在找工作。也许，在和柳舍尔会面后，柳舍尔给了她一份临时工作。1924年10月，又给了她一份长期工作，即让她当秘书 1924年11月，国际智力研究院成立，柳舍尔被任命为院长。柳舍尔从研究院刚成立起就为塔妮娅提供了一份有趣的工作。塔妮娅在该研究院工作了5年。

舍斯托夫在给洛夫茨基和艾金贡的信中，谈到自己在1924年年初的工作情况：

> 谢谢您的祝贺和希望。格尔曼，如果你的愿望也能梦想成真而我即将发表的文章也能一炮打响的话，那可就太好了。我已经开始着手给《灵魂中的漫游》写前言了——写好这篇前言很重要，而我还不知道自己能否写好。（给洛夫茨基夫妇，1924年2月13日）
>
> 您问我现在正在写什么：还是那篇前言刚打了个草稿，我和您已经多次谈到过这篇前言。可是，自从我们病了以后，工作也不得不中断了，因为我目前住在妹妹家，身边连书都没有，等等。（给艾金贡，1924年3月11日）

舍斯托夫在前一封信中谈到自己"最近将要发表的文章"。毫无疑问，这说的是《狂言妄语——仑普罗提诺的迷狂》。他在这两封信中都提到为《灵魂中的漫游》写的前言（前言的标题是"科学与自由研究"）。在舍斯托夫档案里保存着三份手稿，都与这篇文章有关（Mc 即第 32、37、40 号）。手稿上签署的日期，使我们得以确认工作的进程：《狂言乱语》的草稿写完于 1 月 25 日到 4 月 4 日之间，5 月誊清稿，而前言的草稿是在《狂言乱语》之后当下草就的，12 月誊抄。需要指出的是，1923 年，舍斯托夫曾在几封信中提到过这篇前言，也许，这篇文章的构思比《狂言乱语》还早，关于《狂言乱语》，除了 1924 年 2 月 3 日那封信外，其他书信均未提到过。

《狂言乱语》一文两年后才发表于《里程》1926 年第 1 期（7 月号）。毫无疑问，在写完此文之后，舍斯托夫即将其交给了《当代纪事》，文章在那里躺了一年半，也正因为这篇文章，舍斯托夫才与《当代纪事》不和，关于此事，米·维什尼亚克在其《当代纪事——主编回忆》一书中提到过：

> 寄来有一封署名为舍斯托夫写于 1926 年 1 月 26 日，以我这个履行秘书职责的编辑的名字为抬头的信——没有称呼——作者在信中表达了极端的愤怒，说他的文章尽管有过许诺，但还是第二次延期了："你们看起来是想把我挤出《当代纪事》了吧。无论如何——尽管您是主人，我是打工的——可要知道在资产阶级国家里，工人才是自由人。因此，我再也不愿意与《当代纪事》打交道了。我个人与列夫·伊萨科维奇的私交一直挺好的。但我又不可能置"抨击谩骂"于不理——这会贬低自己以及"当代纪事"的尊严，而且，我不想隐瞒我的回答从我和舍斯托夫共同的熟人那里引发了强烈的

责难。好在我们的外交关系的破裂持续的时间并不长。与舍斯托夫合作终止的时间,不超过三期。(维什尼亚克,第 127 页)

为《灵魂中的漫游》写的前言发表于巴黎日报《每日新闻》1925年 3 月 19 到 20 日,标题是"科学与自由研究"。这本书由舍斯托夫写于 1920 至 1924 年间的文章汇集而成,关于这些文章上文已经谈到过。1926 年 1 月 27 日舍斯托夫在给洛夫茨基的信中,对其内容做了陈述。书当时未能出版。又过了 5 年后,又加了一篇《什么是真理》,以"在约伯的天平上——灵魂中漫游"为题出版。

在此期间,《新法国评论》杂志社的社长让·里维埃尔,给舍斯托夫寄了一本他自己的著作《学习研究》。舍斯托夫给他写了回信:

您在前言中您为您的少作再版而道歉。我觉得读者应当会为您著作再版而感激您的。我认为所有人都会同意我的这个意见的。您说您在自己年轻时的著作里感受到青春的气息,这话说得当然对,而且这很好:青春的魅力保留了下来,即使青年时代已成过往又有何妨。在这些著作里已经能够感觉到您精致而又强大的才华,您下判断时的勇敢,一点也不像您的那些同行们的判断。您所选择的主题表明,写作这本书的那个人,他不光是一个写书人,而且还是一个真理的探索者并且也探索到了真理。您敢于毫不忌惮地夸奖安德烈·纪德,而纪德的那些本国同胞们对他其实并不感冒。您讨论科洛捷尔、穆索尔斯基,都是 16 年前我们对之一无所知的人……在音乐家中,您选择了恺撒·弗兰克和德彪西!您非常善于向您的读者传达您对文学和艺术的热爱!我认为您的著作可以也应该在许多方面成为典范，不仅对于年轻人，而且对于年高德劭的作家来说，也是如此。任何人只要一读起来，就会不由地想一而再再而三地读下去。（1924年5月17日）

1925年2月14日距离所写那封信还不到一年时，里维埃尔逝世。舍斯托夫为他写了措辞温暖的悼词，发表于1925年4月《新法国评论》里维埃尔专号上。

1924年春，艾金贡再次邀请舍斯托夫到柏林他家做客。安娜·叶丽阿扎洛芙娜和舍斯托夫从巴黎给他写信说：

> 列夫·伊萨科维奇仍然未彻底摆脱疾病，虽然痛感已经轻很多了，痛感使他不敢使劲，正如他所说的，不敢透过锁眼看外面的光。又一次他在做早锻炼时，忽然感到神经高度紧张，心跳不已，但也正是疼痛迫使他慢下来不再工作了。（安娜·叶丽阿扎洛芙娜写于1924年4月3日）
>
> 有段时间我感到身体特别差，差到不敢坐车去看你，担心自己会给你添许多麻烦。现在觉得好些了，我终于下定决心，我的状况看样子也糟糕不到哪儿去了，可以出行了。很高兴又能见到您和米拉·雅科夫列娜了，感谢您乐于为我在您家安排一个住处。暂时就先写到这儿吧——就会到了，上帝保佑，我会当面给你们说说我们这儿的新鲜事儿的。（舍斯托夫写于1924年5月18日）

整个6月舍斯托夫是在艾金贡家里过的，大约7月4日回到巴黎。

然后他去了巴拉霍夫斯基家，因为在此期间舍斯托夫一家没有了住房（他们看中了一套好房子，就把旧的回绝了，可新的又一时没到手）。整个 7 月份，是巴拉霍夫斯基安顿了他一家人，暑假后，是卢里耶安顿的。10 月份，他们终于找到新居了。夏初，安娜·叶丽阿扎洛芙娜前往沙捷尔诊所工作，去年她已经在哪儿干过，如今她终于在那儿开办了自己的诊所。一直到 1940 年战前，她每年夏天都会去那儿住三四个月，从 1924 年起，舍斯托夫每年只要巴黎的事儿一结束，也会去她那儿度夏。舍斯托夫以及家人都非常喜欢法国中部的这个小地方。从沙捷尔回到巴黎后，舍斯托夫给艾金贡写信说：

> 我回家见着塔妮娅了——可她第二天一早就去维索茨基那儿上课去了。A.E 的来信生气勃勃：她有一份工作，而且她也很满意⋯⋯我周三去沙捷尔，也就是说，再过两天。我们这儿将举行一个教授宴——我也得去参加。此后将又有一连几周处于 A.E 的监督下"进行康复"。我自我感觉身体不赖，路上也没感觉疲劳。显然，柏林的疗养院起作用了。所有人都肯定地说我的气色好极了。而我向所有碰到的人讲述了柏林奇妙无比的"六月阳春天"，大家听得瞠目结舌。而且还真有的东西可讲⋯⋯列米德夫我已经见过了。整天宅在自己那价值昂贵的豪宅里——却一文不名。如今给他捐助得一俄镑一俄镑地给了。他已经彻底颓靡不振。但却在日益赢得法国人对他的好感。显然，"普隆"会出版《在勃拉吉特原野上》的。他和哈里逊女士正在合作翻译阿瓦库姆大司祭。谢拉菲玛·帕夫洛夫娜也已被正式接纳为斯拉夫学院的教师了（年薪 4000 法郎）。我想虽然近几个月还将很困难，但毕竟大家到底还是都安顿

下来了，如果就连他这样的也有工作做的话。祝您万事如意。您和米拉·雅可夫列夫娜按照米·E的规定好好治疗一段：等9月份回来时他会变得身强体壮的。不要忘了给我写信（写到沙捷尔）——你们过得怎么样。再祝你们万事如意，谢谢你们在柏林时给我的关心和爱护。（1924年7月6日）

7月9日，舍斯托夫去了沙捷尔。安娜·叶丽阿扎洛芙娜在从那里写给艾金贡的信中谈到舍斯托夫的身体情况：

我看出他在你们那里已经完全康复了，虽然疼痛依然在持续，无论如何也无法抑制。他心满意足地总是回想在你们那儿度过的时光，这段时光对他来说也是一次精神上的休养，还津津有味地回忆馅饼和饺子，尤其是在这里那次不成功的午餐后。（1924年7月17日）

7月18日，娜塔莎顺利通过获得巴黎高等电子学院工程师文凭的最后一门考试。舍斯托夫向格尔申宗及其他俄罗斯朋友们通报了这一喜讯。格尔申宗写信向他祝贺"父母功课"的顺利结业：

连女儿都当上工程师了，这还不算好吗？一切都好极了。你和安娜·叶丽阿扎洛芙娜把布置给你们的作业都做完了，现在可以让自己享有更多的自由了。我甚至会说这一时刻，也是你家娜塔莎的毕业日——是一个庄严的时刻：是你们在这一刻讲完了另一门父母开的课。我发自内心地向你们表示祝贺。（1924年7月29日于莫斯科）

"父母功课"不轻松——学费昂贵。在学校的 9 个月里,娜塔莎的兼职工作都排满了。家人为了帮助她,常常免除了她的"家务活儿",于是活儿就派到了其他家庭成员头上。虽然娜塔莎得到了好分数,但却对自己究竟能否完全胜任工作,缺乏十足的信心。家人生病也影响到了她:舍斯托夫(10 月和 11 月)娜塔莎,塔妮娅和安娜·叶丽阿扎洛芙娜(2 月和 3 月)。等她终于拿到文凭,全家人都松了一口气。

1924 年和前一年一样,舍斯托夫受邀到庞蒂尼演讲(1924 年 8 月 18 日《缪斯与神赐》)。他从沙捷尔穿过巴黎去那儿,又回到沙捷尔。在动身去沙捷尔前,他给艾金贡写了一封信:

> 时间过得很快——已经不仅是 6 月,连 7 月都已过去了,对你写于威斯巴登的那封信,我只好给你往巴伐利亚写回信了。你的信令我和安娜·叶丽阿扎洛芙娜很高兴。显然,休养和治疗对您起作用了。我想等您在巴伐利亚再待一个月,回到柏林人就会完全康复了。显然,"休养是必要的"——这是一个人人都懂得人人都忘记的真理,知道这一真理自身从某种方式让我们想起它时为止。好在您及时想起它了——并且当即采取了措施,也好在米拉·雅可夫列夫娜及时做了该做的一切。现在要做的就是今后也别忘了它。我们这儿也一切顺利。这里在沙捷尔简直美极了。我们几乎就住在山上,我们住的房子是城里最靠边的一幢,房后就是丘陵,田野,森林,葡萄园。想散步可以随意,一次比一次棒。我已经走遍了这里的每个角落,而且,我在这仅仅待了一个月,但显然身体已经强壮了。痛感出现得越来越稀少,并且已经不那么重,我的体重也明显

增加了。感到自己更有力气。我们住的也挺好——A.E 在这方面简直神极了。她居然能让寄宿学校的女主人们①都听从她的。所有情况都表明明年比去年更好,更何况我的假期还能延长整整两个月呢。但现在我已经开始多多少少做些工作了。普罗提诺再次吸引了我。要我看,在某些方面,在所有曾经存在过的,至少是古代哲学家中,他是最神秘的一个。近代哲学家中可以和他比较一下的,恐怕只有斯宾诺莎了。而且也和那年斯宾诺莎一样,如今我对普罗提诺简直是依依不舍,难分难舍,看起来,只要我一天不"漫游"到其内心史那艰不可测的,通常在哲学史上被认为是子虚乌有的深处,一天就无法消停。在他身上也和在斯宾诺莎身上一样,浮现在表面的恰好是那些对他最没有什么意义的东西,而那些对他来说乃是:το τιμωτατον, 乃是最为他珍重也是他长期寻找的东西,而关于这种东西,他谈到它时永远都是一带而过,就好像不愿意屈服于所有研究他的那些人的诱惑,因为它与他本人一直以来在其"学派"中"教导"我们的东西相矛盾。当然,在其他哲学家身上也可以感受到这样一种矛盾。但在普罗提诺身上,这种体系之间的,总体架构与个别观点之间的矛盾,似乎更醒目突出,我觉得似乎更引人注目。每次我都觉得我已越来越深入洞悉这种双重性的意义了,因此而一而再,再而三地想回到他那里,重温他的著作。可令人万分沮丧的是,我却不得不在服从作息制度(虽然这是个好的制度)的前提下,能分给普罗提诺之谜的时间实在有限——时刻不再操心疗养的事情。但也许冬天会是另一个样子,我后天动身,通过巴黎

---

① 指"克雷默"寄宿学校。1924 年夏和 1925 年夏,舍斯托夫一家住在这里。

前往庞蒂尼，在那从 8 月 8 号待到 18 号。以防万一，告诉您我在那儿的地址：Abbaye de Pontigny (Youne)。

我已经一个多月未找到马尔坎的来信了。也许那本书 (*Dostoiewski und Nietzsche*) 已经出版了吧。弄不好你们已经收到一本了——我请他们给你们往费兰兹贝德寄一本。意大利文的校样我已经收到了——上半部已经排好版了《T 和 H》。可以指望到秋天时意大利文本也会出来了①。(1925 年 8 月 4 日于沙捷尔)

从庞蒂尼回到沙捷尔后，舍斯托夫又给艾金贡写了一封信：

塔妮娅还在上课，但已经找到来自 Luchaire 邀请她从 10 月 1 日开始到他那儿上班的通知。娜塔莎（我好像写信告诉过你们，在所有 210 名同学中，她排名第 10）目前还在休息——的确，再过几天会找我们的：A. E 在这儿给她安排了课。我们家的事情就是这些。如你们所见，我无可抱怨。我已经稍稍开始工作了——虽然还不敢动笔写作——只是在读书和思考。庞蒂尼有许多好玩的东西——可区区一封信难以尽述。等见面时再详谈。(1924 年 9 月 1 日)

不过，我在庞蒂尼时，收到过 Karl Einstein 的一封信，他在信中告诉我，他和克里朋豪尔出版社的关系挺好，他建议我可以让自己的某部著作通过这家出版社出版。庞蒂尼有几个德国人，其中有 Max Scheeller 和 Curtius （话说到此，我和希勒关系很好：他原

---

① 现在无法确定当时此书的意大利文版是否出版（还可参阅本书第 214 页）。1950 年出现了一本书，名为《La filosofia della Tragedia》，出版社是 "Эдициони Шентификс Итальяне"。译者名不详。

来——我是通过和他聊天才证实这一点的——精读过《托尔斯泰和陀思妥耶夫斯基》）。我问他克里朋豪尔怎么样。他说这是德国最好的出版社之一。于是我给马尔坎写了一封信——说是希勒引荐的。但也无济于事了——马尔坎至今还未答应我。因为我想做一个乐观主义者，所以我尽量把这件事往好处想吧。而且，真的，如果只是德国的生活条件变了的话，那么，很有可能马尔坎也就极有可能出这本书和利用这次机会的。今天接到了格尔申宗的一封信。他一直住在莫斯科郊外的一家疗养院，现在动身去塞瓦斯托波尔附近的 T 城去。说这个夏天他会强壮起来的。我希望他到了克里米亚身体会更强壮，这次给他的资助来得真是太及时了。他活得可真不容易呀：物价腾贵——生活也被为了形形色色的烦屑小事儿进行的拼搏给毒化了。这还不算，他的妻子又把他的手给弄断了。如果每个人去支持他，他会怎么样，这一点我甚至都很难想象。米拉·雅可夫列夫娜还可以指望到了那个世界，会为了她在比世的一生操劳宽恕其一切罪过的。总而言之在俄国生活很艰难——而对于如格尔申宗这样的人来说，生活就更加可怕了。A.B. 伊万诺夫已经在柏林了。遗憾的是我不在那儿：我要在一定会领他逛一逛——那里有的是可看的。至于您，马克斯·叶菲莫维奇，切记不要过分沉湎于工作，不要忘了"作息时间"呀。要以我为榜样：我一直都在安心休养治疗，治疗休养。始终几乎什么工作都不做——只是偶尔去您的 Diltey 去看两眼，而且每次都要从心底感激您：他的书于我十分有用。我们将从沙捷尔去 Vichy，A.E 现在已经走了，因为她的工作已经结束了，但她不愿丢下我，陪我在这儿待到治疗结束，亦即待到 9 月 20—22 日。(1924 年 9 月 12 日)

舍斯托夫信中提到过的那位德国出版商基本捷伊耶尔,并未出版他的著作。关于自己在庞蒂尼逗留的情形,舍斯托夫信里说得很简要。可以推断,尽管有过几次有趣的见面,这一年他在那儿待着并不很舒心。后来他再也没去过那儿,也许是因为他有这么一种感觉,这些会议的整个气氛并不适于大家畅所欲言吧。关于和他一起成行的塔妮娅,他在从庞蒂尼写给法妮娅的信中写道:"塔妮娅她当然乐不思蜀了呗。"她后来又一个人去了那里很多次。

正如最后一封信所说,舍斯托夫家是9月22日去的维希,洛夫茨基一家人已经到那儿了。他们两家人一块住在"Poшe"别墅。几个人在维希"休养治疗,治疗休养"。舍斯托夫在给妈妈的信中写道:

> 收到你的贺信了——谢谢。祝贺你节日快乐,新年好,上帝保佑,新年会带给你新的生活,人们忘掉仇恨和战争,人人思念和平,建设国家:到那时人人幸福安康……塔妮娅和娜塔莎已经去巴黎了,暂时住在谢茚·Вл家,同时在为我们寻找临时住处。而我们和法妮娅和格尔曼一直待在这里。法妮娅必须治疗和休养一段。和安娜在这里,她感觉挺好。安娜对维希很熟悉,能给她许多好的建议。我自我感觉也挺好,希望经过维希(和去年一样,我在这里要经历一个完整的疗程)就会完全康复了。(1924年10月2日)

10月16日,舍斯托夫一家去了巴黎,而洛夫茨基夫妇去了柏林。法妮娅没动,要继续到艾金贡家上课,而格尔曼则先去威斯巴登,准备把安娜·格里戈利耶夫娜接到柏林。她11月初从那儿成行。舍斯托夫在巴黎暂住在卢里耶家,同时安娜·叶丽阿扎洛芙娜和塔妮娅布置新

居,这是他们新找到的。11月1日,舍斯托夫搬入新居。他在给法妮娅的信中说:

> 我终于住上了自己的房了——在今天以前我一直住在谢苗·Вл家,而安娜和娜塔莎在布置新居。塔妮娅也和我一块住在谢苗·Вл家——因为她整整一天都在上班,所以帮不上忙。新居好极了——总之比旧居好:位置好,也宽敞。(1924年11月1日)

那时塔妮娅已经上班,娜塔莎也终于找到工作了。舍斯托夫一家的物质生活状况有所改善,但女儿们的工资还很微薄,但舍斯托夫终于从生活的操劳中摆脱出来了。他在给母亲和法妮娅的信中,谈到自己的生活状况:

> 祝你生日愉快,愿你长命百岁,身体健康,家人幸福。希望今年更比去年好……
>
> 谢天谢地,我们这里事情正走上正轨——从12月15日起娜塔莎就要上班了:月薪800法郎。塔妮娅月薪700,而且安娜现在也有工作。一位名医,古热罗教授,也开始打发病人去找她了:已经送来3个了。所以,上帝保佑,我们已经开始独立谋生了。(1924年12月22日给母亲)
>
> 我们这里一切照旧。你别以为我会因为安娜,塔妮娅和娜塔莎不得不干那么多工作而发愁。当然,这没什么可高兴的,但我也得服从必然规律吗不是。安娜是不可能放弃按摩这份工作的,因为不干按摩,她常常会无工作可做。塔妮娅和娜塔莎同样也无法减少工

作。而我生病常常是与我的工作有关：刚为《灵魂中的漫游》写了一篇前言——我的身体就不行了。一做什么事——身体就会犯病。我必须与之妥协，因为这些条件都是不可更改的。可有什么办法呢？我不是头一个也不是最后一个。像陀思妥耶夫斯基，波德莱尔和斯宾诺莎等一类人，也曾在艰难困苦的条件下生活过。必须与之妥协，既然无法改变，那就只能在这样的条件下尽我所能了。我更为玛妮娅，柳霞和米沙而伤心——可对她们我同样一筹莫展。(1924年12月29日给法妮娅)

几个月后，在给妹妹丽莎的信中，他也谈到了这件事：

年轻人过得很不好——干活儿为了吃饭，吃饭为了干活儿。
(1925年7月20日)

如上所述，德国那家叫"马尔坎"的出版社出版了舍斯托夫两本德文著作《托尔斯泰与尼采》（1923）和《陀思妥耶夫斯基与尼采》(1924)。德国尼采学会会员们对这两本书发生了兴趣。1924年12月31日，其会员弗里德里希·维尔茨巴赫博士写信请求舍斯托夫为正在筹备的年刊《阿里阿德涅》写篇文章。舍斯托夫在给法妮娅的信中谈到过这件事：

昨天我接到一封来自慕尼黑的——尼采学会——的十分客气的信。他们说一些德国人对我的书很感兴趣，因为在我之前，还从未有人在这样的背景下研究尼采，请我为他们正在筹备的名为尼采的

杂志写稿。我当然首先对他们表示感谢并且愿意与其合作。（1925年1月3日）

谢谢寄来的书评。奇怪，尼采学会在来信中的说法也一模一样，他们肯定还从未有人如此研究尼采。我只担心他们刚开始似乎还算满意，随后便像在法国那样，大生其气来。（1925年1月11日）

法妮娅给舍斯托夫寄来了列依诺利德·林杰尔曼题为《关于尼采的新文学》的评论文章，此文发表在《格拉利》上。林杰尔曼写道：

关于尼采的外国文学，当然得是大部头的。但我们不能不提起两部重要的俄语著作，其中讲到尼采，也讲到19世纪其他两位伟大的俄国作家。这两部著作都是部分与尼采有关的文献，这一点我们已经谈到过了。我说的是列夫·舍斯托夫的两部著作：《托尔斯泰与尼采》和《陀思妥耶夫斯基与尼采》，这两部书都是前不久（1923—24年）在克尔纳由绿鸟出版社出版的。译文很好。这两部著作应当被列为德国有关尼采的著作之列。也许，只有俄罗斯人才能这样看尼采，他的心理学洞见可以给我国有关尼采的研究文献以珍贵的补充。（格拉里，1925年1月）

舍斯托夫给维尔茨巴赫的年刊寄去了其论述帕斯卡尔那篇文章。维尔茨巴赫还请舍斯托夫进入尼采学会理事会，并成为年刊的创办人。维尔茨巴赫在信中对舍斯托夫做了说明：

尼采协会成立时，大家预计每个国家都应在理事会里有代表。

例如，奥地利的代表是古果·冯·霍夫曼斯塔尔，瑞典的代表是艺术史家亨利·维尔弗林。我向理事会建议由您这位德高望重的教授，代表精神的俄罗斯。我这里所说的精神的俄罗斯，我想指的，是陀思妥耶夫斯基的俄罗斯，这样的俄罗斯眼下兴许已经不复存在了，但总有一天一定会重现。理事会的全体成员立即表示同意，因此我恭敬地请求您接受这一建议。

我们坚定地相信，您会接纳这一荣誉称号的，这一称号对于尼采哲学的发展具有重大的意义，我请您把您的学衔告知我们，以便在"尼采学会"公布，而这个学会很快就会诞生了。（1925 年 8 月 12 日）

舍斯托夫接受了邀请。论帕斯卡尔的文章以"Die Nacht zu Gethemane. Pascals philosophie"为题发表于年刊创刊号，此刊出版于 1925 年或许是 8 月份。翻译是个新人，叫伊万·费多罗维奇·鲁奥夫，后来又出色地翻译了舍斯托夫的许多著作。该刊第 150 页登载着许多尼采学会理事会名单：Эрнст Бертрам, Гуго фон Гофмансталь, Томас Манн, 列夫·舍斯托夫，亨利·韦尔夫林，弗里德里希·维尔茨巴赫。在该刊标题页上，这些人被标注为年刊出版人。鲁奥夫也是在那时翻译了舍斯托夫的五则格言警句，摘自《钥匙的统治》一书。这些译文发表于 1925 年的 Нейе Меркур 杂志。

此时，尼采学会出版社决定出版德文版舍斯托夫的著作《钥匙的统治》。维尔茨巴赫在 1925 年 10 月 12 日在写给舍斯托夫的信中告诉他，鲁奥夫已经译完了该书的四分之三。此书于 1926 年 3 月末或是 4 月初出版于慕尼黑。舍斯托夫的两部著作在如此短暂的期限内相继出版，毫无疑问需要感激维尔茨巴赫，因为他是尼采学会出版社的领导人。这家出版社没有出版舍斯托夫的其他著作，显然是因为它停止营业的缘故。但与尼采学会和维尔茨巴赫的关系并未中断。舍斯托夫不止一次与其见过面，还将其介绍给了艾金贡，维尔茨巴赫还曾邀请舍斯托夫到学会作报告。

或许也是在此期间，舍斯托夫还加入了康德学会。1925 年年初，他和《康德研究》杂志进行磋商，该杂志的负责人叫保罗·门采尔和阿图尔·李别尔特。舍斯托夫在给法妮娅和格尔曼的信中谈到他与这家杂志打交道的事情：

> 眼下有件小事。你瞧，真是出乎意料，我竟然接到《康德研究》的一份答复信（是阿·李别尔特于1925年4月24日写给舍斯托夫的一封信——原注）原来，Pr. 门采尔非常喜欢论斯宾诺莎那篇文章，可是，既然文章已经发了法文版，那么，《康德研究》也就无法出德文版了，虽然门采尔对于那篇文章"ausert sich anerkennend daruber"。他们要我寄一篇尚未在任何地方发表过的文章，于是我想到了论普罗提诺那篇（《狂言乱语》）。但不知译文如何？（1925 年 4 月 30 日）

> 瓦尔特答应翻译我的文章，这太好了。只是为了避免误会起见，需要讲清条件。如果康德学会接受的话，他就只能得到一般稿费，而如果不接受，我想多少给他付些报酬，哪怕一页 25 马克呢。

> 现在还有一件事：我想对文章做些改动，首先是标题和题词。我想选用约伯记（第 6 章第 2, 3 节）做题词："Wenn man doch meinen Ummut woge, und mein leideu dau auf die wage legte! Denn

mun ist es schwerer den sand am Meer; darum gehem meine worte ire"。标题改为《Die ire gehenden Worte》(《狂言乱语》1925 年 5 月 6 日)(按《圣经·约伯记》第 6 章第 2,3 节是:唯愿我的烦恼称一称,我一切的灾害放在天平里,现今都比海沙更重,所以我的言语急躁。)格尔曼,你的信收到了,就是寄给利伯特的那封。也许我对标题的改动太粗鲁——把他们给吓着了。要不也可以试着加个副标题:"论普罗提诺的迷狂",再不干脆就改成《论普罗提诺的迷狂》。我只担心门采尔连看都不看一眼,就把标题给否了……

很高兴利伯特为你提供机会给康德学会写书评,为此值得和他磋商一下。(1925 年 5 月 24 日)

《狂言乱语》一文由瓦尔特译完,可是康德学会没有发表。显然,这篇文章把他们"吓着了"。1926 年该杂志在第 2/3 期发表了洛夫茨基论舍斯托夫著作的两篇文章,这两部著作都是由马尔坎出版社用德文出版的。文章的译文舍斯托夫交给了谢·弗兰克,当时是柏林俄罗斯科学研究院教授,准备交给德文文集《俄罗斯哲学家》发表,该文集当时正在准备出版,可这篇文章或许没能赶上。

此时马尔坎所接受的舍斯托夫的一部著作《无根据颂》,是瓦尔特将其译成德文的。马尔坎答应于 1925 年 6,7 月份出版,却没有出成,借口说是书业萧条。《无根据颂》的一些选段,1925 年 12 月发表于《Нейе Рундшау》杂志,当时的出版人是谢·费舍尔,该杂志编辑卢多夫·卡伊热尔为此文写了编者按。舍斯托夫给洛夫茨基的信中写道:

你们也许已经知道新评论杂志 12 月号发表了一些摘自《无根

据颂》里的格言警句。当然，总共只有4页。但却付给我70马克的稿酬。而且，最重要的，我接到了一封卡伊热尔的亲笔信，信中邀我做该杂志常务编委和撰稿人，并且刻不容缓地要我马上再给他们一篇文章。随后，又以费舍尔的名义，请我就出版我的著作的事宜，开始磋商，因为这4页摘自《无根据颂》的格言警句，给费舍尔留下了极其好的印象。(1925年12月13日)

不过，我在给你们的信里已经说过，我收到了卡伊热尔请我加入新评论杂志同仁匦的邀请函，并要求我尽可能在最短时间内，再交一篇文章给新评论。一本书稿给费舍尔·贝拉尔。我给新评论交了一篇论契诃夫的文章，而把《无根据颂》给了费舍尔。今天接到答复——他把两个都给否了。说什么在德国人们对契诃夫不感兴趣，而一本格言警句书对于开头来说也不合适，云云。结果是雷声大雨点小。我回答他说，我担心会毫无结果。 (1925年12月21（?）)

如我们所知，《元根据颂》德文版并未出版。译著手稿也未保存下来。若干片段除上文提到的以外，发表在《Эуропеише Ревю》杂志(1926年9月号和1927年8月号)，《个人主义者》(1927年第5/6期合刊)，或许还有《Квершнитт》(1926)。时隔不久，凯泽尔又就出版其著作一事，恢复了与舍斯托夫的磋商。舍斯托夫在给洛夫茨基夫妇的信中写道：

我收到凯泽尔的来信。他没有离开柏林，看样子也不打算离开了。他已经读过我为《灵魂中的漫游》写的那篇前言了。他很喜欢这篇文章，想要发表，可是，由于近期将要出版的几期新评论 (Neure Rundschau) 版面紧张，所以要我把文章压缩一下。我没有表示（反对），但我相信，压缩后文章就显得有气无力了，而这是一篇责任重大的文章呀。因此我写信回答他最好再等等吧。

他接着又问我把《灵魂中的漫游》交给 Fischoer'a 出版是否合适（舍斯托夫后来给本书起名为《在约伯的天平上》而把原书名《灵魂中的漫游》作为俄文版的副标题——原注），请我介绍一下这本书的内容。我把内容大致给他讲了下，最后又补充了一句，说我要请你，格尔曼，去找一趟他，给他详细讲解一下此书的内容。你打电话和他联系一下，然后去一趟就是了。这本书由前言和三卷组成，第 1 卷：《死亡的启示》a) 自明性的克服，b) 最后的审判。第 2 卷：《大胆无畏与恭谦顺从》——以格言警句的形式写成。第 3 卷：《历史哲学》①时代之子与义子；②客西马之夜；③论普罗提诺。全书 400 页。其他详情你就自己看吧……

请告诉他……关于斯宾诺莎这部分，不是一种历史插笔（?），而是我自己（你对他讲比我讲容易一些）的一种方法，在我手里，这种方法取代了辩证法，只有这种方法才能引向自由研究。（1926年 1 月 27 日）

但这次磋商却毫无结果。但被否的德文著作仍然还是出版了。书出版于 1929 年，出版社是"兰伯特－施奈德"，书名是"Auf Hiobs Waage"，前言则刊载于《Кpеатур》季刊 1926 年第 3 期，马尔丁·布别尔是该刊编辑之一，舍斯托夫是过了一段时间以后与其认识的（1928年 4 月 3 日）

1926年秋，凯泽尔再次请舍斯托夫给他的杂志投稿，12月号上，发表了一篇热情评论《PotestasClavium oder die SchlÜsselgewalt》的文章。舍斯托夫在给法妮娅的信中，谈到凯泽尔邀请投稿的事：

> 他希望这篇文章不要太长，也不要太哲学化。我准备把第5卷中的选段给他寄去，题名为"天鹅绝唱"……我写信告诉凯泽尔，让他打发他的女翻译或你去取书好了。（1926年11月3日?）

女翻译凯特也真的很快就把他信中所说的那篇文章译出来了，可这篇文章却直到1928年3月才在《Нейе Рундшау》上发表。舍斯托夫很生气。在这次未如期发表的事情以后，有一段时间舍斯托夫和凯泽尔分手了，后来才又和好如故。1929年5月末，舍斯托夫的《在约伯的天平上》出版了，凯泽尔这次连忙就其写了一篇热情的书评，发表于1929年7月号的《Нейе Рундшау》上。1930年2月，在这同一家刊物上，出现了一部分已经发表于《数目》第1期上的格言警句（参阅本书下卷），两年后（1932年4月）又发表了部分发表于《当代纪事》第43期的格言警句。由此可见，1925年凯泽尔关于与《Нейе Рундшау》"亲密合作"的提议未能兑现。

在此期间，舍斯托夫还有两部著作——《莎士比亚和他的批评者勃兰总斯》（第1卷）和《开端与终结》（第5卷）也已译成德文，但未出版。在舍斯托夫档案里，保存着这两本译著的非完整版。

1925年春，叶利扎维塔（丽莎）和她丈夫列夫·耶夫谢耶维奇·曼德尔别尔格定居巴勒斯坦。舍斯托夫给他们写信说：

你们的来信收到了。谢天谢地,虽然历经艰辛,慢慢腾腾,但你们终算似乎是定居下来了。或许还能有所得,无论如何,这都意义重大,说明你们在道义方面自我感觉良好。我只是不知道,以后会怎么样——英国是否会遵守自己的诺言。这里的人各种想法都有,我们也很难判断,哪种意见更接近真理。当然了,在苏联体制之后,你们终于可以自由地呼吸了。列夫,你写的一切我都记得很清楚。我很难想象,人们在苏维埃俄国怎么活得下去,甚至就连比方说像巴赫那样,物质生活非常充裕的人也在内。我觉得,如果我不离开的话,我也许早就不在世上……

遗憾的是,我不懂犹太语。也许如果我懂的话,巴勒斯坦大学说不定会邀请我去呢。当然了,我其实并不喜欢讲课——这不是我干的事。但如果我懂犹太语的话,毕竟可以把我请去哪怕只有一个学期,我可以高高兴兴地去看看,巴勒斯坦究竟是怎么回事。当然,也可能即使我懂犹太话,人家也不请我。犹太民族和犹太人运动的领导人们,对文化著作,尤其是哲学,相当隔膜。可到底还是希望……

请你们来信详尽地谈谈,什么都可以说,关于自己的生活了,巴勒斯坦的生活了,总之都可以。我们对一切都感兴趣。(1925年8月27日)

丽莎和列夫在答复舍斯托夫的信中说,他们已经着手安排舍斯托夫到巴勒斯坦一行的事情。舍斯托夫很高兴。他在给法妮娅和曼德尔别尔格的信中说:

今天收到列夫和丽莎的一封信。他们建议我到他们那儿待两个月，去讲学。据说听众会缴费的，所有旅行费用都可以收抵。现在是海上旅行最好的时候。而且巴勒斯坦的炎热马上就要过去了，一年中最好的季节就要到了。这当然令我乐不可支，只要他们真的为我买好了来回船票，办好了签证，我立刻出发。我一直羡慕，谢·弗拉竟然也得出门旅行了——也许上帝保佑我也能有此运气。(1925年9月22日给法妮娅)

刚接到你们的信。当我给你们写信说要去巴勒斯坦时，这是纯粹的抒情诗，或用俄语说，是异想天开。可万一幻想成真呢！真的，如果一切妥当，我没话说，乐于从命。对我来说，冬季的前半段，亦即到新年以前，这段时间最合适。通常我会在11月末开始读书，但也不妨这样安排，即我复活节后再开始，也就是说，从1月7日开始。我可以在此期间跑一趟，做个讲座就打道回府。如果现在签证和钱就到手的话，我即刻就可以动身。我一再强调钱的问题，是因为，哎呀呀！我的情况决定，只有当旅行费用都有着落后，我才能出行……

我想讲的课最好是能把哲学和文学结合起来。我想课程名称就叫《〈圣经〉对俄国及欧洲哲学界的影响》。俄罗斯人中我想仅涉及契诃夫、托尔斯泰和陀思妥耶夫斯基。欧洲思想家中，讲讲笛卡尔、斯宾诺莎、帕斯卡尔和尼采。所有这些人已都涉及古代中世纪哲学。我会从第一讲契诃夫（在导读课以后）开始，涉及托尔斯泰和尼采等人的伦理问题——大致计划便是如此，和我写的书差不多。(1925年9月22日给曼德尔别尔格)

很难给你们描述我对有机会去一趟巴勒斯坦是多么的高兴，我很感激你们为我所做的一切。我深知我这趟旅行还有一个更严肃的意义,比我从前想的更加重大。但关于这一点现在说还为时过早——等到了你们那儿再详谈吧。请代我感谢一下比亚利克愿意帮我忙,我早就想见他和认识他,就是一直没机会。我想我们和他会有话可谈的……

当然,因为,第一,我希望咱们很快能见面;第二,我如此激动(高兴),为即将开始的旅行,已经到了信不能写,别的什么也做不下去的地步。我手头有一件急活儿,可脑子就是不工作:满脑子装的都是巴勒斯坦。再次感激你们的关心。别忘了代表我向比亚利克问好并感谢。安娜也向你们问好。我的理想就要实现了,她也很高兴,她也很感谢你们。孩子们现在都去上班,她们同样也为我高兴。(1925年10月8日给曼德尔别尔格)

可是,组织一次出门旅行真不像曼德尔别尔格夫妇想象得那么容易,于是,不得不延期。舍斯托夫在给他们夫妇的信中写道:

一周前我写信告诉过你们,现在我已经不能去巴勒斯坦了,因为到了1月1日前剩下的时间实在是太少了,现在几乎是同时收到了您含有优惠旅行证的挂号信和电报。我此刻只能重复我先前信里说过的话:也就是说,如果我终究得以在12月1日前成行的话,那么,因为1月1日前我必须返回,所以我可以支配的时间总共只有三周。或是从11月15日起到复活节或是从1月初到6月末我得在索邦上课(我已经开始上课了)。而这已经是极大的优惠了。老实说,我必须从11月15日讲课讲到6月末。我无法指望比这更大的优惠条件了,正如我在咱们的磋商刚一开始时已经在信里写过的那样。这也就是说,巴勒斯坦之行必须延期:或是,在复活节前,如果复活节去方便的话;或是延期到明年秋天。或许这样比较好。也许等到那时,正如你信中所说,可以不必冒任何风险地重新安排一下教学时间。因为风险对我来说实在是太大了。即使有优惠票,去一趟也得不少于60芬尼,也许还要再贵些。这就是7800法郎——一笔巨款了。而我现在,正如我信中告诉你的,不这样也已经很困难了,可我还不知道如何量入为出,因为即将进行的换房也需要不少开销。现在,当未来还有相当多时间时,应当以此为基础努力一把。即使没这件事,要想生存下去,我也得把自己的三分之二的时间,用来操心怎么赚钱了。如果再负上债,那我就得彻底抛弃我的工作了。当然,我是很想去巴勒斯坦,但这会是一次昂贵的旅行,要实现这趟旅行,就只有全程有人为我买单才行。但话说到此,这事我们已经说过了。(1925年11月21日)

列夫和丽莎尽管费了好大劲儿,但这趟旅行无论是在复活节前,还是来年秋天,都未能成行。只是在11年后的1936年,舍斯托夫才终于实现了自己的理想——去巴勒斯坦。

1925年初,舍斯托夫写作并发表了悼念格尔申宗和让·里维埃尔的文章。同年2月,他开始写工作日志(舍斯托夫档案Mc第53号),里面包含一些摘录和草稿。1925年舍斯托夫没写其他什么著作。

和往年一样,舍斯托夫在复活节前结束了在索邦的课程。课程一完,他就去柏林待了几周(4月5日),住在艾金贡家。在柏林,舍斯托夫当然见到了自己的德国记者和出版商,但相关材料都未保存下来。他还见到了洛夫茨基夫妇和母亲,并和他们一起过了复活节。为了积攒旅行开支,他做了两次讲座:《科学与圣经》(在 4 月 23 日俄罗斯宗教哲学学院揭幕典礼所做)和《斯宾诺莎的历史宿命》(在俄罗斯犹太人联盟)。

和往常一样,洛夫茨基夫妇在组织讲座,和德国出版商谈判方面,提供了无私的帮助。回到巴黎他就给他们写信说:"为了你们在柏林为我所做的一切,我要很好地谢谢你们。让你们为我到处奔波,心里很不落忍。"(1925 年 4 月 30 日)

1925 年 7 月 4 日,舍斯托夫在巴黎青年作家协会组办的文学晚会上做了一次讲座《从虚空中创造(安东·契诃夫)》。

和上一年一样,1925 年夏舍斯托夫是在沙捷尔一居永度过的。在那儿他接到了德米特里·阿列克谢耶维奇·沙霍夫斯基(此时已是伊万大主教)的一封来信,请求为沙霍夫斯基所创办的《善意》杂志投一篇文章。该杂志只出版了两期,1926 年 1 月号和 4 月号。舍斯托夫在给沙霍夫斯基的信中写道:

> 无论这有多么忧伤——显然,至少是在最近的将来,我注定无法与您合作。您要的一定得是一篇论俄国作家的文章,而您这么做当然是对的:您的杂志有自己的宗旨,而且您也会竭尽全力尽可能完整地实现和贯彻这一宗旨的。而我眼下却正在另外一个领域里工作而抽不出时间,确切地说,是无论如何也抽不出时间写一篇适合您的文章。您知道在我们这种侨民所处的生活条件下,一天总会有三分之二的时间是用于操心的琐事和无关的事情。一天中剩下的几

个小时根本不够哪怕是部分地实现自己的构思的。哪儿还有时间思考 ad hoc 文章的事！我再说一遍——我很遗憾，遗憾自己这次帮不上您的忙了。您的杂志我非常喜欢——可有什么办法呢：真是无可奈何……

我的建议或许适合您？！虽然您的杂志是纯文学的，但我想您所说的文学二字，毕竟不光指高雅文学。俄罗斯文学永远都对哲学问题有浓厚的兴趣。近些年来，哲学在俄国已经被放逐——但在国外，在流亡中，她也依旧在工作。别尔嘉耶夫、伊里因、费多托夫、洛斯基、卡尔萨文等人都有著作问世，多数都以宗教哲学为题。以我之见，如果您的杂志能在 1、2 期里，对俄国哲学家近年所做工作做一个概述，这不是符合其宗旨的一件大好事吗。如果您愿意，我倒是可以向您推荐一个可以受领这个任务的人。"Сов. 3"——Г. Л. 洛斯基，他的地址是：Berlin — Wilmersdovf, Nassauischerst 2。如果您觉得这主意不错，就请自己给他写信好了。（1925 年 9 月 6 日）

这封信发表在大主教伊万·沙霍夫斯基的著作《一个青年人的履历》。

"一天中的三分之二用于琐事和无关的事"——舍斯托夫在给沙霍夫斯基的信中如是说。如今和以前一样，使舍斯托夫感到痛苦的，用于真的工作的时间和精力实在是太少了。在给洛斯基和艾金贡的信中，他说的主要都是些琐事，这一点在本书中也有所反映，因为本书的大部分即建立在基于这些书信的基础上。书信中的许多甚至太多太多的内容，是关于日常生活琐事的，而绝少有关舍斯托夫的所谓大事的。

1925年10月，法文版著作《托尔斯泰与尼采》终于在"世纪"出版社出版了。但人们对这本书的关注度，远远低于舍斯托夫于1923年出版的法文著作。

1925年秋，突然发现，原来舍斯托夫一家人竟然不可以继续住在他们当时住的房子里了，而必须做出新的安排。在巴黎找房子实在艰难，于是，舍斯托夫一家欣然接受了巴拉霍夫斯基家的建议搬到他家住。巴拉霍夫斯基有一套包含八间屋的大房子，夫妇俩和孩子以及孩子们的家庭住在一起。那时他们的女儿冉妮娅带着孩子去了美洲，儿子谢廖沙去了莫斯科（1925年12月）此前一年前他的妻子伊拉去莫斯科看望父母去了。和父母一起的就只有儿子乔治和他的妻子纳嘉。巴拉霍夫斯基夫妇把空出来的三个房间让给了舍斯托夫一家。索妮娅在给法妮娅的信中说：

  廖利亚搬来和我们一起住了。家务事我一个人能否应付得过来呢？要是有人收购就好了。对我来说最大的安慰是：如果我行的话，可以好好关心关心他了，等安娜5月份一离开，他是否会一个人留下来。我可怜的列尔齐卡！心疼总是因为他。请上帝赐我力量和智慧，让我做他需要做的事吧。（1925年12月13日）

舍斯托夫一家是在1926年1月上旬搬进巴拉霍夫斯基家的，在他家一直待到1929年春。舍斯托夫在给母亲的信中写道：

  我们住在索妮娅家，渐渐地安顿下来了。索妮娅给了我们三间相互串联的房间：一大一中一小。塔妮娅和娜塔莎住大间，我住中间,安娜住小间。房间很好,既温暖又明亮——全都朝南,而且还都带露台。迄今为止我们在巴黎还没住过这么好的房子。家务大家一起做——这样更愉快,更高兴也更方便。安娜千方百计想要向索妮娅灌输她的卫生理念——让我们拭目以待,看她是否成功。对索妮娅来说最重要的,是要多出门散步。可她不喜欢散步。而我们住处附近,简直就只有两步远的地方,就有散步的好地方。我每天散步两次。早上一次,白天一次,感到散步有益于身体健康。而索妮娅有许多次一连两天,甚至天气很好也不出门。散步比吃任何药都好。(给母亲,1926年10月8日?)

此时,舍斯托夫已经有了一个庞大的熟人圈,里面有俄罗斯人,法国人和德国人,有他愿意与之打交道的文学家和哲学家。搬到巴拉霍夫家后,这种交往开始多了起来,部分原因是因为舍斯托夫这下可以利用新居宽敞的前厅,因而得以不时地接待许多人,每逢这种场合,都会有许多重要的文学界和哲学界代表人物前来。舍斯托夫一家在巴拉霍夫家从1926年一直住到1929年初。这三年是舍斯托夫一生侨民生活期间最有趣的一段时期,尽管在那期间也和前此时期一样,与出书有关的烦琐事务和日常生活方面的操劳,仍然沉重地压在他的肩上。

早在1926年1月末(22日或者24日),舍斯托夫就安排了两次接待日,第一次与马克斯·舍列尔抵达巴黎有关,第二次是为了纪念托马斯·曼。在给方丹的信中,他说到第一次接待日的情景:

如果把我的痛苦放在天平上称量一下,那么,它要比海里的沙子还要重,正因为此,我的话语分量很重。

明天（22号，星期四）一些俄罗斯和德国哲学家将在我家聚会——马克·舍勒也会出席。对话将用德语进行——舍勒不懂法语。我知道您懂德语。如果您有时间，敬请于8：30分莅临，您的莅临必将使我蓬荜生辉。（1926年1月21日）

托马斯·曼在其描述其1926年1月应法国卡尔涅加基金会法国项目部邀请访问巴黎的《Pariser Recheuschaft》一书（第73—76页）中，描述了第二次接待日。曼详尽讲述了舍斯托夫和他的家庭，讲到他如何认识布宁，他和他此前就有过通信。他在客人云集的舍斯托夫那里还见到什么人他就不说了。1月26日，舍斯托夫参加了为托马斯·曼举办的一次宴会，地点是在Cercle Literaire International（巴黎笔会分会）。

1926年2月13日（新历）舍斯托夫满60岁了。报上发表了几篇文章以示纪念（谢·卢里耶的两篇文章，格·洛夫茨基的文章，谢·波兹涅尔，阿·列米佐夫，帕雷斯）。舍斯托夫在给曼德尔别尔格的信中写道：

谢谢大家还想着我的生日。本地报纸（从百科辞典得知今年我满60岁，纷纷发文，如今我有了一件新的工作：回复贺信。（1926年2月23日）

5月份，舍斯托夫认识了格尔曼·凯泽尔林格。他在给洛夫茨基和艾金贡的信中说：

昨天凯泽尔林格公民来过（他来这做讲座）。你瞧，他甚至毫不迟疑地认为一定有我的著作的德文版。去年他在意大利时，才从意大利人嘴里了解到我——在罗马人们授予他以"Revelatious de la mort"。如果凯泽尔林格尚一无所知的话，那别的人就更不用说了。可要知道凯泽尔林格对我颇感兴趣（他一到巴黎，第一件事就是要求接待方安排与我见面，并且说了我的许多好话）——但他对我著作的德文版竟然一无所知！当然我把《Petestas davicem》和帕斯卡尔给了他。（给洛夫茨基夫妇，1926年5月10日）

我现在开始和凯泽尔林格公民通信了。我是在此，在巴黎和他认识的，他请我在Darmstaclt做讲座（用德语），说智慧学校付相关费用，做讲座我倒没那么热情，但去德国我何乐而不为。从达姆施塔特到柏林已经不远了。（给艾金贡，1926年7月3日）

舍斯托夫档案里保存了几封凯泽尔林格那段时期的来信。给舍斯托夫指定的为凯泽尔林格在达姆施塔特开办的"智慧学校"所做讲座的题目不太合适，舍斯托夫就没去成。从1930到1931年，凯泽尔林格再次就在巴黎做演讲的事开始和舍斯托夫通信。

1926年7月初，巴黎出版了一份新杂志《里程》。封面上写道："田德·斯维亚托波尔克—米尔斯基，帕·帕·苏夫钦斯基，谢·雅·埃夫隆主编，友情参与阿列克谢·列米佐夫，玛丽娜·茨维塔耶娃，列夫·舍斯托夫。"实际上《里程》并非一份杂志，而是年刊。从1926年到1928年，只出了三期。编辑部成员中与舍斯托夫关系最近的，是米德特利·斯维亚托波尔克—米尔斯基。此时他正在伦敦大学任俄罗斯文学讲师，同时担任几份先进的法文和英文文学刊物的编委。1926年他出版了一本英文书《当代俄罗斯文学，1881—1925》，后来成为一卷本的《俄罗斯文学史》的下卷。这部著作中有三页是讨论舍斯托夫的。米尔斯基住在伦敦，但常去巴黎拜访舍斯托夫。舍斯托夫对《里程》的友情参与或许仅限于他为该刊第1期贡献了一篇文章《狂言乱语——论普罗提诺的迷狂》。在杂志草创阶段，列米佐夫有时会向舍斯托夫通报事情的进展：

> 杂志将起名汗国（1926年1月24日）
>
> 周一的例会上终于定下来了。钱搞到了。接下来类似的工作就好进行了。准备稿子吧。（1926年2月9日）
>
> 汗国开会到深夜。我提议为你的纪念起见为杂志起名叫舍斯托夫。不行，人名还渺小，无论是"汗国"还是"舍斯托夫"，都通不过。大家都说就叫《里程》吧，带有黑白路标的里程。（1926年2月22日）

舍斯托夫还在给方丹的信中，讲述了他认识柳西延·列维—勃留利，《哲学评论》社长的经过：

> 我到法国时，法国人对俄罗斯人很热情（共产党当时并不时髦），到哪儿都受到热烈欢迎。我曾到布阿热家做客，主人把我介绍给各种人，其中就有列维—勃留利。他当时说：

"我读过您的两本译成法语①的书。要把您想说的都说出来，再没有比您表达得更出色的了。"

过了一会儿又说：

"不过您不要以为您已经说服我了。"

又过了一会儿：

"这会有什么益处？"

我用右手指了指天空。

我想这件事后他或许再也不愿意让我进他的编辑部了吧。（方丹，第147页）

但1925年春，舍斯托夫请戈蒂耶向列维—勃留利打听一下，他的杂志能否接纳他的《Memento mori》一文。针对爱德蒙·胡塞尔的认识论，舍斯托夫在此文中对胡塞尔的现象学进行了批判。戈蒂耶给舍斯托夫写信说：

我和列维·勃留尔谈到过您论胡塞尔的著作。他打算发表您的文章。得哈他谈谈翻译的事。您也知道他一般周一11：00在《哲学评论》编辑部待客。他认得您，毫无疑问，他会很高兴您的到来的。（1925年5月？）

也许是6月8日星期一，舍斯托夫去找列维—勃留利谈文章的事。

---

① 这里说的是舍斯托夫的《les Revelatious de la mort》和《la Nuit de Gethsemani》出版于1923年3月和5月。

列维—勃留利接见了他。舍斯托夫在给方丹的信中讲到了这件事:

> 当我向他（列维—勃留利）陈述我论述胡塞尔文章的内容时，他有点儿慌了，但当我对他说这篇文章曾经发表在一份隶属于莫斯科大学的俄文的哲学杂志上时，他即刻又镇静下来（《哲学与心理学问题》1917年9—12月号）。（方丹，第148页）

从这篇文章开始，列维—勃留利开始经常性地在《哲学评论》上发表舍斯托夫的长文。什莱采尔1967年在答《Ар—Луазир》记者问时回忆说："列维—勃留利对他打开了《哲学评论》这扇门"。民族主义者列维—勃留利或许正好是舍斯托夫的反面，但却也认为他的贡献颇有意义。于是，就这样，1925年，通过《Memento mori》这篇文章……舍斯托夫把胡塞尔的现象学介绍到了法兰西。"方丹也说到有一次列维—勃留利对别斯帕拉娃说："我根本不同意舍斯托夫的观点，但他很有才华，他有权表达自己的思想。"后来，在和方丹谈到这件事时，舍斯托夫指出："从他那方面说这真是好极了。这种思维方式早已在这个世界消失了。"（方丹，第33页）。方丹的笔记给人留下一种印象，即舍斯托夫的思想与列维—勃留利的思想完全格格不入，况且就连列维—勃留利本人，也在1936年1月28日的信中说道："我和舍斯托夫的观点距离很远。"但他即刻又补充了一句软话："……但我却很欣赏他，也极其同情他，"但是，说到列维—勃留利1923年7月14日写给舍斯托夫的信，以及舍斯托夫在给洛夫茨基夫妇、拉扎列夫的信，其中对其与列维—勃留利的会面做过描述的几封信（1925年6月30日，1925年9月14日，1930年1月27日?）后，你会确信，他们其实比读方丹笔记时的感觉要亲近得多。

针对在《哲学评论》上发论述胡塞尔的文章，舍斯托夫在给时在巴黎的洛夫茨基夫妇和时在沙捷尔一居永的拉扎列夫的信中写道：

我在这儿还要待10天。之所以滞留，是因为完全出乎意料地，Levy—Bruhl 为 Revue Philosophigue 接纳了我论胡塞尔那篇文章。他甚至答应以例外的方式，以一页10法郎的标准付我稿酬（通常只有5法郎），以便我们偿付全部翻译费。他非常客气：无论是在谈话，还是在附信里，都一再强调邀请我加入编委会。如今什莱采尔正在翻译此文——我在审阅。可由于文章很长，所以，7月10日前不一定能结束工作，而11日我要到沙捷尔。（给洛夫茨基夫妇，1925年6月30日）

我手头当然什么都有，有好的也有坏的。只是在信里谈论这些不值得而已。尤其是不好的一面，主要还是操心和有碍工作的一面。想起来心里真委屈，总得操心房子呀，法郎呀，出版社呀，翻译呀，讲演呀等——已经到了来日无多的光景了，感到自己比从前任何时候都成熟，可以做一番事业了。工作积攒了好多好多，都有一定的难度，可将来有没有可能，冬天能否工作——尚在未定之中。新闻里好的有：列维—勃留利为哲学评论接纳了我论胡塞尔那篇文章，而且……？甚至非常客气地接纳了。一直在催什莱采尔快点儿翻译。（给拉扎列夫，1925年9月14日）

该文发表于《哲学评论》1926年第1/2期，标题是：Memento mori: Apropos de la theorie de la connaissance d'Edmoud Husserl。为了呼应舍斯托夫的文章，斯特拉斯堡教授士·亨里克（胡塞尔弟子）写了一篇文章，题目是 Sub specie aeteruitatis, Eine Ereiderung auf l. Schestows Artikel "memento mori" enthaltend eine Kritik der Husserlischen Pholosophie。他把此文寄给了在慕尼黑出版的德文杂志《Философшер Анцейгер》。读过此文后，杂志的出版商格尔穆特·普里厄斯涅尔就亨里克的文章写篇答复。他很高兴。"普里厄斯涅尔把亨里克的文章寄了一份给舍斯托夫。请也住在慕尼黑的舍斯托夫的译者瓦尔特问一问舍斯托夫，是否愿意就亨里克的文章写篇答复。舍斯托夫同意了。1926年5月28日，瓦尔特在给舍斯托夫的信中写道："我已经告诉普里厄斯涅夫说您愿意。1926年6月3日，瓦尔特在给舍斯托夫的信中写道："他（普里厄斯涅夫）要我告诉您，说他可以为您的文章留出1：5到2个印张的篇幅。说他根本不反对离奇和反常……还说他非常欢迎您热情地加盟。"舍斯托夫就亨里克的反驳文章写了一篇答复文，题目是"什么是真理"。他急急忙忙赶在动身独家之前写完了此文（文章写作时是7月1日）。关于这些论著，舍斯托夫在给艾金贡的信中（1926年10月19日给艾金贡的信）。舍斯托夫对亨里克的答复文章俄文版很快便发表于《当代纪事》（1927年第30期），法文版发表于《哲学评论》（1927年第1期，第2期，1，2月号），德文版系瓦尔特所译，发表于《Философшер Анцейгер》（1927年第1期，或许是7月出刊）。亨利克论舍斯托夫的文章《Sub specie aeternitatis》德文版也发表于同期《Философшер Анцейгер》，和舍斯托夫的文章刊于一期，而法文版则发表于《Ревю де хистуар э деля философи релижьез》（1927年7，8月号）。舍斯托夫在给艾金贡的信中写道："我正在通过亨利克与胡塞尔通话。"可以满怀信心地说，胡塞尔明白舍斯托夫这是在和他对话（关于他们的相识和友谊请参阅下卷）。由于舍斯托夫的几篇文章，法国人开始对胡塞尔发生了兴趣，此前对他很少有什么了解。列维-布留尔和舍斯托夫就《哲学评论》发表《什么是真理》一文的事，互相写信进行磋商。在其中一封信中，列维-布留尔指出：

《哲学评论》很高兴与您合作,并且认为和您合作是他们的荣幸。您赐予杂志的任何东西,都会被编辑部感恩地接受的。(1926年7月17日)

值得指出的一点是,1926年亨利克还出版了一本书《Phenomenologie et philosophie veligieuse》他给舍斯托夫赠了一本签的是:"A monsieur le Professeur l. Chestor, homurage respectueux de l'auteur, Strasbourg le 29 sept, 1926"。

这些年中,舍斯托夫花费了许多功夫研究普罗提诺。1924年5月,他写完了《狂言乱语》一文,1925年,他继续研究普罗提诺,并从10月份起,开始做普罗提诺研究笔记及其著作摘录(手稿第34号)。1926年2月,他开始写作《论普罗提诺神秘主义体验的来源》,其中两章发表于1926年3月7日一家柏林报纸《日子》上,标题是《论善人和星辰》。文末签署的是:"1926年2月25日于巴黎。"在舍斯托夫档案里保存着这本书的草稿(手稿卷第35号)。手稿包含19章(共130页)。第19章未写完。可以推断,在收到亨利克文章的手稿后,舍斯托夫中断了此书的写作,好就亨利克的文章写答复文。未完成书稿的一些内容也写进了答复中。显然,舍斯托夫在写完答复后已经开始继续此书的写作了。这个未完成手稿及普罗提诺著作摘要极其珍贵,对于研究舍斯托夫和普罗提诺而言,是迄今尚未有人动过的资料。在《论善人和星辰》一文中,舍斯托夫曾写信谈到普罗提诺:"尤其重要和意味深长的,是几乎人人都这么说,话是说过但没人听。"

舍斯托夫无疑把对他而言普罗提诺"十分重要而又意义深远"的东

西,写进了上文提到的那篇文章里。舍斯托夫一般在给洛夫斯基夫妇和艾金贡的信中,喜欢谈论自己的论著。在论普罗提诺的著作中,却在现有的任何一封信中都未曾谈到。

《论善人和星辰》译文让玛丽娜·茨维塔耶娃①吃了一惊。她在给舍斯托夫的信中写道:

> 昨天没来,因为明天就要走了。不告别就这么离开让我心情很郁闷,——而且您是我在巴黎最大的人性价值所在——即便您连一本书也未曾写过也是这样!但这些书您却不能不写,即使不写您反正也都对它们深思熟虑过了。我永远忘不了您那颗(普罗提诺的)晨星,它把一个善人给掩盖住了。再见——秋天。我将从旺代给您写信,如果从信封上看见您那独特的,分开的,无笔误的——噢不!——不可磨灭的笔迹(是您的天才留下的印记)(1926年4月23日)

写完《什么是真理》一文后,舍斯托夫在7月最初几天前往沙捷尔·吉永度假。和往年一样,安娜·叶丽阿扎洛芙娜已经在那里等着他了。他们住进了一所新的寄宿学校(弗洛伦斯别墅),他们以后每年夏

---

① 玛丽娜·伊万诺夫娜·茨维塔耶娃(1892—1941),显然是在她到巴黎以后很快认识了舍斯托夫(1925年11月1日)。在舍斯托夫档案里,保存着茨维塔耶娃写给舍斯托夫的9封信,都曾发表于《俄罗斯基督教运动信使报》1979年第129期。其中一封此书上文引用过。这些书信写于1926年1月25日和1927年7月31日之间。保存下来的还有茨维塔耶娃的一本书《俄国之后》,写着赠给舍斯托夫,签署的日期是1928年5月31日。根据书信判断,在此期间茨维塔耶娃非常崇拜舍斯托夫,他们见面的次数很频繁。1928年以后他俩见没见过面,这就很难说了。1979年,9封信的原件和签有赠舍斯托夫字样的那本书,都转交给了位于莫斯科的茨维塔耶娃纪念馆,复件保存在索邦的舍斯托夫档案里。

天都住在这儿,直到 1929 年。洛夫茨基夫妇也到了那儿。8 月 10 日,他们去维希,去悼念舍斯托夫之父逝世周年(伊萨克·莫伊谢耶维奇 1914 年 8 月 16 日逝世于柏林)。舍斯托夫在给母亲的信中写道:

> 我们刚接到你最近的那封信,并开始在此地寻找犹太教会堂,可是,不光没有犹太教会堂,此地甚至连犹太人都没有——我们是昨天出发的。在那里一切都安排得再好不过了。那里不仅有犹太教会堂,还有一些值得尊敬的犹太人,他们为我们拟了程序。从阿尔齐尔来了一位大拉比(大拉比是法国人对主拉比的称呼)(grand Rabin)随身带来了位值得尊敬的犹太人,此外还有作家谢苗·尤什凯维奇,还有各国来的一些犹太人。大家全都做了祷告,那位阿尔齐尔来的大拉比,在犹太人祈祷后,还按当地习俗用法文朗诵了安心颂。我们在维希待了一整天,晚上回家。卡迪什我读了,是跟着格尔曼读的。(1926 年 8 月 11 日)

在沙捷尔,舍斯托夫接到艾金贡的一封信,他在信中描述会见一位舍斯托夫读者的有趣过程:

> 在维也纳旅行时,我在火车车厢里遇到一个人,而您和我不会不感兴趣,他就是列夫·伊萨克维奇。我随身带了一本您的书《死亡的启示》,我在书里寻找着什么,随后便陷入深入的思考中,过了两、三个小时,坐在我对面的一位先生和我说起话来,他的脸一走进车厢时我就注意到了。他对我说:"请允许我表达一下惊喜,您读的那本书我也正在读,这本书我读了已经一个月了。"这样的巧合令

我也很惊奇:在驰行在德国的一列火车的同一个车厢里,您著作的同版的两册书相会了。几乎在到维也纳的一路上,他一直都在询问您和您的哲学。他是一个萨格勒布的克罗地亚人,姓米哈伊洛维奇的音乐学家。他和他的熟人伯爵小姐普拉斯克维奇,也来自萨格勒布,在法国杂志上读过关于您著作的书评便抄写了下来。两人都对这篇文章感到震惊。他们对俄罗斯文学和哲学都非常感兴趣。米哈伊洛维奇让我转告您,说在萨格勒布您拥有"两个疯狂的崇拜者"。(1926年8月30日)

很有可能,舍斯托夫从沙捷尔回到巴黎,就开始着手研究弗拉基米尔·索洛维约夫,而春天中断了的写作论普罗提诺著作的事,则再未继续。1926—27学年,他在索邦大学教授一门课《弗拉基米尔·索洛维约夫与宗教哲学》。

1926年春,《里程》编辑部在为应于1927年出版的第2期做准备。其"资料"栏目决定发表瓦·罗赞洛夫的《我们时代的末日论》。谢·埃夫隆在给舍斯托夫的信中写道:

我再次请您就瓦·罗赞诺夫写几页东西。给末日论家的编者按由苏夫钦斯基撰写,您的文章将不是放在资料栏目,而是独立发表。请您加快进度,因为该期已在排版中。文章的篇幅什么,越精炼越好……确切地说,3、4、5页吧。(1926年10月9日)

舍斯托夫当时并没有写这篇论罗赞诺夫的文章,他显然就他有过许多思考。在准备动身去柏林时,1927年1月,舍斯托夫写信给洛夫茨基夫妇说，想在柏林做个讲座，题目是"弗·索洛维约夫笔下的反基督与罗扎诺夫的末日论"。不知道舍斯托夫是否仍为他在柏林做的这次讲座保留了这个题目，抑或是把这个题目给了在索邦讲的课程《弗拉基米尔·索洛维约夫与宗教哲学》。在他写于1927年6月的论索洛维约夫的文章中，他并未提到罗赞洛夫。舍斯托夫只是在1929年写了关于罗赞洛夫的文章《瓦·瓦·罗赞洛夫》。

1926年11月11日，舍斯托夫在青年诗人协会做了一次学术报告《天鹅绝唱——论海涅和易卜生的作品》。

1926年7月，舍斯托夫的法文著作《陀思妥耶夫斯基与尼采》出版了。舍斯托夫给其寄书的方丹，在给舍斯托夫的信中写道：

> 亲爱的朋友和老师。我刚读过您的著作《陀思妥耶夫斯基与尼采》，这本书我在邮局丢了一本，什莱策尔又给了我一本。书的扉页上没有您的签名。我很难表达我是多么狂热地关注着您的思想……您也许还记得我，有一次您问我，谁对你影响最大……我应该告诉您的是：尼采，但我已经说过，我认识尼采是由于您，也是通过您，他的书我读不大懂，而喜欢他的雄辩，逻辑的闪光……他是教授，也是演员——可他身上没有一丝一毫他称之为悲剧的东西，而您却把它表现得那么出色。由于您我不仅理解了尼采、托尔斯泰等，而且也理解他人，就是那些连您也没有想到的人——兰波、波德莱尔。我甚至想要指给您看兰波可以让您感兴趣的文本，我觉得，您的思想可以为我们揭示许多秘密。
>
> 我可以提出问题却无法解答它。我暂时拒绝听从您的教导——胆战心惊，混杂着喜悦和欣赏。您一定感到好笑吧。我宁愿当我的

门外汉。您不要以为对于克服障碍来说不幸是必要的。我不敢想象自己拥有幸福。在孤独中,我能找到那条道路吗?(1927年1月17日)

许多年以来,方丹在其1933年开始写作的《Rencontres avec leon Chestov》(《与列夫·舍斯托夫的会面》)中回忆,他是如何结识舍斯托夫的,他是如何写了上文提到的那封信的,以及那封信给舍斯托夫留下了怎样的印象:

> 1924年春,我在巴黎的戈蒂耶家见到了舍斯托夫,同这位作家结识令我异常惊喜,在此之前,他的著作《死亡的启示》曾经令我异常震撼。(我用罗马尼亚语就其作品写过5,6篇文章)。可是,就我的与玛拉美相近的精神气质而言,我从未给自己提问,这位作家是什么时候人,在哪儿生活,从未想到他居然实实在在地存在于某个地方。当他向我提出一些一般人都爱问的问题时,我的回答或许就是在一句一句地重复许多年后他本人对我说过的那番话:"我是研究法律的,从未听过哲学课,人们认为我而我也自认为是个诗人和随笔作家……"过了两年,当法文版《悲剧哲学》出版后,他很客气地给我也寄了一本。我给他回了一封感谢信。我朴实地告诉他,说他的书令我震惊,和他以前的作品一样,但是,除此之外,这本书也令我惶惶不安,对此我斗胆向他坦白了:"如果悲剧和不幸是探索真理的条件,而且探索真理最初的状态就是这样的话,那么谁会自愿自觉地跟在他身后前行,谁敢让人自己经历悲剧,即便这是为了一睹真理的美目也罢。"末了我还写道:"您永远也不会拥

有信徒的。"过了几天，舍斯托夫邀我到他家做客。他家当时有很多客人。舍斯托夫对我的态度是我一辈子也忘不了的。他把我在他那儿的信对客人们朗读了一遍，然后问我："我已经习惯于人们称赞我的写作才华，我的批评家'素质'，以及我对某种现象的公正或是颇有争议的阐释，而您的信令我吃了一惊。您感兴趣的即非我的风格，也非我的心理学的敏锐感觉，而是问题的实质本身。这令人惊奇……"

就是从这天起，舍斯托夫对我产生了兴趣。我不记得他是什么时候第一次允许我去找他的（不早于1926年，但直到1929年）以及我们的对话是何时开始的，起初次数很稀少，随后越来越频繁。直到舍斯托夫去世这种对话才中止。（方丹，第41—43页）

在舍斯托夫和作为能够听出他的"问题"的非常罕见的人之一的方丹之间，从此直到临终确立了一种真正精神上的联系。方丹不仅是他颇有才华的学生，同时也是他的好友。

1927年2月13日是个星期日，也是舍斯托夫的生日，舍斯托夫在家里办了个招待会。他在给洛夫茨基夫妇的信中说："来了45个人。"客人中有列维－布留尔，舍斯托夫与之建立了友好的关系。

索邦的课程一结束，舍斯托夫就去了柏林（1927年4月8日），住在艾金贡家。方丹在其回忆录里讲述了舍斯托夫与阿尔伯特·爱因斯坦在柏林的两次会面，但未指出具体时间：

一天晚上舍斯托夫凑巧和爱因斯坦坐了邻桌。他只是听名字知道是爱因斯坦，而对数学物理学所知不多，而爱因斯坦或许也只是在这天晚上才知道舍斯托夫这么个人的存在——知道他是个俄国哲学家，是胡塞尔的朋友等等。既然和舍斯托夫坐在了一起，爱因斯坦就请他如果可以的话用几句话解释一下胡塞尔哲学。

"可是，"舍斯托夫说，"这可是一两句话说不清楚的。要说明他的哲学，我至少需要一到一个半小时。"

"我不着急。"爱因斯坦说。

"从哪儿开始呢？我们假设你今天碰见牛顿了，在此世抑或在彼世，"舍斯托夫说道。"您和他会聊些什么呢？聊自明性，证明，真理还是聊光的成分，地球的曲率等？"

"毫无疑问是聊最后一个。"爱因斯坦同意道。

"于是，"舍斯托夫说，"如果是一个哲学家的话，他可能就会问牛顿，什么是真理，什么是灵魂的不朽，上帝是否存在。而这些问题在你们看来，则全都是已知的。"

"的确如此。"

"那么，"舍斯托夫继续说道，"这些问题在你们眼里全都是已知，而哲学家看来却绝非如此。哲学家会这样提出所有未曾解决的问题，就好像它们真的从未被人解答过一样。"

接着他竭力想要给爱因斯坦讲清楚，什么是胡塞尔的自明性，甚至还涉及他如何和一位弗莱堡著名的哲学家一起，掀起了一场旨在反对自明性的斗争，可爱因斯坦已经不再关注他的思想了。他们俩又见过一次，爱因斯坦请舍斯托夫继续他的解释。可他却对自己头一次说了些什么一点也记不起来了。（方丹，第108—109页）

我们推断这里描述的与爱因斯坦的见面，应该发生在1927年4月，因为舍斯托夫曾在 1927 年 4 月给时在柏林的妻子的信中,顺便提到过爱因斯坦:"我和爱因斯坦的第一次见面,"舍斯托夫写道。"非常成功。"如果我们推断他们见面的时间是 1927 年 4 月这种说法是对的话,那么方丹回忆录中的说法,称舍斯托夫是"胡塞尔的朋友"就不准确,因为舍斯托夫和胡塞尔直到 1928 年才认识。

回到巴黎(5 月 4 日?)舍斯托夫在给格尔齐克的信中,谈到这次出行及其他一些事务:

亲爱的 E·K,您的信到的时候,我恰好不在。我去了一趟柏林——我母亲住在那儿。为了抵消这趟旅行支出的费用,做了两个讲座《弗拉·索洛维约夫与宗教哲学》。整个冬季我一直在此开设整整一门课与此同名(和在索邦一样都用俄语),在柏林就不得不压缩内容讲。下面给你们讲述的内容,都将写入我的传记。我对尼·亚·别尔嘉耶夫说过:"咱们堕落到何等地步了,老也老了,当什么教授。"他不同意我的说法,他甚至为自己身为教授而骄傲自豪。而我——唉唷呀!——我可自豪不起来。难道我们竟然可以就"神许诺的地方"而夸夸其谈嘛。你们大概还记得"犹大书"(第 XI,8)"верою Авраам повиновался призванию идти в страну, которую шмел получить наследие; и пошел, не зная куда идет"对于这件事却只是想想而已。想走你就走却不知道该往哪儿走。可当你想给别人讲述——人人都在用困惑而又忧郁的眼睛盯着你——时,舌头有时候却像粘在了喉咙里似的,让你不由得不羡慕弗·索洛维约夫,你刚和他吵过一架,而你之所以羡慕嫉妒他,正是因为他知道自己该往哪儿走。接着你又开始就此问题又说又写的了。

前不久我就此问题发表过一篇俄语文章《狂言乱语——论普罗提诺》。此文于谁有用——这我就不得而知了。不久前我碰见了一位年轻的法国人，他一年前才从中国回来。他告诉我说他几乎将所有陀思妥耶夫斯基的著作都已译成中文了，中国人很喜欢读他的译著。后来他还告诉我，说他把我的《Les revelations de la mort》作为陀思妥耶夫斯基合集的附录也出版了。说我的那本书转眼就卖空了，中国人都很喜欢。他对我解释说："Sans dowte ici on vous admire beaucoup, mais ici on se tient a l'ecart de vous"也就是说，那些中国人，据他所说，把我的书一字不落地活吞了。所以说，由此可见，我的位置在哪儿合适——在中国呀，而我，未尝不可以也以欧亚主义者自居——我得给你们讲一讲法兰西和德意志神学领域里的各种思潮。可我却没有时间面面俱到地全面加以关注追踪——时间太少，精力分散。可我却觉得似乎并未发生任何值得予以关注的大事。神学家们一直都在忙乎，可多数是在忙于实践，在弥补创伤，在重整乾坤。在这方面他们成绩斐然。甚至在德国——要知道那里比别国更困难得多。人们有饭吃，有衣穿，剧院，影院，咖啡店都人满为患。再过五年，人们兴许会把战争忘得一干二净的了。(1927年5月18日，格尔齐克，第114－116页）

5月末"群星"出版社出版了《无根据颂》。他在给艾金贡的信中，提到过这件事，也谈了谈他正在写索洛维约夫的事：

　　这四周里每天都想给您写信——可直等到今天才抽出空来。如果不能把《无根据颂》寄给您，我就不愿写信。刚找到"群星"的一封来信,说给您的书寄出去了……

现在谈谈索洛维约夫——我希望在动身前能竣稿。使我略感沮丧的是,我不得不联系弗拉·索洛维约夫来谈宗教哲学问题。而最好的办法是联系谢林和黑格尔的冲突来谈。作为一个哲学家的索洛维约夫并非那么独创——他更多的是在重弹黑格尔和谢林的老调。也许,等我从沙捷尔回来后,我会把这些资料用在另一篇文章中——那已经和索洛维约夫无关了。(1927年6月4日)

在这同一封信中,舍斯托夫还给艾金贡讲述了艾金贡的表妹和玛丽娜·茨维塔耶娃见面的情形:

前两天,有天晚上,您的表妹索菲娅·伊里因尼奇娜来了,(索菲娅·伊里因尼奇娜·李别尔,巴黎"急救会"成员——原注)很激动,很兴奋,喋喋不休地谈论玛丽娜·茨维塔耶娃。她去过她家,亲眼看到过她过的是什么生活——于是想从我这儿打听一下,她能为她帮些什么忙。她本人还未下定决心为她提供金钱上的帮助,请我转交给玛丽娜·茨维塔耶娃1000法郎。我当然一口应承了,可当我见到玛丽娜·茨维塔耶娃时才发现她缺钱缺得要命。我想现在和C.H打交道已经不会那么困难了,和M.H也可以说上话了。过几天她们两个都会到我家做客,到那时我想所有问题都能一次谈妥的吧,C.H是个非常可爱亦且礼貌周到的女人。M.H一方面深为其关心呵护所感动,因此,极有可能的是,她俩会一见面就好起来的。我很为M.H高兴,终于找到一个愿意为她操劳,为她着想的人了。要不然似乎一切都在和她作对似的。(1927年6月4日)

夏天（6月10日—9月10日）舍斯托夫是在沙捷尔－居永度过的。和去年一样，舍斯托夫一家住在"弗洛伦斯别墅"寄宿学校。塔妮娅8月份去了瑞士山上消夏。在给父母的信中，她详细地描述了自己的旅途见闻。她那些精神饱满的来信令舍斯托夫一家都很高兴，舍斯托夫在给她的回信中回答道：

刚找到你寄来的一张明信片。妈妈当然高兴坏了，为你登上 Monte Rosa 而高兴。我已经千方百计为她描述了这个 Monte——我说，这座山峰比阿尔卑斯山所有的高峰——Jungfrau, mont cerrin, mont Blanc——都难爬。关于 Тонблан 峰，妈妈有异议，但看样子她会让步的：她非常愿意看见你登上最高峰。至于我，无论如何，都会对所有人说，最难攀登的，是 Monte Rosa 峰。家里没什么特殊的事。这个季节已接近尾声了，或许从本周四起，她的活儿就会少了。我的疗程也接近尾声了，从昨天起开始正式休息。今天你妈妈要领我去 Hotel du Parc 见她的一个病人，此人读过我的著作。你妈将去那儿喝茶，看人跳舞，而我则是去进行一场睿智的谈话。而且在之前得理个发，穿礼服等等。

刚寄去我的照片①，妈妈很满意，但我们这儿同样就此有过争议。我喜欢高尚的，而你妈不喜欢。她说我脸上没有丝毫崇高的气质，在最好的情况下，可以发现有些聪明——由此可见，崇高是无法在照片中表现的。（1927年8月16日）

---

① 这里说的是巴黎摄像师马尔凯维奇所拍照片。在舍斯托夫档案里保存着一张写有"我给亲爱的夫人留念"沙捷尔－居永，1927年9月10日字样的照片。该照片发表于1928年出版的 *Le pouvoir des defs* 一书中。

许多年以后，舍斯托夫曾以一种"美妙的幽默感"——用方丹的话说——给方丹讲述，他是如何陪着安娜·叶丽阿扎洛芙娜在沙捷尔拜访那位在《Гран－Отеле》的太太问题。舍斯托夫在给塔妮娅信中所描述的，极有可能就是这次拜访，但方丹在其回忆录里，误把 Grand Hotel 写成 Hotel du Parc 了。

大约八年前，每年夏天，我们通常都是在沙捷尔－居永度过。我妻子在那儿有好多病人。也许，这事您该知道——我不了解此事——曾经有过一本杂志，在法国几乎人人都知道，就是《Анналы》（《les Annales》）。有一次正吃午饭时，一位手捧《Анналы》报纸的太太走到身边，说："快看: de Hoau 伯爵夫人论舍斯托夫呢。"太太离开后，把一份《Анналы》留给了我们。十分钟后，又有一位太太捧着《阿纳尔》报出现了。我觉得身上燥热。最后，第三位住在《Гранд－Отел》的非常重要的太太，留了一张字条。读过发表在《Анналы》上关于舍斯托娃丈夫的文章后，她很想结识一下舍斯托夫先生本人，故此邀请我们夫妇共进晚餐。我还在犹豫不定，可我夫人已经开始发号施令了，她这样做当然不是以夫人的名义，而是以医生的名义——那太太是她的一个病人。"你去找一下理发师，但不要去找你常去的那个一钱不值的家伙，而是一定得找大广场很文雅礼貌的那个。"随后，她盯着我的领带，又说我的领带也不好。"得给你买新的了。"我们分手了：我去找那位文雅礼貌的理发师，而她去买领带。和与她说这些没必要，但我应当承认，我不喜欢没必要的开销。既然有 5 法郎就可以办事了，为什么非得花 10 或 12 法郎呢！所有理发师都是一个样儿。回到饭店，我发现夫人正坐在安乐椅上读报纸。身旁放着领带……晚上我们一起去住在《Гранд—Отель》的那位太太那儿，那太太告诉我说 ge Hoau 伯爵夫人在《Анналах》报上，发表了一篇关于我的文章。我很满意。(方丹，第 104—106 页）

Анн де Ноай 描述舍斯托夫的那篇文章终究未能找到。

塔妮娅从瑞士去了庞蒂尼去参加《浪漫主义及其深度》（8 月 21 日—31 日）座谈会。舍斯托夫在给她往那里写的信中说道：

你的来信令我们非常高兴——尽管我们当然预先就知道，你在庞蒂尼会过得很好的。使我好奇的是，D. H（Daniel Halevy）会如何评论罗赞诺夫，庞蒂尼究竟会如何看待罗赞诺夫。你想翻译罗赞诺夫这可不是一件易事，但是，如果译好了，这会成为你的一大功勋的。请你告诉 D. H，就说是我说的，要他充分利用这次机会，把他的报告写成文章寄给《N. R. F》或许也可以同时寄给某份英国杂志。这很有意义，也很有必要。(1927 年 8 月 24？日）

当然了，杰扎尔登累了，久·博斯身体欠佳，这事令人很遗憾。可无论如何，说到底，座谈会也许开得不错，因而你也犯不着惋惜，为自己去了庞蒂尼而后悔了。糟糕的是，如果今后杰扎尔登和久·博斯仍不康复的话，没有人可以帮助他们。不过，或许他俩终究会好的，说不定他们能给自己找到帮手……

为什么关于别尔嘉耶夫你竟然只字未提？他是不是喜欢庞蒂尼，而那些庞蒂尼人是不是也非常喜欢他？(1927 年 8 月 29 日）

回到巴黎后,舍斯托夫又用了3天时间去维希见洛夫茨基夫妇,他们一家是在那儿过暑假的,9月13日才又回巴黎。他6月份一直在写的论述索洛维约夫的文章,于9月25日竣稿。文章发表在《当代纪事》第34期(1928年第1辑),标题是《思辨与启示——弗拉基米尔·索洛维约夫的宗教哲学》。一段时间后,该文的法文版要发表了(《Paris——Palestine》No4－9,1929),还有德文版(《Jeua Die Tat》NoNo5－6,1929)。杂志主编亚当·库克霍夫接到文章后,写信给舍斯托夫说:"Ihr Aufsatz… hat mich leiden— schaftlich intevtssiert… ich liebe ihr sehr."(1929年1月10日,1929年5月13日)

在论述索洛维约夫的文章就要杀青时,舍斯托夫曾给当时住在兰斯的好友A. M. 拉扎列夫写了一封信:

> 关于你就我的著作所谈到的那个话题,的确,咱们见面时详谈比通信显得更明智一些。但用三言两语说说也无妨。您信中说您读不懂我的书。而我想到的是,或许本来就应该是读不懂才对。要读懂毕达哥拉斯定理,门捷列夫的化学元素周期表,爱因斯坦的理论,甚或任何其他人的哲学体系,都是可以的。因为这里的问题是要把未知归纳为已知。可当任务变化了,当未知想要坚持其独特性,不肯向已知俯首称臣时——那时往往任务的性质也会发生变化的。"理解"变得不必要了,到那时理解未知和失去未知是同义的。我甚至认为就连无可争议的科学解释归根结底也终究无法导致理解。当我们说水由两个氢分子以一定数量组合而成时,人们通常以为我们"理解"水。然而,难道实际上说这就是所谓"理解"吗?水过去是现在也依然是无法理解的,为什么氢与氧结合成为水,而

非空气或是银子？对此问题，任何人也无法给出答案。同样，对于下列问题，任何人也无法给出答案，那就是为什么水不是银，或为什么空气和黄金不一样。要知道即使是一个聋子也未尝不可以精通声波理论，但他却永远也无法了解什么是声音。所以，我觉得，每次，当真的有一种未知的东西展现出来时，我们全部想要"理解"其企图，都预先注定会毫无结果的。普罗提诺说："如果一件东西连它自己本身也无法承受的话，那么对它来说争议是不必要的。"（这句题词摘自文章《什么是真理》）正如你们所领会的那样，当我们说理解时，指的正是对一种支柱的寻找，要想理解，我们由于它存在着，所以总是在力求挣脱关联。水、空气、黄金等等，也都处于关联之外，它们虽然是在某种条件下产生的，但就其产生而言终究是独特的和任性的。因此，我觉得，当你们说读不懂我的著作时，这种不理解或许是因为你们全部无一例外地把我所说的东西，纳入到"事物的某种秩序"中去。

如果你们遭到拒绝，或更好的情况下，你们摒弃了这种纳入的做法，而是简单地去谛听——正如你们所能见到的那样，你们也能听见空气，银子和黄金，而非将其作为门捷列夫体系的"结论"或分子理论来加以接受。无论是门捷列夫的体系还是分子理论，都无法令我们周围的一切易于理解，而且会——在最好的情况下——令我们可以支配它们。"理解"需要以"我们只是想要采取行动"为前提——用柏格森的话说便是如此。而当我们没有必要"采取行动"时，则也就不需要理解，也不需要寻找事物的关联，也不需要万物统一，不需要充足理由，也不需要什么规律。相反，到那时一个人会觉得"自由的突然性"变得更必要更可爱，甚至也比任何理

由和根据更真实一些。(1927年9月22日)

这封信刊登在巴黎报纸《俄罗斯思想》1969年2月27日一期上。

舍斯托夫早在俄国就一直想要出版著作全集。1911年彼得堡"野蔷薇"出版社出版了六卷本全集，但由于政治事件，出版工作未能继续下去。迁居巴黎后，在第一批法文著作出版后，舍斯托夫开始思考出版其著作的法文全集的问题。在此期间（1922，1923年初）Я. C. 希夫林（J. Schiffrine）在巴黎创立了一家"群星"出版社。1925年，他和舍斯托夫讨论了接受其著作法文版的事情。舍斯托夫在给洛夫茨基夫妇的信中写道：

"群星"出版了许多版本精美华丽的俄文书（《黑桃皇后》，《初恋》，《永恒的丈夫》，果戈理的短篇小说），这些书卖得都挺好。于是这位希夫林，鉴于我已经出版了两本法文书，他断定说，如今出版我的著作的法文全集销量一定会有保障的。不幸的是，他手头资金不够，再加上他夫人（钢琴家尤拉·丘涅尔）病了，做了手术，而且手术花了他3万法郎——所以，我们的谈判或许什么结果也不会有的。但她在书市上有人脉关系，所以，我说有一个他一直对其寄予厚望的人，绝不会拒绝在出版我的著作的问题上帮他一把的。当然，我对此人没什么奢望。（1925年2月15日）

得知希夫林的意图和他的难处后，舍斯托夫的朋友们拟议成立一个筹资出版委员会。但不成想这事想想容易办成难。在此期间，舍斯托夫在柏林待了几个星期（4月5日），安娜夫人在给艾金贡的信中谈到这个委员会的事情：

> 列夫·伊萨科维奇走了，所以，我可以不要他知道地给您写这封信了。他著作的法文版全集的出版工作，对他来说，无论在道义上和物质上，都万分重要。出版这套全集需要6到7万法郎，这笔钱终究会返还到花钱人手中，因为列·伊在法国很有名，许多人都对其著作感兴趣。波兹涅尔和纳伊季奇谈过，后者似乎想要成立一个出版委员会，但暂时此事尚无进展；您是否参与这件事？您可以更好地阐释列·伊的意义，解释一下，为什么犹太人尤其应该为他提供支持。我之所以鼓足勇气给您写信，还是因为我正眼看着列·伊的著作一步步在失散。用他自己的话说，"精神比任何时候都更健旺"，也许，此时的他可以写出比他从前所写的更好的，作为30年从不懈怠的工作之结果的著作来，可以，他的精力，令人遗憾的是，全都花在物质的操劳上了，而人的精力是有限的。这次在沙捷尔，他复原得挺好，感谢您支付的预付款，我才可以为他创造一种合适的环境，这个冬天他感觉自己比以前都好，但他的时间，几乎全部用来与人通信，校对，与必要的人脉保持关系上了。可对于真正的工作而言，他所需要的，是精神的自由，而非我们生活于其中的那样一种物质上十分艰难的处境。虽然我们家人人都有工作，但挣的钱都不多，所以，我和孩子们都没有能力把他从物质的操劳中解脱出来，为他生命后期的工作创造条件。我之所以给您写信谈这件事，是因为我知道，您是理解并珍重他的劳动的，也许您也不愿意看到，列·伊在还没来得及写出他此生本应写成的他所有著作中

最好的著作，就匆匆地离开我们吧。列·伊特别不愿意谈论自己的事儿，因此我才贸然奉他说几句话，关于这封信的内容，他应该一无所知才好。(1925年4月5日)

过了几个月后，组建舍斯托夫著作出版委员会的事儿，到底还是初见端倪了。舍斯托夫在给妻子的信中写道：

周四去过帕斯曼尼克家。如果他的设想成功的话，则万事大吉。帕斯曼尼克说，斯利奥茨别尔格要和大拉比谈判，而此人（这是 Слиозберг 告诉我的）对我的著作简直爱不释手，而大拉比会说服罗斯柴尔德提供必要的出版资金的。委员会由希夫林、别斯帕洛夫和斯利奥茨别尔格组成，相关事务由该委员会办理。建议出两种版本——豪华版和普通版。普通版用于抵消翻译费和出版费，而豪华版（8卷共1000法郎）的利润归我。别斯帕洛娃说她那儿已经有19位订户了。大拉比或者也有5位订户（如果不是更多的话），而艾金贡同样也是自己人，希望他也能找到5位。这样一来，刚开头差不多20位订户就已有保障了。所以出版100套豪华版的附加费用不会超过5000法郎，那么，最初的20套能给我剩下15000法郎，其余的80套，根据销售情况，每套给我900法郎，剩下的80套书极有可能在未来几年内——在美洲，荷兰，德国，斯堪纳维亚各国——售罄。买豪华版书的人通常都不读书——只不过是为了充实图书馆。所以，如果斯利奥茨别尔格和大拉比能搞到必要的资金，则全集前景十分可观。遗憾的是，大拉比礼拜天动身去伦敦待3天，斯利奥茨别尔格也要去什么地方待三四天。但到下周末，两人都能回来，到时我也许会再会一会斯利奥茨别尔格的。帕斯曼尼克非常欣喜表现出极其顽强的毅力。或许他那儿的事也能成。到时那就再好不过了。你可以为此骄傲了：一切就绪，只欠东风了。可是，目前钱尚未到手，所以，现在高兴当然过早。(1925年6月22日)

信里提到的这位帕斯曼尼克医生，显然很久以前就认识舍斯托夫。1925年，他介绍自己的女儿拉希尔·别斯帕洛娃与舍斯托夫认识。别斯帕洛娃在舍斯托夫去世后写给安娜·叶丽阿扎洛芙娜的信中，回忆到她和舍斯托夫初次见面的情形：

我永远不会忘记舍斯托夫在 rue de L'Abbe Gregoire 初次见面的情形。

我是和父亲一起到的他家。从列夫·伊萨科维奇的谈话中，我只记住了两三句话。早在那时他的话语就在我身上激活了某种从此以后再也无法沉眠的东西……每次听他说话，都使我激动不已。

从此时起，拉希尔·别斯帕洛娃就成了舍斯托夫一家的朋友。她研究哲学，亦自认为是舍斯托夫的弟子，对他的思想崇拜得五体投地。几年后她开始在出版物上露面。

除了该信中同样提到的谢·斯利奥兹别尔格外，开始密切关注此事的，还有谢苗·弗拉基米罗维奇·卢里耶，他千方百计想要把纳伊季奇也拉进来。尽管朋友们都很卖力气，但终未找到资助人。该年年底艾金贡决定独自承担资助法文版全集出版。第一笔资助金（50镑）是1926年1月支付的，2月初什莱策尔开始动手翻译《陀思妥耶夫斯基与尼采》。1926年6月，此书出版了，印了3000册，书实际出版的日期比签署日期稍晚一些。舍斯托夫在与艾金贡的通信中，屡屡谈及自己的工作和全集出版的事情：

急于告诉您一个好消息。您著作的法文版将使您得到新稿酬 150 法郎，稿费很可能会马上通过希福林转交或在任何必要的时间转交，这样一来，今天我会得到证实，对此我总是充满信心。这笔稿费我通过我的内弟马特维·伊萨克维奇（艾金贡）拿到了。《无根据颂》和《钥匙的统治》的出版现在不会再拖延了，如果能同时面世那就更好了。（艾金贡，1926 年 9 月 16 日）

我不知道，究竟该如何为您的关切而感谢您。如今既然连马特维·伊萨科维奇都加入进来了，事情的进展便会快得多了。今天我去找了希夫林，我对他说，又找到一笔资金。根据他的计算，现在资金基本够用，到 1927 年年底出版 4 卷（第 3 卷已出）——亦即第 3、第 4、第 7 和第 8 卷——资金够用，而这也就是我著作的最大一部分了。现在我当然再也不会犹豫不决了，我们会直接着手出版《无根据颂》……而且，由于根据开头可以大致推断销量如何，所以，也许再过一年或一年半，我终于可以如此安排一下，以便能够使我有成效地开始工作。到那时我就可以一劳永逸地摆脱不时烦扰我的操劳，专心致志地投入写作。每当我想到这种可能性，就会想到，所有这一切的取得都有赖于您的友谊和关怀——我简直不知道该如何感谢您好了。更何况如今我比以前任何时候都更想继续工作。赫林博士对我论胡塞尔文章的反驳再次向我表明，我在 25 年前开始着手的那场战争，的确是为了 το τιμιωτατον，为了我们最珍贵的东西而进行的一场斗争。赫林的文章本身正如我在给您的信中写过的那样,并没有任何特别之处。但此文通篇渗透着胡塞尔的精神——因而,通过赫林,我当然是在与胡塞尔对话,或不如说我是在与"我们时代的精神"对话。但是,我把我论述普罗提诺的文章标题给改了,此文发表于《里程》上。此文的德文版(见1927年1月或许由Reichl'a出版的弗兰克论文集)的标题将会是:"在约伯的天平上"①。我觉得这个标题是文章实质的最佳表达——表达了这几年占据我心头的那种东西。是不是有约伯的天平这种东西——是不是曾经有过这种东西?要让人们确信这种东西的存在,我们必须怎么做!我最想做的事就是思考,如果我能把余年全部用来研究的话,那么,也许我们就会再次目睹,用柏拉图的语言说,亲眼看见"乐天而又自在的古人,他们比我们优越,而且也比我们距上帝更近"……我和此信一起给您寄一份《里程》杂志,里面发表了列米佐夫的作品和我的一篇文章——"在约伯的天平上"(我划掉了旧题,写了个新题目)。(舍斯托夫给艾金贡,1926年9月21日)

什莱策尔已经译完了我答复赫林的那篇文章,昨天我已将此文寄给《哲学评论》。现在他已经开始《无根据颂》的翻译工作了。他翻译的《陀思妥耶夫斯基与尼采》简直是太好了:所有法国人都在欢天喜地议论这件事。我希望《无根据颂》也会译得很好。他很有可能过5到6周就结束工作,新年之前,或一过新年,此书即可

---

① 论述普罗提诺的文章发表于《里程》杂志1926年第1期(6月号),标题是:《狂言乱语——论普罗提诺的迷狂》。舍斯托夫随后又将此文纳入《在约伯的天平上》一书(巴黎,1929年6月版)。此文的德文译本应出现的弗兰克的那本文集,未能找到。也许该文集压根就不曾出版。

面世。到那时他会立即着手翻译《钥匙的统治》的。现在还看不出什么地方会误工。我答复赫林的那篇文章的德文本,法文本和俄文本,我会马上寄给相应的编辑部,希望在近期出版物上发表。您来信说您对这篇文章很感兴趣。而我本人,坦白地说,也对此文很上心。这篇文章之所以写成这样,或许在学院派哲学家眼里会显得是一种挑战,而且,这样看的也许还不光是学院派。因为,这篇文章涉及了全部四大哲学基本问题——我在文中谈到伦理学,本体论,认识论和神正论,而且议论得比以前更坦然,更直率无隐——我甚至没有十足的信心那些编辑们是否肯在自己的刊物上发表此文。我担心弄不好发生在《康德研究》的事会再次重演。要知道当时还是《康德研究》向我约的稿——可后来当他们了解了文章的内容后,就拒绝发表了。《在约伯的天平上》在20世纪哲学家们眼中必然会觉得它荒谬至极。在接到校样以前的一个月或一个半月期间——我将处于一无所知境地。但我仍然不会为我没有写作此文的俄文本而惋惜,无论如何俄文本会出来的。而且,或许《哲学动态》和《哲学评论》会发表此文的。列维—布留尔在最近给我的一封信中说,无论我给他寄什么,他都要发表……

关于列米佐夫,米拉·雅科夫列夫娜想必给您介绍过了。米拉·雅科夫列夫娜为他而尚保存在我这儿的5镑,我决定保留到月底——在11月1日以前交给他。每月1号前——他每月得交纳住房费——日子过得永远都很紧。他肯定又会说"чудом спасаем бываю"(奇迹会拯救我们),然后又问什么是"拯救"——是助动词还是副词!……

再次谢谢您,谢谢亲爱的马克斯·叶费莫维奇,谢谢你们的友谊和关怀。如果没有你们，我著作的法文版永远也无法想象的。
（舍斯托夫给艾金贡，1926年10月19日）

舍斯托夫希望《无根据颂》能在1927年1月出版。可实际此书出版已经是5月了。下一本书《钥匙的统治》过了一年才出版（1928年4月），而且，这些书卖得很慢。

> 所以出版的事儿并不重要。我对您感到很愧疚，我使尽了浑身解数，想要改弦更张，可暂时还没有任何结果。我如果早知道事情是这样，我那时当然不会起意出全集的。（舍斯托夫给艾金贡，1928年6月14日）

1929年销售的情况也未好转，于是，《群星》也就没有出版别的书。也已印出的三卷1929年10月交给了"圣—帕列伊"出版社。舍斯托夫在给艾金贡的信中写道：

> 接到什莱策尔的一封来信，说"圣—帕列伊"出版社委托他翻译的我的著作的内容简介他搞完了，10月份他会将其分发给各处，这些法国人最终将会得知，我的那些著作已经译成他们的语言，在哪儿可以找到这些书。如果"圣—帕列伊"出版社能把每本书在一年内发行到500册（"普隆"第一年就卖了2000册，而《帕斯卡尔》甚至卖了4000册）的话，明年《在约伯的天平上》法文版就可以问世了。我们只要活着就可以乐观其成了。（1929年9月22日）

法文版的事情终于最后搞定了：希夫林已将书移交给了
"圣—帕列伊"。"圣—帕列伊"的主人 René Hilsum 是个精力非常
充沛的人，善于搞发行。此外，法国人对我的态度显然发生了某种
变化。希夫林对我说，几天前安德烈·纪德找过他，以十分热情洋
溢的语言向他表达了他在读过我的著作以后的喜悦心情，他刚刚读
完这批书。他说，自从'见到'尼采以后，任何人都不曾像我这
样，给他留下了如此深刻的印象。同样的话他也对什莱策尔说过。
纪德在法国拥有巨大影响力，他的赞扬对我是个很大的帮助。其次
还有马尔罗，目前他也占据非常重要的地位，他对什莱策尔说，他
要力争能在《新法国评论》出版我的著作文选①。如果这事成了的
话，如果纪德也答应写一篇序的话，那么我的地位会今非昔比，书
的销路也就会有保障了。如果一切能如所愿，那就再高兴不过了：
面对您和 M. Иc 我充满愧疚，为自己不善于充分利用你们的支持
而愧疚。但是，假如纪德和马尔罗不光是停留在口头上的话，则事
情会一顺百顺的，也许不但可以把全集出版进行到底，而且过个两
三年还能把你们和 M. H 花掉的钱再赚回来也说不定。只是千万
可别坏事。(1929 年 10 月 18 日)

书移交给"圣—帕列伊"出版社后，销售的情况也未好转，1936
年，"圣—帕列伊"出版社又把剩余的书移交给了"弗连"出版社。
　　谈判开始时，希夫林劝说舍斯托夫，说"全集的销售是有保障的"，

---

① 《舍斯托夫著作文选》于 1931 年 5 月 "加利马尔" 出版社出版，标题是《选
集》，但都没有纪德写的序。

于是约定，艾金贡和他内弟马特维·伊萨科维奇出的钱，根据销售情况进行返还。但这一计划未能实现，这使得舍斯托夫很不开心。

30年代，卢森堡大公国克里巴赫城堡的主人埃蒂利和阿琳娜·迈里什，都是法德亲善的拥护者，和"欧洲思想"的拥护者，他们在自己的城堡里组办了座谈会，聚集了许多法德两国作家和文化活动家。参加过座谈会的法国作家有让可·利维艾尔，安德烈·纪德，居里·罗曼，德国作家有雅斯贝尔斯、凯泽林、格列丘伊津等许多人。舍斯托夫也受邀到过克里巴赫，但我们却未能确定，他是哪年去的那儿，见过谁，他参加的座谈会讨论的题目是什么等问题。

| 主编·汪剑钊 |

金色俄罗斯
Золотая Россия

列夫·舍斯托夫评传（下）
——根据与同时代人的回忆和通信

Жизнь Льва Шестова

[苏] 纳·巴拉诺娃-舍斯托娃 / 著

张冰 / 译

四川人民出版社

图书在版编目（CIP）数据

列夫·舍斯托夫评传：根据与同时代人的回忆和通信：上、下／（苏）纳·巴拉诺娃－舍斯托娃著；张冰译. —成都：四川人民出版社，2022.2
（金色俄罗斯／汪剑钊主编）
ISBN 978-7-220-12549-2

Ⅰ.①列… Ⅱ.①纳… ②张… Ⅲ.①舍斯托夫－评传 Ⅳ.①B512.59

中国版本图书馆 CIP 数据核字（2021）第 264352 号

LIEFU SHESITUOFUPINGZHUAN
列夫·舍斯托夫评传（上、下）
根据与同时代人的回忆和通信

[苏] 纳·巴拉诺娃－舍斯托娃 著　张冰 译

出 版 人	黄立新
策划组稿	黄立新　张春晓
责任编辑	王其进
装帧设计	张迪茗
责任校对	郭明武
责任印制	祝 健
出版发行	四川人民出版社（成都市槐树街2号）
网　　址	http://www.scpph.com
E-mail	scrmcbs@sina.com
新浪微博	@四川人民出版社
微信公众号	四川人民出版社
发行部业务电话	（028）86259624　86259453
防盗版举报电话	（028）86259624
照　　排	四川胜翔数码印务设计有限公司
印　　刷	成都东江印务有限公司
成品尺寸	140mm×203mm
印　　张	24.75
字　　数	571 千
版　　次	2022年2月第1版
印　　次	2022年2月第1次印刷
书　　号	ISBN 978-7-220-12549-2
定　　价	128.00元（上、下）

■版权所有·侵权必究
本书若出现印装质量问题，请与我社发行部联系调换
电话：（028）86259453

目录
Contents

金色的林中空地（总序） /001

译　序 /007

上　卷

第一章 / 003

基辅的童年

莫斯科大学和毕业论文

最初发表于基辅出版物上的文章（1895）

第二章 / 023

出国（1896—1898）

结婚

《莎士比亚和他的批评者勃兰兑斯》

第三章 / 044

与彼得堡文学家相识（1899）

《托尔斯泰与尼采学说中的善》（1900）

论普希金的文章

《陀思妥耶夫斯基与尼采——悲剧哲学》（1903.1）

论梅列日科夫斯基的两篇文章

在基辅与别尔嘉耶夫和布尔加科夫认识

第四章 / 070

未完成的论述屠格涅夫的著作（1903）

《无根据颂》（1905.1）

别尔嘉耶夫等人针对《无根据颂》的批评文章

《虚无的创造（论契诃夫）》（1905.3）

第五章 / 093

发表于各类杂志上的文章（论陀思妥耶夫斯基、别尔嘉耶夫等人，1906，1907）

《开端与终结》（1909）

伊万诺夫—拉祖姆尼克等人论述舍斯托夫创作的文章

维亚切斯拉夫·伊万诺夫的"塔楼"

在雅斯纳雅·波良纳拜谒托尔斯泰（1910.3）

第六章 / 127

瑞士（1910—1914）

《伟大的前夜》（1911）

《惟凭信仰》

回到俄国（1914.8）

第七章 / 145

莫斯科（1914—1918）

与哲学家们相会

《超伟大的维亚刃斯拉夫》 文章与报告

基辅（1918—1919）

《钥匙的统治》

尤里安·斯克里亚宾

雅尔塔与出国（1920.1）

第八章 / 200

日内瓦（1920）；巴黎（1921—1923）

论述《现代人札记》的文章

前往柏林

索邦大学的课程

在柏林的"西徐亚人"出版社出版了三卷著作（第2、3、4卷）

用法语发表了一篇文章两部著作

戈里格里耶夫和索林的肖像

与艾金贡相识

前往庞蒂尼

第九章 / 299

与格尔申宗通信（1922—1925）

格尔申宗前往巴登维列尔

格尔申宗去世；讣告

与别尔嘉耶夫通信

别尔嘉耶夫移居巴黎

在宗教－哲学学园所做报告（1925）

第十章 / 338

巴黎（1923—1927）

生病

与茹勒·德·戈蒂耶和本雅明·方丹相识

尼采学会

论述胡塞尔、普罗提诺、弗拉基米尔·索洛维约夫的文章

下 卷

第十一章 / 407

巴黎，1928—1930

结识胡塞尔和布别尔

舍斯托夫阅读克尔凯郭尔的著作

《在约伯的天平上》俄文版和德文版的出版

托尔斯泰百年诞辰之际发表的系列演讲

《被缚的巴门尼德》

论述罗赞诺夫的文章

第十二章 / 466

滨海布洛涅，1930—1932

《在法拉利公牛的背上——论述克尔凯郭尔的五章》

修伊萨论述舍斯托夫的著作

舍斯托夫论述克洛纳和布别尔的文章

第十三章 / 533

滨海布洛涅，1933—1936

《克尔凯郭尔与存在主义哲学》

对印度哲学发生兴趣

论日尔松的文章

《雅斯纳亚·波良纳与阿斯塔波沃》作为报告和文章

70周年

巴勒斯坦之行

论雅斯贝尔斯的文章

第十四章 / 582

滨海布洛涅，1937—1938.10

《雅典与耶路撒冷》法文版与德文版出版

关于陀思妥耶夫斯基和克尔凯郭尔的广播讲话

生病

舍斯托夫未能恢复其在波旁大学的讲座课

论述别尔嘉耶夫和胡塞尔的文章

第十五章 / 625

滨海布洛涅与巴黎，1938.11

疾病与逝世

论胡塞尔的文章

第十六章 / 641

舍斯托夫著作的命运（1947—1981）

舍斯托夫档案

舍斯托夫出版物

舍斯托夫著作的俄文版

舍斯托夫在法兰西

舍斯托夫在德意志和奥地利

舍斯托夫在美国和加拿大

舍斯托夫在日本

舍斯托夫在以色列

舍斯托夫在其他国家

增　补　/ *671*

列夫舍斯托夫生平年表

附录　/ *708*

下 卷

第十一章

巴黎，1928—1930——结识胡塞尔和布别尔——舍斯托夫阅读克尔凯郭尔的著作——《在约伯的天平上》俄文版和德文版的出版——托尔斯泰百年诞辰之际发表的系列演讲——《被缚的巴门尼德》——论述罗赞诺夫的文章

舍斯托夫与中世纪史教授费尔南德·洛特和他的妻子——法国中世纪文学和东正教神学的大专家、女作家米拉·伊娃诺娃·洛特－勃洛金娜——夫妇关系很好。她出版过有关这些专题的多部著作和许多文章。米拉·伊万诺夫娜在给舍斯托夫的信中写道：

> 把刚接到的安德莫尔的一封信转寄给您，您也许会有兴趣读一读。我想您不妨在哲学学会用法语作一次报告，确切地说，是念一份报告，何况您那些可爱的女儿们都可以帮忙，依我看，这个主意在一切方面都美妙无比，应当立刻着手实现。（1927年11月22日？）

只是不知道，米拉·伊万诺夫娜所说的哲学学会是哪家，也不知道

舍斯托夫当时做没做过这次报告。至于米拉·伊万诺夫娜信中提到的日耳曼学学院院长安德莱尔教授，舍斯托夫很快就和他建立了联系，并于1928年2月或是3月，给他寄送了几本自己的著作。安德莱尔感谢他赠书，并邀请他3月18日到家里做客。他在写给舍斯托夫的信中说到：

> 前不久我想对您说读您的著作给我带来了极大的乐趣和快感……我将很高兴认识您并做您的学生的。(1928年3月15日)

舍斯托夫在给洛夫茨基夫妇的信中，也谈到自己的新相识：

> 我在这儿认识了安德莱尔教授——5卷本论述尼采著作的作者。他对我的著作很客气，最主要的是，他是真的很感兴趣。我感到我和他可以成为至交：他是一个真正从事思考而非单只为了写书才从事思考的人。(1928年3月12日)

1928年年初，舍斯托夫接到阿姆斯特丹哲学学会邀请他做报告的邀请函。2月17日，他对洛夫茨基夫妇说，在他讲完以后，再过几天，胡塞尔[①]也将在那里做报告，胡塞尔得知舍斯托夫会来阿姆斯特丹以后，便请他滞留到他抵达后再走，以便能和他见上一面。舍斯托夫在《纪念一位伟大的哲学家》这篇文章中，针对这一点讲到："没什么好说的，我欣然同意把行期延后几天。早在那时我在欣然得知胡塞尔竟然愿意与其思想上的绝对对手会面，这令我感到惊奇：要知道这样的事情非

---

① 胡塞尔（Edmund Husserl, 1859—1938），时任弗莱堡大学哲学教授。

常罕见，几乎是从未发生过的。"（我们在此需要提醒一句，舍斯托夫在1926年1月和1927年1月的《哲学评论》发表了两篇激烈抨击胡塞尔思想的文章。可参阅本书第1卷）。得知舍斯托夫即将与胡塞尔会面，阿德莱尔和其他教授委托舍斯托夫在两人会面时间一问，看胡塞尔是否愿意——如果有人邀请的话——去一趟巴黎。但或许邀请胡塞尔的主意来自舍斯托夫本人。

4月18日，舍斯托夫动身前往阿姆斯特丹，19日在哲学学会用德语做报告，介绍了他论述普罗提诺的著作《狂言乱语》，此文的译文，是瓦尔特于1925年为"康德学会"译的，从未发表过。几天后，在同一个学会，胡塞尔也做了个报告（两个报告分别是4月24日和27日，4月28日对这两个报告进行了讨论）。舍斯托夫此行的日期是根据舍斯托夫给洛夫斯基夫妇和夫人在动身前和动身后期间写的书信（巴黎，1928年2月17日和1928年4月3日；阿姆斯特丹，1928年4月21日和1928年4月27日；法兰克福1928年4月30日和1928年5月1日）确定的。具体日期还借助于卡尔·舒曼著作（Kar Schumann/Husserl—Chronik/Denk— und Lebensweg Edmund Husserls）的帮助进行过核对和补充。

舍斯托夫和胡塞尔就这样相互认识了，并且在几天内关系就变得非常亲密。此后他们二人还见过三次面（1928年11月于弗莱堡，1929年2月于巴黎；1930年6月于弗莱堡），而且每次会见都高高兴兴的。他们两个人还保持通信。在舍斯托夫档案里，保留着胡塞尔写给舍斯托夫的8封信。本书引用了其中3封信中的片断。关于与胡塞尔的会面，舍斯托夫在《纪念一位伟大的哲学家·爱德蒙·胡塞尔》一文以及书信中，谈到过他与胡塞尔会面的情形。这几次会面在卡尔·舒曼的书中，在胡塞尔致英伽登的书信中,以及在方丹的回忆录里,都分别有所记述。以以上这些来源为据,我们对这几次发生在阿姆斯特丹及其他城市的会见做一个描述。在写于1938年9月份的《纪念伟大的哲学家》一文里,在阿姆斯特丹之行过去10年后,舍斯托夫讲述过他与胡塞尔在阿姆斯特丹、弗莱堡和巴黎的几次会面。关于阿姆斯特丹会面他这样写道:

> 我们的初次会面是在哲学学会——在举行报告会前的傍晚。当时那种情况下,进行哲学讨论当然是不合时宜的:胡塞尔正忙着准备他自己的报告,这报告持续了两个多小时,但顺便说说,他这报告做得十分轻松,始终站着,他讲话很有艺术性,也很有力度,就好像他不是70岁的人,而是只有40岁似的。他当时就询问他和夫人一起在其家住宿的那位学会会员(这是阿姆斯特丹的风俗习惯,报告人不是在旅馆,而是在学会成员家里住宿),能否于次日邀请我到他家便餐。吃饭时,当然不适合讨论哲学问题。可饭刚一吃过,在从餐厅走进主人书房的路上,胡塞尔就迫不及待地谈起了哲学话题——并且一下子就 in medias res(直奔主题)。而这同样也是胡塞尔的特点。我记得几天以后当我们一起在另外一个学会成员家里吃午饭,主人非常有钱,是一个非常狂热的书籍收藏家,饭后他热情地向胡塞尔显摆他藏书室里的孤本和珍本书籍——比方《纯粹理性批判》或斯宾诺莎《伦理学》的初版书——可是,令主人极其失望的是,胡塞尔漫不经心地扫了那些罕见孤本一眼,刚过了几分钟,就把我领到一边,和我就哲学话题开始畅谈。胡塞尔对于他思考的问题能聚精会神,凝神关注,注意力高度集中这一点,当我

根据已故教授安德莱尔的请求开始试探——如果索邦邀请的话，胡塞尔是否能同意来巴黎讲学——时，他的这一特点再次显露无遗。他向我提出的唯一一个问题是："您怎么看，巴黎能找到既懂德语又愿意思考我所思考的问题的人吗？"——胡塞尔全身心地沉浸在他所研究的哲学问题的支配下。这一点当然会在我们之间所有的谈话——最初是在阿姆斯特丹，随后在弗莱堡和巴黎——中显现无遗。我们初次交谈时，我就从他嘴里听到十分有趣又十分重要的坦诚的话："您错了，"他非常严厉非常激烈地冲我嚷道。"您就好像把我做成了一座石雕，放在高高的台座上，随后又用铁锤把这座石雕敲得粉碎。可我究竟是不是这么一座石雕呢？您似乎也并未察觉，我是被迫以激进的方式提出有关我们认识的本质的问题，被迫提出重新审视如今占据统治地位的认识论——这种认识论首先曾经满足了我本人的要求，而且对我的满足不亚于对其他哲学家——的问题的。我越是深入思考逻辑的基本问题，越会强烈地感觉到我们的科学，我们的知识是摇摆不定的。而且，最终，令我感到无以描述的恐惧的，是我最终确信，如果当代哲学是最终成果的话，它就理应告诉人们什么是认识的本质，不然的话我们就没有认识。曾经有过一个时刻，当我走上讲台准备阐释我从我们的同时代人那里掌握的那些理念时，我忽然感到自己无话可说了，结果我竟然空着两手空着灵魂走向听众……（我似乎觉得）如果我们的理性经过一番努力也无法克服在我心中产生的怀疑的话，如果我们注定只能和过去一样，只会多多少少小心翼翼地涂抹一次次在我们的认识论体系中所呈现出来的缝隙和孔隙的话，那么，终有一天，我们的全部认识论终将坍塌，而我们会发现自己瘫坐在过去那幢恢宏大厦的可怜的废墟之上。"

他以比这更加严厉更加激烈同时又非常热情高涨的态度——这种态度我们总是能从他全部杰出的著作和话语中感受得到——，在谈到他那如此大胆无畏、如此独特独创、对于当代思想界那些最优秀代表人物的基本思想，进行了一番无情地扫荡的哲学的来源问题时，他也说过和上述类似的话……

对于我个人与胡塞尔初次见面的情形，我是永远也不会忘记的，早在20年以前，他亲口朗诵自己著作给我留下的这种印象，在我的记忆中是永远也抹不去的：与人类精神最伟大的代表人物相会，在我们的灵魂中，留下了永不磨灭的印记。

这些话我曾经当面对他说过："您说得很对，我当然会尽我身上所能找到的全部力量和精力，全力对付您的思想的……我抨击的力度不仅不会稍许减弱，反之，我的抨击反而会大力揭示您为哲学所做贡献的巨大意义。而要驳斥您就必须集聚起自己全部精神的力量，而任何集聚精神力量的做法，都必须以激烈和与激烈相联系的严厉为前提。我面前摆着一个可怕的两难选择：或是对您所说的一切——而且不光是您已经说过的那些，而且包括哲学所要求的全部结论在内——照单全收，或是起来反驳您。"（《纪念伟大的哲学家》，第301—304页）

关于自己与舍斯托夫在阿姆斯特丹的会面，胡塞尔在给罗曼·英伽登的信中也提到过：

In Holland fanden wir es herrlich u. waren gerne langer gebieben.

Unter meien dortigen Horern war Russe Schestow (der Hering u. mich so geistreich angegriffen hatte im philos. Anzeiger), der mir wiel Vergnugen machte in seiner impulsiven Art u. seinem disput. Eifer. Er beredete mich zu worlaufiger Zusage fur eventuelle Vortrage in Paris (er diente den Parisern als Fuhler), und vor einigen Wochen kam in der. That von der Sorbonne eine in sehr freundl. und in echt franzos. Liebenswurdigkeit abgela ßte offic. Aufforderung. Des Naheren ging die Einladung aus vom Ins itut germanique und d. Societe philosophique. (致英伽登, 1928 年 7 月 13 日)

关于这次会面, 方丹这样写道:

当舍斯托夫在阿姆斯特丹会见胡塞尔时, 他们谈了整整一夜。次日一早谈话恢复时, 比先前更加热烈。胡塞尔的夫人说: 这两个人像一对儿恋人式的分开不得了。(方丹, 第 94 页)

4 月 29 日舍斯托夫从阿姆斯特丹前往法兰克福与马丁·布别尔 (Martin Buber, 1878—1965) 见面。4 月 30 日在法兰克福安排了与布别尔及其同事们的见面会。也许就是在此舍斯托夫初次听到克尔凯格尔的名字。他对方丹讲述道:

我到法兰克福后听到那里人人都在谈论克尔凯格尔。想要不听根本不可能。我不得不承认我不知道他的名字, 他的名字在俄国根本无人知晓。并且补充道: "甚至就连无书不读的别尔嘉耶夫也不

知道他"。（方丹，第 114 页）

有一个晚上他是在马克斯·舍勒那里过的夜。关于这次相会，他同样也给方丹讲述过：

> 这个人很有魅力。我和他最初见面是在庞蒂尼。① 当时我刚刚读过——从一份德文报纸上——读到他的《论人身上的永恒性》。② 他既是胡塞尔分子又是一个天主教徒，这似乎很奇特，于是我就跟他说了我的印象。"这已经是过去的事儿了"——他回答说。他此时已经不当天主教徒了。我在巴黎，③ 随后又在法兰克福见到过他……他和几位教授有密切交往，想招待我们好好吃顿晚餐。选餐馆就选了好久，终于把我们领到一家名叫福斯塔夫的餐馆。④ 晚餐的确很丰盛。我限制自己只吃其中两道菜，而其他人则所有的菜都吃。舍勒也一样，虽然他本应遵守心脏病人严格的饮食制度。但当时他却给忘了，忘了自己是教授，而像诗人一样大吃大喝。两周后他去世了（1928 年 5 月 19 日）。他是胡塞尔的学生，但胡塞尔并不怎么喜欢他。按照胡塞尔的意见，他的思维方式和写作方式远不够"严谨"和庄重。不过话说回来，他也真的不怎么理解胡塞尔。当我对他说究竟是什么惹得胡塞尔忧心忡忡时，他甚至都不允许人们有这样的想法，即胡塞尔竟然能为什么事忧心忡忡。杞人忧

---

① 舍斯托夫和舍勒尔最初结识是在 1924 年的庞蒂尼。
② Vom Ewigen im Menschen.
③ 舍勒尔于 1926 年 1 月 21 日在巴黎拜访过舍斯托夫。
④ 爱吹牛，浅薄的人。因莎士比亚剧中人物福斯塔夫得名。——译者

天，毫无必要。他不理解胡塞尔是由于绝望才转向探索万物之根源的——他对事物的本真不感兴趣。但他却是一个才华横溢的人，也是一个观察十分细腻的人。但他的确没理解胡塞尔。胡塞尔他当然也理解了，我的问题他也明白，虽然他不是一个信徒，也不是天主教徒。（方丹，第110页）

5月2日舍斯托夫从法兰克福前往柏林，在那里他和以前一样住在艾金贡家。

当舍斯托夫还在法兰克福时，布别尔从他那里拿走一篇文章《时代之子和弃儿——斯宾诺莎的历史命运》，给《创造》杂志，他是该杂志编委之一。此文原来发表于《当代纪事》（1925年第25期），德文译者是鲁福。回到自己在黑彭海姆——距法兰克福不远的一座小城——的家后，布别尔读了舍斯托夫的文章，然后将其寄给了《创造》杂志，该文发表于同年（1928年）秋天，文章的题目是：《Kinder und Stiefkinder der Zeit》。文章关于斯宾诺莎的题词舍斯托夫摘自《以赛亚书》：

Et audivi vocem Domini dicentis: Quem mittam? Et quis ibit nobis? Et dixi: Ecce ego, mitte me. Et dixit: Vade et dices populo nuic: Audite audientes et nolite intelligere, et widete visionem et rolite cognoscere. Excaeca cor populi hujus et qures ejus aggrava; et oculos ejus claude; ne forte vedeat oculis suis et corde, suo intelligat, et convertatur et sanem eum. ①（以赛亚书，第六章，第 8、9、10 节）

关于这个文本，舍斯托夫写道："上帝打发自己的先知，让他把人的眼睛弄瞎，把人手脚捆住，好让被捆的人和瞎眼的人以为自己是自由的和有眼可见的人。可这样做又有何必要呢？以赛亚解释道：好让他们能过来医治自己的病。斯宾诺莎是否懂得这一点，而我们这些读以赛亚书和斯宾诺莎书的人，是否也懂得这一点呢？"

在保存至今的布别尔和舍斯托夫的通信中，有 3 封信是关于对此文本的阐释的。布别尔从黑彭海姆写信给时在柏林的舍斯托夫说：

> 请您注意您选做您文章题词的《圣经》文本，您的阐释是不正确的。您在结尾时说："为什么要这样呢？"以赛亚解释说：为的是让他们都能过来治病。但以赛亚的解释却不是这样。他话语的意思要更加病态更加残酷。他说：ne forte videat... et audieat... et convertatur. 意为：先知应当对民众的心灵"无动于衷"（Vulgata）或"不闻不问"（路德），或"蒙了脂油"（犹太语词的原意如此），好不让他来，也好让上帝不再不得不给他治病在他求治的时候。这则消息的含义十分可怕——民众不该来求治，而应该继续往下走，"便得医治"。对于一个根深蒂固的种族剩下的只有一

---

① 《以赛亚书·第六章·第 8、9、10 节》：我又听见主的声音说："我可以差遣谁呢？谁肯为我们去呢？"我说："我在这里，请差遣我！"他说："你去告诉百姓说："你们听是要听见，却不明白；看是要看见，却不晓得。要使这百姓心蒙脂油，耳朵发沉，眼睛昏迷；恐怕眼睛看见。耳朵听见，心里明白，回转过来，便得医治。"

线模糊的希望,这句有关"神圣种族"的话,在多数七经(Septiginta)里都疏漏了。我对您的译文稍稍做了些更正,今天就把手稿送到印刷厂。随信附上原文。(1928年5月2日)

舍斯托夫回答他道:

对您真挚的来信和华美的《圣经》表示真诚的感谢,这些都是今天从您的出版商那里得到的。至于以赛亚的译文,我则认为您的译法完全正确。我自己也不知道该如何翻译这段文字,但我觉得,如果采用我的阐释,那将变得非常臃肿(或如人们常说的那样,非常"可怕"),而且对于人类的大脑来说显得很神秘,于是我决定就照此办理。再柔性的阐释也不足以改变我对斯宾诺莎命运的理解——因此我们可以一切照旧。(1928年5月5日)

舍斯托夫很快就接到文章的校样。读过校样后,他仍然还是决定对校样做出一些更正。他写信给布别尔说:

同时给您寄去校样,我刚看过。文中所有的"et convertatur et sanem eum"我都勾掉了,因为文章中关于这句话谈得很少,这样我就可以避免……? ……可以的释义。(1928年5月18日)

正如最后一封信所示,舍斯托夫在以赛亚文本的德文译本中,勾去了最后5个词。对这5个字词的解释他也删去了:"以赛亚解释道:好让他们能过来医治自己的病。"上述语词同样也未能进入舍斯托夫的

《在约伯的天平上》,该书有论述斯宾诺莎的这篇文章。

1927年,鲁福和柏林一家叫"兰伯特-施奈德"的出版社,就出版德文版《在约伯的天平上》进行了谈判,但为达成最终协议(见鲁福1927年5月31日和1927年7月18日给舍斯托夫的信)。施奈德与鲁福关系比较近——曾出版过他的书,《创造》杂志和上文我们提到过的他所翻译的德文本圣经。得知舍斯托夫的困难以后,布别尔给施奈德写了一封信(1929年4月30日)。舍斯托夫很快就与施奈德就出版上述书(参见本书第31页)的事宜,达成了协议。他写信给妻子和时在柏林的布别尔说:

> 我正准备动身去出版社——关于德文版《灵魂中的漫游》(《在约伯的天平上》)出版事宜,似乎有些眉目了。我这里说的是"似乎",而其实我已经和译者和出版商都谈好了。可是,生活中也常常会发生已经谈妥的事,忽然就黄了的事。这件事是布别尔为我安排的:他对我非常好。应当努把力邀请他到庞蒂尼做客。他到那边会起很大作用的,而且他自己也真的很想去。假如塔尼亚见到彻底·德扎尔登或来自庞蒂尼的什么人的话,一定不要拖延立刻跟人家说说这件事。(1928年5月18?)
>
> 和什涅伊采尔和鲁夫的谈判已经结束,所以什涅伊采尔出版社从下周起开始已经译好的章节发往印刷厂。真挚地感谢您友好的帮助。(1928年5月18日)

塔尼亚完成了委托给她的任务,6月初布别尔就得到了来自德扎尔登拜访庞蒂尼的邀请函。佢显然1928年他未能成行,但嗣后却不止一次去过庞蒂尼(也许是1929、1931、1935、1936年去的)。

抵达巴黎后不久舍斯托夫就在给法尼亚和艾金贡的信中写道:

> 我正在忙于我自己的事情,并尽我所能地写作。海德格尔虽然很难读懂,但却不致为花费的时间和精力感到惋惜。从所有方面看他都不失为胡塞尔真正的弟子。如果他有热情的话,他可以写出更有趣更重要的东西。沮丧的是第2卷尚未面世。(1928年6月1日给法尼亚)

> 目前正在努力研读自己从德国带回来的书。海德格尔已经读完了(也许是指《存在与时间》)。这本书的确非常有意义。但这却不是"现象学",而是打着现象学的旗号把一些最非哲学的私货带进哲学领域里去的尝试……走私货——即指圣经关于原罪和堕落的传说。胡塞尔是否读过这本书,如果读过,他对此书有何看法呢。我对这一点当然非常感兴趣。今年秋天我和胡塞尔极有可能会再次见面。瑞士大学生联合会邀请我11月初去做个有关托尔斯泰的讲座(在伯尔尼)、苏黎世、巴塞尔和德国的弗莱堡。我主要是还想再见胡塞尔一面,所以才答应了——这次去也许还能结识海德格尔,他秋天应该就在弗莱堡。这些设想都非常有趣。(1928年6月14日给艾金贡)

夏天,和去年一样,舍斯托夫是在沙捷尔一居永度过的(从6月12日到9月17日)。住在"弗洛郎斯"别墅。8月中旬洛夫茨基夫妇也去那里待了几天。和去年一样,塔尼亚上山去了。舍斯托夫关于她所取得的进步在信中这样写道：

> 今天你从策马特寄来的明信片收到了，事情就因这而起。妈妈很生气，很委屈。说从你这方面说，这很不礼貌，说你写信故意巨细不落是在故意气她，说首先，Matherhorn 根本就不是 Mont Cervin，第二，它也根本就不是最高最难爬的山。最高最难爬的山是 Breithhorn，1903 年，你的父母在只有一个向导陪伴下攀登上去了，当时各大报纸都报道了这件事。而各种 Matherhorn 和 Mont Cervin——全都是胡说八道，你一个劲儿地对我们讲述关于这两座山的非同寻常的琐细闲聊，其实是在贬低父母。妈妈到现在仍然耿耿于怀。（1928 年 8 月 22 日）

回到巴黎后不久，舍斯托夫就又应瑞士大学生联合会的邀请去了瑞士和德国，在不同城市做有关托尔斯泰的、纪念托翁百年诞辰的演讲和讲座。舍斯托夫讲的是托尔斯泰的晚年作品，关于这些作品，1920 年，他曾写过一篇文章《死亡的启示》。讲座被安排在苏黎世（10 月 31 日）、巴塞尔（11 月 1 日）、和德国的弗莱堡（11 月 9 日）。舍斯托夫离开弗莱堡又去了柏林，在那儿做了一次有关托尔斯泰的俄语讲座（或许是 11 月 20 日），随后又到慕尼黑讲了一次，是 11 月 27 日。11 月 30 日他才返回巴黎。

根据书信判断，舍斯托夫对这次旅行非常满意。在伯尔尼做首次讲座的前两天，在瑞士报纸《崩得》上发表了一位瑞士牧师、神学教授阿尔伯特·舍德林非常有趣的一篇文章，文中通报了关于讲座的信息。在伯尔尼讲座后次日，舍斯托夫就已经去了苏黎世。他从那里写信给洛夫茨基夫妇和妻子说：

> 昨天在伯尔尼做了个讲座。礼堂里人挤得满满的。校长来了，教授们也到了。《崩得》在此之前发表了神学教授舍德林的一篇长（非常详尽）文，也许正是由于此文，听众来了很多。（1928年10月27日）

> 大学生们学习都很勤奋。报上登满了告示和简评，以及……？也放进来了。在此也和在伯尔尼一样，有过许多有趣的会面。遗憾的是，神学教授 Brunner 当时出差在外。可今天又结识了另外一位教授——是搞法国文学的：为人非常细腻严谨，而且是一个真正在思考的人。不过，话说回来，他对我说，说你的那位伊里因（亚·伊万）也到这儿了，说他想给那位解释一下，说我身上除了否定没别的，说他堂堂一个教授却不得不对伊里因证明，说那人不认识我，到最后，伊里因也不得不承认这一点。我有多么好的本国人和同胞呀！这里也有许多有趣的青年人——有俄国的，也有瑞士的。在巴塞尔好像将会有另外一些会面。该给那里的人写的信我已经都写了——我会见到许多我想一见的人的。（1928年10月30日给妻子）

他在苏黎世接到他曾与之在伯尔尼谈过一次话的舍德林的一封信，而在巴塞尔，则接到了汉斯·格留勃的一封来信：

> 我真想继续我们的谈话，这次谈话使我对彼此加深了解和最初的预期比增加了希望。我想要您相信您的话对我意味深长，我对我从谈话中所得到的一切表示感谢。（沙捷林纳，1928年10月27日）

对我来说昨天聆听您关于托尔斯泰的讲座是一件大事。我很想当面对您表示感谢。但我从我的朋友斯波西（?）教授嘴里听说您已经离开苏黎世了。遗憾的是我怎么早不知道您的到来。马丁·布别尔常常说起您和您发表在《造物主》上的文章 *Wissenschaft und freie Forschung*，文章给我留下了强烈的印象。我是个医生，心理分析师。研究 миссолог（?）已经有很多年了，这门学问和我们的知识系统格格不入。灾难在彼岸也留下了纯粹的经验，这种经验也许能教会我们些什么。您的毕生著作对我很有帮助，得到您著作的德文版我很高兴，也很感激。（发自格留勃，1928年11月1日）

伯尔尼讲座（10月29日）后，《崩得》报发表了马丁的一篇文章：

许多听众在两个小时中聆听了舍斯托夫的讲座……他以一种外冷内热的激情阐述了自己的思想，这样一种热情令听众惊奇……这样一来，就使得庆祝（托尔斯泰纪念日）活动变成了一个名副其实的托尔斯泰的节日——因此不能不读托翁的作品。（1928年10月29日）

舍斯托夫从巴塞尔去了弗莱堡。11月9日他做了讲座，出席的人有胡塞尔和海德格尔。此前他曾受邀到胡塞尔家里做客。在他家他得以结识海德格尔。关于这次会面，他在给洛夫茨基夫妇的信中写过，许多年后，也给方丹讲过，并且也曾在《纪念一位伟大的哲学家》一文中描述过：

我在这儿把该做的事儿都做完了——见到了胡塞尔,他非常热情地在家中接待了我和海德格尔,胡塞尔也邀请了他,我们昨天在胡塞尔家聊了一晚上。一切都再有趣不过了,等我回去再给你们详细讲述。(1923年11月9日给洛夫茨基夫妇)

当我在胡塞尔家里见到海德格尔时,我带给他一份他的作品语录,依我看,这些语录极大地损害了他的体系。我对此深信不疑。我那时就知道他所写的文字受到了克尔凯格尔的影响,海德格尔个人的贡献仅限于竭力想要把这些思想纳入胡塞尔主义的框架里去而已……我不知道,或许他的报告《什么是形而上学》是不是我们谈话的一个结果……

海德格尔走后,胡塞尔重新恢复了与我的对话,非要我答应他以后一定得读一读克尔凯格尔。我不懂得为什么他如此固执地一定要我读一读克尔恺郭尔,因为克尔恺郭尔的思想和胡塞尔的思想没有任何共同之处呀。此刻我想,他之所以想让我读一读克尔恺郭尔,目的是让我能更好地理解海德格尔。(方丹,第114页)

在我逗留弗莱堡期间,从我口中得知我还根本没读过克尔恺郭尔的胡塞尔,开始神秘而又固执地不是请求,而是命令我一定要读一读这位丹麦思想家的著作。这是怎么回事,一个贡献自己的一生用来颂扬理性的人,怎么会催促我走向为荒谬大唱赞歌的克尔恺郭尔的呢?看样子,胡塞尔本人也只是在晚年才读到克尔恺郭尔的:在他的著作中,根本看不出任何熟悉或是熟知 *Entweder—Oder* 作者著作的痕迹。(《纪念一位伟大的哲学家》,第306页)

舍斯托夫在和方丹谈话中提到过的《什么是形而上学》,是海德格尔 6 月 24 日在弗莱堡大学做的一个讲座。这次演讲同年 12 月被发表于波恩的一家刊物——《弗里德里希·柯亨》。关于这次令他深感兴趣的演讲，舍斯托夫在给洛夫茨基夫妇的信中是这样写的：

> 这次演讲……是 6 星期前进行的——是一次非常有意义的演讲。依我看，如果能以我的名义将其赠送给米·叶（米·叶·艾金贡）那就再好不过了：这次演讲的确值 1—1.5 元，因为它只有 26 页。而你如果能读一读，那就太好了，他就好像是在践行我在见面时给他的提示，声称："在终极追问的漩涡中逻辑消融了"，什么"哲学中逻辑的统治终结了"，什么"除了思维否定外，比之更加深刻的，是对立的坚硬度、厌恶的强烈度等"。（第 26、22、12 页）。总之，胡塞尔把他自己的现象学炸得粉碎。米·叶对你们两个或许也不无兴趣。（1930 年 1 月 22 日）

自从在弗莱堡认识以后，舍斯托夫便开始了和海德格尔的通信。在舍斯托夫档案里保存着海德格尔的两封信。在其中第一封（1929 年 1 月 8 日）中，他回忆了与舍斯托夫进行的哲学讨论，谈到舍斯托夫的报告，感谢舍斯托夫为安排他到巴黎做报告所付出的劳动（但这次报告看来未举办成）。在第二封信（1929 年 5 月 25 日）中，海德格尔写信告诉舍斯托夫，说他刚刚写完 *Kantvorlesungen*，该开始准备编辑将在弗莱堡大学的学术发言了（已经提到的学术性发言有《什么是形而上学》）。

舍斯托夫和海德格尔又见过几次面，但始终亲近不起来。关于海德格尔他什么也没写，但却满怀兴趣地关注过他的工作，在书信和与方丹的谈话中提到过他。方丹对海德格尔很感兴趣，并且还写过关于海德格尔的两篇文章：一篇是发表在《电影刊物》第141期（1932年6月号，参阅本书第94、第99—100页）和《不幸的认识》一书的第6章。

舍斯托夫从弗莱堡回来后又去了柏林（1928年11月10日），但却不是住在刚刚搬进新家'但还没有完全安顿下来的艾金贡家，而是住进了洛夫茨基夫妇家。他从那里写信给妻子说：

> 你也许已经接到我从弗莱堡寄的明信片了吧，亲爱的丽扎洛夫娜，因而也知道我在弗莱堡的讲座进行得很顺利吧。就这样，最困难的一关就算闯过去了。我这个罪人，曾经担心长期住在旅店里以及诸如此类与旅游联系在一起的生活，是我无法忍受的，我会因此而生病或身体羸弱的。不得不人家给什么吃什么——一连几天说话需要的养料，我一顿就吃足了（有时候是在演讲开始前）等等。——没关系！我始终觉得自己身体强壮，精神饱满。眼下在柏林我当然是在另外一种条件下生活，但已经没有什么可担心的了。我在这里将待到11月25日或26日，因为11月27日我将在慕尼黑做最后一次讲座。关于讲座和会面我就不再写了：这类事情十分复杂，要想描述它，需要的不是一封信，而是整整一部著作。等我到家再和你详述吧。和胡塞尔结为至交了。他和他的夫人孩子们都向你和孩子们问好。和海德格尔的关系不那么简单，但到底还是不错。（1928年11月11日）
>
> 在这里，在柏林，我没有任何紧张感，因为没有大量人物需要会面，像在瑞士或弗莱堡，抑或像即将抵达的慕尼黑那样。我在这

里只做了一次讲座，而且还是用俄语，念书面材料，所以，一点儿都不费事。人家给我支付了 150 马克——差不多就是 1000 法郎；我在这儿很少去谁家：更多的是玩，去看妈妈。不过下周要去听古别尔曼！他演奏克莱采奏鸣曲和舒伯特。（1928 年 11 月 15 日）

舍斯托夫从柏林又去了慕尼黑做一次关于托尔斯泰的讲座（也许是 1928 年 11 月 27 日）和与许多人见面，然后从那里回巴黎（1928 年 11 月 30 日）。抵达巴黎后次日，他已经开始在索邦授课了。他在给洛夫茨基夫妇的信中写道：

终于滚回巴黎了，几乎是从车厢出来直奔教室，像恰茨基从船上下来直奔舞会一样。慕尼黑同样也很有趣——最有意思的，是与《Zwischen den Zeiten》的主编梅尔茨及其朋友们的见面。其他几次见面也都很有趣——只是一封信很难给你们讲述。我在这里接到了胡塞尔寄来的明信片——他们 2 月中旬会来，所以，我们也许还能见到他们。施奈德的校样也到了，格尔曼，你和他详尽无遗地谈一谈，如何才能更加方便地翻译，以免出现任何不愉快。我对 Ruoff 把所有事情都做了解释。他现在很努力。他关心的不光是翻译问题，而且还有书本身。而我的所有意见都会汇总在一起的。（1928 年 12 月 2 日）

在读克尔恺郭尔——的确有些和我共享的东西。但他那里……？以我所阅读的部分判断，没有哲学。（1928 年 12 月）

在最后一封信后，安娜·叶丽阿扎洛夫娜有一个附笔："廖利亚正在写新著"。毫无疑问,这里说的是《被缚的巴门尼德》。

正如上文所述,"群星"出版社开始着手筹备出版法文版舍斯托夫全集,并且在1926年8月至1928年4月间,出版了3本。书销售得很慢,舍斯托夫的朋友们都在千方百计协助论述舍斯托夫的文章发表,以便改善销售状况。关于这件事,舍斯托夫在给艾金贡和洛夫茨基夫妇的信中写道:

> 昨天,方丹给我带来了他论述我的文章的清样,此文将发表于《欧洲》1929年1月15日。或许这篇文章会有助于推销这些出版物,因为他在文章宣布,当代最新的、最紧张的思想在我的书中找到了唯一的表达者。的确,这篇文章写得有点印象主义。F. 不是哲学家,说话也很直率,说他是为"演员"写的,但文中毕竟还是有许多种"语调",并且总的说来文章写得很有趣。如今,如果马尔罗也能为《新法国评论》写点什么(人家和他约稿了)的话,假如什莱策尔再对他有个回应,这毕竟是可以期待的,到那时就不愁书没人买了。(1929年1月4日)

马尔罗没有写文章,正方丹的文章正如上文所述,是1月15日发表的。这是方丹关于舍斯托夫写的第一篇文章。4个月后,在《Кайе дел'Этуаль》(1929年5/6月号)上,发表了他论述舍斯托夫的第二篇文章,这是他应该杂志某位编辑的请求而写的。对于舍斯托夫的著作非常感兴趣的 И. В. де Манциарли (I. de Manziarly),和舍斯托夫一直保持良好关系。该杂志的第19期发表了舍斯托夫为其著作《伟大的前夜》写的前言，题目是 Les grandes veilles, Preface。

1928—1929 年冬天，舍斯托夫结识了维克多利亚·奥卡姆波，其在布宜诺斯艾利斯文学生活中起着显著作用。她在其文章《本雅明·方丹》（发表于《Нон—Лье》杂志 1978 年第 2—3 期，巴黎）中，讲述了她与舍斯托夫初次相识的过程：

> 凯泽尔林格建议我抵达巴黎后，一定要以他的名义去见一见舍斯托夫和别尔嘉耶夫，并且给了我两封信要我分别带给他们两个。路过巴黎的奥尔特加·加塞特①，陪我去看了一趟舍斯托夫……我们走进门时，我听见他们正在谈论胡塞尔、海德格尔和克尔恺郭尔。奥尔特加即刻就加入谈话。（奥卡姆波，第 49 页）

维克多利亚·奥卡姆波本人则并未加入大家的讨论，而是在与方丹谈话，是舍斯托夫把他介绍给她的。她和方丹以及舍斯托夫建立了友谊，并且以后每到巴黎，都会和他们见面。她还两次安排方丹到阿根廷（1929 年夏天和 1936 年 4 月）。由于她的努力，舍斯托夫的几部著作得以在布宜诺斯艾利斯出版西班牙文版。

在此期间，舍斯托夫正在阅读克尔恺郭尔。他在给洛夫茨基夫妇的信中写道：

> 正在多少读读克尔恺郭尔：的确发现有共同之处。特别是他著

---

① 奥尔特加·加塞特，著名西班牙哲学家，《大众的反叛》的作者。

作《焦虑的概念》第 155、157 到 163 页。有时候我甚至觉得他读过《无根据颂》或是我读过他的书似的。区别仅仅在于在与黑格尔争论时,他仍然还是想要利用黑格尔的辩证法来反对黑格尔,关于无根据性的思想,在他眼里或许是不可接受的,甚至都不能算是思想。但他毕竟还是这样写道:"die Angst ist die Moglichkeit der Freiheit"。抑或"in der Moglichkeit ist alles gleich mcglich"…"das Entsetzkiche,das Verderben, die Vernichtung Tur gegen Tur mit jedem Menschen zusammenwohnt"等。整个这一段都好像是从《无根据颂》里摘来的(尤其是上卷第 279 页和下卷第 312 页)。读一读他的 *Krankheit zum Tode* 和 *Einubung in Christenthum* 应该也很有趣。也许应该问一下施奈德,他是否可以为我从出版社按出厂价订购这些书。(1929 年 2 月 5 日)

克尔恺郭尔早《瞬间》(我有这本书)中还不突出。有必要对你说要读一读《焦虑的概念》和《恐惧与颤栗》。(1929 年 2 月 4 日)

1929 年 2 月 20 日,胡塞尔应索邦大学邀请前往巴黎做两个讲座。关于第一次讲座,舍斯托夫在给格尔曼的信中写道:

胡塞尔刚到巴黎。明天(1929 年 2 月 23 日)在索邦做第一次讲座。让我们看看效果如何。听众肯定会向他欢呼喝彩的。我已经得到一张早餐邀请券,后天在《巴黎学园》举行欢迎胡塞尔的小型宴会的邀请函。肯定还有其他一些庆祝活动。所以,我的生活也将会是一盘散沙,再加上我刚被任命为纪念米留科夫委员会委员——同样必须去开会,还得穿上犹太人的晚礼服去参加各种宴会。

（1929 年 2 月 22 日）

报告结束后，舍斯托夫登上讲台，对胡塞尔表示了热情欢迎（《胡塞尔编年史》，第 342 页）。胡塞尔的第二次报告是 2 月 25 日举行的。两天后，和他妻子受到舍斯托夫的邀请。在关于胡塞尔的文章中，舍斯托夫描述了这次拜访：

> 他到巴黎时我邀请他到我家做客，可他刚一吃完饭（他似乎根本没察觉午饭的事，就好像根本不存在什么家宴似的），就和我走进一个单独的房间，即刻开始哲学座谈。当时我正在写作《雅典与耶路撒冷》的第 1 卷，即《被缚的巴门尼德》。自然，我竭力想把我们的话题引向这部著作第 1 卷里所阐释的主题。可是，当我对他说——这句话后来几乎是逐字逐句地被我写进《被缚的巴门尼德》——"公元 399 年，苏格拉底被毒死了。苏格拉底死后，剩下的就只有他的学生柏拉图，而柏拉图却"迫于真理本身"（这是亚里士多德的说法）不得不说，也不得不想，苏格拉底被毒死了。但在他的所有著作中，我们能够听到的就只有一个问题：世上果真有这样一种力量，这样一种权力，能够彻底地和永远地逼迫我们赞同这样一个事实，即苏格拉底被毒死了吗？对于亚里士多德来说，这样的问题毫无意义，因此就像压根就不存在似的。他深信"真理"是一条狗被人们给毒死了，和苏格拉底被人给毒死了一样，都是"真理"，都同样被永久地捍卫，以免遭任何人类或神祇反驳的侵害。毒芹是分辨不出一条狗和苏格拉底之间的区别究竟何在的，而受到真理本身所强制的我们，却同样也有责任不在苏格拉底和一条

狗，甚至是一条疯狗之间做出分别"——当我对他说这番话时，我期待他会暴跳如雷的。可是，结果却出乎我意料：他全神贯注地倾听着我的话，就好像在他灵魂深处的某个地方，他早已就洞察到亚里士多德所谓的"被真理本身所强制"这句话，包含着一种谎言和背叛的味道。而且，此时我们在"什么是哲学？"这个问题上的争论马上就要达到针锋相对的炽热阶段了，所以，他的态度令我感到吃惊。我说哲学是一场伟大而又最后的斗争——而他却严厉地回答我说："Nein, Philosophie ist Besinnung"（"不，哲学是反思"）。可这时谈话的性质已经采取了另外一个方向。对于亚里士多德的信心是建立在沙土上这一点，他似乎也感觉到了。（《纪念伟大的哲学家》，第305—306页）

毫无疑问，舍斯托夫格言警句体的《回望以及给上文的注释》（《数字》，1930年第1期；《雅典与耶路撒冷》，第4卷），通篇都洋溢着与胡塞尔谈话的精神，虽然篇中并未提到胡塞尔的名字。最后一则格言警句是这样的："哲学不是Besinnen（回望），而是斗争。而且这场斗争是没有终结的。人们常说天国是需要力量来征服的"。

在此书第3章《被缚的巴门尼德》中，舍斯托夫同样也涉及这个主题："哲学一直想要成为反思，Besinnung，回望……，而（回望）就其实质，甚至是会排除有关斗争的思想的可能性的。"关于胡塞尔善于倾听他的问题这一点，舍斯托夫普经给方丹谈过：

> 我似乎觉得他应该是这个世上唯一有权不理解我的问题的人。而他却是不但能够理解而且还能聆听我的问题的少数人之一。（方

丹，第 93 页）

在上文所说那次宴会几天后，舍斯托夫在自己家里举办了欢迎胡塞尔的仪式。他在给拉扎列夫的信中写道：

> 我和胡塞尔约定 3 月 3 日星期日 4 点他到我家，我向他介绍俄罗斯哲学思想。（因此）Ergo 您也应该来，因为您不到场的话，俄罗斯思想界就没人代表了。（1929 年 2 月 27 日）

客人中除了拉扎列夫外，还有帕·别斯帕洛娃和鲍·方丹。其他客人的名字不详。随后，3 月 5 日受邀到胡塞尔那里喝茶，3 月 8 日胡塞尔离开巴黎。关于 3 月 5 日邀请的事，舍斯托夫在书信里没有提到过，但在《胡塞尔编年史》一书的第 343 页提到此事。关于胡塞尔的来访，舍斯托夫在给母亲和格尔曼的信中写道：

> 胡塞尔教授到巴黎了，也到了我家，秋天我去过他那儿，他在这儿做了两次报告。随后去了我家两次——一次是便宴，而另一次白天就来了。很有意思——他是德国最杰出的哲学家，像法国的柏格森。你不妨问问格尔曼，他会把他的情况一五一十地告诉你的。紧接着是米留科夫纪念日——又不得不去参加他的纪念日活动。因此，最近 10 天中不得不过世俗的生活。我不喜欢这种生活，况且我也没时间过这样的生活。好在，话说回来了，像这样跑来跑去的并不是经常的。（1929 年 3 月 7 日？）

> 胡塞尔来过……人们向他表达了各种敬意，但正如他本人所认

为的那样，人们却不肯费心弄懂他的那些报告。有一点很清楚，即要想分析他，就必须了解他的著作。他来过我家两次。一次是便宴一直坐到晚上——我没请外人，我们俩面对面讨论哲学，另一次我请了一些俄国哲学家——谈话是共同的。认识了赫林，知道胡塞尔来了，他特意赶到巴黎。看样子，他很生气——还没有平静下来。

谢天谢地，天气暖和了。积累了许多工作——获赠的书除了巴特的外，还有克罗涅尔的杰作《从康德到黑格尔》：全都得好好读读！复活节后课程就该结束了——总算熬到头了。（1929年3月9日给格尔曼）

克罗涅尔的著作舍斯托夫很感兴趣，他为此书写了一篇不大的小文。

在此期间，法尼亚对克尔恺郭尔生发了兴趣，准备就其准备一篇报告。舍斯托夫给她提供了一些建议：

如今对克尔恺郭尔感兴趣的人很多。首先，易卜生根据克尔恺郭尔的 *Entweder—oder* 塑造了其笔下勃朗特这个人物。现在布别尔说19世纪曾经有过两位杰出人物：陀思妥耶夫斯基和克尔恺郭尔。因为卡尔·巴尔特的（神学）学派就直接来自克尔恺郭尔（此派除了卡·巴尔特外，还有图尔奈森、舍德林、迈兹都是牧师兼教授）。其次还有M. 海德格尔。而他的《焦虑的概念》一书特别有用，还有就是他的宣讲辞。此外还有 K. Jaspers 的 *Psychologie der Weltanschauungen*。波恩大学校长不久前刚出版了一部论述克尔恺郭尔的大著，可那人的姓氏我忘了。他的重复

(Wiederholung)我想你应该很感兴趣(和《恐惧与战栗》在同一卷里),他在其中讲述了自己的经历,讲他如何出于完全匪夷所思的理由,割断了和其未婚妻的关系。我所能提供给你的有关克尔恺郭尔的,就是这些了。——我想对于一次报告足够了。(1929年4月9日)

4月末,舍斯托夫一家住进了新居。舍斯托夫在给洛夫茨基夫妇的信中,讲述了他们为什么不得不离开好客的巴拉霍夫家的原因:

> 索尼娅断定,亦即和往常一样,还没有彻底决定,但"几乎"决定不放热尼奇卡去美国——于是我们就不得不寻找住处。我们本来还可以在这里住几个月,可是,由于偶尔碰到了一个价格相对比较便宜,房型也非常可意的住宅,再加上如今时世要找到合适的住房很难很难,所以,我们被迫在两天中,甚至还不到两天,就租下了它。这套住宅离索尼娅家不远:4室,不算小,刚装修不久,小屋(一共2层——我们住2层),——你想想——还带有一个小小的花园。价格是一年12000法郎,此外,还加上取暖费1000或1500。这不算贵:列米佐夫找房找了一年,最后租了一间3居室,位于非常恶心的地区,年租金10000。礼拜一(4月22日)我们就会住进新居了——再写信将从那里写了。(1929年4月17日)

在给洛夫茨基夫妇的下一封信中,舍斯托夫再次写到克尔恺郭尔:

> 关于重复(Wiederholung)的哲学意义我无话可说。恰好海德

格尔谈到过《焦虑的概念》。依我看,重复更对心理分析家的胃口。一般说,依我看,德国人似乎过分看重克尔恺郭尔了。他远非如此深刻和有力,像德国人所认为的那样。而且,与布别尔不同,我认为,尼采的意义远大于克尔恺郭尔。的确,他的著作我尚未全部读完,而且究竟能否全部读完说不好,但正如布别尔所说的那样,我已经在他那里找到许多共同点。不过还是让我们看看再说吧。我在沙捷尔借了一本他的书——到那儿再讨论。(1929年4月27日)

1929年,舍斯托夫论述弗拉基米尔·索洛维约夫的文章法文版发表在《巴勒斯坦》杂志(4月到9月之间共出了5期)。德文版发表在《行动》杂志(8/9月号)。

1929年5月26日舍斯托夫在巴黎哲学学会公共会议厅做了一次讲演,题目是"论永恒真理的来源"。这个报告是《在约伯的天平上》的一章,此书当时正在筹备出版中(最后是在5月末或6月初出版的)。6月8日举行了关于此次报告的讨论会,参加者中有尼·别尔嘉耶夫、鲍·维舍斯拉夫采夫和弗·伊里因。

5月末《在约伯的天平上》德文版在柏林出版,标题是 Auf Hiobs Waage,副标题是 Uber die Quellen der ewigen Wahrheiten,出版社是"兰伯特—施奈德"(参阅本书第16页)。施奈德还接受了马尔康德文版的第2、3卷,稍晚又接受了第7卷。

几天后,《在约伯的天平上》俄文版也在巴黎出版了,出版社是"当代纪事",副标题是《灵魂中的漫游》。需要提醒的是,这部书汇编了舍斯托夫写于1920年到1924年间的著作,此书前言写于1924年12月。关于此书内容,舍斯托夫在其1926年1月27日写给洛夫茨基夫妇的信中提到过。由于1926年未能找到出版商，所以，舍斯托夫就给此书加了一章写于1926年7月的《什么是真理》。为了搞好1929年版，他不得不花费大量精力。《在约伯的天平上》出版后，相继发表了几篇俄文文章和书评还有德文文章和书评。

德文版出版后，舍斯托夫把书寄给了他的德国朋友，并从朋友那里得到非常热情的回复：

恐惧对自由来说是一个机会。一切都同样是有可能的。恐惧、死亡、消灭与每个人共存。

我非常高兴，您漂亮而又重要的新著以应有的形式出版了……读着这本书，我重有感觉到与我的思想深深的趋同，尤其是与我在关于宗教和哲学的讲座里所表述的那些思想的趋同。这次讲座已经出了单行本 Uber die Schwelle（系我的 Reden und Schriften 的第一卷），等书一出来我就给您寄去一本。（布别尔，1929年6月10日）

舍斯托夫当即给布别尔回信：

为您友好的来信表示真诚的感谢。我感到高兴的是，您居然也在阅读我的著作时感到"咱们思想的亲近"。要知道这可是我能从您那里听到的最珍贵的话。须知甚至就连……？……哲学家和神学家们，也几乎永远都是相互敌对的，不光在对待我所写的题目上，而且就连对于提出问题的可能性本身，而这些问题我却在自己的著作里提出来了。而对我来说更加珍贵的是，一个人对于问题的实质居然能有这么深入的洞悉,就像您这样,居然能在我的书中,发现一种我在自己的跨学科漫游中也未曾发现,或许永远也不会彻底开放的东西。(1929年6月15日)

这里我们只引用收到的来信中的两封,一封发信人是胡塞尔,一封是舍德林。胡塞尔写道:

尊敬的朋友和"对手"!关于我您会怎么想,要知道直到现在对于您赠送给我的珍贵礼品——您的新著《在约伯的天平上》——我还一句话也没说呢,实话说书到我手中已经很长时间了。我想对于我您不会有什么不好的话,要知道我们之间早已飞速排除了一切外在的条件,确立了亲密的私交关系。您也知道我是如何严肃地对待您所有的尝试的,您想要为自己和我们所有人打开这样一个上帝的世界,在那里可以真正地生活和死去,虽然您的道路永远也不会成为我的。但思想——我的思想也和您的一样——都来自深刻的个人的需求,我接纳您思想的态度丝毫也不亚于我对自己思想的接纳,关于这些思想,我可以说,它们对我是绝对必要的。我要说所有这一切——虽然您的新著我还连一页也没来得及读完;我把它和4月8日对我的描述都往后放了放。(胡塞尔,1929年7月3日)

胡塞尔在上文所述这封信中说道:"您知道我是多么认真对待您试图为您和人类寻找神祇世界——人类真的可以在这个世界生死繁衍——的尝试吗。"1926年9月21日,舍斯托夫在给艾金贡的信中也表达了同样的思想:"我总在想,假使我可以把自己的余生统统献给写作,那么。或许我们又能看见——用柏拉图的话说就是——又能看见'那些比我们好也比我们离上帝近的怡然自得的古人了'。"毫无疑问，舍斯托夫和胡塞尔很快观点就开始趋同，因为他们两个都在不可遏制地竭力想要"找到那个人类真的可以在其中生死的神祇的世界"，而且他们两个人都渴望"在此看见怡然自得的古人所看见的那些人"。

1929年7月3日胡塞尔在一封信中谈到了1929年4月8日在其70周岁诞辰题赠给他的一本著作。这天弗莱堡大学召开了庄严的庆祝会，海德格尔在会上做了演讲。胡塞尔做了简短的答谢词，最后一句话是："Philoosophie war die Mission meines Lebens. Ich musste philosophieren, sonst konnte ich in dieser Welt leben."（英伽登，第161页）这番话以另外一种表达式变化出现在给舍斯托夫的信中。胡塞尔的来信令舍斯托夫十分感动。10年后他在回忆录里常常回忆胡塞尔。舍斯托夫写道："胡塞尔是一个心灵向所有人开放的人……他在信中对我说——您的道路和我的固然不同，但我对您的问题非常理解并且看重。"

舍德林在给舍斯托夫的信中写道：

> 我终于可以因您的新著《在约伯的天平上》而向您表达我真挚的谢忱。我很高兴地在书中找到——和您的新的礼物相关——许许多多您分散的著作，这些著作对我非常珍贵。我尤其喜欢《帕斯卡尔的哲学》这篇文章，以及 Wagnisse und Gehorsam 的许多地方。我对托尔斯泰晚年的著作《主人与雇工》和《伊万·伊里奇之死》非常赞赏，而我的赞赏由于您而意外地得到了肯定。许多年以来我一直在阅读陀思妥耶夫斯基，靠读他的作品休息大脑。我喜欢您的

写作方式,永远不会不再读您的著作。您的著作里有一种居高临下的味道,有一种警告的味道,而哲学应当认真对待这些味道。哲学界有您到场使我安慰给或力量,您的到场是对神学发出的号召。而在这个领域里我和您也许是对手。吸引您的一切我也十分喜欢。我永远不会忘记正是您向我们宣扬"惟凭信仰"。但即使是您的新著也无法劝说我完全同意您的观点。您疏远了哲学而指明了圣经的世界,但从那里正有一朵不祥带火的乌云向我们移动。我知道得很清楚事情的确是这样的——给我们的任何答案都只能是问题。无怪乎十字架立在我们信仰的灵魂里。但在十字架旁边是否也可以拯救世界?(发自沙捷林,1923年8月1日)

《在约伯的天平上》出版后,舍斯托夫给伊万·阿列克谢耶维奇·布宁寄了一本,当时作家住在格拉斯。当时暂住在布宁家里的女作家嘉琳娜·尼古拉耶夫娜·库兹涅佐娃显然先布宁一步读过这本书。显然,舍斯托夫在《克服自明性——献给费·米·陀思妥耶夫斯基百年诞辰》一章的开头讲述的关于死亡天使的传说,令她受到了震撼。舍斯托夫写道:"有人提到,古代贤哲的一本书中曾说:谁想知道过去有什么,将来有什么,地上有什么,天上有什么,那还不如说他根本没有降生。然而我回答说,在同一本书中也曾说过,死亡天使降临于人,为的是把人的灵魂和肉体分开,而使他全身长满眼睛。为什么这样,天使为什么需要这么多眼睛,他在天上什么都能看得见,而在地上什么也看不清吗?所以我认为,他有这么多眼睛不是为了自己。事情往往是这样,死亡天使由于随着灵魂出现,所以自信他到来要比人尚未到谢世起先早得多。他不能触动人的灵魂,甚至也不和灵魂见面,而是在离开之前,悄悄地把自己无数眼睛中的一双眼睛留给了人。于是,人突然开始从高处看到所有人看到的东西,而他自己还是用旧眼睛看到一种新东西。……陀思妥耶夫斯基无疑是一位具有双重视力的人。死亡天使是什么时候降临到他头上的?"① 关于死亡天使的传说,库兹涅佐娃在其日记中写道:

> 正在读舍斯托夫。和伊·阿长时间地谈论他。其中讲到一个浑身覆盖眼睛的天使的传说……这个传说令我分外激动,而伊·阿甚至想把他写进小说里去。假如有这样一种第二种视力存在的话,它将能说明多少事儿啊。(1929年6月8日于格拉斯)

> 在给维·尼(维拉·尼古拉耶夫娜·布宁娜——作家的夫人)的信中,舍斯托夫写道:"嘉·尼喜欢我的书这使我很高兴,请代我感谢她的同情。须知我们这些人并不怎么受同情的眷顾:人们非但不同情,而且连读都懒得读——说什么没意思。如果他知道我花费了多少工夫读他的书,并且一直以他的书为生,那就好了!"(格拉斯,1929年6月18日)

几天后,嘉琳娜·尼古拉耶夫娜给舍斯托夫回了信:

> 整本书我都读完了。最后几篇文章有点艰涩,但整本书与我是那么亲近,那么必要,以致我压根就没有察觉到这本书的难度。我非常喜欢格言警句——虽然我喜欢的更多是语言,而内容则很少与

---

① 列夫·舍斯托夫:《在约伯的天平上》,董友等译,三联书店,1989年版,第25—26页。——译者

我的感情应和。书中又一次充满了一种我朦朦胧胧感觉到的东西——"我猜疑"——关于这种东西,已经多次涉及,只是不是那么明确和充分,但这只是我的猜测而已,就好像我斩获了一个新的,但与此同时又是在我身上某种生活着的世界……在此请求您原谅我,列夫·伊萨科维奇,假如我对于自己印象的絮叨,占据了您过多的精力的话。我想做的只是要再次对您说,您的书根本不是只在表层激动了我的内心,而是当我读完全书阖上书本时,我感到安慰的一点是,您还有其他著作。至于说到活着的人中,仍然有许多人对于这个"最重要的问题"根本就不感兴趣,但这仅仅意味着,上帝的确"让一些人启蒙,另一些人盲目"。可是我相信,任何人,只要他的心偶尔激情还会苏醒的话,或迟或早将会发现和转而面对这个"最重要的问题"的。(格拉斯,1929年6月23日)

关于死亡天使的传说,布宁也在其《托尔斯泰的解脱》(巴黎,1937)中引用了。布宁还附加了几句:

舍斯托夫在其论述陀思妥耶夫斯基的文章中所说的一切,——都是旨在赋予《地下室手记》的作者以两种视力。可是,读此文时你会想到托尔斯泰:假如真有谁具有从还在他摇篮时期就降临他头上的死亡天使那里来的双重视力的话,那这人非托尔斯泰莫属。(《托尔斯泰的解脱》,第205页)

《在约伯的天平上》关于托尔斯泰的《最后的法庭》一章,显然也给布宁留下了深刻印象。很有可能,《托尔斯泰的解脱》第16章中的某些思想，就是布宁感染了舍斯托夫思想的结果。

舍斯托夫将其《在约伯的天平上》题赠给阿多尔夫·马尔科维奇·拉扎列夫，他在给舍斯托夫的信中这样写道：

> 如果我们从接到您的最后一封信以来没有给您写过信的话（您在信里说您在15日前一直待在沙捷尔的话，那就是说，我将又一次进入一个我根本就浑然不像个活人的时期了。我很少说话，每天夜里和礼拜天写作，所以，我没工夫去死……可以理解的是，我什么书都不读。唯一读过的是您的格言警句。有些话深深地触动了我的灵魂。我总是觉得在您那里，形式和内容是不可分割的。当您说出一些别人压根说不出来的话时，对此我们只能说，这样的话只有您能说得出来。另一方面，当您说到其他人也说到的东西时，就好像熟悉的思想也开始具有了新的生命和意义。
>
> 此外还有。请你记住在《王位觊觎者》（易卜生的戏剧）中，有天赋的国王的竞争者常常说的一句话，就是真正的国王有其自己的"王国思想"。所以，列夫·伊萨科夫斯基，在无须涉及您所说的一切究竟是否涉及真实性的问题，是否涉及重大意义的问题我就不絮叨了吧，我想说的只有一句话："您头脑里有一种您的王国思想。"（1929年10月1日）

关于死亡天使的传说也令鲍·什莱策尔的想象力受到震撼。他在舍斯托夫的《陀思妥耶夫斯基与尼采》法文第2版（1966）的前言中，这样写道：

我们很有可能会说这样的话,即舍斯托夫是死亡天使对之降临过的少数人之一。

苏联批评家维克多·叶罗菲耶夫在1975年10月的《文学问题》杂志属文评论舍斯托夫。该文第一章他起名叫《死亡天使的天赋》,而给全书的题词,是从关于死亡天使的传说中摘录的。关于这个传说他写道:

列夫·舍斯托夫在陀思妥耶夫斯基笔下发现了这种新的视力。但这种视力首先是他所固有的。(第153页)

关于这篇针对《在约作的天平上》的这篇书评给他本人的印象,舍斯托夫在给艾金贡、洛夫茨基夫妇、拉扎列夫、什莱策尔的信中提到过:

接到两篇关于《在约伯的天平上》的新书评——一篇俄文一篇德文。基督全都是夸奖,但也全都谈到了"悖论"问题。舍德林教授写的那篇书评最有意思。(给艾金贡,1929年9月22日)

别尔嘉耶夫在《道路》上发表了一篇长达20页的文章,论述《灵魂中漫游》。正如我们根据其谈话就可以期待的那样,他对这些书的看法,不是通过第二手,而是通过自己的眼力直接观察所得。(给洛夫茨基夫妇,1929年10月14日)

无论如何这篇文章我觉得非常有趣,而最主要的,是观点鲜明。别(别尔嘉耶夫)汇集了他本人和其他人通常旨在反驳我的著述而收集到的全部的"论据"。最困难的是，而且，显而易见，在他眼里根本不可能做到的是，哪怕连一秒钟也不能允许的一个念头，就是必须对他所提供的论据本身的说服力问题进行质疑和核实。对他来说"矛盾律"——一如对于黑格尔和黑格尔的导师亚里士多德一样，原初的本质是不能触动的。黑格尔看起来是将其全部体系建立在矛盾之上，而矛盾对他来说，显然是其思维的一种动力，但这仅仅是表面文章而已。无论如何矛盾对他来说扼杀了任何思想的意义和内涵，而在这个问题上，别尔嘉耶夫对他是亦步亦趋，像一个忠实的小学生。而且，如果坦白地说的话，那么……？甚至就连启示也是矛盾律将其联系起来的，所以，亚里士多德、黑格尔和与他在一起的别尔嘉耶夫是伤害不到的。"如果坦白地说……"然而，谁以及怎样的势力，能够迫使我们承认这一点呢。这个问题……？（Vorfrage）别尔嘉耶夫是听不到也不愿意听到的。（给拉扎列夫，1930 年 2 月 20 日）

阿达莫维奇的文章我看到了。① 文章写得很真诚很认真。只不过依然重复着别尔嘉耶夫及其他人的老一套。你们还记得吧，正如柏拉图所说："……担心万物会消失。这很自然——亦即人自然会害怕的。可是，也有的时候，人竟然敢于超然于一切恐惧之上。在果戈理笔下你们想必对此看得很多很多了。阿达莫维奇坚决支持日常性世界——他觉得是我把他从这个已经习惯了的世界给拖拽出来的。可要知道这不是我干的。他之所以会如此觉得，是因为此书的主要标题《灵魂中的漫游》。可要知道虽然是主要标题，但它毕竟

---

① 格·阿达莫维奇：《灵魂中的漫游》——《最新新闻》，1930 年 8 月 28 日。

是在《在约伯的天平上》呀。漫游仅仅只是方法,而任务是找到"天平"。或许,等我到巴黎,再和亚当谈。可是,我当然更愿意和您谈了。这几天我又读了一遍克尔恺郭尔——有许多许多有趣和重要的东西。等我们见面再详谈。他同样也激情洋溢地抨击"思辨",但毕竟在最后关头还是屈服于诱惑了。而且,主要的是,他的读者(而且是并不差的读者)所得到的最大安慰,不是他与诱惑的欲望的搏斗,而是他的让步和屈服。当"思辨"哪怕顶的是别人的名字也罢,主权是回归的,读者于是便开始"理解"并"得到安慰"。(给什莱策尔,1930年9月7日)。

在此期间,格·洛夫茨基给《当代纪事》写了一篇短文论述《在约伯的天平上》,并将其寄给了舍斯托夫。舍斯托夫在给他的回信中写道:

可是,依我看,(在短文中)如果能附加一句,像乔治·迈兹在其《在重复之间》中所写的那样一句话,即我是完全独立于克尔恺郭尔以及人们在德国的一般判断的情况下,得出同样结论的。(1929年11月30(?))

格尔曼充实了自己的文本,文章旋即发表于《当代纪事》1930年1月号第41期。

正如上文所述,舍斯托夫一家在4月末移居位于列捷利耶街的新居。很快塔尼亚就成了著名工程师—光学师瓦列金娜·格里戈利耶维奇·杜德金娜。这件事给家里带来许多欢乐和活跃气氛。全家在新居刚一安顿下来，客人就来了。舍斯托夫在给母亲和 5 月中旬去了沙捷尔的妻子的信中，这样写道：

> 为我自己谢谢你，为安娜也为塔尼亚祝贺你。谢天谢地，我们又怎么能不高兴呢……如今我们当然要高高兴兴的了。客人纷纷前来表示道贺。礼拜一叫来了所有亲戚——索尼娅、马尼亚、达尼尔、沃洛佳、马尼齐卡、若尔日克，甚至就连维拉齐卡·贝涅尔松都来了。列米佐夫朗读了自己写的短篇小说，写得非常好，大家都很满意。此外还聚过一次——都是年轻人——跳舞，唱歌。（给母亲，1929 年 5 月 26 日）

> 现在客人散了，亲爱的丽扎洛夫娜，可是不知怎么却睡不着，于是起来给你写信。晚上是在花园里过的，因为主人没在家。大家唱歌，跳舞，还开了留声机——过得很愉快……昨天来了一些法国人和德国人：巴鲁齐弟兄俩，① 他们还带来一个新来的德国人，虽然又是 Malraux, Schwob, Fondiano (Fondane), B. (?)。同样也热情地聊了一晚上天。我和马尔罗聊得最多，但他仍然还是对我一个字也没提他准备给《新法国评论》写文章的事。他以后能否写得出来——真是天知道……这场忙乱总算消停下去了。明天还要去接见布阿耶，然后再干什么就无法预见了。倒是可以干点活儿。如果各种老病不犯的话，也许动身之前总还是能就构思的东西写点什么的。现在写作十分艰难——但毕竟还是得尝试一下。（给妻子，

---

① Josehp et Jean Baruzi (Барюзи). Jean Baruzi (1881—1953) 出版过一部巨著 *Saint Jean de la Croix et le problem de l'experience mistique*.

1929年6月1日?）

关于自己的写作（毫无疑问，这里说的是《被缚的巴门尼德》）舍斯托夫在给洛夫茨基夫妇的另外两封信中也提到过：

今年我的假期安排与往年略有不同：10号我会出去10到15天，然后回到巴黎，再然后8月末还要出去待一个半月。我必须把这部著作写完——只有写完才能出去——如果这样安排的话。（1929年6月28日）

我正在写东西，可是，这次例外，没有愉悦（愉悦总是伴随着"创作"）的体验。（1929年7月1日）

艾金贡怀着极大的兴趣关注着舍斯托夫工作的进展，写信给他：

我很想了解一下，列夫·伊萨克维奇，您正在写什么。论"强制"？遗憾，您居然因此而在巴黎逗留这么长时间。（1929年7月10日）

6月2日，舍斯托夫如预计的那样去了沙捷尔，24日回到巴黎，经过短暂中断后又恢复了写作。等他回到巴黎后才得知娜塔莎同样也成未婚妻了。舍斯托夫在给母亲的信中这样写道：

咱家又有喜事了，所以我会急赤白脸地要告诉你……未婚夫是瓦利亚的同事，也是个工程师，毕业于巴黎最好的大学，在中心附近,在巴黎已经有个体面的工作。他叫瓦洛佳(弗拉基米尔·尼古拉耶维奇),姓巴拉诺夫……如今我们家里欢天喜地的。当然整整一天家里都没人——可到夜里,全都下班回家了,大家就都围坐在一起。幸运的是,法尼亚和格尔曼现在同样也在这里,有他们在这里更欢乐。而最主要的是,法尼亚和沃洛佳都很可爱,善良,能干而且很严肃,所以,把娜塔莎和塔尼亚交给他们我放心。只有一点遗憾,就是你不在这里和他们在一起,而且安娜同样也来不了:她那里工作正进行得热火朝天。(1929年7月26日?)

8月3日举行了塔尼亚的婚礼,而娜塔莎是8月31日被任命的。安娜·叶丽阿扎洛夫娜当时在沙捷尔,无法出席塔尼亚的婚礼,因为工作正是最忙的时候。婚礼办得很低调。沃洛佳向祖母描述了塔尼亚的婚礼:

我今天见证了塔尼亚的婚礼。婚礼搞得很简朴。主婚人宣读了某项法律。塔尼亚和瓦利亚,以及伴郎伴娘娜嘉和我,在一个厚厚的签到簿上签名后,大家就都回去了。到家玛丽娅(前来帮忙的女仆)已经摆好了桌。娜塔莎非常灵巧地开了一瓶香槟酒,我们祝年轻人健康而干杯,随后,大家又祝大家健康。最可口的是冰激凌,是法尼亚的姑姑赠送的。门铃始终在响个不停。总有人不断送来鲜花和贺电。花积攒了好多好多。我们把花都堆在了塔尼亚的房间的角落里,为花照了相。(1929年8月3日)

婚礼后,塔尼亚和瓦利亚去海边两周。留在巴黎继续写作的舍斯托夫给他们讲述了一件有趣的事:

眼下妈妈正给一位马西斯太太按摩，她就是那个在其文章中和我作对的马西斯的太太。①（1929年8月8日）

8月末，安娜·叶丽阿扎洛夫娜终于得以摆脱工作两天，来参加娜塔莎的婚礼。舍斯托夫在给母亲的信中写道：

如今娜塔莎的婚礼要比塔尼亚的婚礼热闹得多。当然，这次我们同样也没请任何人，因为我们的房间很小，而有的叫有的不叫这不好。亲戚现在毕竟没有一个在巴黎……可是，有安娜在，一切当然会更顺利更欢乐。她一下子庆祝了两个婚礼。眼下我们家里已经没有少女了，全都是太太。年轻人们相处得很和睦——非常和睦。我对我的女婿们了解越深，就越喜欢他们。上帝保佑，塔尼亚和娜塔莎跟着他们过会很幸福。而我的生活也会变得消停一些了。（1929年8月31日和1929年9月1日）

9月1日晚上舍斯托夫一家去了沙捷尔。随后，10月初，他们又去了维希，和去年一样，但去的是布尔邦疗养院。舍斯托夫在从那里写给艾金贡的信中写道：

话说我和安·叶到波本已经有一周多了。这个地方专门治疗关节炎。可以希望接受这里的治疗想必对我们也会有益处的。这里美极了，而且价格也不贵。9月30号这个季节就结束了，10月1号

---

① 这里说的毫无疑问是作家安利·马西谢。他论舍斯托夫的文章未能找到。

我们将回到巴黎……塔尼亚和她丈夫已经回到巴黎了：两人都已经开始工作了。而娜塔莎和丈夫还没回来。他们的假期9号开始，9月30日结束。他们对这次旅行很满意，都为了安慰父母而写了很好笑很好玩的信。10月1日大家就都回来了，安娜·叶丽阿扎洛夫娜又该开始为我们寻找住房了。或许在城外能找到：如能找到城外我也就满意了。（1929年9月22日）

10月初舍斯托夫一家回到巴黎。他们并未能一下子就在城外找到住房，于是娜塔莎和丈夫住进了带家具的房间，而舍斯托夫两口子留在勒·泰利埃和塔尼亚与瓦利亚过冬。

在此期间，巴黎创办了一家由伊·弗·德·曼齐阿尔利和尼古拉·奥楚普主编的新期刊《数目》，这不是一个杂志，而毋宁说是一本"文集"。《数目》编辑部与法文的《Кайе де лЭтуаль》编辑部合作组织了一些文学晚会。最初两次分别于1929年12月16日和1930年1月26日在《数目》第1辑出版之前举行。第二次晚会是献给瓦·瓦·罗赞诺夫的。参加者有鲍·什莱策尔、列·舍斯托夫、尼·别尔嘉耶夫、格·阿达莫维奇和尤·萨佐诺娃。舍斯托夫做了关于罗赞诺夫的报告，嗣后发表于《道路》杂志（1930年6月号）。还有许多报告是用法语作的。参加晚会的法国客人中有儒勒·德·戈蒂耶，巴留季、德利耶－拉罗舍尔、加伯里艾尔·马尔赛尔。舍斯托夫在书信中没有提到过这两次晚会，有关这两次晚会的信息我们是从发表于《数目》第1期上的简讯中摘录的。

在此期间，舍斯托夫正在准备发表他的69则格言警句，其中27则发表于文集《数目》第1期（1930年2月或3月），题目是《甚善》，而

42则发表于《当代纪事》第43期（1930）年，题目是"论思维的第二个维度"。这些格言警句除一则以外，构成了《雅典与耶路撒冷》的第4部分。这些格言警句的大多数舍斯托夫是从他的5个工作笔记本（Mc，第53—57）中摘录的，这5个笔记本里都是摘录和草稿。其中部分草稿舍斯托夫用于格言警句了。其余的没有发表过。第1本笔记本的开头部分有日期（1925年2月），而其余笔记本为标注日期，经推算，最有可能是在1926—1929年间。

《数目》没有发表过舍斯托夫其他著作。

写作《被缚的巴门尼德》的工作舍斯托夫是在12月份完成的（手稿末尾所署日期是1930年1月2日）。他请求洛夫茨基夫妇帮他在德国安排一次以这部著作为题的讲座：

> 我也终于写完了《被缚的巴门尼德——论形而上学真理的来源》，我想到完全可以根据它为康德学会做一次讲座。怎么样，格尔曼，要不你去和李别尔特说说这件事？也许他能安排吧？我想在弗莱堡、法兰克福和柏林单独各做一次。应当尽快弄清一件事，也就是说，虽然我只能在复活节后动身，但我们必须在此之间完成两件事，第一是翻译讲话稿；第二，是从译文裁剪报告，因为译稿实在太长。如果3个城市都能安排，我就能得到300马克，也就有钱支付翻译稿酬了。如果这不难的话，就请和李别尔特说说。（1929年12月15日？）

安娜·叶丽阿扎洛夫娜在信末又加了个附笔："列连呼带喘地写个

不停。马上就开始找房子,对这一切琐事早已厌恶透了,要是有一处永久住处就好了。"

在一封未保存下来的信中,格尔曼写信谈到自己在安排舍斯托夫讲座问题上的难处。舍斯托夫给他的回答是:

我也很担心利伯特会不让我开这个讲座——但还是去试试吧。题目是"Πασμτνιδηε δεωτηε"——我只讲第一部分,而且还是经过缩减的,主要缩减与亚里士多德和柏拉图有关的部分。亚里士多德谈到过 Αναγχη,把他作为人类命运的主宰者(Αναγχη αμεταπειη—τον τι ειναι 必然性是不会听命于信念的),以及真理(Πασμτνιδηε αθαγχαζομενοε υπ αυτηε τηε αληθειαε——被真理所迫的巴门尼德)。我以柏拉图及其学说为依据,认为哲学是(μελετη δανατον——练习死亡),并且竭力想要证实,只要思维取决于强迫(Αναγχη),那我们就无法进入形而上学领域,形而上学是在有神性的(τηε εμηε βουλησεωε——这是柏拉图的说法,即经我允许)存在的地方开始的。你试着对李别尔特说一说,也许他不是那么愿意听……

说到克尔恺郭尔我倒是可以给你们推荐一本书 Erich Przywara(耶稣会士):"Das Geheimnis Kierkegaards",此书前不久刚出版,一问世就引起很大轰动。书并不厚,才 175 页。但书中详尽地阐释了克尔恺郭尔的思想,指出哪些当代思想家受到他的直接影响(尤其特别指出神学家 Karl Barth 和海德格尔),并对克尔恺郭尔进行了一番精神分析。或许,M. E. 知道这本书,如果她还没见到这本书的话,就请告诉她:她对他可以说是情有独钟。一个耶稣会士公然追随弗洛伊德,虽然只是在方法上,也不多见。

(1929年12月24日?)

《被缚的巴门尼德》舍斯托夫寄给了布留尔的《哲学评论》，他和往常一样接受了。可是，很快又出了问题，关于此事舍斯托夫曾在给格尔曼的信中不无幽默地讲述到：

> 我还从未有过任何一部未完成著作像我的《被缚的巴门尼德》一样，与这么多数量的实际（agir）事务纠缠在一起。我刚刚和列维—布留尔谈妥——他答应发表此文。甚至是很愿意发表。可是已经写信给胡塞尔请他帮我安排此文发表在德国哲学杂志上——于是引来了这么多的麻烦。胡塞尔给克罗涅尔（德国杂志《逻各斯》的主编）写了一封信，而，克罗涅尔当然当即就给我写信，①，说他接到来信了，将很高兴接纳我的文章，云云。可是，又一个"但是"出现了——第一，他们亦即出版商想要文章首先在他们那儿发，然后再在《哲学评论》发；第二，如果他们同意两家同时发表的话——就会减掉一半稿费——每个印张100马克变为50马克。我立刻去找列维—布留尔——说服他做些让步——也许可以，虽然希望渺茫。然后我会说服克罗涅尔，让他出面劝说其出版商不要对我实施抢劫。至于文章内容——我已经在给克罗涅尔的信中，就此文内容写过一个详尽的介绍，我还提醒他，说文章的题词选自普罗提诺的话："理应一切都敢作敢为"等等，还写在我的文章中，他可以找到许多对于康德和黑格尔尖锐而又激烈的抨击，还说提出

---

① 1930年1月22日。

这个问题的方式本身就充满了悖论。他回答说所有这一切都不会令他感到窘迫。因此,显而易见,和《逻各斯》就是这样。我之所以说"显而易见"是因为,我担心等克罗涅尔读到此文,也许他到底还是下不了决心发表它。但是无论如何,如今我会小心谨慎的,千万别弄得和"康德学会"那事一样,不过,说不定我会再次走运的——毕竟还是有几分冒险的成分在。

当然,如果能在巴塞尔、法兰克福和弗莱堡各做一次讲座就好了。我已经写信给Fritz—chen①——不过他可不是胡塞尔:还没有答复……我还要试着给M. 布别尔写封信:也许他能在法兰克福安排一场。可最重要的当然是柏林了。如果柏林能做一次的话,那一切就会轻松得多……你可以和李别尔特说一说,说我已经通过胡塞尔在和逻各斯谈判,如果谈成,就会使克罗涅尔和列维—布留尔和好,于是报告就可以在《哲学评论》上发表了……? 请告诉他我是《哲学评论》的经常撰稿人,我的论述胡塞尔的文章当时也是在《哲学评论》上发表的,正是由于我,法国人才得知胡塞尔——这会给他留下深刻印象的。(1930年1月27日?)

《被缚的巴门尼德》发表的事情就这样顺利解决了。法文版发表于《哲学评论》第7/8期(1930年7/8月号),德文版发表于《逻各斯》杂志1931年第1期(3月号),需要指出的是,支付给舍斯托夫的稿酬不是每印张100,而是50马克。前4章还有其他语种译本发表在《Эйропеише Ревю》。此文俄文版由青年基督教会出版社出版,或许是在

---

① 弗里茨·利勃。终究未能在巴塞尔和弗莱堡安排讲座。

1932年1月初,单行本印了3000册(书上未标注日期)。

在与克罗涅尔就在《逻各斯》杂志上发表其文章一事进行磋商的同时,舍斯托夫想就其著作《从康德到黑格尔》写篇文章。克罗涅尔给他的答复是:

> 您想要就我的著作写点什么的意图使我很高兴,当然,我也很惋惜,给您的篇幅这么少。如果您能写写我如何写作论黑格尔的著作,如何彻底思考了康德哲学的话,那倒是会很有趣。一般说我对于涉及我的书评,我宁愿不说出任何愿望。我会怀着极大的兴趣读您的文章并仔细思考您所说的话的。(1930年2月16日)

舍斯托夫文章的俄文版发表于《道路》1931年4月,法文版发表于《哲学评论》1931年3/4月号。

格尔曼显然在"继续作战",在与尼采学会和俄罗斯犹太人协会就安排讲座事宜进行谈判。舍斯托夫在信中对他说:

> 在尼采学会可以——如果他们愿意的话——或是就此文的前半部分,抑或结尾部分更可靠(《被缚的巴门尼德》),做讲座,要不然以发表在《数目》上的格言警句为基础做讲座也可以。对于俄罗斯的犹太人可以用俄语讲(不用读稿子),像我在索邦大学最初讲的那些课时那样……我先谢谢你,格尔曼,让你费心了。应当承认,我丝毫也没想到,康德学会竟然会同意我去做讲座,也没想到逻各斯竟然会接纳我的文章。话说回来,和逻各斯的关系,尽管我

保存着克罗涅尔的所有来信,在信中他十分明确地表示要接受我的文章,谁知一转眼就故事重演,和康德学会一模一样。让我们且拭目以待。(1930年2月20日)

4月,舍斯托夫接到了到加莱那里的康德学会分会做报告的邀请,因为分会成员从李别尔特那里得知舍斯托夫将在柏林的该学会做讲座。他也和布别尔、格·格利格里(格尔曼·海瑞格尔)谈妥了到法兰克福办讲座的事情。

1930年3月,安娜·叶丽阿扎洛夫娜在寂静的巴黎市郊找到一处便宜住房——布隆尼,舍斯托夫在给洛夫茨基夫妇的信中通报了此事:

我们几乎已经算是寻找到一处住房——在布隆尼的新楼里。两室带厨房——将近5000法郎一年。地方很好——离布隆尼森林很近,离戈尔捷也不远(你们好像已经去过那里了吧)——与城里的交通也便利。在布隆尼毕竟比在巴黎要好多了。在这里散步真是美极了。(1930年3月8日)

在此期间,舍斯托夫一家在其中租房的那幢楼似乎尚未完工,所以一家人只能在9月份搬进去,把位于列捷利耶街的房子留给女儿和女婿住。舍斯托夫在阿尔弗连德·伦兰街的住宅里一直住到生命的终点。

在此期间,阿多尔弗·马尔科维奇·拉扎列夫住在列伊姆斯。他请舍斯托夫到他那儿做客几天。舍斯托夫在给他的信中写道:

谢谢您写来如此友好热情的书信。我的确感到很不好意思，因为应该还给您的借款一拖再拖。不过，刚刚过去的这个冬天又是病又是做手术的——就是现在塔尼亚也还面临即将分娩的难关。但只要我从德国一回来一定立刻还给您所借的钱，因为这趟旅行毕竟会是一次合算的旅行，而且6月份我该领薪水了……

我本人也非常非常想到您那里去——可是无论如何也摆不脱琐事缠身：走之前有许多事情和工作要做。但或许回去后能在6月末成行。如今的生活就是这样，你所做的并非你喜欢做的，而是你必须做的。你一定也会想到在康德学会甚至在尼采学会做报告，并不怎么能满足我的虚荣心。我事先就知道所有人必将大光其火，谁都不肯前来听讲——但要不做也不行：事情毕竟办到这么个结果了——primum vivere, deinde philosophare！（1930年5月4日）

5月16日塔尼亚的女儿斯维特兰娜出生了。安娜·叶丽阿扎洛夫娜在给舍斯托夫母亲的信中写道：

祝贺您喜得又一个外孙女，孩子看上去很健康，就是很想咬东西，你只要不给她吃东西，她就总是在吸吮手指头，可吃东西她得等到明天。祝您健康，您很快就能见到廖尼亚了。（1930年5月16日）

得知舍斯托夫即将到柏林，此时已经住进新房的艾金贡建议他在他家留宿。舍斯托夫写信给米拉·雅科夫列夫娜说：

非常感谢您真挚的来信，感谢您邀请我们到您家做客。对我来

> 说，如您所知，在您家住宿永远都是一件快乐无比的事情——这样就能和马克斯·叶费莫维奇和您朝夕相处了。要知道只有在我在您家留宿这种情况下——别的好处且不论——我可以和米·叶促膝谈心；不然，虽然我人在柏林，但他白天工作那么忙，我未必能经常见到他。(1930 年 5 月 20 日)

5 月 22 日舍斯托夫从巴黎前往法兰克福，23 日在那里的大学用德语做报告《被缚的巴门尼德》。次日晚上（星期六）舍斯托夫动身去布别尔所住的戈贝根，布别尔邀请他和他共度周日。关于和布别尔在法兰克福和格贝根度过的那些日子，没有任何材料留存下来。27 日星期二舍斯托夫在位于加莱法兰克福的康德学会做了同样一场报告。舍斯托夫在从加莱写给洛夫茨基夫妇的信中写道：

> 这里对我的安排很好——只是，根据我和学会主席的交谈判断，好像哈勒是个很不错的偏僻地方，这里的人们的确会把我的报告看作是一种嘲讽揶揄的。可是，le vi nest tire——抑或需要 agir。明天我会全都告诉你们。(1930 年 5 月 27 日)

他于 5 月 28 日抵达柏林，31 日在康德学会做了同一场报告，6 月 6 日在俄罗斯犹太人同盟用俄文做报告《亚伯拉罕与苏格拉底》。这次系列讲座完成后，舍斯托夫的一个喘息时机来临了。他在给塔尼亚和瓦利亚的信中写道：

> 老实说我没什么可写的也没什么可说的。所有报告都顺利做完

了——只有在尼采学会的报告除外,因为这个报告6月19日才举办。眼下对我来说是个喘息时机——也就是说,没有任何事情。住得挺好,住在别墅,天气美极了。我给你们写信主要是了解你们怎么样。(1930年6月7日)

我住的地方挺好——尽情观赏尽情聆听天籁之音。周五和伊丽莎白·伯格纳一起去看了莎士比亚的《皆大欢喜》。这剧的名气这么大不为无因:我很久没看见这么好的女演员了。昨天在法尼亚家有一个非常棒的女钢琴家演奏,明天和福尔特文格列尔去听第九交响乐。然而,好借好还、再借不难:周四(1930年6月19日)就该是人家听我讲了。你和瓦利亚很失望,说暂时没听到人们争论,而我这个罪人却很高兴:要知道用德文说"发霉"是必须的:你已经一身大汗了。而周四一场辩论是必不可免的。可是,上帝也不失其怜悯之心,所以也许一切会顺利过去的。代我好好吻吻斯维特兰娜,告诉她,说爷爷为她的出色表现而夸奖她了——希望她今后也依然这样表现自己。你们两个也代我相互亲吻一下,并且不要忘了给我写信,沃洛佳和娜塔莎!行前一定还给你们写信。(1930年6月15日)

舍斯托夫的最后一次报告是6月19日在尼采学会做的,题目是:"Besinnung und Kampf (Uber die Aufgabe der Philosophie)"。报告的题目来自《回望》与《上文注释》中的格言警句,早在这之前就和另外25则格言警句一起,发表于《数目》,标题是:"至善"。在此报告之后,这两则格言警句和另外14则来自《数目》的一起,以德文发表于 *Нейе Рундшау* 杂志1930年第10期,题目同报告。《上文注释》格言警句最后一句话是:"哲学不是回望,而是一场斗争。而且这场斗争没有也永远不会有终结。天国如人们所说要靠力量来夺取。"虽然在格言警句中没有提胡塞尔的名字,但格言警句本身却是在舍斯托夫与胡塞尔1929年2月谈话的基础上写成的。

*

在尼采学会所做的报告取得巨大成功。舍斯托夫在给妻子的信中写道:

> 我这里一切均好。昨天做了最后一次报告——同样很成功。礼堂里人满为患,人们跺脚鼓掌。所有人,甚至包括非常担心没人能理解我的武尔茨巴赫也说,我的德语完全能令人满意。谢天谢地,一切都过去了——甚至就连与所有编辑和出版商的过节,也都顺利地一笔勾销了,所以,这个假期我会过得很平静,可以好好歇一歇了,好好积蓄一把精力了。今天晚上我去弗莱堡,在那里过个一两天,随后去兰斯——去找拉扎列夫,然后去巴黎。(1930年6月20日)

这是舍斯托夫在德国所做的最后一次报告。1931年和1932年他又一次接到邀请,但却未能接受。

尼采学会的报告后次日,舍斯托夫就去了弗莱堡。在那里他没做报告,而只是在回巴黎的路上顺道过来看看——应胡塞尔的邀请。6月21日星期六,他从弗莱堡写信给洛夫茨基夫妇说:"已经和海德格尔在电话里谈妥……我们约定5点见面。到时我会和他以及胡塞尔商谈一下,看我滞留到礼拜日有没有意义。"在已经是从兰斯——舍斯托夫从弗莱堡去了那里——寄发的给洛夫茨基夫妇的第二封信中,他对他在弗莱堡度过的那一天做了描述:

弗莱堡并没有像上次那么有趣。礼拜六见到了海德格尔，可是，由于他那天5点以后才没事（礼拜六他有课堂讨论课），而7点又得去见胡塞尔，所以，没来得及和他深谈。而在胡塞尔那里，正赶上Perry和许多客人也在，同样也没法进行深入交谈。如今我已经在想望着很快把巴黎的事情结了，好去沙捷尔休养去。精神振奋（来自agir）够了，该过一段平静的日子了。（1930年6月24日）

在第363页《胡塞尔编年史》引用了赫尔伯特·斯皮格尔别尔格未出版的回忆录，他在其中描述了1930年6月21日夜，他在胡塞尔家的情形。斯皮格尔别尔格回忆，说他在胡塞尔那里见到舍斯托夫和来自哈佛的帕·鲍·佩里。他还讲述到《胡塞尔编年史》，6月22日礼拜日，胡塞尔在自己家安排了"哲学下午茶"，出席的有海德格尔、舍斯托夫、考夫曼、鲍姆加尔特涅尔、来自阿姆斯特丹的亨德里克·波斯和当代团体中的青年哲学家。斯皮格尔别尔格写道：

和胡塞尔进行了漫长的谈话。他的抱负是建立一个建立在牢固基础之上的科学哲学——即一种充当所有科学之不需要任何先决条件的、建立在超越于所有具体科学的原初基础之上的科学哲学——并且最终能通过真理的综合抵达形而上学。

舍斯托夫在《纪念一位伟大的哲学家》一文中所说的一段话，可以视为是对此类聚会的一个描述：

当我在弗莱堡去拜会胡塞尔时，胡塞尔在向一些美国哲学教授们介绍我时,说:"这位是我的一个特别的同行,任何人任何时候都不曾像他那样,对我进行了最为激烈的抨击——但我们之间的友谊也由此而来。"胡塞尔的这番话最令人感到惊奇的,当然,首先是甚至在大哲学家身上也十分罕见的,其所表现出来的如此鲜明的"大公无私精神":使他感兴趣的,首先是真理,并且在寻找真理的基础上,不仅可能,而且几乎必须有与思想上的对手的友谊。(《纪念一位伟大的哲学家》,第300页)

从斯皮格尔别尔格的讲述中我们可以得出一个印象,即舍斯托夫在弗莱堡过了两天(星期六和星期日),出席了"哲学下午茶"。应当指出的是,在6月24日给洛夫茨基夫妇的信中,他并未提及喝茶的事儿。

舍斯托夫从弗莱堡又去了兰斯的拉扎列夫那里待了几天,然后又从那里回到巴黎。

6月27日舍斯托夫从沙捷尔回到巴黎。在沙捷尔,舍斯托夫一家在那里搬进了一家新的寄宿学校("帕列—罗亚尔"旅店),从此时起,舍斯托夫一家每年夏天都到那里避暑。舍斯托夫在从巴黎写给母亲、洛夫茨基夫妇和拉扎列夫的信中写道:

我回到巴黎已经一个星期了——直到今天才打起精神开始写作:还没彻底摆脱这番忙乱和劳累。此刻似乎觉得所有琐事和大事都已经做完了,所以,下周4(1930年7月10日)就可以动身去沙捷尔了。

我们这里一切都好。斯维特兰娜表现绝佳:或是睡觉,或是做瑞士体操——长得像祖母。几乎从来都不哭不闹——对塔尼亚来说

这是幸福,不然的话,她当然会累得够呛。(给洛夫茨基夫妇,1930年7月5日)

今天正好是爸爸的忌日。我接到马尼亚的一封来信,说在巴黎咱们家人都聚会了,要在犹太教会堂祈祷。而在这里,遗憾的是,这里什么也无法安排。不光没有犹太教会堂,而且就连10个人也找不到。因此我决定推迟到秋季进行。(1930年8月19日给母亲)

真让人沮丧,我们这里的天气简直糟透了。假期看来就这样白白浪费了。依我看,如果您能于疗程结束后立刻就到沙捷尔,那就再好不过了。这里简直美极了。雨是不少,有时候甚至有些冷,这的确不假——眼下这个夏天全欧洲都这样——可是,总而言之,要我看,这里甚至比往年都好。阳光充足,森林茂密,到处浓阴覆盖。而且越往后越好,这是肯定的。而且我们住的寄宿学校也非常好——从来没有这么好过——干净整洁,舒适恬静,一日三餐,宾至如归。主人个个都很客气,都很殷勤。(给洛夫茨基夫妇,1930年8月22日)

上述这封信在我手头已经躺了好几天了。早就该回信了,可这里的一切不知为何都满拧,似乎故意让你总是所敢非所宜。一方面,屋外的一切——森林、天空、园林等等在吸引着你。另一方面,屋里总是能找到一个你可以伏桌工作的地方。于是便把回信的事儿一拖再拖。而我最想做的,就是感谢你们那最真挚的来信,你们还记得普希金的这些诗句吗:

我一直不习惯别人的好意,

作为孤独者他很少受人关注,

他那客气的语气令我觉得好怪异。①

年龄越大,越会强烈地感觉到自己的疏离,而且,当一个同情的声音极其罕见地爬上你的心头,尤其是当你听到你的思考在别人心灵里引起反响时,你的心理会感到松快一些的。谢谢你们。如果您终究得以写出一篇论詹姆斯的文章的话,我会很高兴的。我接到Schmidt②的一封来信——您的文章已经被公布出去了(兹寄给您施密特给我寄来的那一页)。一定要写完。您不是说过很难结束吗。根本就不难。全部秘密在于:有经验的人大抵都知道这一点,要想放上句号,就得什么都不顾。甚至省略号也可以。要知道实际上彻底认识,穷根溯源,打破砂锅问到底,这样的事从来还没有任何人做到过。这也就是说,我们必须把未完成称之为已完成。嗣后,过一段时间以后,再来赓续。起先是纯粹批判,再往后是实践的批判,最后才是判断力。大家都是这么做的,现在也是这样——而你又为何想成为一个例外呢?(给拉扎列夫,1930年8月24日)

9月12日,舍斯托夫从沙捷尔动身去了位于布龙的新居,此前,8月份,女儿和女婿曾经把他的家具和书籍运往那里。娜塔莎和丈夫搬到了列捷利耶街。舍斯托夫的新居并不大,两居室,但很安静,很明亮也很舒适。在舍斯托夫住的小屋里,进门右手靠墙放着书架。正对着门的墙上,是一张长长的书桌,上面放着绿色的吸墨纸。写字台上面的墙

---

① 亚·谢·普希金:《答匿名作者》(1830)。
② 莱穆德·施密特,《哲学家集会》杂志的出版商。拉扎列夫论述詹姆斯的文章或许并未能在该杂志发表。而是发表于《道路》总第 35 期(1932 年 9 月号),标题是:《威廉·詹姆斯的哲学命运》。文章的法文译本收入 Adolph Lazareff/Vie et connaissance. Paris, "Vrin", 1948.

上,挂着几副肖像,其中就有托尔斯泰和契诃夫的照片,关于这些照片,舍斯托夫曾经对方丹说过:"我这个屋里最重要的东西,或许就得算这幅托尔斯泰……或契诃夫的照片了……无论这两幅照片看上去多么小多么不重要也罢。"另一面墙边是一张小小的沙发床和一个小书橱,里面存放着来信和手稿。屋里有几把椅子,但唯一的奢华物就是摆在写字台前那张路德维希十三世风格的安乐椅。有一次塔尼亚来布龙尼看望舍斯托夫。他们两个在"书房"里坐着聊天。舍斯托夫对她说:"如果不是机缘巧合让我们住在了这里,如果不是世上所发生的种种可怕事件使然的话,则我会说目前所过的生活,也是最适用于我的那种生活。家境的贫寒对我丝毫没有影响。但我一个最隐秘的愿望终于实现了:我有机会和条件把自己完全献身给写作了,献给我的探索和我的斗争了。"舍斯托夫还在书信中描述了他在布龙尼的生活。但语气却远非总是像上面所引述的那封信那么底气一足,精神饱满。毕竟生活中还是有许多操心的事情都会对工作造成干扰。

舍斯托夫新居离布龙尼森林不远,舍斯托夫几乎每天都要去那里散步。他在给丽莎的信中写道:"离我不远处就是美丽的布龙尼森林(800俄亩),而我只要有机会,就往森林里跑,那里有我要干的'事儿'或'无所事事'。"当舍斯托夫到布龙尼森林散步时,常常经过一座天主教会的教堂,有时候会进去看看。许多年后,那已经是60年代的事了,塔尼亚向前来拜访她的列奥·季海尼讲述了这件事。这个故事令他感到吃惊,于是,1979年,在给娜塔莎的两封信中,他回忆了舍斯托夫访问教会的事情。他很想搞明白究竟是什么原因促使舍斯托夫走进天主教教堂,并且还想亲眼看一看那座教堂,他请求娜塔莎告诉他那家教堂的名称(布龙尼圣母修道院)。

第十二章

滨海布洛涅，1930—1932——《在法拉利公牛的背上——论述克尔凯郭尔的五章》——修伊萨论述舍斯托夫的著作——舍斯托夫论述克洛纳和布别尔的文章

那年舍斯托夫离开沙捷尔比往年要早，因为他受邀要到克拉科夫做讲座，行前需要做些准备。他抵达布洛涅新居不久就曾接到儒勒·德·戈蒂耶的一封针对《回望与斗争》一文的信，发表于新创刊的《哲学家大会》杂志 7 月号第 1 期。此文由 25 个格言警句组成，其中 27 则曾用俄文在《数目》杂志 3 月号发表，题目是"至善"。此文的法文版舍斯托夫给起的标题，是他在尼采学会所做报告的题目。戈蒂耶在给舍斯托夫的信中写道：

J'ailu dans le premier numerodu Forum la suite des reflexions que vousypubliez et je vous yai retrouve tout entier avec votre idee maitresse et ce qu'elle a pour moi de seduisant et d'enigmatique, avec cette façon incisive, etincelante et paradoxal que vous avez de la faire fulgurer en eclairs et qui constitue la personnalite de votre langue, cette stylisation de la pensee qui demeure perceptible sous le voile de la traduction. Je pense quant a moi que le dernier mot de la philosophie est de savoir que la vie echappe a son entreinte. La vie commence quand cesse la philosophie. Je vous ai ecrit deja, je crois, que je definis la vie "ce qui echappe a la connaissance". Vous le rappeler c'est vous dire en quelle sympathie d'esprit j'ai lu votreparagraphe XV. J'ai goute tres particulierement aussi Timprevu dans leur logique des reflexions par lesquelles vous concluez a l'inutilite pour Socrate de l'immortalite de Fame. （1930年9月25日）

舍斯托夫受邀到"Die Grundhaltungen des modernen Geistes"大会做报告，会议在克拉科夫举行，由国际文化合作协会组办，时间是1930年10月23—25日。舍斯托夫通过柏林前往克拉科夫（他是1930年10月18日去柏林的）。他在柏林停留了几天，为的是看望母亲和洛夫茨基夫妇。在克拉科夫他用法语作了一个报告，题目是"论形而上学真理的起源"，内容来自其著作《被缚的巴门尼德》的开头几章。回程中他又在艾金贡家里待了几天，11月2日或3日才回到布洛涅。11月4日，安娜·叶丽阿扎洛夫娜在给洛夫茨基夫妇的信中写道："这不廖利亚回来了，你们对他的热情接待令他很高兴，还带回了那么棒的巧克力，真谢谢你们，孩子们也很高兴。"从给洛夫茨基夫妇的下一封信中可以看出，舍斯托夫和从前一样，仍然还是无法摆脱各种各样的日常生活中的琐事杂事：

我们这里暂时没有什么特别的事儿——可我担心最近的将来可能会发生一些难事。你们可能已经知道，塔尼亚、弗洛拉和柳霞，都失去了在学院的位置。塔尼亚我希望她能给自己找到个什么工作，可是，弗洛拉和柳霞能否找到我就不敢打包票了。弗洛拉想搞按摩——也许她干这个还真能成，但即使能成，那也不会是一时半会儿就能成，这是当然的。至于柳霞几乎什么也还看不出来。现在就应该及早为她想想她该干什么了……

我接到克罗涅尔的一封来信——他写信说根据出版商的要求将不得不把出版我的著作的计划，延期到1931年第1期以前，除此之外，他还写道，虽然他（作为一个读者）不愿意这样，但（作为编辑）他又不得不提醒我把文章删减一下：对于《逻各斯》而言实在是太长了。我回答他说，如果实在没有别的办法，那就延期吧，但如果延期，就一定得把给 Ruoff 的预付稿酬先发出来，至于删减字数我回避了，理由是太难了，还有就是《哲学评论》就全文刊载过。《欧洲评论》寄来了刊载报告的那一期①，但稿费却没有寄来：大概他们以为就这样我得的已经够多的了！所以，我的收入很少，而安娜同样暂时也没有什么收入，或许，A 还多少有一些，而我却绝对看不出未来会有什么收入和进项……

A 和孩子们也一并吻您。A 本想写信的——可是，由于塔尼亚眼下和佣人有些麻烦，所以，她不得不经常坐车到莱特利尔——很少在家里待。（1930年11月16日）

---

① Leo Schestov. Vom Quell der Metaphysischen Wahrheiten. （Deutsch von Ephraim Frisch）. Europaische Revue, Heft 11, 1930.（《被缚的巴门尼德》第1—4章的译文由第12章组成）

一个月后情况搞清楚了,《被缚的巴门尼德》德文版将毫不缩减地刊载在《逻各斯》1931年第1期。

失去了塔尼亚和舍斯托夫的侄女儿柳霞从1925年起就在那里工作,并且还把弗洛拉·鲁茨卡娅也安排了的在学院的岗位,这对全家来说是一次重大打击。关于他们当初是怎么被安排进来的,舍斯托夫曾经在写给母亲的祝贺信里这样写道:

祝贺你的生日,愿你健康,长寿,精神愉快。令人懊丧的是,我还从未与你一起度过这个日子。去年我曾两次,甚至实际上是去了柏林3次,可我去的日子和你的生日并不吻合。好在法尼亚、格尔曼以及萨沙住在柏林:他们已经代替我们向你道过贺了,并且也已经代替自己和我们高兴过了。

我们这里一切照旧。昨天见到马尼亚,上个星期见到了米沙和索尼娅。谢天谢地,他们很健康。柳霞已经给自己找了个新工作,她在那里每天只工作半天,一个月就能拿600法郎。我的塔尼亚也在一家书籍出版部门("阿舍特")找了个工作,但却只能从1月15日起开始上班,因为她要在那儿上班的是个新社,1月15日才开张。最初的两个月她的薪水是1500法郎一个月,随后涨到2000,和学院挣的一样。这家出版社非常之大,也许新社如果倒闭的话,塔尼亚也能在大社找到个位置。弗洛拉正在学习按摩——好几个医生都答应给他工作,只要她一学会按摩。就可以指望我们的危机终于顺利解决了。

我自己没有什么特别的可以汇报的事儿。和往常一样,在讲课等等。出行暂时还没有计划;况且实话说,出差我已经出腻了。

(1930年12月21日)

舍斯托夫和布宁建立了友好的关系,他们常常到彼此家里做客。关于舍斯托夫的某些著作给布宁留下的印象,上文已经谈到过。在舍斯托夫档案里保存着布宁的6封信:一封是对70周年诞辰的贺信,另外5封写于1930—1931年间,都和布宁被提名为诺贝尔奖的候选人一事有关,下面我们部分地援引其中的两封信。在嘉琳娜·库兹涅佐娃在《格拉斯克日记》1930年12月20日一则中讲述到,说布宁已经成为1931年诺贝尔奖的候选人:

> 杰米多夫根据米留科夫的请求委托给伊·亚寄来了斯德哥尔摩记者托洛茨基的一篇文章,是关于诺贝尔奖获奖者的。托洛茨基在文章末尾写道,本年度获奖人有两个强有力的竞争者:梅列日科夫斯基和布宁,未来最有可能的获奖者是布宁,条件是如果到1931年1月份以前,就只有他一个人被作为候选人推出的话。伊·亚在早餐时大声朗读了这篇文章。我们当中谁都未曾料想到,因此大家似乎都听而不闻。随后开始相互求教和协商咨询究竟该怎么办好。当然,有必要触动几个按钮这种思想也应时出现了——为此目的而写的信显然也在相互转发——给一些熟人写信说说呗……早餐后伊·亚就坐下来写信了。(《格拉斯日记》第197页)

12月22日,库兹涅佐娃记述道:

> 寄了45法郎的信。都在为获奖的事而操心。这些书信立刻使

伊·亚疲惫不堪了。"不，我不适合得这个奖！"——他一个劲儿说。(《格拉斯日记》，第197页)

其中一封信是寄给舍斯托夫的：

> 昨天得到消息，说在斯德哥尔摩颁发诺贝尔奖的典礼上，诺贝尔奖委员会的委员之一对一位俄罗斯记者说，我去年获奖的概率很高……"1931年最有可能的获奖者是布宁"，目前最重要的是，让每所大学的每位斯拉夫学一教授或曾经获得过诺贝尔奖的哪位作家，在1931年1月31日以前，"重新提名布宁为诺贝尔奖候选人"。——亲爱的列夫·伊萨科维奇，帮我个忙：请尽快给托马斯·曼写封信，请他以诺贝尔奖获奖者的身份，正式提名我为诺贝尔奖候选人。他对我的许多作品都很熟悉，他曾写信给我把我比作托尔斯泰，所以，我想他是不会拒绝的。(1930年12月21日)

舍斯托夫很快就执行了布宁的请求：

> 我不知道该如何感谢您，感谢您面对我的请求所表现出来的善良和仁慈，感谢您寄来的如此美好如此感人的寄给曼的书信。(布宁给舍斯托夫，1930年12月27日)

这封让布宁十分感动的信并未保存下来，但我们手头保存着托马斯·曼答复此信的一封信。这位德国作家对布宁作了应有的评价，但仍然还是在布宁和什梅廖夫之间举棋不定。除此之外，托马斯·曼还认为西格蒙德·弗洛伊德理应成为诺贝尔奖候选人，因为他对文学艺术和精神文化产生了极其深刻的影响：

> 我读了《研讨会》第一期您思考的续篇，从中发现了您和您的核心思想，而您文中最吸引我的地方，是您那出色而又充满悖论的写法，这就是您语言的特殊性所在，以及思维的风格化，这种特点即使隔着译文也能感觉得到。说到我嘛，那么我认为哲学最后一句话是这样一种认识，即生命是不可能被哲学所压垮的。生命开始于哲学终结之处。我好像已经在给您的信中写过，"决定生命的是那种不服从意识的东西"。提及这一点是想向你表明，我怀着怎样的发自内心的同情心读着您的45则格言警句。我尤其高度评价您思维的出乎意料性，说苏格拉底并不需要灵魂的不朽。
>
> 布宁是个很好的讲故事者。他的《从旧金山来的先生》是令人难忘的。他诗歌大师，一个掌握了伟大俄罗斯叙事最优秀传统的大师，不过，说实话，我最近读的一些他的东西，却并未给我留下上述作品所说的那种印象。我倒是很愿意让这位俄罗斯作家获得诺贝尔文学奖，但我觉得什梅廖夫之配获得这个奖，而且也不亚于布宁，虽然如果布宁获奖，我也会很高兴的……至于诺贝尔奖，那我想到的，则还有西格蒙德·弗洛伊德，他的探索对于心理科学和文学具有深刻的影响……应当指出的是，我不知道，诺贝尔奖的获得者有没有权利推荐任何候选人，或只能推荐一个说同一种语言的候选人成为获奖者。（托·曼，1930年12月31日）

1931年布宁的候选人被官方正式公布，但却未能获奖。1932年同样也未获成功,只是1933年,布宁才得以在斯德哥尔摩荣获诺贝尔文学奖。

早在1929年就开始了的克尔凯郭尔研究,仍然在吸引着舍斯托夫。在其影响下,洛夫茨基夫妇也对克尔凯郭尔发生了兴趣:

> 我正在搞克尔凯郭尔——不知道能否就其写点什么,但有一点确定无疑,明年我会在索邦开一门有关他的课。最近我的《选集》终于就要出版了。
>
> 很高兴,格尔曼,你到底还是把论述克尔凯郭尔的文章给写好了:要知道这件事可不轻松呀。我越是深入地阅读他,就越感到从他那里穿透外壳找到他真正的思想究竟有多难。刚接到心理学文选,该书里有M. E. 翻译的论述《A. 和第欧根尼》。① 请感谢一下他并告诉他,他的译文非常好。(给洛夫茨基夫妇,1931年1月28日)

在1931年春季学期期间(1931年1月10日——1931年4月25日)舍斯托夫在索邦和平常一样,每逢周六授课,讲授《俄罗斯哲学思想》。部分讲义是论述弗拉基米尔·索洛维约夫的。2月14日舍斯托夫讲到索洛维约夫与普希金、莱蒙托夫和陀思妥耶夫斯基的关系问题。

1931年2月11日索菲亚·伊萨克夫娜的丈夫达尼尔·格里戈里耶

---

① Alexander und Diogenos, Almanach der Psych. Wien, 1931, S. 117. 119.

维奇·巴拉霍夫斯基突然去世。舍斯托夫分别给洛夫茨基夫妇、母亲和曼德尔别尔格写信:

> 刚接到你的来信,法尼亚。关于达尼尔临终前最后的日子究竟有什么可说的呢?死得很轻松——和他父亲一样。他感冒刚好,早晨起来精神饱满,洗过脸,刮过胡子就进了城——到帕别尔诺①办事处去办理一件什么事情。走进去时还高高兴兴,坐在安乐椅上,开始说话——突然话说了半句就中断了,头低下了——于是——一切都完了……
>
> 我和安(安娜)什么都不知道。娜嘉给娜塔莎班上打了电话,等娜塔莎找到我们,已经是晚上了,我们直到8:30分才到索尼娅家。那里已经到了好多人——全是亲戚,也有几个熟人。过了两天就把他安葬了——葬礼上同样也去了好多人,大约200个吧……
>
> 目前对于索尼娅来说最轻松的事情是孩子的问题。② 孩子们怀着爱心小心呵护着她,看着他们,从旁人眼里看上去似乎很轻松。而且总而言之从各个方面都对她表示同情,所以索尼娅还能挺得住。话说回来,她同样也在安慰自己,她的想法当然是对的,如果他挺过来了,如果活下来的就他一个的话——他该怎么办才是呢?
>
> (给洛夫茨基夫妇,1931年2月17日)
>
> 你已经得知我们遭遇的不幸了吧。唯一能令人感到安慰的,是死时没有受罪,一眨眼就走了——就好像他睡着了似的。第二个令

---

① 鲁多尔夫·格里戈里耶维奇·帕别尔诺,巴拉霍夫一家的朋友。
② 这封信和下一封信里说的都是日尼亚的孩子:玛丽安娜(11岁)和丽达(9岁)。

人感到安慰的事——对于索尼娅来说——是孩子们。孩子们十分可爱，他们对她是那么爱戴，那么温柔，对她是那么小心翼翼，以致她不知不觉地就忘记了自己的哀伤。哄孩子们玩儿，给他们喂水，喂食，领他们上学等等，是她的一件乐事。而由于日尼娅几乎全天不在家，所以，她竟然也学会了在书封面上印刷艺术花纹——不然的话，所有这些琐事和家务事就都得索尼娅去管：这让她分了心，颇能安慰她。我们同样也尽量争取多去看看她——这当然也能减轻她的心理负担，对她是个安慰。谢天谢地，她的身体还很健康，她的自我感觉也很好，还可以做家务，看孩子，做什么必要的事儿都行。(给母亲，1931年2月17日？)

谢谢来信和祝贺。遗憾的是今年我生日那天过得很郁闷——正好是安葬达尼尔那天（你们当然已经知道这件事了）……

如今事情过去几乎将近两个礼拜了，和往常一样，生活依然沿着旧有的轨道运行。你们问我生活过得怎么样。我们无可抱怨。塔尼亚和娜塔莎都嫁人了。她们的丈夫都挺好的，她们自己也上班，丈夫也都上班，所以，生活上他们都能自给自足了。我和安娜还活着。的确，日子过得并不富裕，花每一枚钱都得掂量掂量——可是，你们也知道，我对生活的物质方面从不看重——如今看得就更淡了。如果能不去讲课，也不必奔走于各个城市之间办讲座，也不必为获得生活资料而操心受累——而专心致志一门心思做自己的正事——那该有多好呀。不过目前这种状况也还能够忍受。有一点是我很难并且也不可能习惯的，那就是眼睁睁地看着自己的亲人如何挣扎，自己却一点儿忙也帮不上。马尼亚、沃洛佳、柳霞和米沙，他们生活得都很艰难。米沙完全不知所措了，沃洛佳同样也分文挣不到，而且根本没希望指望他什么时候也能挣到钱。柳霞失去了工作，弗洛拉同样也失业了——我甚至都不敢想他们往后该怎么生活。而且几年后又会怎么样呢——对此事我想都不愿意去想了。再加上马尼亚始终都在生病。这是我们生活中最折磨人的方面。索尼娅虽然她也很不容易，但毕竟还有个依靠——madame Petit，日尼奇卡也有些小小的收入，而且乔治也自立了。萨沙靠讲课挣钱谋生。法尼亚的工作也有所发展。全部希望都寄托在她身上了——假如她的事业能像迄今为止那样一直发展下去的话，她可以给柳霞和马尼亚提供支持。

而且迄今为止，实际上，我们所有人里，只有她一个人马马虎虎还算有个事儿做——最主要的，是对柳霞而言。这事真令人感到郁闷——可暂时我们什么办法也想不出来。索尼娅经常到马尼亚那里做客，尽可能凭借关心来减轻她生活的压力和负担。我甚至连常去看看她都无法做到——总是有各种工作琐事缠身。谢天谢地，你们的日子过得很好。遗憾的是，沃洛佳没有和你们一起去巴勒斯坦！如果去了，说不定已经在那里安顿下来了呢。我看我的这封信写得太忧郁了——如今心情如此这没办法。但你们切勿据此得出结论，说我们在这里已经灰心丧气了——我们其实仍然在奋力挣扎努力拼搏。而且或许会出现什么意外，情况向好的一面发展也说不定。总之，巴黎的生活毕竟还算不错。法国人对待俄国逃亡者的态度还算友好。不光我们自己感觉不到，而且别人也并不刻意强调在这里我们是外人。这里的外国人比在别的国家容易找工作。眼下最害怕的是危机期延长——失业队伍壮大。可是，或许法兰西仍然能够挺得住：她毕竟是一个富裕而又强大的国家呀。（给曼杰尔别格，

1931年2月23日）

在此期间，扬·休斯将其学位论文寄给了舍斯托夫——大作《列夫·舍斯托夫反对理性的抗议》出版于1931年的阿姆斯特丹。舍斯托夫在给洛夫茨基夫妇的信中写道：

> 这本书看样子写得很认真，很详尽，因为这本书相当厚重。况且作者已经被授予博士学位，这就证明书写得很好。我请他也给你，格，寄一本——你不妨就此写篇评论，况且他也答应要寄来此书的德文写作大纲。（1931年3月6日）

休斯早在此前很久就曾到巴黎和舍斯托夫谈过自己的工作，但随后关于他就杳无音信了。1930年12月他突然出现了，向洛夫茨基夫妇打听有关舍斯托夫的某些消息，在此之后很快就出版了自己的著作。后来休斯却离舍斯托夫而去。

英国出版了一份杂志《新阿德尔菲》，主编是约翰·米德尔顿·莫里。早在1928年舍斯托夫就在这份杂志上发表了《娄里斯·恺撒的伦理学问题》。1929年舍斯托夫曾和米德尔顿·莫里通信，后者请他给杂志写一篇短文。米德尔顿·莫里在其中一封信中写道：

> 我很早就赞赏您的著作：真的，我还为您的一本文集写过导

论,此书英文版早在 1917 年就出版了。① 您如能和我们合作我会非常欣赏这种荣誉的。我们的稿酬很低,但却也比法国同等级别的评论刊物所付稿酬高 3 倍。(1929 年 8 月 21 日)

该杂志刊登了摘自《钥匙的统治》中的一则格言警句"Sursum corda"。一段时间(1931 年 3 月至 1931 年 8 月)期间,该杂志改名为《阿德尔菲》,又刊载了舍斯托夫的两则格言警句:《死于梦》和《理想与物质》,摘自《在约伯的天平上》。第一则格言警句的出版促进了舍斯托夫著作在英国的出版:

不久前——舍斯托夫在给洛夫茨基夫妇的信中通报说——一份英国杂志《阿德尔菲》发表了我书中……一则小文,昨天,杂志主编给我来信,主编在信中说一位伦敦出版商读过这则警句后(我认为很可能编辑部在编者按里想必对我多所美言),表达了想要出版我的某部著作的愿望。我提出了《在约伯的天平上》和《钥匙的统治》供他挑选。看一看他们挑选的结果是什么,且看这件事会有什么结果。或许,将来不是从俄语,而是从德语或法语译:到那时我也得同意,因为不然的话这件事可能就黄了。但也许可以让一个俄罗斯人和一个英国人合作一把:英国人用德语本,俄国人用俄语。(1931 年 3 月 20 日)

"Дж. М. Дент и сыновья"出版社最终选择了《在约伯的天平

---

① 此书不是在 1917 年,而是 1916 年出版的。

上》。1931年10月签订了合同。合同载明此书第1版（1850册）将付给舍斯托夫50英镑。合同签署之日舍斯托夫支付了25英镑的预付款。书出版时已经是1932年11月了。书名是《在约伯的天平上》，译者是卡米尔·科文蒂和C. A. 马卡尔蒂。由于舍斯托夫不懂英文，所以，他请拉扎列夫编辑译文。

在上文所述那封信中，舍斯托夫祝贺法尼亚在工作中取得的成功：您的成功，法尼亚，令我们非常高兴。看得出来，你的确有一种从事心理分析的才华。把一个人从疯狂的恐惧中拖拽出来，让他回归真正的正常的生活轨道，这是多么令人高兴的一件事呀！常写信给我们谈谈你的工作——要知道你对我们是有信心的，你知道我们会成为你最可靠的听众的，对你的成功，我们的高兴不亚于你。

《在约伯的天平上》出版后，英国出版物上有好多热烈的反响，但在英国出版其他著作却在舍斯托夫生前死后都始终未能如愿。

1931年春天，舍斯托夫请求胡塞尔允许他把自己的著作题献给他。胡塞尔在回信中答复道：

> 多么奇怪的怀疑呀——您的新著题献给我会不会感到愉快！一本书题献给我，这怎么能不让心灵感动呢，何况是一本像您的这本书一样体现了您"坦诚的灵魂"（anima candida），表达了您深刻的忧患和希冀的书?! 不。我刚读过目录就开始写第一行字。对我来说，舍斯托夫的名字就完全足够了。当然，他本人是始终都一样的，他所写的每一行字，都遵循自己的使命，忠于自己的才华，都不会不聚精会神，全力以赴。而您，对于说这话的人，也理应恭恭

敬敬地谛听。

过去的一年对我来说是成果丰硕的一年，但到年底——愚蠢的春季感冒妨碍了工作的进行。上天是否给我以恩赐让我写完这部哲学基础性论著——对我整个一生努力的一个总结？须知我们一天天变老（我的夫人同样也70岁了），但毕竟须知还在工作。6月10日我将到柏林的康德学会讲学。有关您家庭的好消息令我们夫妇非常高兴，谨向你们致以诚挚的问候。

您的老朋友西·胡塞尔。（1931年4与14日）

关于他想题献给胡塞尔的那本书，舍斯托夫曾在1931年7月15日给格尔曼的信中提到过。此书当时未能面世。后来，舍斯托夫将书中的一部分纳入《雅典与耶路撒冷》，但书中未出现题献给胡塞尔的字样。

什么事使你如此沮丧——舍斯托夫写信给拉扎列夫问道——你这样我可不赞成。看人不能看外表。只有年收入达到10万法郎的人，只有彻底摆脱了任何责任和义务的人，才可以允许自己有这般奢华。而我们这些弟兄们却必须"始终精神健旺意气风发"，正如士兵们在语文课上说的那样。关于这件事，也和关于最重要的哲学问题——人的灵魂的不朽，人的使命等等，待见面时再详谈。到那时还得聊聊你的新的文学计划。最重要的是，请你设法安排一下，以便咱们能安安静静地说话，而您又不必时不时地瞧一眼手表。（1931年4月14日）

*

布别尔和舍斯托夫于1930年5月25日在法兰克福见面后，一直保持通信，布别尔提议和舍斯托夫在1931年夏在庞蒂尼见面。舍斯托夫向他解释了一番自己为什么无法采纳其建议的原因：

> 我非常高兴，终于得到您的几行字。没有您的消息已经很久很久了。我明白，虽然感到遗憾，但您最终还是决定不来巴黎了。您建议我去庞蒂尼并在那里与您见面。这个主意，说实话，的确很好，可遗憾的是，我不可能。我被迫用夏季所有空闲时间来治病，不然冬天就没法工作。而中断治疗去庞蒂尼就意味着中止工作。从沙捷里到庞蒂尼的旅程很累人，全程14个小时，还得换乘5次。全程需要12天，从而将使的任何治疗都无可能。非常遗憾。我喜欢庞蒂尼，假如您也去了那里，那去一趟就更有意义了。难道您就没有机会来一趟巴黎吗？我认为与法国人见面对您来说也很重要。我希望秋天或冬天您能来一趟。(1931年4月22日)

舍斯托夫几乎在所有写给洛夫茨基夫妇的信中，都要谈到和德国出版商施奈德很难打交道的问题。下文所引即摘选自3封信中的片段，舍斯托夫讲到托马斯·曼如何买巴黎，谈到自己的读书及其他事件：

> 从10月份起就没有施奈德的任何消息。我给他写过信要他把我的书的稿酬寄来：本立3个月结算一次的。而且，一旦接到回音，我会立刻开始有关《无根据颂》及其他小书的谈判事宜。虽然他的拖拖拉拉看上去不是一个好的征象：或许会什么结果都没有的。很为你高兴，法尼亚，你的工作进行得很顺利。假如夏天能到

一起,我会让你读读克尔恺郭尔的好多书,这对你会很有益的。托马斯·曼来过这里,做了两次讲座:一次用法语,《liberte et noblesse, Schiller—Gothe, Dostojewsky—Tolstoi》;另一次用德语:《La place de S. Freud dans l'histoire de l'esprit moderne》。人多极了。随后笔会为欢迎他的到来举办了宴会——但我没参加,因为事情太多,没这事事情已经够多的了——要听报告,对他进行私人拜访,参加欢迎早餐。报告很有趣,非常睿智非常聪明。看起来他对弗洛伊德评价很高,正在竭力为弗洛伊德能获得诺贝尔奖而奔走游说。这事的结果很可能如他所愿——即他努力的方向是对的,弗洛伊德果不其然今年获得了诺贝尔奖。(1931年5月15日)

施奈德那边没有任何消息。他答应6月末寄来给我结算的稿费却并未寄来。而关于《无根据颂》的事情也毫无进展——至少对我他是绝对说不出一句肯定的话。前几天我又给他去了一封信,提醒他稿费和翻译的事——至今了无音信。Deussen的第1卷我手头有。他很有意思,但眼下我这里新书太多——而且全都是大部头,要把它们一本本都读过实在没有时间——梅耶松出了3卷本,列维·布律尔1卷——虽只一本,但很厚重。此外,我还有论述克尔恺郭尔的著作——而且全都是大部头,是克尔恺郭尔自己的著作。而别尔嘉耶夫也出版了一部大书——《论人的使命》,此外还有很多很多。如果您能来沙捷尔,我可以告诉你哲学界以及与哲学界相邻领域里正在发生的许多事情。(1931年7月10日)

祝贺你,格尔曼,祝贺你的生日。首先希望你健康和心境平和:遗憾的是,在我们这个年纪健康成为罕见的礼物,而在我们这个时代,安宁几乎从来就看不到。可是期望健康与安宁仍然是可以而且必要的。如果有了健康与安宁，则其余的或许不是一切但也是其中好多东西会自行到来。不知你们现在在柏林生活得怎么样？看报纸说眼下德国的形势很紧张很可怕。而且好像这次报纸并未多么夸大。正因为此我才认为，继健康之后我们应当期望安宁……

施奈德那边仍然是一团乱麻，他该我将近1000法郎，一直答应寄来的，却始终神龙见首不见尾。对于我最近一次提醒，他的回答是来了一封信，署名者不是他本人，信里说他正在外面出差，他不在，钱无法寄出来。我担心关于出版新书的谈判也不会有任何结果的。要知道是他最先想到要出版我最新著作和《无根据颂》的——如今关于最新著作干脆缄口不谈。而我最感兴趣的，是尽快出版最新著作，亦即《被缚的巴门尼德》、《思辨与末日论——论索洛维约夫》和格言警句（《斗争与回望》[1]和《论思维的第二个维度》[2]），这些格言警句已经完整地译成德语。我也认为这本书可以取得巨大成功，所以，关于这本书，将会有许多哲学家和神学家们所写的书评，更何况这本书将与胡塞尔有关，是经过他的首肯的。我给你写信，格尔曼，是希望你如果遇到合适的机会，问一问施奈德的意图究竟是什么。的确，鉴于目前在德国正在发生的事情，很有可能施奈德会完全长期终止其在各个领域里进行的事业。但无论如何都必须让他能au courant。（1931年7月15日）

关于出版德文版《无根据颂》以及另一本汇编最新著作的书的谈

---

[1] 格言警句发表于《数目》杂志第1期，标题是《至善》。
[2] 格言警句发表于《当代纪事》第43期。

判，舍斯托夫是在德文版《在约伯的天平上》出版之后，当即就和施奈德进行的。可是，施奈德无力实施这些出版计划了。在另外一封给洛夫茨基夫妇的信中，舍斯托夫写道："我在与德国出版商打交道方面很不走运：马尔康秃噜了，'尼采学会'也不复存在了，我担心施奈德——如今他那里保存着我的所有著作——也拖延不了多久了。"

和往年一样，安娜·叶丽阿扎洛夫娜5月末去了沙捷尔，舍斯托夫则在布洛涅的新居一个人住了两个半月。舍斯托夫家有一个非常可靠的仆人，提供了家务所需的一切服务。舍斯托夫在给丽莎和安娜·叶丽阿扎洛夫娜的信中，讲述了安娜·叶丽阿扎洛夫娜离开后他独自过的生活：

> 安娜已经去了沙捷尔—居永上班。我和往常一样陷身于书海。自从孩子们离开我身边以后，我一直过着孤独的闭门索居的生活，很少和人们打交道。只有当实在推托不过时，才出去做做客，至于在家里接待人，则还从未有过。我觉得这样挺好——整整一天都属于我，而且当疾病不再纠缠我时，我还可以工作。离我不远就是美妙无比的布洛涅森林（800俄亩），而我一旦有时间，常去那里，那里也有我的"事业"，或是在那里"什么事业不干地无所事事"。再过两个月我要到安娜那里去——治疗我的关节炎。（1931年5月27日）
>
> 我们这里一切都顺利。只是不知怎么你一走我就懒了：学得不好。到森林里晃荡的时间多，再有就是出外做客，听音乐会。今天一早去了 St. Cloud——在那里转悠了2个小时。美丽的早晨——而在 St. Cloud 街上，简直是一片光明。晚上要到戈蒂耶家里便

餐——随后和他一起听尼娜·科希茨的音乐会：她给她们订了6个人的包厢，于是他们就把我也请来了。所以我都没有时间学习了。周五要去《新法国评论》：我的《选集》出版了，我得去写dedicace（题词）。谢谢鲍里斯——他答应帮忙。从《新法国评论》来直接去孩子们家吃晚饭。昨天塔尼亚和瓦利亚在我这儿吃的晚饭。(1931年6月3日？)

礼拜日（也许是6月7日）戈蒂耶叫舍斯托夫到他家吃早饭。

这顿早饭，——舍斯托夫在给安娜·叶丽阿扎洛夫娜的信中写道——充满异域色彩，从马尔蒂尼基岛吃起：22道菜，其实要吃饱（里面有鱼和米饭）只要有其中两道就够了，而其余的菜只配对之加以描述而已——谁如果手中握有一只真正的"笔"的话。我的邻桌是一个年轻的法国女郎，一直在对我喋喋不休，一直在说我以各种借口为理由，拒绝不尝其中的18道菜：vous etes, monsieur? plus prudent que moi。可如果是你，也许除了辣椒外所有菜都喜欢吧。不过倒是在那儿认识了好多人，并和《新法国评论》的主编（让·波朗）聊了好久——好像能有什么结果。从那里又去了布阿耶的接待日——遇上了瓢泼大雨。(1931年6月8日？)

在给安娜·叶丽阿扎洛夫娜的下一封信中，舍斯托夫写到了斯维特兰娜：

她……很迷人……迷倒了许多人。周三我去看孩子们时，见塔尼亚在娜塔莎房间里，怀里抱着斯维特兰娜，身边围着3位太太：

Mamie、她的侄女儿和玛丽娜·斯克里亚宾娜。斯维特兰娜正在努力（?），什么都能做了，会指路了：小手手挥动着，还会拍手手，还会发出各种各样的声音——太太们简直被感动得无以复加。Mamie 同样也是个 bebe——和斯维特兰娜同岁——但她却亲口说她可比不上斯维特兰娜。而 Schwab 劝塔尼亚每逢周日整天都来看望斯维特兰娜。所以，你尽可以为你的外孙女骄傲了……

和 femme（de menage）的关系一切都算正常，所以，应当认为在离开前不会协调好了。喂食正常，人很安静。天热也无所谓。有穿堂风。只是布谷鸟（带有布谷鸟的座钟）不喜欢他们：停摆了。不过你一拍它，就又开始走了。(1931 年 6 月 12 日)

在动身去沙捷尔前，舍斯托夫接到安利·科尔本教授的一封信，他曾把自己的一本著作赠给其阅读。科尔本信中提到但却没有提舍斯托夫借给他的是那本著作。但看样子毫无疑问是指《被缚的巴门尼德》(《哲学评论》，1930 年第 7/8 期合刊)，抑或是指《回望与斗争》这篇文章(《哲学论坛》，1930 年第 1 期)。科尔本写道：

我直到今天才答复您的来信，这封信我是在三个星期不在的情况下刚收到的。是的，对您，我是错了：我本应再过几周后就把杂志还给您的，杂志在我这里放了好几个月了。之所以迟还这么久，原因在于我不愿意与您的思想分手，我非常喜欢这一思想——请您一定得相信我说的话。今天晚上我再次重读了最后几页，我再次被打动了，和去年冬天一样，去年爱跟您夜间谈话以后，我读了整整一宿您的书。我要再次感谢您，并且很高兴啊暑假之后能恢复谈话。由于您，我想采取悲剧性的独居生活方式的勇气倍增，也许只有在孤独中，能够找到翱翔于理性主义平原之上的翅膀；而悖论和对于奇迹的愿望就是这样一种力量。在这个迷雾重重处处包含危险的地方，如果能找到一个导游那就好了。我会继续坚持这样精神方向的。除了写作一篇论及斯神秘主义的文章外，我还想研究一下神秘主义的实质。我从谢·弗朗克和维格尔走到伯麦，布莱克·斯维登堡。我需要重新返回去，加深研究这些人，压抑住自己年轻人的不耐烦情绪，继续从克尔恺郭尔、巴特等人身上汲取营养。我想对您手和问您的还有很多，亲爱的大师……

关于您有关克尔恺郭尔和陀思妥耶夫斯基的讲座，法国人方面有什么反应吗？（1931年1月17日）

科尔本在信中提到的舍斯托夫有关克尔恺郭尔和陀思妥耶夫斯基的讲座究竟是在哪里、什么时候做的，我们却无法确定。1930—1931年学年舍斯托夫在索邦讲的课程是《托尔斯泰和陀思妥耶夫斯基的宗教思想》，而1932年12月则开始讲授《陀思妥耶夫斯基与克尔恺郭尔》课。

舍斯托夫给什莱策尔的一封信，就写于这个时期，当时什莱策尔偕妻子玛尔加丽达（朋友们都叫她妈咪）去阿贝一莱待了几个月：

刚接到您的来信。明天我终于要动身了，和往常一样，走之前忙忙乱乱的事少不了，但我仍然还是想在走之前哪怕只给您写几行字，以便好好感谢一下您，并向您表达一下我因为接到您的来信而产生的欣喜之情。我一生很少能见到这样一个人，此人不是本着康德的精神,而是根据陀思妥耶夫斯基来尝试"批判理性",而且居然未被事先就宣判失败,当我从您嘴里听到,说我们的谈话过后给您留下了美好的印象时,我甚至觉得这几乎就是个误会,就好像别人对我说的话我没听见,而是听差了——也就是说,我听到的话是任何人都不曾对我说过的。过去的一年是我和克尔凯郭尔相会的一年——这一年对我来说过得十分艰难。直到今天,每次当我回忆我在自己的漫游中遇到的这个人的"灵魂"时,我就不得不让自己极大程度地紧张起来,以便能不转入康德式批判之路,因为这条道路势必会把我们引向斯宾诺莎。所以听见赞扬声对我是何等必要何等高兴的一件事,尽管这样的事情非常罕见。和梅耶松的谈话结果也很有意思,但不是在我所期待的方面。区区一封信很难全部予以详尽讲述来龙去脉,尤其是当你犯急的时候。总之,虽然在谈话开头梅耶松甚至对我的一个思想很感兴趣,即说他所做的工作其实就是认识的形而上学,但到最后,当我试图对他解释他所谓的 identite 理念是不允许思维存在的,说算术是建立在经验基础上时,他竟然会如此激动,激动得令我都感到害怕起来。而很快就搞清楚一点,对他或对他的意识来说——identite 实质上仅仅只是——用他的话说——"一丝希望"而已,说他在所有问题上都同意米勒的观点,因此,他根本没有任何形而上学,甚至没有什么认识论(теория познания),而只有米勒式的认识论(эпистемология)实验,只不过稍稍薄薄地抹了一层理性主义的涂料罢了。

很为您和妈咪高兴,你们此刻终于在阿梅里找到栖息之地了,哪怕是只待几个月也罢,你们可以在那里好好休息一下,好好玩一玩儿,整理一下心情。希望你们尽可能多在那里待一段——回巴黎什么时候都不迟。这样您说不定就把果戈理①也写完了呢——我希望在"普隆"您的工作会比在加里马尔进行得更顺利。(1931年7月18日)

7月20日舍斯托夫去了沙捷尔。和去年一样,舍斯托夫一家住在"帕列—罗亚尔"寄宿学校。他到后不久就在给洛夫茨基夫妇的信中写道:

您的信我早在沙捷尔时就收到了。当然,你所说的所有问题,需要认真仔细地详加讨论。将来如何安置妈妈,以及凡和妈妈有关的事情如何处理,解决起来并不容易。同样也是在这里,我曾写信给你们,说各种家庭问题积累得已经很多,我们必须坐下来好好谈一谈,予以解决。可是,所有这些——尤其是事关妈妈的问题——都十分复杂,在来往信件里根本就没法儿讨论。你们必须来一趟——只有这样才能把所有问题都澄清。比方说,我甚至觉得如果妈妈已经老得不行了,老到必须送到亲人,亦即某个子女身边的地步了的话,那么,最正确的选择是把她送到索尼娅那儿。但关于此事得和索尼娅本人谈一谈,而且咱们相互之间也应该商量一下。由此得出的结论只能是一个:动身去艾克斯,然后从那里到沙捷尔,最后在9月中旬咱们全家人再从沙捷尔一块回巴黎。在此期间索尼娅也该回来了,然后咱们一块好好商量一下。我认为我们简直是必

---

① 这里说的是《果戈理》一书(Boris Schloezer. Gogol),什莱策尔当时正在写作此书,此书1932年由"普鋆"出版社出版(或许是11月)。1972年在巴黎由"Эрн"出版社再版。

须这么做，不然的话大家还是来回不断地写信，一丁点儿用处都没有。关于此事我就再不写信了，因为，第一，我认为写信讨论这件事毫无意义，甚至可能导致各种令人不快的误会，就像当人们就诸如此类的话题写信商量时常常会发生的那样。第二，我希望你们无论如何还是得来一趟。我们这里没有什么新鲜事。动身之前见到了所有咱家人——咱家人都一切照旧。什莱策尔没有消息——甚至连信都没来一封。要不，你，格尔曼，给他打个电话谈谈。的确，我很少指望此时此刻，当德国局势如此紧张的时候，我们能从什莱策尔那里会有什么收获。(1931年7月24日)

在给洛夫茨基夫妇的另一封信中，舍斯托夫通报说：

我接到M. E. 的一封来信——他写道，说如果德国一切都能安定下来的话，尼采学会愿意邀请我去讲一讲尼采和克尔凯郭尔。可是，要我看，如果尼采学会请的话——春天到来之前我还未必去得成，因为和其他机构的谈判中断了，秋天以前未必恢复得了。(1931年8月6日)

尼采学会邀请舍斯托夫11月份去，可是舍斯托夫却宁愿把出行安排在1932年春天。可是，到了春季他又一次无法出行了。

1931年初，舍斯托夫和什莱策尔与法国杂志《新法国评论》《科默斯》就出版舍斯托夫著作一事，进行了谈判，首先要发表的是原发表于《当代纪事》1930年第43期的42则格言警句，当时的标题是《论思维的第二个维度》。协议似乎已经达成了，翻译工作也委托给了什莱策尔，但却产生了许多困难，舍斯托夫在给什莱策尔的信中谈到过这些困难问题：

> 我不知道该如何回答您的来信。我明白写作果戈理的工作占用了您大量精力，您除此之外已经很难再承担什么重任了。可是，为什么您不一开始就告诉我呢？要知道这件翻译工作我们已经拖过一次，拖到夏季了呀。您是不是冬天空闲比较多？正好相反——冬天您会全身心扑在音乐会上，赶写各类文章等等，甚至连想也想不到要翻译《第二维度》和《托尔斯泰》的事儿。然而，您自己也知道，这对我来说具有何等重大的意义吗。我丧失在法国机构出书的机会已经有多少年了呀。如今忽然机会来了——而我们却不加以利用。要知道再过几个月，《新法国评论》和《科默斯》就会把和我们进行的谈判忘得一干二净的。于是情况又会和从前一样。我要对你重申，我不会要求你也不能要求你，这是当然的，要您丢下果戈理，着手翻译我的文章，这我做不到。您的情况我个人十分清楚，比我好不到哪里去，或许甚至可以说还不如我呢。可是既然您不能翻译——您本该当即就告诉我一声。无论这对我来说有多么难过——两害相权我还可以取其轻。当然任何人也如您翻得那么好——可如果我的文章压根就出不了法文版，那可就更糟糕了。眼下我所有与德国有关的计划统统失败了，都和政治恐慌有关。出版商并未把理应为德文版《无根据颂》的出版而支付的稿酬寄来，我最新的著作也被延期了，还有些文章被延期，甚至都不指明延期多长时间。我希望法国能有些许起色，没想到同样也是都吹了，如果

不采取措施,会彻底垮台的。

从您的来信可以看出,如果不把手头的事情做完,您是不能翻译我的东西了。这么说,我除了再找别的翻译外没别的路可走了。我决定缩短我在沙捷尔逗留的时间,9月8日动身回巴黎,好在那里寻找一个翻译,并和他开始工作。我只是希望您能亲自给《新法国评论》的主编去一封信,等我到了巴黎,让他们把《伟大的前夜》寄给我。我当然不相信我能找到翻译,我更不相信译本会翻得很好——但我没有别的出路,所以,只能把一切交付给偶然,这也许就意味着失去一切……您关于翻译在信里写的那几句话,让我很伤心,让我很难再就什么事给您写信了。整个夏天始终都是一个失败接着一个失败——紧接着就是一个新的意料之外的失败。要知道我深信和《新法国评论》以及《科默斯》的关系秋天能协调好的。(1931年9月1日)

当然,您的建议解决了所有难题——主要的和次要的。有您翻译这是主要的,小小不言的迟误毕竟是次要的。我只是担心一点——您是不是太难了。及时安排好与《新法国评论》以及《科默斯》的事务对我无论多么重要——但把重担加在您肩上我仍然于心不忍。可是,如果您认为您可以不费力气地每天翻译一页的话——那就全都齐了。您到时候一部分一部分地寄给我,而我在信里告诉您,如果我觉得有必须更改的必要的话……

如今,由于各种危机的存在,德国对我来说几乎已经消失了,或许还会长久地消失下去,在法国出书的可能性开始对我具有了特殊的意义……

关于别尔嘉耶夫的著作(《论人的使命》)我认为您是对的。我对他说过和您同样的话——我说他最后一部著作是他写的所有著作中最好的一部，可是（我以为这也是您的想法，只不过用的是另外一种表现形式）他的出发点是这样一个思想，即康德而非陀思妥耶夫斯基写作了纯粹理性批判，而原罪在于蛇有违上帝意愿地教会了人如何区分善恶，从而以为一切都是"至善"，因此原罪是认识的开端，而非原罪本身。或许我们的哲学学会会安排一次讨论会讨论别尔嘉耶夫的这部著作的。到那时，您不妨也讲一讲……

遗憾的是您住得那么远，没法给我朗读您的《果戈理》。我不知道我的建议和指点对您是否有帮助，不过，了解一下您的著作（一个认真的读者）是如何阅读您的著作的，对您来说不无益处吧。有时候您自己感觉写得最不成功的地方，实际上恰好写得最成功！（1931年9月5日）

在和让·波朗的复杂谈判后，《新法国评论》主编1931年12月接纳了舍斯托夫《论思维的第二个维度》一文，该文由42则格言警句组成，条件是必须缩减字数。舍斯托夫在给什莱策尔的信中写道：

说到《新法国评论》以及《科默斯》，当然了，真拿它们没办法。必须妥协，拒绝前者，而接受后者的条件：也就是说，同样缩减字数，虽然这样做毫无疑问会损害文章。可如若不然，您的劳动就白费了，而这样一来您多少还能得到一点。而且——其次——反正一样，归根结底，是全文发表还是有所增删——读者中任何人也不会深究其中的含义。大家都希望"清清楚楚明明白白"——亦即多少已经习惯了的，如何才能让那些实际上不明白，而且也永远无法对之习惯的东西变得习以为常明明白白呢？等您来时咱们就此好好聊聊：我迫切想要和您分享一下我这些天一直都在思考的问题。不然的话 a la longue 会很困难的。等您来时，咱们商量一下文中哪些文字可以删减。（1931年12月11日）

1932年9月的《新法国评论》发表了42则格言警句中的16则，标题是"La seconde dimension de la pensee（Exercitia spiritualia）"。还有22则次年发表于《电影刊物》第155期（1933年10月），标题是"La seconde dimension de la pensee/Fragments"。

1932年春或夏，《新法国评论》编辑部约施莱策尔写一篇关于舍斯托夫的文章。文章写完也寄出了，但杂志却不愿接受了。舍斯托夫在给什莱策尔的信中谈到这篇被"腰斩的文章"以及杂志不愿意接受的事：

> 昨天接到载有我文章的《新法国评论》，发现 exercitia spiritualia 被分割为两期发表，但两期加起来也只是原文的一半——文章"被削弱得很"，理解起来会更加困难。因此我很想——如果可能的话——让其余的统统哪怕是无稿酬地在 Cahiers (du Sud) 上发表。（1932年9月4日）

> 我相信您的文章写得很好，我还相信您的文章之所以写得好，正是因为他波朗才拒绝发表。当他还在发表我的文章（那叫什么形式呀：腰斩，断章取义！）——而且他还不愿意承担责任。可是，您的文章似乎已经表明编辑部不仅对我"感兴趣"，而且似乎也同意我的观点。或许这里也有某种压力在起作用吧：也许，当邦达、纪德和其他人读到我的文章时，他们开始对波朗群起而攻之了

吧——于是他就不敢再发您的文章了。我对这一套一直很不习惯：可世事一直都这样，而且可以肯定将来也永远都会是这样。当然，使我遗憾的是，您的劳动白费了。还有就是为失去了一个向读者解释的机会而惋惜，让读者知道我不是一个杜撰分子，也不是什么"悖论制造者"。然而对比应当做好准备才是。《新法国评论》发表了我的东西，这比它拒绝发表您的文章更应当使人惊奇。（1932年9月19日）

对于什莱策尔文章的担心却原来是多余的。几天后，事情明朗了，文章被接纳了，并将以扩展了的方式（加上了舍斯托夫1932年10月2日给什莱策尔的信）。什莱策尔的文章发表于1932年12月的《新法国评论》，标题是《列昂·舍斯托夫》，同时还在伦敦的英语杂志《阿德尔菲》发表了英文译文。

舍斯托夫关于对波朗可能施加了压力的推断，或许是对的，因为波朗不止一次对舍斯托夫很感兴趣，对他的著作评价很高。

舍斯托夫从沙捷尔回来（9月9日）后，就开始着手写作新著。关于自己的规划和新著的设想（《在法拉利公牛的背上》），他在给艾金贡、什莱策尔和拉扎列夫的信中，都谈到过：

可惜，我感到很可惜呀，可惜我不能接受武尔茨巴赫的建议，11月份来。① 可我还没有准备好：题目很难，责任重大——而且我

---

① 舍斯托夫被邀请到尼采学会做讲座。

越是工作下去，越对此确信无疑。但也许春天将可以去，虽然德国的政治环境已紧张到了以后什么也不能说的地步。（给艾金贡，1931年9月10日）

我也开始写新著，不知道什么时候写完，写出什么样。（给什莱策尔，1931年9月23日）

高兴的是您读完了果戈理，但非常可惜的是您不在这里，不能给我看您写完的东西。我只有一件浅薄的担心事儿：我指的是您是如何写作的。我担心您的生平传记式的方法对读者来说是不是会显得过分严肃，因为一般说在这种场合下，人们喜欢说一些"不明不白的话"。您打算什么时候回巴黎？我很想和您见面聊一聊。我的新作能否写成什么时候才能把握得住，这都很难说。您问：什么题目。三两句话很难说清楚。初步拟定的题目是"在法拉利公牛的背上"。副标题是："意志自由与道德"。题词1：Deatitudo non est praemium virtutis sed ipsa virtus（斯宾诺莎）。2：Eritis sicut Dei, scientes bonum et malum（创世纪，第3章第5节）。[①] 用黑格尔的一句话起头：哲学应当避免任何教训和训导——而我却与之相反，我认为哲学（包括黑格尔富于教益的哲学在内 par excellence）就其本质而言不可能不是富于教益的。于是就得非常详尽地讨论苏格拉底及其同貌者斯宾诺莎。教益从哲学出来进入宗教，并且取代了启示的地位：克尔恺郭尔的创作（必须在他身上有所停留）就证明了这一论点。只有尼采一个人感受到了苏格拉底身上的堕落（原

---

① 创世纪第3章第5节：因为神知道，你们吃的日子眼睛就明亮了，你们便如神能知道善恶。——译者。

罪）。可是，"道德—塞壬"把他给诱惑了。路德说得对：de servo arbitrio. 我们的意志被瘫痪了。我们深信上帝不可能不是恶的创造者，上帝是"秩序之友"（克尔恺郭尔），上帝要求人服从他的意志等等。所有这一切都证明，我们失去了意志自由。当柏格森谈到意志自由时——他实际上是在"宣扬"被缚的自由。谢林、莱布尼茨和叔本华也同样如此。神学家亦复如是。无怪乎黑格尔断言，向人们许诺说"eritie sicut dei"的蛇，说的是实话，也就是说，如果从知善恶树上摘果和品尝的话，人就可以达到其所愿。可是，他们也无法在法拉利公牛的背上达到苏格拉底和斯宾诺莎的 beatitudo。哲学的使命不是"接纳"法拉利公牛，而是消灭法拉利公牛。创造了法拉利公牛的上帝，也可以把它给消灭的。

我担心这样一种公式化的阐释未必能够通俗易懂。去年冬天由于研究克尔恺郭尔可把我给害苦了。克尔恺郭尔又回到了苏格拉底：难道这不意味着，别的出路是没有的，法拉利公牛处于存在开端之处和存在之终结之处吗？还有就是基督教也和雅典智慧一样，只不过是法拉利公牛接受罢了，也就是说，"启示"的实质就在于这种接纳，而且斯宾诺莎是对的，他断言在圣经中包含着很高的道德，但真理却在圣经之外！我很想与您就这些题目进行一番详尽的探讨：不然的话所有问题就会在我身上慢慢变得变味，有的时候这很令人痛苦……

关于翻译我还想说两句。恳请您下半卷千万不要拖拉。我再次确信在开春时的《科默斯》里没有给出译文，这是一个很大的错误。而对您来说这很重要，对我来说这只不过是一个具有实际意义的问题，对此不宜夸大。假如我的文章发表在《科默斯》上，并且和

《选集》同时发表在《新法国评论》上,也许我能做到,从而稍稍向前迈进一步。而如今——将来会怎样谁知道呢。假如我们再拖下去,或许《科默斯》会拒绝,随后《新法国评论》也会如法炮制,一切的一切就又回归原样了。我热切恳请您——千万不要再拖延了。(1931年9月30日给什莱策尔)。

现在谈谈你(来信)的最后一页。首先我想对您说:谢谢。我很少能听到某人对我说他不仅读我的书,而且正如您信中所说,"个人"对我不得不携着其一起前行并走向人群的那些思想的发展过程,"很感兴趣"。可是,全部问题仅在于此。有时候,的确,这同样也不常见,但我毕竟还是从人们那里听说,说书写得有意思,写得好之类的话。然而,几乎任何人也从未感觉到或是领悟到,产生哲学终极问题之处,也就是决定人类因而也就是每个人个人命运的地方。而当您对我说这个那个时,你的话里或透过您的话语,能够看得出您的内心斗争和心灵探索都很激烈,我甚至开始觉得,说到底写书不仅仅是为了当代那些被人宠坏了的精英们消磨闲暇时光或为他们提供"知性享受"的。等您回到巴黎,让我们再好好聊一聊,我会很高兴这样做的。今天别尔嘉耶夫会来我家——或许我们还会继续就其著作(《论人的使命》)进行交谈的。您想不想就这本书写篇文章?应该写一写,应该写一写呀。(1931年10月8日给什莱策尔)

我这里一切照旧。独自生活,很少见人。刚写完一本新著的草稿,题目是"自由与认识"("在法拉利公牛的肚子里"——这是副标题)。接下来还得忙一会儿:修改之后誊抄得工工整整的。随后就该想在哪儿发表的问题了。这篇文章写得很长,而且里面有许多背离哲学思想界通常那些流派的东西。我担心迄今为止一直都很愿意发表我的文章的列维—布留尔,也不敢允许将我的新作发表在《哲学评论》上的。至于俄文版和德文版,就更没必要想办法安排了。不过现在说这些还为时过早:还需要彻底修订和誊抄一遍——但愿两三个月后能全部竣工。(1932年1月15日给拉扎列夫)

上文信中提到的"刚刚杀青的新著"手稿,现保存于舍斯托夫档案(手稿第59号——1931年9月;第60号——没有日期;第61号——1931年12月)中。手稿没有标题。共256页,天头地脚很宽。文本被分为18章,其中随后4章都是论述克尔恺郭尔的。舍斯托夫对业已完成的初稿进行了加工,并且稍作删减。最终文本他给起了个题目是"在法拉利公牛的肚子里",副标题是"认识与意志自由"。在誊清的手稿最后一页(手稿第67号)签署的日期:1932年5月6日。虽然舍斯托夫有所担心,但列维—布留尔的《哲学评论》还是接受了这篇文章。该文的法文版发表于该杂志的1932年的两期上(1月号和2月号的第1期和第2期,以及3月号和4月号的第3期和第4期,题目是"在法拉利公牛的肚子里"。当时没有发表过俄文版和德文版。后来文章被编入《雅典与耶路撒冷》。

几个月后著作誊清后,舍斯托夫在给什莱策尔的两封信中都谈到过这篇文章:

您来信写道,一旦熟读了《在法拉利公牛的肚子里》——您觉得这篇不比《巴门尼德》差!谢天谢地,结果很好——虽然这听起来简直像是个奇迹:在我写这部著作时,我的自我感觉是如此糟糕,简直到了无以复加的地步,我几乎根本不可能想到它竟然会在文学方面取得成功。然而,此文中所说的,恰好就正是最近几年中萦绕在我心头的东西——一想到我的声音尚未被读者所听闻,我的心里就郁闷不已。说这篇文章很难写——也还算正常吧,因为问题本身很复杂。最主要的,是让读者不要害怕困难,并能听到我最想说的话。——也许,您发表在《新法国评论》的文章,恰好就是走向我的著作的一个引论:我真诚希望您我的文章都能成功。(1932年8月1日)

我认为当我结束《在法拉利公牛的肚子里》的写作时,我可以说:"如今可以松口气了"。但不是现在,现在还不能松气。周五别尔嘉耶夫来过,今天是拉扎列夫要来:"我们无话不谈",而且总是感觉到还必须继续斗争下去。(1932年10月2日)

舍斯托夫《在法拉利公牛的肚子里》的第 11—15 章,是论述克尔恺郭尔的。这五章是舍斯托夫在出版物中论及克尔恺郭尔的首次。这里应当提醒一句,即舍斯托夫是在 1928 年才听说克尔恺郭尔的名字的,他研究克尔恺郭尔是听从胡塞尔建议的结果。在给洛夫茨基夫妇的信中,他不止一次谈到自己阅读克尔恺郭尔的心得(参阅 1928 年 12 月信;1929 年 2 月、4 月和 12 月的书信;1931 年 1 月信)。舍斯托夫将其论述克尔恺郭尔的最初笔记(共 6 份草稿)写入未标明日期的手稿第 57 号的最后几页,此稿或许是 1929 年完成的。现保存下来的还有手稿第 58 号,起笔于 1931 年 2 月 5 日,几乎通篇都是论述克尔恺郭尔的。文章包含有 4 份论述克尔恺郭尔的草稿,其中两份既论述克尔恺郭尔,也论述尼采。1931 年 8 月 6 日,舍斯托夫在给洛夫茨基夫妇的信中写道,他想在尼采学会做一次关于尼采和克尔恺郭尔的讲座,而在给9月10日艾金贡的信中,说他还没有准备好。可以推断,论述克尔恺郭尔和尼采的草稿也写于他写信给艾金贡的那个时期。在上文引述过的给施莱策尔的信中,舍斯托夫谈到克尔恺郭尔给他留下的深刻印象:"过去的一年是我和克尔恺郭尔相会的一年,过得十分艰难。"……"去年冬天由于研究克尔恺郭尔可把我给折磨苦了"……"很想和您就此题目好好聊一聊:不然一切都得闷在心里,有时候会令人很难受的。"关于舍斯托夫与克尔恺郭尔的"相遇",方丹这样写道:"有一次……我发现舍斯托夫瘦了,而且很疲累的样子,舍斯托夫说:'没什么,是和克尔恺郭尔斗争把我弄成这个样子的。'"。格·阿达莫维奇就舍斯托夫全部创作所说的一句话,非常适合这个时期:"凡是别人轻轻松松得来的东西,在他却是'历经苦难'才取得的。因此在他的同时代人所写的文字十分之九都已湮没无闻的时候,他的著作却还活着。"(《俄罗斯札记》,1939年第13期,第196页)

什莱策尔此时本应介绍舍斯托夫与法国记者弗列杰里科·列费夫尔——《新文学》周报编委——认识,后者想要写作一篇关于舍斯托夫的采访记。6月份他们应当在什莱策尔那里见面。可是,这次拟议中的见面此时却并未实现,而是被拖到了秋天。由于什莱策尔秋天将离开巴黎,所以,列费夫尔请求他的朋友什莱策尔,约西夫·叶费莫维奇·普捷尔曼安排一次会面。10月8日舍斯托夫在给什莱策尔的信中写道:"接到普捷尔曼的一封信,说周六(1931年8月10日)白天列费夫尔与他来我家。遗憾的是您不在——塔尼亚会帮忙的。"在给什莱策尔的信中,舍斯托夫还描述了自己与列费夫尔谈话的过程:

列费夫尔来过我家两次。最大的困难在于他要求一切都清清楚楚明明白白。他说将会有 25 万人读我的书——所有有必要让大家清楚了解一切。可最后他妥协了：他让了一步我也让了步。我不知道您是否会满意，可是，如果您阅读时没有忘记，清晰地讨论不明不白的事儿会难得匪夷所思。您的评判将会很宽容。况且还得考虑我的法语不好。好在有塔尼亚在场——毕竟还有她救场。没有她在的话，或许我这儿不会有任何结果的。她记下来更有可能是自己猜测我将说的话，而不是在完全原原本本再现我的话。明天就能看见清样了。（1931 年 10 月 20 日）

列费夫尔的文章发表于《新文学》1931 年 10 月 24 日，标题是"和舍斯托夫在一起的一小时"。舍斯托夫在给什莱策尔的信中谈到这篇文章：

我并不十分指望会有多大益处（由于在《新文学》发表的文章）。对于列费夫尔来说——也就是说，按照他的观点，《新文学》对于读者实在是太难读懂了。对我则相反——我们相当强烈地震撼了读者的大脑。的确，或许无论是我还是列费夫尔都看不出来：我们两人都犯傻了，塔尼亚也是，我们其实必须考虑到最艰涩的哲学问题在接受中的难度。您觉得怎么样，是不是很有趣，等你接到这封信时，我肯定也已经到了，已经在您家了。（1931 年 10 月 23 日）

您当然说得对，您断言说在《用一小时》上有许多地方只能是言不尽意。可我并不认为假如您也在这里的话，就可以言所欲言了。列费夫尔就是不这样也已经给"困难"吓得不轻，我费了九牛二虎之力才迫使他把我认为十分重要的题目纳入谈话话题中。依我看，对于列费夫尔常常挂在嘴边的那"25万读者"来说，几乎全部都是不明不白的东西。无论如何我说过"善并不就是上帝"，还说过我们没必要把时代的链条重新连接起来，还谈到过与自明性斗争的问题，谈到过《圣经》，谈到过反对《圣经》的达尔文，谈到过艾洛斯和理念，还谈到过作为《圣经》捍卫者的尼采——如果读者能把这些思想全都掌握了的话，就会远远超出够用的程度了。可是，要知道大家全都把这些当作耳边风！我曾经尝试把《被缚的巴门尼德》赠给列费夫尔——他倒是接过去了，看也看了，但却以最为坚决的态度声称，就这样的话题座谈是不可以的。至于说到柏格森——那么，我说的都是我心中所想。遗憾的是，列费夫尔由于篇幅的缘故缩减了我从《圣经》引用的引文。这就削弱了我的论断，即《圣经》为真正的"纯粹理性批判"奠定了基础。总之，我并不反对这种说法，即《用一小时》并不能穷尽我的文字的全部内容——但我认为，仅用 400 或是 500 行字概述其内容完全是不可能的。必须或是彻底拒绝《用一小时》，或是满足于所能。列费夫尔老实说感兴趣的，仅仅只是我的文学批评论著罢了。他其实早在第一次座谈开头时就对我说过：您大概在抱屈吧，mais je crois que vous etes le premier critique litteraire du monde. 抱屈是因为我不是位"哲学家"，而是一位批评家。而假如说我仍然能够在 Une heure avec 嫁摇一系列自己的哲学思想的话，那么，我们也就该满足这些东西了。

  我们这里很少有新rán。今天去剧院看 Martin du Gard 的首演式

(排练），也许能在那里见到好多熟人。如果有意思的话，我会写信告诉您的。（1931年10月27日）

舍斯托夫当然给洛夫茨基夫妇寄去了列费夫尔的文章。在寄发的同时，他告诉他们（1931年11月13日），说文章发表于《留》杂志上。但这本杂志未能找到。

如前所述，《金特与儿女们》出版社决定出版《在约伯的天平上》的英文版，于是舍斯托夫请求拉扎列夫核对下译文。1931年10月译者们开始着手工作，而拉扎列夫稍晚些时候——则开始核对译文。舍斯托夫在给当时住在兰斯的拉扎列夫的信中，谈到过与此书出版有关的事宜：

> 和金特签署了合同，译者们也已开始工作了。今天接到考文垂太太的来信，说她的工作已经开始进行，很快就将完成论述帕斯卡尔那章——她是从这一章开始翻译的，由她弟弟翻译下卷的工作进行得更快。正如我您已经约定好的那样——译稿会一部分一部分地直接寄给您，而您在审读之后同样也直接寄还给译者。近几天您也许就会接到数十页译稿——是考文垂太太寄出来的，而且她弟弟也有可能寄给您同样页数的译稿。不过您不必害怕。您只要记住您只有一个专门的任务，那就是对可能出现的错误进行预警。所以，您只管直接读译稿，无须核对原文，只有当您觉得译者好像错了时，再去核对原文好了。至于译稿的风格以及是否接近原文的问题，您丝毫不必关心。这样一来，归您做的工作就会少得多，而您也就不会耽误译者的工作进程了。您主要关注的地方，当然应当是理论性

章节：1.《科学与自由研究——代序》、2.《狂言乱语（普罗提诺）》、3.《什么是真理》。其次是关注希腊语引文。如果您觉得希腊语很难，不妨这样安排一下，最后一遍的校样由我亲自来审读。这里我先对您的工作表示感谢，我只想再次请求您：千万不要让自己过分劳累。只有这样您才不至于如此紧张，而又能把事情做好。（1931年10月30日）

至于普罗提诺，我和您的观点完全一致。当您读到该书的最后一章，就是您现在正在审读译稿的那一章即《什么是真理》时，您就会看到，以我之见，普罗提诺"炸毁了"有关逻各斯的传统学说。"翱翔在理性和认识之上"就意味着真理采用理性的方式是不可能获得的。需要注意的是我在上述那一章中同样也指出了这一点，即普罗提诺认为他的主要敌人（当然是思想上的）是那些诺斯替教信徒，这些信徒们把从古希腊哲学家们餐桌上掉下来的残渣拾取起来，归拢到自己和教会教父们的脚下，创造了天主教神学。但普罗提诺的"翱翔在理性和认识之上"却对后世，对哲学思维嗣后的发展很少有什么影响，甚至根本就没有产生任何影响。不光中世纪，而且就连整个近代哲学也不可能走出这样一个由古代导师们勾画出来的魔圈。自由思维的激情即使发生碰撞，那也是在哲学大道的外面——帕斯卡尔、尼采、陀思妥耶夫斯基、克尔恺郭尔。但即使是在他们那里，对于存在和思维的永恒法则的畏惧也会经常性地打湿他们或是压抑他们的翅膀。被缚的巴门尼德是一种类型或形象，我们通常将其称作"自由研究"。必然性，Ανάγχη 统治着我们这个世界，正如它曾经统治过古代世界那样。但是，关于这件事没必要在通信中展开讨论了：整部《在约伯的天平上》就是论述这个

问题的,而且关于这个问题,您通过这本书还会不得不从我这里听到许多许多东西的。(1931年12月15日)

对于我给您增添这么多劳累我感到很抱歉。可我又有什么办法呢?我不可能指望那些译者们——而我本人又不懂英语。您已经在已读过部分——比较容易的章节——发现了错误,而接下来,尤其是在论述普罗提诺和斯宾诺莎的文章和最后是在序中,可以肯定错误更多。他们的翻译,尤其是那个弟弟,非常快——而且,他们的哲学准备当然不足,很容易就给搞混了。好在有你自愿把关——不然的话,无论如何也不能把翻译的重任托付给他们。我觉得很不好意思——而且是唯一使我过意不去的一点,就是我还可以告诉您,您给我提供了巨大的帮助,我将无限感激您的这次帮忙。(1931年12月31日)

再次十分感谢您付出的艰辛劳动。虽然您总是在信中说我让您担负了一副重担,这当然令我过意不去,但如果没有您所做的一切,我真的是不知道该怎么办好了。如今至少我心情是安静的,因为大错和毫无意义的错话是不会有的了。不然的话,甚至在书出版后,我也心里总是疑疑惑惑的,总怀疑与我的思维格格不入的译者,对原文做了某些——当然不是故意的——改变,从而曲解了原意。(1932年6月18日)

我很懊丧,对于我的著作的英译本您居然会如此激动。显然,您对所有此类事务还没有来得及习惯。我早就对出版商、翻译们、主编们绝望了。如果对他们给我造成的所有这些不快我都采取严厉反应的话,那么,我也会和您一样,不会有片刻消停的了。所有这些人都只考虑自己,我的著作在他们眼里都只是些外部对象,说一个译者实际上也就是一个读者，这样的情况其实十分罕见。只有什莱策尔是个例外。我对于诸如此类的事情已经习之若素了，所以，如果英文本著作的出版十分顺利的话，这只会令我感到惊奇不已的。而您做的正是这样的事情：Schwamn druber。

还好您毕竟审阅过一遍，我知道，总体而言，毕竟不会有什么特殊的大错。而假如您能够更多地想一想您的成功之处而非失败之处，这会令我更加高兴的。我们见面不会聊出版商和译者的，而是聊自己的事儿。我非常想要从您嘴里听到您关于《在陀思妥耶夫斯基的道路》上的看法，① 除此之外，我也有许多事儿想告诉您。（1932年10月26日）

上个礼拜，接到英文版《在约伯的天平上》，在此感谢您对译文进行了审校。我自己的英语实在很差，因此没有能力判断译得准确度究竟如何，我只能感谢您审阅了译文，我就心安了。（1932年11月24日）

舍斯托夫在柏林尼采学会所做报告，应当在1931年11月举行，被推延到1932年5月。舍斯托夫在给母亲的信中写道：

接到了您的贺信——谢谢你。根据惯例，大家全都聚会庆祝了（我的）生日，生日宴甚至还上了一道大馅饼：安娜在俄罗斯寄宿学校定制的……

---

① Benlamin Fondane/Sur la route de Dostoiewsky：Martin 海德格尔（Heidegger）"Cahiers de Sud" No141，1932年6月。

我希望咱们很快就能见面。5月25日确定我在柏林做报告——所以,5月下半月我会去看望您。我已经开始在为这件事而高兴了——我的柏林之行对我来说既是休憩也使身心愉悦。(1932年2月15日)

1932年3月《Ориент унд Окцидент》杂志第8期刊登了论述舍斯托夫的一篇文章(Karl Brzoska. Freiheit und Notwendigkeit. Zu Leo Schestows Buch auf Hiobs Waage)。在1932年3月24日给洛夫茨基夫妇的信中,舍斯托夫建议他们读一读这篇文章,因为文章"写得全面而又翔实"。杂志主编瑞士清教神学家弗里茨·李勃(1892—1970)对俄国精神文化和东正教有很深造诣。他和别尔嘉耶夫友善,通过后者,舍斯托夫得以和他结识。关于他,别尔嘉耶夫曾经写道,说他"一谈起俄国人和俄国他就疯了,拥有一个绝妙的俄语图书馆,要人们称他为费多尔·伊万诺维奇,虽然他真名叫弗里茨……他对俄国思想界的态度令人感动得无以复加。他处于康·巴特和俄国宗教哲学之间快要被撕裂成两半了。"(《自我认知》,第300页)。1930年以前李勃一直住在巴塞尔。当希特勒上台后,他成为伯恩大学神学系教授。他从那儿去了巴黎,1936年回到巴塞尔。李勃·鲁特女士保存着舍斯托夫写给李勃的23封信,写于1928年4月到1935年9月期间。在1928年4月17日信中,舍斯托夫感谢李勃通过德一拉·鲁宁转交的书(康·巴特的著作,以及屠尔涅伊岑牧师论陀思妥耶夫斯基的著作)。1928年11月1日至7日,舍斯托夫通知在巴塞尔的李勃,并在其纪念册上题字:"善与兄弟之爱还不是上帝。应当寻找高于爱的东西,应当寻找上帝(《托尔斯泰与尼采学说中的善》一书结尾的最后一句话)。亲爱的费多尔·伊万诺维奇，请允许我把这句话写进您的书中——我在您那里逗留期间使我确信，即我最基本的思想，也合好正是您最主要的思想。"当李勃在波恩期间，他安排了舍斯托夫的事务，舍斯托夫也应他的请求，在其在德国逗留期间，受邀到波恩大学做讲座。

*

4月份塔尼亚和娜塔莎（应主人之请）不得不腾清在列捷里耶街的住宅。她们幸运地找到另一处住处，非常舒适，而且离马斯涅街的巴拉霍夫家不远。

如上文所述，1932年5月6日，舍斯托夫完成了一部巨著《在法拉利公牛的肚子里》，最初的文本他是在1931年9月开始写的。在开始动笔以后的8个月里，他十分紧张地投入写作，因而把自己搞得很疲劳。在给洛夫茨基夫妇和方丹的信中，他这样写道：

> 近来我感觉自己身体很不好。眼下同样如此。究竟是怎么回事，搞不清楚。去看过医生：医生对我进行了诊断，发现了粘连、下垂和动脉有些扩张，开了药方。我正在治病，但暂时还没觉出这种疗法有什么效果。最糟的是一种软弱无力感觉：干什么都费力。或许这也是由于积劳引起的疲劳。最近这两个冬季我一直都很紧张，现在后果显现了。要说灾难这里也没有什么大不了的——说不定，已经结束了所有工作的我现在一切都妥帖了，经过一个夏天的休整，我还再次觉得自己精神矍铄的。可要知道5月末安排了我在柏林的演讲——而要是目前这种状况下我绝对去不了。这很令人感到懊丧——最主要的，是因为现在就没必要像我以前所想的那样非

得去见你不可了——可是这是无可奈何的：必须把讲座后延到秋天，如果 Nietzsche Ges. 同意的话，不然的话就只能彻底拒绝了事了。（给洛夫茨基夫妇，1932 年 4 月 11 日）

请原谅，亲爱的朋友，我的回信拖延了一些。刚一接到您的剧本，我就通读了一遍，但近来觉得自己很疲倦，以致甚至觉得自己连必要坐下来写信的力气也没有了。我希望经过一个夏天的养精蓄锐，这件事我能做到，但此刻却不得不与现状妥协……

感谢您寄来的新的一期《新订书人》。鲍的文章很有特点，尤其是结论部分。他引用了柏格森的话："我总是说精神应当统帅肉体"。可谁还没教过这样伟大的真理呢？只要你一写书，就不得不一再重复千年以来数千次重复的老话？我觉得不伦瑞克已经在嘲笑柏格森，虽然他当然只是在想夸他的！（方丹，1932 年 4 月 23 日）

当然了，除了不得不把动身到柏林后延外，连在波恩的讲座也得推了。也许，早在 1931 年冬天，舍斯托夫就不得不终止其在索邦大学的课程。1932 年 12 月 3 日，该课程又恢复了。

夏初，舍斯托夫的自我感觉恢复了。他写信给拉扎列夫说：

谢谢别尔塔·阿勃拉莫夫娜和您的邀请。非常愿意在您那里待几天；但活着不能随心所欲，只能随遇而安。您也知道我不得不把自己动身去德国的时间推迟，就是因为健康的原因，虽然出门很有意思，而且也很有必要。有人推荐我到如下三个地方去讲学——可是，卡尔·巴特眼下正在波恩。可我还是去不了。一旦你觉得身体欠佳，在家待着还算凑合：一切都顺手。任何旅行，最主要的，都是新条件，条件一复杂化就会包含威胁。到您那里去待几天：这对您对我都不会有什么乐趣了。最好还是您到我这儿来怎么样。(1932年6月11日)

使我懊丧的是不能去您那儿了，但您自己也明白，我不去您那儿是不可能的。我仍然希望在我走（去沙捷尔）以前，咱们能见一面。什莱采尔翻译我新著（《在法拉利公牛的肚子里》）的工作一结束，我就走，这得再过两到三个礼拜，也就是说，大约在7月5日到12日之间。我很想尽快动身。在这里，当你一个人生活时，你无论如何也无法摆脱"思维"，真正意义上的休息根本做不到。所有时代所有那些不安分的人们都在从书架上望着你，无论你逃得有多远，脑子里和心里永远都有一个磨盘在转呀转呀转个不停。

您是否已经读过柏格森的最后一本书？读起来很容易，而且读起来还很有趣。要知道他花费了多少时光——差不多用了四分之一个世纪来打造这部著作。有一个待解的问题始终折磨着我，这很令人遗憾，这问题就是：关于自己的书他本人是怎么想的？按照布柳什维科的说法，他是否称其为"学术"，他是否对人们认可其为"学术"感到满意？如果在咱们见面前您能把它读完，我很想听听您对这本书的判断和评价。(1932年6月18日)

在此期间，舍斯托夫读了马丁·布别尔刚出版的新著《天国》多卷本巨著《即将到来》唯一一部已经出版的一卷和第1卷，是作者给他寄来的。舍斯托夫在给布别尔的信中，谈到这部著作，也谈到上文所述柏格森的著作：

好长时间没有您的消息！突然您漂亮的新著就来了。整整一个星期，我每天都读您的著作，似乎觉得又一次见到您听到您的声音了。真挚地感谢您的这本新著！这本书我读得很紧张，此刻，当我结束阅读，我再次仔细翻阅了其中的几页，以便更好地掌握您的思想。虽然您在前言里说过，说您写不出一本论述《圣经》信仰的书，但您的著作仍然还是与《圣经》信仰有关。难道我们可以在不涉及信仰问题的情况下，讨论《圣经》吗？

我当然无法向您在信里讲述，您的这本著作给我留下的巨大印象。尤其是因为同时在阅读柏格森的《道德和宗教的双重来源》。这本书您知道吗？他写道（第242页）："无论是在古希腊，还是在古印度，都不曾有过彻底的神秘主义"，以及（第257页）："在以色列和他的上帝之间不曾有过足够的亲近，好让犹太教成为我们定义的那种神秘主义。"对他来说，不光使徒保罗，而且就连神圣的铁烈莎及其他天主教圣人，都比先知距上帝更近。如果您还没有读过这本书，请您一定得读一读。您能在书中找到新的证明，证明多数人——甚至就像柏格森这样的人——都距离《圣经》相当遥远——在我们这个时代，您的这本著作是绝对必要的。您应当把您的书寄一本给柏格森——尽管我不认为他会倾听您的声音……

我快要写完一篇关于意义和自由的长文。我竭力想要在文章中表明，知识会剥夺人的自由（认识善恶树）。（1932年6月9日）

7月9日，舍斯托夫动身去沙捷尔。和去年一样，舍斯托夫一家住在"波列－罗亚尔"饭店。在沙捷尔他接到方丹的文章《在陀思妥耶夫斯基的道路上：马丁·海德格尔》，和格尔曼·冯·凯泽尔林格的著作《南美思考》。他在给方丹的信中写道：

> 您的文章——我读了两遍——我觉得写得非常成功。您正确地把纯粹理性批判的问题放在中心。来自陀思妥耶夫斯基和海德格尔的引文表明，理性不可能自己批判自己，哲学家应当用完全独立的原则来与理性抗衡。我感到略微有些惋惜，是第386页的引文（第一行）的译文显得言些弱。在陀思妥耶夫斯基笔下，说的是"我不喜欢"，而不是"表仇恨"。而在这之后，我宁愿不采用肯定的语气，说海德格尔害怕真正的理性批判，而是提出这样一个问题：无论他害怕与否都得跟着陀思妥耶夫斯基走到底。须知我们还无法知道，海德格尔的哲学会通向哪里。而总的说来，文章写得非常出色。
>
> 我还同时读了奥达尔论柏格森的书评。文章写得很无情，如果此文落入柏格森的眼里，他肯定会觉得不快。柏格森本不应深入到一个他了解不多的领域的。
>
> 在不治疗的空闲时间，我正在读卡泽林最近出的一本书。这本书一定得重读。如果卡耶给您留下了写书评的位置，那该有多好。书写得很有趣。（1932年7月29日）

在发表方丹那篇文章的同一期《电影刊物》上，还刊载了 Д. X. Лоуренс 论小说的一篇文章，引起了舍斯托夫的兴趣。他在给什莱策尔的信中写道："要知道劳伦斯是我的译者，对我的著作很熟悉——看一看在他的文章里，究竟是如何反映我关于托尔斯泰的那本书中的思想的，这很有趣。"

关于自己在沙捷尔的生活和阅读，舍斯托夫在给什莱策尔和拉扎列夫的信中谈到过：

您询问我对您想把自己论述果戈理的著作题献给我的决定性意见。您问这个问题，当然是在走一种通常的形式，因为您大概也知道，这种题献词作为您对我的友谊的一种新的表达，没什么特殊意义，除了令我高兴外。至于说书中还有些我并未与之分享、有的甚至与我格格不入的思想这一点，就更其是自然而言的了，但却不至于成为一种障碍。您有并且也应该有您自己的想法——而且一本书中"你自己的东西"越多书就越有价值。我怀着急不可耐的心情期待此书出版。难道真的9月份就能出来？……

您读过拉维尔论述海德的文章没有？别尔嘉耶夫对我说拉维尔写了两部非常有趣的书，其中一本是论"存在"的。从他发表在 Temps[①] 的文章可以看出，他是个善于思考的人。我从凯泽尔林格那里刚接到他一本新著（法文版）《关于南美的思考》。非常有趣：您一定得读一读。您是否已经收到方丹论述海德格尔文章的清样？很想了解您对此文的意见。

我这里诸事如意。在继续治疗并且已经治疗了一个疗程。当然，现在是有些累了，和平常治疗时的情形一样。但在8月15日以前就会结束治疗，到那时就会有一个月的时间或许就会用来休息（亦即9月15日动身之前）。（1932年8月1日给什莱策尔）

我在这里几乎什么也不做。唯一的一件事是带有很大间歇地阅

---

① Louis Lavelle. L'Angoisse et le Neant. — "Le Temps", 3. 07. 1932.

读凯泽尔林格寄给我的他的最后一部著作《南美思考》的法文译本。他的著作有一个极其独特之处,在于它反映了所有的当代思潮。尤其强烈的是弗洛伊德的影响——但除了弗洛伊德以外,其他如柏格森、尼采、克尔凯郭尔、海德格尔等人也都令人感觉得出,而且凯泽尔林格谁都不引用。等我读完了,我会给您详尽地写一写我的读后感,要不就等咱俩见面时,我和您好好聊聊这本书。对于柏格森的书,一共只有两篇书评。一篇发表在清教杂志的是喜欢和高兴的。另一篇发表在 Cahers du Sud(1932 年 6 月)非常严厉。作者直截了当地说柏格森最好还是不要写此类东西的话,因为他对此(即对神秘论)一窍不通。编辑部在按语中指出其他批评家对此书的批评之严厉也不亚于这篇。或许归根结底还是因为这篇文章过分严厉——虽然这完全合理合法——但总归不合时宜。柏格森眼下得了重病,如果读到关于其著作的这样一种评论,只会加重他的病情。更何况书里老实说没有任何有害的内容(?)。(1932 年 8 月 1 日给拉扎列夫)

我们这里没有什么新闻。几天前我结束了在这里的治疗,并且也和往常一样,由于洗澡或其他什么手续而非常疲劳。不过我接下来还有整整一个月时间——来得及好好休息的。天气好极了——或许只是太热了而已。我倒无所谓——在沙捷尔总归有的是地方避暑。只是安娜·叶丽阿扎洛夫娜不好受:在这样闷热的天气下工作是十分吃力的。而你们那里可以肯定比这里还要热。

凯泽尔林格我终于读完了。这本书你一定得读一读。有趣的是,他竟然和柏格森一样——在结尾部分说人是不被允许拥有 plaisir 的,而 joie 却想要多少有多少。依我看,这两个人都过分慷慨了：既然要禁止，那就不光把 plaisir，而且也把 joie 禁止了好了。要知道就连 joie 也会把某种权力赋予人的，而既然人有权力，那么，这也就是说，人永远都有可能有时候不愿意服从智慧的导师们所遗留下来的遗训。但凯泽尔林格的书写得的确非常棒——他善于将智慧导师的德高望重和一丝不苟和俗人那种精巧的机智巧思结合起来。而我认为他的《南美思考》甚至在法国也终究会为他赢得广泛的读者群的。(1932 年 8 月 19 日给什莱策尔）

您关于柏格森所写的那几句话，都挺对：迄今为止一直只写——正如人们所言——他亲手所触摸，亲眼所见的东西的他，本不该出版这样一本书，书中讲述的事物，于他而言，都来自传言。当然了，多数人无时无刻不在这样写——可要知道他算不上多数人，而是柏格森。关于这件事我有许多话想对您讲，但最好不要在信里讲，而是等见面时再说，好在已经无须等待过长时间了：再过一个礼拜我已经就在家里了，而且上帝保佑，眼下工厂里事儿少多了，您也可以更经常地到巴黎玩儿了。(1932 年 9 月 9 日给拉扎列夫）

舍斯托夫和柏格森没有私交，而且他也从未主动寻求与其见面，他只是在某些著作中偶尔谈及他，例如，在有关托尔斯泰的研究论著《在最后的法庭上》中即是。他们二人的思路完全不同。舍斯托夫经常和朋友谈到柏格森。拉扎列夫[1]和洛夫茨基夫妇[2]都曾写过研究柏格森的论

---

[1] Adolhpe Lazareff. La philosophie de Bergson. （该书第 3 章：Adolhpe Lazareff. Vie et connaissance. Paris, "Vrin", 1948.）
[2] Hermann Lowtzky. Henry Bergson und Leo Schestow. 未出版的手稿未完成，也许是写于 1923 年，第 127 页。

著。方丹曾记录了和舍斯托夫就柏格森及其最后著作展开的几次谈话。舍斯托夫在这三次谈话中说道:

> 柏格森本可以在其第一部专著《意识的直接材料》①之后就成为一位杰出的哲学家的。当我在瑞士读到这本书时(也许是在1920年),这本书给了我以极大的愉悦。可随后他又写了《创造的演变》。而在此之后他完全没必要再写《道德与宗教的两个来源》。②(方丹,第71、72页)

人们很少说到柏格森的《两个来源》是本写得很差的书这一点。应当提出的一个问题是——为什么?为什么柏格森整体而言是一个杰出哲学家和好作家,一旦开始写作有关宗教和道德的书,就会写出一本很差的书呢。他总是希望人们把他看作一位非理性主义者,可是话题只要一涉及上帝,他就开始从理性的立场出发来发言了。(方丹,第71、72页)

大自然或许是专门为了让人类从事实际工作才创造了人类的理性的。可突然之间这理性却克服了为他所规定好的界限,开始思考其自己来了。这样一来,它走到了创造神祇的地步。

就这样,按照柏格森的说法,神祇是 Коллеж де Франс (College de France) 按照神祇的模样创造出来的,圣经将其统统称之为偶像。可是,假如人们不喜欢 Коллеж де Франс 批量式生产神祇的做法呢?但柏格森却拜倒在神祇面前,他承认一切,甚至说出

---

① Essais sur les donnees immediate de la conscience (1889).
② Les deux sources de la morale et la religion (1932).

自己尊重圣经这句话来。可是，总体而言，为什么要保佑甚至，给予他们以尊重呢，假如我们"自由"的眼睛看它们觉得它们既丑陋又胆怯呢……

最近两年中我只读过克尔恺郭尔、路德、柏拉图和尼采。在这些巨人之后阅读柏格森，使我再次降落到了地面。柏格森究竟为什么要写这么个东西呢？（方丹，第 107 页）

9 月 10 日，舍斯托夫从沙捷尔出发去前莱本与洛夫茨基夫妇见面，9 月 18 日从那里回家，回布洛涅。

回到布洛涅后，他写信给什莱策尔说：

克尔恺郭尔迄今为止仍然是我的脑袋摆脱不开的。我甚至愿意专门就他写作一篇长文——再次涉及亚伯拉罕和苏格拉底这个题目。尤其值得关注的，是我刚收到马丁·布别尔的两本新书，这两本新著使我可以再次确信，如今甚至就连其最热烈的崇拜者们，都把克尔恺郭尔（布别尔认为 19 世纪共有两个伟人：克尔恺郭尔和陀思妥耶夫斯基）也把克尔恺郭尔阐释为一个苏格拉底事业的继承人。布别尔在其自己的著作中甚至都没提克尔恺郭尔的名字——但在他那里，"辩证法"一词尚且保留权力。一份德文哲学杂志通过布别尔请我给他们写篇书评，评论布别尔的一本新著。但对我来说这很难，因为在书评亦即一篇小短文中，我们不可能讲清楚几乎一眼看上去就能察觉的全部差异，而正是从这种差异中，产生了自己虽然爱走，但却连自己也不知道自己是在往哪儿走的亚伯拉罕，和要求人务必要知道自己是在往哪儿走的苏格拉底之间的不可调和性和不可妥协性。我不知道克尔恺郭尔给您留下的印象如何——但我却始终有一种感觉，按照克尔恺郭尔的观点，甚至就连上帝本人归根结底也对存在的恐惧无可奈何，而且恐惧不可能不与意识的直接材料不产生冲突。可是毕竟克尔恺郭尔（这是他的巨大功绩之所在）丝毫不曾间断地始终在谈论这种不可能不与意识材料发生冲突的恐惧。我举得这是他的著作中最出色最精彩的地方。（1932年9月19日）

舍斯托夫在信中写道："我刚收到马丁·布别尔寄来的两本书……一家德国哲学杂志通过布别尔本人向我约写一篇关于其最新著作的评论文章。"从舍斯托夫写给布别尔的其他书信中可以看出，这里指的是《Блеттер фюр дейче Филозофи》，两本书指的是出版于1932年的布别尔的《Konigtim Gottes》和《Zwiesprache》。前一本舍斯托夫也许早在6月份就已经收到了，在1932年6月9日写给布别尔的一封信中曾经提到过。布别尔请求为《Блеттер фюр дейче Филозофи》写文章评论的，毫无疑问，指的是第二本书。此书布别尔在接到舍斯托夫6月9日的来信后当即邮寄给了舍斯托夫。舍斯托夫写给布别尔的属于书籍评论性质的书信共有8封。下面援引其中的4封，以及舍斯托夫写给洛夫茨基的3封信的片段，这些书信都讲述了作者是如何写作这些评论的[①]：

我没有立刻给您温暖的来信写回信，因为您交给我一件很困难的任务……我不习惯写概论。尽管如此，我愿意试着写篇东西论述

---

① 在舍斯托夫写给布别尔的德文信中，我们认为有必要更正一些书写和语法错误。

《中介语》(1932年9月22日)

　　我们就按您建议的那样做：我用德文写一篇概述，然后寄给您。您读完后润色一下，如果您觉得合适，就寄给"勃列捷尔"出版社。再次请您：千万不要仁慈——在这种事情上仁慈是要不得的。您说出的最硬气的话也不会使我委屈，因为我觉得您是我的朋友。这两天我要见别尔嘉耶夫教授，和他谈谈您的著作。我们这里有一位来自波恩的年轻的神学家，弗里茨·李勃教授。这两位都对您的思想很感兴趣，于是决定让别尔嘉耶夫教授用德文就您的著作在《东西方》写一篇概述文章（李勃教授和别尔嘉耶夫都是这家杂志的编委），而用俄语写的则在《道路》杂志上发表（给布别尔，1932年9月29日）

　　已经写完论述布别尔的那篇文章了（竟然有10页之多），要知道我这是用德语呀，根据他本人的愿望（条件是他彻底更正所有语言和风格上的不妥之处）。下周初就寄给布别尔：不知道他能否满意，但不管怎么说他首先得和我这蹩脚的德语打交道。而我本人也在这篇文章上费了很大劲儿：几乎整整两个月之久。写我倒是没有多大兴趣，可读起来反倒是饶有兴致，并且丝毫也不心疼耗费了这么长时间。(1932年11月3日给洛夫茨基夫妇)

　　正如约定好的，我把我写的概述用挂号信给您寄去。我写这篇东西花了六周时间，此刻，文章写好了，我也不敢说写得好不好。这不是一篇概述，也不是一篇分析，毋宁说是一篇和您的对话。但我仍然还是不知道，我对您的理解是否正确，我的话说得是否足够响亮和清晰，从而能让您听到。我只是想再次重复一句我已经给您说过的话：如果我的概述不能使您满意，不要客气：将它当废纸扔了吧,再也别想它了。当然,您可以把它全文修改一番,无论语言还是风格,只要您觉得合适,径直改就是了,不必问我。须知我也知道我的德语并不纯熟。况且我这是第一次用德文写作,迄今为止我的著作一直翻译成别的语种。(给布别尔,1932年11月4日)

关于布别尔的文章一切都很顺利。"Das Manuskript wird jetzt in ein korrektes Deutsch gebracht und dann an die Redaktion der Blatter gesand"——他如此写道。必须认为 mein Deutsch 不仅远谈不到完美,甚至就连准确也谈不到,可既然文章还可以彻底修改——这也就是说还算一切顺利。总之这段经历非常富于教益,因而我也丝毫不惋惜自己居然花费这么长时间和精力去干这件活儿。弄不好我还会再写一篇法文版。布别尔把他翻译的黑色封皮圣经的第11卷和第12卷寄给了我,而其余各卷早先已经陆续给我寄来了。(1932年11月11日致洛夫茨基夫妇)

我非常高兴您接受了我这篇与您对话的文章。这正是我所希望的。(给布别尔,1932年11月12日)

与布别尔有关的事情进展得都很顺利。而且《Blatter fur die deutsche Phil.》也对我的文章很满意:布别尔从编辑部给我发了一封信,信中对我的 ausgezeichneter Beitrag 表示感激。(1932年11月23日)

自从得知布别尔对其文章十分赞许以后,舍斯托夫便建议别尔嘉耶夫在《道路》上发表俄文版,建议列维·布鲁尔在《哲学评论》上发表法文版。这两份杂志都接受了这篇文章,而和《Блеттер》还约定(见舍斯托夫1933年2月10日致布别尔的信),文章将同时以德文和法文于 1933 年 9 月在《Блеттер》和《哲学评论》上发表。可是，6 月 1 日，《Блеттер》却把文章退还给了舍斯托夫，借口说版面不够用。文章的法文版发表于《Ревю. Фил.》的 11 月和 12 月合刊上，比预期略晚了一些。文章的德文版终究还是发表了——发表于 1934 年 10 月份《Ориент унд Окицидент》杂志总第 17 期上。在此之前，此文的俄文版发表于《道路》1933 年 6 月号总第 39 期上。在《道路》的总第 38 期上，曾经发表过别尔嘉耶夫对布别尔三部著作的书评。

上文所引给布别尔书信片段与舍斯托夫着手写作论述布别尔的念头的产生有关。在给布别尔的前两份信中，舍斯托夫同样也讲述了其关于原罪的想法，这些想法是他在思考和写作这篇文章时想到的。但他却并不想把这些思想写进此文中。他的想法是：

在写作概述的过程中，我感到困难的地方还有，那就是我并不十分清楚，您是如何理解《圣经》有关原罪的传说的。您写到我们在这个问题上有分歧。关于这个问题我一直在猜测。但在您的著作里，我哪里也没找到您对于这个问题的观点，也许这并非偶然。我觉得如果我没弄错的话，您和克尔恺郭尔一样（他的著作我最近三年一直在研究）满可以说："我无法把一种明确的思想和《圣经》中的蛇联系起来。"的确，我们这些雅典文化的继承者们，几乎不可能换另一种方式来论断。但在我心里仍然有一个声音在喊：《圣经》故事毕竟是正确的，虽然对我们来说有些费解，甚至不可思议。"堕入罪恶说意味着，我们所有人都处于"蛇"的掌握之中，克尔恺郭尔比别人更敏锐地感觉到了这种可怕的独立性：它那不可战胜的"严肃性"就源于此。路德和尼采都感觉到了这一点，而尼采离路德比平常人所以为的更近。当他把自己和苏格拉底都称为颓废者时,我们又该如何理解他呢?难道说颓废派是某种不同于堕入罪恶说的东西吗?在我最近一部著作里,关于这个问题有详尽的论述。在此我只想指出一点,即我们可以到处都发现"严肃性",我们可以充满信心地说,我们也能到处都发现"蛇"。无论如何,在我所读过的您所有的著作中,都能感觉到一种强大的严肃性的存在,这我们在克尔恺郭尔和尼采、路德和陀思妥耶夫斯基那里也都能找到——我认为我不会错,如果我说您也知道得很清楚,蛇意味着什么,以及它对人拥有多么巨大的统治力。蛇是否就是您所说的"它"呢、在我的概述里我不打算写这个问题,但私下里我要告诉您,我无法不说这一点。难道对您来说,把《圣经》译成如此出色的德文以后,那条蛇仍然是不可见的吗,那条赞美诗歌者和先知经常而又无望地与之斗争的蛇,竟然仍是不可见的吗?我确信,用您自己的话说,对于这个问题,您会永远沉默下去的。(1932年9月22日)

再谈那条老蛇的问题。您建议我读一读您的著作《查西迪克书》第19—23页、但也正是在这几页上(我有这部书)有几段来自Chassidischen Schriften您用过的引文,这令我想起克尔恺郭尔关于蛇的话。同样的一段话是您关于斯宾诺莎的论断。您说您最后一部著作Zwiesprache——是一部您的心灵之书。如果读者有权力依照自己的方式来评判作家的话,那我就应该说,我有这么一个印象,即《die Chassidischer Bucher》和《我和你》也都是您心灵的书。您所发表和出版的一切,都是发自您的内心的。您还拥有那样一种强大的严肃性,关于它,克尔恺郭尔和尼采已经告诉过我们许多，因此，您所书写的一切，都能带给人以强烈的印象。我非常理解您为什么会在自己写的信里，谈及蛇和原罪。您引用了查迪克的话（第317页），他说到自己的灵魂，说他的灵魂属于那样一种灵魂，它们已经从亚当身上逃逸，而在亚当身上，当时曾经集聚了所有的灵魂，直到原罪的灵魂，因此，他没有品尝知善恶树上的果实。我不知道这件事上有没有例外，但这番话说明，查迪克同样也承认罪过，这使得初人身上浑身都有罪。我同意所有这一切都是我们完全搞不明白的（我也同样搞不明白）。但随着年龄越大我越来越明白了，更何况我也能感觉得到，圣经传说向我们揭示了一个非常重要的深刻的真理。但蛇对我们的辖制力是如此之大，以致我们无法接受这一真理。甚至就连克尔恺郭尔也认为这一真理是唯一必要的。几乎不可能在这么一封简短的信里讨论这个问题——或许您到底还是能来一趟巴黎，到那时我们的"对话"才得以正常进行？抑或，当您读我的关于原罪问题的新著时，您也许就会更明白，为什么我会给予蛇以如此密集的关注。对我来说，它是 bellua qua non occisa homo non potest vivere（野兽，——如果你不把它杀死，人就无法生活下去），我这是在重复路德的话。您的著作在我身上总是能引起怀疑，而这妨碍我就您的著作写书评的工作。您当然是对的。我们应该像那些圣诗歌者和先知们一样，永远斗争下去，而且我们也不可能不斗争下去。但是否由此就应该得出结论，蛇是被一个人给战胜的呢？我不打算在我的概述中谈这个问题——这个问题在书评文章里是没办法谈的。况且在您的著作里——在一篇短小的述评里，几乎可以无所不谈——您总是首先谈最重要和最不重要的事情。（1932年9月22日）

圣经关于原罪的传说乃是舍斯托夫哲学的基础和奠基石。他在其著作中一而再再而三地回到这个主题上来。当布别尔 1934 年 4 月来到巴黎时，舍斯托夫再次与其交换了有关这个题目的想法。

什莱策尔 10 月份收到了其《果戈理》一书的清样，上文已经提到过这本书，而 11 月书就面世了。舍斯托夫为此给什莱策尔写信说：

> 关于您的大作《果戈理》一书，我认为您的悲伤什么都无法证明——在此书的价值这个意义上。要知道几乎每次，甚至可以说是任何时候，当一位作者阅读清样时，都会绝望得无以复加。至少我的经验是如此。我觉得无论是《巴门尼德》还是《论第二维度》都丝毫也不合适。而关于《在法拉利公牛的肚子里》，也许您自己也还清楚地记得，我当时跟您说过的话。我在急不可耐地期待《果戈理》的出版，而且我相信即使您在那本书里依然未能尽情地畅所欲言的话，也可以肯定您已经说了许多许多该说的了。的确，我担心正因为此，许多人会因此而不喜欢这本书的。然而，对此我们已经没必要伤心了。（1932 年 10 月 20 日）

（现在您不必）为比反应过激，虽然人们都在阅读你的书，都在夸赞你，但他们却不愿意听你讲。要知道事情本来就应该是这样。当然，我还没有机会和那些法国人谈及您的大作《果戈理》，以及关于您的文章，虽然我曾经到 Masson Oursel'a 家客厅做客，也见到过各种人物。话说回来，我有一个印象，即虽然我最后一篇文章（《在法拉利公牛的肚子里》）已经及时寄给了印刷厂，但无论是列维—布留尔还是 Maccon 都还没读到过它……而且等印出来后也未必会有多少人读。依我看，您的著作的命运在某种程度上也同样如此:现在的人都不怎么愿意深入思考问题。但对这种情况,我们与其说应该为此悲哀,倒不如说应该与之斗争才是……

我和俄罗斯人有过一些有趣的谈话。礼拜一那天别尔嘉耶夫来过我家,他亲口主动聊起了您的大作《果戈理》。这本书给他留下了深刻的印象,但也许正因为此,他才非常固执的强调说,在许多问题上,他并不同意您的观点。等您来到巴黎,我再给您详细讲述:很多事情很难用笔来描述,很容易就疲劳的。最主要的是,他把他自己的信念和您对立了起来,即认为果戈理的"悲剧"来源在于其创作的颓废性。这种观点依我看是错误的。显而易见的是,被烧毁的《死魂灵》第2卷不仅不亚于第1卷,而且远比第1卷要好。但别尔嘉耶夫在这个问题上是不可能被说服的:要知道对他来说"创作"就是对所有生活问题的回答。我对他直言不讳地说了我的观点,而且说过好几次,说我也想就您的果戈理写篇文章,如果有地方发表的话。他仔细地听了我的意见,但却仍然固执己见。而且,对于我说想要找个地方发表我论述您大作的文章的事,完全没有任何反应。随后,等他离开后,我忽然有了一个想法,莫不是他自己也想写篇论述您大作的文章吧。我和他很快还会见面的,等见面时候我问问他。但指望他把我的文章拿到《道路》上发表的希望渺茫。而除了《道路》外,也没地方可发表。

和列米佐夫的谈话也很有意思。他非常仔细地读了您的大作(还没读完),但奇怪的是对于该书的题词并未加以留意。我告诉他,说题词隐含着该书的主题思想,并说我认为他在此之后再读的话,一定会有一些此前被忽略的收获。但就连他也对您的《果戈理》很感兴趣。等他读完,我们还会聊的,到那时我再详尽给您讲述一番……

该结束了——许多事情是不能用笔写的:累得很。自我感觉倒不能说不好,但一味这么写很累。再加上最近一段时期以来,发生了好多不如意的事情。不过,上帝保佑,会过去的。(1932年12月21日)

登特寄来一篇对我著作(《在约伯的天平上》)英文译本的评论文章。大部分内容尚感满意,有些地方流露出善意。怪事出在《泰晤士》上的那篇评论上①。登特把文章寄给了我——可是,由于文章实在太长,而我读英文又很吃力,所以,我把文章放起来了,等着塔尼亚给我读一读——结果给弄丢了。昨天列米佐夫又把从《复活》②上摘录的片段交给了我,该片段中在 Rossica 栏里引用了该评论中的下列一句话:"在当代处于前列的哲学家中,舍斯托夫应当占据最前沿的位置之一,他以其滔滔的辩才远远高于甚至包括柏格森本人在内的所有其他人"。泰晤士报是一家很有影响力的报纸,如果它的书评中有了这样的话,也许会促使登特以更加优厚的条件出版我的其他著作也说不定……

列米佐夫非常喜欢您大作的结尾部分。不过,他断言,您在题词中所宣称的那项任务③,您并未彻底完成——不过,这项任务无论是果戈理,还是帕斯卡尔自己,人们当中的任何人都绝对无法彻底完成。无论如何,俄罗斯人都在认真地阅读您的大作,而且,也

---

① 泰晤士报文学副刊,1932年12月16日,第954页。论列夫·舍斯托夫的哲学,文章作者名不明。
② 此书提到的这篇文章未曾找到。
③ C'est un enchantement incomprehensible et un assoupissement surnaturel (Pascal).

许 Paulhan 已经给您写过信了吧，而且我似乎也从某人那里听说，据说法国人到底也还是有所听闻了。(1932 年 12 月 15 日？)

见到了别尔嘉耶夫。他不打算著文评论您的《果戈理》——但同样由我来写。但他给的篇幅不大——他那份杂志很小——总共只有 3 个印张。我不得不放弃写文章评论无论是您的大作还是谈谈果戈理本身的想法了……

至于说人们一般都更多关注甚至专门留意此书的文学方面这一点，没必要深思其内涵，要知道这已经是老调重弹了：不得不对此有所体验的，我们不是第一批，也不是最后一批。有时候甚至会觉得在某种意义上事情似乎本该如此。要知道绝大多数人之所以读圣经，仅仅因为圣经写得很好而已。而且须知如今谁还愿意重组自己的思维方式，以便能让圣经成为真理的来源呢。眼下我必须重新恢复我在索邦每逢节假日开设的讲座课，因而又重新拾起了克尔恺郭尔，并且也再次确信，甚至就连他也很难甚至是绝不可能相信圣经的叙事是在讲述真理，因为这一切与其有关存在的真实秩序的观念并不吻合。甚至就连那种闻所未闻令人恐怖的、他在自己灵魂深处一直都在承受直到生命的最后一息的疼痛，也无法毁坏他的（以及我们当中任何人的）灵魂所沉浸于其中的 enchantement et assoupissement。而当我阅读他时，那些有关法拉利公牛、关于我仿佛与之已经长在了一起并且似乎再也无法与之分离的苏格拉底的思绪，全都被以新的力量激发了出来。本达是个幸运儿，积攒了那么多智力资本，都可以放高利贷（句子未完）……

读了阿达莫维奇论述您的果戈理的文章。据说米留科夫十分警觉地关注着，不让任何"神秘主义"情绪渗入《新闻报》。或许正

因为此，阿达莫维奇才会写得如此清醒吧。（1933年1月4日）

在给什莱策尔写信的同一天，舍斯托夫写信给法尼亚说：

> 谢天谢地今年终于带来了些许安宁，而安宁是如今我们所有人都非常非常需要的。希望你，法尼亚，工作像以前一样顺顺利利，精神健旺，精力充沛。的确，其实就是去年吧，你也没什么可抱怨的：你的病人都一个个痊愈了，论述克尔恺郭尔的文章成功了，并且受到了热情的欢迎。所以说，在这个问题上，我们所能希望的，只有一点，那就是让新的一年能不亚于去年……

> 我收到论述我著作的几篇英语书评。总而言之仍和往常一样，对我的写作才能赞不绝口，而对我在书中表述的思想却避而不谈。的确，所有这些书评都写得匆匆忙忙——差不多出书的第二天就必须有书评见报，因而不值得认真对待（只有一篇似乎可以除外，作者在文中说我的书他只读了开头的50页，但已经感觉到书中有值得深思之处，因而建议对此书需要长久思考）——不过，或许在英格兰也和所有地方一样，未来也和所有现在一样吧。我收到什莱策尔的一封来信，他在信中说他论述你关于果戈理的著作和论述我的文章，都遭到了同样的命运。大家全都对文体赞不绝口，而对实质问题则噤若寒蝉。（1933年1月4日）

1932年11月初，根据从1930年入住的那幢房子房主人的建议，舍斯托夫一家从两居室的住宅搬进了一家大住宅（两室半）。舍斯托夫在给母亲的信中写道：

很久未给您写信了——近来忙得够呛：搬进了一套新居。主人要用我们住的房子，因而提议要我们搬进另外一套更大更好的住宅，在同一楼层，而且年租金和以前比几乎便宜1000法郎。不过，搬家是累，得搬运东西，布置家具，不过这下我们的住处改善了好多……

眼下正是最忙的时候：从下周六起，我又开始在索邦讲课了。(1932年11月10日？)

在准备参加宗教－哲学学院公开讨论会（以"世界无神论运动的起源"为题）时，舍斯托夫写信给拉扎列夫说：

下周日（1932年11月27日）10点，将在蒙纳帕斯举办一个公开讨论会，到时别尔嘉耶夫、维舍斯拉夫采夫、费多托夫及其他人，都将发言讨论"无神论的起源"问题。我也会参加的。您要是能去那就太好了——听一听人们怎么说，见一见其他人。只是您有没有时间和可能呢？(1932年11月24日)

舍斯托夫并未忘记要给母亲去信祝贺母亲生日。他写信给母亲说：

祝你生日快乐，身体健康，精神健旺，祝愿你所有的亲人都喜事连连。恰在此时你的信来了，我们得知你那里谢天谢地，诸事顺遂。你寄来的论述斯宾诺莎的文章我读了。文章写得很好——如今正在庆祝斯宾诺莎诞辰300周年，人们关于他所写的文章都在说好话。昨天我接到从纽约寄来的一本书，是为纪念300周年诞辰而出版的——书印得很庄重堂皇，书里的肖像也印制精美。作者叫 Benjamin de Casseres，是斯宾诺莎的女性后代——即斯宾诺莎的后来嫁给 Casseres'a 的妹妹。遗憾的是，我的英语不太好，这本书的许多内容读不大懂。不过，看样子书中所用的语言是大众都能读懂的，所以，此书也许会很畅销，不但如此，书的作者是一位在英美两国很有名的作家。说不定此书能被译成其他欧洲语言出版——至少会有法文版和德文版——到那时我就可以通读此书了。我们这里一切照旧。春光明媚，一点儿也不像十二月的天气，而像阳春三月或四月——所以，在布洛涅森林散散步会很惬意。我们对新居都十分满意，大家都很惊奇，房主人竟然会在租金让步的条件下，租给我们这么好的房子住。(1932 年 12 月 20 日？)

虽然这封信里没有谈到，但毫无疑问的是，把此书寄给舍斯托夫的是卡西列斯本人，此人和舍斯托夫已经通过好几年信了。至于卡西列斯是如何了解到舍斯托夫的著作的，舍斯托夫在给方丹的信中提到过：

他出版了一部论述四五位名人的书：布杰①、斯宾诺莎、尼采、儒勒·德·戈蒂耶。第五位记不得了。也许是戈蒂耶把我的《托尔斯泰伯爵和弗里德里希·尼采学说中的善》寄给他的，因此此书是戈蒂耶本人做的序。我推断卡西列斯（这位美国作家）是如此这般地得知我的这本书的。不久前他发表了一篇论述我的文章：

---

① 布杰（1859—1929），俄国语言学家，彼得堡科学院通讯院士（1916）。有方言学和俄罗斯标准语言史方面的著作。——译者

《宿命宫殿里的参孙》①。据标题推断,我认为他明白问题的实质所在。但仅就我所能理解的不多一点内容(文章是用英语写成的),他一开始是把我当作一个文体学家来论述的,而由此一下子就可以看出,我的事业不太好。(方丹,1937年2月17日,第132页)。

---

① Benjamin de Casseres. Chestov: Samson in the Temple of Fatality. 此书第三章: Benjamin de Casseres. Raideers of the absolute. New-York, The Blackstone Publishers, 1937, 56стр.

第十三章

滨海布洛涅：1933—1936——《克尔凯郭尔与存在主义哲学》——对印度哲学发生兴趣——论日尔松的文章——《雅斯纳亚·波良纳与阿斯塔波沃》作为报告和文章——70 周年——巴勒斯坦之行——论雅斯贝尔斯的文章

1933 年 1 月 30 日希特勒当上了社民党党魁，成为德国首相。几个月后，局势明朗了，洛夫茨基一家，舍斯托夫的母亲以及萨沙，已经无法继续待在柏林了。洛夫茨基一家和舍斯托夫的母亲动身去巴黎，也许是在 5 月份，而萨沙去了巴勒斯坦的特拉维夫，他的妹妹丽莎和丈夫住在那里。在巴黎，洛夫茨基一家住在塔尼亚和娜塔莎那里，而舍斯托夫的母亲住在近处。娜杰日达·米哈伊洛夫娜和她住在一起（她的姓氏无法确定）。9 月份，洛夫茨基一家找到一处带家具的住房。舍斯托夫常去那里看望。

*

1933 年 6 月初，舍斯托夫接到胡塞尔寄来的一封信：

亲爱的朋友！您那些真挚的发自内心的话语使我很受感动。我希望您到底还是能来一趟德国做报告，那样我们就能见面了，哎，见个面怎么那么难。"按照我们这个时代的标准"我们过得都还不错。德国的大革命对我们和我们的作为雅利安人的孩子们来说，是个人的命运。我们觉得自己有力量承受所有这一切，而且，如果上帝愿意的话，会把它变成善的。我们花费了许多力量用来承受所有这些新的骚动。因此而使得我的最近几年成果丰硕的研究工作，近几个月以来常常中断。我的解雇被暂时取消了。对我来说更加严峻的是这样一种情况，我的儿子，基列大学里的居民，被免除了职务，他再也没权利教书了。我不知道，我女儿的丈夫保留其在柏林博物馆的职务，——目前暂时他还在工作。夏天（7、8月）我们准备在蒂罗尔度过，已经租好了住处。但如今出国又有限制了。这样一来，我们的一切都定不下来。当你一天天变老时，你会有很多很多甚至太多的感受。我希望我很快能够再次为自己在"永恒真理的国度"为自己找到工作。送上我对您和您可爱的全家人的问候。真挚地尊敬您的老西·胡塞尔。（1933年5月9日）

胡塞尔的这封信目前保存在舍斯托夫档案里。胡塞尔在去世前几天，对其夫人说："Gott hat mich in Gnaden aufgenommen und mir erlaubt zu sterben。"（Husserl. E. Briefe an Roman Ingarden，摘自1938年4月21日马尔文·胡塞尔写给英伽登的信）。

需要提醒的是，舍斯托夫在《在法拉利公牛的肚子里》（此书的最后几章是论述克尔恺郭尔的）完稿以后，一段时间用来研究布别尔，并就其写过一篇文章。1932年12月末，他再次着手研究克尔恺郭尔（参阅1933年1月4日写给什莱策尔的信）。几个月后，他开始着手写作《克尔恺郭尔与存在主义哲学——旷野呼告》一书，此书的完整手稿现存舍斯托夫档案。手稿分为7个部分，与其他文本一起合为7个笔记本（Mc. №44—50）。其中6个笔记本的首页上，签署了日期（1933年4月——1934年3月）。我们无法准确断定，这些日期是否与关于克尔恺郭尔书稿的各个部分有关，因为其中几个笔记本不光包含这部书稿的个别部分，而且还有其他文本。尽管如此，我们仍然可以断定，这部书的手稿开笔于1933年4月，完稿于1934年3月或4月。此书未签署日期的最终稿本毫无疑问终稿于1934年7月。此书的1至22章都签署了日期。舍斯托夫在最后又把写于1935年的《克尔恺郭尔与陀思妥耶夫斯基》作为序言写入此书。

在研究克尔恺郭尔的同时，舍斯托夫也引起了周围人们对克尔恺郭尔的兴趣。1932年法尼亚写了一篇论述克尔恺郭尔的文章（参阅舍斯托夫1933年1月4日给法尼亚的信），格尔曼也在好几篇文章中提到克尔恺郭尔。1933年"阿尔柬"出版社出版了克尔恺郭尔《重复》的法文版。舍斯托夫很关切，希望关于这本书能有一些"合适"的文章，以便不让此书"出得毫无影响"。别斯帕洛娃自告奋勇为《哲学评论》写篇文章。在寄给时在沙捷尔——他是7月17日去的那里——的舍斯托夫的信中提到过这件事。

> 我欣赏您日常进行的斗争，如同欣赏一场毫无希望的角逐和注定灭亡之人的高尚行为。我不说我宁愿这样的失败也不愿其他任何成功……布别尔或许会被您的关注和尊敬所感动的，但另一方面，也可能不满于您向他表达了一种"病态的同情心"，您毫不留情地

刺穿了《肉桩》(Pfahl ins Fleisch)。他是对的，当他说："这才是真正的舍斯托夫"。

我不知道我是否告诉过您，接到了列维·勃留尔的第二封信，他在信中说，会给我必要的期限来写作论述克尔恺郭尔的文章的……

我越研究克尔恺郭尔，越经常为我自己提问：海德格尔有什么东西剩下来了，如果把他该克尔恺郭尔和胡塞尔的都计算进去的话，他的资产会立刻急剧缩减：剩下的只有一个主题：Welt（世界）和 Welter der Welt（世界的世界）及其伟大恢宏的技术。我承认在这个问题上您是对的。(1933年8月28日)

别斯帕洛娃的文章是 1933 年 12 月写完并发表在《哲学评论》(1934 年 5、6 月刊)，标题是 "Note sur la Repetition de Kierkegaard"。克尔恺郭尔的著作《恐惧与颤栗》法文版出版后，别斯帕洛娃同样也写文章评论了这本书。该文发表于《哲学评论》1935 年第 1/2 期合刊 (1/2 月份)。

*

9 月 25 日回到滨海布洛涅后，舍斯托夫写信给什莱策尔并谈到《重复》：

关于克尔恺郭尔您只字不写这令我很失望。这样会让他的著作毫无影响地成为过眼烟云的。而法兰西有教养的人们终将会认识到，伟人万神殿里必须有克尔恺郭尔的名字，而且不仅如此……

一个念头使我一直不安，即《新法国评论》将不会登载一篇论述克尔恺郭尔的文章，或其他合适的文章——既然连您都不写的话。于是我想到：要不您联系一下 Paulhan，就说您因为太忙，向他提议请我来写一篇论述重复的文章。或许对我他会给的篇幅要多一些也说不定，而我一定尽量把文章写得漂亮一点儿。如果能给我8 到 9 页，那就能说出不少东西呢。不过这事要从快进行。马上给他写信吧，不要拖延了。（1933 年 9 月 30 日）

《道路》第 39 期（1934 年 1—3 月号）发表了舍斯托夫的一篇短文《黑格尔还是约伯？（从克尔恺郭尔的存在主义哲学谈起）》，文中，他对克尔恺郭尔的著作《重复》给予了极大关注。同一篇文章又发表于 1935 年 5 月的《新法国评论》上，标题是"Job ou Hegel"。现未判明，这篇文章究竟是不是根据《新法国评论》的请求写的，而如果是的话，此文发表的时间那么晚又究竟是什么原因导致的呢。

此后不久舍斯托夫又写信给什莱策尔说：

11 月 19 或 20 日将举行关于克尔恺郭尔的座谈（是为了列米佐夫举办的，您还记得我对您说过的话吧？）：能否把您的名字也写在来宾名单上呢？发言倒不一定如果您不愿意的话。而如果愿意那当然更好。我希望到那时您已经回到巴黎了。（1933 年 10 月 14 日）

我们这里没有什么新闻。整天坐在家里几乎谁也见不着。开始写作论述克尔恺郭尔的报告。又激动又觉得非常之难。没有一个作家像克尔恺郭尔那样与我那么亲近——据我所知，没有一个，任何作家都不像克尔恺郭尔那样，曾经那么激情洋溢地，奋不顾身地到《圣经》中寻找对于自己的问题的答案。他从黑格尔从"希腊学术研讨会"走向约伯和亚伯拉罕,从理性走向荒诞和悖论。但他无法摒弃苏格拉底,但归根结底,在起而反抗思辨哲学和彻底修正福音书——因为福音书未能经受苏格拉底的批判——的同时,力求辩证地显示上帝在人身上的显现。而且,当然了——以此也就回到了希腊学术研讨会——和菲罗完全一模一样。为什么会这样呢?菲洛我是理解的——但"对虚无的恐惧"在把人从上帝身边赶开——难道说甚至就连克尔恺郭尔的"经验"也无法祛除这种恐惧吗?等你回来,咱们好好聊一聊这点。

方丹一篇论述克尔恺郭尔的很好的文章发表在《Cahiers du sud》,我的一篇文章也见于该书。(1933 年 10 月 20 日)

最后一封信中提到《电影刊物》杂志。这里说的是这份杂志的第 155 期,出版于 1933 年 10 月份,里面刊登了从舍斯托夫文章《论思维的第二个维度》中摘录的 22 则格言警句。(摘自同一本书中的另外 16 则格言警句,则发表于《新法国评论》1932 年 9 月号和 10 月号上),以及方丹关于克尔恺郭尔两部著作的笔记,也于不久前出版了法文版:*In vino Veritas* 和 *La Repetition*。一段时间以后,在同一本杂志上,越来越对克尔恺郭尔感兴趣的方丹,又发表了两篇论述克尔恺郭尔的文章:*Leon Chestov*,*Soeren Kierkegaard et le serpent*(总第 164 期,1934 年 8/9 月号。参阅该刊第 128 页)和 *Heraclite le pauvre ou Necessite de Kierkegaard*(总第 177 期,1935 年 11 月号,参阅该刊第 158 页)。

舍斯托夫在 10 月 20 日给什莱策尔的信中提到的关于克尔恺郭尔的报告(《克尔恺郭尔的宗教哲学理念》),他是在 11 月 16 日的宗教哲学学院的公开大会上做的。参加会后讨论的有尼·别尔嘉耶夫、鲍·维舍斯拉夫采夫、阿·拉扎列夫、阿·列米佐夫、格·弗洛洛夫斯基、鲍·什莱策尔。

拉扎列夫从自己那方面同样也研究过克尔恺郭尔,并且就其发了言,因此之故,舍斯托夫在给他的信中写道:

> 很想和您见一面好好聊一聊您在关于克尔恺郭尔的会上的发言。我从许多人——别尔嘉耶夫、什莱策尔、列兴佐夫、莫丘里斯基等那里听说——对您的发言都做了非常有意思的评价。大家全和我一样,觉得您的报告意义重大,而且做得很及时。详情等见面再聊,好在过不了多久,我还需要想一想。(1933年12月1日)

舍斯托夫没有说拉扎列夫在哪儿做的报告。非常有可能是在11月16日召开的宗教哲学学院的公开讨论会上。值得指出的是,在现在保存下来的1933年的信件中,舍斯托夫一次也没有说及他正在写作一本论述克尔恺郭尔的新著,虽然在口头交谈中曾多次提及。

1934年2月初,舍斯托夫接到一份在孟买出版的国际杂志《Ариэн Пат》编辑部的信,请他就"欧洲文明中有什么东西是值得予以保留和拯救下来的?"这个题目,写篇文章。杂志告诉他,让·格因诺、卡尔·斯佛尔查、朱莉因·宾达、日·罗·勃洛克和斯捷潘·茨威格都已经同意就此题目写文章了。舍斯托夫接受了这项建议,1934年8月份,他的那篇被冠以《Menacing Barbarians of To—day》的文章被发表在这家杂志上了,文章结尾的最后一句话是:"我们应当拯救自由"。该文俄文原版被发表在《俄罗斯基督教运动信使报》1976年第119期上。

1934年2月26日，塔尼亚再婚嫁给了乔治·拉若。关于这次婚姻，舍斯托夫曾给法尼亚讲过，她当时正在法国南部休养：

> 塔尼亚的婚礼办得非常成功。我和安娜至今仍在回忆过去的那个礼拜一——与此同时，我们也回想一切的一切是那么的顺利，正是因为你有了一个念头——在你们家吃早餐。只有一点令人感到遗憾，你这时却不在场——关于这一点，上周一我们也不止一次回忆过。而且，的确，非常遗憾，你不在令人感到没劲儿。而一切却正是如此这般安排的。还在婚礼前A就买了鸡肉，而星期日和拉扎列夫在我们这儿的格尔曼，带他们到你们那里，把他们交给了您家的女仆照管。而礼拜日那天，A在拉米订购了下酒菜和馅饼，而法国甜食店有一种用大油做的馅饼。酒是乔治预定的。周一早晨A没有去市政厅，而是为了帮忙拿上了femme de menage，出门就奔您家来，所以，等我们从市政厅回来时（大约为早晨11点1刻左右）——一切已经准备妥当了。而且一切都精美之极：无论餐具还是早餐。一切进行得中规中矩——不管是您家的女仆还是我家的femme都服务一流。早餐吃得好极了——是的，那些法国人看上去对饮食和酒品都非常满意，他们可不像我们，一见美食美酒就哄地一下扑了上去。餐后在客厅喝咖啡——法国人偏爱甜酒，而我们却对它不怎么感冒。香槟酒倒是走得很好，但也颇有节制——至于甜酒，只有瓦洛佳一个人能尝尝。凌晨3：30分法国人走了——他们走后最有趣最欢乐的部分才正式开始。每逢这种场合总会要大显身手的格尔曼，把全场的气氛哄得热热闹闹。他坐在钢琴前弹出了如此美妙的音乐，以致到后来，不光年轻人，就连安娜也翩然起

舞……就这样一直持续到连戈自己也想跳一跳为止。于是大家把我按坐在钢琴前——我演奏起回旋曲，而格尔曼则用不像是他自己的嗓音指挥着跳舞的人群。可到5点时我们不得不散伙儿，因为6点火车就开始运行了，而到车站必须坐地铁；那时司机的罢工还在持续进行中。我们就这样庆祝了塔尼亚的婚礼。一切都好极了——可惜就你不在。这令人感到双倍的懊丧，因为这一切本来都是依据你的设想安排的。我们没有添加任何新内容。塔尼亚和乔治已经回来了，今天已经到阿歇特出版公司上班了。眼下安娜工作不多，她空闲时间多了，去看妈妈的次数也比以前多了。而我也尽量多去看望几次，好让她不致很快就察觉你的不在场。而索尼娅每天都去看望妈妈：她一去就带着针织活儿，一坐就坐好久。两个娜杰日达都给人留下了很好的印象。她俩对妈妈照顾得很好——她们两个的能力和耐心简直令人感到惊奇。妈妈看样子也对她们习惯了，对她俩从无半句怨言。（1934年3月5日）

在这次欢乐的事件过后不久，3月13日，舍斯托夫的母亲，88岁高龄的安娜·格里戈利耶夫娜去世了。舍斯托夫在给丽莎、列夫和萨沙的信中写道：

你们的来信收到了。我理解你们该有多么难，也许比我们难多了。从这个冬天的下半季开始，我们每天都在为必然行将到来的一切做好准备。从1月份起妈妈就开始生病。刚开始是内出血，医生当时都不指望能把她救过来。但还是救过来了。她康复得很快，甚至已经可以在房间里走动和摆纸牌阵了。可几天后又开始卧床不起了：先是支气管炎，随后变得越来越糟——尽管采用了一切可能采取的措施，但她的身体还是一天比一天——法尼亚当时不在巴黎——衰弱，已经能令人感觉到致命的终结已经不可避免了。3月13日傍晚去世，但她仍然想方设法在妈妈去世前一天赶来了：是用电话通知她的。这件事从始至终都很难。唯一能给我们以安慰的是这样一种回忆，即妈妈终究得以避免她那一代人命中注定要遭遇的那种恐惧——所以，直到临终的最后一天，她都不知道什么叫贫穷，也不曾看到过自己的孩子和儿孙们受穷受苦，如果她活下来的可能性不是偶然保存了下来，如果她不是去寻求她那些一无所有的儿孙们的帮助的话，我们很难想象在她身上会发生什么事。要知道有多少老年人沦落到无人照管的境地，而她本来也很可能难逃这样的命运的。上帝保佑了她，每次我回想起这件事，我就不知道该怎么感谢上帝才好。

当然，你们不在这里这令人很郁闷。可我们又能有什么办法呢？我们不敢把你们从那么老远的地方叫回来。我们知道这很难——但却必须与之妥协。如今这样的时代，就是一个不得不与许多现象妥协的时代，甚至是与那些你极不情愿与之妥协的现象妥协。咱们已经有多少年没见过面了——无论是你们到我们这儿还是我们去见你们，都不曾有过一次机会。刚开始时——8年前，我和一些犹太复国主义者们有过谈判，可他们除了让我到各个部门跑来跑去以外（没有给我提供任何帮助）：和犹太人打交道我很不走运。眼下我刚接到艾金贡医生的一封信，他刚从柏林迁居耶路撒冷。他在信中说他马上要恢复谈判，并且表达了十足的信心，说他们会邀请我访问巴勒斯坦的。艾金贡医生是个精力充沛的人，而且，看起来他在犹太复国主义者群中,有良好的人脉关系——当然,对此我无丁点怀疑。为了能让我去一趟巴勒斯坦,他也的确做了取决于他本人的一切。(1934年4月22日)

1934年4月马丁·布别尔来到巴黎。舍斯托夫对布别尔的到来感到非常高兴,他和布别尔有着非常真挚的友谊。4月8日,布别尔在布洛涅拜访了舍斯托夫,4月13日舍斯托夫在洛夫茨基家安排了家宴欢迎布别尔。方丹对此作了如下描述:

在洛夫茨卡娅女士、舍斯托夫的女儿家。欢迎马丁·布别尔的家宴。艾德蒙·弗莱格,还有李-勃博士——一个处于流放中的德国神学家等人……老拉比布别尔有一副奇妙的面孔。这位智者的脸庞红扑扑的,足以掩盖他内在的底蕴,他讲一口纯正、抑扬顿挫、稍稍有些小舌音的法语,他的话语稳健平缓,字斟句酌……大家聊起德国和欧洲的事变,聊起希特勒,法西斯和共产主义……

"我们生活在一个行动的时代,"布别尔说道,"人类在这个时代正在实现其理想,只不过是以漫画的方式实现的。但我认为人类只要有可能也未尝不可以不感到幸福。地球足够大,地球上的物产也足够丰富繁盛。可是我们究竟该怎么办好呢?人类在绝望之际却在做着最疯狂的尝试。给人的印象是,人们正是在此时此刻想要扼杀圣经里的那条蛇。"

"而这也正是我们本应做的事情,"舍斯托夫回应道,"许多年过去了,我不也是日日夜夜与蛇搏斗吗?希特勒怎么能和这条蛇相提并论呢?"(方丹,第18、19页)

过一段时间后，舍斯托夫在和方丹谈话中聊起布别尔：

我和布别尔的分歧在于：他很想避开原罪和继承性等。和他一样，我也知道，有关原罪、继承性罪孽的理念是多么荒谬绝伦，多么令人气愤不已，多么不可思议。我对他讲述了这一切。而他却回答我说，对他来说，这种罪孽非来源于知识树，而来源于该隐的罪行。对我来说这是不可思议的。罪孽是知识。对此我本不想说什么，写作了真正的纯粹理性批判的，不是陀思妥耶夫斯基，而是上帝本人，他说：一旦你有了知识，你就会死。我知道人们这是在反驳我，也知道这不是批判等。

当人在品尝知识果时，他获得了知识，却失去了自由。人不需要知识。询问，提问，要求，证明，回答——恰好也意味着人不是自由的。认识就是认识必然性。认识和自由是不可兼容的。别尔嘉耶夫却对我说过：为什么您想要剥夺我认识的自由呢？（方丹，第25页）

在此期间，舍斯托夫写信给方丹谈起自己的工作：

终于从您那儿得到一句话，亲爱的朋友！您遇上了"通常的不快的事"：这么说，应当感谢上帝，是他把你从不寻常的人当中解救了出来！我很想见到您，但当前我无法接受您的邀请。我也有我自己的"不快的事"：我得写东西。虽然众所周知，这会带来很大的愉悦，但应当承认，这给我带来的就只有不快。迦利马同意拿走我的克尔恺郭尔，行前必须把誊抄好的手稿留给什莱策尔。这就是说，必须写呀写呀写呀——不然的话，7月20日前我无法杀青。或许您能找出时间到我这儿一趟？我们也许可以相互就我们各自不快的事情发发牢骚——您抱怨说自己还得挣糊口的面包，而我则抱怨应当不是从虚无中，而是"为了什么"而创造——迦利马弄不好一分钱也不会出。(方丹，1934年5月14日)①

在这封信中，舍斯托夫首次提到论述克尔恺郭尔的著作。这本书他起笔于1933年年初。正如信中所说，写作完稿于1934年7月，而后，他和往年一样，去了沙捷尔看望安娜·叶丽阿扎洛夫娜去了。

舍斯托夫从沙捷尔写信给方丹谈起后者的那篇文章，题目是"Leon Chestov, Soeren Kierkegaard et le serpent"。

  从巴黎给我寄来了一份登有咱俩文章的《Kɛй дю Сюд》。我读了一遍，又读了一遍，我应该对您说，瓦尔将会很失望和沮丧，因为您有关海德格尔的文章他非常喜欢。您善于突出这样一些问题，通常人们对这类问题不是逃避就是掩盖。我甚至担心一处文字（第539行）"就克尔恺郭尔和黑格尔的写作……"会被瓦尔理解为是对他的攻击。我很吃惊《Kɛй дю Сюд》居然决定发表您的文章，甚至发表的速度这么快。把约伯当哲学家来讨论，这他们就像瓦尔一样是绝对不可能做到的。马克思主义者作为唯心主义者，来自黑

---

① 这里是指《新法国评论》出版社。该社社长是加斯顿·加里马尔，其主要助手是让·波朗。这家出版社出版月刊《新法国评论》，关于此刊已经提到过不止一次了。加斯顿·加利马尔担任该杂志的社长，主编是波朗。关于出版舍斯托夫著作的谈判，是舍斯托夫和什莱策尔和波朗谈的。最终决断权永远都操在后者手中。

格尔！我急不可耐地期待着瓦尔对您文章的反应。我把这篇文章给别斯帕洛娃太太看了,他也对您的大胆大吃一惊。她和我一样,认为您得以引导您的读者走进最困难的哲学问题,而且是在仅有20页的文章中做到这一点的。(1934年8月25日)

"在这里,和以往一样,一旦开始治疗,"舍斯托夫在8月15日给拉扎列夫的信中写道,"就什么事儿也不能干。下周治疗结束——也许到那时我会重读日尔松也说不定:必须做好准备。"这里说的是艾特耶·日尔松的著作《中世纪哲学精神》,舍斯托夫正在就此著为《新法国评论》撰写一篇文章。该文发表于同年年底。从1935年2月14日写给丽莎的信中我们可以得知,该文是该杂志向舍斯托夫"约稿"的。

在接下来的两封信中,舍斯托夫给拉扎列夫写信说他准备的报告。无法确定他准备什么报告:

> 接到您的来信令我很高兴。须知我们总有一天会见面的——只要一封短信就足以取代见面。好奇的是,您的报告居然被接纳了。老实说我不太相信您在历史—哲学方面是正确的,您断言(在日尔松的意义上),直到今天犹太人都没有《圣经》哲学。日尔松的这种观点我不同意,他说繁琐哲学曾经就是《圣经》哲学,在教会教父(如德尔图良)那里,在中世纪(达米安尼)那里,可以看到想要克服古希腊人所谓"知识"这种东西,做出了艰苦卓绝的尝试,而这些尝试都与他们在《圣经》或从《圣经》延续到他们那时的真理有关——这同样也是一个无可争议的事实。甚至就连最后一位希腊哲学家普罗提诺,也感觉到一种"飞翔于知识之上"的需

求,并且他并不认为有必要用理性的理由来支撑自己的"唯一":"如果它自己无法支撑自己的话,那么,这也就是说它不需要支撑。"关于这一切,我已经在《在约伯的天平上》的最后一章讲述过了,我还讲述了菲洛如何出卖了《圣经》。不过,在区区一封信里,对这一点很难做出重大补充。可是,上帝保佑,我们总会见面的,到见面再详谈。您的假期什么时候到?您有没有出行的打算?您身体怎么样?关于这一点您一定得写一写:要知道无论怎么说,到底还是 primum vivere et deinde philosohhare。眼下娜塔莎正在我们这里做客。(1934年8月23日)

  我给您写过信,原因是我不知道,犹太哲学家中有没有过一些认为《圣经》是真理的源头的哲学家,确切地说,是有没有过一些竭力想要按照《圣经》法则进行思维的哲学家。在这方面,您读的书比我多——您当然比我懂得多。但您能否确信实情的确如此。须知那时曾经有过一个极其广泛意义深远的喀巴拉神秘教义文学,亦即一种哲学:那里面都讲些什么呢?……需要强调指出的一点是,在我们这个时代,在犹太教徒和基督教徒(当然是指文化意义上的)中间,任何人都认为有可能甚至必须严肃讨论《圣经》真理,并把"《圣经》哲学"(这种哲学按照普遍信念压根就不存在)与科学哲学(其紧张而又富于成效的探索已经持续了2500年之久)对立起来。(1934年9月12日)

  第二封信写于波旁,舍斯托夫是9月4日从沙捷尔去的那里。他从那里写信给时在沙捷尔的安娜·叶丽阿扎洛夫娜。在信中他对她讲述了他的生活是如何安顿的,讲了他的治疗情况,但处处不无幽默——讲公牛，讲他如何有一次迷路：

> 天气是典型夏天的，所以我要花很多时间散步。这里没有沙捷尔那么美丽，但也还是挺好的。其次是牲畜和鸟儿都那么奇妙，树上挂的水果是那么漂亮。我非常喜欢看这些东西，而且还努力与一头公牛建立友谊：这是一个罕见的美男子。一个恶人在它的鼻子和犄角之间穿了一根铁丝——但它仍然美得不可方物，这不是一头公牛，而是一头皇家雄狮。（1934年9月11日）
>
> 昨天我迷路了，因而不得不在一条很糟糕的路上拖延了一个半小时之久，而且那条路越来越上了山，而且我走得很急——雷雨即将到来——不过有惊无险：心绞痛没犯。（1934年9月15日）

9月28日或29日，舍斯托夫回到布洛涅。关于他写作论述日尔松的著作的情况，他在给什莱策尔的信中提到过，并且还和方丹做过讨论：

> 非常有趣的是您也写信谈了自己正在进行的工作。遗憾的是您谈得不够详细具体，当您从阅读陶勒尔、苏索等人转入讨论巴赫的音乐时，您究竟有怎样的心理感受呢。对于这个问题，我想了不止一次了。我本人有这样一种印象，这种印象往往是在我从奥古斯丁转向圣经诗篇时产生的：二者同样都是一种飞翔，但《圣经》诗篇的飞翔是靠翅膀飞翔，而后者的飞翔却令人感觉到像是一台人工制作的马达在机械地工作，甚至能听到一种毫不间断的、单调乏味的、"令人神清气爽"的噪音。
>
> 我这里没有新鲜事儿。9月初我从沙捷尔去了波旁，在那儿针

对关节炎治了一个疗程。好象治疗起作用了。疼痛减小了，我自我感觉也精神多了，强壮多了。当然了，出水才看两腿泥：再过2、3个月，且看结果如何吧。工作很多——在读日尔松。书很有趣。他更信任的，同样也是马达，而非翅膀。当任何人都"看出"马达发挥了自己的作用，而翅膀则只有天使才有时，对此又该怎么写，又该怎么说呢。这些天使甚至就连 doctor angelicus 也尽可以根据完美的机器的形象类型（抑或根据别的：书是为别的而写的）进行想象，而这种东西的真正模样任何人任何时候都不曾见到过呀。(1934年10月2日给什莱策尔)。

托马斯·阿奎纳的《神学大全》就放在写字台上。舍斯托夫说："读完日尔松的书，我重新拿起"大全"阅读。写得多么好呀！简直像进了教堂！每个细节、每一页，每个桥段都那么完美，然而，一切的一切又构成一个完美的整体。多么巧妙的艺术！啊呀：多么纯正的艺术。我建议您通读一遍，这是一本能激发你思考的书！读对手写的书并且为真叫好是很有裨益的。(方丹，1934年10月6日，第21页)。

10月末，什莱策尔通知舍斯托夫，说他论述克尔恺郭尔的著作《新法国评论》不出了，尽管这本书很早就被波朗接受了。舍斯托夫在给什莱策尔的信口对于受挫的原因做了解释。方丹同样讲到这件事的原委：

您的来信对我来说并不意外。我从报纸上得知马尔罗早就到此地了，他和纪德、爱伦堡和沃瓦·波兹涅尔一伙儿人在为布尔什维克大唱赞歌。由此不难得出结论，他未必会希望我论述克尔恺郭尔的著作能由《新法国评论》出版,因为这本书他千方百计想要将其纳入自己那布尔什维克意识形态体系内。必须认为我有关克尔恺郭尔的文章之所以一拖再拖,原因也盖在于此:不符合时代精神,他准会这么说。对此我已经有所准备——因此,您的来信并未使我太伤心,更何况我已经习惯于在生活中对沃瓦·波兹涅尔、爱伦堡、纪德和马尔罗这些人让步了。

我这里没有什么新闻。为了写论述日尔松的文章,我不得不大量阅读古代、中世纪和近代哲学。这非常有趣,可是,一旦浩如烟海的资料堆积起来,你就会茫然了,这么多内容如何才能容纳在一篇甚至是长文中呢。使我更加迷茫的是,如何才能让那些习惯于"求证"的读者也能明白,所谓证明其实什么也证实不了,而只会把人认为非常重要的一切破坏无遗。让我们不妨试试看。(1934年11月3日给什莱策尔)

《新法国评论》本应出版舍斯托夫论克尔恺郭尔的著作。舍斯托夫写了一本书,润色了一番后,将其交给什莱策尔翻译后,交给了波朗。可归根结底出书取决于马尔罗一个人,而马尔罗则曾经不止一次表示过对舍斯托夫的尊敬和赞扬。[①] 3年前他责备舍斯托夫居然研究像柏格森和胡塞尔这样的人,按照他的见解他们都不值得具有如舍斯托夫这么崇高大脑的人花费脑力。他对我(方丹)说,在创作《国王之路》的过程

[①] 马尔罗在《国王之路》一书的题词("La voie Royale")(《Грассее,1930》:"Je pense? Monsieur? que vous n'avez guere le temps de lire des romans, encore celui−ci est−il un des rares romans francais que domine absolument la tragedie dont vous tirez la philosophie, c'est pourquoi je me permets de vous en faire hommage".)

中，他始终想的是舍斯托夫，因此此书的精神里包含舍斯托夫。可是，参加完苏联作家代表大会以后①，马尔罗……对于波朗有责任予以出版的舍斯托夫的这本著作的出版，始终拖延不予否决。(方丹，1934年11月21日，第24页)

说起他论述克尔恺郭尔的那本书。继《新法国评论》之后，"格拉谢"也拒绝出版此书：不适合大众阅读。他们对研究这个问题的什莱策尔说，这本书好当然好，但这是舍斯托夫的书，而非一本论述克尔恺郭尔的书。

> 您明白吗，当瓦尔写克尔恺郭尔时，书就是论克尔恺郭尔的。"加利马尔"出版社出版了沙尔勒·安德烈尔论尼采的书，因为书中说的是尼采，而非安德烈尔。我好像觉得要想真的论述克尔恺郭尔和尼采，甚至可以对他们的名字根本不予提及，而只需说自己就是了。"(方丹，也许是1935年春，第28和29页。)

接受了舍斯托夫为《新法国评论》出版社写的论克尔恺郭尔著作的波朗，无法实现此书的出版，嗣后在进入舍斯托夫友人委员会后，对此书的出版提供了帮助，并于1935年在"弗连"出版社出版了此著。

1934年12月24日，塔尼亚生下了女儿卡特琳。"上帝又送给我一个孙女：塔尼亚生了个女孩"——1935年2月14日爷爷在给妹妹丽莎的信中这样夸耀道，"一切顺遂。安娜已经在和新生儿孙女交流了，而

---

① 此会于1934年8月11日至9月1日在莫斯科召开。

我则还没有来得及好好看她一眼。"

如上所述，从1922年6月起，舍斯托夫在巴黎大学俄语系讲授自由选修课哲学。他在索邦的课则一直讲到1933年，常常是在9号教室，随后又在米什莱街的斯拉夫学院讲课。从1932—1933学年开始，舍斯托夫一连几年讲授《陀思妥耶夫斯基与克尔恺郭尔》课。最后几次课是1937年12月讲的。1938年，由于生病，舍斯托夫未能恢复授课。下面转述几封未署日期的来信，信中内容是对舍斯托夫在30年代讲课情况的反映。在弗·亚诺夫斯基的《波利亚·叶利谢伊斯基》一文中，描述了作者几次见到舍斯托夫的情形，并且讲述了听他讲授克尔恺郭尔课的情形。亚诺夫斯基所描述的课程，应当是1934年或1935年的。我们援引了他的讲述，虽然这位作者倾向于描写阴暗面的习惯在这篇描述中也有所反映，但他毕竟无疑真实地描述了课程进行时的环境和氛围：

> 我跑进某个舍斯托夫在其中担任教授的学校去见他（或许是东方语言学院）。在学校的一个摆满了儿童课桌的班级教室里，他讲授他的克尔恺郭尔课。椅子上坐着的，都是些弯腰驼背头发灰白、脸上汗津津的老太婆：看样子假如你给她们分发旁边电影院免费赠送的电影票，她们即刻便会都消失得无影无踪。我对他说：您用不着给她们读讲稿，这样太乏味了。他却回答说：这样为的是不至于看见那些听众的脸。不然的话你会忍耐不住的。

"不然的话你会忍耐不住的"这句话，或许真的出自舍斯托夫之口，其原因是那些年里，讲课令他感到十分疲劳。20年代讲课对他来说相对比较轻松，尽管早在那时他就对讲课感到沉重，因为讲课既占用时间也耗费精力。需要指出的是，雅诺夫斯基写道，舍斯托夫是在摆满了儿童课桌椅的班级教室里讲课的。也许在斯拉夫学院他不得不在一段时间内——虽然时间不长——在"班级教室"里——讲课吧。舍斯托夫的课不是必修课，听众一般说并不多，10到20人吧，有时候还要少一些，有时候却又稍稍多一些。听课的学生中总有舍斯托夫的妹妹索尼娅，舍斯托夫的夫人也经常在场。好像没有什么其他"老太婆"了。有时候女儿们也会来听课。有一段时间诗人维克多·马姆琴科——舍斯托夫的崇拜者，以及瓦连金·杜德金——舍斯托夫未来的女婿，诗人和文学批评家尤里·曼德尔施塔姆及其他舍斯托夫的崇拜者们，也会赶来听课。洛夫茨基和尤里·曼德尔施塔姆对于舍斯托夫讲课的描述，以及舍斯托夫本人对方丹的讲述，就和雅诺夫斯基的描述截然不同：

> 他的课获得巨大成功，尤其是当他从克尔恺郭尔的存在主义哲学……为了适合听众的隐秘愿望和口味……讲到弗拉基米尔·索洛维约夫的哲学时。(洛夫茨基，未刊文稿，第14页)
>
> 他永远都只讲哲学中那些彼时彼刻正在进行研究的题目。他甚至能在教研室都创造出一种哲学中的自由研究得以从中产生……的氛围。(洛夫茨基，《新杂志》，1966，85，第208页)
>
> 他在索邦讲的课拢共只有几个人听课。也许个中缘由取决于舍斯托夫讲课的风格，丝毫也不像一个风度翩翩的非官方系主任讲的课。舍斯托夫似乎总是当我们在场的时候把最难讲最有责任感的部分做完……他是在教会我们如何进行研究工作……所有这一切当然不能不打动宗教—哲学会那些给人以很深印象的爱好者们的。(尤里·曼德尔施塔姆，《复活》，1938年12月2日)

我看着讲台下我的那些学生们。他们指望我能为他们把最困难的工作完成,并给他们提供一些轻松的答案。然而,对我来说,答案本身总是越来越难,难度一年比一年大。(方丹,也许是1935年末,第46页)

有一次在讲课过程中我发现听众的情绪显得很陌生和敌对。于是我不知不觉地换了个题目:我也和那些音乐家们一样,善于把握几种过渡性的和弦。于是乎我接下来讲的,已然不是克尔恺郭尔,而是索洛维约夫。教室里即刻松了一口气。下一次课上我的学生增加了一倍。有时候学生的数量甚至达到80人。(方丹,1937年1月,第80页)

1935年2月25日,舍斯托夫论述日尔松的著作杀青了。什莱策尔将其翻译了,7月7日,舍斯托夫将译稿带给列维—布留尔(见舍斯托夫1937年7月4日给什莱策尔的信)。文章发表于《哲学评论》1936年1/2月合刊(1935年11月—12月和1936年1/2月)。题目是"雅典人和耶路撒冷"。此文的俄文版当时未能发表。后来出现的《雅典与耶路撒冷》舍斯托夫是给其中收集了论述日尔松文章的那本书起的。文章本身被收入起名为"论中世纪哲学"。读过此文后日尔松写信给舍斯托夫说:

您的两篇文章我都读过了。我对它们感兴趣当然都出于个人的原因,但我认为这些文章会引起普遍的兴趣——由于它所提出的问题的重要性,由于您那活跃的、清晰明朗的鞭辟入里的透彻阐述。有趣的还有,在论述神圣的福马的人道主义的报告——这个报告我是在1924年于拿波里举行的大会上做的——中，我也引用了德尔图良的一句话："雅典和耶路撒冷之间有何共同之处呢？"——并补充了一句："罗马"。这当然是争论的一个主要题目。您回到路德，亦即回到在您感到亲切的陀思妥耶夫斯基身上残存的从路德那里剩下的东西。而我却相反，我认为通过罗马教会继续传递着一条启示即其使命在我们看来是在完全意义上是开放的。旧约里有许多争议之处。我很遗憾我手头没有1924年报告的文本了，但我可以给你寄去另外一篇论文，以便收集和发表这些文件……再次谢谢。给您寄去我最真挚的愿望和祝愿。（1936年3月11日）

1935年5月5日，舍斯托夫在宗教哲学学院做了个公开报告《克尔恺郭尔与陀思妥耶夫斯基》。报告文本被发表于《道路》杂志总第48期（1935年7/9号）。后来文章法文版发表于《电影刊物》总第18期，1936年3月号），此后相继又出了荷兰文版和西班牙文版。关于此文的法文版，舍斯托夫曾和根据他的请求将文章带给《电影刊物》杂志的方丹谈话中提到过：

《电影刊物》能发表我论述克尔恺郭尔和陀思妥耶夫斯基的文章，这令我很高兴（嗣后用作《克尔恺郭尔与存在主义哲学》一书的序）。必须让某些著作能得以面世；必须把瓦尔"阐释"的道路给堵死。或许我错了，但他的阐释实在是对我的侮辱。（方丹，第34页）

1935年6月，丽莎的丈夫列夫·耶夫谢耶维奇·曼德尔别格从特拉维夫来到巴黎做手术。令舍斯托夫和全家人高兴的是，手术进行得很成功。8月份，列夫在沙捷尔待了几个星期，随后又回到特拉维夫。

在前往沙捷尔前，舍斯托夫见到了方丹：

有一次，方丹讲述道。鲍里斯·什莱策尔和别斯帕洛夫太太到加布里埃尔·马尔赛尔家做客。两人都对他指出，说他最新一部著作（《崩塌的世界》）①，明显受到舍斯托夫思想的影响。马尔赛尔承认是：

这本书是好多年前写成的。当时我被舍斯托夫的思想所震惊。可是，过了一段时间我才发现，他敲的并非应该敲的那扇门。又过了一段时间，我甚至发觉他没敲错门，而他敲的那扇门压根就不存在。（方丹，第30页）

舍斯托夫指出：

马尔赛尔的这条意见不无精细之处。只不过如果他能也愿意仔细瞧一下的话，便不难发现，他所做出的发现实际上是我的著作给他提示的。的确，当我说门是没有的时其实是在装样子，可是，正因为没门，所以更应该去敲那扇并不存在的门。福音书说："你们敲吧，门会开的"。但福音书并未说：去敲这扇门或那扇门。很明显，如果给我们眼前放一扇门，如果我们也看见这扇门了的话，我们也会去敲的：门或者会开或者不会开甚至可能会把你推开也说不

---

① G. Marcel. Le Monde casse. （Piece en quatre actes）. Paris. Desclee de Brouwer et Cie, 1933.

定——这并不重要!如果这扇门就在你眼前,摆明了让你去敲,而我们甚至都不知道敲那扇门;而这才是我们必须要搞清楚的。如果我选择了和某人或某个东西厮打斗争的话,则马尔赛尔也许说得对。可是我选择的是与自明性斗争,亦即选择了反对不可能性的万能和无所不能。(方丹,第31页)

和加布里埃尔·马尔赛尔的交谈话题转到鲁多尔夫·奥托的新著《东西方神秘主义》:

有一次——舍斯托夫对方丹说。——我看见德·曼齐阿尔利太太那里有一本奥托论述东西方神秘现象的书……于是跟她借了这本书,几乎一口气就读完了。好奇妙呀!当然了,里面恰好有我害怕的东西。我指的是关于神圣性而非神圣者那部分内容。他(奥拓)把商羯罗①——(正如你们所知道的,其思想被公认为与韦驮的思想比较乃是一次退步)与迈斯泰尔·爱克哈特相比,并认为他们中间有许多接触和相似的结合点,但他也承认区别是存在的。但他却并未探讨区别,而只是简单论断,说他们之间的区别在于爱克哈特的思想是在圣经土地的穹顶下生成的,而商羯罗的思想则立足于印度的土壤。(方丹,第31页)

也许,与伊·弗·曼齐阿尔利太太——一个在印度生活了许多年的印度文化大专家——吸引了舍斯托夫对印度哲学的关注,而他对印度哲

---

① 商羯罗(788—820),中世纪印度宗教哲学家,印度教的改革者。

学的兴趣早在1934年就已萌生。在上文所引那段与方丹的谈话之后的几个星期后，舍斯托夫委托格尔曼请艾金贡给他搞一本格尔曼·奥利登别格的《奥义书和早期佛教》（1935年8月17日给格尔曼的信）。只是不知道舍斯托夫是否弄到这本书了。

和往常一样，大约在7月8日，舍斯托夫出门去沙捷尔度夏。和以前一样，舍斯托夫一家住在同一家旅馆，只不过这家旅馆如今的名称更加谦虚了：Hotel de L'Etablissement。

也是在这个夏天，舍斯托夫读到了不久前才在巴黎出版的列维—布留尔的《原始神话》：

> 直到现在我其实什么也没做，——舍斯托夫在给拉扎列夫的信中写道。——但现在连我也不得不有违规则了：必须……读一下列维—布留尔的一部大作，并就其写篇书评——我已经答应了，答应了就得信守诺言。从今天起就开始读和写。（1935年8月9日）

大约在8月25日舍斯托夫去了波旁，并从那里写信告诉方丹说：

> Je prepare ici un petit compte rendu sur le livre de Levy— Bruhl (en russe, pour la revue de Berdiaeff), — пишетШестовФондану. — Le livre est enormement interessant et je vous conseille, si c'est possible, de vous reserver la place pour un compte—rendu aux Cahiers du Sud. Vous ne vous en repentirez pas et les "Cahiers" non plus. Ce serait dommage si quelqu'un autre l'ecrivait. Or, il faut que vous Tecriviez

immediatement.（1935 年 9 月 1 日，方丹，第 34 页）

舍斯托夫论述列维－布留尔的文章俄文版发表于 1936 年 4 月的《道路》杂志，题目是"神话与真理"，其后很久又再次发表于一份荷兰杂志《综合》，题目是"Mythe en Waarheid"。列维－布留尔觉得在《哲学评论》发表论述自己的文章不合适，因而请求阿·柯依列——年刊《Рeшерш Философик》编辑部成员——把舍斯托夫文章的法文译本发表在该家刊物上，但柯依列却未执行（参阅方丹，第 42 和 46 页）。以"神话和真理"为标题的译文发表于南斯拉夫杂志《哲学》1938 年第 3 期，该期杂志实际出版是 1939 年 6 月。

9 月 15 日舍斯托夫回到布洛涅。第二天他见到了艾金贡，他刚从耶路撒冷回到巴黎待一段时间，此时他已从柏林移居巴黎。

12 月 15 日在宗教哲学学院为纪念托尔斯泰逝世 25 周年的公开会议上，舍斯托夫做了《雅斯纳亚·波良纳与阿斯塔波沃》的报告。他在报告中把托尔斯泰的出走阿斯塔波沃与亚伯拉罕的出埃及记相比，后者服从于上帝的使命，前往自己也不知道何往的远方。除了舍斯托夫以外，作报告的还有格·弗·阿达莫维奇（《列夫·托尔斯泰的唯一性》）、尼·阿·别尔嘉耶夫（《列夫·托尔斯泰的理性与疯狂》）、鲍·维舍斯拉夫采夫（《列夫·托尔斯泰的无政府主义》）、格·帕·费多托夫（《列夫·托尔斯泰与福音书》）。舍斯托夫的发言被发表于《当代纪事》总第 61 期（1936 年 5/8 月刊），随后法文版发表于（《哲学评论》，1936 年 11 月/12 月刊），继而发表了西班牙文本和荷兰文本。

从 1935 年 2 月起，舍斯托夫和丽莎以及列夫进行了紧张的通信，后者在帮助安排他的巴勒斯坦之行，关于这次出行，艾金贡在给舍斯托夫的信（参阅 1934 年 4 月 22 日给法尼亚的信）。10 月 23 日他写信给丽莎，说一切都已安排妥当，他将于 11 月 13 日抵达海法。可是，在出行的最后一刻计划被延期了。很快出乎意料，谈判被恢复，关于这件事舍斯托夫在给丽莎的贺信中也提到过：

祝贺你的生日——并且当然首先希望你身体健康，在你们这个年龄，或许这差不多是首先需要的希望了，因为身体总是有欠健康——其次才会希望别的生活福祉和成功。我非常希望你的生日能和我抵达巴勒斯坦的日子重合——这样就可以放在一起庆祝了。可是，如果说这一次关于我到巴勒斯坦一事的谈判真的得以恢复的话，那么我希望这一次能取得好的结果，这样我们即使是马后炮，也还是可以安排一次庆祝活动。虽然，实话说，我们已经可以认为将会有庆祝，咱们也将会见面的。我，说实话，我得承认，对此我已经不再寄予希望了，而且几天前当我得知，在巴勒斯坦人们在为了安排我的讲座而张罗时，我的心情既愉快又有些吃惊，或许在(1936) 3 月份我将会有机会前往你们那里……就这样——再次祝贺你，吻你，并在刚才的愿望后，再加上对自己的一个希望，即希望业已开始的谈判能达成好的结果。(1935 年 12 月)。

1936 年 2 月 13 日，舍斯托夫年满七十岁了。他收到许多贺信：

我们是您的同时代人，我们将骄傲地称扬你的名字，我们的后代将会贪婪地阅读您的著作,在书中汲取令精神痛苦的问题的答案。您很早就在俄罗斯哲学思想史上赢得了显著的地位,西欧思想家们也都听闻您的大名,尊敬您,广大知识界对您的认可势必继续扩展,并理应成为全球性的。

亲爱的列夫·伊萨克维奇,祝您身体健康长寿,并向我们奉献您更多的思维成果。(所罗门·波兹涅尔)

深深景仰和亲爱的列夫·伊萨克维奇,请接受我对您的爱心和忠诚,对此,我很高兴能在您七十华诞这天向您敬表我的谢忱。希望您,列夫·伊萨克维奇,不要让您的崇拜者和弟子们——我也是其中之一——失望,头脑睿智,健康长寿。(1936年2月12日,来自维克多·马姆琴科)。

真挚地祝贺您的华诞,感谢您和您的著作所永远带给我的欢乐。

虽然,用一句教会教父的话来说,"您睿智的头脑无比深邃,而我理解的尺度又太短",但是,仅就我短小的尺度所能丈量的部分而言,一切都是那么的美妙,那么的睿智,您那深邃的大脑处处能让人感觉得到,因此——"我不能沉默"——并且觉得自己应该嘀咕几句表示感激之情。(1936年2月13日来自娜杰日达·苔菲)

导师兼朋友!请接纳一个老太婆的祝贺,这个老太婆属于您所有的崇拜者和朋友之一,衷心祝愿您健康长寿,心想事成。(来自玛利亚·什莱策尔,1936年2月13日)

我和夫人共同向您致以最热烈的问候,并深深的鞠躬。对我们来说,您的名字早已作为俄罗斯精神文化的巅峰面貌而矗立在那里,您的道路是一条孤独而又高尚的生活之路,您的才华是伟岸的,您生活的轨迹是鲜明的。发自内心地希望您精力充沛,身体健康,心境平和地继续您正在从事的伟大的事业。(1936年2月20日来自鲍里斯·扎伊采夫)

得知您七十大寿时已经略有些晚了。我不愿意让犹太大学的声音在祝贺您的合唱队里缺席。作为大学校长和哲学教师,以及作为您著作的读者,我向您致以最真挚的祝贺。我希望您和我们都同样有幸看到您著作的伊芙利特语版本的面世。我们衷心希望很快能在这里欢迎您。(来自古果·别尔格曼,1936年2月20日)①.

亲爱的朋友(您的榜样鼓励我这样大胆地称呼您),我很高兴值此之际向您倾诉我的感情。最近六年以来我已经认识到七十岁的高龄及其所担负的责任使您也具有一定的优势:您的心灵已经学会识别每个人的"波长",因而不再觉得自己孤单了。如今我接受您的思想已经深刻了许多。我非常想要亲耳听到您对克尔凯郭尔的说法,对他我不太了解。(来自保罗·杰查尔登,1936年2月21日)

值此您七十华诞之际……请允许我向您致以真挚而友好的祝愿,感谢您在我们从基辅开始的全部漫长的生活中对我们的友情。随着年龄的增长我们才学会珍重和感激友情,尤其是无私的善良真诚,感谢您表现出的能够为上帝给予您的友人的欢乐而欢乐的能力。也许这也是一种最为罕见的天赋吧。当我心怀感激地回顾我们走过的生活之路,我多么想在这天把您紧紧拥抱,把您深深感谢,祝愿您健康长寿。而且上帝也会为您祝福的!我的祝福和您一起也同时发给安娜·叶丽阿扎洛夫娜和您的孩子们,没有她们——这点

---

① 据我们所知,迄今为止舍斯托夫的著作尚无现代希伯来语译本。

您自己也清楚得很——也就不会有您,祝福也来自叶·伊和我的家庭,您同样也是这个没有我也不成其家的这个家庭的忠实的朋友(这在生活中同样也不多见)。我特别喜欢回忆1918年在莫斯科,在我即将动身离开那里之前,然后便是在基辅,您那时为我用近卫军军官制服呢制作了一件教袍,而我当时竭力想要回归。巴黎年轻的神父中一个我的学生时至今日仍然穿着这套教袍。(来自谢尔盖·布尔加科夫,1936年3月12日)

来自维亚切斯拉夫·伊万诺夫的贺信在本书第7章已经提到过。拉扎列夫的贺信未保存下来。根据舍斯托夫对这封信的答复推断,这封信想必写得很温暖:

非常真挚地感谢您的来信。我当然从未怀疑您是我最忠实的朋友,与此同时,您也是每个作家都分外珍视的那种读者,那种不仅汲取书籍的内容,而且还动用自己思维的力量对其加工、在创造从而丰富其的那种读者。对您来说——这一点非常罕见——哲学不是一种智力训练,甚至也不是一种汲取知识的手段,虽然正如人们常说的那样,哲学乃是关于最初和最后事物的知识——在和您见面以前一直都是这样一种情形——哲学同时也是对于适用的唯一者的探求,而在这一点上我们的意见交合了。我还记得咱们俩的第一次哲学交谈——我们从切尔帕诺夫走到契约厅——我敢说,如果《托尔斯泰与尼采》①的最后一句话不是我写的话,您也会写出来的——尤其是,如果您也和我一样,自我业已回归自身,而不再属于银行——您为银行牺牲了最好的年华——就更其如是了。读着您的来信,我的心里很高兴,回想起了这件事。——谢谢您寄来的奥利登别格的著作②——虽然这里我不能不抱怨您几句。这本书我已经订购了,而您也无权把此书赠送给我。(1936年2月14日)③

除了上文所引用的贺信外,保存在舍斯托夫档案里的贺信还有来自马尔克·阿尔达诺夫、伊万·布宁、尼·戈洛温将军、瑞典艺术家久利采尔、玛丽娅·尼古拉耶夫娜·穆罗姆采娃(第一届国家杜马主席谢尔盖·穆罗姆采夫的寡妇)、巴黎大学俄语系集体签名的教授尼·库尔曼、康·莫丘利斯基、阿·卡尔塔舍夫、尤里·列格尔等人。俄裔犹太人知识分子团体和《当代纪事》编辑部(由弗·鲁德涅夫代签)。

舍斯托夫的朋友们为了庆祝他70华诞,根据毫无疑问是什莱策尔的倡议,成立了舍斯托夫友人委员会,承担了出版舍斯托夫著作《克尔恺郭尔和存在主义哲学》法文版的任务,并为此做了征订工作。委员会组成有:柳西恩·列维-布留尔、尼古拉·别尔嘉耶夫、阿多尔夫·拉扎列夫、让·波朗、马克斯·艾金贡、让·德·戈蒂耶,和曾经担任委员会秘书的鲍里斯·什莱策尔。这本书中,除了多布雷外,委员会所有成员都经常提及。尤里耶维奇·多布雷是一个有钱人,银行活动家。

---

① 《托尔斯泰与尼采》一书的最后一句话是:"尼采开辟了道路。必须寻找那高于怜悯、高于善的东西。必须寻找上帝。"
② 这里说的或许是指 H. 奥尔登伯格,Le Bouddha, sa vie, sa doctrine＜sa communaute. Paris, "Alcan", 1934.
③ 舍斯托夫的这封信1969年2月27日被发表于巴黎一家《俄罗斯思想》的报纸上。

有时与舍斯托夫见面,也曾签名征订过舍斯托夫的著作。

从1935年起或许更早,舍斯托夫的女儿们有机会实现其早已期盼的梦想了——帮助他进行写作。凭借娜塔莎经济资助的塔尼亚,可以分担舍斯托夫的半天工作。等根据预订结果开始克尔恺郭尔著作的出版工作时,塔尼亚承担了绝大部分工作。但她的名字却由于众所周知的原因并未出现在委员会组成人员名单的版权页上。

该委员会成立于1936年1月25日,在阿·多布雷家。委员会决定请求当天因故未来的列维一布留尔担任委员会主席。给他和当时已经定居耶路撒冷的艾金贡寄去了会议简报。他们在给什莱策尔的信中写道:

> 我觉得舍斯托夫的(书籍出版)委员会工作得非常出色。它所采取的所有措施在我看来都是非常合适的。但对我来说选举我为主席仍然是一个极大的荣誉,更何况,正如你们也知道的,我的哲学思想与舍斯托夫的哲学理念相距甚远。但我非常赞赏他的理念,我也非常非常喜欢他,正如我在给多勃罗姆先生的信中所说。(来自列维一勃留尔,1936年1月28日)

> 我没必要对您说以我对列夫·伊萨科维奇的恭敬我非常愿意成为这个委员会的成员,并将为其顺利开展工作尽我绵薄之力。(艾金贡,1936年2月5日)

2月份,委员会分发了签名单,很快就开始着手征集签名的工作,签名者中有阿尔伯特·卡缪,其在嗣后出版的著作《希绪弗斯神话》的最后几页涉及舍斯托夫。

夏尔·久·博斯在寄交征订费的同时,写道:

原谅我复信延迟,而我身体有恙已经三周,足不出户。

随信附上 100 法郎作为预定我们的朋友舍斯托夫著作一册之用。请你们向他转达我对他七十大寿的诚挚祝福。我想不出更好的办法来庆祝他的诞辰,而且我也不认为你们不会果真由于观点的分歧因而推断我不会出席他的庆典的。我记得很清楚,当舍斯托夫的第一本著作在法国在我主编的丛书里面世时,给我带来了莫大的喜悦。在那本书上,和在嗣后所出的所有书里一样,你们两个的大名赫然在上。我感到非常遗憾的是,当时我未能把这个工作一做到底,而我是多么想为这项工作做出我的贡献呀。或许什么时候生活会给我提供这样的机会的。(1936 年 3 月 13 日)

此书出版于 1936 年 7 月,出版社是"弗连",属于哲学系列书的一种,带有一句标示"Les amis de Leon Chestov",标题是"Kirkegaard et la philosophie existentielle"。编号书印了 1000 册,其中 65 册用的是豪华纸,935 册是普通纸。1948 年和 1972 年,"弗连"又分别出了第 2 版和第 3 版。如上文所述,舍斯托夫曾给 1934 年的文本增加了一份讲演稿《克尔恺郭尔与陀思妥耶夫斯基》作为代序,此演讲稿他是 1935 年 5 月 5 日做的。1937 年,罗伯特·佩因将此书译成英文,但却苦于找不到出版商。此书俄文版是在舍斯托夫去世后的 1939 年 6 月出版的。战后此书又出版了丹麦文版(1947)、西班牙文版(1947)、德文版(由奥地利出版商杰尔格列尔于 1949 年出版)和由艾林诺尔·休伊特译为英文的英语版(1969)。1936 年,"弗连"从"圣—帕列伊"出版社接受了推广舍斯托夫三本著作的任务,这 3 本著作是《Doctoievski et Nietzsche》《Sur les confins de la vie》《Le pouvoir des clefs》。

在出版物上，关于舍斯托夫70周年诞辰和征集新书征订的事情，发表了许多文章和短评。2月13日，在舍斯托夫生日那天，《新闻报》发表了格·洛夫茨基和鲍·什莱策尔的文章。在同一家报纸上，发表了好几篇有关新书征订问题的短评。别尔嘉耶夫发表了两篇文章：一篇就70周年诞辰而写（《道路》，总第50期，1936年1/4月号），另一篇是在该书出版后发表的（《当代纪事》，总第62期，1936年）。在《当代纪事》总第61期上，发表了《纪念列夫·舍斯托夫70周年诞辰》一文。法国出版物上同样发表了征订新书的告示，该书出版前后，也都发表了一系列文章和短评。

青年俄罗斯协会建议舍斯托夫在纪念生日之际举办宴会，但他没有接受这个建议。他对方丹是这样解释的：

> 为什么非得办宴会？大家全都想要倾诉。把我比作柏拉图、亚里士多德，于是乎大家皆大欢喜。当然了，发言一定得是非常热烈的，于是乎大家都开始觉得自己什么都明白理解了。（方丹，1936年2月1日，第55页。）

法国的俄罗斯学术团体——舍斯托夫也是其成员之一——为了庆祝舍斯托夫70诞辰，于3月14日礼拜六安排了一次公开讨论会，会议于晚上8：45分开始。虽然舍斯托夫不喜欢庆祝活动的热闹，他还是同意出席这次会议，以便不致因自己的拒绝而得罪同样也参加会议的列维—布留尔。会议简报发表于《新闻报》上：

> 为纪念列·伊·舍斯托夫70寿辰而举办的学术团体会议，汇

聚了许多听众,他们都对生日的主人表示了热烈的祝福。会议开幕词由学术团体主席帕·伊·米留科夫致辞,他指出列·伊·舍斯托夫对俄国哲学和批评做出了巨大的贡献和功勋。随后,列维一布留尔教授也用法语作了精彩发言,对列夫·舍斯托夫哲学立场的独特性和特点做了评述。阿·米·拉扎列夫教授在总结中以极其清晰明确和充满力量的语言,阐述了舍斯托夫思想的基本观点。(1936年3月17日)

方丹回忆道,列维一布留尔在其发言中提出了一个问题,问舍斯托夫究竟是不是哲学家,他的回答是肯定的……当然,他实在是太独特了,他如此阐述了自己的模式,以致你再也认不出它们来了。"我希望我的这番话能够给他带来愉悦",——他在发言之后对尤里·德·戈蒂耶如此这般说道。(方丹,第64页)

同一天,在会议已经安排就绪以后,舍斯托夫于5点在斯拉夫学院开始讲课。第二天,他在给拉扎列夫的信中这样写道:

> 虽然从昨天到现在我已经累得够呛,累得简直就要挺不住了,可我仍然还是想就您的报告对您说几句话:昨天到的人实在太多,根本没机会说话。您的发言让我感激不尽:您尽了您的所能,啊哦,确切地说,甚至连不可能的都做到了。您仅用三言两语就对根本没有任何准备的听众讲清了那么复杂的问题,这简直令人惊奇,昨天我(由于预备离开)便提前结束了课,最后一课讲得很精彩。可等我一听您,我似乎觉得,您如果不是曾经听过我的课,就是我不知怎么偷听过您的课。我的课上听众不多,而出席会议的听众

(我这是从他们脸上的表情察觉到的)却个个惊讶不已,其惊讶的程度不亚于我。而且我从未觉得咱俩在精神上是那么的近。看得出来,您讲的不光是我,也不光是代我讲,而且也是在讲您自己。我对您充满了无限的感激之情,紧握您的手并拥抱您。(1936年3月15日)

在上文所说的那次晚会后的几天以后,舍斯托夫终于获得等了好久的前往巴勒斯坦的签证和机票,他是受巴勒斯坦工人共和国文化处的邀请到那里做一个系列讲座。3月24日,他和洛夫茨基夫妇一起上了路。先是坐火车到的里雅斯特,随后坐轮船到海法,从那里到特拉维夫,姐姐丽莎在那里等着他们。在那里迎接他们的还有耶夫谢伊·大卫多维奇·肖尔,他后来写过几篇有关舍斯托夫的文章。"列夫·舍斯托夫的夙愿实现了,"洛夫茨基写道,"我们回到了祖先的国度,我和他的祖父都埋葬在橄榄山。"在特拉维夫住了约10天后,4月6日舍斯托夫和洛夫茨基夫妇前往耶路撒冷。4月8日舍斯托夫做了《被缚的巴门尼德》的讲座。12日回到特拉维夫。现保留着两封信和一张明信片,是舍斯托夫从耶路撒冷写的:

3天前来到耶路撒冷。在特拉维夫我真的什么事也没做——一直都在散步,或坐在海岸上发呆:美妙的大海。两个礼拜没讲课,自从动身以来,没写过一行字,所以,我担心自己会不会不会读书写字了呀……可是——哎呀!要知道我来这里是为了办讲座的呀,而且我的dolce far niente也不得不放弃:昨天在这里做了第一次讲座,用德文。虽然海报公布才3天,尽管价格不菲(12和8个法郎),但也还是来了100多个人。星期日坐车返回特拉维夫。耶路撒冷及其周边地区都已经看过了:教堂废墟、客西马尼园、魔鬼诱惑基督的棕榈山、老的阿拉伯古城也都看过了,还去了奇妙的约旦和死海一趟。我们这趟暂时还算走运:天气美极了,而且也不热。到处都对我们真挚热情。我无法详尽加以描述:参观和讲座毕竟是很累人的,虽然我从始至终都竭力想要更多的休息。等回去后再向你详细讲述。眼下我只重申一句这次出行很愉快。只有一点不好:巴勒斯坦被文明给框死了。死海边上有一家非常不错的餐馆,有舞蹈和扩音机等。(1936年4月9日给妻子)

巴勒斯坦是一个奇妙的国度:我们已经多少看见过一些东西了。今天看了先知棺木和客西马尼园。这在信里没法加以描述——也许等到见面时自然而然就讲出来了。在耶路撒冷的第一讲已经做过了——是用德语。后天(4月12日)前往特拉维夫:即将开始用俄语做讲座了。遗憾的是,还得做讲座:不然到那儿转转挺好。(1936年4月10日给拉扎列夫)

舍斯托夫在一张写给方丹的日期被涂抹的明信片上写道:"巴勒斯坦用语言无法加以描述。"而法尼亚也在附笔中写道:"从奇迹国度向您问好。"

虽然舍斯托夫在信中没有提到这件事,但毫无疑问,住在耶路撒冷的艾金贡给他和洛夫茨基夫妇安排了古迹参观和神奇的黑海旅游活动。舍斯托夫回到特拉维夫后,给妻子写信:

请写信给我谈谈正事:新书预订怎么样了,书能否印行,塔尼亚把论述列维—布留尔的文章翻译了没有，她是否把复印件寄给他了呢，而他有没有回信，塔尼亚是否接到了荷兰杂志《综合》寄来的信件……

直到星期日，也就是在4月20日以前，我将一直在特拉维夫，星期日去海法：将在那里举办两次讲座，当然还有参观。4月26日到耶路撒冷去一天：还有一次讲座。在特拉维夫的讲座分别定在4月28日和5月3日。实话说，我本来可以5月6日走的，可是，法尼亚还想多待一周，而且也许连我也觉得如果没有讲座，在特拉维夫再多待一星期也蛮不错的吧……最后动身前应该好好休息一下了……我们5月13日从这里离开……

我给丽莎买了件很好的礼物：无论如何在她身上我不能省钱——总归用什么东西补偿一下才是。（1936年4月16日给妻子）

在海法，舍斯托夫做了两次讲座——《托尔斯泰》（1936年4月20日）和《陀思妥耶夫斯基与克尔恺郭尔》（1936年4月21日）。他是用俄语讲的。带有现代希伯来语同声传译。"从海法起我们便走进阿拉伯人一片混乱和漫天尘土中，最后是在一对英国士兵的护送下坐车回到特拉维夫的。"——格尔曼这样写道。舍斯托夫前两次讲座的题目根据海报可以确定，并且保存在他的档案里。舍斯托夫在巴勒斯坦所做的其他三次讲座的题目就无法确定了。

在从巴勒斯坦动身前3天，舍斯托夫在给方丹的信中这样写道：

现在我应该给你讲述一些"巴勒斯坦印象"了。哎呀，这很难讲，况且我亲眼看到的也不多。你们大约也从报纸上看到了，阿拉伯世界到处都是一片混乱。虽然在犹太人和阿拉伯人之间,不曾有过"厮杀和角斗",像报纸上所宣传的那样,但最近几个星期以来这里的生活变得十分艰难。人们嘴里谈论的也都是混乱无序,而我却被束缚在了特拉维夫,因为在这个国家旅行十分危险。我走运的是毕竟还能看一眼耶路撒冷和周围邻近的几个村庄(在去死海以前),而这要感谢我的首次讲座是在耶路撒冷做的。可是最近这3个礼拜我却一动未动。等我抵达海法,混乱不堪的状态就又重新故态复萌了。虽然我的讲座没有取消,但人们关心的,与其说是我的讲座,倒不如说是周围这一片混乱不堪的状况。眼下倒是安静下来了,而且我在特拉维夫的两次讲座吸引来了非常多的听众。(1936年5月10日,方丹,第121页)

虽然周围一片混乱,舍斯托夫和洛夫茨基夫妇终究得以参观一番,而且这趟旅行本身也美妙无比。"无论是这个国家还是那里的人民以及旅行本身,我都非常非常之喜欢。"——1937年1月14日舍斯托夫在给住在纽约的堂兄弟亚历山大·格林别尔格的信中这样写道。讲座获得了巨大的成功,并且和工人共和国文化处谈妥,来年3月份还请舍斯托夫来办讲座,当然了,如果欧洲和东方那时安静和平的话。但拟议中的旅行未能实现。

舍斯托夫于1936年5月19日回到布洛涅。他给娜塔莎带去一捧圣土,她一直保存到今天。

他回来不久就接到 Денуэль э Стеле 出版社刚刚出版的方丹的著作《不幸的意识》。此时方丹正在布宜诺斯艾利斯,他是4月26日去的那

里,是去那里拍摄四重奏音乐片《阿克维拉斯》的。舍斯托夫给在布宜诺斯艾利斯的方丹去过两封信:

　　3号那天我收到了你的书,现在已经读完了。谢谢您给我书,也谢谢你感人的题词。我写这封信为的是告诉您,这本书给我留下了美好印象。应该向您表示祝贺。您不惮于给自己提出一些十分庞大而又最为艰难的问题,并且光荣地解决了这些问题和难题。当然,在您那里也和在所有作家那里一样,这些作家尽管给自己提出了十分艰难的问题,但却并非其著作的每一页都是成功的。有些地方写得精彩之极,但也有些地方却显得不是那么紧凑,比较松散。比方说,附录、前言和第一章,《尼采与最大的残酷》,这一章依我看更像是第二前言,您写得再精彩不过了。《不幸的意识》一章要我看不够有力,虽然该章具有头等重要意义的思想。《作为蒙田门徒的犹太佬》一章写得很好。来自尼采的引语以及对其的阐释给人留下了永难忘怀的印象,丙我甚至以为这个犹太佬本人,虽然是一个被自己的成功惯坏了的(作为作家)的家伙,虽然足够自信和心平气和,但一旦读过这一章,也肯定能感觉得到一种良心的谴责。他理应对自己说您做得对,说您带着精致的嘲讽,写了长达几页的预言:"只有上帝知道,这个犹太佬付出了多大努力,才得以成为困惑的陀思妥耶夫斯基和尼采。"当然了,对此他是不会对任何人承认的——但我认为他为此永远都不会原谅您的,虽然您为了减轻印象,为了把"药丸涂上一层糖色"付出了很大努力。对接下来的两章也可以说同样的话:《柏格森、弗洛伊德和神祇》以及《马丁·海德格尔》。所有人将会怒不可遏,因为您居然敢于不光是批判,而且还带着嘲讽的口气放肆地讨论这些世界名人和功勋卓著的学者。您在论述胡塞尔①和海德格尔②时下了很大工夫,而且写得很不错。这使您有可能在研究胡塞尔的工作中利用《笛卡尔沉思录》这部著作③,这部书是比他的其他著作出版得最晚的一部著作。至于您论述克尔恺郭尔的两篇论文,我不得不提些保留意见。这两篇东西里都有写得极其出色的篇页,但依我看,虽然您已经接触到了他思想的根源,但您对他的批评是不公正的!这是因为您忘记了他那种"迂回曲折"地表达方式,要不就是正如您自己也承认的那样,这样一种表达方式令您感到恼火。好奇怪的东西呀!别尔嘉耶夫也曾对我说过:"为什么要曲里拐弯地说话!想说什么,就直截了当地说什么好了"。但我并不认为别尔嘉耶夫说得对。有些东西人们只能曲里拐弯地谈论它们。这对尼采和陀思妥耶夫斯基也有效。我们不仅应当"原谅"它们说话的方式,还应当正确评价和理解他们著作中隐秘的思想。一旦您这样做了,您也许就会感觉得到,即在我和克尔恺郭尔之间,许多方面的共同之处要比您所能想象得多。正如您自己也察觉到的那样,这一点非常重要。"虚无的恐惧"是原罪的来源——这也同时是真正的纯粹理性批判的开端。不但如此,您著作的第二卷表明,您所讨论的那些问题,您不是从书本中学来的,而是您自己正在思考的问题,表明您愿意并且也有

---

① Edmund Husserl et l'oeuf de Colombe du reel. — "Europe", 1929, XX, p. 331—344.
② Sur la route de Dostoievsky: Martin 海德格尔 (Heidegger). — "Cahiers du Sud, №41, 1932 年 6 月。
③ E. Husserl. Meditations cartesiennes. Introduction a la phenomenology. Paris," Armand Colin". Ulterieurement Paris, Librairie Vrin.

权为您在书中所说的一切承担起完全的责任来。这就是您最大的功劳。(方丹，第122—124页)

您的书是在情绪极度兴奋的状态下写出来的，他表明您所讨论的所有问题对您来说都不是理论问题，换言之，您书里所说的，是存在主义哲学问题。依我之见，这是一个极大的功勋。(1936年6月3日，方丹，第124页)

舍斯托夫在第一封信里涉及克尔恺郭尔、尼采和陀思妥耶夫斯基的著作，说"有些书对其只能曲里拐弯地加以讨论……"，还说必须学会善于评价和理解其著作中隐秘的思想。读舍斯托夫，就应当记住这一点。这封信作为附录被附在方丹著作的第2版中。

1934年4月，舍斯托夫见到了来到巴黎的米·布别尔。这次会面以后他们开始相互通信，并相互寄送自己的书。1936年6月，布别尔给舍斯托夫寄来了一本小书，标题是"小时和实现"。

能够重读您的著作，再次聆听您的声音，这使我很高兴：须知在您的著作里，永远都能听到您的声音。而更使我高兴的是，您的声音永远都是那么勇敢，那么有力，令人信服。从您的声音里，总是能感觉得到一种"精神的伟力"，这种伟力是不允许我们把言语和事业分而论之的。因此，您的著作十分适合当代。祝愿您健康长寿，俾使您能继续您的事业。(1936年7月5日)

很快布别尔就接到舍斯托夫论述克尔恺郭尔的著作，并回信给他：

谢谢您论述克尔凯郭尔的著作,这本书我刚拿到。这本书使我非常高兴,因为克尔凯郭尔和陀思妥耶夫斯基是把我从青春时期青年人的一般轨道上拉下来的人……这是件好事,因为那是一条可以从中挣脱的轨道——没有比挣脱这条轨道更正确的选择了。(1936年7月18日)

布别尔在1936年12月3日在前往庞蒂尼的路上,8月24日,应舍斯托夫的邀请,他在巴黎逗留。和1934年一样,舍斯托夫在洛夫茨基家安排了欢迎见面会——客人不多,因为舍斯托夫邀请过的列维-布留尔、马森-乌尔谢利,以及别尔嘉耶夫都来不了,而且,就连多布雷来不来得了当时也不清楚(见1936年8月19日给拉扎列夫的信)。在与布别尔见面后,舍斯托夫前往沙捷尔。关于在洛夫茨基家的聚会以及舍斯托夫在沙捷尔的逗留,都没有资料保留下来。

1936年秋冬季,舍斯托夫写了一篇论述卡尔·雅斯贝尔斯的文章《论哲学的正直》,此文的手稿先保存于舍斯托夫档案。底稿保存在手稿77号,该卷宗的标题是"1936年10月"。誊清的手稿(手稿79)没有署日期。论述雅斯贝尔斯的文章的荷兰文版发表于《综合》杂志(1937年7/8月号)。舍斯托夫和这家杂志的合作开始于1936年。随后,该文的俄文版发表于《道路》杂志总第54期,法文版发表于《埃尔梅斯》杂志(1938年1月号)。在此之间,舍斯托夫曾经向《哲学评论》推荐过此文的法文版,但列维-布留尔无法接受,因为他已经接受了另外一篇同题文章(方丹,第118页)。在登载舍斯托夫文章的同一期"埃尔梅斯"杂志上,还有一篇雅斯贝尔斯和海德格尔的文章。此外还有一篇札记(舍斯托夫认为这篇札记非常有趣——方丹，第105），是评论法文版《克尔恺郭尔与存在主义哲学》的。

正如上文所说舍斯托夫已经连续几年在研究印度哲学。从巴勒斯坦回来后，他重新开始钻研印度哲学。他对曾经答应为他搞一本保罗·杰伊森的拉扎列夫说到印度哲学：

> 谢谢您的巨大关怀。不过我手头已经有了多伊森不光有他的 6 卷本的印度史，而且还有他的吠檀多（Vedanta）还有他的 60 卷本的 Упанишад 和 Сутр。而且我为此付出了 120 法郎。只是忘了及时告诉您罢了。（1936 年 11 月 8 日）
>
> 我这里没有什么新鲜事——就我见闻所及——正在读我的印度书，越读越感兴趣。（1936 年 11 月 23 日）

舍斯托夫也在给方丹的信中谈到他的印度哲学研究，并且还起草了一个《小结与注释》，后来被纳入手稿第 78 号。在此卷宗的标题页上所署的日期是：1936 年 12 月 26 日。该草稿在作者死后发表于纽约一本文集《空中路》1965 年第 4 期：

> 现在我已经不再读有关印度的书籍而转而读印度原著了。这是个奇妙的世界！我越来越确信，印度人的思辨能力不亚于希腊哲学。当然，我不认为我有足够多的时间把我的研究进行到底，但对它确实很感兴趣。（方丹，1936 年 11 月 12 日）
>
> 从某个时间开始，大约已经两年多了吧，我一直在读印度书，

读欧洲人所写关于印度哲学的书。这是一种引人入胜的阅读经验。最使人惊奇的是，印度人不光说什么，总是会全身心地把注意力凝聚在最主要、"最必要的"问题上……

我们的世界和在这个世界上单独生活着的我们，仅仅只是虚幻的幻想，是梵……梵是永恒的，不变的，现实的，世间万物在其应该存在期间都是欢乐的，而世界连同其欢乐、恐惧、喜悦等，都只是荒漠里的海市蜃楼罢了。（《小结与注释》，1936 年 12 月 26 日）

舍斯托夫在和方丹谈话时，常常提到让·瓦勒，此人从 1930 年起，就发表过论述克尔恺郭尔的文章，1938 年还出版过一部巨著《Etudes Kierkegaardiennes》。在本书第 128/133/137 页上，我们援引了舍斯托夫关于瓦勒的几则意见和评论。此后方丹转述过舍斯托夫的话："瓦勒采用同样的方式讨论黑格尔和克尔恺郭尔，就好像他们两个人是一回事儿似的"（方丹，第 45 页）。1935 年 11 月，在《电影刊物》上发表了方丹的一篇文章（*Heraclite le pauvre ou necessite de Kierkegaard*），方丹在文中对不久前刚发表的罗·别斯帕拉娃、让·瓦勒和德尼·德·鲁日蒙纳论述克尔恺郭尔的著作进行了批评。读过方丹的文章后，拉扎列夫对舍斯托夫说："方丹灭掉了瓦勒"。（方丹，第 48 页）

1936 年秋天，舍斯托夫和瓦勒就舍斯托夫的著作《克尔恺郭尔和存在主义哲学》一书互相有过几封通信。他们的来往信件保留下来的只有瓦勒的一封信：

请原谅对您有趣而又诚挚的来信我没能早些回复。能否请您 23 日周三 5 点移步到我在蓬佩街的寒舍一聚？

我非常愿意与您继续我们在来往信件里开始的讨论。(1936年12月17日)

嗣后舍斯托夫再次和方丹谈过瓦勒。下面就是方丹记述的舍斯托夫的一个思想:

您不明白,即使问题表述得很清楚,也可以对之听而不闻。而这样的事情是经常发生的。当我想瓦勒提醒克尔恺郭尔的一句话时,瓦勒由于对他的回避伦理问题不明白所以搞不懂他的思想,瓦勒也承认记不得有这番话。然而,他对克尔恺郭尔却耳熟能详。可是,瓦勒也和别尔嘉耶夫一样,不能不停留在那样一些文本上,即把像约伯那样的自由思想家与黑格尔相互对立起来的文本上。他们从旁边走过去,闭着眼睛,竭力装出看不见,好像他们钟爱的作者绝对不会说出类似这样荒谬的言论,而他们在内心深处却在为此类言论而脸红。(方丹,1937年9月23日,第94页)

读着舍斯托夫关于瓦勒的沉思,我们不应忘记,即所有这些话语几乎都是根据方丹的笔记援引的,方丹在记述的同时,或许有时候会使用一些比舍斯托夫在谈话中使用的更加尖锐的用语。

在《小结和注释》的草稿中,舍斯托夫记述了他在1936年年底的沉思。关于印度哲学的思考我们已经引用过了。下面还有几个片段:

就要过70岁了。看起来好像可以松一口气了:如今可以撒手了。可是全然不是那么回事儿！无论是外部事务还是内心事务，一切的一切都变得更加艰难起来。操心和忧虑与日俱增——当然不是为自己，而是为自己的亲人，忧心忡忡，而且不取决于外部还是内心……

暂时既没有小结也没有什么注释。我还无法强迫自己回望自己的过去。或许是因为过去的全部"工作"都可以归结为锯断不知被什么人安装好的、为凡人所设定的可能性的边界的监狱的铁栅栏……

一个人在真理之中，绝非当他自己见到或是永远和到处都能见到所有人在所有时候和所有地方都见到或能够见到的东西时。相反，这样的见识只会束缚人和局限人……真理在于她是偶然才闪现出来的，只有在极其罕见的精神高度兴奋的状态下，在"出离自我"和"迷狂"的瞬间……才会闪现（真正的自由以其瞬间性和转瞬即逝性和任性）只有在任何东西都无法将其束缚的地方才能生存：在知识树的果实中所包含的，就只有毒药和死亡。什么时候我们终究能否找到真正的自由呢？抑或在原罪之后自由已然无法在尘世间生存了吗？（1936年12月26日）

前两个片段具有深刻的消极情怀，尤其是在将其与最后两则比较光明一点的片段隔离开来的情况下，更是这样。它们对于理解舍斯托夫来说毫无疑问非常重要，但在读的时候，我们不要忘了格尔奇克对他们说过的那句话："当我只会喋喋不休地侈谈什么伟大的希望，侈谈什么正是一个濒临灭亡的人才会站在巨大发现的门槛上，而他的日子就是伟大的前夜，所以，我并非一个怀疑论者。"以及一位不知名的英国作者所写的文章《列夫·舍斯托夫的哲学》中的一个评论:"一个奇特的悖论:舍斯托夫可以是任何人,但绝对不会是一个悲观主义者。"

1936或1937年,艺术家罗伯特·法里克(1886—1958)创作了一幅舍斯托夫肖像。很快法里克就从巴黎移居莫斯科,并带走了自己的画作。在莫斯科曾经组织过法里克画作展,舍斯托夫的肖像也曾在这次画展中展出。如今此画还在莫斯科由私人收藏。

第十四章

滨海布洛涅，1937—1938 年 10 月——《雅典与耶路撒冷》法文版与德文版出版——关于陀思妥耶夫斯基和克尔凯郭尔的广播讲话——生病——舍斯托夫未能恢复其在波旁大学的讲座课——论述别尔嘉耶夫和胡塞尔的文章

1937 年年初，已经出版过舍斯托夫的《克尔恺郭尔与存在主义哲学》的弗连出版社又接受了他的《雅典与耶路撒冷》（第 10 卷）法文版。此书由前言和 4 卷组成，是舍斯托夫近 10 年中最主要的著作。前言和其中开头 3 章的誊清稿现存舍斯托夫档案，这份手稿的最后几页签署了日期。关于该书的各章在本书中我们已经谈到过了。下面是该书各部分写作的日期，各章各部分的页数：

——前言（1937 年 4 月）

——第 1 卷。被缚的巴门尼德。（1930 年 1 月 2 日，参阅第 24/28/41/44－47 页）

——第 2 卷。在法拉利公牛的肚子里。（共 15 章，其中最后的 5 章是论述克尔恺郭尔的。1932 年 5 月 6 日）。

——第 3 卷。论中世纪哲学。（1932 年 2 月 25 日）。

——第4卷。论思维的第二个维度。（68则格言警句。1925—1929年）。

第4卷的誊清稿被保存下来。所签署的日期是根据草稿日期确定的。值得加以指出的是，《雅典与耶路撒冷》的第1、第2和第4卷写作日期要比《克尔恺郭尔与存在主义哲学》早得多（结稿于1934年6月，法文版出版于1936年7月）。此书法文版开印是1937年6月。由于舍斯托夫的眼睛非常疲劳，校样是塔尼亚看的，在她之后，方丹和什莱策尔也看了不止一遍。舍斯托夫在给方丹的信中写道：

> 亲爱的朋友，我接到您的明信片了，感到非常窘迫，我觉得我似乎已经爱滥用和您的友谊了。您已经在代替我和奥卡姆波太太通信，已经在代我看《雅典与耶路撒冷》的校样等等。——这份工作对您来说实在是太沉重了。可是我又能怎么办呢？《苏尔》杂志向我发出了邀请①——以我的眼疾和失眠（尤其是失眠真把我给折磨苦了）我完全失去了做许多工作的能力，而这些工作平常我都是亲力亲为。我希望这是最后一次，而且希望今后不会让你代我做事。眼下我要发自内心地对您表示诚挚的谢意，谢谢您为我所做的一切——请接受我诚挚的谢忱。。（1937？7月7日），方丹，第135，136页）。

舍斯托夫的著作是1938年年初出版的。（或许是2月份），书的题

---

① 舍斯托夫提到的阿根廷杂志《苏尔》的主编是维克多利亚·奥卡姆波。舍斯托夫分别在1935/1937和1938年在该杂志发表过3篇文章。1938年在《苏尔》出版社出版了西班牙文版的舍斯托夫的 *Las revelaciones de la muerte*。

目是《雅典和耶路撒冷,宗教哲学随笔》(Athenes et Jerusalem. Un essai de philosophie religieuse)。需要提醒的是,1936年,"弗连"还出版了舍斯托夫的《克尔恺郭尔与存在主义哲学》(第9卷),并且从"圣一帕列伊"出版社要走了法文版(舍斯托夫全集)第3、第4和第7卷的译本。除了已经指出的几卷(3、4、7、9和10)外,1925年还出版了法文版第2卷,出版社是"世纪"。(参阅第1卷)。第1、第5、第6卷未能译成法语,而第8卷译了(除了《狂言乱语》一章外),但却在各种出版物上一部分一部分地发表的。1939年6月16日,弗连给舍斯托夫的女儿寄来了关于舍斯托夫著作出版状况的报表,该表照录如下:

卷	3	4	7①	9	10
出版年月	1926年7月	1927年5月	1928年4月	1936年7月	1938年2月
出版社	群星	群星	群星	弗连	弗连
印数	3000	1500	1350	1000	900
1936年弗连从出版社接受过来的	1908	753	891		
1936到1939年7月间B弗连出版社的销售量	50	100	200	700	420

第3卷销售得非常缓慢,而且弗连还在上文所述那封信中告知,该

---

① "群星"出版社俄文版第7卷(《钥匙的统治》)表明是"第5—6卷",因为在此书出版的那个时代,决定不出版法文版的第5卷和第6卷了。在此书中我们保留了俄文版的卷次编号。

卷的 1000 册经过拉若太太同意后，已被销毁。不知道这道命令是否真的执行了。1948 年和 1972 年，弗连出版了新的第 9 卷，而 1949 年，则出版了新版第 2 卷。其余各卷（3、4、7、10）则分别在 1966 年和 1967 年由 Фламмарион 出版社再版。

1936 年或 1937 年年初，与诗人斯特凡·格奥尔格圈接近的奥地利出版社"施密特一杰格列尔"，向舍斯托夫发出咨询，问能够按照舍斯托夫德文译者——汉斯·鲁夫——的建议，赋予译者以出版德文版舍斯托夫著作的权力。舍斯托夫给出版社递交了其著作《雅典与耶路撒冷》。1937 年 8 月，鲁夫来到沙捷尔和舍斯托夫一起审阅译稿。在对全书校对过以后，书被送交给杰格列尔出版社。希特勒占领奥地利（1938 年 3 月 11 日）时，人们以为书丢失了，3 月 31 日，经过长久的间断，舍斯托夫终于接到杰格列尔的一封来信，告知说书 3 月份就会出版了，才使舍斯托夫如释重负。关于这件事，舍斯托夫在给格尔曼的信中（1938 年 4 月 6 日）（当时格尔曼正在日内瓦）中提到过，并告知对方，他已经和杰格列尔说好，让他们给日内瓦的格尔曼寄几册书号分发给瑞士的朋友们——舍德林、弗里茨·孛勃等人。舍斯托夫此后很快就接到了杰格列尔寄来的 *Athen und Jerusalem. Versuch einer religiosen Philosophie*，书印得很好。杰格列尔对舍斯托夫的著作很感兴趣。关于这一点，舍斯托夫在给塔尼亚的，在他去世后才寄发的那封信中谈到过：

> 舍斯托夫最后一部著作的出版给我带来许多乐趣……当书印出来后，遗憾的是，我却未能及时打广告，而此书值得打广告（在我

们这个不合时宜的时代),这的确是一部思想深邃的哲学(和宗教)著作。而我唯一能指望的,是为未来,为了更安宁的时代拯救这部书,到那时,人们一定能给予舍斯托夫的著作以应有的关注和重视的。(1938年12月8日)

1949年,杰格列尔又出版了舍斯托夫的另一部著作,并在格拉茨成立了一个舍斯托夫学会,此学会存在了几年,出版了两本研究舍斯托夫的小册子。

《雅典与耶路撒冷》的俄文版直至1951年才出版。

应当指出的是,舍斯托夫1925年到1936年间所写的著作,其中包括《思辨与启示》和《雅斯纳亚·波良纳和阿斯塔波沃》,并未被舍斯托夫纳入《雅典与耶路撒冷》中去。它们和1936年以后所写的文章一起,被纳入文集《思辨与启示》里了,此书是在作者去世后由他的女儿们编撰出版的(文集第11卷)。1949年,杰格列尔接受了这部书。该出版社本来想要在1950年或1951年出版该书的德文版,但却未能实现其原初的设想。非常关心舍斯托夫著作德文版的鲁夫,把此书安排到了"Генрих"埃勒曼"出版社,并于1936年出版了该书。该书俄文版出版于1964年,巴黎,出版社是青年基督教会出版社。

也许是1937年3月7日,舍斯托夫受邀去见让·玛丽腾,以便在她那里会见一位印度哲学专家:

> 方丹讲述到,玛丽腾太太邀请我这个星期日到美多的她家里做客。她告诉我说有一位年轻的印度学家奥利维耶·拉科姆勃想要见

见舍斯托夫,因为马森—乌尔塞尔请他给舍斯托夫转达有关拉马雅恩的信息,此人为此去找过拉马雅恩。这个礼拜日舍斯托夫能否也一块来一趟呢?

于是我们去了美多。长时间的谈话都是围绕着尚加尔和拉马雅恩所出著作的译本问题的。

"我非常希望您能就此写一本书",玛丽腾说道。"也许吧,"舍斯托夫回答道。"不过只能到那个世界再写了。我要干的事实在太多了,要读好多好多的书,如不然一本书终究写不完。但是,阅读印度学书籍,于我来说是真正的享受。它们能让我更好地看清我们自身思维的某些方面。"(方丹,第60、61页)

拜访玛丽腾的日期根据舍斯托夫给方丹的信来推断,应该是1937年3月2日,舍斯托夫在这封信里,写到他即将在1937年3月6日在玛丽腾家里见到奥利维耶·拉科姆勃的事。而方丹本人却被所描写的这次聚会错误地认为是1936年3月的事情,并写道此事发生在一个星期日,而舍斯托夫说是礼拜六。也许是聚会从礼拜六挪到了礼拜日吧。

1937年2月,舍斯托夫接到路易·吉尤从法国邮政部寄来的一封信,后者在信中告诉舍斯托夫,说法国广播组织了一个有关俄国文学的系列讲座,从普希金开始,一直讲到当代作家,而且关于陀思妥耶夫斯基,将会有5次演讲。他请求舍斯托夫承担有关陀思妥耶夫斯基的讲座,并且选择了用于朗读的陀思妥耶夫斯基的文本。文本将由让·科波朗读,此人曾在根据《卡拉马佐夫兄弟》改编的剧本中扮演过伊万的角色。

我请求吉尤到我家一趟——舍斯托夫对方丹讲述到。——而他想要朗读《地下室手记》、《温顺》和《一个荒唐人的梦》的片段。我想他肯定读过点我的东西。您知道通常任何人都不会谈及这类文本的。无论是犹太人，还是其他人，当他们谈及陀思妥耶夫斯基时，都从来不提《地下室手记》……

总共15分钟而且还是广播，我能说些什么呢？我所写的东西里没有一本适合这种场合。这就是说，我必须得重读全部陀思妥耶夫斯基。无论如何，不会有什么了不得的。但我得为生存而干活儿挣钱呀。（方丹，1937年2月17日，第133页）。

舍斯托夫的广播讲座和科波的朗读文本，在巴黎的广播电台分别于1937年4月10日、17日、24日和5月1日播出。讲座由塔尼亚朗读。也是她把讲座译成法语的。讲座法文本后来于1937年5月17日被发表于《巴黎广播刊物》上，标题是"L'oeuvre de Dostoievski"，而俄文本则发表于比这家杂志创立更早的《俄罗斯札记》（总第2期，1937年10/12期），标题是"论陀思妥耶夫斯基笔下信念的再生"。关于这本杂志，格列勃·司徒卢威曾经写道："这本杂志不是作为《当代纪事》的对立面成立的，而毋宁说更像是它的孪生子……从11月4日起，主编由帕·米留科夫担任。编辑部成员中包括了亲自参与其事的人物，他们的名字常常出现在《当代纪事》的封面上（尼·德·阿夫科森基耶夫、伊·伊·布纳科夫、米·瓦·维什尼亚克、瓦·瓦·鲁德涅夫）。"（格·司徒卢威，第239页）。杂志一直存在到1939年年底。总共出了21期。舍斯托夫的文章发表于其中的4期（第2、3、12、13期）。

1937年5月19日星期三晚上9点,在清教徒－大学生学会,舍斯托夫应清教大学生团体的邀请,用法文做了一个报告《尼采与克尔恺郭尔》。这次晚会的组织者之一马尔克·艾留别尔,在发表于基督教大学生联盟机关刊物《七个》的《列夫·舍斯托夫》一文中,道出了集会和把他以及他的朋友们吸引到舍斯托夫这里来的原因:

> 我和几位朋友去宗教哲学学会去听舍斯托夫的讲座去了(1935年5月5日)。讲座的题目是"克尔恺郭尔与陀思妥耶夫斯基"。我们不知道舍斯托夫是用俄语讲的,所以听懂得不多,虽然他话语的音乐性很使人入迷。但只有这一切尚远远不够激起我阅读其已经译成法语的著作的愿望。其著作的标题和副标题包含着对我十分珍贵的人名,不是因为那些人有名,而是因为我们曾经在那些人那里寻求过如何加深我们的信仰。(马克·赫鲁别尔,"塞米尔",1937年5月)

舍斯托夫的这次演讲是他在法兰西学会唯一一次在本书中获得描述的演讲。也许舍斯托夫在其他法兰西集会上也曾发表过演讲,但有关这些演讲却找不到任何资料。《七个》杂志于1939年1月份还发表了论述舍斯托夫的另外一篇文章,作者是安德烈·米罗利耶。许多年以后,已经当上牧师的安德烈·米罗利耶,见到了舍斯托夫的女儿,并对她讲述了自己作为一个哲学系大学生时,如何在阅读了舍斯托夫的著作以后,终于找到了自己终生使命的事情。

1937年5月本书中已经不止一次提到了拉希尔·别斯帕洛娃,拜

访了时在布洛涅的舍斯托夫。舍斯托夫给妻子讲述了这件事:

很为你高兴,天气这么好——已经完全是夏天了:要不然我还担心会很冷。你的治疗怎么样了,对寄宿学校还满意吧?我则一切都按你的规则办。果汁儿是自己熬的,牛排是自己买自己煎的(有一次是女性买而我本人亲自煎的),还有荞麦粥也是我熬的,荞麦粥可以用各种方式吃——可以和汤一起吃,和通心粉等等。今天已经做了一次日光浴了。一切都原原本本按照你的吩咐。甚至连细枝末节也一丝不差:对你想量身定做,就好像你就在这里,这大概会令你更加愉快的。娜塔莎礼拜六来的,带来了鸡蛋和 grapefruit——我们一块儿吃的晚饭,吃得很愉快,今天我去她家吃晚饭,而且已经在电话里和大家都谈好了。

昨天(星期日)没去别斯帕洛娃那里:一大早忽然别斯帕洛娃来了一封信,说她已经去了巴黎,并且5号要去看我。她这次来又随身带了好多东西,都是给两个孙女的:7条裙子,一个比一个棒,两条短裤,腰带,此外还有一把用来教算术的算盘(同样也很漂亮):对斯维特兰娜这把算盘最有用了。① 但她本人这次没有新闻,只是和往常一样令人感到抑郁:祖母在生病,母亲在生病,没有钱。在巴黎顶多还能住两个礼拜——其中有5、6天得用来做一种手术(手术的确不算大)。关于娜塔莎和沃洛佳已经在报上报道过了②,说他们都是法国人,所以可以说必要的手续都已经办完

---

① 别斯帕洛娃有一个孙女,叫米耶特(小乖乖),比斯维塔兰娜稍大一点,根据她的尺寸她的小裙子传给了斯维特兰娜。
② *Journal Officiel*, 6 mai 1937.

了。(1937年5月)

方丹为天主教杂志《哲学评论》写了一篇文章 A propos du livre de Leon Chestov: "Kierkegaard et la philosophie existentielle"。1937年年初，他把文章给舍斯托夫看了，并且根据舍斯托夫的建议对其进行了数次修改。舍斯托夫为此在给他的信中写道：

毫无疑问，对此我是高兴的，《哲学评论》杂志编辑部认为您的文章写得很棒，还说将会把他发表在这份天主教杂志上。我当然不希望经过您的"一番阐述"人们都开始一窝蜂地起而研究起克尔恺郭尔问题来——可以坚信的是，人们仍将采用雅斯贝尔斯和瓦勒的观点看待克尔恺郭尔的——但您已经对这篇文章的写作下了很大功夫，而且令我高兴的是，甚至就连与此无关的批评家也认为这篇文章写得很棒。您是否认为马立腾会暂不发言，而会"狠狠地"回击您一番呢？(方丹，1937年7月7日，第136页)。

方丹的文章发表在《哲学评论》1937年9、10月号，总第5期上。舍斯托夫给方丹讲述道：

我接到一位年轻的比利时人名叫日利别尔的来信[①]。他写道，

---

① 1937年，路易·日利别尔出版了桌《Les chants d'Odin, ou Vie et Liberte》(Gand, imprim. S. C. Les Invalidas Reunis, 12, 121 p.)。该书前言最后一句话是："……舍斯托夫的优秀研究专著《在法拉利公牛的肚子里》为我提供了宝贵的指导。"

说他读过我的著作《在法拉利公牛的肚子里》以后,便想,参孙的确真的是圣经里的一个人物,他比其他任何人物都能更加清晰地阐释圣经的意义。我回答他说按照一种奇特的巧合,一位美国作家本让明 德 卡谢列斯发表了一篇论述我的文章《在宿命宫里的参孙》。这位年轻的日利别尔是一个好学深思的人。只不过他最好不要把他的文章寄给我就好了。我很累,我的眼睛已经看不见物体了……

一年后日利别尔出版了一本小册子,其中一章是论述舍斯托夫思想的。舍斯托夫对这一章感到非常失望……

我事情很多,况且感到自己累了。我应当写篇文章论述别尔嘉耶夫的,关于他,俄国的出版物还没有发表什么有分量的东西呢,当然这是不公正的。我还得为广播电台准备几篇论克尔恺郭尔的讲座呢。我不知道自己是否来得及做这么多事情。(方丹,1937年7月末,第137—138)

舍斯托夫告诉方丹,他得写一篇论述别尔嘉耶夫的文章,为"巴黎广播电台"准备关于克尔恺郭尔的讲座,还说他不知道自己究竟能否胜任这么多工作。这两件工作都按时完成了。

在同一年(1937年),舍斯托夫于8月3日动身去了沙捷尔,比往年要稍晚一些。他回到布洛涅也比往年稍早一些,即在9月13日,这毫无疑问是因为他的弟弟得了十分危险的病的缘故。他的弟弟米哈伊尔未能抢救过来,于9月20日去世。舍斯托夫对拉扎列夫的悼亡信做了回复:

非常感谢您的来信,感谢您对米哈伊尔·伊萨克维奇说的那番好话。我们全体俄罗斯人在侨居地都生活得很艰难——而且日子过得一年比一年更艰难。至于他在失明以后生活沉重到了无以复加的地步,而我一直都在感到惊奇,他对待自己的命运抱有多么温顺的态度呀。他当然也曾抱怨过,又怎么会不抱怨呢。但他的抱怨是悄声细语似的,是温顺的——就好像连他也怕自己的痛苦会加重周围人们的苦难似的。也许死亡对他来说就是一种拯救——要知道他可不曾有过任何希望呀,也不可能会有任何希望呀。对他来说,除了拉比在敞开的坟墓上宣读的悼词外不曾有过任何希望(拉比祈祷用的是犹太语,但全都译成法语了)。然而,毕竟笑忘书联系的,不是大地,而是苍天呀。

你们那里听说什么了吗?您的身体怎么样?您论述列科耶的工作进展如何?如果您能尽快结束这项工作我会很高兴的,并且我发自内心诚挚第希望您能早日结束这项工作。我同样也得为起草论述克尔恺郭尔的广播讲座而焦虑:对他又该如何讲述才能让广大听众"听明白"呢?我不知道这个讲座我能讲成什么样,也不知道听众会如何评价我的努力。等我结束工作就从肩头卸掉一座山了,为了奖赏我自己,我会立刻给你发电报让你好去接我。(1937年9月30日)

在此期间,舍斯托夫在为巴黎广播电台准备5场关于克尔恺郭尔的讲座,每次15分钟。这些讲座稿早在6月份就向他预订好了。塔尼亚把讲稿译为法文,并分别在10月21日、28日和11月4日、18日和25日朗读。演讲稿法文版于1937年12月15日发表于《巴黎广播刊物》。

标题是 *Soren Kierkegaard*, *philosophe religieux*，俄文版于 1938 年发表于《俄国纪事》1 月号（总第 3 期），标题是"克尔恺郭尔——一位宗教哲学家"。

方丹讲述如下：

> 别斯帕洛娃给舍斯托夫寄去了其著作《面对尼采的舍斯托夫》的手稿。论文令舍斯托夫很失望。我知道他对别斯帕洛娃寄予的希望很大，期待从她那里如果不是完全的契合，那也至少是比较理解他的工作。（方丹，1937 年 12 月，第 144 页）

> 我接到别斯帕洛娃就我针对她的论文所写的那封信的答复——舍斯托夫说道——她不明白我为什么会失望，虽然我竭力想要尽量隐瞒自己的看法。"要知道我这是在把您和尼采相提并论呀，须知这样恰好表明，我对您是多么赞赏呀！"（方丹，1938 年 1 月，第 148 页）

别斯帕洛娃论舍斯托夫的文章被收入她的著作 *Cheminements et Carrefours*（《面对尼采的舍斯托夫》），由弗连出版社出版，时间是 1938 年 6 月或 7 月。舍斯托夫在得到所出的这本书以后写信给方丹说：

> 别斯帕洛娃的书出来了：论马尔罗、格林、加伯里艾尔、马尔赛尔、克尔恺郭尔和我。她还写了一篇序，在序中把我们全体都放在同一个前景下：马尔罗说……而克尔恺郭尔却说等等，这本书是论述我的——可我却搞不明白，为什么。加伯里艾尔·马尔赛尔却相反，对她论述他的这本书赞不绝口。她本应将她的这本书献给他

而非我的。(方丹,第150页)

方丹造访了舍斯托夫,同时告诉他《哲学评论》已经同意接受他论舍斯托夫的文章了:

> 舍斯托夫病了两个星期了,此时还躺在床上。我告诉他说他很久以前的愿望实现了:根据他的请求我去问了列维—布留尔,他是否同意在《哲学评论》上刊载我论述舍斯托夫《雅典与耶路撒冷》的文章,此书眼下正在印制中。列维—布留尔接受了我的建议。我拜访了他。他为我的文章留出了 40 页篇幅,比我所能希望得多得多。舍斯托夫很高兴……他坚持一个意见:"文章一定要写得简洁,要写成纯粹的哲学论文。这样会很难:不需要任何文学笔法。应当和自己的雄辩能力反着来……我在一张纸上记录了一些最重要的要点,希望你能在写作时加以注意……"他说着抽出一张写满俄文字迹的纸。他把要点翻译过来并请我记录。这些要点的绝大部分是为我的思考提供了精神食粮。最后我还想您能给文章两个题词:斯宾诺莎的"Non ridere, non lugere? neque detester, sed intelligere"以及我在的论克尔恺郭尔的那本书前言中引用过的那句话:"约伯的哭泣不仅仅是哭泣,亦即不是没有意义的,不是百无一用的,只能令人感到烦闷的嚎叫而已。"(方丹,1938 年 1 月 5 日,第 145、146 页)

2 月份,方丹写了一篇文章。舍斯托夫读了 3 遍,做了几处修改,方丹便把文章寄给了《哲学评论》。舍斯托夫写信告诉方丹:

我刚刚接到列维—布留尔的信，信只有几行字，与您有关的只有这句话："方丹的文章在我这里。初看上去文章写得很好。我预想应该写好，而且我想您应该也会感到满意的吧。"（1938 年 3 月 9 日，方丹，第 152 页）

方丹的文章发表于这家杂志的 7、8 月号，标题是：*Leon Chestov et la lute contre les evidences*。

*

根据方丹 1 月 1 日的讲述，说他看见舍斯托夫时见他正躺在病榻上。关于舍斯托夫的病情，娜塔莎写信给其丈夫沃洛佳——沃洛佳于 1937 年秋初去了波斯南方，作为工程师参与一个从事石油地质勘探机构的工作。

爸爸在我们这儿病了。他得过风湿病，吃了药，但出现了可怕的腹泻，已经躺了整整一个礼拜了，只吃了一点燕麦粥。我常去看他，使他最满意的事情是你的来信。你对自然的描写很成功，爸爸非常喜欢。他尤其喜欢听你描写荒漠、星空、瞪羚及其他动物的文字。（1937 年 12 月 25 日）

关于舍斯托夫的病情，洛夫茨基也同样提到过："舍斯托夫得了重病，"——洛夫茨基讲述道。——忽然出现肠出血，双手的血管膨胀。（洛夫茨基，第 14 页）。一段时间后，舍斯托夫多少康复了："爸爸康复了，"娜塔莎 1 月 20 日写信给沃洛佳说，"结果和以前一样，只是课不讲了。"但是，显然，他的精力衰竭了。我们是从给拉扎列夫的信中得知这一点的：

> 谢谢您的来信——这么友好和关切。我非常想要和您见一面，当然哎呀，是在我这儿而不是在您那儿：无怪乎人们会说，病去如抽丝。(1938年2月7日)

几个月以后，舍斯托夫在和拉扎列夫谈话时谈到过自己得病的经历。"舍斯托夫告诉我说，"拉扎列夫写道，"在他得重病的时候，无论亲人和医生们如何竭力想要向他隐瞒病情，他都能够根据他们脸上的表情猜出自己的病情很严重，也许随时有可能过去。可是，舍斯托夫继续说，可我一点儿都不害怕，反而觉得很轻松，很轻松。比方，我认为我很快就会挣脱锁链了。"（阿多尔夫·拉扎列夫，《纪念列夫·舍斯托夫》，未刊文稿）

2月13日星期日，舍斯托夫年满72岁了。显然他的自我感觉也有所改善："我们这里一切都好，"舍斯托夫对娜塔莎说。"这个周日全家都在我们这里聚齐了——我也没感觉累，我虽然知道夜里10点中才回来。谢谢你的礼物，一切都再好不过了。"（1938年2月15日）

沃洛佳给娜塔莎的信带给舍斯托夫许多欢乐。早在11月份时，他就在给他的信里写道："依然在满怀兴趣地读着你的来信，你很长于写信，信写得一封比一封更精彩，更吸引人，内容也更丰富。"而娜塔莎也写信给沃洛佳说："当我向父母朗读你的来信时……爸爸从始至终都在笑个没完。我一停，他就问：你是怎么搞的，干吗不接着念。"得知舍斯托夫病了，沃洛佳便开始直接给他写信。在其中一封直接寄给舍斯托夫的、"写得丰赡"的信里，沃洛佳描写了自己出差到阿瓦士城的故

事。下面就是摘自这封信中的一个片段:

　　娜塔莎写信对我说您病了。我希望您现在已经彻底康复了。您很喜欢读我的信这使我很高兴，因此我这封信就直接写给您而不是娜塔莎，而您可以给她看一看就可以了。

　　最近这个礼拜我一直都在旅行。你们要想全面了解我的情况，就得允许我从头到尾讲述一番是什么情况导致我们被迫出行。

　　1月初我们完成了在指定地域即南部地区实施的科考。剩下的就只有实行几种补充的意向。

　　天气很好，整个12月份天公都一直在给我们作美，忽然就恶劣起来。雨一连下了6天，外出活动不可能了。卡伦河溢出了河岸，淹没了绝大部分荒漠，所以就连工作也无法进行了。正当此时从伦敦来了一道命令，要我们转移到我们这个地区的北部区域……情况变得十分艰难。把营地转移到别的地方水就会断了。继续工作下去同样也不可能，况且也没必要。

　　因此，接到命令的第二天，也就是1月15日星期六，我们，亦即我和康，决定前往阿瓦士……要想去阿瓦士只能通过卡伦河走水路，我们的营地距离卡伦河大约10公里。我们倍感幸运的是，雨停了，水位下降了。

　　在营地和卡伦河之间有一片开阔地，虽然不是旱地，但毕竟没有水迹。我们的计划是这样的。开拖拉机直达河边，然后在河边等前往阿瓦士的轮船……

　　礼拜六早晨太阳已经很明亮了，我们开始往拖拉机上装载我们的财物：每个人一只大箱子，三个人用的帐篷和行军床。拖拉机前的车斗里铺了口袋而非波斯地毯,摆放了折叠椅,一切摆放停当,我们就出发了。拖拉机咣当咣当响个不停,走了大约才两俄里,车就陷进无法通行的烂泥里了。我们不得不苦苦挣扎了5个小时,才好不容易把车从烂泥里开出来。在此之后一切很顺利,毫无障碍地开到了河边。

第一件事是安装帐篷。挖了防雨的壕沟,打发工人随着拖拉机去营地,然后坐在河边的安乐椅上,开始等待。周围是异乎寻常的寂静。太阳虽然已经不知不觉间下降到地平线上,但阳光却暖烘烘的,像春日阳光。地上在污泥上空,已经结了一层薄冰,上面满是蚂蚁。

地平线上已经显出我们轮船的炊烟。可这艘船还得绕过许许多多的弯道,才能抵达我们所在的地方。傍晚风光真棒。河边芦苇丛后面显出一轮美轮美奂的月亮。一道银色的小路从月亮一直横跨河面延伸开来。鲜红的晚霞辉映在水洼里,青蛙也许还有蟋蟀不住气地叫,像一个人在清嗓子。男仆胡赛因点亮了两盏煤油灯。轮船上同样也点起了灯火。只是还离我们很远。河面越来越平静了。东方已经彻底进入黑夜了。猎户星座的所有星星从地平线上跃了出来,随后天狼星座也亮了,映在水面上像一道银色的垂直的下划线。随着黑暗的到来,不知从什么地方出现的狗们,用粗哑的喉咙吠叫着。也许是嗅到了荒漠隐藏着的野兽了吧……

晚上8点多轮船终于靠岸了。原来不止一条船,而是整整一座漂浮着的小城市,占连接在一起的两艘船和几条驳船组成。

令我们失望的是,这是一艘阿拉伯船,而非英国船。可我们除了在海边等天气以外没有别的办法。我们的男仆已经开始挥动汽灯，并用波斯语嚷叫着什么。起初船上的人似乎也丝毫不留意什么，于是我们打开行军床准备入睡，可就在这时，一艘船离开队列，调转船头，开到岸上来了。随后它又毫不费力地追上其余的船，而我们也搬到大船上了。本地的船都很荒唐，和我们伏尔加河上的船简直没法儿比。而这家伙呢，却像一个笨拙的、带有波纹铁栅栏后面拖着个巨型轮子的怪物。原来所有船舱都满了，我们的行李被堆放在公共的"沙龙"里了。沙龙里没有什么家具，地板的草席上睡着几个人。我提议把我们的行军床打开放在甲板上，就在露天睡觉。于是我们就按我的建议做了。一群好奇的旅客聚集拢来，把我们围在中间，十分干练地帮助我们安排睡觉的地方……最后，我们终于躺在睡袋里了，几乎不脱外衣，那些好奇的观望者们也都散去了，他们走之前仔细地检查了我们睡觉的装备，道过晚安。这天夜里我们睡了个好觉，尽管醒来时全身都被露水打湿了。离阿瓦士还有很远路程。K. 出发去寻找一个可以吃早餐的避风地方：我们随身带上几个罐头盒，饼干和啤酒。

吃早餐的地方就在鼻子底下，刮着穿堂风。两条船的船长很快也来到这里，带来了炭火盆和木炭，犒劳我们喝茶。船长们坐在地上，盘着腿，开始更多地借助于手势的一场艰难的谈话。但我们到底还是能够达到相互理解，并且都对对方有了好感。从谈话中我们得知，那些阿拉伯人起初并不愿意搭载我们，他们以为我们是波斯人，他们不喜欢波斯人。现在当他们得知我们是些法国人时，高兴得坚决拒绝收取我们的船费。"您告诉那些英国人，就是他们的船费已经付了，把钱收回去吧。"

这些阿拉伯人都是些非常招人喜欢的人，奇怪的是，为什么他们无论到哪儿都很难与邻居处好关系呢?

我不想让您过多劳累了,列夫·伊萨克维奇。就写到这里吧。直截了当地说吧,总之我们到了阿瓦士,冻得浑身发抖,而且已经是下午3点多了。直线距离不超过15公里,但是,卡伦河竟然如此曲曲弯弯,流水如此湍急,以致我们得花费20个小时才能抵达目的地。

随后沃洛佳详尽地描述了自己在阿瓦士逗留的情形,他们巡视了即将安置营地的地方。事情结束后,沃洛佳和他的同伴们沿来的原路返回营地。为了游览整个卡伦河流域,人们给他们提供了一份专门的地图:

我们从阿瓦士坐舟出发时天已很晚了——已经是晚上7点半了。还没有来得及吃晚饭,就只随身带了两瓶啤酒和很大两袋三明治。沿着黑乎乎的河面,天空中落着流星雨,每次回想这次河上游,我就不能不感谢命运的眷顾。阿瓦士的火光很快就消失在身后不见了。左右两边都是荒漠。看起来尽管马达轰鸣,但仍然可以听得出寂静的声音。头上是星空。这就够了。很快夜晚的寒冷就开始砭人肌骨了。三个阿拉伯人,船长和大副以及机械师,不知用什么办法搞来了热茶,让我们喝。我把自己从头到脚裹在救生袋里,蜷缩成一团像是一包行李。这次河上游持续了5个小时。12点半时,岸上从我们的帐篷附近,现出了灯光。

心里立即轻松无比。营地里我们的人想必是听到了转移营地的命令了:我们放在营地的行李已经有一半挪到了岸边。下半夜我决定就在露天过。打开冰冷的行军床,躺在睡袋里。

从离开营地起已经过了整整一个礼拜了。

早上我们骑马回到营地：岸上人已经为我们准备好了坐骑。

再次看到自己的帐房心里别提多高兴了。（写于1938年1月25日阿瓦士，沃洛佳在那里停留了几天后又转移到新的营地）

你的长信，写得很大气恢宏的信我收到了。——舍斯托夫答复沃洛佳道。——你未必能想象得到在阅读你对旅游的描述时，我是多么高兴呀！你"有幸"看到上帝的世界这如此奇妙的美景真该庆幸，很少有人能在一生中有如此这般的幸运。甚至就在读信时心里也会燃起热情的火焰，这种心情你想必也能体会得到——当你能亲眼观看这样的美景时。等娜塔莎回来后，她又把你的来信给我们俩重读了一遍，心里又一次感到暖烘烘的，像初次听到那样新鲜。但愿上帝能让我有幸到你们那里去一趟。

我们这里没有什么新闻。身体略有些康复——就像谚语所说：病来如山倒，病去如抽丝、希望等你们来能彻底康复。

多次地吻你，紧握你的手，非常诚挚地感谢你的来信。（1938年2月20日）

在此期间，舍斯托夫接到加斯顿·德利克的小册子 *Puissance du mensonge. Contribution a l'etude des mythes*，出版于布鲁塞尔，出版社是"红与黑"。关于这本小册子，舍斯托夫在给方丹的信中谈到过，并且和他讨论过此书：

> 我也接到加斯顿·德利克的这本小书了……书中谈到您也谈到我。这本书值得一读！等您来找我时——我希望这会很快——我给

您看看。(1938年3月9日,方丹,第152页)

他读过克尔恺郭尔,读过我的书。他甚至称我们是思想界的巨人。可是他又是怎么对待这些思想的巨人的呢?(方丹,第154、155页)

阿·拉扎列夫研究法国哲学家儒尔·勒基埃已经连续好几年了,经常和舍斯托夫一起谈论他。从列维—布留尔那里得到开始写作论述儒尔·勒基埃的许诺以后,舍斯托夫说服拉扎列夫着手写作论文。1936年10月,他写信给他说:

我知道您没有听我的话,不过用一句正式的话说,我仍然认为自己有责任对您说出我的心中所想,依我看,您应当适时中止嗣后的准备工作了,而立刻着手写作论述儒尔·勒基埃的文章。您就儒尔·勒基埃和Grenie-1所说过的一切,写出一篇文章足够了。而所有这一切都早已存在您脑子里了,您所需要做的,不过就是把它们挪到纸上来就是了,相信这篇文章一定十分精彩。我们最近那次谈话使我对此确信无疑。

这篇文章拉扎列夫显然是在1937年写完的,1938年年初,什莱策尔把此文译成法语,拉扎列夫把文章寄给了列维—布留尔。舍斯托夫向拉扎列夫传达了列维—布留尔对此文的意见:

刚接到列维—布留尔的来信。他提到了您:《L'article de M. Lazareff interessera surement le lecteur de la Revue Phil. et je vous remercie de me l'avoir signale. Je ne ferais peut—etre pas, quant a moi, une place si im— portante dans Thistoire de la philosophie frangaise a la pensee de Lequier, mais je reconnais qu'il vaut la peine d'en parler et M. Laz. le fait excellement en une langue irreprochable》。怎么办好? 为您感到高兴,因而急于与您分享快乐。(1938年3月9日)

拉扎列夫文章的俄文本他把它寄给了别尔嘉耶夫。文章很快就发表了:俄文本发表于《道路》(1938年9—10月号),标题是 *L'enterprise philosophique de jules Lequier*。

拉扎列夫论儒尔·勒基埃的文章,——舍斯托夫对方丹说道。——写得很好。拉扎列夫本想也谈谈我的,但让我给劝说得打消了这个念头。我甚至请求他不要提我的名字。让他把儒尔·勒基埃和克尔恺郭尔相提并论好了,后者即使是在法国也名震遐迩。那些对我有所知的人自然会对我有所了解的。重要的是要正确提出问题。(方丹,第166页)

在文章正式在《道路》刊载前别尔嘉耶夫邀请拉扎列夫在宗教哲学学院做一次论述儒尔·勒基埃的报告。

1938年4月27日,年届80高龄的胡塞尔阒然长逝。5月份,《俄国纪事》杂志邀请舍斯托夫写篇纪念胡塞尔的文章。舍斯托夫却不敢接受这个委托,因为身体还未彻底康复。

写文章纪念胡塞尔——这对我有极大的诱惑——他写信给编辑部说。——但这份工作很复杂,并不轻松……即使是在一般情况下,我也很难胜任这项任务(文章篇幅短小,写作期限很紧,文章还要写得能让广大读者看懂)。不过,眼下,虽然得病之后身体略有恢复,但还是得遵守严格的作息制度——这对我完全是力不从心的,无论我对此如何伤心也罢——我无力承担这份工作。(1938年5月29日)

编辑部很快就发出再次邀请。舍斯托夫答复说:

关于纪念胡塞尔的文章,你们没必要劝说我了。我自己也非常想要写文章纪念他,我甚至认为写文章纪念他是我的责任。可问题是:我能否胜任?要知道迄今为止我一直都是在床上躺半天的。我的医生(也即妻子)认为只有经过一个假期的休养,我的体力才能恢复。因此我不敢许诺——要不我们这样约定一下好吗:成功的话,就只能在8月1日前完成,不成功的话就不写了。无论您还是我这个约定都不是铁定的。我不能答应得太多了,啊——哎呀!——我可不敢许空头支票:说出的话,就要算话;既不算话,就别答应!(1938年6月10日)。

舍斯托夫照旧研究印度哲学。在1938年4月6日的信中,他请求格尔曼为他购买鲁多尔弗·奥托的 *Westostlische Mystik* 和 *Siddhanta des Ramanuja*。在此期间,方丹经常去找舍斯托夫,和他进行长久的交谈。姑且从他的笔记中摘引若干不太长的片段:

舍斯托夫很疲劳，人都瘦了，嗓音嘶哑。最近一段时期以来的政治事件——希特勒入侵奥地利，迫害犹太人，莫斯科大审判——令他很激动。和往常一样，他全身心地积极关注着由现实生活粗野地提出的种种问题："希特勒入侵奥地利，我不得不承认，发生了理应发生的事情。我被迫承认这一点，但却不敢确信这一点。"（方丹，1938年3月26日，第105页）

耶路撒冷思维则完全不同。您大概还记得启示录末日论吧。战无不胜的野兽，所有的不幸和恐惧……随后来了一位先知，眼泪擦干了。古希腊人不曾有过这样的思想，印度人也不曾有过这样的思想。这种思想只存在于圣经中。（方丹，第154页）

早在"死亡的启示"中我就曾指出，死亡中孕育着真理的本质。信仰仅仅只是对于死亡的准备，亦即对于柏拉图所说之真理的准备。强迫领域只是在那里才中止，而开始一个自由的王国……

您也看见了，我一直都在研究印度哲学。我对印度哲学的研究越是深入，它们对我的吸引力就越大。人们通常都是习惯于把印度哲学视为一种"形而上学"，而要知道印度人所思考的最主要的问题，是如何做出决断和如何拯救！这多么像是一种对自由的追求呀！（方丹，1938年5月28日，第157页）

他在准备茶。我们讨论了当前的政治事件。近来几乎我们所有的谈话，都围绕着每日每时正在进行中的欧洲的悲剧展开。我们仍然在持续闲聊着报刊上令人恐惧的内容……

（"圣奥古斯丁"）不愿意承认我们的上帝……是不会出面帮助我们的。尼采却懂得这一点，他看出自然的残酷性，但却不仅限于承认这一点而已，而是开始尽情地歌颂这种残酷。可为什么要歌颂残酷呢？耶利米同样也知道上帝是不会出面帮助我们的，而犹太人对此很早就心知肚明：马卡贝乌斯的故事等。耶利米甚至会说："让生我的那个日子受到诅咒！"而且，他竟然不管不顾自明性，而敢于抱怨上帝，请求上帝的帮助。他以为上帝会帮助他……我同样也无法克服这种困难：我只能斗争……

他很疲劳。最后一夜他只睡了一小时，而在此之前则睡得更少。（方丹，1938年7月10日，第160、161页）

7月份，什莱策尔拜访了舍斯托夫。"但我离开时心里笼罩着浓浓的忧思，"——什莱策尔写道。——他看上去比以前更瘦了，身体衰弱到了枯竭的地步，但他的智慧依然像从前那样敏锐，精神力量依然那样强劲，他的声音仍然还是那样激情洋溢，每当话题牵涉到他最喜爱的题目时，他似乎浑然忘记了危险的逐渐临近……也许我们都搞不懂，真正的危险就隐藏在他内心的火焰中，这火焰时时在燃烧着他并不很强壮的身体。（什莱策尔：《纪念列·伊·舍斯托夫》——《新闻报》，1939年1月13日）

和往常一样，7月16日，舍斯托夫去了沙捷尔－居永。他终究未能在行前完成那篇纪念胡塞尔的文章。在沙捷尔，他接到叶·肖尔从特拉维夫寄来的明信片：

衷心地感谢您寄来的明信片和书①，我是前几天收到的。书印

---

① 即《雅典与耶路撒冷》的德文版或法文版。

得非常好。加上《在约伯的天平上》，这是近百年来最重要的哲学著作之一。我会对其稍作修饰，然后写信给 Entscheidung 和各种出版物。除此之外，我也会在特拉维夫和国内就这个题目做报告。我相信此书终究会引起反响的。我往《综合》寄了一篇文章《德国创作的悲剧》。然后我打算再寄一篇论述尼采的文章，在此之后，就是论别尔嘉耶夫和您的文章了。（1938 年 7 月 17 日）

许多年以后，1966 年，肖尔在现代希伯来语报纸《语词》上发表了一篇论述舍斯托夫的文章，是为纪念其百年诞辰而作。

舍斯托夫从沙捷尔给沃洛佳写信：

祝贺你天使节和生日快乐，希望你今后取得更大的成功。首先是要身体健康，精力充沛，精神饱满——其次是成功：好不至于又得重回波斯——你那里已经去得够够的了，况且今年你还得进行论文 summa cum laode 答辩。啊哦，还有，都在一块儿说吧，也愿娜塔莎万事如意，心想事成，愿你们的生活平安顺遂，幸福美满。（1938 年 7 月 26 日）

过了不久，方丹就给时在沙捷尔的舍斯托夫寄来了一份《哲学评论》7、8 月号，上面登载着他的一篇文章《列夫·舍斯托夫与反对自明性的斗争》。舍斯托夫给他发了两封信：

相反，我亲爱的朋友，您的大作的优点恰恰在于，正如您所说，您毅然决定要给自己的文学气质刹刹车，值此之际我要再次对您重申一下我的文学遗嘱：拧住雄辩的脖子把它拧断。或许广大读者宁愿保留雄辩力。然而难道读者的判断就无可指摘吗？您的文章就您而言是极大的成功——而这不光是我的意见，而且也是我妹妹和洛夫茨基的看法。(方丹，1938年7月31日，第161、162页)

我的妻子也读了您的文章，和我妹妹以及女婿一样，他们都对文章很满意。她说您有一种善于把很艰难的理念阐述得清清楚楚明明白白的特殊能力，这表明您已经使这些理念成为您自己的理念了。从她嘴里听到这样的话，我感到很吃惊，她说您文章里没有丝毫文学性的东西，因而，对您来说，哲学不是娱乐，而是某种于我们的灵魂十分必要的东西！这条件很精辟呀。(方丹，1938年8月31日，第163页)

关于发表在寄给舍斯托夫的《哲学评论》里方丹所发表的某些文章的思想，舍斯托夫在给拉扎列夫和什莱策尔的信中分别做了概述，让·瓦尔也给他寄来了不久前刚出版的著作 *Etudes Kirkegaardiennes*：

接到了有方丹文章的那一期《哲学评论》。里面有一篇 Brehier 论述我的《克尔恺郭尔》的非常有趣的短评。文章写得很"冷漠"——"冷漠"到了就连克尔恺郭尔也得缩着脖子的地步。再说它当然也不能不是这样。对于 Brehier 来说，整个"存在主义哲学"都是空洞的虚构。因此他很难理解哲学是一种"Kampf"(奋斗)，而非"Besinnung"，对此让·瓦勒怎么也搞不明白，他给我寄了一本他论述克尔恺郭尔的书，在封二写了一句题词，说在我的有关雅典与耶路撒冷的书里。既找不到雅典，也找不到耶路撒冷。而当我从您的来信中读到存在主义哲学"问题"又一次发出声音时，我只是将这看作是这样一种表征，即对您来说，哲学是"一过性的"。（给拉扎列夫，1938年8月7日）

没有什么新闻。瓦勒忽然给我寄了一本他论述克尔凯郭尔的著作，题词是读了我的《雅典与耶路撒冷》，既未找到雅典，也未找到耶路撒冷。别斯帕洛娃寄来了她的题词，说（虽然——依我看——他对我刚说过的那番话根本连一个字都没曾听到过）她自认是我的学生，从我这里学到了许多东西，因此而写了一本书题献给我。在同一期《哲学评论》杂志上，还有一篇 Brehier 论述我的克尔恺郭尔著作的评论——文中对我的著作却实实在在只字未提，而在文章末尾却对克尔恺郭尔的宿命大发了一通议论。就这么的。这很有意思，您又写了什么——不过，或许，您的文章很快就会面世的吧。

如果假期过后感觉自己体力恢复的话，我会努力把论胡塞尔的文章写好。关于他越是想得多，越想写点儿什么。（给什莱策尔，1938年8月10日）

在布洛涅，舍斯托夫比往年回来得略早一些（9月9日），因为沙捷尔的天气变得恶劣了。回来后，他开始写作论胡塞尔的文章。

至于我——舍斯托夫写信给什莱策尔说——鲍曼医生把我仔细地瞧了一番以后，说在沙捷尔，没有什么要紧的，只不过随着时间的迁移，机体有些疲劳了，耗竭了。我认为他说得对。此刻我的自我感觉略好一些了——甚至开始努力写点儿东西。（《纪念一位伟大的哲学家》是论胡塞尔的。）

至于说您就各种事件所写的一切——当然,任何人——恐怕未必会有什么人会与您争执。我们体验这种每日每时毫不间断的恐惧已经马上就会满四分之一个世纪了。可是,迄今为止,我们每个人总算个人都逃出生天了,但可怕的事情却落在了别人的头上。如今在俄国发生过或正在发生什么,那里的人们都已经被交给了斯大林和叶若夫去统治和支配!成千万甚至上亿万人——其中有多少不幸的儿童呀——死掉了,或正在死于饥饿,严寒,枪毙。在中国发生的也同样如此。在我们的邻国西班牙,其次是在德国和奥地利。的确,我们唯有看着这一切而心发凉而已。像那个伊万·伊里奇。但在托尔斯泰笔下,这篇故事结尾的最后一句话却出乎意料:出现的不是死神而是光明。这究竟是什么意思?谁赋予托尔斯泰以这么说话的权利?或许这很奇怪。可当我从报纸上读到近来发生的事情时,我的思想似乎自动从一种生存的恐惧转入某种对于别样存在的向往上去了。我不能不思考问题——这或许是因为我其实无能为力而且也无可奈何吧——我不由自主地站在了一边:作为一个老者、一个病人,和一个外国人。我总是觉得思考,以真的方式进行思考,或许只有那样一个人才能做到,那个人什么事情也不做,无所事事,也无事可做。于是,恐惧越是发展下去,你的思考就越是紧张激烈。在攫获了我们这些他瘫痪者、犹如在梦中一样正在向我们兜头压下来的那些噩梦中,我们是那么软弱无力,有时候甚至会觉得有一种很不自然的和反自然的东西。当然了,我们不能不感觉到一种恐惧,甚至不光是我们所面临的一种恐惧,而且也包括来自各个国家的,与我们那么亲近的外国人所带来的那种恐惧。不仅现在而且包括遥远的未来。您还记得耶利米的哭泣吧?还有启示录里的雷声滚滚吧？可是，无论先知还是使徒都以一种奇特的方式，透过存在的恐惧透视到一种什么东西。死神呀你的尖刺在哪儿？地狱呀，你的胜利何在？[①] 任何眼泪都可以擦干吗？就好像他们已经预感到"现实生活"的噩梦，也会和幻觉的噩梦一样消失无踪的。我知道得很清楚，很少有人会给予先知和使徒以多么重大的意义。大家所看重的仅仅只是体力而已，看重的是肌肉强壮所体现的优越性而已。因为人人都在"创造"，人人都想要"创造"历史。对于所有人来说，"眼泪能擦干"是幼稚的感伤主义，对于所有人来说，启示录里的滚滚雷声非来自乌云，而来自厩肥堆（意为：外表吓人，而内里空虚，即外强中干）；而当你不是在"创造"，当你在思考时——那么，那些被我们当作终极的最后的现实性的东西，忽然变成了匪夷所思的一团乱麻。难道所有这些斯大林们、墨索里尼们、希特勒们能够永恒吗？难道说他们的"胜利"不是虚幻的吗？他们越是得意扬扬，越会清楚地发现自己的渺小和微不足道。而要知道实质上对于生存的恐惧并非始于 1914 年，而是之前就一直有过。任何时候都有一些人他们什么也不想"创造"，但却善于也愿意去思考。而灵魂如今要比任何时候都更加不可遏制地奔向他们——奔向那些先知们和使徒们。他们善于看清最可怕的恐惧——同时又不会丧失对上帝的信仰。

真的，写得并不顺畅——请原谅。可是，我想，您一定猜得到我此刻想说的究竟是什么。（1938 年 9 月 11 日）

顺便说一说，这里的"思考"这个词我当然指的不是"思辨"。

---

① 《预言之书》（Книга пророка, Осии, 13, 14.）。

从始至终我指的都是"第二个维度"和"de profundis ad te Domine clamavi"——我把此词与"创造"对举。我知道如今所有教堂都人满为患——人们都在祈祷：这只碗是不会绕我们而去的。可要知道曾经有过那样的、和我们的时代十分相像的时代——而且别的时代的人们，似乎也比我们更善于祈祷。而我只想对你们说，如果你们的祈祷没有被听到，那我们就不得不嚎叫："主啊，你为什么要把我们抛弃"或是重申"耶利米的哀歌"，必须竭力不要丧失勇气，想耶利米和耶稣意义，即使是在讨厌的"自明性"的标志下，也不要忘了这个伟大的戒条："倾听以色列"。而这就是我想要对你们说的一切——虽然说得不很流畅也罢。

下面说说方丹的文章。您对它的评价是不够的。您还记得人们——别尔嘉耶夫、别斯帕洛娃等——对我是如何友好吧，但他们却丑化了我的思想。方丹没有这样做——而这是他最大的功绩。有几个人甚至认为（其中包括 A. E）读过他的文章后，对我的著作的理解就更加深刻了。(1938 年 9 月 22 日)

几天后，方丹来造访舍斯托夫，而他见到的舍斯托夫身体如此虚软干瘦，和动身走之前一样。舍斯托夫告诉他，列维－布留尔接受了他回忆与胡塞尔谈话的那篇文章。

遗憾的是，——舍斯托夫对方丹说。——我累极了，一天下来才能写半页纸，还费尽力气。这样太少。可我很乐意这样做。您不妨想一想，须知还没有任何人能够理解胡塞尔，因而也就无法充分理解我和胡塞尔的那场斗争。您不妨看一看这位葡萄牙作家写的这本法文小册子（Vieira de Almeida. Opuscule Philosophica, Ⅲ, Lisboa, 1936），书中对我的反映很好。此书注释中说，是我"给予这个庸人思想家以唯一正确的答案"。您知道吗，实际上问题压根不在这里。我感到非常遗憾的是，人们都说，他们读过我的书，或许还喜欢我，但就是对我的理解不是太好。（方丹，1938年9月23日，第164页）

9月26日叶甫盖尼·尤里耶维奇·别季（参阅附录）去世了。舍斯托夫给索菲亚·格里戈利耶夫娜写信：

很难用语言描述，叶甫盖尼·尤里耶维奇的猝然离世，给安娜·叶丽阿扎洛夫娜和我造成的震撼性印象。我们对他患病没有任何侥幸想法，可是，忽然间，出乎意料地，从报纸上的讣告栏得知，他已经阒然长逝了。于是我们特别强烈地感觉到他的离去，使我们承受了多大的损失，而我们对他的评价又是多么的高。

自从我们得知他去世的消息以来，我们几乎还没有谈过别的话题，大家聊的都是他，几乎别的什么都不想了。我们不敢相信，他已经不在了。他竟然无声无息地离开了，我们觉得这根本是不可能的。在我们这漫长的一生中，我们也可以说是阅人无数了，可是，在我们所认识的人中，当然也有过许多坏人，但好人同样也非常罕见。可当我们回想叶甫盖尼·尤里耶维奇时，我们就好像事先约好了似的，不称呼名字似乎就不足以把他作为一个光明磊落的人格来加以尊敬似的。在这个意义上，我们无法说出另外一个人和他能享有同等待遇。

在他身上，实现了一种非常罕见而又令人震惊的组合：极度温柔的性格、极其少见的善良，和男子汉勇敢坚定的意志。甚至就连他的外表也以其庄重少文而令人震惊，但更令人震惊的是，他在其一生中的所作所为。

我不知道我给您写这一切究竟是为什么：也许是因为我一直都在思考并且也只思考这个问题的缘故吧。我认为不光我，而且包括所有人，所有有机会和他近距离接触的人——都会和安娜·叶丽阿扎洛夫娜以及我一样的看法，而且，的的确确，您也不是从我嘴里才第一次听到人们对他的高度评价的。我甚至觉得所有人都和我们一样，都能感觉得到他身上蕴藏着一种神秘的光源，人们之所以看重他和热爱他，正是因为这个缘故。而且，这也许能多多少少抚慰处在艰苦考验和痛苦悲伤中的您的心灵吧。

我当然知道没有了他，您的生活会变得异常艰难。我还知道被人和哀伤所打中的人，用尽人类的语言也无法对其加以抚慰。可我总还是不由自主地不得不用贫乏的、软弱的话语来表达使我们大家都痛心不已的内心的悲痛。我们大家全都希望——以安娜·叶丽阿扎洛夫娜和我的名义——希望您身体健康，精神愉快，因为这对于在自己灵魂深处祭奠永远难以忘怀的叶甫盖尼·尤里耶维奇来说，是十分必要和需要的。（1938年9月28日）

1938年10月20日左右，新出的《当代纪事》总第67期发表了舍斯托夫的文章《尼古拉·别尔嘉耶夫》。舍斯托夫究竟是在什么时候写的这篇东西，现在已经无法判明了。可以推断的是，在得病以前，即1937年秋末。读过文章后，大司祭谢尔盖·布尔加科夫给舍斯托夫寄

来了一封真挚热情的信,这封信使他很高兴:

亲爱的列夫·伊萨克维奇:

我今天读了您发表在《当代纪事》(附记:《当代纪事》总第67期——1938年)论述尼·阿·别尔嘉耶夫的文章,我很想向您表示祝贺,紧握您的手。生活的道路把我们分开已久,以致我们几乎已经见不到面了,但通过这篇文章我又听到了您的声音,就好像又和您见面了似的。我很高兴您的头脑依然那么清晰,这篇文章依我之见(虽然近些年中我已经很久读不到您的著述,而您也读不到我的了)属于您所有著作中最有意义、最辉煌最精彩的著作。而且,文章中出乎意料地显现出若干把你我联系起来的契合点,至少是在某些个别问题上。当然了,大的对立是不存在的——正如——(此词是后加的)在哲学之间——肯定的——(书写不清楚,可以释读为"独一无二的")某种东西——尼·阿的"自由—反神祇"和我的作为存在哲学的索菲亚学(而原来——叫"存在主义"哲学,而我在这个问题上,就像莫里哀笔下的小市民一样,知道自己说的是散文,而非诗歌)。但在对造物自由的理解中,并没有别的什么东西,因而我认为您是我的同盟者。显然,接下来在《启示哲学》里,我们终将分道扬镳,因为您的信仰哲学将转到非甚或反教条主义方面。然而,我却以一种新的自明性看出,您的非理性信仰的最初公理已经包括了——哪怕是作为公理——教条主义的最低限度致犹太人书第XI章1.6:你们该信仰上帝存在。我说这不是为了挑起争论,而仅仅是为了对您表示祝贺。我永远都知道并且也明确地感觉到,您对无根据的颂扬隐藏着旧约启示的绝对土壤,这在您的意识中,当然早就变成新约似的了。人近暮年仍然能够穿过个人的意识形态并不顾其差异而感觉到这一共同点,这很令人高兴。

热爱您的大司祭谢·布尔加科夫

1938年10月22日

舍斯托夫给布尔加科夫回了言:

亲爱的谢尔盖·尼古拉耶维奇:

发自内心地感谢您的来信。很高兴能在像您这样把自己的一生都奉献给了宗教事业的人那里,看到对我最珍贵思想的同情回应。如果说我迄今为止一直未能给您寄发我的著作的话,那也仅仅是因为我似乎觉得,您实在太忙,大概没有时间看我的书,而且我研究的问题您未必感兴趣。但您自己亲笔写道,说存在主义哲学于您很亲近,说您自己也不知道关什么一直都是用散文体来言说。因此现在我很愿意把我最近一本著作《雅典与耶路撒冷》寄给您,这本书我写了差不多10年。我关于尼·阿·别尔嘉耶夫的那篇文章仅仅只是为上述那本书奠定基础的一个注释(此词看不清楚,或许应该解读为"附录")。我非常热爱和尊重尼·阿——我认为——而这一点从我的文章中看得很清楚——他看重雅典(受德国哲学学派影响)也看重那些最重要的、最具有决定性意义的、永远都是我们之间热烈论战之主题的问题。他觉得历史上可以看出对于圣经中所言说的真理的启示,这种启示按照他的理解,是在象征的意义上对于圣经的阐释,正如菲洛所做的那样,亦即在不侮辱希腊人智慧和知识的意义上。这是当然的:当代德意志神学思想的代表人物(奥托、戈尔列尔等人）同样也是这样想的。而哲学思想的代表人物——海德格尔、雅斯贝尔斯、舍勒、加尔……（模糊不清）已经把圣经直截了当送进了档案馆。当然依我看，欧洲的宗教研究带有一种可怕的性质，但其危险是"神学"的——危险更多地来自当代思想界那些代表人物：应该对之感到害怕的，不是杀死肉体的凶手，而是要警惕杀死灵魂的凶手。尼古拉·亚历山大洛维奇不但看不见这一点，不但不承认也不相信"认识"树所威胁的对象，最主要的是活人。但是，如果您读过《雅典与耶路撒冷》，或是哪怕只读过此书的第1和第3卷（《被缚的巴门尼德》和《中世纪哲学》），或许您就会同意这样的说法，即"被缚的巴门尼德"完全掌握了繁琐哲学，而且运用当代思想超越了繁琐哲学。按照像日尔松这样的历史学家的说法，中世纪神学家在读圣经时，会不由地回想起亚里士多德的"歌手多撒谎"。由此出发则距离尼采的"我们杀死了上帝"已经不过一步之遥。而且，依我看，眼下需要我们的精神付出最伟大的努力，以便摆脱攫取了当代人类的无神祇和无信仰的噩梦。

对我来说，旧约和新约之间的对立永远都是可疑的命题。当人们问基督（马可福音12.29），所有戒条中哪个是第一位的时，他回答说"第一要紧的，就是说：以色列啊，你要听，祝我们神，是独一的主。等等"，而在福音书里（2.7）则说："得胜的，我必将神乐园中生命树的果子赐给他吃。"《Знение》преодолевается, откровенная истина—《Господь Бог наш есть Бог единый》——在两部圣经中都宣布了这个佳音，有这一佳音就足以赋予我们力量，从而敢于直视生命的恐惧。这就是《雅典与耶路撒冷》所探讨的主题：很想就此问题和您好好谈一谈。也许等您有机会到布洛涅顺便到我这儿时再说吧：您会让我兴高采烈的——须知我很少也很难得见您一面呀，在书信里又能说什么？

真诚地拥抱您，并再次感谢您。请代我向叶连娜·伊万诺夫娜致以真挚的问候。

您的列·舍

（1933年10月26日）

"这封出色的书信是一种对信仰的布道。"——布尔加科夫在《舍斯托夫宗教世界观的若干特征》（《当代纪事》，总第68期，1939年）中如此写道。——如今，重读这篇文章，我不能不心情激动……他叫我去看他——可这次会面注定只能在墓地里实现了。

从自己那方面，别尔嘉耶夫也读过舍斯托夫的这篇文章，他写信给舍斯托夫说：

关于你我真是一无所知。你生活得怎么样？我们回来已经一个月了，但这次回来搞得相当悲惨。丽姬娅·尤季福夫娜回来得了坐骨神经痛。躺在床上已经一个月了，非常痛苦，几乎睡不着觉。不得不请专家，专家提供的治疗诊断又十分复杂。而我又得了感冒。总之，这个季节我们一家都不好受。很想去看看你。就是不知道你还能坐车到克拉马尔来吗，顺便来看看我们的新的小亭子。我打算11月3日5：30到6点间即周四去看你。请写信告诉我，这样安排到我所指定的星期四以前于你究竟合适否。

你论述我的文章我已经读过了。我很满意你用一种友好的语调写了这篇文章。俄国批评界始终都在鄙视我，几乎把我摒除在外了（罗赞诺夫是个例外，他就《创造的意义》写了14篇文章）。但与此同时，在生活在这个四分五裂的、相互之间根本无法渗透的世界上，我的感觉是沉重的。和往常一样，你把世界划分为两个部分，而把我归入另一个部分，这就妨碍你把我的思想个性化。你把我放置在取决于谢林的位置上，而谢林在我的一生中却不曾起过任何作用。谢林属于一个神秘的自然哲学思维类型，而与我格格不入，甚至与我正好相反，与我的极端人格主义相互矛盾。我的确非常喜欢雅·伯麦，他对我具有非常巨大的影响。但我对自由的理解与他不同。在伯麦那里，Ungrund（深渊）如我所阐释的那样，是处于上帝身上的自由，是一种阴暗的自然力，而对于我来说，自由外在于上帝。在这个意义上我更像是一个二元论者，而非一元论者，虽然这两个词的选用是不成功的。陀思妥耶夫斯基和尼采在我的一生中起过非常巨大的作用，要比谢林和德国唯心主义大得多。当我谈到尼采或是克尔恺郭尔的贫乏时，这种说法丝毫也不具有贬义，我甚至认为自己本人也是十分贫乏的。但你对我的话语的不正确的解释还是令我非常惊奇："克尔凯郭尔去世了，并未得到列吉娜·奥尔森，尼采死了，并未治好自己那种可怕的疾病，等等。"你赋予我的意义实际上却是完全相反的。关于这个问题，需要见面时详谈。最主要的问题在于下面这一点。你谴责我，说我把自己的真理强加在普遍公认的真理之上，像责任和义务一般，而你的做法却绝对和你对我的谴责一模一样。你拥有绝对的和非常特殊的真理，这种真理对于从必然性的和蛇的诱惑下的统治下拯救出来是必要的。关于这些问题最好咱们聊一聊，虽然咱俩谁都很难说服对方。我希望咱们能很快见面。

你的尼古拉·别尔嘉耶夫

你有一点完全错了：我根本不是什么牧童，我根本没有什么畜群。我是一个斗士，我想得更多的是敌人，而非畜群。（1938年10月30日）

上文所引的三封书信发表于《桥》杂志1961年12月号总第8期上，最后一封信发表过两次，另一次在《俄罗斯基督教运动信使报》杂志1978年第124期。

在写作论胡塞尔文章期间，我们从舍斯托夫写给《俄国纪事》编辑部和给什莱策尔的书信中得知：

我通知你，昨天论胡塞尔的文章杀青了——剩下的只是誊清一遍，这大概需要10天到12天左右——因为抄写最折磨人，所以我不得不慢慢誊抄。这篇文章的字数远远涨出来好多。要我缩写我做不到，因为这个题目我实在是太钟爱了：我想和读者分享我和胡塞尔会面和交谈的全部回忆，还必须阐释他的学说，还得交代一下我和他的争论。（1938年10月6日给编辑部）

眼下刚从沙捷尔回到家，刚开始写作《纪念胡塞尔》的文章。文章虽然不长——总共只有20页，但撰写和抄写（我的抄写就快完毕了）使我身心如此疲惫，以致写信都觉得没力气了，可我又非常渴望得到你们的消息——您的健康令我很担心——正因为此我一刻也不敢耽误地写这封长信。请您哪怕写几个字——您现在感觉怎么样？根据《最新新闻》上的消息判断，您好像什么都没发表，我担心您该好点儿了吧，我急切地盼望您的来信。或许您还得在阿梅里多耽搁几天：千万不要没等胸膜炎好了就动身去巴黎。当然，我们这里的秋天真是美极了——我每天都要在森林里散步3个小时呢。但每天都有个结束。

关于方丹的文章最好等见面时再谈。我感到奇怪的是，您竟然会如此表扬他论克尔恺郭尔的文章，却又对《雅典和耶路撒冷》多所贬斥。然而，这两篇东西采用的是同一种风格呀。

至于说到"世界"——您说得当然对。不光不是世界……——甚至可以说不是人们所说的那个世界，并不比人们争论的好多少。

您是否收到了拉扎列夫论儒尔·勒基埃的文章了？他这篇文章写得挺好的。（1938年10月16日给什莱策尔）

10月20日，舍斯托夫向《俄国记事》编辑部寄去了一篇关于胡塞尔的文章。这篇文章于12月月份刊出。

10月份方丹和拉扎列夫看望了舍斯托夫。舍斯托夫对方丹说：

我最近写一篇论胡塞尔的文章，但却感觉到，如果我一天中写作的时间超过半小时，就会在文章未写完之际完蛋的。这样一来我就还剩下整整一天自由时光，可以供我阅读印度哲学。根据我就胡塞尔所写的东西判断，我看出我是永远也写不出论述印度哲学的东西来的了。另外会有人，也许是你们，会写的……但写东西论印度哲学这并非那么重要，重要的是这些问题本身。没有哪部历史比佛陀的历史更加杰出精彩的了。人们嘴里说的是他，而他本人却说过，说他已经战胜了死神。但死神是如何发挥作用的呢？他起初剥夺我们的健康，在我们身上唤起对于世间万物的厌恶，教会我们以冷漠。那么佛陀又在干什么呢？他干的是同样的事情。他在我们身上在规定期限以前植入死神。他是为死神工作的。快瞧一瞧！他是那么天才，他战胜了人们，他战胜了死神，而实际上，他实际上是在为死神工作。

柏拉图本人也曾写到，哲学就是练习死亡。然而，他非但没有继续研究这个问题，反而将其抛弃不顾了，而去研究什么规律法则、共和国等去了。但现在他对此又有何想法呢？（1938年10月24日，方丹，第165、166页）

拉扎列夫讲了他看望舍斯托夫的过程：

他去世前的三四天，我曾进去看望他，从他那里离开时，留下的印象在我心中埋下了忧虑的念头，但我始终在驱赶这类念头，只是到现在，才搞清楚所有此类印象的全部意义何在的问题。舍斯托夫通常都精神饱满，往往会慷慨激昂地讲很长时间，兴奋地讲述他正在研究的问题。而这次他却变得很安静。他坐在沙发的角落里，头微微后仰着，靠在沙发背上，像是疲劳已极，沉思的眼神凝视着前方，一连几分钟地处在一种走思状态下，映着半明半暗的台灯灯罩下的光线，他消瘦的脸庞泛着透明和苍白的颜色。直到如今我才明白，他在那时已经通过自己灵魂的一角，感觉到自己很快就会离开此地了，因而在聚精会神地为着死神做着准备。[阿多尔夫·拉扎列夫：《纪念舍斯托夫》（未刊文稿）]

过了一段时间后，方丹给舍斯托夫和其他友人寄去了自己不久前刚出版的 *Faux traite d'esthétique*。第一个有反应的，是舍斯托夫：

亲爱的朋友，我收到您的《伪论文》了，并急切地向您表达我的感激之情和祝贺之忱：这是一次巨大的成功——出版著作！遗憾的只是我必须把阅读往后放一放了。我感觉很不好，身体非常虚弱，精力似乎耗竭了，几乎整天都卧床不起——这是论胡塞尔的文章的代价。但我也采用了相应的措施，或许过一段时间，我会好起来的，会又可以重新开始阅读呢，也说不定。（1938年11月5日，方丹，第167页）

在上文所述这封信上，方丹做了个记号："来自舍斯托夫的最后一封信"。

第十五章

滨海布洛涅与巴黎,1938 年 11 月——疾病与逝世——论胡塞尔的文章

Gott hat mich in Gnaden aufgenommen und erlaub mir zu Sterben.

E. Husserl.

而你以为奖赏就在眼前,

其实是死神早已注定。

——亚·勃洛克

……我没觉得害怕,反而觉得很轻松,很怡然,很自得。喏,我想,锁链就要解脱了。

——列夫·舍斯托夫

Я сам узрю Его, мои глаза увидят Его, не глаза другого, изнывает сердце мое от ожидания в груди моей.

尘土仍归于地,灵仍归于赐灵的神。

——《传道书第12章第7节》①

锡安的民的信哀求主。锡安的城墙啊,愿你流泪如河,昼夜不息,愿你眼中的瞳仁泪流不止。

——《耶利米哀歌,第2章第18节(此处原文误为第3节)》

舍斯托夫的自我感觉未能变好。

> 稍晚些时候他答复道——他告诉什莱策尔说——因为生了场小病:支气管炎伴随高烧——已经卧床一周,没出门了。不过,看样子该好了。
>
> 我论别(别尔嘉耶夫)的文章早已发表于《当代纪事》——三周前。可是,还没看到清样。别说会来的:我一接到就马上给你寄去。
>
> 关于胡塞尔的文章正在《俄国纪事》排版,即将发表于12月号上。我会有多余一份清样的——到时我给您寄去。就只有法文翻译现在落实不下来,不知道进展如何。可要知道最主要的是文章一定要用法文发表。(1938年11月10日)

这封信——是舍斯托夫书信中最后一封,现存档案里。最近一段时间以来,舍斯托夫的情况越来越糟糕。医生建议病人转院。

关于转院以及舍斯托夫临终的日子,娜塔莎在给沃洛佳的信里进行了描述,沃洛佳那时又一次去出远差——这次是去阿拉伯半岛。娜塔莎在信中写道:

---

① 这段题词也用在舍斯托夫的《纪念米·奥·格尔申宗》一文前。

11月14日早晨星期一，我去看望爸爸，好把他转到 Boileau 诊所，我们终于在那里为他保留了一个很好的病房。1 点 45 分救护马车来了。我帮爸爸穿衣服，下楼等着电梯，然后扶进救护马车，坐在他身边，搂着他的两条胳膊——一路无话。到诊所他是被担架抬进去的。在他走过门口时我心疼地想——"难道你竟然走不出这道门了吗？"——或许同样的念头也在折磨着爸爸吧。温柔和蔼的 infirmiere 在一间明亮的房间里等候我们——窗户面对的是一个美丽恬静的花园，里面的树叶都开始发黄了。爸爸躺下来，这次没有咳嗽——请求为他预订茶，因为他早餐吃得很少——我心里似乎明亮了一些，心想环境的改变和良好的护理会有益于他的康复的。可是，夜里他再次剧烈地咳嗽起来。他规规矩矩地量了体温，履行了医生的叮嘱……

体温很快就降下来了，我们相互说服对方，爸爸很快就会好的，可是，当我下班后跑进病房，却听到他在剧烈地咳嗽，于是我知道，说这些都是无用的空话。医院说他的咳嗽是支气管炎，虽然研究表明，应该是结核杆菌所致。他说话也很困难。谁都不知道该怎么办，怎样才能帮助他。我把你从吉布提来的书信中的所有涉及大海、迁徙和埃特纳的文字都给他读了。看样子他是听了。可是，去年在朗读你的来信时浮现在他脸上的欢喜已经看不到了。他什么也没说。而去年他还曾不时地打断我的朗读，提出各种问题。唯一能安慰爸爸的一点是，是他最亲密的朋友——妈妈——来看望他的时候。可妈妈说他一天中哪怕和爸爸坐一个小时都觉得很难：她无力支撑自己让自己心平气和，眼泪止不住地往下流。鲍曼医生自动来过 3 次——爸爸对他的到来总是感到很高兴……

星期六 5 点我又去了医院……一直等到妈妈来。爸爸让她去叫医生，如果可以的话，就今天。我立刻跑出去，以便指定在星期一的来访，海改到礼拜六，可是已经没法改了——医生根本就没在自己家。妈妈在爸爸那儿又多待了一小时，随后找到我，这时塔尼亚也来了。妈妈说："我帮他吃了点儿东西，他吞咽很困难。他说的最后一句话是："现在我可安静下来了。"任何人再也没进去看他——虽然我的心灵在祈求……第二天早晨，诊所打来了电话——马上过来吧。我穿上衣服跑出门。护士见我的第一句话是："您的父亲逝世了。他最后一夜过得很平静，早晨 7 点我还看了看他，还给他量了脉搏。他的脉搏很平稳。他友好地对我笑着说：'我很累。'夜里 7 点半护士进去给他量体温。他问：'体温多少？'他想转过身来，可是却在这时咽气了，心脏停止了跳动。他没受罪。他没有过临终的痛苦。"我们走进病房——爸爸安静地躺着。嘴微张着，就好像睡着了。我们派人去接妈妈，把她给接来了。妈妈亲吻了爸爸的额头，替他合上了嘴，用一块白围巾包住了他的头，收拾了一下病房。我出去买了 5 朵菊花放在床前……妈妈坐在床前看着父亲，跪下来，画了十字。（1938 年 11 月 23 日）

噩耗立刻通知了亲朋好友。舍斯托夫亲爱的姐妹们都来了——时刻都在呵护着他并且在许多方面帮助过他的姐姐索尼娅、妹妹法尼亚和她的丈夫格尔曼来了。朋友们也来了：最亲近的朋友阿多尔夫·马尔科维奇·拉扎列夫和他的妻子别尔塔·阿博拉莫夫娜，索菲亚·约西福夫娜和舒拉·鲁利耶、忠诚的弟子方丹和妻子、妻妹，尤里·德·戈蒂耶、阿列克谢·米哈伊洛夫娜·列米佐夫和他的妻子谢拉费莫·帕夫拉夫娜、维克多·马姆琴科及其他许多人。他们眼含泪水看着那个他们爱戴的人，久久难以把自己的视线从那张业已平静下来的脸上移开。尤里·德·戈蒂耶说："他脸上的表情是多么平静安详呀。"姑且让我们从亲人们写给沃洛佳的四封书信，以及从拉扎列夫、列米佐夫、方丹等舍斯托夫的友人——其名字已经永远保留在记忆中——的札记中，摘引一些片段：

  列利亚离开了我们。你没见到他的遗容真遗憾，他的神色是那么明亮、宁静和安详，你看着他会以为他已经找到了一生都在不断寻求的东西，他的深刻信仰已经得到了证实似的。（安娜·叶丽阿扎洛夫娜给沃洛佳的信，1938年11月24日）

  假如你见到躺在停尸台上的列利亚的话，你绝不会说他是"可怜"的。在两天当中我一直在望着他，始终不眨眼珠，他的脸色是那么的明亮、安详……当然，这样一个非凡的、受人爱戴的人离开我的生活，我心情很沉重。（安娜·叶丽阿扎洛夫娜给沃洛佳，1938年12月24日）

  你们已经……知道我们遭遇了怎样可怕的不幸呀，对于我们这是不可弥补的损失——列夫·伊已经阒然仙逝了。请原谅……我无法写下去了。（法尼亚给沃洛佳，1938年12月9日）

  我们在此经历和度过的这些可怕的时刻，您是无法理解的。请您保重。（格尔曼给沃洛佳，1938年12月9日）

  我站在她的敞开的棺材前，望着已故导师和友人——比导师和友人更重的——这个人的脸。他的眼睛和嘴唇紧闭。他虽然不曾是个诗人，可我的意识里一句话总是纠缠不休："奇妙的歌声止息了……他的嘴上也被打上了封印！但我知道他的思想将会永存下去。难道说就连创造者和来源本身也不复存在了吗，都离开了吗！……不，他没有离开我们的生活，而只是离开了我们，离开这里，去往那里，那里的镣铐都已脱落，那里的人们已经无须为反对自明性和强迫真理而斗争了，因为那里的真理不会强迫人，而是和上帝一起共造的，和世上的一切一样，因此它永远都是有益的，它只服从并且只为上帝和人服务。(阿多尔夫·拉扎列夫：《纪念列夫·舍斯托夫》未刊文稿)

  列夫·舍斯托夫的最后一篇发表的论别尔嘉耶夫的文章，就像照向 рю Буало 的最后一抹余晖：诊所的窗户正对我们的窗户……而这样一来，在他的最后一个 11 月的早晨，星期日，我最后一次望着他，我看见，针对我专注的眼神……他的脸……漾起了笑容。(列米佐夫，《纪念列夫·舍斯托夫》——《最后新闻》，1938 年 11 月 24 日，总第 6451 期)

  午饭后我们全体都去了布瓦洛诊所——方丹写道——他宁静安详地躺在床上，脸上的表情很平静，非常漂亮。舍斯托夫的太太对我说……"他很爱您"，说着就哭了。嗣后他指给我说，床旁边的小茶几上，有一本俄文《圣经》，还有一本《Das System des Vedanta》（Brahma—Sutra 等），译者是 Дейссен。[①] 书展开在《Brahma als Feude》（梵天即极乐）一章，而舍斯托夫特别着重强调后一句："Nicht trube Askese kennzeichnet den Brahmawisser,

---

[①] Paul Deussen. Das System des Vedanta, vierte Auflage. Leipzig, F. A. Brockhaus, 1923. 540 стр.

sondern das freudig hoffnungsvolle Bewustsein der Ernheit mit Gott……"10月24日我的谈话是我们之间最后一次谈话，而11月5日的信则是最后一通信……是他写给我的。（1938年11月21日，方丹，第169页）

昨天我没注意到这种宁静，这是他脸上的闪光。（1938年11月21日，方丹，第69页）

死神似乎被战胜了，舍斯托夫的一位法国朋友这样写道，当你看见他时。围绕在他周围的一切都消失了：太平间灰色的墙，或哭泣或祈祷的亲属们，花圈和棺材。剩下的只有一个人，其宁静安详的面容笼罩在所有人和物的上空，并且瞬息之间令您脱离了地面……［塔基亚娜·拉佐对于舍斯托夫逝世描述的片段（未刊文稿）］

许多年后，娜塔莎见到作家谢尔盖·让布。他回想起来，在舍斯托夫逝世那天，他的朋友们多数去听别尔嘉耶夫的讲座去了，听完讲座回来后，人们纷纷说到，在别尔嘉耶夫讲座进行过程中，有人给他递了张纸条，他读过纸条后，就哭了。纸条上通报了舍斯托夫逝世的消息。

下面是娜塔莎给沃洛佳信的下半段：

星期日晚上得把爸爸转移到 chambre mortuaire。我和格尔曼一起去诊所。瓦利亚已经在那儿了。[①] 他为爸爸的去世很伤心，最近两天中许多时间都是陪着爸爸来着。9点钟，两位 infirmiers 抬

[①] 瓦连金·杜特金，塔尼亚的第一个丈夫。

着担架来了，她们抬着爸爸静静地穿过院子，走进另外一幢大楼，然后放在 chambre mortuaire。太平间是一间灰墙的单间，中间的担架床上放着爸爸，身上盖着白床单。头部放着鲜花。身边的小茶几上放着一盏台灯。4条椅子。格尔曼坐在椅子上默默地念诵圣经。我们站着：瓦利亚、塔尼亚、乔治和我。11点钟回家，剩下了爸爸一个人。

第二天一早（星期一）又是一通忙碌——呢帽，黑外套，鲜花。然后去和爸爸告别。没有等用三个蜡烛代替——几分钟里就只有我们两个人。随后妈妈，塔尼亚、玛丽娅·格奥尔格耶夫娜 谢夫、维拉·尼古拉耶夫娜·布宁娜。大家全都眼含泪水。

早饭后又是一通忙乱，4点钟到诊所。单间里有一个身体肥胖、心地善良的德国人——是个犹太人，朗读祈祷词和给死者穿衣的就是他。我带来了专门做这个用的床单，还买了一件白衬衣。大雨下了整整一天。那个德国人读了一篇非常好的祈祷词，从前用的是古犹太语，现在则开始用德语。话说得都挺简洁，完全像耳语，您准会觉得这词像是专门为爸爸撰写的，我只记住一句："Bahrmherziger Gott, schnike ihm deine Engel wie Du sie Jakob geschict hast, das sie seine Seele zu Dir fuhren und moge er ewig bei Dir ruhen in Friede und Seeligkeit."（仁慈的主啊，请打发天使去他那儿吧，像你打发雅各一样，好让天使们把他的灵魂带给你，好让他永远栖息在极乐的世界里。）大家全都在议论爸爸脸上的表情是那么明朗，以致连我也觉得这句祈祷词真的实现了。

7点半，棺材被放进了墓坑。8点半把妈妈送回布洛涅。瓦利亚也和我们同行。装爸爸物品的箱子也一并带来了。妈妈不愿意让我和她过夜。她说爸爸的样子让她心里觉得恬静。10点钟,我又去了诊所。德国人接待了我,并把我领进了单间,再次朗读了关于天使的祈祷词,词里描绘了雅各的灵魂如何被带上天堂。随后我一个人待着,终于有机会悄声哭泣了——我看着覆盖着黑色罩布的棺材,望着白的和红的鲜花发呆。我跪在地上。我面前是三根蜡烛,身边就是棺材。

面对蜡烛度过的这些时光充满了静谧、和平安详和眼泪。11点钟回家,如果不是意外人在,我宁愿在这里值一宿。

舒拉·鲁利耶①给我写了这样一封信:"如果说有什么安慰之法的话,也只能在悲痛本身中找到:悲痛越深,痛苦越强烈,死者的形象就会变得越加鲜明,并且会随着时间而变得越来越坚固,成为意识中一种死神也难以割断的联系。"可是,要找到这种联系,就不该害怕眼泪,或许还应该整整一宿跪在地上,待在单间里,和死者相伴。

第二天早上(11月22日星期二)7点钟,我又到了那里,过了一会儿,格尔曼也来了。我们又听了几遍祈祷词,并且又听了一遍我说过的那段祈祷词。虽然人们陆续来了,带来了鲜花,棺材。我坐在旁边,把手放在棺材上,我回想起来,自己8天前用车推着爸爸,只不过那时他还活着,而且是去医院。

葬礼是在 Nouveau cimetiere de Boulogne Billancourt 进行的。天气晴朗了。太阳出来了。巴黎侨民知识分子各界的代表有100个左右等在墓地的入口处。法国人很少,因为没在法国报纸上发讣

---

① 参阅附录。

告。法国作家中只来了方丹和尤里·戈蒂耶，法国朋友中只来了鲍曼医生。棺材被放在家族墓室里——Sachs 拉比（也就是那个曾在米沙叔叔的葬礼上做法事的拉比）的祈祷词朗读得十分清晰、平静。对于此类祈祷词，爸爸曾经说过，这些祈祷词编得多么美，多么好。他用法语朗读它们，还用犹太语朗读，而不光只用犹太语。拉比援引了约伯的话"上帝给的，上帝又拿走了"，根本没想到舍斯托夫就此题目所做的思考。随后就是最可怕的一个环节——把棺材放进墓穴里去。我们走进墓穴，抓起神圣的小土粒丢在墓穴里，那些土是爸爸1936年春天从巴勒斯坦给我们带回来的。随后让我们站好队，熟人和陌生人们依次走过我们面前，和我们握手。

舍斯托夫10月20日寄给《俄国纪事》的论胡塞尔的文章，在他死后发表了，发表在该杂志的第12和第13期（1938年12月号和1939年1月号）上，标题是《纪念一个伟大的哲学家·埃德蒙·胡塞尔》，文前有编者按："此文系列·伊·舍斯托夫就时间而言最后一篇篇幅最大也最珍贵的文学－哲学遗产。其在实际意义上是他的天鹅绝唱。撰写这篇文章，可以说，他是用尽了最后一点心力和精力。"此文的片段引文见于本书第XI章。

此文的法文版发表于《哲学评论》，由施莱策尔翻译，登载于1940年1/2月号，过了很久以后，战后，又出德文版（1948）、依地语版（1952）和英文版（1962）。

在舍斯托夫逝世后接到的众多来信中，保留下来的只有5封，我们谨摘选其中的几个片段：

我今天得知列夫·伊萨克维奇的死讯，受到了强烈震撼。

在我的一生中，很少有人对我有这么重大的意义，占据着如他所具有的重要地位。我觉得我理解他教导我们的究竟是什么，他在号召我们往哪儿走，并且我也因他所具有的无穷的善良而爱戴他，因他所表现出来的人性的宁静的美而爱戴他。

一想起这样一颗伟大的头脑，这样一颗永远放光的心灵陨灭了，不在了，怎能不令人痛断肝肠。然而，这种记忆是如此伟大，以致任何东西都无法在我们的记忆中抹杀掉。令人哀伤万分的是，距离剥夺了我们与您握手、向您，并通过您向列夫·伊萨克维奇表达最真挚的慰问和感激的机会。（来自马克斯·艾金贡，1938年12月）

对你们——死者的女儿们——我可以承认，11月20日，天刚蒙蒙亮，我就面向东方开始祈祷，我为自己的亲人，为你们父亲的灵魂祈祷，我用的是我最喜欢的、非常感人的祈祷词"Кадиш"："Эль мулэ рахмим。"（来自马尔克·利沃维奇·齐特龙，1941年11月27日）

请允许我给您一首诗，以表达我个人对您已故父亲永难忘怀的形象的回忆和记忆，这是一次诗歌灵感结下的小小的一颗果实，是"我献给我们的思想家和作家的一幅精神肖像"：

纪念列夫·舍斯托夫

他曾是个特殊的思想家，

用理智替换了小聪明，

他把统一的智慧向人群灌输，

他时时处处都在思考。

在他这位犹太优选者的身上，

深深镌刻着旧约的烙印，——

他怀揣圣书，以神祇的勇气，

开始揭露弊端，教导民众。

就像从前的使徒保罗，

只有启示能抚慰焦渴，

他给后代留下一门科学：

取代雅典的是耶路撒冷。

他歌颂了所有信仰虔诚的先知

把他们赞美、爱戴和歌颂，

面对他过去的哲人各个萎缩，

认识在他们身上藏起了自己的秘密。

而如今一个虔诚的男子把手伸进

亚伯拉罕的怀抱里——

和约伯本人一样，在此期间

看清了基督永恒的面容。

于是他明白：在父亲的指引下，

世上所有的隐修院，

都有一个崇高的认识之路——

虔诚的爱之城。

（米拉 洛特一鲍罗金娜，写于舍斯托夫去世后，1951年6月16日寄给塔尼亚）

1938年12月4日，在犹太教会堂举行了悼念仪式。12月18日宗教一哲学学院举行会议，纪念舍斯托夫。礼堂里坐满了人。发言的有4位：瓦·瓦·津科夫斯基——《列·伊·舍斯托夫的宗教探索》；阿·米·拉扎列夫——《列·伊·舍斯托夫的精神面貌》；米·伊·齐特龙——《列·伊·舍斯托夫的哲学气质》。

别尔嘉耶夫把他在纪念舍斯托夫的晚会上的发言，发表在《道路》总第58期（巴黎，1938年11月-12月号，1939年1月号）。在此之前，在《最新新闻》1938年11月23日上，还发表了他的一篇短文《纪念列·伊·舍斯托夫》。发表的有关舍斯托夫的文章还有一系列：阿·列米佐夫《纪念列·伊·舍斯托夫》（《最新新闻》，1938年11月24日。此文后来收入列米佐夫的《会面》，巴黎，"列夫"出版社，1981）；尤·曼德尔施塔姆（《复活》，1938年12月2日）；鲍·什莱策尔（《最新新闻》，1939年1月13日）；格·阿达莫维奇（《俄国纪事》总第19期，1939年1月号）；瓦·津科夫斯基（《俄罗斯大学生基督教运动学报》，1939年1/2月号）；尼·洛斯基（《俄国纪事》总第15期，1939年3月号）；大司祭谢·布尔加科夫（《当代纪事》总第68期，1939年1/6月号）等。许多文章是用外文发表的。下面引的是上文文章中的若干片段。"对我个人而言，是我的一个终生密友去世了，或许还是我一生中唯一的朋友，——别尔嘉耶夫这样写道。——他就血缘是犹太人，但我在俄罗斯作家中不曾见过哪一位像他这样热爱俄罗斯文学。"格·阿达莫维奇写道："他受尽了别人受不了的苦楚。因此他的著作仍然具有生命力，而他的同时代人所写的书有十分之九都已被人遗忘了。"① 瓦·津科夫斯基写道:"站在应许之地的边缘,……他毫不疲倦,想一个善良而又忠实的仆人,为别人清理着道路……而他的灵魂终将会寻找到他如此喜爱、如此向往的一切的……这个上帝最忠实的仆人。"谢·布尔加科夫写道:"关于舍斯托夫我想说的话,可以用圣经中的赞美诗来代表:'我一心寻求了你,求你不要叫我偏离你的命令。'(圣经·诗篇,第119章第10节)

许多年以后,1955年,安娜·叶丽阿扎洛夫娜写信给娜塔莎说:"我很满意自己决定把爸爸的手稿(《惟凭信仰》)带到这里。精神上我和他依然生活在一起。有些地方的文字就其力度和真挚非常罕见。要知道他本人就亲身经历了路德和托尔斯泰所经过的一切体验呀。多么奇怪呀,有那么一些人整整一生都用来寻找真理和上帝,而其他人却从来就不知道有这样一类问题的存在。"

在耶路撒冷,布别尔对舍斯托夫致了悼词。H. 鲁迪发表了关于他的一篇长文,在一本伊夫丽特语文集 *Гильгокот* 上。

在拉扎列夫档案里保存着舍斯托夫的两篇札记,或许写于1935年。

在第一篇中,舍斯托夫摘记了一些来自克尔恺郭尔的引文,都是在其著作《克尔恺郭尔与存在主义哲学》的第175和185页上引用过的:"对上帝来说一切皆有可能。这一思想在此词的深刻意义上对我来说已经成为一句口号,开始具有那样一种意义,这种意义我从未想到过,从未想到居然还会具有如此这般的意义。任何时候,哪怕任何瞬间,我都

---

① 在所有有关舍斯托夫的言论中,阿达莫维奇的话语最令安娜·叶丽阿扎洛夫娜感动。她把这段话抄在笔记本里,现在还保存在舍斯托夫档案里。

不可能敢于断言，因为我看不到任何出路，任何出路也没有，就连上帝也无可奈何。因为将自己软弱的幻想一类和处于上帝手中的可能性等同视之这既是绝望也是大胆无畏。"类似的思想舍斯托夫早先就已经说过："尼采开辟了道路。必须寻找高于痛苦、高于善的东西。必须寻找上帝。"（《托尔斯泰伯爵与弗里德里希·尼采学说中的善》，第209页）"重要的是学会这样思考，即如果人们确信上帝没有的话——这也就等于没有任何意义。而，如果我们可以证明二加二等于四，证明上帝没有的话，这同样也不具有任何意义。人们会说我们不能向人提出这样的要求。当然了，我们不能这么做！可是，上帝永远都在要求我们做一些不可能的事情呀。"（《雅典与耶路撒冷》，第269页）

在第二个札记里我们可以读到："耶路撒冷认为终极目标在于上帝：因此所有'意识的直接材料'在他眼里都并非终极真理。"末日论许诺说，人可以品尝长在上帝伊甸园里生命树上的果实。"得胜的，我必将神乐园中生命树的果子赐给他吃"启示录重复了以赛亚的预言——擦去任何眼泪。（"神要擦去他们一切的眼泪，不再有死亡，也不再有悲哀，哭嚎，疼痛，因为以前的事都过去了"《新约·启示录第21章第4节》）而死神将会被永远消灭，况上帝会擦干所有人的眼泪，抚平全大地上所有子民的创伤。（"祝耶和华必擦去各人脸上的眼泪，又除掉普天下百姓的羞辱，因为这是耶和华说的。"《圣经·旧约·以赛亚书》第25章第8节）所有这一切都不符合我们的理性，也与经验资料不吻合……可是，这里也就产生了一个问题，即真理的来源问题：真理的来源究竟是理性还是经验呢。抑或因其有所知而被贬逐的初人的堕落，遮蔽了我们探索真理的来源之眼，只有被理解为消灭知识的品尝（路德对于诱惑的阐释）才能把我们从罪孽中、从对生命的恐惧中解脱出来，从而引向真理?"圣经里的这段话舍斯托夫引了不止一次。

1938年12月初,舍斯托夫在哲学界的朋友们由尼·阿·别尔嘉耶夫任主席,成立了一个列夫·舍斯托夫著作出版委员会。委员会成员包括:亚·别尔嘉耶夫、伊·布尔加科夫、鲍·维舍斯拉夫采夫、尤里·德·戈蒂耶、瓦·津科夫斯基、阿·拉扎列夫、列·列维-布留尔、谢·谢·梅塔里尼科夫、帕·米留科夫、瓦·鲁德涅夫、鲍·什莱策尔、米·奇特龙,委员会就舍斯托夫在此期间才出版外语译本的最后两部著作——《克尔恺郭尔与存在主义哲学》(第9卷)和《雅典与耶路撒冷》(第10卷)——开始公开征订。1938年12月18日会议上,最初一批签名书被销售一空。《克尔恺郭尔与存在主义哲学》1939年6月8日由"现代记事"和"书籍之家"出版社出版。印数不多——总共只有400册。《雅典与耶路撒冷》的手稿被及时交给出版商,但由于宣战(1939年9月3日),正式出版已无可能。此书直到战后的1951年才由青年基督教会出版社出版。

第十六章

舍斯托夫著作的命运（1947—1981）——舍斯托夫档案——舍斯托夫出版物——舍斯托夫著作的俄文版——舍斯托夫在法兰西——舍斯托夫在德意志和奥地利——舍斯托夫在美国和加拿大——舍斯托夫在日本——舍斯托夫在以色列——舍斯托夫在其他国家

现在，即1981年年初，在我写下这行文字的时候，距离舍斯托夫逝世已经42年多了。关于他生平的叙述结束了，但我还想补充几句，说一说他的档案和著述的命运，讲一讲他的几位崇拜者。舍斯托夫死后，他的著述和他生前一样，往往很难找到出版商，所以，他的著作印数都很小，销售得也很慢。可是，尽管如此，无论当时还是现在，总能发现有一些人对他的书情有独钟。其中有些人甚至在文章里表达了自己的感受，另外一些人还曾写信给舍斯托夫，而在他去世后，他的家人也一再被这些书信所感动。本章即从近10年中的这些书信和文章中摘取若干片段以飨读者。根据这些评论可以判断舍斯托夫给了人们以怎样的教益。

舍斯托夫档案

担心巴黎及其近郊将要蒙受飞机轰炸,安娜·叶丽阿扎洛夫娜在战争初期去了外省,而布洛涅的房子也被摧毁了。舍斯托夫藏书室里的280部书,337种,被索邦大学图书馆收藏。剩下的57部也于1981年移交给那里。在索邦的图书馆里有这些藏书的总目。舍斯托夫的女儿们在巴黎度过了战争最初的一年。1940年,当德国军队向巴黎运动时,娜塔莎所工作的企业被从巴黎疏散到"自由区"蒙吕松市。娜塔莎和沃洛佳也紧跟在他们后面去了那里。过了一段时间后,沃洛佳去了圣葛丹,其所服务的单位转移到那里继续工作。塔尼亚继续留在巴黎。巴黎解放后(1944年8月25日),大家全都回到巴黎。舍斯托夫的手稿以及他收到的来信,在他去世后一度留在布洛涅,这一部分得以保留了下来。还保留下来一只箱子,数十年中,格尔曼一直用它来保存他接到的舍斯托夫和亲人的来信。箱子里同样也有许多舍斯托夫早年的手稿,其中就有《惟凭信仰》(Sola Fide)的手稿。除此之外,娜塔莎还收集了有关舍斯托夫的文献(共11册),以及其著作和杂志文章的俄文和译文版本(除日文和中文外)。上述书籍和文件构成了"舍斯托夫档案"。1970年在巴黎国家图书馆馆员奥·东采维奇的帮助下,对手稿档案进行了分类整理并编号。手稿被标上了117号,分割为13大类。前12类(手稿1—87号)与舍斯托夫业已出版的著作卷次相吻合。手稿88—117号则属于尚未出版的著作,被组合成为专门的《第13部类。杂著》。1976年7月到1977年9月,在弗拉基米尔·阿洛伊的帮助协助下,拟定了一个长达83页的手稿总目并包含对手稿的详细描述。下面所引即从总目中撷取的手稿书目部分:

部类编号	部类名称（手稿编号和日期）	总目页数
1.	莎士比亚和他的批评者勃兰兑斯（1—2，1896—1897）	12
2.	托尔斯泰伯爵与弗·尼采学说中的善（3—4，1898—1899）	15
3.	陀思妥耶夫斯基与尼采（5—7，1902—1904）	16
4.	无根据颂（8—12，1902，1904）	24
5.	开端与终结（13—16，1904—1907）	34
6.	伟大的前夜（17—18，1908—1909）	35
7.	钥匙的统治（19—22，1918—1919）	36
8А.	在约伯的天平上（23—32，1919—1925）	39
8Б.	在约伯的天平上（33—43，1925—1928）	51
9.	克尔恺郭尔与存在主义哲学（44—52，1933—1935）	54
10А.	雅典与耶路撒冷（53—62，1925—1932）	61
10Б.	雅典与耶路撒冷（63—68，1934—1937）	71
11.	思辨与启示（69—81，1926—1938）	74
12.	《惟凭信仰》（Sola Fide）（82—87，1913—1926）	78
13А.	杂著、文章（88—101，1893—1926）	79
13Б.	杂著、故事与草稿（102—117，1890—1896）	81

手稿部包含许多尚未出版但已完成的著作：手稿第35号——《普罗提诺的神秘经验》，手稿95号是希腊哲学讲义，手稿96号是哲学基本问题讲义。手稿第10号是《屠格涅夫》，原发表于1981年"阿尔季斯"出版社。文章《克尔恺郭尔——一位宗教哲学家》现存布宜诺斯艾

利斯的犹太学院。

与此同时,娜塔莎编撰了舍斯托夫已经出版的著作目录和关于舍斯托夫的文献目录。在这个文献目录里出现的著作,出少数例外外,都保存在舍斯托夫档案馆。文献目录曾由斯拉夫学院分别于 1975 和 1978 年出版,题目是"Bibliographie des oeuvres de Leon Chestov etablie par Nathalie Baranoff"和"Bibliographie des etudes sur Leon Chestov etablie par Nathalie Baranoff"。

1976 年 3 月,娜塔莎拜访了安德烈·丘伊利耶——索邦图书馆的主要保藏者——并建议他以舍斯托夫家庭的名义同意把最后一批档案归入索邦图书馆。丘伊利耶先生同意了。1968 年,曾经拟定了一个法文的手稿简要目录,并开始在丘伊利耶先生及其助手——手稿部保藏人伊沃娜·费尔明尧和斯拉夫部保藏人玛德列娜·拉福列的指导下开始甄别书信。书信都以时间顺序分别放在 14 个本子里。

舍斯托夫致阿多尔夫·拉扎列夫的 91 封信,致马尔丁·布别尔的 34 封信,都保存在耶路撒冷。舍斯托夫致阿列克谢·列米佐夫的 62 封信则保存在列宁格勒,而致施佩特的 8 封信保存在莫斯科。

保存下来的丰富资料促使娜塔莎想要撰写一部《舍斯托夫生平》的想法。

舍斯托夫著作总目

在尼·巴拉诺娃的总目里,列举了截止 1978 年年初已经出版了的舍斯托夫著作和关于舍斯托夫的著作。以这些书目和与出版商的通信等其他文件为依据,我谨对迄今为止的 42 年中,舍斯托夫业已出版的主要著作以及对其创作的研究著作,做一个简要描述。详情细节读者可以在上述总目里找到。我的叙述从俄文本和法文本开始，随后涉及德文本、美国本及其他文本。

舍斯托夫著作的俄文版——舍斯托夫在法兰西

战时和战后年代里，舍斯托夫的俄文和法文著作没有再版过，也没有关于他的文章和出版物出现。从1947年起，出版物上又开始了有关他的讨论。

1947年在本雅明·方丹的《与列夫·舍斯托夫的会面》一书的片段发表于《电影刊物》杂志总第282期，其部分内容与纪念1944年死于奥斯维辛的方丹有关。上述书中还有5个片段发表于该杂志的1956年、1959年、1964年、1967年和1978年。1982年该书由Плазма出版社在巴黎出版。

1948年年初，"弗连"出版社出版了拉扎列夫的 *Vie et connaissance*，此书的第一章论述舍斯托夫，还出版了舍斯托夫论克尔恺郭尔著作的第二版。同年11月20日，舍斯托夫逝世年满10周年。巴黎报纸《俄罗斯新闻》为此发表了一篇文章（作者阿·巴赫拉赫：《纪念舍斯托夫》，1948年11月26日），精神文化学会于1949年2月27日举办了纪念列夫·舍斯托夫的公开研讨会。鲍里斯·施莱策尔用法语作了题为"Actualite de Chestov (Rapports entre Leon Chestov et l'existentialisme actuel)"的报告，而大司祭瓦西里·津科夫斯基做了题为"列夫·舍斯托夫的信仰问题"的报告。津科夫斯基在其所著两卷本的《俄国哲学史》（基督教青年会出版社，巴黎，1950）对于舍斯托夫说了长达数页温暖的话。

1950年1月，舍斯托夫的女儿们与青年基督教会出版社签署了出版俄文本《雅典与耶路撒冷》的协议。该书印了 1000 册。1952 年，也许是 2 月，书出版了，但封底仍然印的是 1951 年。需要提醒的是，法文版和德文版早在战前的 1938 年就已出版。

在此期间，舍斯托夫的女儿们开始研究不久前刚刚发现的未出版过的手稿草稿和舍斯托夫未完成著作《惟凭信仰》，此书的下卷是论述路德的。在这部著作中，舍斯托夫的崇拜者帕维尔·格里戈里耶维奇·卡里宁为她们提供了帮助，因为他研究舍斯托夫 1 已经好几年了。他承担了用打字机重新抄写篇幅很长的舍斯托夫手稿的繁重工作。此书的 4 个较长的部分俄文版发表于《俄罗斯基督教运动信使报》（1952 年，总第 111 期）、《实验》（1954 年第 3 期）、《新杂志》（1958 年，第 54 期）和《桥》（1963 年第 10 期），全书俄文版 1966 年由青年基督教会出版社出版。

瑞典牧师格·维德梅尔和斯特拉斯堡清教大学法神学系法语教授罗热·梅尔，也对此书颇有兴趣。维德梅尔是瑞典杂志而在洛桑出版的 *Ревю де теоложи эде философи* 编辑部成员，1957 年该杂志在其第 2 期上，发表了《惟凭信仰》上卷的不太长一个片段。他写信给娜塔莎说：

> 我相信拉扎列娃的文章会使《哲学评论》的读者们感兴趣的，感谢您的推荐。我个人认为莱凯在哲学史上还占不到这么大的地位，但我承认他也值得讲讲。拉扎列斯用无可挑剔的语言出色地完成了这一任务。
>
> 令人非常遗憾的是，明天我不能和你们在一起了，因为我得参加人民教育委员会的一个会议。

列夫·舍斯托夫的去世对于人类思想界来说是一大损失。其哲学的独特性，其生命的无比崇高性，其精神的无比精密性使他足以与帕斯卡尔和斯宾诺莎并驾齐驱。

我们将骄傲地颂扬他光荣的名字。在我们这个悲哀而又可耻的时代，像列夫·舍斯托夫这样的人，是对人类的安慰和给人类的希望。

我向您致以最真挚的同情，望节哀保重。（保罗·布尔耶）

夏天我见到他时，觉得他身体很虚弱，但精神尚可，他仍然像从前那样，关于死亡的想法被抛到九霄云外。但我记得很清楚，尽管如此，仍能感受到一种隐隐的不安。为什么我当时不写信告诉他，不对他说，不对他喋喋不休地说，我是多么爱他，多么感激他，多么赞赏他，即使是当我已经不能再追随他的脚步的时候？哎呀，我原来总是想，还来得及……而如今已经都晚了。终其一生，我都将为此事而懊悔。在我认识的所有人中，他是最高尚的。我这么说不是因为他人走了我们才这么说，而是因为这是真的。列夫·伊萨克维奇是思想崇高生命崇高的卓越体现——无论是在对他人，还是对自己，这种崇高精神来自他存在的本质。在他身上，智慧和善良二者合一。谁能比我更好地证明他的善良，因为在对我的关系上，这种善良多次表现？……我非常悲伤，因为我有关他的最后一篇文章可能会使他伤心或失望。但出于对列夫·伊萨克维奇的尊重，我觉得关于他自己必须永远都说实话。须知他本人就是追求真理的象征，他的追求在真理，热爱也在真理。（拉希拉·别斯帕洛娃）

杂志编辑部通过我对您允许翻译和发表列夫·舍斯托夫的部分手稿表示感激。对我们来说，向我们的读者介绍他在我们这个湖的

岸边创作的独特的文本，是我们无上的荣誉。（1957年3月3日）

1953年，梅尔在 *Ревю де теоложи эде философи религьез* 发表了舍斯托夫的格言警句，并同意把此书（《惟凭信仰》的下卷纳入其《历史与宗教哲学研究》系列丛书中，此系列是他在 Пресс Юниверситер де Франс 出版社领导出版的。他写信给娜塔莎说：

前不久我见到了来自巴塞尔的同事弗里茨·李勃，他是您父亲的熟人，从您父亲那里听说过这部《惟凭信仰》的手稿。他很高兴这部手稿即将出版，并请我向您转达诚挚的问候。（1954年6月2日）

书是1957年出版的，或许是2月初，题目是"Sola Fide. Luther et I, Eglise"，译者是索菲亚·谢夫，印数2000。《惟凭信仰》出版后在杂志上发表了几篇法文书评。非常喜欢这本书的卡里宁在俄文期刊上写了几篇有关这本书的简评。在《俄罗斯新闻》上他写道：

舍斯托夫在其灵魂中的漫游中也瞥了一眼路德的灵魂，我似乎觉得，在他之前，还不曾有过任何俄罗斯思想家曾经向那里瞥过一眼呢。舍斯托夫关于路德，其实也是在深刻地关于自己的灵魂，写了一部令人心情激动不已的著作《惟凭信仰》……这部著作以其率真和真挚给人留下了不可磨灭的印象。列夫·舍斯托夫文学才华的特点是其所有著作都固有的……但在《惟凭信仰》中，这种特点表现得尤为鲜明，因为这部著作是作家在其创作的盛花期写作的（当

时作者年仅35—37岁)。这部著作是打开舍斯托夫全部哲学的一把钥匙。(1957年2月15日)

和舍斯托夫几部更早出版的著作意义,这部新著卖得并不好,直到1977年年底,Пресс Юниверситер де Франс销毁了剩下的全部版型（共计1087册),并把出版此著法文版的版权返还给了舍斯托夫的女儿们。而且,此书出版后,一切都好像它已经征服了新的法语读者圈,因而这一挫折更令舍斯托夫的女儿们沮丧。受邀参加1966年舍斯托夫百年诞辰纪念活动的广播节目的作家皮埃尔·艾玛钮艾利,做过与舍斯托夫的著作《惟凭信仰》(他认为这是舍斯托夫全部著作中最吸引人的一部著作,是其全部创作的总结之作)有关的题为"舍斯托夫思想中的路德"的讲座。奥利维耶·科莱曼在纪念舍斯托夫的会上同样也提到这部著作,并说这部著作令他分外激动。

1955年纽约契诃夫出版社出版了格奥尔格·阿达莫维奇的《孤独与自由》一书。在此书的第13章《维亚切斯拉夫·伊万诺夫与列夫·舍斯托夫》中,他说舍斯托夫就像一个文学批评家,并阐述了舍斯托夫有关托尔斯泰、陀思妥耶夫斯基和契诃夫的思想。

1956年《新杂志》发表了卡里宁翻译的不曾出版的本雅明·方丹《与列夫·舍斯托夫的会面》一书片段的俄文摘录(见总第45期)。

战争初期去了巴勒斯坦的法尼亚和格尔曼·洛夫茨基一家,于1956年9月份回到欧洲,并定居慕尼黑。根据舍斯托夫女儿们的请求,格尔曼写了关于舍斯托夫的回忆录:《我记忆中的列夫·舍斯托夫》。这部著作打字稿长达47页,格尔曼于1957年1月将它交给了舍斯托夫的女儿们,请求她们补充引文和日期,因为他手头缺乏最必要的书。补充文本被寄往特拉维夫一位舍斯托夫的崇拜者作家尤里·玛尔果林,他答应对文稿进行"润色"。他发现"这本特写非常珍贵,是对有关舍斯托夫文献的巨大贡献",于是便把此文交给了在法兰克福出版的《边界》杂志。该杂志代表编辑之一,娜塔莉亚·鲍里索夫娜·塔拉索娃感谢娜塔莎转交的由玛尔果林整理的打印稿,并补充说:

> 我非常尊敬你们的父亲,他是一个伟大的思想家。我读过他的著作。它们为我打开了一个新的世界。三年前我还嘴里常常挂着你们的父亲和他的著作,而对别的作家几乎一无所知。因此洛夫茨基先生的打印稿对我个人来说是一个喜事,这与编辑部无关……列夫·舍斯托夫就是未来,并且也在很小的程度上,也是今天。而当洛夫茨基先生提到当代人并不理解舍斯托夫时,这种说法完全合理。因为你们的父亲领先时代太远了。(1960年5月18日)

特写发表于《边界》杂志总第45期(1960年1月1日)和总第46期(1960年4月1日),题目是"我回忆中的列夫·舍斯托夫"。在我们的著作里,来自这篇特写的引文不是在增补的已发表文本中提供的,而是针对其第一稿即未曾发表稿提供的。

近些年来,在俄国杂志上出现了几篇论述舍斯托夫的文章,1964年青年基督教会出版社出版了《思辨与启示》俄文版,此书由在舍斯托夫逝世后他的女儿们所收集的文章构成。此书的法文版 *Speculation et revelation* 1975年由《Лаж дом》接受,但至今未出版。译为法文的第5和第6卷。(*Les Commencements et les fins*,*Les Grandes veilles*,还在期待出版商的青睐。）

1966年2月13日，舍斯托夫诞生满百年了。出现了一系列纪念文章，1月31日，德国广播中由舍斯托夫的崇拜者古斯塔夫·康拉迪做了一个广播讲座《列夫·舍斯托夫，抑或天堂里的生命》。讲座发表于德文杂志 Антейос 1968年11月号上。

1966年2月12日，巴黎举办了纪念舍斯托夫晚会，由弗拉基米尔·瓦西里耶维奇·魏德烈主持。晚会上用法语做了两个报告，一个是鲍里斯·施莱策尔的《舍斯托夫与哲学家》，一个是弗拉基米尔·魏德尔的《舍斯托夫——作家与思想家。其在20世纪上半叶俄罗斯文学中的地位》。3月20日，保罗·沙瓦斯在 *Франс－Кюльтюр* 广播节目中做了一档节目《纪念列夫·舍斯托夫》。参与该档节目的有塔基亚娜·拉佐（《回忆列夫·舍斯托夫》），弗拉基米尔·杨科列维奇（《舍斯托夫对于当代哲学的重要性》）、皮埃尔·帕斯卡尔（《舍斯托夫与陀思妥耶夫斯基》）、皮埃尔·艾玛钮艾尔（《舍斯托夫思想中的路德》），鲍里斯·施莱策尔（复述了2月12日晚会上所做报告）。所有报告和广播讲座的完整文本除了康拉迪和杨科列维奇的广播讲座外，都在有关这次晚会和广播讲座的未发表的报道中报道过（法文本共38个打字页），现保存于舍斯托夫档案里。现在援引施莱策尔在这次晚会上所做报告的片段，这段话最令听众感动：

> 人们常常提问：舍斯托夫究竟信不信上帝？他说过，说所有被问到这个问题的人都觉得没法回答，如果此人真的是很正直的话。他甚至都无法回答这样一个问题："您是否相信上帝存在？"……然而什么是信仰呢？我觉得对于舍斯托夫来说，信仰与上帝的无所不

能相关。舍斯托夫与克尔恺郭尔观点趋同，后者断言："如果上帝存在的话，那么就一切皆有可能：上帝就是不可能性的可能性。"

在施莱策尔报告后发言的是作家伊万·邦夫阿、勃里斯·帕列、奥利维耶·科列曼，安德烈·米罗利耶牧师和来自德国串门前来参会的古斯塔夫·康拉迪。下面就是发言的摘要：

从创世以来持续至今的这场灾难还将持续下去，直到世界的末日，亦即直到无法予以衡量的虚无——如果没有信仰，一个人又怎么能生活下去呢？……

我认为一个人如果没有信仰的话，他是不可能写出如此可怕但又给人以希望的如他所写的那些书来的。（勃利斯·帕列）

舍斯托夫身上最使我惊奇的是他对于真挚、只有和欢乐的深深的抑郁。舍斯托夫的上帝乃是欢乐的上帝：他非常着重强调印度人圣书里的这样一句话："我们已经不再想要道德的上帝了，我们渴望的是那个在善恶的彼岸的上帝，我们渴望完满、直接和绝对的欢乐的自由。"（奥利维耶·克列曼）

在我的道路上，克尔恺郭尔和舍斯托夫是活生生的上帝的见证者。与舍斯托夫思想的交汇使我保留着一个信念……一种知识，信仰不是休憩，也不是融入极乐和狂欢，也不是获得，也不是运动的终点——就其实质而言——信仰是一种斗争。这种斗争经常表现为为清晰而进行的斗争：但不是为了获得清晰性，而是旨在走向清晰，走向绝对的一种斗争。（安德烈·米罗利耶）

需要提醒的是，战前，弗连出版社出版了法文版的文集第 9 和第 10 卷，并且也接受了第 3、第 4 和第 7 卷的出版工作。战后几年后，印出的书已售罄。1948 年，弗连出版了第 9 卷的第 2 版，1972 年，出版了第 3 版。1949 年出版了第 2 卷第 2 版（第 1 版由"世纪"出版社于 1952 年出版）。第 3、4、7 卷和第 10 卷弗连出版社不愿意再版。施莱策尔终于得以在舍斯托夫百年诞辰前和 Фламмарион 出版社谈妥了出版第 2 版的事宜。第 3 和第 4 卷的合编本，于 1966 年年底出版；而第 7 和第 10 卷——出于 1967 年，印数为 2500 册，由施莱策尔、方丹（《与列夫·舍斯托夫相会》一段）和伊夫·勃努阿撰写序言。1971 年，在同一家出版社出版了第 8 卷第 1 版。需要提醒的是，这本书的俄文本出版于 1929 年，其中的两章用法文于 1923 年以两本小册子的形式出版。值得注意的还有，舍斯托夫的全部著作都已由施莱策尔译为法语，著有第 2 卷以及第 8 卷的两章除外，第 9 卷是他和塔尼亚一起翻译的。

1966 年，Юньон Женераль дЭдисьон 出版社出版了一本舍斯托夫著作小型文集：*Lhomme pris au piege. Pouchkine——Tolstoi——Tchekhov*，由施莱策尔作序，列入廉价书《10X18》系列，此书印了 1 万册。1971 年该文选被售罄，但出版社却并未出版第 2 版。该书的两个部分由一位新的女翻译家西丽维亚·柳诺翻译，第 3 部分则早在施莱策尔许多年以前就做过的一本文选中出现过：*Leor. Chestov. Pages choisies.* 百年诞辰之际青年基督教会出版社还曾出了一本俄文版著作：《惟凭信仰》（舍斯托夫著作第 12 卷）。

1968 年，塔尼亚在两次学术讨论会上做了论述舍斯托夫的报告。第一个学术会议是《俄国的唯心主义哲学》，在前莱兹举办，时间是 3 月 25 日至 29 日。报告题目为"论舍斯托夫思想的若干问题"。报告被分发给了会议参加者,但未被发表。另外一个会议是《关于俄国伟大的世纪及其嗣后结出的果实座谈会》,在 Серизи 举办,时间是 7 月 4 日至 11 日。塔尼亚的报告是《列夫·舍斯托夫与 19 世纪俄国作家的哲学思想》,着报告的时间是 7 月 6 日。报告被刊登在文集 *Entretiens sur le grand siecle russe et ses prolongements* 上,由普隆出版社于 1971 年出版。

1966、1967 和 1969 年,作家和文学批评家加伯里艾尔·马茨涅夫——舍斯托夫的极端崇拜者——在法文报纸上发表了几篇虽然短小,但却非常热情洋溢的论述舍斯托夫的文章,1978 年 10 月 7 日,《蒙特》报上发表了他的文章《您读过舍斯托夫吗?》,1980 年 1 月 12 日,在同一家报纸上发表了他的文章 *Super flumina Babylonis*,是为了响应 Нон—Лье 杂志第 2 期所发表的纪念方丹专刊而发表的,文中用很长篇幅论述了舍斯托夫。马茨涅夫文章的命名来方丹的长诗 *Super flumina Babylonis*。马茨涅夫写道:

> 对我来说具有决定性意义的一次会面,发生在我 17 岁或 18 岁的时候,在弗列恩先生那里,我见到了列夫·舍斯托夫和他的弟子本雅明·方丹。我还记得当我偶然翻开一本灰皮的小书——《无根据颂》——时,我很激动,当我读到最严酷、最激动人心,也最令人彻底绝望和彻底欢乐的语句时,感觉到这些话语似乎就是说的我自己。我为自己发现了一个新的伴侣——真正的相会就是这样发生的,它远离喧嚣的时髦,也远离渺小的日常世俗性,而令人感到一种紧张的探索精神。
>
> 我不为自己的自相矛盾而害羞,也不害怕迷误,我要有勇气着

一个恬不知耻的人——这对创造和生命来说是怎样一种激动人心的纲领呀。我们由于自身的特点而成为流亡者。但我们又为什么要害怕流亡呢？我们想要写作和阅读的充满火热感情的书本，都是在巴比伦和的两岸写就的呀。(*Le Monde*，1980年1月12日)

1979年，贝尔纳·舒拉科出版了一本书 *Le scandal juif*。书中的一章 *Le dialogue de l'urgence* 是关于舍斯托夫和方丹的。这章文字本是为方丹的《与列夫·舍斯托夫相会》一书所做的序，可是，由于此书当时未能正式出版，舒拉克便把此序纳入这本 *Le scandal juif* 中了。

1971年，青年基督教会出版社出版了第2、第3和第4卷的新版，1975年，出版了第8卷的第2版。1979年还发表了季娜伊达·吉皮乌斯致舍斯托夫的三封信（〈俄罗斯思想〉，1979年2月6日），和玛丽娜·茨维塔耶娃致舍斯托夫的9封信（《俄罗斯基督教运动信使报》(1979，Ⅲ)。

从1963年起，在有关舍斯托夫的文献图书馆里，已经可以见到论述舍斯托夫的著作和文章了，文中提到他的名字，而且文章是在苏联出版物上发表的。瓦·阿是穆斯、瓦·叶罗菲耶夫和拉·加里采夫以极其客观的方式叙述了舍斯托夫的创作生涯。但在其他著作中，他的创作却常常得到一种负面评价。1980年莫斯科出版了瓦列里·库瓦金的《俄国宗教哲学·20世纪初》，此书第7张是关于舍斯托夫的。

根据列·夏因的建议，1976年娜塔莎开始与卡尔洛和艾列杰亚·普罗菲尔——阿尔季斯出版社的负责人——通信。普罗菲尔还出版季刊《俄国文学季刊》和与俄匡文化有关的《动词》杂志。1978年是舍斯托夫逝世40周年。阿尔季斯出版社出版了第5卷（《开端与终结》）的俄文第3版，阿·巴赫拉赫在纪念逝世40周年的两篇文章中提到这本书出版的信息。随后，在《俄国文学季刊》（1979）第16期上，发表了舍斯托夫论象征主义的文章。普罗菲尔对舍斯托夫很感兴趣，由于他人在巴黎，所以能和娜塔莎经常见面，并且和她商谈出版新书的可能性。1981年，该出版社出版了《关于屠格涅夫的未完书稿》第1版，构成著作全集的第13卷。手稿保存在舍斯托夫档案里。1960年，帕·卡里宁研究并且誊抄过这部手稿。该书的三个片段曾发表于一些杂志（《空中路》，1961年第2期；《动词》1978年第2期和《俄罗斯基督教运动信使报》（1978年IV）。阿尔季斯计划要在1981年出版论述屠格涅夫的著作的英文译本并再版《克尔恺郭尔和存在主义哲学》，1982年出版《伟大的前夜》，1983年出版《钥匙的统治》。

　　从现存在舍斯托夫档案里的资料看，还有两卷文本已经准备就绪：一是包含发表于1895到1979年间的21篇文章的文集（第XIV卷），和古希腊哲学教程（第XV卷）。目前正在筹备出版第XVI卷——《论普罗提诺的神秘主义经验》。在舍斯托夫档案里，这部手稿编号为第35号。根据这部手稿做过几个影印件，其中一个目前保存在贝尔格莱德利利亚·约瓦诺伊奇手中，而另一个保存在弗拉基米尔·阿洛伊——利别尔新闻出版社（巴黎）出版社社长——该书应于1984年出版。

　　除上述著作外，舍斯托夫档案里的手稿还包含大量未发表草稿。

舍斯托夫在德国和奥地利

　　与德国出版社的联系战后于1947年年初得以恢复，是通过伊万·费多洛罗奇·鲁夫——舍斯托夫的德文译者——恢复的。他通知舍斯托夫的女儿们说有可能安排在两份月刊 *Дейче Байтреге* 上发表舍斯托夫的文章,并在施密特—杰格列尔出版社出版舍斯托夫的著作《克尔恺郭尔与存在主义哲学》。这家出版社在战前的1938年曾经出版过德文版的《雅典与耶路撒冷》。该杂志发表了舍斯托夫写于1948年和1949年的3篇文章。和杰格列尔出版社也很快达成了协议,书于1949年出版,或许是秋天,由鲁夫翻译,书名是 *Kierkegaard und die Existenzphilosophie*。如上所述,杰格列尔本人是舍斯托夫哲学的极大崇拜者。1949年4月,他写信给塔尼亚说,原则上他同意出版舍斯托夫的另一部著作(文集),并请把手稿给他寄去。手稿寄去了,协议签署了(1949年9月),鲁夫也把尚未译完的章节译完了。在同一封信中,杰格列尔告知说,他在格拉茨创办了一个"舍斯托夫协会",其目的是 "die Forderung der Herausgabe der Werke Schestow's in deutscher Sprache, die Anlageeines 'Schestow — Archives und die Verbeitung seines Gedankengutes im deutschen Sprachberiche." (1949年4月26日)。关于该协会的第一批会议的消息未能保留下来。关于1950年的会议杰格列尔在给娜塔莎的信中讲述道:

在5个月里(从3月到7月)我们这里,大学的教授和学生每到周六都参加舍斯托夫学会的例会。在整个学期持续期中,我们就前不久出版的克尔恺郭尔的著作举行课堂讨论会。在每次会议上都由一个学生做简短报告,报告题目有:"斯宾诺莎和舍斯托夫""康德和舍斯托夫"等。9月中旬我们将恢复举办此类例会。(1950年7月29日)

舍斯托夫协会出版了两本小册子。第一个包含拉扎列夫文章《列夫·舍斯托夫》的,出版于 1950 年,文章向读者介绍了这个协会的情况。第二本小册子名为《康德与舍斯托夫》,由格奥尔格·雅诺斯克撰写,出版于 1952 年。杰格列尔给娜塔莎写了一封非常绝望的信。他告知说,舍斯托夫论述克尔恺郭尔的书,卖得不好,而且,令他万分遗憾的是,在这种情况下他已经无法继续出版这些书了,其中包括他拟议出版的德文版舍斯托夫文集。但他仍然希望德文版舍斯托夫文集能在他那里出版。他还希望未来会有机会实现这个愿望。显然,这样的机会未能出现。1962 年,已经编订的文集被"转移"到(按照鲁夫的说法)一家慕尼黑出版社埃勒曼出版社出版,后者于 1963 年出版了该书,标题为"Speculation und Offenbarung",被列入《俄罗斯图书》系列。过了一段时间后,在埃勒曼出版了该文集后,该出版社又决定出版舍斯托夫著作《惟凭信仰》的德文版。合同是舍斯托夫的女儿们与 1965 年 12 月签署的。1967 年,埃勒曼出版社和尼姆芬布尔格尔出版社合并,鲁夫于 1968 年 3 月提交了《惟凭信仰》的译文。书没能出版,而且也无法确定,译本的手稿究竟到哪里去了?当时鲁夫还在筹备一本有关舍斯托夫的书,他把洛夫茨基的文章也放在了里面,放在里面的还有方丹论舍斯托夫的那篇文章。这本书和上一本书意义,未能出版。从鲁夫寄来的最后一封信,所署日期是 1968 年 5 月 6 日。鲁夫是从 1925 年开始翻译舍斯托夫的。除了《惟凭信仰》以外,他还优质地翻译了托夫全集中的 5 卷(第 7、8、9、10 和 11 卷),这些倒是都出版了。我心怀感激地想一想,这么些年中他从事了多么艰苦卓绝的劳动呀。

在 1963 年出版的德文文集以后,舍斯托夫的其他著作和文集的德文版没有出版过。显然,埃勒曼、杰格列尔和兰伯特—施奈德,虽然对舍斯托夫的著作评价很高，但却不具备物质条件继续出版那些卖起来很难很难的书。1968年，为了回答塔尼亚的咨询，杰格列尔和兰伯特决定，他们将舍斯托夫著作德文版的版权归还给了舍斯托夫的女儿们。这些著作的文本由他们自己保留。

1966年，古斯塔夫·康拉迪发表了一篇论舍斯托夫在德国的文章，是为这位哲学家的百年诞辰之际而作。康拉迪一直在和娜塔莎保持着通讯联系。在其中一封信中他写道：

> 我经常重读（舍斯托夫的著作）。重读最多的是《在约伯的天平上》。舍斯托夫在某种意义上已经成为我生活的一部分。（1975年4月16日）

其后的几年中，又发表了几部论述舍斯托夫的德文著作，其中应予注意的，是其中有章节内容涉及他的有两本书（Nigg——1973；Dahm——1979）。

60年代期间舍斯托夫的女儿们有着固定的通讯联系，随后便与舍斯托夫的崇拜者、德国天主教徒列奥·济姆尼结识，后者是为了位于布鲁塞尔的共同市场服务的：

> 有趣的是，我对俄罗斯思想家中最独特的舍斯托夫的兴趣，从1930年我初次接触其著作（是一位天主教神学教授赠给我的《钥匙的统治》这本书）以来就从未消减过。甚至就连别尔嘉耶夫给我留下的印象也没有这么深。多亏了舍斯托夫女儿的著作……这种兴趣得以保持下来而没有消减……

舍斯托夫对我来说就是"火热的俄罗斯大地"。(1975 年 9 月 13 日)

多么幸运呀,舍斯托夫拥有像什莱策尔和鲁夫这样深明事理译笔出色的翻译家。读他们的译作,会有一个印象,以为自己在读原文,遗憾的是,原文对我来说是可望而不可即的。(1976 年 1 月 5 日)

对我来说,除了圣奥古斯丁、普里兹瓦尔、陀思妥耶夫斯基、海德格尔、胡塞尔和克尔恺郭尔,就是舍斯托夫了,他构成了我全部存在的常在价值……因此,老实说,我和我的父亲关系这么近,这是对青春所提问题的体验,抑或它取决于他的头脑所提出的所有问题——我是不会说明这些问题的。使我感到惋惜的,仅仅是没有能亲眼见见他本人,像别尔嘉耶夫那样。(1978 年 2 月 22 日)

从我在一本书上看见舍斯托夫的名字起,已经过去 50 年了。……当时我还没有想到他居然吸引了我整个一生。(1979 年 11 月 27 日)

关于列奥·济姆尼还可参阅本书上卷。

舍斯托夫在美国和加拿大

舍斯托夫的表弟亚历山大·格林别尔格和尼古拉·普里茨克尔于 20 世纪 80 年代移居美国。当舍斯托夫从自己那方面也于 1920 年移居后,便与他们建立起了联系,但他们之间却并未能建立起密切的关系。为了和美国的出版商建立联系,舍斯托夫同样也有过几次无效的努力。

在美国对舍斯托夫的兴趣唤醒的相当晚,但却当即采取了相当大的规模。1962年在美国的一家杂志 Философи энд феноменолоджикэл Ризерч 发表了舍斯托夫的一篇文章《纪念伟大的哲学家埃德蒙·胡塞尔》，文章由著名斯拉夫学家乔治·克莱因翻译。随后，1965年，舍斯托夫的两部著作出现在三卷本的《俄罗斯哲学》中，参与这部著作编撰的，就有克莱因。1963年和1964年，舍斯托夫的女儿们接到一封来自美国的舍斯托夫的两位远亲的来信：斯坦利·格林（亚历山大·格林别尔格的儿子）和别尔纳·马丁（斯坦利·普拉特的丈夫，是尼古拉·普林茨克尔的表妹）的来信，还有一封则来自俄亥俄州雅典城的出版商塞西拉·亨姆利的来信。贝尔纳当时是明尼苏达周圣保罗西奥山犹太教修会的拉比，他写信给娜塔莎说：

请允许我先做个自我介绍。我娶了一位家在芝加哥的 Abe Pritzker's① 的表妹为妻。我的妻子的祖母和您的父亲，正如几个星期前我所发现的那样，是表亲关系。

好多年以前我一直都对您杰出的父亲的论著感兴趣。我强烈地感到他的著作代表了20世纪哲学思想最优秀的成果。应当让美国更广大的人群了解，可不幸的是，现在他还不怎么为人所知。

为此我承担起了写一本书向美国公众介绍您父亲哲学思想的任务，我希望这本书能在年内出版或是……

这个夏天我的妻子和我希望去巴黎待一两个星期，因而我们非常希望到那时能拥有和您及您的家庭一见的快乐。（1963年1月18日）

---

① 尼古拉·普林茨克尔的儿子。

1965年年底,马丁成为俄亥俄州克利夫兰"西部储备大学"教授,任职于神学系希伯来学教研室。1963年6月,贝尔纳界南西来到巴黎,与舍斯托夫的女儿们结识,9月份,前往圣弗朗西斯科参加国际研讨会的娜塔莎,在回巴黎的路上,顺道去了一趟马丁在圣保罗的家,并在他家待了几天(9月8日到12日)。在此期间,马丁把舍斯托夫《雅典与耶路撒冷》的前言和第1卷译成英语。不懂俄语的他,是从法文翻译的,并与德文进行核对。随后,译文寄给塔尼亚进行校对。

1964年6月,舍斯托夫的女儿们接到来自亨姆利的来信,写信人是俄亥俄大学出版社社长,提议要出版英文版的《克尔恺郭尔与存在主义哲学》。亨姆利想要出版舍斯托夫著作英文本的想法,是斯坦利·格林给他的建议,后者乃是俄亥俄州立大学(在雅典城)哲学教授、许多年后(见1978年7月21日给娜塔莎的信)格林回忆起,他是如何才得以把出版舍斯托夫著作的事情联系好了的:

> 15年前我曾经写信给Cecil Hemley——俄亥俄大学出版社的创办人和社长——建议出版舍斯托夫的一部著作。11月11日我来到该年度出版委员会并提交了我的申请。委员会同意了,并按照我和你以及你妹妹联系的结果启动出版程序,我相信经过你,贝纳德·马丁,事情会成功的。我已经成为1965年11月出版委员会成员,这使得我可以继续推动舍斯托夫著作的出版工作。这件事很重要,因为自从Cecil Hemley于1965年3月9日去世,我得劝说新的经理(Ian MacKenzie)对这个计划的重要性能有所认识。我只能以如此微小的方式来报答我对舍斯托夫所欠的债,因为他是我一生影响最大的一个人。

马丁和格林数次来到巴黎，并与舍斯托夫的女儿们十分友善。舍斯托夫的女儿们当然接受了亨姆利的建议，并告诉他，马丁正在翻译舍斯托夫的《雅典与耶路撒冷》。出版社也接受了这本书。书出版于1966年，标题是"Athens and Jerusalem"（第X卷），书还有马丁写的非常有趣的序言。这是舍斯托夫在俄亥俄大学出版社出版的第一部书。继其之后，在同一家出版社还出版了：*Potestas clavium*（第VⅡ卷，1968），《陀思妥耶夫斯基与尼采》（第2卷和第3卷合编本，1969），《克尔恺郭尔与存在主义哲学》（第IX卷，1969年）、《舍斯托夫文选》(1970)，《在约伯的天平上》(第VⅢ卷，1975)、《一切皆有可能·倒数第二个语词及其他随笔》（第IV和第V卷合编本，1977年）。第10卷和第12卷也是以廉价本的形式出版的（平装本），1968年和1970年。虽然舍斯托夫的著作在美国销售非常缓慢（年均200—250册，不算文选），但俄亥俄大学出版社仍然在继续出版，1978年7月19日又签署了两本书的出版合同：《思辨与启示》（第11卷）和《惟凭信仰》（第12卷）。翻译任务委托给了马丁。1980年1月，他给出版社交付了11卷的译文。等最后两本书出齐后，舍斯托夫著作的英文版便从10卷跃升到13卷了。如果书籍市场的条件容许的话，出版社建议还要出版《莎士比亚和他的批评者勃兰兑斯》的英文版，由托马斯·格莱姆翻译。此人系论述莎士比亚著作的作者。需要指出的是，共出版了两本包含有舍斯托夫著作的文选：一本是《俄国文学论稿》，由斯宾塞 艾·罗伯特主编，仍然系以上那家出版社出版；另一本是《20世纪伟大的犹太哲学家》，由马丁编选，麦克米兰出版社1970年出版。

肯特·P. 希尔正在写作一部论舍斯托夫的大作。其第1卷《舍斯托夫早年生活与思想（1856—1903）》杀青于1976年，是他的硕士学位论文（华盛顿大学，146打字页）。第2卷《在信仰的打谷机上。列夫·舍斯托夫的智力生涯（从1901年到1920年）重点探讨其人的观念》（On the Threshhold of Faith. An intellectual Biogranphy of Lev Shestov from 1901 to 1920 focusing on his Concept of Man）（华盛顿大学，1980年，371打字页）是其博士学位论文的第1部分。我们为这部巨作提供了一些引文。论文的第2部分尚未写完，作者将在这部分论述舍斯托夫侨民期间的生活（1920—1938）。希尔在其著作中对舍斯托夫的生平进行了详尽而又出色的叙述，并分析了他的著作。写作传记的主要资料是保存在舍斯托夫档案里的数不胜数的书信，以及舍斯托夫给列米佐夫的62封信（1905—1912），现存萨尔蒂科夫—谢德林列宁格勒国立公共图书馆手稿部。值得予以指出的是，在列宁格勒的普希金之家还保存着一系列舍斯托夫致列米佐夫的书信，写于1913—1914年间。希尔无法见到这些书信，即使是他身在列宁格勒时也是如此。最重要的问题是，正如希尔在其著作中所描述的，在我们这本书中业已出现的那些事实那样。在他笔下，对于舍斯托夫与列米佐夫和伦德别尔格持续多年之久的友谊的描述更加详尽，而且，在数十年中，舍斯托夫始终对他们给予无私的帮助。

美国人对舍斯托夫哲学的兴趣，毫无疑问，在许多方面有赖于他的那些翻译家们和出版商们，其中首屈一指的，是贝尔纳·马丁和斯坦利·格林，此二人目前正在筹备出版一部论舍斯托夫的书，还有乔治·克莱因，他在其著作《俄国的宗教和反宗教思潮》（1968）里，分别用两章篇幅论述了别尔嘉耶夫和舍斯托夫。

列夫·彼得罗维奇·夏因（1914年出生于基辅）——马克马斯大学斯拉夫学（加拿大安大略州汉密尔顿）教授——也对舍斯托夫表现出

极大的兴趣。他写了好几篇关于舍斯托夫著作的书评,发表于美国,还有两篇论述舍斯托夫哲学的非常有意义的文章。最近一篇文章的题目是:"无限可能性哲学:对列夫·舍斯托夫 Weltanschaung 的考察",发表于《And Maening——一种终极现实》(1979(10月号)。夏因写道:

> (舍斯托夫)是在为反对"欧几里得思维方式"而斗争,并与理性(reason)作对,而巩固对于作为无限可能性的上帝的信仰。通过对上帝的信仰一个人可以超越必然性世界而进入一个和上帝在一起便"一切皆有可能"的世界……他的一切皆有可能的哲学是无所不能的上帝的先声,这样的上帝单独就可以为凡人提供无穷的可能性。

1968年春,列夫·彼得罗维奇来到欧洲。他到了伦敦,在剑桥大学做了几次讲座,其中一次是讲舍斯托夫的。随后,他去巴黎待了几天(5月1日到4日),得以和舍斯托夫的女儿塔基亚娜和娜塔莎结识,并和洛斯基一家人见面。会见非常友好,列夫·彼得罗维奇兴致勃勃地查看了舍斯托夫档案,随后他还数次来到巴黎,并且再次和舍斯托夫的女儿们见面,继续研究舍斯托夫档案。

列夫·彼得罗维奇出版还多卷本著作《俄国哲学思想读本》,并且准备出版一本论舍斯托夫的著作。

舍斯托夫在阿根廷

1951年年底,舍斯托夫的崇拜者、住在布宜诺斯艾利斯的马克·尤里耶维奇·约利斯,开始了和舍斯托夫家庭的通信。每年都寄钱去请求11月20日（舍斯托夫逝世日）在舍斯托夫坟墓前献花。马克·尤里耶维奇同时还请求给他寄舍斯托夫的著作，关于舍斯托夫的著作，他和他的朋友们经常在一家在布宜诺斯艾利斯出版的犹太人杂志《Давка》及其他杂志上，发表文章介绍或是评论。下面即是他来信的摘录：

> 关于这位思想深刻的思想家——我的伟大的导师——再过一百年，思想界还会再次回到他那里去的——的记忆，以及他遗留下来的著作，将会是在神秘的不可通行的存在的密林中为我们指路的明星。我非常珍惜对于列夫·伊萨克维奇的记忆，我永远也忘不了他离开人世的那个日子。每年的这一天我都是在祈祷中度过的，同时我会重读他的著作，尤其是那些讲述伟大的离去的文字……列夫·伊萨克维奇的著作是对哲学思维的巨大贡献，对这一巨大贡献的评价，正如我上文所说，是未来的事情——有一条永恒的路通向他的著作，而这条路是不会被青草淹没的。（1955年12月20日）

1958年，约利斯请求娜塔莎给他把舍斯托夫的手稿寄到布宜诺斯艾利斯的犹太研究所：

> 今年，你们伟大的父亲去世即将满20年了。有关这位思想深邃的思想家的记忆，是不会被遗忘的青草掩盖的。相反。1938年11月20日越是远离我们而进入时间的深洞，其思想的意义也就越加突显，而在评价、引文和翻译中所体现的回声也就越来越响亮。列·伊·舍斯托夫是不会被遗忘的，将来也不会被遗忘。对我而言11月20日是个神圣的日子，我会整天都用来纪念列夫·舍斯托

夫。在地方杂志《Davke》(一份讨论哲学问题的犹太杂志),已经发表了一篇文章,是为了纪念这位思想家离开人世20周年而发表的。11月20日同样也被我用来翻译《黑格尔还是约伯》这篇文章及其他文章。我想用这种方式提醒你们,你们曾经答应我要把列夫·伊萨克维奇·舍斯托夫的手稿寄来,一百年在地方性的犹太科研所陈列,以便永恒的纪念。这个所里有专门陈列思想界杰出代表人物的文件、书信、手稿的橱窗。(1958年11月10日)

娜塔莎很快就给他寄去了舍斯托夫的《克尔恺郭尔与存在主义哲学》文章的手稿,原发表于《俄国纪事》1938年1月号总第3期。1959年7月21日,犹太科研所举办了隆重的会议,约利斯在会上发表了论述舍斯托夫的演讲:《列夫·舍斯托夫的孤独》,并将其手稿交给研究所。约利是保存下来的书信共15封,最后一封签署的日期是1960年7月15日。

舍斯托夫在日本

日本曾经出版过许多舍斯托夫的著作,一部分是在战前即舍斯托夫生前出版的。所有著作的出版都未经作者本人允许。无论舍斯托夫还是他的女儿们都不曾和出版商有过联系。巴拉诺娃著作总目仅仅列出1版第2卷,3版第3卷和2版第5卷。而实际出版的书要比这多得多,但关于著作出版的信息却不够准确,因而无法补充到著作总目中去。根据列奥·济姆和他的朋友、德国的耶稣会士帕·克鲁姆巴赫——他在日本主持图书馆工作——的请求,多少收集到一点有关日语版的信息。克鲁姆巴赫1976年曾经寄来一份舍斯托夫著作总目,是在日本出版的,以

及第 3 卷廉价版前言的译文,是 1933 年在日本出版的,嗣后曾经在日本多次出版过。下面就是译文的摘录:

《悲剧哲学》(日文版)出版后已经一年了。起初我们(译者和出版商)还很担心,这样一位非同寻常的、在日本文学界毫无名气的思想家的著作,能否被善待呢、说句良心话,我们还以为,我们哲学界哪怕只有一个唯一一个声音表达了同情的看法,我们两个就完全满足了。可是,却原来这位思维独特的哲学家居然以其思想征服了他的读者的所有人和每个人。事情竟然到了这种地步,在我们的文学舞台上,最重要的讨论题目是:"喏,就是这个舍斯托夫……"这最初只是令我们感到惊奇,但当我们发现他的声音吸引了越来越多的听众时,我们也不得不马不停蹄地筹备出版廉价版。

1973 年年初,舍斯托夫的崇拜者托鲁·卡瓦萨基——东京 Васед 大学文学教授拜访了娜塔莎。1979 年 3 月 9 日,卡瓦萨基的学生,约西希德·楚基诺基,同样也是舍斯托夫的崇拜者——东京书店店主——拜访了娜塔莎。这两个人都对舍斯托夫很感兴趣,但却没有能力沟通与日本出版商的联系。楚基诺基 1979 年 5 月 26 日寄来了日本出版的舍斯托夫著作总目。楚基诺基和克鲁姆巴赫的书目表明有将近 30 种舍斯托夫的著作在 1919 到 1973 年间在日本出版。这不排除很有可能正是在日本出版了最多的舍斯托夫著作。

舍斯托夫在以色列

在以色列,如我们所知,舍斯托夫的著作没有出版过。谢·卢利耶写道：

> 法国哲学家和批评家戈蒂耶在论述舍斯托夫的一篇文章（《Mercure de France》，1925年5月1日，第610页）说，对于法国文学来说，并非舍斯托夫的所有著作都翻译过来了，这是一种耻辱。而这位犹太批评家本应说的是，他没有一本著作被译成了犹太语了？

1979年，娜塔莎给列·弗列依什曼——耶路撒冷大学犹太语教授——写信，为的是在《Slavica Hierosalem》杂志上发表舍斯托夫给他父亲的信，信中叙述了第二届犹太复国主义者大会的情形，写于1898年9月。同年，米·哈达夫——犹太国家图书馆手稿部主任——给娜塔莎寄来了舍斯托夫致布别尔的34封书信的影印件，现保存在国家图书馆布别尔档案。从自己这方面说，娜塔莎也从舍斯托夫档案里给他寄了布别尔致舍斯托夫的13封书信的影印件。国家图书馆还保存着舍斯托夫致阿多尔夫·拉扎列夫的91封书信。这些通信中的较少一部分在我们这部著作中引用了。除了著作总目中列出的文章外，最近几年在以色列还出现了好几篇论舍斯托夫的著作。我们指出米·叶夫金娜论舍斯托夫哲学的文章，发表于〈22〉杂志1978年上。

舍斯托夫在其他国家

舍斯托夫的某些著作出版了西班牙、丹麦文、意大利文版，这些书在著作总目里都有列举。南斯拉夫杂志《理念》1980年第2和第3期发表过舍斯托夫的一篇文章 *Sine Effusione sanguinis*，和拉多米尔·

乔治耶维奇对《陀思妥耶夫斯基与尼采》一书的书评,由塞尔维亚一克罗地亚一家叫"爱的语言"的出版社出版。在意大利应该能问世的,是由阿尔伯托·别舍托翻译,由 Адельфи 出版社在米兰出版的《在约伯的天平上》。

增 补

列夫·舍斯托夫生平年表

第一章

1866　1月31日/2月12日。出生于基辅一个叫列夫·伊萨克维奇·施瓦茨曼的犹太人家庭,嗣后以列夫·舍斯托夫为文学笔名。其父伊萨克·莫伊谢耶维奇·施瓦茨曼,出生于一个并不富裕的环境,创办了自己的大企业"伊萨克·施瓦茨曼手工作坊"。

　　　中等教育开始于基辅,古典中学毕业于莫斯科。

1884—1889　莫斯科大学。物理-数学系,嗣后又是法律系。在柏林待了一学期。

1889　大学毕业于基辅。学位论文是论述工人问题的,遭到了审查机构的否定。

1890—1891　服兵役。在莫斯科曾短期担任律师助理。

1891或1892　回到基辅,以便整顿父亲企业的秩序。

1892—1894　在父亲的企业工作。发表了几篇论述财政和经济问题的文章。文学和哲学研究时期。发现自己的文学使命。

1895 在基辅发表最初一批哲学和文学论文:

12月5日。良心问题(论弗拉基米尔·索洛维约夫)——《生活与艺术》。

12月22日。格奥尔格·勃兰兑斯论哈姆雷特——《基辅言论报》。

年终。患重病(神经衰弱),或许是因为过度劳累以及企业令人压抑的气氛引起的。

第二章

1896 1月9日。杂志概论(论弗拉基米尔·索洛维约夫)——《生活与艺术》。

年初。出国治病。去过维也纳、卡尔斯巴德(4月份)、柏林夏天,或许是去动手术,雷赫尔、巴黎、特列波尔(9月份)、巴黎(11月和12月)。所有非治病时间都用来研究。研究莎士比亚、勃兰兑斯、特纳、康德等人。读尼采。

1897 年初。从柏林到罗马。

2月份。与安娜·叶丽阿扎洛夫娜·别列佐夫斯卡娅——医学大学生——瞒着父母,偷偷结婚,而父母无论如何也是不会同意他和具有正教信仰的姑娘结婚的。在10年当中,舍斯托夫两口子生活在不同的城市,为的是不让父母知道他们的婚姻。他们两人也只是在大学放假期间才能相会。

3月份。《莎士比亚和他的批评者勃兰兑斯》一书最终编辑版完成。开始写作一本早在柏林期间就已开始构思的论述托尔斯泰和尼采的新著。

4月份——9月份。那不勒斯和维科。

秋天。回到罗马。

12月31日。女儿塔吉亚娜在罗马出生。

1898　春天。从瑞士前去意大利。一段时期和妹妹法尼亚住在其未婚夫格·列·洛夫茨基伊尔尼的家，随后又迁居图恩湖左岸，而9月份移居日内瓦湖岸远的特利达，随后又移居洛桑。这段时期一直在写作《托尔斯泰伯爵与弗里德里希·尼采学说中的善》这部著作。

12月。《莎士比亚和他的批评者勃兰兑斯》（第1卷）在彼得堡有阿·门捷列维奇出版。但批评界并未注意到这本书。在洛桑写完论述托尔斯泰和尼采的著作（只有序言尚未动笔）。月底回到基辅带着新书的手稿。

第三章

1899　回到俄国后，一段时期住在彼得堡洛夫茨基家里，同时也常去莫斯科和基辅，7月份，在基辅写完论述托尔斯泰和尼采的书的前言。和此前那部著作一样，杂志和出版商都不肯接纳这部新著。最后，由于弗拉基米尔·索洛维约夫的推荐，终于斯塔修列维奇同意出版此书，但却以赊账的方式出。年中舍斯托夫重返彼得堡，关注此书的出版流程。

1900　《托尔斯泰伯爵与弗里德里希·尼采学说中的善》（第2卷）签署的出版日期是1899年年初。

　　1月份。在基辅组织了新书讨论会（切尔巴诺夫、沃多沃佐夫)。月底出国。

2月份，3月份。在《俄罗斯财富》上发表两篇米哈伊洛夫斯基论新著的文章。

住在柏林，意大利（2月份在内尔维），在瑞士（5月份在伯尔尼）。写作新著《陀思妥耶夫斯基与尼采》。

11月26日。娜塔莉亚的女儿在伯尔尼出生。

1901　住在意大利（1月份在内尔维），随后在瑞典（梅尔林根）。

5月份。佳吉列夫提议时在瑞士的舍斯托夫与《艺术世界》杂志合作。舍斯托夫将其《陀思妥耶夫斯基与尼采》的手稿寄给该杂志（不含序言）。

听从佳吉列夫的建议，写了一篇论述梅列日科夫斯基《列夫·托尔斯泰与陀思妥耶夫斯基》第1卷的文章。

9月份。论梅列日科夫斯基的文章发表于《艺术世界》。回到俄国，住在基辅的父母家，在那里一直住到1908年。在父亲的企业工作，但还有时间进行研究。

10月份。前往彼得堡在那里埋头写作《陀思妥耶夫斯基与尼采》一书的前言（第3卷）。

12月份。通知佳吉列夫关于自己想要写契诃夫的想法。

1902　2月份—10月份。《陀思妥耶夫斯基与尼采》一书分章节在《艺术世界》发表。

年终。在基辅与别尔嘉耶夫一家、布尔加科夫，或许还和拉扎列夫结识。

1903　1月份。《陀思妥耶夫斯基与尼采》一书在彼得堡由米·斯塔修列维奇印刷所出版。

2月份。辛辣批判梅列日科夫斯基第2卷《托尔斯泰与陀思妥耶夫斯基》的《理念的统治》一文发表于《艺术世界》杂志第1、2期合刊。

勃洛克豪斯与叶夫龙出版了新版莎士比亚。舍斯托夫的文章《莎士比亚笔下的裘里斯·恺撒》被作为此剧的前言。

第四章

1903 年初舍斯托夫已经为他构思的新著做好了资料准备，这部新著他也许是想写屠格涅夫和契诃夫。

他确信生活在基辅他无法聚精会神地投入工作，为了能写出这部新著，春天他去了瑞士为新著做编辑工作。

7月31日。在关于屠格涅夫的未完成手稿的首页上，签署了日期（也许是所构思的论述屠格涅夫和契诃夫著作的第1部分）。书未写完。他根据业已积累的资料写了另外一部书《无根据颂》，把未完成的那本书中的31个格言警句写进此书中。

11月。由于父亲患病而从国外回来。重新在企业工作。

1904 在基辅和父母住在一起，并继续在父亲的企业工作。写作《无根据颂》，并写作论契诃夫的文章《从虚无中创造》。

1905 1月份。《无根据颂》（第4卷）在彼得堡由"利益"印书社出版。

3月份。《从虚无中创造》译文发表于《生活问题》杂志。布宁认为这是一篇论述契诃夫最好的文章之一。

《无根据颂》出版引起一系列文章：

3月7日。尤·艾亨瓦尔德——《俄国新闻》。

3月份。尼·别尔嘉耶夫。悲剧与日常性。——《生活问题》。

7月份。阿·列米佐夫。——《生活问题》。

9月17日。瓦·罗赞诺夫——《新时代》。

11月/12月,巴扎罗夫——《教育》。

第五章

1906　1月27日。《预言的才华——纪念陀思妥耶夫斯基逝世25周年》发表于《北极星》。

夏天或秋天。解除了大约是从1905年起不得不担在肩上的管理父亲企业的职责。

10月份。将自己著作的第2版以4305马克卖给了皮罗日科夫。1907年,皮罗日科夫出版了新版《托尔斯泰与尼采》。舍斯托夫的其他著作他未再版。

1907　舍斯托夫发表了两篇文章:

3月份。《愚人赞》——《火炬》文选第2辑。这篇文章是为答复1905年别尔嘉耶夫发表的论述舍斯托夫的文章而作。

4月份。《写在最后的话》——《俄罗斯思想》。

1908　4月份。家族企业被重组为股份制会社"伊萨克·施瓦茨曼会社"(以前曾名为"伊萨克·施瓦茨曼手工作坊")。

9月底。《开端与终结》(第5卷)在彼得堡由米·斯塔修列维奇出版。书中包含3篇发表于1906杂志和1906年期间的文章,以及论契诃夫的文章《从虚无中创造》,此文最初首次发表于1905年。

在《开端与终结》出版后发表了好几篇论述舍斯托夫的文章:

9月份。拉·伊万诺夫—拉祖姆尼克《论生活的意义》一著，含有《列夫·舍斯托夫》一章，对舍斯托夫的创作采取广泛视角加以研究。

10月份。安·别雷的文章——《天秤》。

11月15日。德·费洛索福夫的文章——《莫斯科周刊》

12月10日谢·弗兰克的文章——《言论》。

费洛索福夫和弗兰克对舍斯托夫的著作进行了严厉的批评，舍斯托夫未予理睬。

秋天。舍斯托夫举家移居德国弗莱堡。

1909　舍斯托夫的两篇文章发表于《俄罗斯思想》：

1月份。《破坏性与创造性世界：为托尔斯泰80诞辰而作》。

4月份。《伟大的前夜》（14则格言警句）。

2月份和3月份。去基辅、彼得堡和莫斯科。

5月24日。《费多尔·索洛古勃的诗歌和散文》发表于《言论报》。

夏天。法属瑞士。

秋天。前往基辅，在那里耽搁了5到6个月。舍斯托夫一家住在弗莱堡。

斯塔修列维奇出版了《陀思妥耶夫斯基与尼采》第2版。

1910　1月24日。在基辅做论易卜生的公共讲座。

2月7日。在彼得堡做论易卜生的公共讲座。同月，在莫斯科也做了一次同题讲座。

3月2日。在从莫斯科到基辅的路上，在雅斯纳雅—波良纳拜访了托尔斯泰。

第六章

3月末。从基辅出国。举家住在瑞士——日内瓦湖畔(科北,"盐"别墅),他在那里住到1914年7月。

这里的环境比以前的环境非常适宜于写作。从远处遥控家族企业的管理。中断写作去基辅协调家族会社的事务的情形比以前较少。继续从事在弗莱堡就已经开始的希腊哲学、中世纪神秘主义、路德、圣经和神学(阿·加尔纳克、格·格力纳尔、格·杰尼弗尔)的研究工作。研究但不写作。

4月和5月。在《俄罗斯思想》上发表文章《胜利与失败:亨利克·易卜生的生平与创作》。

在文学基金会的纪念文集《摘自伟大的前夜》发表数十则格言警句(此文集或许出版于1909年)。

在弗·詹姆士逝世(1910年8月26日)后,写作了《宗教创造的逻辑:纪念弗·詹姆斯》一文。这篇文章成为新著《伟大的前夜》的最后一章,该书汇集了作者发表于1909和1910年间的文章。

1911　野蔷薇出版社出版舍斯托夫著作全集。野蔷薇从出版(3月份起)不久前刚完成的《伟大的前夜》(第6卷)开始。在一年中,野蔷薇出版了前5卷的第2版,舍斯托夫的其他著作"野蔷薇"没有再版。

5月份。鲍·格里夫左夫的著作《三位思想家》出版,此书包含一些介绍舍斯托夫比较客观而又有趣的材料。

夏初。法尼亚和格尔曼·洛夫茨基一家移居科北,与舍斯托夫一家合住。在那里停留到 1913 年 9 月份。

舍斯托夫的自传在《文学初步》文集里发表。

阿·扎科尔日夫斯基的著作《地下室，心理平行现象》出版，书中有一章论及舍斯托夫。扎科尔日夫斯基将其著作题献给舍斯托夫。

1911—1912　舍斯托夫继续从事去年开始的研究工作，还是不写。

1912　1 月份。去基辅、莫斯科和彼得堡，并在彼得堡做报告。从俄国回程中顺路去柏林看望父母，随后回到科北（3 月份）。

1913　4 月份。看望时在柏林的父母。

秋天。经过三年研究后开始写作新著《惟凭信仰》，标志着舍斯托夫创作中新的定向——更具有哲学性，而非文学性。

1914　继续写作《惟凭信仰》，但未来得及在离开科北之际写完此书。

7 月 21 日。举家离开科北，拟在莫斯科定居。在德国略事停留。绕了一大圈通过瑞典回返俄国，因为边界线因宣战之故而封闭的缘故。

《惟凭信仰》的参考书和手稿留在国界外。舍斯托夫直到离开俄国之际，即在 1920 年方才找到手稿。

《惟凭信仰》的几章将以"死亡的启示"为题发表。完整的全书只是在作者去世后才于 1966 年在巴黎根据手稿草稿出版。

第七章

10 月份。举家定居莫斯科（普留希哈街，新马厩胡同，14 号 3 室）。进入文学和哲学界，在那里见到许多老朋友（维亚切斯拉夫·伊万诺夫、射·布尔加科夫、尼·别尔嘉耶夫、尼·布托夫、格·施佩特、格·切尔帕诺夫、米·格尔申宗、谢·卢利耶、叶甫盖尼姊妹和阿杰兰德·格尔齐克等人)。

1915　2月14(27)日。被遴选为莫斯科心理学学会成员。

夏天。在谢·卢利耶在图拉省的家里做客。

11月14(27日)。在心理学学会以"Potestas clavium"为题做报告。

11月16(29日)。伊·伊格纳托夫关于舍斯托夫报告的简报和文章发表于《俄罗斯新闻》上。

1916　1月和2月份。1915年写就的18则格言警句发表于《俄罗斯思想》上,题目是"Potestas clavium"。

6月份。在普留希哈街买了房子,但他本人却没有住过一天。

6月和7月初。在谢·卢利耶位于图拉省的家做客。

在那儿写完《超伟大的维亚切斯拉夫·伊万诺夫》,是献给维亚切斯拉夫·伊万诺夫的。

7月份。向洛夫茨基一家提议共同购买图拉省的庄园。但这个计划未能实现。

10月份。上文所述那篇文章发表于《俄罗斯思想》。

10月份。伦敦出版了舍斯托夫的著作《安东·契诃夫及其他论文》。

11月4(17日)。在莫斯科哲学协会做报告《超伟大的维亚切斯拉夫·伊万诺夫》。

1917　2月27日(3月12日)。在莫斯科遭遇2月革命。对普遍热情并不怎么认同。

夏天。全家住在马什科夫采夫在图拉省的庄园。

9月份到12月份。《哲学与心理学问题》杂志发表了论胡塞尔的文章 Memento mori。

在各种杂志上发表23则格言警句。

10月25日（11月7日）。在莫斯科遭遇十月革命。

1918　6月11（24）日。在莫斯科参加谢·尼·布尔加科夫的剃度仪式。

6月初。举家离开基辅。

1918　10月份。在基辅写完《论万物之根》。

1918—1919年冬。在人民大学讲授《古代哲学史》课程。并进行公开讲演。

一则格言警句发表于日报《思维和语言》（总第11期）。

1919　1月份。这是在构成《钥匙的统治》（第7卷）前言的《一千零一夜》论文结尾出现的日期，这本书汇集了作者发表于1916、1917和1918年的东西（39则格言警句，两篇文章和论文《论万物之根》）。这部书未能在俄国出版，而是在国外出版的。

8月31日（9月13日）。白卫军占领基辅。

10月4（17）日。《思想日记》中第1则笔记，发表于1976年。

10月中旬。举家离开基辅前往雅尔塔，希望从那里出国。

11月9（22）。来到雅尔塔。

11月和12月。同时在为出国和塔夫立达大学教研室（辛菲罗波尔）的事而张罗，这是为了万一出国不成而做准备的。

12月13日。根据其科研著作为其带来的知名度而被遴选为编外副教授。

辛菲罗波尔没去成。

1920　1月初。举家前往塞瓦斯托波尔,一艘法国货轮为其提供了座位,将舍斯托夫一家送到康斯坦丁诺波尔。从那儿又乘客轮去根纳雅。

2月5日。抵达根纳雅。

第八章

1920　2月10日。从根纳雅到巴黎待了10天。见到伊·方达明斯基和一些文学家。搞清家庭的经济状况。

2月20日。前往日内瓦的洛夫茨基家,他们一家邀请舍斯托夫一家到他家停留。

3月份。给方达明斯基寄了两篇文章,文章的手稿是他从俄国带回来的。文章将发表于1921年2月和6月。

6月?。开始与柏林出版社"西徐亚人"的代表叶·伦德伯格谈判出版俄文和德文版《托尔斯泰与尼采》和《陀思妥耶夫斯基与尼采》的事宜。

9月份。去萨瓦省待了3个星期,他全家到那里度夏。

9月1日。《何谓布尔什维主义?》一文的法文版发表于《Mercure de France》(此文没有发表过俄文版)。文章的发表未引起人们注意。

10月份与西徐亚人出版社谈妥出版上述著作的事宜。得到3000瑞士法郎的预付稿费。

11月和12月。《死亡的启示·列·尼·托尔斯泰的晚年著作》一文发表于《当代纪事》第1和第2期。

1921　2月27日。《一千零一夜》一文发表于《当代纪事》第3期。

4月23日?。离开日内瓦,前往巴黎,在巴黎临时住在巴拉霍夫斯基家。见到方达明斯基、梅列日科夫斯基、维纳韦尔等人。

5月16日。在宗教－哲学学会做公开讲演《一千零一夜》。在持续到5月29日的讨论中,有尼·瓦·柴可夫斯基、伊·德·杰米多夫、德·加夫龙斯基教授、鲍·费·什莱策尔、伊·伊·布纳科夫(方达明斯基)、德·梅列日科夫斯基、明斯基等人参加。

5月20日迁居克拉马尔(27 rue Condorcet, Clamart),舍斯托夫一家在那里租了一套有家具的住宅,作为在巴黎未找到常用住宅之前的临时居所。

6月5日。舍斯托夫在其公共讲演中讲述了他的发表于同日出版的《当代纪事》第5辑中的文章《论万物之根》。

6月末。在由一些俄罗斯侨民教授组建的俄罗斯学术团体注册。

6－9月。是《克服自明性·纪念费·米·陀思妥耶夫斯基百年诞辰》一文草稿手稿上签署日期。

9月28日。迁居巴黎,舍斯托夫一家在那里找到一处不带家具的廉价住宅。他们一家在那里住了将近两年半。

10月30日。参加人民大学为纪念陀思妥耶夫斯基举办的公开讨论会。

11月8日。做讲座《音乐与幽灵》

摘自《钥匙的统治》里的格言警句在法国俄罗斯大学生联谊会上举办的纪念陀思妥耶夫斯基晚会上朗读。

11月22日。去德国待了5周(其中两周在柏林,三周在威斯巴登,其母从10月分起从瑞士移居那里)。

在柏林做了两次有关陀思妥耶夫斯基的讲座,见到了列米佐夫、别雷、温格罗娃、明斯基。与西徐亚人出版社谈判,该出版社不顾1920年签署的有关出版舍斯托夫著作的协议,居然到现在还没有开始着手工作。而且"西徐亚人"拒绝出版德文版。至于俄文版同样也搞不清其任何明确意图。随即便与阿·叶福龙签署了出版这些著作德文版的协议。叶福龙也未能出版这些书。这些著作最后是由马尔康于1923和1924年出版的。

12月5日。《克服自明性》文章的开头发表于《当代纪事》第8期。待续和结尾发表于第9期(1922年1和2月号)和第10期(1922年4月28日)。

12月26日。回到巴黎。

1922　2月1日。《克服自明性这篇文章的一部分和施莱策尔的前言》以法文发表于《新法国评论》杂志2月纪念陀思妥耶夫斯基专号,标题是"Dostoievsky et la lute contre les evidences"。这篇文章吸引法国批评界关注舍斯托夫。

2月22日。舍斯托夫在人民大学所讲课程的第1节是《古代哲学的基本理念》。这门课程由10讲组成,5月19日结束。随后还在那里讲3次关于陀思妥耶夫斯基的讲座(5月26日—6月9日)。

1922　2月。被任命为巴黎大学历史俄语语言学系(斯拉夫学研究所俄语专业)教师(每周一课时)。虽然俄语系不受制于索邦,但多数讲座课是在索邦大学的教室里进行的,所以,说在索邦讲课便成为一种习惯性的说法。此后的15年中,舍斯托夫一直都在这里讲哲学。

2月和3月。法国出版物上发表了正面评论舍斯托夫论陀思妥耶夫斯基的文章的书评。与安德烈·纪德认识，还认识了夏尔·德·鲍斯（久·博斯），他是负责出版舍斯托夫著作的"普隆"出版社外国作家部的负责人。

4月15日。艺术家鲍·格里果利耶夫展览会开幕，舍斯托夫的作于3、4月间的肖像也在这个展览会上陈列。

4月。西徐亚人出版社搞到了资金，开始着手出版舍斯托夫著作俄文版的工作。

6月1日、3日和10日。在索邦以"俄罗斯哲学"为题做了三次讲座。

6月。写完《时代的儿子与继子——笛卡尔与斯宾诺莎》。

7月17日。去德国3个月。到威斯巴登看望母亲，随后到安娜·叶丽阿扎洛夫娜在郛儿消夏的巴德—萨尔茨希利尔夫，在柏林过了将近一个月。

10月1日。在《Меркюр де Франс》发表了鲍·什莱策尔的文章 Leon Chestov, penseur russe。

10月中旬。回到巴黎。

1922　秋天。艺术家谢·素林作了一幅他的肖像，现存纽约大都会博物馆。与马尔康出版社签订出版德文版著作《托尔斯泰与尼采》、《陀思妥耶夫斯基与尼采》的合同。与马克斯·叶非莫维奇·艾金贡经常见面，奠定了终生友谊的基础。

12月西徐亚人出版社出版了《陀思妥耶夫斯基与尼采》一书。

1922—1923。继续在索邦讲授1922年6月开始的《俄罗斯哲学》课程。

1923　年初。在帕斯卡尔诞辰300周年之际，写作了论文《客西马园之夜——帕斯卡尔哲学》，并于 4 月 8 日杀青。

1 月份西徐亚人出版社出版《托尔斯泰与尼采》。

2 月份。西徐亚人出版社出版《钥匙的统治》。

3 月份。普隆出版社出版 Les Revelation de la mort。

6 月 15 日。文章 Les Favoris et les desherites de L'histoire. Descartes et Spinoza 发表于《Меркюр де Франс》。此文的俄文版直到 1925 年才发表。

6 月末。格拉谢出版社出版 La Nuit de Gethesemanie. Essai sur la philosophie de Pascal。此文的俄文版发表于 1924 年。

6 月—12 月。法国出版物上出现了赞扬上述两部在巴黎出版的著作的书评。

7 月。马尔坎出版社出版《Tolstoi und Nietzsche》一书。

1923　6 月末或 7 月初。去德国待了一个半月。起初在科恩看望其德国出版商马尔康，随后去威斯巴登看望母亲，最后，到柏林到马·艾金贡家做客。在柏林见到格尔申宗，后者在德国待了 10 个月后又回到莫斯科。舍斯托夫安排他一家人在德国修养，为他们搞到了生活必需品。在柏林接到杜·鲍斯和保罗·杰日尔等到庞蒂尼参加"Y a-t-il dans la poesie d'un peuple un tresor reserve"（民间诗歌中有没有一座宝库）民间诗歌节的邀请。

8 月 23—9 月 2 日。参加上述民间诗歌节活动。在庞蒂尼舍斯托夫与法国知识界确立了联系。从此开始，民间诗歌节的组织者杰日尔登邀请舍斯托夫在巴黎组织的欢迎仪式和讨论会。

第九章

1923—1925 与格尔申宗通信。

  1923。格尔申宗去巴登维勒尔。

  1925 年 2 月 19 日。格尔申宗去世。

  1922—1924。与别尔嘉耶夫通信。

  1924。别尔嘉耶夫从柏林迁居巴黎。

  1925 年 2 月 1 日。舍斯托夫在宗教—哲学学院做报告。

第十章

1923 9 月。从庞蒂尼回到巴黎,随后去了安娜·叶丽阿扎洛夫娜也去的维希 3 个星期。从维希回到巴黎。

  10 月。生病(腰部剧痛),月底被迫住院一段时间。

  1923/1924。在索邦讲授《陀思妥耶夫斯基与帕斯卡尔的哲学思想》讲座课。1924/1925 学年也讲授同样的课程。

1924 1 月或 2 月。与法国作家居勒 德 戈蒂耶结识,后者建议他在世纪出版社出版著作。舍斯托夫和戈蒂耶过从甚密并经常见面,直到舍斯托夫去世。

  2 月 25 日。在居里·德·戈蒂耶的欢迎仪式上结识罗马尼亚出生的法国作家本雅明·方丹,此人一年前在罗马尼亚发表过几篇论述舍斯托夫的文章。

  1 月—5 月。写作论普罗提诺的文章《狂言乱语》,此文过了两年才发表。

  1 月—5 月。与别尔嘉耶夫进行紧张的通信,后者请他帮助他和其他 1922 年被从俄国流放出国而住在柏林的哲学家们,获得定居法国的许可证。许可得到了。

6月。在柏林的艾金贡家做客。

7月7日—9月22日。住在其妻子从1923年就从事医学按摩的沙捷尔一居永。(从这个夏天开始,舍斯托夫将每年到沙捷尔消夏)。期间8月8日到18日,曾离开沙捷尔10天去庞蒂尼参加"缪斯与神恩"诗歌节活动。

7月。*Dostojewsky und Nietzsche* 由马尔康出版社出版。

1924 9月22日—10月16日。与安娜·叶丽阿扎洛夫娜和洛夫茨基一家住在维希。从那里回到巴黎。

11月1日。举家定居新居。

11月。住在威斯巴登的舍斯托夫的母亲迁居柏林。

12月。写完《科学与自由研究》一文,系新著《在灵魂中漫游》的前言。前言以单篇文章的形式发表于《最新新闻报》1925年3月19日和20日。这部书当时未获出版。1929年以稍加增补的形式以"在约伯的天平上——灵魂中的漫游"的标题出版。

1925 年初。尼采研究会主席团成员弗里德里希·维尔茨巴赫对舍斯托夫的著作很感兴趣,开始和他建立通信联系。很快舍斯托夫就被遴选为该学会主席团成员。他的成为康德学会成员或许也在此时。

4月。结束了在索邦的课程,动身到柏林待了几个星期,是4月5日去的那里。客居艾金贡家。作了两个讲座:《科学与圣经》、《斯宾诺莎的历史命运》。

4月。关于让克·利维艾尔的讣告在巴黎发布于《新法国评论》上。标题是"Dernier salur",还有关于格尔申宗的讣告发布于

《当代纪事》总第 24 期，标题是"关于永恒的书"。

5 月。来自《康德研究》杂志的阿尔图尔·利波特请求舍斯托夫为该杂志赐稿。舍斯托夫给了杂志一年一篇《狂言乱语》，他专门请瓦尔特尔为杂志翻译这篇文章。译文却并未被发表在《康德研究》上。

6 月。*Philosophische Fragmente*（5 则摘自《钥匙的统治的格言警句》发表于《Нейе Меркур》。

6 月或 7 月。*Die Nacht zu Gethsemane* 一文发表于尼采学会年刊《Ариадне》。

夏天。住在沙捷尔一居永科列梅尔寄宿学校。

9 月。《时代的儿子和继子——斯宾诺莎的历史命运》发表于《当代纪事》总第 25 期。

9 月。住在巴勒斯坦的丽莎妹妹和她的丈夫列夫·门杰尔别格提出要安排到巴勒斯坦旅游顺便作讲座。舍斯托夫欣然接受了这个建议。可是，尽管他们努力了，门杰尔别格仍然还是未能实现这一计划。

10 月。*Lidee de bien chez Tolstoi et Nietzsche. Philosophie et predication* 一书在巴黎由世纪出版社出版。

秋天。与尼采学会就出版德文本《钥匙的统治》进行谈判。拟于 1926 年 3 或 4 月份出版汉斯·鲁夫的译本，标题是"Potestas Clavium oder die Schlusselgewalt"。

12 月。*Apotheose der Bodenlosigkeit* 一文发表于《Нейе Рундшау》杂志。这篇文章由 5 则格言警句构成，来自德文版《无根据颂》，此书理应在 1925 年或 1926 年由《马尔康》出版社出版，可是在德国终究未能出版此书。来自这本书译本的其他一些格言警句发表于 1926 年和 1927 年的《Эйропеише Ревю》，而在 1927 年的《Индивидуалистет》上，《Нейе Рундшау》的主编鲁多尔夫·凯泽尔，则除了上述那篇文章外，后来还又发表了几篇舍斯托夫的文章，和几篇论舍斯托夫著作德文版的书评文章。

1925/1926。在索邦讲授《俄罗斯与欧洲哲学思想》课程。

1926 （1 月份最初的日子）。舍斯托夫一家入住巴拉霍夫斯基家，巴拉霍夫斯基一家将其宽敞的多达 8 间屋的住宅里，给舍斯托夫一家让出了 3 间屋。舍斯托夫一家在他家住了 3 年多。在此期间，舍斯托夫结识了许多新人，其中有许多哲学家和作家，而且和他们的交情也得到了巩固。他安排家宴欢迎俄国、法国和德国的哲学家和作家们。

1 月 24 日。舍斯托夫在新家举办家宴欢迎托马斯·曼。

1 月份－2 月份。1917 年在俄国发表过的以批判胡塞尔现象学为宗旨的 *Memento Mori. A propos de la theoris de la connaissance d'Edmund Hussrl*，发表于《哲学评论》第 1/2 期合刊。此文吸引了法国人关注胡塞尔的现象学。舍斯托夫与《哲学评论》的合作就是从这篇文章开始的。舍斯托夫与这家杂志的经理列维－布留尔保持着友好的关系。

读过舍斯托夫的文章后，让·格林戈教授——胡塞尔的学生——写了一篇答复文章为胡塞尔辩护，题目是 "Sub specie aeternitatis. Eine Erwiderung auf L. Schestows Artikel "Memento Mori" entheltend eine Kritik der Husserlschen Philosophie"。他把文章的手稿寄给舍斯托夫，舍斯托夫为了答

复格林戈的反驳,又写了一篇文章,题目叫"什么是真理?",文章于7月1日写完。这两篇文章都发表于1927年。

2月13日。舍斯托夫年满60岁。值此之际,报纸杂志上有众多文章发表。

2月份。系为出版未完成著作《论普罗提诺神秘经验的来源》手稿首页签署的日期。

3月7日。这部未出版著作开头的两章发表于《日子》报,标题是"论行善与星星"。

5月份。与格尔曼·凯泽尔林格伯爵结识,后者邀请舍斯托夫做讲座"Schule der Weisheit"(智慧派),是他在达姆施塔特创建的。报告未能举办。

7月份。写于1924年的论普罗提诺的文章《狂言乱语》发表于新杂志《历程》二。

7月份。*La philosophie de la tragedie. Doatoievsky et Nietzsche* 由群星出版社出版。该出版社的领导是雅·希夫林。谈判是曾经约定,群星出书,而由艾金贡提供经济上的赞助,出版舍斯托夫全集法文版。这本书就是这套全集的第1卷。1927和1928年一共又出了两本书,出版工作就停止了。1929年,由群星出版的3卷本被移交给了圣一帕列伊出版社。

夏天。住在沙捷尔一居永的寄宿学校"弗洛伦斯别墅"。

秋天。回到巴黎,开始研究,也许是研究弗拉·索洛维约夫。

1926/1927。在索邦讲授《弗拉基米尔·索洛维约夫与宗教哲学》课程。

1927　1月17日。本雅明·写信给舍斯托夫,这封信给舍斯托夫留下了深刻的印象,谈的是前不久刚刚出版的舍斯托夫的著作 *La philosophie de la tragedie. Doatoievsky et Nietzsche*。方丹与舍斯托夫的接近,就是从此时开始的,后来,方丹成为舍斯托夫的学生和朋友。方丹写过几篇论舍斯托夫的文章,还写过一部《与舍斯托夫相会》的回忆录。书中写了舍斯托夫与方丹的历次谈话,作者从 1933 年起对每次谈话都加以记录。

1 月份。《什么是真理?》一文俄文版发表于《当代纪事》总第 30 期,法文版发表于《哲学评论》第 1/2 期合刊。

4 月 8 日。去柏林待了几星期,住在艾金贡家。在柏林做了两次论弗拉·索洛维约夫的讲座。

5 月末。*Sur les confins de la vie. L'apotheose du depaysement* 由群星出版社出版。

7 月份。*Was ist Wahrheit*《什么是真理?》和格林戈的文章 *Sub specie aeternitatis* 发表于德文杂志 *Филозофишер Анцейгер* 第 1 期。

7 月 10 日。前往沙捷尔一居永消夏,住在弗洛伦斯别墅。

9 月 13 日。回到巴黎。在回巴黎的路上顺便去维希待了 3 天去看望洛夫茨基一家。

1927　9 月 25 日。是论述弗拉·索洛维约夫文章誊清稿最后一页所签署的日期,舍斯托夫此文写作于春夏之交。文章发表于 1927 年末出刊的《当代纪事》总第 33 期,和 1928 年初出刊的总第 34 期,标题是"思辨与启示——弗拉基米尔·索洛维约夫的宗教哲学"。

1927/1928。在索邦讲授《托尔斯泰与陀思妥耶夫斯基的宗教哲学思想》课程。1928/1929、1929/1930 以及 1930 学年度,也讲授同一门课程。

第十一章

1928　3 月 18 日。结识沙尔勒·安德烈尔教授,日耳曼学院院长。

4 月初。*Le pouvoir de alefs* 一书由群星出版。

4 月 19 日。应教授公会之邀前往阿姆斯特丹作关于普罗提诺的讲座。

4 月 23 日。结识胡塞尔。

4 月 24/27/28 日。胡塞尔作了两场报告,舍斯托夫参加了报告后的讨论。在阿姆斯特丹舍斯托夫和胡塞尔就哲学命题问题在两个晚上:在胡塞尔第一场报告和讨论会后——进行了长久的讨论。1928 年 11 月、1929 年和 1930 年他们还将多次见面。

4 月 29 日—5 月 2 日。前往法兰克福去见马克斯·舍勒尔,他和舍勒尔以前就认识,并且还结识了马尔丁·布别尔。布别尔接受了舍斯托夫给《创造》杂志的论斯宾诺莎的文章,他是该杂志编委会成员。文章发表于 1928 年秋季号上,题目是 *Kinder und Stiefkinder der Zeit*。

5 月 2 日。前往柏林。在柏林客居于艾金贡家,并与"兰伯特—施奈德"出版社就出版《在约伯的天平上》德文版签署协议。

5 月 2—18 日。与布别尔就舍斯托夫为其论斯宾诺莎的德文文章从以赛亚书中摘取作题词的引文如何阐释问题,与布别尔通信。

5 月 21 日。回到巴黎。

7 月 12 日—9 月 17 日。住在沙捷尔—居永的寄宿学校"弗洛伦斯别墅"。

10月26和31日，11月1日和9日。应瑞士大学生邀请在波恩、慕尼黑和德国的弗莱堡各做了一次论托尔斯泰的讲座。瑞士报刊上就这些讲座发表一些文章。

11月8日。看望在弗莱堡的胡塞尔。在胡塞尔家得以结识海德格尔。胡塞尔建议他读一读克尔恺郭尔。

11月9日。在弗莱堡做了一次关于托尔斯泰的讲座，胡塞尔和海德格尔都出席了。

11月10日。去柏林，住在洛夫茨基家。在柏林用俄语做了一次关于托尔斯泰的讲座，随后又到慕尼黑待了几天，11月27日，在慕尼黑又用德语做了一次关于托尔斯泰的讲座。

11月30日。回到巴黎。读克尔恺郭尔。写作《被缚的巴门尼德》。

1929　在《Эрон》杂志发表了方丹一篇论舍斯托夫的文章。

2月23日和25日。胡塞尔在巴黎做了两场讲座。

2月27日。胡塞尔来舍斯托夫家便餐。他们讨论了舍斯托夫当时正在写作的《被缚的巴门尼德》。

3月3日。安排欢迎胡塞尔的便宴。

3月5日。胡塞尔邀请舍斯托夫和夫人喝茶。

4月末。移居新居。

4月—9月。*Speculations et revelations* 一文发表于《巴勒斯坦》杂志第5期。

5月/6月。在《Кайе де лЭтуаль》杂志第9期上发表了一篇方丹论舍斯托夫的文章，是该杂志的一位编辑曼齐阿尔丽太太向他预约的。

5月末。*Auf Hiobs Waage* 一书在柏林由兰伯特一施奈德出版社出版。《在约伯的天平上》一书在巴黎过了几天由《当代纪事》出版社出版。书中汇集了作者写于日内瓦和巴黎，于1920到1927年间杂志上的文章。

书出版后，出现了一系列文章：拉·凯泽尔（《Нейе Рундшау》，1929年7月号）；阿·舍德林（《崩得》（1929年8月25日）；尼·别尔嘉耶夫（《道路》，（1929年9/10月号）；格·洛夫茨基（《当代纪事》（1930年1月号，总141期）；格·阿达莫维奇（《最新新闻》，1930年8月28日）等。

5月31日?。阿·马尔罗、什沃德、让和约瑟夫·巴柳吉及其他人，在舍斯托夫家办晚会。

1929

7/8月份。*Les grandes veilles. Preface* 一文发表于《Кайе де лЭтуаль》第10期上。

7月12日。去沙捷尔一居永待了12天，回到巴黎。

8月3日。塔尼亚嫁给瓦连金·格里格里耶维奇·杜特金。

8月31日。娜塔莎嫁给弗拉基米尔·尼古拉耶维奇·巴拉诺夫。

8月一9月份。*Speculation und Offenbarun* 一文发表于《Тат》连续的两期上。

9月1日。起初先是去沙捷尔一居永，而9月10日又从那里到布尔本 勒消夏。

10月初。回到巴黎。

1930

1月2日。《被缚的巴门尼德》手稿最后一页上所签署的日期。

1月26日。在《数目》文集组办的晚会上做论述罗赞诺夫的报告。

3月。由27则格言警句组成的《善的毒刺》一文发表于《数目》文集第1辑。

5月16日。塔尼亚生了个女儿斯维特兰娜。

5月22日。出发去法兰克福,5月27日在那里的大学用德文做《被缚的巴门尼德》报告。

5月25日。和布别尔在 Гепенгейм 过了一天。

5月27日。在法兰克福、在加莱的康德学会各做了一次同题的报告。

5月28日。来到柏林,住在艾金贡家。做了3场报告:5月31日在康德学会所做报告,即在法兰克福和加莱所做同一个报告。6月6日用俄语在俄罗斯犹太人联盟做报告《亚伯拉罕与苏格拉底》。6月19日在尼采学会用德文做报告《Kampf und Besinnung》。在尼采学会的报告大获成功。这是舍斯托夫在德国所做的最后一场报告。

6月20日。去弗莱堡,也许是21日,也许是22日,去拜访胡塞尔。见到海德格尔。从弗莱堡前往兰斯,在那里在拉扎列夫家里住了几天。

6月27日。回巴黎。

7月。《瓦·瓦·罗赞诺夫》一文发表于《道路》杂志第22期。

7月。由摘自《善的毒刺》中的25则格言警句组成的文章 *Regarder en arriere et lutter* 和 *Look back and struggle* 发表于新杂志《Форум Филозофикум》第1期上。

7月到8月。文章 *Parmenide enchaine* 发表于《哲学评论》第7/

8期合刊。

7月到9月。由42则格言警句组成的文章《论思维的第二个维度》发表于《当代纪事》总第43期。

7月10日—9月12日。住在沙捷尔—居永 Пале—Рояль 旅馆，从这年起，舍斯托夫一家每逢夏天都在这里下榻。

第十二章

1930 9月12日。定居巴黎市郊的新居，在此一直住在去世。过着封闭的生活，始终生活在紧张的创作中，虽然身体常常不适。

1930 10月23—25日。受国际文化交流协会之邀在其在克拉科夫举办的学术研讨会上用法语作报告《论形而上学真理的来源》，由《被缚的巴门尼德》最初的几章构成。在前往克拉科夫的路上和回程路上，都在柏林停留了几天，看望母亲，洛夫茨基一家和艾金贡。

10月。由摘自《善的毒刺》的16则格言警句构成的文章 *Kampf und Besinnung* 发表于《Нейе Рундшау》上。

12月21—31日。舍斯托夫就布宁被提名为诺贝尔文学奖候选人一事与布宁和托马斯·曼通信。

1931 1月10日—4月25日。在索邦大学讲授《俄罗斯哲学思想》课程。

2月11日。达尼埃尔·格里格里耶维奇·巴拉霍夫斯基突然去世，舍斯托夫向亲人们通报了这件噩耗。

2月。在阿姆斯特丹发表了雅·休伊斯论舍斯托夫博士学位论文，题目是"Leo Sjestow's protest tegen de rede"。

3月份。文章 Der gefesselte Parmenides. Uber die Quellen der metaphysischen Wahrheiten 发表于《逻各斯》第1期上。

3月到4月。文章 Richard Kroner. Von Kant dis Hegel 法文版发表于《哲学动态》第3/4期合刊。

4月。同一篇文章的俄文版发表于《道路》杂志第27期。

7月初。Pages choisie 一书在巴黎由"格拉谢"出版社出版。

6月7日。与《新法国评论》的编辑让·波朗在居里·德·戈蒂耶家里结识。

1931　7月20日—9月9日。住在沙捷尔—居永。

9月到12月。草拟《在法拉利公牛的肚子里》草稿。

或许是9月份。为了不打断自己的工作，请求尼采学会把1931年11月去柏林做《尼采与克尔恺郭尔》讲座的事情往后延一延，延到1932年春天。

10月24日。弗列杰里科·列菲夫尔的文章 Une geure avec Leon Chestov 发表于周报《新文学》上。

1931—1932。与曾经在1929年出版 Auf Hiobs Waage 并且接受了舍斯托夫全部著作出版任务的德国兰伯特—施奈德出版社谈判，商谈出版德文版《无根据颂》以及构成其最后著作的那些著作的事宜。这一出版计划未能实现。

在1931—1932学年度，也许未在索邦讲课。

1932　1月初。《被缚的巴门尼德》一书在巴黎由青年基督教会出版社。

4月。摘自《论思维的第二个维度》中的15则格言警句的德文版发表于《Нейе Рундшау》，标题是"Von den Quellen der Weltanschaung"。

4月。由于写作《在法拉利公牛的肚子里》而导致的极度疲劳,被迫放弃柏林和伯恩之行,这两个地方都邀请他5月份去做报告,题目可能是"克尔恺郭尔与尼采"。

4月23日。给方丹写信谈及不久前刚出版的柏格森的著作 *Sue les deux sources de la morale et de la religion*。关于这部著作,舍斯托夫在给拉扎列夫、布别尔和什莱策尔的书信中谈到过。

5月6日。《在法拉利公牛的肚子里》一文誊清稿最后一页上所签署的日期,他写作这篇文章开笔于1月份,共由15章组成。第11—15章是舍斯托夫为出版物写作关于克尔恺郭尔的第1篇东西。

7月9日。前往沙捷尔—居永。

7月。格尔曼·冯·凯泽尔林给舍斯托夫寄了一本他的著作 *Meditations sud—americaines*,而给方丹寄了一篇他的文章 *Sur la route de Dostoievsky:Martin Heidegger*,发表于《电影刊物》7月号(总第141期)。

9月18日。回到布冬涅,预先到前莱本去见洛夫茨基一家。

9月和10月。摘自《论思维的第二个维度》里的16则格言警句法文版发表于《新法国评论》连续的两辑里,题目是"La seconde dimension de la pensee"。

9月—11月。布别尔请舍斯托夫用德文就其著作《谈心》一书写书评,为此,舍斯托夫和布别尔通信。这篇拟议中的文章拟发表于《Блеттер фюр дейяе философи》。

9月22和29日。上述通信中有舍斯托夫给布别尔的两封信,舍斯托夫在信中阐述了他关于原罪的观点。

11月4日。给布别尔寄了篇文章:《马丁·布别尔谈心》,以便让他转交给《Блеттер》。该杂志虽然接受了这篇文章,却并未发表它,也许是因为在德国发生的政治事件。该文的俄文版发表于《道路》杂志1933年6月号第39期,法文版发表于《哲学评论》1933年11月和12月号合刊,而德文版直到1934年(10月)才在《Ориент унд Окцидент》第17期上发表。

11月。施莱策尔把自己刚刚出版的论述果戈理的著作(《Gogol》)寄给他。他把此书题献给了舍斯托夫。

1932—1933。在索邦讲授"陀思妥耶夫斯基于克尔恺郭尔"课程。

第十三章

1933　1933年4月—1934年3月。七部手稿——其中包括完整的草稿文本,除了一篇为新著《克尔恺郭尔与存在主义哲学》写的序言外——上面签署的日期。此书法文版出版于1936年,德文版、丹麦文版西班牙文版和英文版和俄文版都是在作者去世后出版的。

5月。洛夫茨基和舍斯托夫的母亲被迫离开柏林。他们去了巴黎,洛夫茨基一家于9月份定居巴黎,舍斯托夫以后会经常造访那里。

7月17?—9月25日。住在沙捷尔—居永的"波列—罗亚尔"。

10月。摘自《论思维的第二个维度》的22则格言警句法文版发表于《电影刊物》,标题是"La deuxieme dimension de la pensee. Extraits"。

11月16日。在宗教—哲学学院的公开讨论会上做报告《卡尔凯郭尔的宗教—哲学思想》。

1933/1934。在索邦讲授《陀思妥耶夫斯基与克尔恺郭尔》课程。

1934　1月/3月。《黑格尔与约伯》一文发表于《道路》杂志第42期。其法文版出版于1935年6月号的《新法国评论》杂志。

2月26日。塔尼亚二婚嫁给乔治·拉佐。

3月13日。舍斯托夫的母亲逝世于巴黎。

4月8日。来巴黎几天的布别尔造访舍斯托夫。

4月13日。舍斯托夫在洛夫茨基家举办欢迎布别尔的晚宴，方丹等人出席。

4月—7月。急急忙忙誊抄了于1933年开始誊抄的论克尔恺郭尔著作的誊清稿，因关《新法国评论》出版社建议出版此书。

7月—9月28日。外出消夏。到9月4日前住在沙捷尔，随后移到布尔邦。重读了日尔松论中世纪哲学的著作，对此著，他应《哲学评论》杂志之约写了一篇文章。

8月。Menacing Barbarians of To—day 一文发表于《Ариэн—Пат》杂志。

8月—9月。方丹的文章 Leon Chestov, Soeren Kierkegaard et le serpent 发表于《电影刊物》总第64期。

10月。得知《新法国评论》不出版年初接纳了他的论克尔恺郭尔的著作了。

10月。娜塔莎和沃洛佳入住新居。

1934/1935在索邦讲授《陀思妥耶夫斯基与克尔恺郭尔》课程。

1935　2月25日。论日尔松著作手稿最后一页所签署的日期。舍斯托夫将此书的法文译稿于7月7日交给列维－布留尔。文章以"Athenes et Jerusalem"为题发表于《哲学评论》连续的两期——1935年11月12月号，和1936年1月2月号。嗣后又给此书起名为"雅典与耶路撒冷"，内收论述日尔松的文章，标题是第一个即最初那个："论中世纪哲学"。

5月5日。在宗教－哲学学院做《克尔恺郭尔与陀思妥耶夫斯基》的报告，报告被发表于《道路》杂志第48期1935年7/9月号。

6月。与方丹讨论伊·瓦·德·曼齐阿尔利借给他的鲁多尔夫·奥托的 *Westoslische Mystik*。也许正是这本书吸引舍斯托夫关注印度哲学，他对印度哲学的兴趣始于1934年，直到临终前一直都在研究。

7月18？—9月15日。出去休养消夏。8月28日以前住在沙捷尔－居永，随后去布尔邦。都列维－布留尔的新著 *La mythelogie primitive*，他针对此著写了一篇文章《神话与真理》。文章俄文版和荷兰文版发表于1936年，法文版则直到1938年才发表。

8月17日。委托格尔曼庆祝艾金贡给他搞一本奥尔金别格的 *Upanischaden und das fruhe Buddismus*。格尔曼没有搞到。

11月。鲍·方丹的文章 *Heraclite le pauvre ou Necessite de Kierkegaard* 发表于《电影刊物》总第177期。

12月15日。在宗教－哲学学院做《雅斯纳亚·波良那和阿斯塔波沃——纪念托尔斯泰逝世25周年》的报告。报告俄文版被刊载在《当代纪事》总第61期，1936年5/8月号，随后发表了法文本、荷兰文版和西班牙文版。

1935/1936。在索邦讲授《陀思妥耶夫斯基与克尔恺郭尔》课程。

1936　1月。舍斯托夫的朋友们以列·列维—布留尔为主席成立了一个委员会，以筹备纪念行将到来的舍斯托夫周年纪念日，拟根据定数出版其著作的法文版《克尔恺郭尔与存在主义哲学》。该书于7月份由弗连出版社出版。标题是"Kierkegaard et la philosophie exietentielle"。

2月13日。舍斯托夫年满70岁。收到许多贺信。报纸杂志上也纷纷发表文章，作者有尼·别尔嘉耶夫、阿·拉扎列夫、鲍·方丹、阿·列米佐夫及其他人。

3月14日。召开纪念舍斯托夫70华诞公众大会，由法国学术联盟组织。在会上发言的有联盟1主席帕·米留科夫、列维—布留尔和阿·拉扎列夫。

3月23或24日。与洛夫茨基一家一起前往巴勒斯坦，他是受这个工人共和国文化处之邀去讲学的。

3月29？—4月6日。住在特拉维夫。

4月6日—12日。住在耶路撒冷。考察城近郊区。

4月8日。在耶路撒冷做讲座《Der gefesselte Parmenides》。

4月12日—5月13日。住在特拉维夫。阿拉伯动乱妨碍其继续游览这个国家。

4月20日或21日。在海法做了两个讲座《托尔斯泰》和《陀思妥耶夫斯基与克尔恺郭尔》。

1936　4月26日。在耶路撒冷做讲座。

4月28日和5月2日。在特拉维夫做了两个讲座。

5月19日。回巴黎。

6月20日。给方丹写了一封长信,谈论方丹刚刚出版的著作 *La conscience malheureuse*。

8月24日。布别尔在去波季尼的路上顺便到巴黎拜访舍斯托夫及其他朋友。

夏天。住在沙捷尔一居永。

10月。手稿77号首页上签署的日期,内含论述卡尔洛·雅斯贝尔斯《论哲学的诚实》及其他文稿的完整文本。

论雅斯贝尔斯的文章起初以荷兰文版发表于《综合》杂志1937年7/8月号,随后又以俄文版形式发表于《道路》总第54期,法文本发表于埃尔梅斯杂志1938年1月号。

12月17日。给让·瓦尔信上所签署的日期,他邀请舍斯托夫到他家讨论克尔恺郭尔。

12月26日。手稿第78号标题页签署的日期,内含《注释与小结》一文的草稿和其他文稿。草稿在作者死后发表于1965年。

第十四章

1937 1月份?与巴黎的弗连出版社谈判出版《雅典与耶路撒冷》法文版的事宜,和奥地利出版社施密特一杰格列尔谈判讨论出版同一本著作德文版的事宜。这两部著作都出版于1938年年初——法文版也许是在2月份,标题是"Athenes et Jersalem",德文版也许是3月份出版的,标题是"Athen und Jerusalem"。

3月7日?受邀到马丽坦与一位印度哲学专家结识。

4月3日—5月5日。舍斯托夫做了5次广播讲座,题目是"陀思妥耶夫斯基的创作",在巴黎广播电台播出。讲座文稿法文版5月15日发表于《巴黎广播刊物》,俄文版发表于《俄国纪事》杂志第2期。

5月19日。在清教徒大学生联谊会做讲座《Nietzsche et Kierkegaard》。

6月—7月。与年轻的比利时作家路易·日利别尔通信讨论舍斯托夫的著作《在法拉利公牛的肚子里》。

8月3日—9月12日。前往沙捷尔—居永。

9月—10月。方丹的文章 *A propos du livre de Leon Chestov: Kierkegaard et la philosophie existentielle* 发表于天主教杂志《哲学评论》第5期。

10月21—11月25日。舍斯托夫以"索伦·克尔恺郭尔——位宗教哲学家"为题做了5次广播讲座,由巴黎电台播出。讲座文稿法文版将刊载于12月15日的《巴黎广播刊物》,俄文版将发表于《俄罗斯记事》杂志第3期。

12月。拉·别是帕洛娃给舍斯托夫寄来了她的著作 *Chestov devant Nietzsche*,此文后来被他纳入其著作 *Cheminements et carrefours*。此文令舍斯托夫很伤心。

12月17日?患了严重的肠出血。

1938 1月。逐渐从病中康复。

1938 可以出门了,但精力明显不济。未能恢复在索邦讲授的课程。

3月初。加斯顿·德利克给舍斯托夫寄来了他的著作 *Puissance du mensonge. Contribution a letude des mythes*,书中论述了舍斯托夫、方丹、克尔恺郭尔等人。

4月27日。胡塞尔于弗莱堡逝世。

5月29日,6月10日。在寄给邀请舍斯托夫著文纪念胡塞尔的《俄罗斯记事》杂志编辑部的两封信中,舍斯托夫写道,说尽管自己万分诚恳,但他早已就写不动文章了,因为还没有彻底从疾病中康复过来。

7月16日。离开去沙捷尔—居永。

7月末。方丹给在沙捷尔—居永的舍斯托夫寄来了《哲学评论》7/8月号,里面登载了他的文章 Leon Chestov et la lute contre lesevidences。

9月9日。回布洛涅。回来后开始写作纪念胡塞尔的文章。

9月11日和22日。给鲍·什莱策尔写了两封信,在信中阐述了自己对当下时代的思考及恐惧。

10月。文章《尼古拉·别尔嘉耶夫》发表于《当代纪事》杂志总第67期。

10月22日和30日。谢·布尔加科夫和尼·别尔嘉耶夫读过舍斯托夫的文章后,给他写信。

10月26日。舍斯托夫回信答复布尔加科夫的使他十分高兴的来信。上述3封信均发表于《桥》杂志1961年12月号总第9期。

10月20日。把纪念胡塞尔的文章寄给《俄罗斯记事》。文章于其死后发表。

第十五章

1938　10月末11月初。患支气管炎,并日益严重。发现患有肺结核。

11月14日。转到布阿洛诊所。

11月20日（早8点）。逝世于布阿洛诊所。

11月22日（早9点）。在布洛涅新公墓举行葬礼。

12月4日。在犹太教会堂举行悼念会。

12月18日。宗教一哲学学院举行会议纪念舍斯托夫。

1938年12月和1939年1月。舍斯托夫的文章《纪念一位伟大的哲学家埃德蒙·胡塞尔》发表于《俄罗斯记事》总第12和13期。

1938年12月—1939年3月。一系列纪念舍斯托夫的文章发表于报纸杂志上，作者有尼·别尔嘉耶夫、阿·列米佐夫、尤·什莱策尔、格·阿达莫维奇、奥·谢·布尔加科夫、瓦·津科夫斯基、尼·洛斯基等人。

1939　6月。《克尔恺郭尔与存在主义哲学》俄文版在巴黎出版，由于以尼·别尔嘉耶夫为首的舍斯托夫著作出版委员会的斡旋和预定，此书终于在1938年12月出版。

附录

伊萨克·莫伊谢耶维奇·施瓦茨曼一家

伊萨克·莫伊谢耶维奇·施瓦茨曼（1832年出生，1914年8月16日卒于柏林，安葬于柏林犹太人公墓：Friedhof Weissensee, Lothrigenstrasse 22）。伊萨克·莫伊谢耶维奇曾是基辅第一同业工会商人，从一个小铺子创建了大型手工商贸企业（"伊萨克·施瓦茨曼手工作坊"）。企业坐落在基辅亚历山大广场波多尔一幢大楼里，对面是康德拉科多夫大楼，离兄弟修道院不远。地下室里有商品仓库。底层是商店。上层是带有舞厅的大型住宅。这曾是西南地区最大的企业。从1905年开始，由于伊萨克·莫伊谢耶维奇生病，无法管理企业，因而和夫人定居德国（柏林，威斯巴登、基辛根等疗养胜地）。由于企业发展迅速，1907年春天，舍斯托夫开始为创办名为"伊萨克·施瓦茨曼手工业股份公司"而张罗。1908年4月11日条例获得最高机构批准。

股份公司发放了700股,每股1000卢布,在家庭成员之间分配。舍斯托夫和他的父母被选为"董事会董事长"。实际上当时他的父母已经退出企业管理(住在国外),管理权完全归舍斯托夫所有。弗拉基米尔·曼杰尔别格、米哈伊尔·施瓦茨曼和列夫·曼杰尔别尔格被选为"公司经理人"。

伊萨克·莫伊谢耶维奇二婚娶了安娜·格里果利耶夫娜·什列伊别尔(1845年12月25日出生于赫尔松,1934年3月13日逝世于巴黎)。其父母——嘉姆萨和萨拉·什列伊别尔。安娜·格里果利耶夫娜被安葬于布洛涅新公墓的施瓦茨曼家族墓地。安娜·格里果利耶夫娜是个美丽的女子,金发女郎,相貌非常标致。人们常常开玩笑地称她是"波多尔斯卡娅大公夫人"。

伊萨克·莫伊谢耶维奇有8个孩子:第一次婚姻生的多拉、索菲亚、列夫、米哈伊尔、玛丽娅、叶莉扎维塔、法尼亚和亚历山大。

多拉。嫁给了涅仁手工业技校校长杰尼斯·波杰列金。生有两个孩子:亚历山大和尼古拉。

索菲亚(索尼娅)。1832年出生于基辅。1941年8月死于巴黎。索菲亚·伊萨科夫娜嫁给了达尼伊尔·格里戈里耶维奇·巴拉霍夫斯基(出生于1862年,1931年死于巴黎)。作为基辅市世袭荣誉市民和糖厂主,巴拉霍夫斯基曾任法国驻基辅领事代表。在基辅巴拉霍夫斯基一家起初住在普罗列斯街,随后,从1913年起,移居其父达尼埃尔·格里戈里耶维奇为其孩子们和自己建造的宏伟大厦的一层(三圣街第14号)。索菲亚·伊萨克夫娜,达尼埃尔·格里果利耶夫娜和他们的孩子们,或许是在1918年11月份乘坐法国列车疏散到奥德萨。1919年春,索菲亚·伊萨克夫娜、达尼埃尔·格里戈里耶维奇和他们的儿子谢廖沙去了巴黎。在巴黎起初住在 13 rue Picot，Paris 16，而从 1920 年 9 月起，移居阿尔伯尼。

孩子：叶甫盖尼（日尼亚，出生于 1890 年），格奥尔格（乔治，1892—1976 年 12 月 31 日）和谢尔盖（谢廖沙，1896 年出生于尼斯，1960 年死于莫斯科）。

叶甫盖尼·达尼洛夫娜嫁给了大提琴家约瑟夫·普列斯（1881 年 1 月 9 日出生于维尔诺，1924 年 10 月 4 日死于美国的罗切斯特）日尼亚和约瑟夫 1920 年 1 月流亡国外，一度住在巴黎，而从 1922 年 8 月起，移居美国。约瑟夫在美国罗切斯特音乐学院教学（Eastman School of Music. Rochester）。普列斯夫妇有两个女儿：玛丽安娜（1920 年 2 月 18 日出生于热那亚，1965 年 8 月 28 日死于巴黎）和爱丽丝（1921 年 8 月 28 日出生于威斯巴登）。

格奥尔格·达尼洛维奇娶了娜杰日达·切尔诺雅洛娃。1920 年流亡，住在法兰西。

谢尔盖·达尼洛维奇随父母 1919 年春流亡国外。在瑞士医学系学习，在那里娶了伊琳娜·巴赫——著名化学家、院士阿列克谢·巴赫之女。随后他们住在巴黎直到 1925 年年末。1925 年 12 月，应伊琳娜父母之请回莫斯科。从那儿以后一直留在那里。孩子有：伊戈尔和谢尔盖。

舍斯托夫与索菲亚·伊萨克夫娜和达尼埃尔·格里戈里耶维奇关系很好，去基辅视察企业时常常住在他们家。从 1918 年 6 月到 1919 年 10 月，在基辅他全家都住在他们家。1918 年，当时是叶甫盖尼·达尼洛夫娜未婚夫的约瑟夫·普列斯，也住在三圣街，舍斯托夫常常听他演奏。在巴黎时，舍斯托夫一家也在巴拉霍夫斯基家住了 3 年（从 1926

年1月到1929年4月）。舍斯托夫赠给索菲亚·伊萨克夫娜自己的著作《托尔斯泰和尼采》，题词是"给我的竞争者。1900年1月18日于基辅"。

玛丽娅（马尼亚）。1863年1月24日（2月6日）出生于基辅，1948年死于巴黎。玛丽娅·伊萨克夫娜嫁给了弗拉基米尔·耶夫谢耶维奇·曼杰尔别尔格（沃洛佳）。弗拉基米尔·叶夫谢耶夫娜当过医生。1893年或1894年，舍斯托夫觉得自己身体状况不佳，于是，请求伊萨克·莫伊谢耶维奇把弗拉基米尔·耶夫谢耶维奇引进门。1920年1月，玛丽娅·伊萨克夫娜和全家流亡国外。起初住在柏林，随后移居巴黎。西里维娅（柳霞）的女儿，出生于1896年9月30日，1940年10月22日死于巴黎。1923年1月9日嫁给谢苗·鲁茨基（谢马）。阿基娅的女儿，出生于1923年10月28日的威斯巴登。嫁给了大卫·别尼什。他们有4个孩子。全家住在以色列。

米哈伊尔（米沙）。1870年出生于基辅，1937年9月20日死于巴黎。米哈伊尔·伊萨克维奇娶玛丽娅·雅科夫列夫娜·爱普斯坦（马涅奇卡）。两个儿子鲍里斯（出生于1904年）和格奥尔格（乔治，出生于1911年）。

在基辅米哈伊尔·伊萨克维奇在施瓦茨曼企业工作。主要工作是在莫斯科和罗兹采购商品，那里有许多纺织工厂。对文学不感兴趣。1920年1月，全家流亡，一段时期和舍斯托夫一家住在一起。起初住在柏林，随后移居巴黎。

法尼亚。1873年12月24日出生于基辅，1965年6月5日死于苏黎世。嫁给作曲家格尔曼·列奥波利多维奇·洛夫茨基（参阅"法尼亚和格尔曼·洛夫茨基一家"条）。

叶丽萨维塔（丽莎）。1873年出生于基辅，也许是1943年死于耶路撒冷。叶丽萨维塔·伊萨克夫娜嫁给医生列夫·耶夫谢耶维奇·曼杰尔别尔格（列夫）。列夫·耶夫谢耶维奇从1907年年初起在施瓦茨曼企业工作。布尔什维克进驻基辅后他重操旧业。也许是1922年和妻子一起流亡。起初住在柏林，1925年春天定居特拉维夫，列夫·耶夫谢耶维奇创办了自己的诊所。1938年春死于巴勒斯坦。

孩子们：雅科夫（亚沙）、丽达、阿达和亚历山大（舒拉）。亚沙在瑞士受教育（日内瓦和洛桑），舍斯托夫在1912年到1914年间，曾经关注过他的学业。1920年前后，亚沙从瑞士去了美国（三藩市），并定居那里，换了个姓氏（Jacques Bergues）。几年前去世。阿达、丽达和舒拉留在俄国。在其父母从俄国离开后失踪。

列夫·叶夫谢你耶维奇是奥库尔的兄弟，舍斯托夫年轻时代与其交好。革命后住在耶路撒冷。他的孩子萨沙和索尼娅住在耶路撒冷。

亚历山大（萨沙）。1882年出生于基辅，1970年9月死于特拉维夫。，随后在维也纳住在列·戈多夫斯基家。由于手疾无法成为职业钢琴家。1909年进入家族企业，并继续演奏钢琴。

1914年战争开始时在伦敦，他去那里原本是为家族企业采购商品的。1914—1918年战争期间他或许是在瑞士度过的。战后起初住在巴勒斯坦，后移居特拉维夫。在那里他娶了妮娜，开办了音乐学校。

舍斯托夫常常回忆萨沙小时候他和他演唱格林卡歌剧《为沙皇而死》中瓦尼亚和苏萨宁二重唱："母亲竟然杀死了……"

亚历山大·格林别尔格（萨沙，1867于基辅——1961年于纽约）一是安娜·格里果利耶夫娜·施瓦茨曼的外甥，其妹妹阿纳斯塔西亚的儿子。米哈伊尔·格林别尔格死于1873年。在亚历山大二世被刺杀后在基辅继之而起的虐犹大屠杀事件后，亚历山大流亡美国（1882年）。童年时代舍斯托夫普与亚历山大友善，可到38岁时，舍斯托夫流亡法国后，也与之有通信联系。现保存有写于1922年的4封书信。他们二人都满怀爱意地回想姑妈丽莎（叶丽萨维塔，安娜·格里果利耶夫娜的妹妹）。亚历山大的儿子斯坦利·格林是俄亥俄大学哲学教授，在其未出版的回忆录《家史》里，描写了亚历山大的一生。这部回忆录里的摘录包含在《舍斯托夫生平》的第一章里。斯坦利·格林正在酝酿写作论舍斯托夫的文章。

普林采尔一家。尼古拉·普林采尔（1871—1957），是舍斯托夫的堂弟，雅科夫·普林采尔（1831—1896）和索菲亚·莫伊谢耶夫娜·施瓦茨曼（1850—1910）的儿子，是伊萨克·莫伊谢耶维奇的妹妹。雅科夫也许是在1882—1885年举家流亡美国。尼古拉儿童时期曾经卖过报纸。后来发财了，住在芝加哥。1930年代数次到欧洲看望在巴黎的舍斯托夫，并和其通信。尼古拉的妻子安娜是安娜·格里果利耶夫娜·施瓦茨曼妹妹的女儿。尼古拉的孙子和他们的家庭都非常富有，住在费城。索菲亚·莫伊谢耶夫娜的重孙子南希·普拉特，嫁给了拉比别尔纳多·马丁，是舍斯托夫的英语翻译。他是克利夫兰（俄亥俄）大学的犹太文化教授。正在写作论舍斯托夫的文章。

安娜·叶丽阿扎洛夫娜·别列佐夫斯卡娅

安娜·叶丽阿扎洛夫娜1870年4月17日/29日出生于坦波夫省。1962年2月19日死于巴黎。

安娜·叶丽阿扎洛夫娜是世袭贵族、八等文官兼地主耶里阿扎尔·亚历山大洛维奇·别列佐夫斯基，和亚历山德拉·尼古拉耶夫娜的女儿，出生于科斯特罗马。安娜·叶丽阿扎洛夫娜的父亲在她年仅16岁时去世，而在此之前她便先已失去母亲。剩下她和5个弟弟：谢尔盖是莫斯科著名外科医生；亚历山大继承了父亲在西伯利亚省的庄园；尼古拉是个工程师；彼得是个在外省剧院演出的戏剧演员。阿列克谢在彼得罗夫学院学习时在决斗中被打死。安娜·叶丽阿扎洛夫娜的家庭与无政府主义者帕·阿·克鲁泡特金一家以及首届杜马主席谢·阿·穆罗姆采夫一家有亲戚关系。在舍斯托夫档案里，保存着一张精美的照片，照片上是穿着中学生制服的安娜·叶丽阿扎洛夫娜和马尼亚以及奥利亚·穆罗姆采夫兄弟。安娜·叶丽阿扎洛夫娜和身为穆罗姆采娃、谢·阿·穆罗姆采夫的侄女的维拉·尼古拉耶夫娜·布宁娜关系很好。布宁称她是"小姑姑"。早在上中学时，安娜·叶丽阿扎洛夫娜就决定一定得去瑞士学医将来当医生，为俄罗斯农民治病。她被迫克服种种艰难险阻以便实现其计划。1897年他在苏黎世学习。2月份和两个女友去罗马观光，在那里结识了舍斯托夫，便嫁给了他。

姑且援引叶·格尔奇克对于安娜·叶丽阿扎洛夫娜如何见到舍斯托夫的场景的描绘吧：

> 他面容上一种悲剧的线条令这位医学生旅游者吃惊，而当她的同伴们继续走向前去时，她却依然在护理和搀扶着这位谁都不认识的犹太年轻人。也许她那时就真的开始看护列夫·伊萨克维奇，但也许即使后来她的安详，忧心忡忡，她的自我确证都成为他的精神支柱。（格尔奇克，第105页）

舍斯托夫必须得向父母隐瞒她的婚事，因为他父亲无论如何也不会允许自己的儿子娶一个东正教姑娘。安娜·叶丽阿扎洛夫娜的兄弟们，当然也不会同意这桩婚事。舍斯托夫于1898年向与之非常要好的小妹妹、当时正出国的法尼亚通报了他的婚事，至于他的其他姐妹和兄弟们，只是过了几年后才通报了此事。父亲看来也一直不知道他结婚的事，而只是在父亲去世以后他才告诉母亲这件事。

根据当时俄国的法律，这幢婚姻是不合法的，因而安娜·叶丽阿扎洛夫娜和孩子们的文件，是以安娜·叶丽阿扎洛夫娜的名字做的。孩子们也都是"非法出生的"。经舍斯托夫同意后孩子们都受了洗礼。

1897年春天，舍斯托夫一家从罗马到那不勒斯、索伦托、卡普里游览，随后，4月份，定居于海边城市那不勒斯附近美丽的地方维科，整个夏天都在那里度过。安娜·叶丽阿扎洛夫娜终生都在不断地回忆这次奇妙的旅行。在她的书桌上总是放着一帧很深的山洞的小小的照片，他们曾经在那个山洞里住过。

1897/1898年冬天，舍斯托夫一家住在罗马，他们的女儿塔基亚娜就在那里出生（1897年12月31日）。塔尼亚出生后，舍斯托夫一家决定安娜·叶丽阿扎洛夫娜应该恢复已经中断的学业。他们认为她必须得到一个职业，因为家庭的未来当时看来很没有保障。以后的10年当中，这种担心被证明不是徒劳的，但在流亡途中安娜·叶丽阿扎洛夫娜的职业知识，给这个家庭提供了很大帮助。1898年春，她和小小的塔尼亚回到瑞士，在那里继续其在苏黎世和伯恩，而主要是在洛桑的学业。舍斯托夫也移居瑞士，在那里住到年底。一家人被迫分居异地，因为舍斯托夫担心父母知道自己结婚的事情。女儿娜塔莉亚（娜塔莎）于1900年11月26日出生于伯恩。1903年，安娜·叶丽阿扎洛夫娜在洛桑大学获得医学博士学位（毕业证书上签署的日期是 1903 年 12 月 15 日）。1904 年 3 月，安娜·叶丽阿扎洛夫娜短期去莫斯科参加俄罗斯国家考试。为了能够继续学业，安娜·叶丽阿扎洛夫娜常常不得不把孩子委托他人照管，就这样也免不了揪心吊胆，牵肠挂肚。就这样，1901 到 1905 年间，娜塔莎住在一个瑞士女农民弗拉乌·科恩勒在东湖边的沙尔纳赫塔尔村的家。舍斯托夫一家与科恩纳赫一家关系很好，在许多年中，他们一家都在她家租的那间小屋里度过夏天。当舍斯托夫一家住在科北时，弗朗乌·科恩勒在他家做客。1904/1905 年冬，安娜·叶丽阿扎洛夫娜和塔尼亚去过沙尔纳赫塔勒。大学毕业后安娜·叶丽阿扎洛夫娜决定把专业锁定在皮肤病领域。她之所以选择这个专业，因为她知道这个领域里有许多不良医生。她专程去德国钻研这个专业。1905/1906 年冬，她在科尔纳工作，而孩子们住在科尔纳附近的涅梅里赫。由弗莱里·伊达·舍伊勃照管他们。她很爱孩子，而孩子们也对她十分依恋。他们称她"Tante Ida"。她成为家庭中的一员，并在舍斯托夫家里一直住到他们回俄国（1914）。1906/1907 年冬，安娜·叶丽阿扎洛夫娜住在柏林附近的什马尔根多夫，在约瑟夫教授手下工作。1907/1908 年冬她住在耶拿。孩子们和她住在一起，依旧由伊达照料孩子。

　　正如上文所述，舍斯托夫 1899 年是在俄国度过的。1900 年 1 月，他又一次出国。1901 年 9 月回到基辅，在父亲的企业工作到 1908 年。夏天常出国和全家消夏，主要是去沙尔纳赫塔勒。

　　这些年中全家人无法生活在一起这令舍斯托夫感到非常痛苦。从 1908 年秋天起，他们已经可以生活在一起了，这或许是因为已经没有了危险，即已经不再害怕伊萨克·莫伊谢耶维奇得知其婚事了，因为他已经得了重病,和妻子住在德国,不再出门(在柏林,有时候去趟威斯巴登,或其他旅游点),几乎谁都看不见。舍斯托夫一家起初住在德国的弗莱堡(1908/1909年冬,1909/1910年冬)。

下文就是叶·格尔奇克讲述的她的妹妹阿杰兰达·茹科夫斯卡娅和舍斯托夫在弗莱堡见面的情形:

1909年,已经嫁人的阿杰兰达住在国外。春天她写信给我说:"昨天我们回到弗莱堡,在那里过了两天……这是一座美丽的城市,周围都是软绵绵的什瓦尔茨瓦尔德丘陵。差不多就是凡人无以问津的德国美好生活的田园诗境了。我们在舍斯托夫家过了一晚上。前一天德米特里一个人一下火车就直接去了他家,舍斯托夫见到他感到很困惑,终于向他承认了一个可怕的秘密,就是他已经有了一个家庭了。他和一个俄罗斯的高等学校女生结婚已经12年了(如今她已经是个博士了),他已经有了两个女儿,一个11岁,一个9岁。由于父亲的缘故,他必须隐瞒这个家庭的存在,父亲已经80岁了,他肯定承受不了这样的打击,因为她不是一个犹太人,因此在父亲去世前他们决定一直生活在国外。我见到他的妻子了——大约38岁的样子,……不爱说话,但什么都懂得,知道他对什么感兴趣,无论是对于梅列日科夫斯基,还是对于颓废派,头发总是梳得光溜溜的,面色红润,脸部线条清晰。孩子们都很健康,头发浅黄。她领着孩子们上山,教他们说俄语,而你知道吗,很奇怪,做个有家室的人于他竟然很合适……别忘了,他的婚姻是秘密的,如果这事传到基辅或是他的熟人耳朵里,他是不会原谅我的"……于是我们在许多年里一直都保守着这个秘密。也许保守这个秘密的还

不止我们。(格尔奇克,第 105、106 页)

    1908 年 6 月,舍斯托夫夫妇去了一趟伦敦,办理合法婚姻手续(1908 年 6 月 13 日)。从那以来安娜·叶丽阿扎洛夫娜和孩子们开始在统一的姓氏施瓦茨曼下生活。等他们回到俄国(1914 年),安娜·叶丽阿扎洛夫娜和孩子们又顶着别列佐夫斯卡娅的姓氏生活,因为按照当时俄国的婚姻法,在伦敦缔结的婚姻在俄国被认为是无效的。1910 年,舍斯托夫一家定居瑞士日内瓦湖畔的科北。1911 年,舍斯托夫的妹妹法尼亚·伊萨克夫娜和丈夫(格尔曼·列奥波利多维奇·洛夫茨基)和他们一起合住了两年。法尼亚·伊萨克夫娜同意照看孩子,以便让安娜·叶丽阿扎洛夫娜有可能在 1911/1912 年冬季能去巴黎冬季在著名皮肤病专家、鲁教授手下工作。当时她有幸去看佳吉列夫芭蕾舞团表演的舞剧 *Spectre de la Rose*。后来她常常讲述这个奇妙的夜晚和尼任斯基神奇的一跳。

    从 1908 年开始,安娜·叶丽阿扎洛夫娜的命运开始与舍斯托夫的命运交织在一起,因此没必要把他们两个的命运分开来讲述。在舍斯托夫死后(1938 年 11 月 20 日),她一个人留在位于布洛涅的家里。舍斯托夫的藏书被交给了索邦图书馆。1939—1945 年期间,安娜·叶丽阿扎洛夫娜离开布洛涅定居勃让西(距离巴黎 150 公里)。当 1940 年 6 月德国人开始进攻巴黎时,许多巴黎企业撤离城市,在法国"自由区"落下脚来,其中也包括娜塔莎和她丈夫弗·尼·巴拉诺夫工作的那家企业。他们和安娜·叶丽阿扎洛夫娜一起去了勃让西,而后又从那里去了阿让。几天后安娜·叶丽阿扎洛夫娜又转道去了卡奥尔,在那里住到战争结束。然后她回到巴黎。从 1955 年起,她一直住在一幢小住宅里。

1961年（？）安娜·叶丽阿扎洛夫娜的女儿决定，母亲再不能一个人孤零零地生活下去了，于是安娜·叶丽阿扎洛夫娜住进了塔基亚娜家。1962年2月19日她就在那里逝世。被安葬于圣日内瓦湖俄罗斯公墓。离她坟墓不远，就是1972年4月17日去世的塔基亚娜的坟墓。在施瓦茨曼在布洛涅的家族墓地里，埋葬着舍斯托夫，等安娜·叶丽阿扎洛夫娜去世时，却已经没有地方在家族墓地安葬了。

下面是未签署日期的一封信，是安娜·叶丽阿扎洛夫娜从沙捷尔－居永写给舍斯托夫的，信也许写于30年代：

亲爱的列列齐卡，既然你认为我写的信都太短，那我就给你寄一首我写的诗吧……亲吻你。安娜。给大家带好。

被冬季的操劳和贫穷压垮
的我被锁闭在四堵墙内。
天空现出一片金黄色的晚霞
衬着湛蓝的底色何等辉煌。

我那远在天边的亲爱的弟兄，
多么疼痛，又多么明亮！
灵魂噙着眼泪，
为有这样的盛景而感动、而感恩。

她和天上的你一样，
也可以这么深邃。

灵魂也可以那样高贵

不为忧伤而负累。

但高墙里也有我的欢乐

让你的蔚蓝在里面燃烧，

你会想奖赏就要到了

我注定也会有一死……

在苍白的天宇上歌者的灵魂

宛如一缕轻烟，袅袅婷婷

在严父的怀抱里，

与亲爱的你融为一体。

在舍斯托夫档案里，保存着从《圣经》中摘录的、安娜·叶丽阿扎洛夫娜恭恭敬敬为孩子们抄录的引文。

法尼亚和格尔曼·洛夫茨基一家

舍斯托夫的小妹妹法尼亚 1873 年 12 月 24 日出生于基辅，1965 年 6 月 5 日死于苏黎世。曾经嫁给作曲家格尔曼·列奥波利多维奇·洛夫茨基（1871 年 7 月 4 日出生于卡缅涅茨—波多利斯克，1957 年 12 月 8 日死于苏黎世）。1898 年 12 月 13 日举办婚礼。没有孩子。

法尼亚·伊萨克夫娜和格尔曼·列奥波利多维奇·洛夫茨基一家都和舍斯托夫关系很近。对他的研究工作很感兴趣，在许多方面为其提供帮助。法尼亚为了减轻列利亚（列夫·伊萨克维奇在家里家人都这么称呼他）在家族企业管理方面的负担，尽其所能地做出了一切。法尼亚和格尔曼一生中的大部分时光是在国外度过的。法尼亚第一次出国大约是在1898年3月，那次她去了罗马，舍斯托夫在那里迎候她。随后她又迁居伯恩（4月），考进大学，在大学11年后，她有关李凯尔特的博士学位论文终于被接纳。（1909年7月6日）

格尔曼的父亲列奥波旦德·洛夫茨基曾是个商人。家里人都叫他李爸。他和几个生意上的伙伴创办了一家造船企业，在俄罗斯西南部地区众多城市之间撒下了生意网。1887年他把自己的企业转移到基辅的波多尔，从而得以和列夫·伊萨克维奇的父亲比邻而居。在此格尔曼头一次听到列夫·舍斯托夫的名字，听说他是一个很有才华的年轻人，毕业于莫斯科大学，却被迫把自己时间的很大一部分花费在看铺子卖商品。几年后他和他认识了（或许是1897年在伯恩）。

格尔曼是个作曲家，他1903年以金质奖章获得者的身份从彼得堡音乐学院毕业，而在此之前，1901年，则毕业于莱比锡大学法律系。他写过好几部歌剧，其中《卢克列齐亚》被发表。这部歌剧1912年12月5日在基辅市剧院上演。剧终人们为他献上了银色的桂冠花环。经过最初一轮演出之后，歌剧被禁，或许是因为描写革命的场景和某些地方态度轻佻的缘故吧。战争很快就打响了，接着又发生了革命。对于生活在国外的洛夫茨基来说，俄国剧院的舞台已经不够他施展手脚了。这种情况部分地说明为什么洛夫茨基不特别利用他作曲家的声望的原因。在莱比锡的别里亚耶夫那里，也出版了他写的三重奏（1905）。格尔曼写了不少论音乐、文学和哲学的文章，发表于俄国和德国的报纸杂志上。他怀着极大的爱心和深刻的理解关注着舍斯托夫的工作，并多次著文讨论他。在数十年里他精心保存着舍斯托夫寄给他以及其他家庭成员的书信。我的这本书也主要建基于格尔曼所收集的资料,在对比和比较这些材料的过程中,我不止一次怀着感恩之心回想他。

正如上文所述,洛夫茨基夫妇一生中的大部分时间是在国外度过的——在瑞士和德国。他们和舍斯托夫经常见面,并在其位于科北的住处生活了两年多(1911—1913年9月)。随后他们定居柏林。当1914年战争开始后,他们回到瑞士,并定居日内瓦,从1921到1933年,又常住柏林。塔尼亚在柏林向马克斯·叶菲莫维奇·艾金贡学习心理分析。她的心理分析实习非常成功。格尔曼则研究音乐。他创办了柏林的俄罗斯音乐协会,并成为其主席。希特勒在德国掌权后,洛夫茨基一家迁移到巴黎,并继续以前那种生活。他们和舍斯托夫经常会面。1939年12月,他们去了巴勒斯坦,并常住耶路撒冷。1942年7月30日夫妇二人成为巴勒斯坦正式公民(在此之前他们拿的是南锡护照)。法尼亚在心理分析领域里的工作十分出色,并领导一个该专业领域里的研讨班。格尔曼继续研究音乐并创作。

1954年耶路撒冷报纸上就法尼亚80诞辰发表了一篇文章,1964年她年满90岁时也有一篇文章发表。两篇文章都出自她的学生手笔。第一篇文章的片段摘录参见《舍斯托夫生平》第一章。姑且援引第二篇文章的一个片段,这个段落讲述了法尼亚在巴勒斯坦生活期间(1939—1956)多方面的工作业绩:

> 在成为以色列心理分析协会最积极的成员之一后,他在耶路撒冷创办了心理分析研讨班。1957年她离开以色列,走后留下了许多才华卓越忠诚学业的学生,对人民教育事业的精神卫生健康领域里做出了巨大的贡献,

洛夫茨卡娅医生还发表过题目各异的多种著作。她写文章论述过克尔恺郭尔，甘地、托尔斯泰，受虐狂①，精神分裂症，涉及广泛多样的主题。她在心理分析领域里有并且有权力感到自豪和骄傲的是，她得以救治一例被认为已经没有希望的精神分裂症患者。(*Healing the Mind*，发表于耶路撒冷 1963 年 12 月 28 日)。

1956 年 9 月初，洛夫茨基一家离开以色列，9 月 11 日抵达苏黎世，在那里定居直到逝世。

索菲亚·格里戈利耶夫娜·别佳和巴拉霍夫斯基家族

戈列茨·格里格里耶维奇·巴拉霍夫斯基（1917 年卒于基辅）有 5 个孩子：达尼埃尔、塔基亚娜、索菲亚、德米特里（米加）、阿尔诺利德。这些孩子中和舍斯托夫关系比较好的有德米特里·格里格里耶维奇和索菲亚·格里戈利耶夫娜。舍斯托夫青年时代就和德米特里·格里格里耶维奇关系挺好。至于达尼埃尔·格里格里耶维奇（索菲亚·伊萨克夫娜的丈夫）我们已经提到过了（参阅施瓦茨曼家族）。

索菲亚·格里戈利耶夫娜（1870 年出生，1966 年卒于巴黎），离开俄国时还完全是个那个世纪末年轻的姑娘，考入巴黎大学法律系，并且以出色的成绩从那里毕业（1892）。她在系里与叶甫盖尼·尤里耶维奇·别佳（1871—1938 年 9 月 26 日）认识，并嫁给了他。她曾是法国律师阶层中第一个登记注册的律师。但只在法国法庭上出现过几次而

---

① 从其论述心理分析的文章可以看出，激发她对心理分析的巨大兴趣的是这样一篇文章，其材料建基于法尼亚早在 1936 年就开始收集的材料上。

已,他和其丈夫别佳一起,把自己绝大多数精力用来巩固和加强法俄两国之间的关系,她丈夫俄语非常好,并且热爱俄罗斯文学。这人和她本人一样,是一个才华卓越,而且非常罕见的赋有教养的人。

索菲亚·格里戈利耶夫娜和她的丈夫也研究文学著作。他们在巴黎的家是当时的文化中心。他们的熟人中有许多法国和俄国的作家。他当过巴黎上诉法院律师。从 1916 年 9 月起到 1918 年 3 月 2 日,他担任俄国法国军事使团成员。他曾在许多年中担任亚历山大·米勒兰(1859—1943)的同事。当米勒兰成为首相(1920 年 1 月 20 日—1920 年 9 月 23 日)时,他被任命为其办公室主任。而当米勒兰成为共和国总统(1920 年 9 月—1924 年 6 月)时,叶甫盖尼·尤里耶维奇·别佳成为总统府秘书长。

由于叶甫盖尼·尤里耶维奇·别佳的帮助,施瓦茨曼家庭成员和许多其他流亡者在 1920 年及其以后的岁月里,得以获得法国居留证,这个证当时是非常难以得到的。

布托娃·娜杰日达·谢尔盖耶夫娜。出生于 1878 年,1921 年 1 月 21 日[①]卒于莫斯科(安葬于莫斯科新处女公墓),从 1900 年担任莫斯科大剧院演员。扮演过《黑暗的统治》里的阿尼西亚,《三姊妹》里的艾丽嘉等角色。瓦·伊·涅米洛维奇-丹钦科高度评价娜杰日达·谢尔盖耶夫娜的表演艺术。关于她创造的舞台形象,他曾经写道:

---

① 这一日期来源于《戏剧百科全书》(莫斯科,1965),与瓦·尼·马拉希耶娃-米洛维奇所说之日期不符。

这都是些在最本质意义上的最深邃的人的灵魂的形象,具有深刻的民族性,在他们出现之前的舞台上史无前例的:他们鲜明,美丽,激发人们的模仿欲。(《你的灵魂与我们在一起——纪念娜杰日达·谢尔盖耶夫娜·布托娃》——《文化与戏剧》,莫斯科,1921)。

舍斯托夫与布托娃大约是在90年代认识的,就在他经常到莫斯科办事期间。随后娜杰日达·谢尔盖耶夫娜不止一次在舍斯托夫在瑞士科北的家里做客,舍斯托夫一家从1910年起就住在那里,直到1914年战争爆发。他们也经常在莫斯科会面,舍斯托夫一家也曾在那里住过(从1914年到1918年)。叶·格尔奇克在其《回忆录》里提到娜杰日达·谢尔盖耶夫娜,也提到舍斯托夫和她的友谊。她写道:

我觉得最可爱的是布托娃,艺术剧院的演员,个子高挑,苗条细柳,样子长得像一个女性的旧礼仪信徒……大约来自于艺术剧院对契诃夫的崇拜。而舍斯托夫崇拜呢?远离当代寻神论运动的喧嚣和鼓噪……她在《群魔》里创造的女圣愚形象深深地打动了我。

娜杰日达·谢尔盖耶夫娜去世后,女作家瓦尔瓦拉·格里戈利耶夫娜·马拉希耶娃一米洛维奇曾写信给当时住在日内瓦的舍斯托夫,讲述了娜杰日达·谢尔盖耶夫娜最后的时光。下面就是这封信的选段:

8天前,娜杰日达·谢尔盖耶夫娜于12至13号深夜去世了。她身边有叶利茨·米哈·杜勃洛娃和来自阿列克谢耶夫兄弟会的在娜杰日达·谢尔盖耶夫娜生病期间始终极度尽心尽力予以看护的那个女人。

娜杰日达·谢尔盖耶夫娜最后日子（她病了3个月）充满了一般人难以忍受的痛苦，所有热爱她的人，都在像期待解脱的消息一般期待着她的离世。毕竟如《圣经》所说——"有过预兆，我的死期已经悄悄临近"——任何人都对于亲人的死亡缺乏足够的心理准备。

我在娜杰日达·谢尔盖耶夫娜死前3天见过她。我知道她很难受，尤其是当我既看着她那被疾病改变了的面容又不敢看的时候。她伴随着呻吟和沉重的嘶哑声喘息着，几乎连话也说不出来。可是，由于是她叫我过来的——在此之前的两个星期前，她是谁都不想见，无论是我还是别的什么人，除了听忏悔的神父外——我没敢离开，静静地等她说什么。她说：灵魂走了。灵魂很难与肉体分开。整个一生都生活在非真之中，整个一生都是谎言。上帝是仁慈的，无论对我还是对他人。谁都不知道疾病是怎么回事。随后她开始询问我，我的母亲怎么样，我的弟弟怎么样，我怎么样，和她身体健康时一样充满了深深的关切之情。

我再没有见过她。在她死后的第一个早晨，她躺在自己的房间里，已经有了一副连我也不曾见到过的脸，就好像就连她也不再是她了似的。她仅仅只是巨大的悲伤留下的一个印记，这种巨大的悲伤只是偶然降临到她身上而已。她带着这样的悲伤离开了我们。

兄弟会痛哭她的离去，像痛哭自己生活中的导师，痛哭自己无可比拟的精神的宝库一般。那些莫斯科最有名的神父们，围绕着她议论纷纷，说什么关于如何走向上帝，她知道得比他们都多。

我得了一场重病,这一切进行时我并未在场。每天那些前来看望我的人都要问一句:我是否已经给她写过信了呢。我把这视为一种重托。虽然我的灵魂自从我和你们在哈尔科夫火车站分手以来,我都以为我心已死,死得黑贴贴的,却原来,世上还是有一些话能打动我,原来你们就活在这样的话语里。求上帝帮助你们每个人——尤其是在临死的时刻。[莫斯科,1921年1月20日(2月2日)]。

文格罗娃·季娜伊达·阿法纳西耶夫娜。俄国文学批评家,文学史家,翻译家,谢·阿·文格罗夫的妹妹。1867年出生,1941年死于纽约。主要写作有关19世纪和20世纪西方文学的东西。曾任《北方信使报》《欧洲信使》《俄罗斯思想》等杂志编委。与舍斯托夫的交往主要发生在90年代末和20世纪最初10年。她是论述舍斯托夫创作的最初一批批评论文之一的作者。文章发表于1900年1月的《教育》杂志,标题是"列夫·舍斯托夫——莎士比亚和他的批评者勃兰兑斯"。几年后,舍斯托夫写作了论文格罗娃一文,1906年4月,他把此文交给了《基辅回声》报。我们不知道这篇文章当时是否发表过。舍斯托夫档案第8号(162页)是一部未完成的论述季娜伊达·阿法纳西耶夫娜的手稿,也许写于1905年秋,这也许就是上文那篇文章的开头部分。姑且援引个别段落:

"她有一副绵柔的纤细的嗓音——这种嗓音是女性身上最迷人的特点"——李尔王在说到凯瑟琳?时这样说过。每次当我读到季娜伊达·文格罗娃的文章时,都会回忆起李尔王的这句话。男人是不会这样写作的。在他们笔下通常文学艺术多数情况下是会退居第二线的，而被移至前台的往往是信念。而既然是信念，因而就需要加以捍卫：于是乎呐喊和嘶鸣，詈骂，甚至比这更糟糕，厮杀和角斗便开始上演了。而您在文格罗娃女士的书里①却根本看不到这一套。她当然有自己的品位：对有些作家她喜欢得比对别的作家多一些。但她最爱的是艺术，是才华，因此她的灵魂与一切被打上了才华烙印的东西都很亲近。因此之故她才会怀着真挚的迷恋讨论左拉、梅特林克、莱辛，讨论亨利·显克微支，对他们所有人都投以应有的关注度。她几乎从不否认所分析的作家，她知道任何人都可以在任何时候在大大小小的太阳身上找到黑点。的确，有时候是不愿意否认……（手稿在这个句子上中断了）。

拉扎列夫·阿多尔夫·马尔科维奇。1873年出生于基辅，1944年12月26日去世于巴黎。毕业于基辅大学法律系。曾任基辅外贸银行俄方经理。从少年时代就迷恋哲学。参加过基辅教授切尔帕诺夫组织的哲学小组，并在小组认识了舍斯托夫和别尔嘉耶夫。曾担任哲学杂志编委。与舍斯托夫有着长达40多年的友谊。他是舍斯托夫哲学的热情的崇拜者。

1919—1921年间拉扎列夫曾在基辅大学讲过哲学课。从1921年到1923年，住在柏林。也许那时就参与了哲学杂志的出版工作。1926年移居法国，住在兰斯和巴黎。在巴黎他在法俄学院讲哲学课，在人民大学领导一个哲学研讨班。

---

① 也许指的是《文学人物》，第3卷，1897—1910。

阿多尔夫·马尔科维奇整个一生都在各种机关工作，以致妨碍了他做自己的才华最应该做的事情。他在俄国和法国杂志上屡屡著文论述舍斯托夫、柏格森、詹姆斯、斯宾诺莎和居里·列齐耶。他去世后，由他夫人别尔塔·阿勃拉莫夫娜（1889—1975）把这些文章汇编为一本书，用法语出版：Adolf Lazareff. Vie et Connaissance. Ed. Vrin，Paris，1948。

别尔嘉耶夫在为上述书作序时写道："拉扎列夫在巴黎讲过的那些公开课，都非常出色，取得了巨大成功。"

伦德别尔格，叶甫盖尼·格尔曼诺维奇。作家，文学批评家。1887年出生，1965年11月30日死于莫斯科。伦德别尔格在其所著《作家笔记》中讲述了自己与舍斯托夫认识的经过，讲舍斯托夫如何拯救并帮助他的故事。

还在上中学时我就读过舍斯托夫的第一部著作——论莎士比亚那部。我都不懂，但书中的忧愁却于我那么亲近，虽然我们之间在品味和代际方面有差别。通过书我们之间早就建立起了一种关系。很快这种关系就在书信和交谈中变成很活跃的一种关系。"学生"的感觉——这是在此词最古老的意义上说的。精神和日常生活中的危机也是非用自己的，而是用他的思维来加以衡量权衡。我认为我曾不止一次令他厌烦，因为我的不安和忧思往往在传记事实中一一兑现了，而他的同样也在无眠的思维工作中具现无遗了。或许从某方面说这是一种可笑的关联——像我们这样两个人怎么可以同日而语呢。他是手工业巨商之子，虽痛恨实业，却不得不恭顺地不时地去站柜台。为什么？不是为了生活的优裕，因为这不是他为自己选择的。他珍视挚友，把好多东西赈济给了朋友和非朋友，赈济给了生活斗争中那些偶然的牺牲品们，赈济给了从少年时期就由于习惯而与之关联在一起的人们。在他书桌上的方，像一条粗线横列着叔本华和尼采的著作。书桌下方则呢子、印花布、丝绸窸窣作响。他脸上由于悲悯和疲倦现出忧心忡忡的样子，戴着一顶皮帽，尽管时间已经是炎热的 6 月了，紧盯着忙忙碌碌的伙计们，来自城郊的农村娘们，官吏和军官太太们……该轮到当兵的了——我拒绝了。舍斯托夫劝说我移居伦敦，说他已经和克鲁泡特金取得联系了。我在监狱里时他就给我写了一封信。在 1905 年基辅虐犹大屠杀事件发生时，我在灰衬衫上披了一件军大衣，飞驰到波多尔去看他那幢被毁坏的家。当我敞开大衣领时，赶车送我的老头吓得一个劲儿吐舌头啧啧称奇。1909 年，彼得保罗要塞。凡是他能招呼的人他都招呼来了，好把我捞出来，还真捞出来了。未来我看得很清楚，我还是会被抓回来的。他把我叫到了瑞士……他劝我读大学，帮我把金钱的困难给搞定了。随后就发生了战争。我的反对本国政府支持战争，主张政府必然战败的立场，阻止他继续帮助我。我在寻找出路——找到了自由主义，围绕着米留科夫周围绕来绕去。革命吓慌了他。他努力盯视着革命，但终于还是看不透革命的实质。尼·文格罗夫在基辅保护着他，使他得以避免大大小小的灾难。（伦德别尔格，第 75—77 页）

关于伦德别尔格最初的文学之路以及他认识舍斯托夫的情形，季娜伊达·吉皮乌斯（文章署名安东·克莱伊尼——这是季娜伊达·吉皮乌斯的笔名)。她写道①：

伦德别尔格自称是我的"教子"。这真是我的功劳吗？把他的第一篇手稿从编辑部的壁炉里拯救出来。我们那时编辑部的大门②，按照我的信念，应该向每个初学写作者敞开大门的。这道大门当时的确是敞开着的，而且不白敞开：在我们那里开始发表其处女作的，有勃洛克、皮亚斯特、谢尔盖耶夫—钦斯基以及其他一些后来才证实自己的人。

伦德别尔格的手稿在我看来写得不算出色，但也还说得过去。我把这位无名作者叫来了。而很快他就成了编辑部和我家里常客了。这个穿一件蓝衬衫的大脑壳、大长脸、面色白皙的少年人，野性未驯的神经衰弱患者，喜欢进行漫长的、激烈的谈话……

回到基辅后他从那里继续给我写信。我们惊奇地得知，他竟然成了列夫·舍斯托夫的"教子"和"宠儿"③。在基辅的短暂相会令我觉得伦德别尔格还是那个由于一阵阵的肚疼而捂着肚子，吱吱呀呀，除了肚疼，对什么都不感兴趣的小伙子。更确切地说——只要能把这痛感压下去，他什么都不容。正如他在信里所说的那样，他是一个疲疲沓沓而又疯狂喜欢奉承别人的人。而俄国这位思想深邃的哲学家列夫·舍斯托夫，却并未发现自己这位"宠儿"身上有这样的毛病吗？

不过话说回来，哲学家们难道不是像孩子一样既天真幼稚又喜

---

① 《最新新闻》，1922年7月6日。
② 《新路》，1903和1904年出版于彼得堡。
③ 伦德别尔格与舍斯托夫看样子是1904年在基辅认识的。

欢轻信别人吗?

在彼得堡,当伦德别尔格再次到来时,我们已经不再见面了。我们已经再也不必要见面了。一旦成了地道的文学家……他甚至写过一些凶恶诋毁我们的文章。

如上所述,伦德别尔格在其著作《作家笔记》里花费几页篇幅写了舍斯托夫。他还写过两部关于舍斯托夫的大作,在出版物上很早以前就公布过,但显然从未发表过。关于其中第一部题目是"列夫·舍斯托夫"一篇,在伦德别尔格《梅列日科夫斯基及其新基督教》一书的第3页上有预告,至于第二篇,题目是"柏格森和舍斯托夫",则在伊·瓦·弗拉基斯拉夫弗列夫的《俄罗斯作家。最新俄罗斯文学传记参考资料·19—20世纪》,莫斯科—列宁格勒,第4版,1924年中的参考文献里有所披露。

关于上述文章的中第一篇,舍斯托夫曾给其内弟格尔曼·洛夫茨基的没有日期的信(大约是1913年12月)中提到:

眼下还有一些小小的事情。伦德别尔格写了一部稍稍显得太长——大约10个印张的论著,论述梅列日科夫斯基、索洛古勃,列(什么?)、莱蒙托夫(?)还有我。我希望波波娃能出版此书(对于杂志来说太长况且也不合适),可是,看起来此事难成。他写信说一本书需要100卢布。他对论梅列日科夫斯基和索洛古勃那部分并不满意,其余部分还算满意。我很想给他些钱用于出版。钱会还回来的,如果不是全部,便会是部分。可我很尴尬,因为在他比较满意的 3 部东西里，也论述到了我。你是否能同意以你的名义给他钱，而钱由我来出？对他来说此事非同小可：他需要在文学界出头露面。只是不要让他论述梅列日科夫斯基和索洛古勃的部分出版，因为他自己对这部分也很不满意（虽然这部分很可能很受欢迎——人们对梅列日科夫斯基和索洛古勃都很感兴趣）。如果能直截了当地和出版社谈妥那就太好了……可我不知道该怎么办好。暂时只能尝试与伦德别尔格建立通信联系，如果你同意的话。

鲁利耶·谢苗·弗拉基米洛维奇。1867 年出生于华沙，毕业于彼得堡大学法律系（1890 年），随后进入奥·戈·希辛在莫斯科的贸易公司，后来成为纺织工厂的厂长。

舍斯托夫常常不得不去莫斯科采购商品，有时难免会去奥·戈·希辛的贸易大楼，而谢苗·弗拉基米洛维奇就在那里办公。这是一位富有才华，颇有哲学素养的人。他们的相识是建立在公事公办的基础上的，或许是在 10 年代初，两人的关系很快发展成为友谊，这种友谊随着岁月的增长变成一种完全排他性的亲近和精神上的亲和。列夫·舍斯托夫在去莫斯科出差时，通常都会在谢苗·弗拉基米洛维奇家停留。谢苗·弗拉基米洛维奇也许是从 1908 年参加《俄罗斯思想》编辑部，1908 年和 1909 年在这家杂志上发表了一系列哲学主题的文章。舍斯托夫在他那里见到过《俄罗斯思想》的编辑部同仁别尔嘉耶夫、布尔加科夫、基茨维特尔、施佩特和列米佐夫及其他作家。

谢苗·弗拉基米洛维奇出国时也曾拜访过舍斯托夫。他曾数次到日内瓦湖畔科北的他家做客。1914 年舍斯托夫移居莫斯科后他俩的会面更加频繁。1915 年和 1916 年暑假期间，舍斯托夫都是在谢苗·弗拉基米洛维奇位于图拉省的乡下度过的,谢苗·弗拉基米洛维奇在那个村子里租了一幢房子。舍斯托夫和谢苗·弗拉基米洛维奇的孩子们一起戏水,骑马,唱歌。

安舍尔松的庄园"红房子"也在舍斯托夫和他全家不止一次去过的那片地方,那片地方还有马什科夫采夫庄园,1917年夏天他们在那里度过。革命后谢苗·弗拉基米洛维奇举家流亡国外,定居巴黎(1919)。舍斯托夫一家到巴黎后(1921),他们几乎每周都见一面。阿·米·拉扎列夫在巴黎居住期间也常常参加这种晚上的见面。居留法国期间,谢苗·弗拉基米洛维奇写了几篇文章,其中3篇是论述舍斯托夫的。值得提起的是其中有趣的一篇,题目是"圣经真理和哲学真理——纪念列夫·舍斯托夫诞辰60周年",发表于巴黎犹太复国主义周刊《黎明》1926年4月8日。

谢苗·弗拉基米洛维奇逝世后(1927年12月8日),舍斯托夫找他儿子亚历山大谈话,建议他为了不致陷入绝望而读圣经,他和谢苗·弗拉基米洛维奇都认为圣经包含着人生最重要的东西。随后他对他讲述了自己与谢苗·弗拉基米洛维奇的友谊,对他说:"须知我们两个是如此纠结地缠绕在一起,以致连我自己都很难分辨,哪儿是我的哪儿是他的。"后来舍斯托夫真挚关怀地关心着谢苗·弗拉基米洛维奇一家所遇到的生活难题。为他们出主意帮助渡过难关。仅仅有他的在场就能给这个家庭带来欢乐和安详。

什莱策尔·鲍里斯·费多洛罗奇。作家,音乐和文学批评家。1881年12月8日出生于维贴布斯克,1969年10月7日死于巴黎。他父亲是俄罗斯人,而母亲是比利时人。在俄国接受的中等教育,高等教育是在巴黎和布鲁塞尔接受的。曾是《阿波罗》和《金羊毛》两杂志的编委。革命后离开俄国,于1921年定居巴黎。他是许多法国和俄国杂志的编委,他为这些杂志写稿论述音乐和哲学。著有好几部著作(论斯克里亚宾,斯特拉文斯基、果戈理、卫赫等),并把托尔斯泰、陀思妥耶夫斯基、果戈理、列斯科夫的部分著作译为俄语。他把自己论果戈理的著作题献给了舍斯托夫。他们认识于1918/1919年,当时他们两人都在基辅,认识的地点是巴拉霍夫斯基家。什莱策尔在和克洛德·邦努阿的访谈录中讲述到:'我已经读过他的著作……我第一次见他是在基辅,那时我们住在同一幢大楼里。但直到在雅尔塔时我们才成为好友,我们在那里一块度过1919/1920年冬季。他流亡国外比我早,我是1921年才在巴黎和他会合的。他生活过得很简朴,但这丝毫也不令他不安。虽然他过过比这更优裕的时光,佢却丝毫也不关心奢华和舒适。"

1921年在陀思妥耶夫斯基百年诞辰纪念日时,《新法国评论》的经理让可·利维艾尔在筹备纪念陀思妥耶夫斯基专刊。他在寻找出版这份专刊的俄国合作者。鲍里斯·费多洛罗奇当时是《Ревю Мюзикаль》的秘书,该杂志的编辑部和《新法国评论》的编辑部都在同一幢大楼里。他提议利维艾尔去找一找舍斯托夫。舍斯托夫接受了建议,写了一篇长篇论文,论述陀思妥耶夫斯基,此书其中的几章曾经在《新法国评论》杂志1922年2月号上,和安德烈·纪德以及让克·利维艾尔的文章一起被公告过。这部论著和几乎所有舍斯托夫的用法文出版的文章和著作一起,是什莱策尔出色地将其从俄文译成法文的。克洛德·邦努阿公正地称赞什莱策尔"把舍斯托夫引入法国并翻译了他"。什莱策尔在其译著中善于传达舍斯托夫著作特有的紧张氛围、高涨的热爱和抒情的笔调。列·季姆尼认为他是一位"天才的翻译家"。鲍里斯·费多洛罗奇写了几篇论舍斯托夫的文章，并将其中几篇附在他出版的法文本后面。舍斯托夫对其文章评价很高，因为他感觉到他的问题与什莱策尔非常接近。

1981年年初，蓬皮杜中心和《潘多拉》出版社联合出版了一部献给什莱策尔的书。书中列举了数十位作家对什莱策尔的描述，并再版了什莱策尔的6篇已经发表过的文章，其中有 Lecture de Chestov（为舍斯托夫1966年由《Фламмарион》出版的 La philosophie de la tragedie. Sur les confins de la vie 一书写的序言）。

本雅明·方丹。法国作家，舍斯托夫的追随者。1898年出生于罗马尼亚。1923年离开祖国，定居巴黎。1938年入法国籍。1924年结识列夫·舍斯托夫。这在他一生中是具有决定性意义的事件。方丹最初是作为诗人和革新家出现的，后来则把自己主要献身于哲学。1944年5月根据盖世太保的命令他被逮捕，发送到奥斯维辛，1944年10月3日在那里去世。

方丹出版过几部著作。最主要的有：Rimbaud le Voyou（1933），La Conscience malheureuse（1936），此书的第8章和第9章是论舍斯托夫的，以及《Faux—Traite d'esthetique》（1938）。此书的2二版由《普拉兹马》出版社于1979年和1980年在巴黎出版。方丹还写有几篇论舍斯托夫的文章，以善于深刻理解其思想而见长。他善于比别人更加接近地理解舍斯托夫的创作的悲剧，而舍斯托夫本人也对他十分器重。他认为方丹是能够理解他的少数几个人中的一个。方丹作了一本非常有意思的书 Rencontres avec Leon Chestov（《与列夫·舍斯托夫的会面》），由巴黎的普拉兹马出版社于1982年出版。此书的第2卷包含舍斯托夫给方丹的书信,方丹关于舍斯托夫的回忆,以及他们之间的由方丹记录下来的谈话。本书中有许多引文来自该书第 2 卷。引文的一部分被帕·卡里宁译成俄语。其余部分由我翻译。每段引文后面都用括号标出法文版的页数。

乔·肯奈特·海伊德著有论方丹的学位论文: Benjamin Fondane. A presentation of his Life and his Work (Librarrie Droz, Geneve, 1971)。随后 1978 年在巴黎由米舍尔·卡拉苏编辑出版的《Нон—Лье》杂志第 2/3 期合刊,以及在巴黎由尤迪亚—基督教友谊协会出版的《Санс》杂志(1981 年 6 月号)也是纪念方丹的。

摘自《与列夫·舍斯托夫相会》一书中的引文,分别刊载的杂志有:法文的有:《电影刊物》(马赛,1927)、《Табль Ронд》(巴黎,1959 年 6 月号)、《Меркюр де Франс》(巴黎,1964 年 6 月号)、西班牙语译文见之于西班牙杂志《Сур》(布宜诺斯艾利斯,1940 年 7 月号)、俄文译文见之于《新杂志》(纽约,1956 年 3 月)。

保罗·杰扎尔登。法国作家(1859—1940),文化兼社会活动家。1892 年创办了《道德影响联盟》,从 1905 年起,该联盟改称为"真理同盟"。1910 年创办波季尼夏季座谈会。1914—1918 年战争期间该座谈会的工作被打断,1922 年恢复。每年夏天的 8 月份,该协会都要组织座谈,座谈持续往往长达 10 天之久(一旬)。最后几次座谈是 1939 年进行的。具有各种信仰的人们纷纷来波季尼聚会,但尽管如此,座谈仍然得以在相互尊重和相互理解的氛围下顺利进行。舍斯托夫分别在 1923 年和 1924 年来过波季尼。几年后,别尔嘉耶夫也去过那里。他写道:

庞蒂尼是一个属于杰扎尔登的庄园，是这个时代法国最杰出的庄园之一。他逝世于 1940 年，享年 80 岁。他在波季尼的由古老的修道院组成的、由圣别尔纳多奠基的主要住宅被翻修。那里保存着许多古老的大厅。我们坐在哥特式的食堂座谈。杰扎尔登巨大的图书馆也是哥特式的。可在古老的天主教修道院建筑了现代的附属建筑物，没有它们是不能住人的。每年在 8 月份都会在庞季尼举办长达 3 旬的座谈，已经延续了 25 年之久，法国知识界精英届时会从四面八方赶到那里。但旬座谈带有国际性质，各国的知识分子都会在那里聚集：有英国人，德国人，意大利人，西班牙人，美国人，瑞士人，荷兰人，瑞典人，日本人。（自我认知，第 292 页）

他（杰扎尔登）为在欧洲恢复和平，为了加强各国知识分子的联合，做了许多工作，期待着忍耐和自由精神的复苏……他是庞蒂尼的灵魂。

沙尔勒·居·勃斯，法国作家，1882 年出生于巴黎，1939 年 8 月 5 日去世。居·勃斯著有许多批评论文和著作，他把它们汇编为一个系列丛书，起名为 "Approximations"（共 7 卷，由 Kopea 出版社出版，巴黎，1923—1938）。他还出版过一本名为 *Extraits d'un journal*（1908—1928）和一本论安德烈·纪德的书，书名为 "Dialogues aves Andre Gide"。他写于 1921—1939 年的日记在其死后全文出版：《杂志》（9 卷，《Kopea》和《Коломб》版，巴黎，1946—1951）。他喜欢俄国文学，并且写过论述托尔斯泰和契诃夫的著作。从 1922 年到 1926 年间，他领导过"普隆"出版社，出版过系列外国作家丛书。由于他，1923 年，舍斯托夫的 *Les revelations de la mort* 一书的法文版出版，还出版了法文

版契诃夫全集。关于他,别尔嘉耶夫写道:

> 我是在1924年在舍斯托夫那里认识他的,在那里还结识了其他几位法国人……居·勃斯是一个个性独特的人,和任何中等阶层的法国人都不相像。他不是一个我们这个时代的人,而是一个浪漫主义时代的人物。他有许多对于友谊的浪漫主义崇拜。当他需要在自己的书上为朋友们题词时,却发现自己竟然有将近200位需要题词的朋友。在法国文化节他并不封闭,他同时还精通英国和德国文化,精通这些国家的语言……他身上有一种精神的洁癖真正精神贵族的崇高精神……就其 causeur 的精致典雅而论他令人惊奇,恐怕只有维亚切斯拉夫·尹万诺夫可以与之比拟。他有时会说出一些思维精致的令人惊奇的意见……他一辈子以高雅伟大的文化创造者们的文化为生,尤其喜爱歌德,英国诗人,尼采,非常喜爱契诃夫。这是一个伟大文化及其创造者的狂热的信徒。在我们这个充满巨大灾难的时代,他显得十分不合时宜。(Inedits de Berdiaev, 第16、18页)